“十三五”国家重点出版物出版规划项目

国家出版基金项目
NATIONAL PUBLICATION FOUNDATION

中国近现代工程史研究

丛书顾问 路甬祥　丛书主编 李伯聪

中国大科学工程史

Zhongguo Dakexue Gongchengshi

王大洲 著

浙江教育出版社·杭州

图书在版编目（CIP）数据

中国大科学工程史 / 王大洲著. -- 杭州 : 浙江教育出版社, 2022.6
（中国近现代工程史研究）
ISBN 978-7-5536-4038-9

Ⅰ. ①中… Ⅱ. ①王… Ⅲ. ①科研项目－简介－中国 Ⅳ. ①G322.9

中国版本图书馆CIP数据核字(2015)第317798号

责任编辑 张 帆 江 雷 **责任校对** 王晨儿 雷 坚 何 奕
美术编辑 曾国兴 **责任印务** 陈 沁

中国近现代工程史研究
中国大科学工程史
Zhongguo Dakexue Gongchengshi
王大洲 著

出版发行 浙江教育出版社
（杭州市天目山路40号 电话:0571-85170300-80928）
图文制作 杭州林智广告有限公司
印 刷 杭州富春印务有限公司
开 本 710mm×1000mm 1/16
印 张 41
插 页 4
字 数 640 000
版 次 2022年6月第1版
印 次 2022年6月第1次印刷
标准书号 ISBN 978-7-5536-4038-9
定 价 108.00元

总　序

2002年，《工程哲学引论》出版时，我应作者之邀为该书写了一篇序言。今天，《中国近现代工程史研究》丛书即将出版，丛书主编和各位作者又热情邀请我写一篇序言。

英国著名科学哲学家拉卡托斯曾说："没有科学史的科学哲学是空洞的；没有科学哲学的科学史是盲目的。"工程哲学和工程史的关系显然也相类似。对于工程实践，不但需要进行哲学和史学视野的研究，而且需要进行社会学、人文学、生态环境学、管理学等视野的研究。实际上，跨学科的工程研究正逐渐形成自己新的研究领域与方式。

目前，我国已成为当之无愧的世界工程大国，在日新月异的中国特色社会主义现代化强国建设和快速发展的全球信息化的社会环境中，我国跨学科工程研究也必须走向世界前列。希望我国跨学科工程研究，包括工程哲学和工程史研究能够不断创新发展，为我国现代化强国建设和世界工程研究不断做出新贡献。

古代中国人曾经创造了许多巧夺天工、令世人赞叹的工程杰作，如都江堰、万里长城、大运河、赵州桥、紫禁城、江南园林、拉萨布达拉宫等，直到今天仍备受世人赞叹和同行推崇，万里长城更成为中华民族精神的象征和中国工程能力的典范。

马克思主义认为，劳动创造了世界。从历史上看可以说，自原始社会起创造世界的劳动——技术和工程的创新发展进程就开始了。在人类文明发展的进程中，工程的类型和规模、工程的结构和功能、工程的制度和模式，特别是工程活动和人类其他社会活动方式，诸如政治、宗教、军事、科学、文化等相互关系、相互作用，都处于不断的发展进化中。在工程活动及其历史发展中，人类积累了许多成功的经验，也有许多沉重的教训。如果说工程是原始社会时期就存在的社会活动，那么科学则是较晚才出现的人类系统探索认知自然的创新活动。

在现代社会中，科学、技术和工程成为三种重要的社会活动方式。三者既有区别又密切联系，它们的相互关系和相互作用不但是重大的理论问题，也是重大的实践问题。科学、技术和工程的相互关系重要而且多样复杂。在认识和研究其相互关系时，借鉴和总结有关历史经验十分重要。

在现代社会中，工程活动对于科学技术的牵引作用日益明显，所谓科学技术面向经济社会的主战场，很多情况下也就是面向工程建设的主战场。回顾鸦片战争以来中国近现代的工程史和科技史，可以看到，中国近现代的工程活动在社会发展中发挥了多方面的重要作用。

一、工程是科学技术和其他有关要素的集成器。无论是晚清、民国时期规模有限的近现代工程建设，还是中华人民共和国成立以来大规模的工程建设，大多以工程项目的方式组织实施，应用了现代科学技术知识、方法和设备，同时也利用和集成了有关的自然资源与社会资源。在集成科技和其他要素的过程中，中国近现代工程不断进化发展，推动中国的现代化事业不断前进。

二、工程是先进科学技术成果的孵化器。近代中国的科学技术研究基础薄弱，大部分工程建设所运用的科学技术多学习西方，但这并不是说我国完全没有自己独创性的科学技术贡献。1949 年后，我国实行了科学技术和经济社会并行发展的赶超战略。在这一战略的实施过程中，许多科学技术课题来自于工程建设的现实需求，并适应和满足工程建设的需要。许多重大工程项目的建设成为先进科学技术成果的孵化器。

三、工程是经济社会发展的牵引器。工程是直接生产力，这就使它必然发挥经济社会发展牵引器的作用。近代以来，我国的经济社会发展既经历了晚清和民国的艰难曲折，也经历了中华人民共和国的高歌猛进。但无论在哪个时期，无论从微观、中观还是宏观方面看，工程都发挥着经济社会发展牵引器的作用。人们不仅可以看到微观领域的工程项目，中观领域的工程集群、产业和区域工程建设对经济社会发展发挥了牵引作用，还可以看到宏观领域的国家工程体系在牵引我国经济社会发展时所发挥的重要作用。

四、工程是现代化的重要标志。所谓现代化必须有其社会生产力的现实体现。建设工程项目，往往成为现代社会的重要标志。例如，从京张铁路、汉阳铁厂、南京长江大桥、三峡大坝、宝钢工程、载人航天等工程建设和成就中，人们可以看到中国现代化的进程，可以直接感受到现代化、工业化进程带来的社会面貌的变化，这不但是指工程成了现代化的物化标志，更是指现代工程已成为现代生产方式和生活方式的基础和标志。

人类从工程实践中获益良多，是不争的事实，但工程活动及其后果也不可避免地给人类生存带来一些负面影响、成为迫切需要解决的新问题。例如，现代工程建设所带来的资源、环境和全球气候变化等问题就是现代人类耳边不断长鸣的警钟，警示人类应当重视工程发展的方式及其科学性、协调性和合理性问题。

我们不但需要总结有关的历史经验，开展有关的历史研究，而且需要大力推动对有关问题在哲学、管理学、社会学、生态学、政治学、战略学、文化学等方面的研究，需要在跨学科视野中分析和研究创新驱动发展中的可持续发展和科学发展。

2010年，中国科学院规划战略局立项研究中国近现代工程史，本丛书就是这个课题的结题成果。在这五本书中，《中国近现代工程史纲》试图简要而比较全面地叙述从晚清到21世纪之初中国成为世界工程大国的漫长、曲折、卓绝的工程发展历程；《中国大科学工程史》叙述同时体现现代科学和现代工程特点的、特殊的“科学一工程”类型的“大科学工程”在中国发展的历史；《大同煤矿近现代工程简史》努力从企业史和工程史相结合的角度，揭示资源性企业演化的规律性内容；《三门峡工程的决策、建设和改建》是聚焦于一个影响广泛、教训深刻的重大项目而进行的工程史研究；《詹天佑与中国工程科学》则是对中国近现代最重要的工程人物之一——詹天佑的研究。

这套丛书是我国在工程史领域，确切地说是中国近现代工程史领域出版的第一套丛书。工程史研究是一个新领域。回顾和揭示工程发展的历史轨迹，分析和总结工程发展的经验教训和规律，不但具有重要的理论意义，而且具有重要的现实意义。虽然《中国近现代工程史研究》丛书只有五册，但它标志着一个新的开端，意义不可低估。本丛书中肯定有不足之处，希望读者批评指正，并衷心希望今后有更多更好的工程史著作出版。

以史为鉴，温故知新，希望读者有所受益。

是为序。

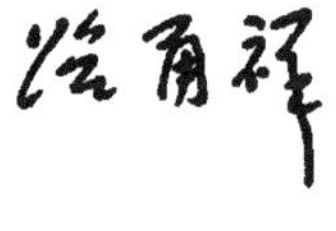

2017 年 6 月 16 日

前言

大科学工程是指为了进行前沿科技探索，集中人、财、物等各种资源建造重大科研装备或者重大科技基础设施的过程。20世纪以来，为探索未知世界、发现自然规律和实现技术变革提供精细或极限研究手段的大型复杂研究设施，成为了全球科技发展的一个重要特征。大科学工程不仅是科技发展的重要推动力量，而且对政治、经济、文化、社会等各个方面都发挥着深刻而持久的影响。从1949年至今70多年间，我国已经建设了众多突破科学前沿、解决经济社会发展问题乃至国家安全问题的大科学工程，有力支撑了科技进步、经济社会发展以及国家安全。

中国大科学工程史是科学研究组织方式从分散的“小作坊形态”迈向有组织的大团队作业的历史，更是科技事业逐步融入世界科学技术体系并且反过来变革世界科学技术体系的历史。通过在全球化背景下和现代化进程中的学习、探索、创新、发展，中国已经从科技后进国家发展为世界级的科技大国。中国数十项大科学工程建设不仅是这个历史进程的有机组成部分，而且对这个历史进程本身发挥了巨大推动作用。

本书旨在全面回顾和梳理中国大科学工程建设的历史进程，尝试在中国谋求国家现代化和民族复兴的历史背景下呈现70多年来我国大科学工程的总体发展脉络和创新成就。鉴于大科学工程是在特定社会背景下科学、技术和工程的“融合发展”，作者试图将大科学工程建设置于科学史、技术史、社会史和思想史的脉络之中，努力弄清大科学工程建设的要素集成过程、要素集成方式及其历史变迁，在“宏观－中观－微观相结合”的视野下勾勒出我国大科学工程发展的历史进程。

史学研究的基础是史料，而史料的真实性、可靠性、多样性、丰富性是前提。要描绘70多年来中国大科学工程建设史，就需要了解几乎所有科学领域的发展史，并搜集几十项大科学工程建设的详细史料。为此，本人带领课题组进行了持续十年的资料搜集、甄别、整理工作，涉及档案材料、采访记录、有关人士回忆录、新闻报道、学术论著等，力求形成比较扎实、充分的史料基础。在此基础上，具体研究和撰写工作分成三个层面：一是对各个大科学工程进行个案史研究；二是按照学科领域将个案史组织起来，形成特定学科领域的大科学工程史；三是在学科领域大科学工程史的基础上，形成比较完整的中国大科学工程通史文本，涉及历史分期、发展脉络、主要成就、基本经验等内容。

在具体个案选取上，本书尽量覆盖大多数已经建成的大科学工程。除了国家发展和改革委员会以“大科学工程”或“国家重大基础设施”之名审批的项目之外，我们还将“两弹一星”工程、高性能计算机、双星计划、载人航天、嫦娥工程、大亚湾反应堆中微子实验、大连相干光源等纳入进来，此类工程不仅符合大科学工程的本质规定，而且对于理解我国大科学工程的“源”和“流”都有着不可或缺的意义。对于本来应该纳入本书的一些工程，例如高速风洞、极低频探地工程、遥感飞机、中国实验快堆工程、南极科考船等，因受调研条件所限，难以得到充分的有价值的资料，只好暂时舍弃。

在历史叙事上，本书采取“总－分－总”结构：首先基于历史分期对我国大科学工程的历史发展进行总体勾勒，然后分成七大领域——计算领域、高能物理领域、核能领域、空间领域、天文领域、地学领域、生命领域，就特定领域的大科学工程按照历史顺序集中描述，最后总结几十年来我国大科学工程建设的主要成就、历史经验，并对未来趋势进行展望。其中，计算领域主要描绘银河/天河系列、曙光系列和神威系列高性能计算机的研制史；高能物理专用设施领域主要描述北京正负电子对撞机、兰州重离子加速器、大亚湾反应堆中微子实验的历史；高能物理领域衍生平台主要描述合肥同步辐射光源、上海同步辐射光源、大连相干光源、中国散裂中子源的建造史；核能领域主要描述中国环流器系列装置、全超导托卡马克装置、神光系列装置以及强磁场实验装置的建造史；空间领域主要描述中国遥感卫星地面站、双星计划、子午工程、载人航天、嫦娥工程的历史；天文领域主要描述长短波授时系统、郭守敬望远镜（LAMOST）、中国天眼（FAST）、硬X射线调制望远镜的建造史；地学领域主要描述中国地壳运动观测网络、中国大陆科学钻探工程、实验1号新型综合科学考察船、科学号海洋科学综合考察船的历史；生命领域主要描述中国西南野生生物种质资源库、武汉国家生物安全实验室、国家蛋白质科学研究（上海）设施的建设史。鉴于“两弹一星”的特殊地位——不仅是我国第一批大科学工程，而且是我国后续一系列大科学工程的滥觞，本书将其置于各大领域大科学工程发展史之前，进行专章叙述。

面向未来，大科学工程建设的战略意义日益彰显。作为国家创新体系的有机组成部分，作为国家内生创新能力形成的重要依托，大科学工程位于战略性科学研究、战略性产业发展和国家总体安全战略的交叉点上，因而必将为中国建成世界科技强国提供强有力的支撑。期待本书能够为读者带来启发，为未来我国大科学工程的谋划、建设和运营提供一定的史学研究依据。

王大洲

2022年3月

目录

绪 论

大科学工程史研究

20世纪以来，科学发展的一个重要特征是大科学装置的出现。大科学装置是服务于科学研究的大型设施，其建造通常需要预先研究并投入大量资金，只有这样建成后才能够持续稳定运行，为相关科学技术活动提供有效支撑，以实现重要的科学技术目标。大科学装置作为国家科学技术水平的重要标志，对国家科学技术的发展具有重要推动作用，因而也被称为国家重大科技基础设施。大科学工程就是大科学装置或国家重大科技基础设施的建造过程。

第一节 大科学工程的兴起

近代科学本质上是实验科学。理论分析和实验手段的结合，既犹如双轮，驱动着近代科学的大发展，又好似“双螺旋结构”，是近代科学发展的“基因”。如果没有伽利略举起望远镜观察星空，经典物理学奠基势必推迟；如果没有显微镜的发明，细胞与微生物仍将属于未知世界；如果没有黑体辐射实验和迈克尔逊莫雷实验，现代物理学革命也许就不会发生；如果没有加速器，原子的内部结构仍然会是一片晦暗。可以说，近代以来，科学仪器创新已经成为科学发展的内在环节。而在各种实验手段中，有一类特别重要，可以看作众多实验手段的集成，这就是大科学装置。谋划、设计、建造这种大科学装置或设施的实践过程，可以称为大科学工程。

大科学工程是现代物理学革命的直接产物。19世纪后期的物理学危机催生了现代物理学革命，带来了相对论和量子理论，物理学研究由此向宏观和微观两个方向深入，进而直接将两者关联起来。宇宙大爆炸理论旨在依据相对论和天文观测事实，说明宇宙的起源和演化，却出人意料地与基本粒子物理学和量子力学关联起来。这也是继伽利略和牛顿将天上的力学和地上的力量统一起来之后，物理学家第一次有机会将微观现象的物理学和宏观现象的物理学统一起来，从而将20世纪的物理学乃至整个科学推向新的高度。正是在这个大背景下，大科学工程开始登上历史舞台，以至于不仅推动了20世纪以来科学的大发展，而且在很大程度上改变了军事领域和产业领域的创新方式。

随着科学不断走向深入，探索的难度越来越大，越来越需要在极端条件下（高能、高温、高压、低温、低压等）展开科学探索活动，从而对科学研究的手段包括大科学装置提出了越来越高的要求。[①]与此同时，科学技术的发展也为开展更为复杂、多样、宏大的大科学工程提供了技术上的可能性。可以说，原创性科学研究和大科学工程已经息息相关，而一个国家的科研水平与大科学工程建设的水平紧密相连。如果没有大科学装置这种科研手段和支撑平台，将很难在前沿领域持续开展原创性研究工作了。

在这个发展进程中，首当其冲的就是物理学领域的加速器。1919年，英国物理学家卢瑟福（E. Rutherford）利用天然放射性元素放射出来的α射线轰击金属箔，首次实现了人工核反应。这使人们意识到，要想了解原子核内部情况，就必须用高速粒子轰击它。最初，用于轰击原子核的高速粒子束有两类：一是天然放射性核素发出的射线；二是来自太空的宇宙射线。然而，前者束流强度太低，能量不高，带来核反应的概率小；后者能量可以很高，但束流强度太弱，实验也往往难以操控。因此，20世纪20年代，粒子加速器应运而生。粒子加速器可以将微观带电粒子加速到极高速度，激发出可观察的新现象，从而为揭示物质结构奥秘提供了新路径。

最初的加速器是直线加速器，而且只能使带电粒子在高压电场中加速一次，因而粒子所能达到的能量受到高压技术的限制。为此，有人尝

① 朱亚宗：《复杂科学与科技哲学交叉视野中的科技创新》，《江南大学学报》（人文社科版），2005年第5期，第13—18页。

试利用同一电压多次加速带电粒子。不过，由于相对论效应，理论上只能将带电粒子加速到25兆—30兆电子伏特。而且，受高频技术的限制，这类装置太大、太昂贵，不适用于加速质子、氘核等轻离子，因此未能得到发展应用。1930年，美国物理学家劳伦斯（E. O. Lawrence）提出回旋加速器构想，并于1932年研制成功。这种加速器使得粒子每绕行半圈即可获得一次加速，经过很多次加速，当粒子沿螺旋形轨道从D形盒边缘被引出时，能量可达几十兆电子伏特。他因此获得了1939年度诺贝尔物理学奖。不过，同样由于相对论效应所引起的限制，加速器能量难以继续提升。1945年同步回旋加速器研制成功。这种加速器通过改变加速电压的频率，解决了相对论效应，可使被加速粒子的能量达到700兆电子伏特。20世纪60年代后，等时性回旋加速器的研制开始成为新的焦点。这种加速器由3个扇极组合而成，能量可变，以第一和第三谐波模式对正离子进行加速。70年代之后，人们成功研制出能加速元素周期表上全部元素之离子的等时性回旋加速器。此外，还开发出利用超导磁体的等时性回旋加速器，减小了加速器的尺寸，扩展了能量范围，降低了运行费用。自加速器产生之后的60多年间，加速器的能量提高了近9个数量级，其单位能量的造价降低了大约4个数量级。①随着带电粒子速度和能量的不断提升，加速器的规模越来越大，其造价也越来越高。因此，粒子加速器的出现可谓大科学工程的滥觞。

回旋加速器的出现，又使同步辐射装置成为可能。同步辐射是指当带电粒子以接近光速的速度沿弯曲轨道运行时其切线方向发出的电磁辐射，而用来产生这种辐射的装置被称为同步辐射装置。同步辐射具有一系列良好特性：高强度、宽波谱、高准直性、时间脉冲结构等。正因为如此，人们建造同步辐射装置以产生同步辐射，应用于科研、生产和医疗领域。自20世纪70年代出现以来，同步辐射装置已经从最初作为高能物理实验装置的附属装置，发展出第二代同步辐射专用装置，直至第四代高亮度同步辐射装置。当然，同步辐射作为透视物质结构的“显微镜”并非万能。人类还需要其他类型的“显微镜”，包括自由电子激光

① 谢家麟:《加速器与科技创新》,清华大学出版社,2000年,第XI页。

（FEL）和中子探针等，此类大科学工程支撑着最前沿的科学探索活动。

众所周知，科学技术与战争有着千丝万缕的联系。爱因斯坦于1905年发表的质能关系式引导着人类开发利用物质深处潜藏着的巨大能量。随着原子物理学的大发展，当人类发现原子裂变的可能性之后，就开始主动裂解原子以便利用其中的能量。当时，无论是德国还是日本，都曾秘密研制原子弹，而在这个过程中，粒子加速器扮演着关键角色。第二次世界大战带来的军事需求，也使美国迅速加入这一竞争，借助强大的科研实力——相当一部分是受迫害而从德国逃难到美国的犹太科学家，成功实施曼哈顿计划，大大加速了原子弹研制的进程。要想利用原子能——无论是搞原子弹还是建立核电站，都需要建立加速器装置和原子反应堆实验装置。除了加速器装置，原子反应堆以及后来发展出来的中子散射源，都是大科学工程建设的重要选项。

第二次世界大战不仅催生了原子弹，也使火箭和导弹更早地进入人们的视野。世界上第一枚弹道式导弹（V-2）和第一枚飞航式导弹（V-1），相继在德国研制成功并于1944年投入使用，并催生了新的战争模式。火箭与导弹的竞争性开发，直接带来了卫星、人造飞船、航天飞机以及空间站的建立，为科学研究提供了全新的对象，提供了全新的实验平台，从而为科学研究推开了一扇新的大门。航天军备竞赛作为第二次世界大战后美苏争霸的主旋律，客观上也为空间科学领域乃至天文学领域的大科学工程建设带来了巨大机会。

研制导弹和原子弹所需要的巨大的计算量又催生了电子计算机。1946年2月14日，由美国军方定制的世界上第一台电子计算机“电子数字积分计算机”（ENIAC）问世。这台为满足弹道计算需要而研制的计算机使用了17840支电子管，重达28吨。之后电子计算机的发展基本上沿着两条路径：一条是微型化，另一条是巨型化。高性能计算机就属于后者，它很快成为科学研究、产业创新和武器研发的必备工具。计算机的发展又带来了无处不在的信息化和网络化，使大量独立的设备有可能关联起来，以支撑分布在各地的科学家共同开展研究，这就使地壳运动观测网络、子午工程这类分布式大科学工程的建设成为可能。

纵观近百年来大科学工程发展进程，可以看出，加速器、反应堆、计算机、火箭、卫星、望远镜等构成了大科学工程建设的底层结构和焦点装置。基于这些焦点装置建成的众多大科学装置，在前沿科学研究、军备开发和产业创新中发挥着不可或缺的支撑作用。也正因为如此，大科学装置或国家重大科技基础设施早已成为国家重器，而大科学工程建设领域早已成为大国必争之地。

第二节 大科学与大科学工程

提到大科学工程，人们很自然就会联想到“大科学”。厘清两者的区别和联系，弄清大科学工程的内涵和外延，是本书写作的一个基本前提。

大科学（Big Science）概念，最初由物理学家温伯格（A. M. Weinberg）于20世纪50年代在《科学》杂志上提出，强调的是以火箭、加速器和原子反应堆为标志的现代科研项目规模之大。①受此启发，科学学家普赖斯（D. Price）于20世纪60年代初期完成了其科学计量学奠基之作——《小科学，大科学》。他认为，第二次世界大战之前的科学属于小科学，而从第二次世界大战开始，世界正式进入大科学时代。②普赖斯并没有给出大科学的明确定义，他强调的是科学研究的总体社会规模之大。后来，有苏联学者提出，大科学应从仪器设备的规模和投入上加以判定：应用加速器、人造卫星等复杂而昂贵仪器的研究是大科学研究，而应用示波器、质谱仪等相对便宜仪器的研究属于小科学研究。日本学者甚至认为，大科学仅指高能物理学和天文学，其余学科都是小科学。③

一些学者将大科学分为两大类：④第一类是需要巨额投资建造、需要运行和维护大型研究设施的“工程式”大科学研究，可称为大科学工

---

① Alvin M. Weinberg. Impact of large-scale Sciences on the United States. Science, 1961, 134 (3473): 161-164.

② 普赖斯:《小科学，大科学》，世界科学出版社，1982年，第2页。

③ 刘戟锋，等:《“两弹一星”工程与大科学》，山东教育出版社，2004年，第173页。

④ 国际科技合作政策与战略研讨组:《国际科技合作政策与战略》，科学出版社，2009年，第266页。

程，其中包括预研、设计、建设、运行、维护等一系列活动，如国际空间站计划、双子座望远镜计划等。第二类是需要进行跨学科合作的大规模的科学研究项目，通常是围绕一个总体研究目标，由众多科学家通过分工和协作进行，而不需要规模巨大、代价高昂的科研设备，如人类基因组计划（HGP）、全球气候变化研究等，可称为分布式大科学研究。

还有学者强调，大科学是一种全新的知识生产方式，而从小科学演变为大科学的实质，就在于知识生产方式的深刻改变，就是从手工作坊式的知识生产方式转变为工业化的知识生产方式。在19世纪，生产科学知识的典型方式，是科学家独自一人，或者还有几名合作者，在一间小实验室里单独搞研究。然而，20世纪核物理学的发展改变了这种知识生产方式，“研究工作开始要求有大型的场所和昂贵的设备，而且越来越超过个人实验室甚至大学或私人研究机构的负担能力”。①如果说小科学项目通常由科学家个人或科学小组设定问题、独自执行、探索式解决，并且大多集中在单个学科内进行研究，那么大科学研究的特征就是投资巨大、多学科交叉、大多需要大型装置设备、科研人才高密度汇集、科研成果重大等。②这些讨论都没有对大科学与大科学工程进行明确区分，即便是直接研究大科学工程的学者也不例外。例如，有人下定义说，所谓大科学工程，通常可以理解为需要巨额经费投入、多学科交叉、研究设施复杂、工程目标明确、科学目标宏大的科学研究事业，它是大科学研究的一种表现方式。③

这种将大科学与大科学工程混为一谈的症结，就在于没有区分科学和工程。一方面，尽管从事大科学工程离不开科学，尽管科学是大科学工程的重要目标，尽管在大科学工程活动中科学、技术和工程走向了“一体化”，但大科学工程的落脚点是“工程”而不是科学本身。另一方面，大科学工程的产物是大科学装置或重大科技基础设施建设，这种

① 麦克莱伦，等：《世界史上的科学技术》，上海科技教育出版社，2003年，第429页。

② 申丹娜：《大科学与小科学的争论评述》，《科学技术与辩证法》，2009年第1期，第101—112页。

③ 刘维宝，等：《基于神光Ⅲ激光装置的大科学工程项目整合管理研究》，《项目管理技术》，2015年第6期，第70—75页。

装置或设施既可以支撑大科学研究，也可以支撑以自由探索为特点的小科学活动，例如科学家个人或者小团队基于大科学装置进行小规模的物理学研究、生物学研究乃至考古学研究等。因此，并非所有基于大科学装置的研究都是大科学研究，而大科学研究也未必都要依托大科学装置（例如人类基因组计划）。

基于上述分析，将大科学工程和大科学明确区别开来是很有必要的。大科学是指由众多科学家参与的高度组织化的知识生产活动，无论其是否依托大型科研设施；而小科学是以个体科学家或科学家小组为主体的自由探索活动，无论其是否依托大型科研设施。与此相比，大科学工程是“基于科学并为了科学”而建造大型科研设施的工程活动。这类大型科研设施（或称大科学装置）既可以支撑学术界的科研活动，又可以支撑国防创新或产业创新活动；既可以支撑大科学活动，又可以支撑小科学活动，因而成为了当今社会各类科研活动的关键支撑平台。

区分大科学与大科学工程，并不是要否认它们的密切联系，当然更不是要否认科学与大科学工程之间的密切联系。事实上，在大科学工程中，科学居于枢纽位置。科学不仅是大科学工程需要集成于其中的一个关键要素，更是从事这种集成的一个根本目标。正因为如此，大科学工程才能与其他类型的工程区别开来。例如，生物制药工程是紧密依赖科学的，没有科学，就寸步难行，但它通常不会被看作大科学工程，因为此类工程主要不是服务于科学的，或者说，只对科学有一定的辅助作用，知识生产通常只是其副产品。

既然科学既是大科学工程的要素，又是大科学工程建设的服务目标之一，那么，在某种程度上，通过大科学工程，科学、技术和工程走向了某种“一体化”状态，也就毫不奇怪了。这就使大科学工程具有了某种含混性身份——处于科学与工程之间、探索与造物之间。[①]一方面，大科学工程不是单纯的研究，必须具有工程的可实现性；另一方面，大科学工程存在着较大技术风险，必须在立项前和立项后进行大量研究工作。尽管大科学工程也是一种要素集成，但其集成的关键要素和方式都

---

① 王大明：《大科学工程：在探索与造物之间——以中国EAST托卡马克核聚变装置的建造为例》，《工程研究——跨学科视野中的工程》，2007年第1期，第196—209页。

有独特之处。人们常常用投资巨、规模大、多学科交叉和建设运行周期长等来概括大科学工程的特点，①但这些也是许多重大工程项目的共有特点。需要在此基础上进一步抓住“科学”二字，才能更准确地把握大科学工程的独特性，也正是这种独特性，才能将大科学工程与其他工程区别开来。

在此，需要说明的是，大科学工程概念与大科学装置或重大科技基础设施概念各有侧重，前者更加强调工程建设的过程，后者更加强调工程建设的产物。就此而言，所谓大科学工程史，也就是“大科学装置或重大科技基础设施的建造史”。至于为什么近年来人们更愿意将大科学工程的产物称作重大科技基础设施，而较少用“大科学装置”，是因为“装置”一词倾向于指称单个实体，不大适合指称像子午工程之类的分布式设施。也就是说，重大科技基础设施这个概念的包容性更强些。但是，如果将“装置”一词作宽泛理解，大科学装置就等价于大型科研设施，也就是国家重大科技基础设施。

第三节 大科学工程编史方法

澄清了概念之后，本书的目标也就清楚了。本书主要不是描述中国大科学活动（无论其是否依托大科学装置或设施）的历史，而是描述中国大科学工程的发展历史，即中国如何建造各类大型科研装置或设施以便支撑各类科研活动（或者同时支撑武器开发或产业创新活动）的历史。当然，对大科学工程的描述，离不开对大科学活动的理解，但两者毕竟是两回事，不能混为一谈。

鉴于工程的当时当地性，每个工程都是独一无二的。那么，是否可以说，工程史就是一个个独一无二的工程按照时间顺序的排列？答案是否定的。可以类比一下：每一个人都是独一无二的，人类社会史难道就是个人或者家庭历史按照时间顺序的排列？当然不是这样的。正像研究

① 罗小安，杨春霞：《中国科学院重大科技基础设施建设的回顾与思考》，《中国科学院院刊》，2012年第6期，第710—716页。

人类社会史一样，研究工程史，需要看到工程的“团组现象”，需要看到这些团组之间的横向联系，需要看到这些团组随时间展开的连续性以及变化性。这些横向联系或者纵向变化，要么是社会层面的，要么是技术层面的，要么是科学层面的，要么上述三个层面都有所涉及。只有弄清了这些团组、团组结构及其结构性变化，才能弄清工程包括大科学工程的历史。

基于这个考虑，本书试图从如下几个方面把握大科学工程的历史：

第一，为了把握大科学工程的结构及其变迁，要关注大科学工程的科学背景。这是因为，大科学工程是“基于”科学并“面向”科学的工程。科学既是大科学工程的目标，又是大科学工程的“基因”，在很大程度上决定着大科学工程的结构。因此，只有将大科学工程置于科学发展史脉络中，才有可能弄清楚大科学工程之所以然。

第二，为了把握大科学工程的结构及其变迁，还需要关注技术史。尽管技术不等于工程，但技术是工程不可或缺的要素，技术史一定是工程史的有机组成部分。因此，为了把握大科学工程史，还要把握大科学工程所利用的关键技术的历史，特别是关注前后相续的大科学工程之间以及各类大科学工程之间的技术联系：哪些技术是连续的，哪些技术发生了间断，重大技术变化如何带来大科学工程的重大变革。

第三，为了把握大科学工程的结构及其变迁，还需要关注社会史。任何工程都有社会性，都是在社会中展开的，因此，要把握大科学工程史，就需要把握大科学工程所处社会的变迁史，包括军事、政治、经济、文化等各个方面的情况。或者说，需要弄明白在特定历史时期，究竟哪些社会因素影响甚至决定了特定大科学工程的决策、组织和管理方式，哪些人物或者组织影响或者决定了大科学工程的立项、建设与运行，这些社会因素或者行为主体在前后相续的大科学工程中是否发生了变化或者保持了一定的连续性。

第四，为了把握大科学工程的结构及其变迁，还需要关注思想史。有人说历史无非就是思想史，[①]尽管这么说显得武断了些，但毕竟，人

---

① 柯林伍德:《思想史研究(第一卷):思想史的元问题》,丁耘,陈新主编,广西师范大学出版社,2005年,第1—14页。

是意向性动物，人类的行动在很大程度上是由观念引导的。因此，研究大科学工程史，一定要关注大科学工程背后的思想观念，特别是如何对有关要素进行集成的思想观念。因为正是这样的观念在很大程度上左右着大科学工程的集成方式及其变革。而弄清这种集成方式及其变革，恰好是大科学工程史的核心部分。

上述四点归结到一起，就是说，要弄清楚大科学工程史，需要将大科学工程的发展置于科学史、技术史、社会史和思想史的脉络之中，然后基于这四个维度，弄清大科学工程的要素集成过程、要素集成方式及其历史变迁。在这个研究进程中，国际视野必不可少。因为在建设大科学工程的情形下，相关的科学、技术、社会乃至思想背后无一例外都具有跨国因素，如果忽视了这种跨国因素，大科学工程就会从根本上变成不可理解的东西了。

本书的研究工作就是根据上述思路展开的，具体研究进程包括两个基本环节：首先对各个大科学工程进行资料搜集、整理与分析；然后集成起来，形成完整的大科学工程史叙事。作者从若干具有代表性的大科学工程案例的历史梳理做起——这就需要大量的档案查阅和资料搜集工作。对每个大科学工程，主要搜集如下资料：档案材料、采访记录、有关人士回忆录、新闻报道、学术论著。当然，如果没有其他学者的先期研究工作，本项研究也是不可设想的。特别是关于民国时期大科学工程的历史研究以及关于“两弹一星”的历史研究，本书多借助于其他学者的前期研究工作来实现。我们在消化其他学者前期工作的基础上，尽自己最大力量，开展实地调研，搜集档案资料并辅之以专家访谈。除了少数大科学工程难以开展实地调研之外，对本书涉及的大部分大科学工程，我们都拿到了一手资料，由此奠定了相关案例历史写作的基础。在个案研究的基础上，我们尝试寻找大科学工程的团组、结构以及结构性联系，进而从总体上把握中国大科学工程的发展脉络，而不是停留在对若干大科学工程案例的孤立描述和单纯的历史排序上。

基于上述考虑，本书在历史叙事上力求全方位呈现我国大科学工程建设的历史脉络，在具体案例的选取上尽量覆盖大多数已经建成并验收的大科学工程项目。除了国家发展和改革委员会（简称国家发改委）以

“大科学工程”或“国家重大科技基础设施”之名审批并由国家财政支持的重大项目之外，我们还将“两弹一星”工程、高性能计算机、双星计划、载人航天工程、嫦娥工程、大亚湾反应堆中微子实验、大连相干光源等纳入，此类工程不仅符合大科学工程的本质规定，而且对于理解我国大科学工程的“源”和“流”都有着不可或缺的意义。对于本来应该纳入本书的一些工程，例如高速风洞、极低频探地工程、遥感飞机、中国实验快堆工程、南极科考船等，由于调研条件所限，难以得到充分的有价值的一手资料，甚至有价值的二手资料也难以获取，也就只好暂时舍弃了。

这样，本书具体描绘的大科学工程达到三十多项。面对如此之多的大科学工程及相关资料，如何谋篇布局是一个难题。通常的思路是按照历史分期来架构全书，就是将大科学工程的历史发展分成若干阶段，将各个具体的大科学工程纳入各个阶段进行历史叙述。但是，这个思路面临着严重困难，因为多数大科学工程，从酝酿到运行，都跨越十多年、二十年甚至更长时间，因而也就很难限定到特定时期进行完整呈现。特别是，许多大科学工程在一期建设之后还有二期建设，延续时间就更长了。例如，北京正负电子对撞机建设，从20世纪70年代末开始酝酿，1988年建成一期，2008年建成二期，前后延续了三十年。如果把这类工程分拆到几个历史时期分别论述，就会显得散乱而缺乏可读性。

基于这个考虑，本书采取“总—分—总”的历史叙事结构：首先基于历史分期对我国大科学工程的历史发展进行总体勾勒，然后分成七大领域——计算领域、高能物理领域、核能领域、空间领域、天文领域、地学领域、生命领域，就特定领域的大科学工程按照历史顺序集中描述，最后总结几十年来我国大科学工程建设的主要成就、基本经验，并简要分析未来发展趋势。鉴于“两弹一星”的特殊性——不仅是我国第一批大科学工程，而且是我国后续一系列大科学工程的滥觞，本书将其置于各大领域大科学工程发展史之前，进行专章叙述。

第一章

中国大科学工程发展源流

中华人民共和国成立以来，大科学工程建设经历了从无到有、从小到大、从跟踪学习到自主创新的过程，大体上可以分为三个历史阶段：一是从1949年到1977年的奠基期，围绕“两弹一星”研制任务，建造起一些大型科研装置，揭开了大科学工程建设的序幕；二是从1978年到1997年的成长期，以北京正负电子对撞机立项建设为标志，陆续建造了中国遥感卫星地面站、兰州重离子加速器、合肥同步辐射光源等，大科学工程建设迈出新步伐；三是1998年以来的壮大期，为落实科教兴国战略，兴建了上海光源、中国地壳运动观测网、子午工程、中国散裂中子源、500米口径球面射电望远镜等一大批设施，大科学工程数量、建造规模和覆盖领域都迅速扩大。利用这些大科学设施，我国科学家开展了高能物理、粒子物理、固体物理、核聚变、天体演化、材料科学、地质结构与变迁、生态环境、海洋科学、生物大分子结构分析等多领域的研究工作，取得了突出成就。本章描述民国时期的大科学工程梦以及中华人民共和国成立后大科学工程的总体发展脉络。

第一节　民国时期的大科学工程梦

民国时期，政府和科学界已经有了大科学工程的梦想。1945年8月，美国先后在日本广岛和长崎投下原子弹，震惊了全世界，引起了国民政府决策部门和科学界的强烈关注。

一、原子计划的出台

1941年12月，太平洋战争爆发，美国与中国均成为第二次世界大战反法西斯同盟国。当时中国远征军所用的步枪、轻重机枪、掷弹筒、迫击炮等轻武器大多由中国兵工厂生产供应，盟军中国战区参谋长魏德迈（A. C. Wedemeyer）与中华民国军政部次长、兵工署长俞大维因此频繁往来，逐步建立起密切的合作关系。①

1945年7月16日，美国首次核试验成功。8月6日，第一枚原子弹投向日本广岛。8月9日，美国又用原子弹轰炸日本长崎。不久，在重庆的中美联合参谋本部，俞大维看到一份详述美国原子弹研发过程的机密文件，魏德迈问俞大维："你们要不要派人到美国学习制造原子弹？"②俞大维曾于1918年到美国哈佛大学攻读哲学，1921年到德国学习哲学和数学，回国后主持兵工署枪炮制造和弹道研究，了解原子核中蕴含着巨大的能量，也知道制造原子弹的原理是德国人最先试验验证的，于是迅速向蒋介石作了报告。蒋介石随后命军政部长陈诚和俞大维负责秘密筹划中国的原子弹计划。

当然，事情远非如此单纯。1946年1月间，北平（现北京）行营上将主任李宗仁得到一项情报：日本发动侵华战争期间，曾秘密派遣一支技术队伍，到河北张家口采掘原子放射性原料；日本投降后，这支队伍中有30余人被中共抓捕，其余人员藏匿在北平。李宗仁密电蒋介石，建议利用这批日本专家制造原子弹。蒋介石命令军事委员会调查统计局代局长戴笠核实此事。戴笠迅速证实密电内容，并建议效仿美国最初研制原子弹的做法，成立顾问委员会，并由专事制造武器枪炮的兵工署负责研制。蒋介石看过报告之后，批示"如拟"二字。当时，国民党当局陆续接到各种相关情报，军政部长陈诚整合各方信息后，于1946年7月24日呈送蒋介石一份完整报告，表明各种有关日本人在中国研制原子弹的信息似乎"确有此事"，然而却"查无实据"。这样，蒋介石就将注意力从寻求日本专家协助转向由中国人自行研制。③

研制原子弹离不开一流的物理、数学和化学人才。有了蒋介石的首肯，俞大维首先找到他的姨表弟、西南联大教授曾昭抡。这位拥有美国

---

① 王德中:《旧中国的核计划——40年代中国筹造原子弹始末》,《纵横》,1994年第6期,第27—29页。

② 李元平:《俞大维传》,台湾日报社,1992年,第67页。

③ 杨彬焕:《秘研原子弹:蒋介石在大陆的末路计划》,《档案记忆》,2017年第8期,第43—45页。

麻省理工学院化学博士学位的化学家又受托找了西南联大教授华罗庚和吴大猷。俞大维推荐吴大猷担任原子弹计划的核心专家。蒋介石召见吴大猷并告知，自己已下令拨经费10万元法币，并指示兵工署挪出一间大礼堂作为研究场地。蒋介石还承诺，可以将美国退还清朝赔偿八国联军的庚子赔款，用作赴美深造人员的奖助金。1946年6月1日，南京国民政府国防体系改组，撤销军事委员会和军政部，成立国防部，下设第六厅即研究发展厅，主持国防科技工作。同月，成立了以研制原子弹为核心任务的秘密运作的原子能研究委员会，其核心人物包括俞大维、曾昭抡等11人。按照计划，原子能研究委员会和早先成立的国防科学委员会密切配合，展开原子弹研发工作。在国防部第六厅于1947年编印的《国防科学研究年报》中，不但列有“大型火箭之研究”项目，而且陈明了“铀之提炼”的目的：“铀为制造原子炸弹之原料，亦为研究原子能不可缺少之物。国内已发现可能含铀之矿藏数处，故将此类矿石加以化验，并提炼纯铀，实为研究原子能所必需之初步工作。”[①]为此，还明确了四个研究步骤：详查矿石之矿源、化验矿石并决定其成份、试制氧化铀、用氧化铀提炼金属铀。

根据陈诚的要求，吴大猷和华罗庚开始选送学生赴美。在原子物理方面，吴大猷推荐了李政道和朱光亚；数学方面，华罗庚推荐了孙本旺；化学方面，曾昭抡推荐了唐敖庆、王瑞駪。1946年8月，华罗庚率队赴美后，即赴加州大学与先期到达的曾昭抡会合。曾昭抡告知，美国有关原子弹研制的各科研机构、工厂等都不允许外国人进入，已经不可能进行“考察”了。于是在军政部允许下，大家只好先分别到合适的大学进修或从事研究工作。[②]

第二次世界大战期间，日本也曾进行原子弹研制。1941年5月，日本陆军理化研究所制定代号为“Hu”的绝密计划，由原子物理学家仁科芳雄主持。海军则拟定代号为“F研究”的计划，由京都大学实施。

---

① 王德中:《旧中国的核计划——40年代中国筹造原子弹始末》,《纵横》,1994年第6期,第27—29页。

② 王士平,李艳平,戴念祖:《20世纪40年代蒋介石和国民政府的原子弹之梦》,《中国科技史杂志》,2006年第3期,第197—210页。

当时日本拥有原子科学家20人左右，包括世界一流物理学家汤川秀树。仁科芳雄所用的直径60英寸的加速器，是战前在加州大学教授劳伦斯协助下研制出来的研究设备。日本宣告无条件投降时，美国科学家建议将加速器移赠中国。为此，朱家骅特派顾毓琇前往日本接收这一设备。1946年2月25日，顾毓琇乘美国军用飞机飞抵东京，才知加速器已被美军沉入海中。他经过联系，拜访了仁科芳雄，还先后见了汤川秀树、荒胜文策和菊池正吉，并对日本的原子研究、航空工程研究的设备状况进行了为期五周的调查。

由于日本原子研究设备已沉入海中，中国不得不另想办法。1946年7月30日，顾毓琇奉命赴欧参加国防科学会议，路经旧金山时，向美洽购加速器等科研设备。8月6日，他拜访了劳伦斯。劳伦斯此时正在领导建造一座质量达4000吨、磁极面直径184英寸、可产430兆电子伏特能量的高能加速器。顾毓琇向劳伦斯表达了中国发展原子能事业包括制造原子弹的强烈愿望，后者估计加速器建造费用最低需25万美元。但由于美国技术出口管制以及国民政府财政窘迫，购置原子研究设备的计划成为一纸空文。

1947年4月21日，国防部长白崇禧呈送《要件演示文稿》给蒋介石，建议“设立原子物理研究所”并开列经费需求。一个月后，蒋介石在这份公文上批示：“目前国库支应浩繁，外汇亦须节用，所请设立原子物理研究所一案，似应缓办。”最后又以红铅笔写下“如拟”二字。[①]

二、原子研究进展

抗日战争胜利后的中国，无论学界还是国民政府方面，普遍意识到了原子研究之重要性，成立原子能研究机构、发展原子能科学已成为主要学术机构的共识。

当时在法国居里实验室工作并颇有成就的钱三强已成为国内各机构争相邀聘的对象。钱三强1936年毕业于清华大学，1939年在巴黎大学居里实验室完成博士论文《α粒子与质子的碰撞》并于1940年获得法国

① 杨彬焕:《秘研原子弹:蒋介石在大陆的末路计划》,《档案记忆》,2017年第8期,第43—45页。

国家博士学位，他的导师是居里夫人的大女儿伊蕾娜·约里奥·居里（Irène Joliot-Curie）。1946年春，已经留法工作的钱三强发现铀核的三分裂和四分裂现象，并为此获得法国科学院亨利·德巴微物理学奖。1946年下半年，钱三强相继收到胡适代表北京大学签署的邀聘其为该校物理系教授的聘函、梅贻琦代表清华大学邀聘其为该校物理系教授的聘函以及中央研究院总干事萨本栋发来的邀聘函。1947年8月，北平研究院也决议聘钱三强为该院镭学研究所专任研究员。

倍感兴奋的钱三强于1948年3月7日致信梅贻琦，同意接受母校清华大学邀请，同时建议联合北平研究院、北京大学、中央研究院、中央大学建立原子物理研究中心，后获得有关方面的积极回应。心怀这个梦想，钱三强于1948年5月踏上归途，次月10日抵达上海。就在钱三强为筹组原子能研究机构频繁活动的时候，他的行迹与言论也引起了美国驻中国大使馆的警觉。由于美国大使馆向中国政府提出“质询”，加上几个学术机构各自为政、学者之间的矛盾以及国民政府的危局，原子物理研究中心的计划最终落空。[①]这昭示出国家有能力“独立自主”并“集中力量办大事”的突出重要性。

事实上，在原子物理方面，国内最早设立的研究机构是北平研究院的镭学研究所。该所设立的目的是仿效法国居里研究所，开展放射性和晶体领域的研究。建所后，所长严济慈牵头向国外订购研究仪器，派遣研究人员赴英、法、美等国深造。美国向日本投放原子弹之后不久，国民政府决定将镭学研究所改为原子学研究所。但因该所缺乏实验设备和资金，更名未果。[②]

1947年10月，北平研究院向国民政府呈送《研究铀元素和原子弹之报告》。这份报告包括以下内容：铀发现史略、原子弹、铀为原子弹之必需原料、铀之供应、我国已发现之铀矿地区、我国现在研究原子学情况之调查、拟议采集铀矿禁卫铀区及奖助研究原子学之办法。[③]1947

① 黄庆桥:《再论钱三强与早期中国原子能科学》,《科学技术哲学研究》,2015年第1期,第89—93页。

② 葛全能:《钱三强和早期中国原子能科学》,《中国科技史料》,2004年第3期,第189—198页。

③ 李艳平,王士平,戴念祖:《20世纪40年代在中央研究院和北平研究院流产的原子科学研究》,《自然科学史研究》,2006年第3期,第193—204页。

年至1948年，国防部委托镭学研究所进行氧化铀研究，主要目的是弄清各种氧化铀晶体的构造与差异。1948年，北平研究院向英国科学仪器公司订购了X射线双晶测角仪、X射线高温照相机等仪器设备。这年9月，北平研究院正式将镭学研究所改为原子能研究所，钱三强参与组建工作并兼任该所所长。然而，由于经费短缺和科技力量薄弱等问题，科研计划难以实行。①其实，鉴于当时国内工业落后，也难以获得相关材料和技术支持。

再看中央研究院。该院物理研究所成立于1928年，1945年前后只有10余名研究人员，且研究工作主要集中在电磁学领域。1946年，中央研究院总干事萨本栋呼吁建立近代物理研究所专门从事原子能研究，但是没有得到蒋介石的批准。1947年，中央研究院将原子核物理学、金属物理学和电子学作为重点领域，纳入1948年工作计划。为此，拟购置回旋加速器和同步加速器等科研设备，经费预算为国币（民国时期发行流通的一种货币）210亿元及50万美元。这个计划未能付诸实施。1946年6月底美国拟在太平洋的一个小岛上进行原子弹试验，特邀国民政府的专家参观，赵忠尧获中央研究院推荐前往。赵忠尧1930年毕业于美国加州理工学院，师从诺贝尔物理学奖获得者密立根（R. A. Millikan），之后即赴英国剑桥大学卡文迪许实验室，跟随卢瑟福开展研究工作，成为正负电子产生和湮灭过程的最早发现者，因此派他前往是再合适不过了。

赵忠尧赴美前，中央研究院委托他在美采购一批必要的研究器材，并由萨本栋交给他几万美元的经费。1946年6月底参观了原子弹试验后，赵忠尧到加州大学拜访劳伦斯。但是，由于美国原子能委员会的技术管制，赵忠尧设法转到麻省理工学院电机系静电加速器实验室学习静电加速器发电部分和加速管的制造。他一边从事研究，一边准备购买质子静电加速器。当时购置整套设备至少要40万美元，而赵忠尧的经费不够。加之美国政府严禁此类尖端技术出口，不可能拿到整机出口许

① 王士平，李艳平，戴念祖：《20世纪40年代蒋介石和国民政府的原子弹之梦》，《中国科技史杂志》，2006年第3期，第197—210页。

可，他决定自行设计装配，只定制和采购关键部件。这样化整为零，不仅可节省经费，也便于装运回国。1950年3月，赵忠尧办理回国手续，但是在美国移民局的阻挠和刁难下，赵忠尧五个月后才拿到从香港入境的“过境许可证”。而在回国途中，赵忠尧又被美军无理扣押在东京巢鸭监狱两个多月，经中华人民共和国政府的强烈抗议和多次交涉，才获释回国。赵忠尧带回的仪器设备有静电加速器器材、核物理实验设备、一台多板云雾室等。这些仪器设备全部交给新成立的中国科学院（简称中科院）近代物理研究所，成为该所开展近代物理实验的基础。①

总体上看，民国时期的大科学工程还只是梦想，原子物理领域的努力基本停留在构想阶段，限于当时的条件，确实也难以实施。钱三强在《中国近代科学概况》一文中，对中华人民共和国成立之前的科学研究状况之薄弱有如下描述：

到解放以前为止，全国除大学外，稍具规模的研究工作单位只有四十家上下，专门从事科学研究试验工作的人员约有600多人。很多科学研究的基本设备还没有建立；很多重要的近代技术还没有掌握；绝大部分的仪器药品的供应还不能自己解决。以至于只有地质学、植物学、气象学等带有地域性质的和可以不依靠近代实验设备而进行工作的部门如数学和理论物理学，在中国才获得了适当的发展。某些新发展的科学部门，如原子核物理学、实验生物学虽吸引了我国科学工作者的注意，但得不到充分的发展条件。技术科学部门，如冶金、机器制造、应用电子学等都没有基础。就科学研究工作本身来说，以往多偏于学理的探讨，实际问题接触很少，系统的研究工作不多，好些工作还在单纯的搜集资料阶段，不能很好地说明问题。②

第二节　中国大科学工程的奠基

中华人民共和国成立之初，面对帝国主义的经济封锁、军事包围和

① 李艳平，王士平，戴念祖：《20世纪40年代在中央研究院和北平研究院流产的原子科学研究》，《自然科学史研究》，2006年第3期，第193—204页。

② 钱三强：《中国近代科学概况》，《科学通报》，1953年第7期，第1—6页。

战争威胁，国际政治环境异常险恶，经济社会百废待兴，国家科技力量还相当薄弱。在社会主义计划经济体制条件下，通过制订中长期科技发展规划，充分发挥“集中力量办大事”的制度优势，我国完成了以“两弹一星”为代表的大科学工程壮举。尽管发展“两弹一星”主要出于军事目的，但也因此，我国建立起第一批科研基础设施，例如加速器、反应堆、地面环境模拟装置、风洞等，更不用说直接服务于科学研究的科学实验卫星了。可以说，“两弹一星”塑造了我国大科学装置的发展基础，是我国后续一系列大科学工程的原点。

一、1956—1967年科学技术发展远景规划

中华人民共和国成立之后，经过国民经济的三年恢复，工农业生产取得了巨大成绩。随着“一五”计划（1953—1957）的实施，农村土地改革和工商业社会主义改造成功推进，国民经济不断发展，但是科技进步还不够迅速，仍然无法满足新中国各项建设的需要。在这种情况下，制订科技发展规划，系统地引导科学研究为国家建设服务，就成为了必然选择。

事实上，有计划地发展科学是“计划经济”体制的内在要求。在当时“一边倒”学习苏联的氛围中，效仿苏联制订科学规划理所当然。1955年1月，到任不久的中科院院长顾问、苏联专家柯夫达（B. A. Ковда）提出了制定全国性科学研究规划以集中力量解决事关国民经济发展重大问题的建议。2月12日，中科院党组向周恩来呈交报告，建议尽快着手制订全国性科学研究工作长远规划。4月22日，中央政治局讨论了中科院党组的报告，刘少奇责成国家计划委员会[①]（简称国家计委）、中科院及有关部门提出如何制定科学规划的具体意见。1956年1月5日，国务院副总理、国家计委主任李富春致函中科院党组，对制订科学研究规划作出指示，提出此规划必须是“迎头赶上”世界先进科技水平的规划。1956年1月14日，中共中央召开关于知识分子问题的会

---

① 国家计划委员会是现国家发展和改革委员会的前身，1952—1998年称为国家计划委员会，1998年3月更名为国家发展计划委员会，2003年3月国务院机构调整改组为国家发展和改革委员会并沿用至今。

议，周恩来代表中央作《关于知识分子问题的报告》，号召“向科学进军”，正式提出制订1956—1967年科技发展远景规划的要求。1月31日，国务院召开科技发展远景规划动员会，李富春在讲话中明确要求规划内容为中国急需而重要的薄弱的或空白的学科，是在国民经济与国防建设上或科学发展本身要解决的关键性问题、各个产业部门当前和不久的将来需要解决的科学问题。[①] 3月14日，国务院科学规划委员会成立，陈毅任主任（1956年11月由聂荣臻接替），李富春、郭沫若、薄一波、李四光任副主任，以加强对规划工作的领导。在此前后，有关部门邀请了以钱学森为代表的全国600多位科学家和以拉札连柯（Л.Б. Романович）为首的18位苏联专家参与规划的制定工作。在规划过程中，坚持以中科院为中心、由科学家搞规划，同时努力做到中国专家、苏联专家和党的领导相结合，以及中科院、高等学校和产业部门相结合。经过近半年的共同努力，终于形成《1956—1967年科学技术发展远景规划》（简称“十二年科技规划”）。这是中华人民共和国成立以后的第一个科技规划，规划确定了“重点发展，迎头赶上”的指导方针和“以任务带学科”的科技发展模式。

规划从自然条件及资源、矿冶、燃料和动力、机械制造、化学工业、建筑、运输和通信、新技术、国防、农林牧、医药卫生、仪器计量和国家标准、若干基本理论问题和科学情报等13个方面提出了57项重大科学技术任务、616个中心问题，并综合提出原子能和平利用、无线电电子学中的新技术、喷气技术、生产过程自动化和精密仪器等12项重点发展内容，还从学科发展角度对数学、力学、天文学、物理学、化学、生物学、地质学、地理学8个基础学科作出安排。为填补一些急需的尖端科学领域的空白，规划提出了1956年的“四项紧急措施”，即大力发展计算机、无线电电子学、半导体、自动化，并将其应用于工业和国防。此外，为了组织落实和实现规划目标和各项任务，国家还对科学研究工作的体制、科学研究机构的设置、科技干部的使用和培养、国际合作等作了一般性规定。该规划的实施解决了当时我国国民经济和国防

---

① 郭金海:《再论〈12年科技发展远景规划〉的制订与实施》,《科技导报》,2021年第12期,第51—64页。

建设迫切需要解决的一批科技难题，产生了以“两弹一星”为标志的一系列重大成果，对我国后续大科学工程建设产生了决定性影响。①

在1956年1月着手部署科技规划工作时，周恩来还阐述了实现规划目标的路径，这也是后续“两弹一星”研制工作的根本遵循：

第一，按照我们所最急需的门类，最迅速地派遣若干组专家、优秀的科学工作人员和优秀的大学毕业生到苏联和其他国家去作一年到两年的实习，或者当研究生，回国以后立即在科学院和政府各部分别建立发展这些科学和技术的基础，并且大量培养新的干部。同时，按照需要，每年陆续派人去实习和研究。第二，对于一部分学科，向苏联和其他有关的国家聘请若干组专家，请他们负责在最短期内帮助我们在科学院和有关各部门建立科学研究机构，培养干部，或者同我国科学界进行全面的合作。第三，有计划地组织大批科学工作人员和技术人员向现在中国的苏联专家学习，把他们当作导师来利用，而不要当作普通工作人员来利用。在苏联援助我国建设的一百五十六项企业的建设和生产过程中，有系统地组织大批技术人员研究和掌握其中的新的技术原理，并且加以迅速地传授。第四，集中最优秀的科学力量和最优秀的大学毕业生到科学研究方面。用极大的力量来加强中国科学院，使它成为领导全国提高科学水平、培养新生力量的火车头。第五，各个高等学校中的科学力量，占全国科学力量的绝大部分，必须在全国科学发展计划的指导之下，大力发展科学研究工作，并且大量地培养合乎现代水平的科学和技术的新生力量。第六，政府各部，特别是地质、工业、农业、水利、运输、国防、卫生各部门，应该迅速地建立和加强必要的研究机构，同科学院进行合理的分工和合作，共同扩大科学界的队伍，并且负责把世界科学的最新成就，有计划地、有系统地介绍到实际应用中去，以便尽可能迅速地用世界最新的技术把我们国家的各方面装备起来。②

---

① 张元春，张柏春：《规划科学技术：〈1956—1967年科学技术发展远景规划〉的制定与实施》，《中国科学院院刊》，2019年第9期，第982—991页。

② 周恩来：《关于知识分子问题的报告（1956年1月14日）》//中共中央文献研究室：《建国以来重要文献选编》（第8册），中央文献出版社，1994年，第11—45页。

二、中苏国防新技术协定

争取苏联技术援助以减少在工作中走弯路，是中华人民共和国成立之初的战略选择。抗美援朝的胜利树立了中国的国威，增进了中苏两国之间的战略互信，也为两国之间更大规模、更高程度的经济技术合作奠定了基础。从1954年到1957年，苏联共产党的内部斗争则进一步促使赫鲁晓夫逐步放宽在军事援助方面对中国的限制，以换取中共的认可和支持。[①]1954年10月，苏联领导人同意帮助中国建造小型原子反应堆，以和平利用原子能。1955年4月，中苏两国签订了《关于苏维埃社会主义共和国联盟援助中华人民共和国发展原子能核物理研究事业以及为国民经济需要利用原子能的协定》。1957年7月，苏联领导人对于向中国提供新技术援助的态度有了更大幅度的松动。9月7日，中国派出以聂荣臻为团长，陈赓、宋任穷为副团长的中国政府工业代表团共40多人赴苏联进行谈判。谈判从9月9日开始，共进行了35天，分为军事、原子能、导弹、飞机、无线电及有关试验基地建设等若干方面同时进行。

1957年10月15日，双方签订了《中华人民共和国政府和苏维埃社会主义共和国联盟政府关于生产新式武器和军事技术装备以及在中国建立综合性原子工业的协定》（简称“中苏国防新技术协定”）。苏联政府承诺，在建立综合性的原子能工业，生产与研究原子武器、火箭武器、作战飞机、雷达无线电设备，以及试验火箭武器和原子武器的靶场建设方面，对中国进行技术援助，包括向中国提供原子弹教学模型及有关图纸资料、派遣专家、提供仿制样品，以及接收导弹和原子能专业的100名中国留学生等。“中苏国防新技术协定”标志着苏联真正开始向中国提供原子弹和导弹研制方面的军事技术援助了。

“中苏国防新技术协定”签订之初，执行比较顺利。在原子弹研制方面，苏联提供了设备、图纸和技术资料，还派遣上千名专家来到中国。从工厂选址、设计到设备安装、调试，特别是在帮助中国技术专家理解文献和资料、培训中国技术工人掌握操作技能等方面，苏联专家发

---

① 沈志华：《援助与限制：苏联与中国的核武器研制（1949—1960）》，《历史研究》，2004年第3期，第110—131页。

挥了重要作用。1957年底之后，铀矿厂、水冶厂、核燃料厂、核武器研制基地、核试验场等都陆续进入设计和施工阶段，标志着中国核武器研制工作全面铺开。在导弹等武器研制领域，苏联除了派遣大批专家之外，还向中国提供了几种导弹、飞机和其他军事装备的实物样品，交付了相关技术资料，从而加速了我国在导弹、火箭和作战飞机、试验基地等装备领域的研制和建设步伐。①但是，当1958年苏联提出在中国建立由苏联控制的长波电台和联合舰队的要求遭到拒绝后，苏方态度开始转变。1959年6月20日，苏联借口正与美国等西方国家在日内瓦就禁止试验核武器问题进行谈判——若西方国家获悉苏联正在新技术方面援助中国，则有可能严重破坏社会主义国家为争取和平、缓和国际紧张局势所作的努力——暂停向中国提供与原子弹样品有关的技术资料等。1960年7月16日，苏联决定自1960年7月28日到9月1日，撤走全部在华苏联专家。至此，苏联单方面撕毁“中苏国防新技术协定”，给中国国防工业建设造成了严重困难。

三、中央专委成为组织保障

中华人民共和国成立后，面对列强的封锁和核讹诈，发展以原子弹为代表的国防高精尖武器势在必行，这也是“十二年科技规划”的重中之重。而要有效组织科研攻关，还需要相应的组织机制。

1956年11月，全国人大通过决议成立第二机械工业部（简称二机部），作为对中国原子能事业的归口管理部门。随着尖端科技事业的发展，到1962年秋，在国民经济进入全面调整之际，成立更高一级领导机构以加强原子能和尖端科技事业的组织领导工作，已经成为当务之急。在国家主席、国防委员会主席刘少奇指示下，总参谋长、国防工业办公室主任罗瑞卿于1962年10月30日向党中央、毛泽东递交报告，明确提出1964年爆炸第一颗原子弹，建议中央成立15人专门委员会，并提出“最好是总理抓总”。11月3日，毛泽东在报告上批示：“很好，照

① 沈志华:《援助与限制:苏联与中国的核武器研制(1949—1960)》,《历史研究》,2004年第3期,第110—131页;刘艳琼:《“中苏国防新技术协定”转让的航空技术探微》,《当代中国史研究》,2012年第2期,第43—47,125页。

办。要大力协同做好这件工作。”[①]11月17日，刘少奇在中央政治局会议上宣布，中央决定由15人组成中央专门委员会，周恩来任主任委员，全面领导原子弹的研制工作。12月14日，中共中央下达了《关于成立中央15人专门委员会的决定》。自此，中央15人专门委员会（简称中央专委）成为了中共中央领导国防尖端事业的最高决策机构，主要任务是加强我国原子能工业建设，加速核武器研制、试验工作以及领导核科学技术工作。中央专委由总理、7位副总理和7位部长组成，以周恩来为主任，成员有贺龙、李富春、李先念、薄一波、陆定一、聂荣臻、罗瑞卿、赵尔陆、张爱萍、王鹤寿、刘杰、孙志远、段君毅、高扬。

中央专委成立后，我国核武器研制进入快车道，围绕核工业建设和核武器攻关，中央组织了26个部（院）、20多个省（市、自治区）的900多家工厂、科研机构和大专院校参加。1965年3月2日，中共中央指示，中央专委不仅要管原子弹，也要管导弹。中央专委随之增加了7位部长成员。同月，中央专委批准并下达了研制“东风三号”液体中程地地导弹和战略核潜艇的任务。1965年5月，中央专委批准了“东风四号”中远程地地导弹的研制任务，同时决定研制洲际导弹，命名为“东风五号”。在我国核弹和导弹研制进展顺利之际，卫星研制也在紧锣密鼓地推进，中央专委的决策范围随之扩展。1965年5月，周恩来主持召开中央专委第十二次会议，批准了国防部国防科学技术委员会（简称国防科委）向中央呈送的《关于研制发射人造卫星的方案报告》，并责成中科院负责拟订卫星系列发展规划。从此，我国人造卫星研制工作正式开始。1965年12月29日至31日，周恩来主持召开中央专委第十四次会议，原则批准了二机部提出的争取1968年爆炸第一颗氢弹的两年规划。“文化大革命”期间，中央专委克服重重困难，保证了我国氢弹研制持续高效的推进。1967年5月9日，周恩来主持召开中央专委第十八次会议，全面审查了氢弹试验的准备工作，决定把试验准备的期限提前到6月20日。1967年6月17日，中国第一颗氢弹试验成功。1974年3月31日和4月12日，周恩来主持召开两次中央专委会议，审议批准了秦山核电站建设方案。可见，当年中央专委在“两弹一星”等重大工程建设中

① 梁东元:《596秘史》,湖北人民出版社,2007年,第186页。

发挥了极为重要的领导作用。[①]

事实上，作为社会主义“集中力量办大事”的一种组织机制，中央专委至今仍然发挥着至关重要的作用。在社会主义市场经济条件下，中央专委成为了践行新型举国体制的核心制度安排。

四、“两弹一星”工程拉动相关大科学工程建设

“两弹一星”是这一时期最重要的科技成就。正是在“两弹一星”研制过程中，一系列科研装置开始步入历史舞台。无论是加速器还是反应堆，都是在此项工程的牵引下发展起来的。

1958年苏联援建的“一堆一器”（重水反应堆、回旋加速器）投入运行，播下了我国大科学装置发展的种子。同年，二机部抽调了若干名工程技术人员，在兰州设立了“中国科学院613工程处”，负责1.5米回旋加速器建造工程。1965年又建成了600千电子伏特高压倍加器，随后还建造了15—50千电子伏特和40—150千电子伏特高压倍加器。这些装置为我国原子弹和氢弹研制作出了贡献。之后，根据二机部提出的“寻找新能源”的要求，近代物理研究所开展了“双超”（超钚、超重元素的合成）和“轻核聚变反应”的调研工作。为配合此项工作，1970年1.5米回旋加速器被改建为我国第一台重离子加速器，先后加速了碳12、氧16、氮14等较轻的重离子，并进行了重离子物理的理论和实验研究。当然，在北京自主设计并建造高能加速器的构想也与苏联援建的回旋加速器直接相关，并随着“两弹”工程的开展而逐步提上议事日程。

“两弹一星”的研制不仅需要反应堆和加速器，而且需要很多其他基础技术的支撑，其中最令人瞩目的就是计算机和授时系统。如果没有计算机，大量的科学计算就难以快速进行；如果没有精准的授时系统，航天测控就是一句空话。我国计算机的研制以及后来高性能计算机的发展、长短波授时系统的建立，就是在这种背景下奠基的。当时如果没有“四项紧急措施”、没有相关技术研发的配合，单独研发原子弹显然是不可能成功的。

“两弹一星”的政治、军事价值自不待言，但当时科研工作的指导

---

① 何立波:《中央专委与“两弹一星”》,《党史文苑》,2012年第11期(上),第36—42页。

方针是“任务带学科，学科促任务”，其实质就是为了形成科学研究与国家目标之间的有机联系。在这方面，大气科学家、地球物理学家赵九章颇具先见之明，他不仅关注支撑科学发展的技术装备，而且重视科学研究成果的工程化应用。正如大气物理学家叶笃正所言，赵九章在“20世纪50年代就提出发展地球科学要‘三化’，即数理化、新技术化和工程化。他主持地球物理所提倡的‘三化’，使大气物理科学、海浪学、地震科学、固体地球物理学都取得了很大的成绩”。[①]赵九章一再强调，空间探测必须与科学问题结合起来，必须有一个明确的科学问题。过去人们只能从地面来观测宇宙空间发生的现象，或者从地面观测的现象来推测发生在宇宙空间中的过程，而卫星上天后，人们就有可能进入宇宙空间直接进行探测，从而开创空间物理学新天地。正是基于这种认识，赵九章才积极上书中央，推动立项研制人造地球卫星，并为此进行了大量前期工作。实践1号卫星、实践2号卫星上进行探测试验的磁强针、太阳角计、太阳X射线计、粒子探测器、质子探测器、电子探测器、闪烁谱仪、红外辐射计、紫外辐射计、热电离气压计等，都是他在1959年就安排专门研究组并经过几年努力完成的试验任务，这些都为日后的空间科学探测打下了基础。正是基于赵九章等人的前期努力，我国的科学探测卫星才成为了名副其实的大科学工程。

类似的，钱三强对于任务与学科的关系也有清晰的认知。早在1956年，他就明确指出：

基础科学中探索性的研究若没有现代工业和技术的条件，也是不可能进行的。原子能发现以后，能首先在工业先进国家发展大规模原子能的利用，是因为原子能的工业需要各种已有的现代工业和技术的大力支持与协作；现在大规模的原子能工业建立起以后，又带动了一系列的新的工业，为其他科学技术提供了有力的工具和方法，也为自己的原子核物理的发展创造了前所未有的有利条件——巨型的粒子加速器、高中子流的实验性原子堆都是在这个基础上获得的……从基础科学中的探索性研究或者技术科学中的理论性研究，得到带有普遍意义的可应用原理以及进入到工业生产，

①《赵九章》编写组:《赵九章》,贵州人民出版社,2005年,第1页。

一般的要经过四个步骤：基础科学研究、技术科学研究、工程设计、工业生产……为了使我国科学技术能迎头赶上，我们必须要考虑到四个环节力量生长与互相配合问题。①

这一时期，中科院已经成为我国大科学工程建设的主力军。除了在“两弹一星”研制及相关大科学工程中作出核心贡献，中科院还是其他科研基础设施建设的绝对主力，例如高山宇宙线观测站、长短波授时系统的建设。之所以如此，主要原因是大科学工程的“基因”是“科学”，而当时的中科院就是中国科学发展的主导力量。也正因为大科学工程的核心群体是科学家，在这个阶段，知识分子的地位问题始终是一个焦点。1962年2月至3月，在广州召开了全国科学技术工作会议，由聂荣臻主持制订了1963—1972年科学技术发展规划。周恩来3月2日到会讲话。3月6日，陈毅又受周总理委托到会讲话。他们都强调了绝大多数知识分子都已经是劳动人民一部分这个观点，为知识分子“脱帽加冕”。这次会议让许多知识分子感到春风拂面。当然，知识分子地位问题的全面解决，则要等到改革开放之后了。

第三节　中国大科学工程的转型发展

1972年美国总统尼克松访华，开启了中美关系的新纪元。此后，中美科技交流逐步恢复。到1979年，邓小平访美，签署了《中美科技合作协定》，美国开始全方位向中国开放。随着国际局势的缓和与“文化大革命”的结束，我国开始以经济建设为中心，实行改革开放政策。北京正负电子对撞机工程就是在这种氛围下酝酿立项的，由此开启了我国大科学工程建设的新局面。

一、八年科技规划纲要

“文化大革命”结束后，我国科学技术事业开始进入新的发展阶段。1977年8月，在科学和教育工作座谈会上，邓小平提出我国要从科

① 葛能全：《钱三强年谱长编》，科学出版社，2013年，第269—270页。

学和教育着手，赶上世界先进水平。随后，有关部门组织专家、学者进行新时期我国第一个科技规划的研究与制订工作。1978年3月，全国科学大会在北京举行，象征着中国科技事业开始全面复苏，因此也被称作“科学的春天”。大会审议通过了《1978—1985年全国科学技术发展规划纲要（草案）》，同年10月，中共中央正式发布该纲要，简称“八年科技规划纲要”。

“八年科技规划纲要”确定了8个影响全局的综合性科学技术领域和重大新兴技术领域以及108个重点研究项目，并要求集中力量，在农业、能源、材料、电子计算机、激光、空间、高能物理、遗传工程等重大领域进行攻关。其中，在电子计算机科学技术领域，计划研制每秒千万次大型计算机和亿次巨型计算机，形成计算机系列的生产能力，大力推广应用计算机和微型机；在激光科学技术领域，计划在激光分离同位素、激光核聚变等重大应用研究上取得更大进展；在空间科学技术领域，计划开展空间科学、遥感技术和卫星应用的研究，发展运载火箭系列，研制发射天文、通信、气象、导航、广播、资源考察等多种科学卫星和应用卫星，积极进行发射空间实验室和宇宙探测器的研究，建成现代化空间研究中心和卫星应用体系；在高能物理领域，计划五年内建成能量为300亿至500亿电子伏、4000亿电子伏的高能加速器，十年内建成4000亿电子伏左右的质子加速器等。在重大举措中，计划改选、扩建、新建一批仪器工厂和研究机构，建立大型精密仪器和生产基地，争取到1980年，普通的仪器仪表和化学试剂的产能基本能满足需要；到1985年，大型精密仪器和可供组装的试验设备生产基本立足国内。“八年科技规划纲要”体现了“科学技术是生产力”和“四个现代化，关键是科学技术现代化”的战略思想，推动全国形成了重视科技的热潮，调动了广大科技人员的积极性，推动了改革开放起步之时的科技工作，也为新时期我国大科学工程建设指明了方向。

“八年科技规划纲要”洋溢着国人急于将“失去的十年”找回来的万丈豪情，但终归是不切实际，急于求成了。1982年，根据“经济建设要依靠科学技术，科学技术工作要面向经济建设”的方针，国家计委、国家科学技术委员会（简称国家科委）把“八年科技规划纲要”中的

108个项目调整为38个国家级攻关项目，以《“六五”科技攻关计划》的形式实施，取得了较好的效果。[①]

二、中美科技合作协定

1978年12月，中共十一届三中全会胜利召开，实现了党的思想路线、政治路线和组织路线的拨乱反正，作出了“改革开放”的伟大决策。这样，现代化重新成为中国社会主义建设的目标，学习、引进世界先进科学技术成为实现现代化的重要途径。美国拥有先进的科学技术，但此前中美两国未建交的政治状态限制了科技合作的开展。1979年1月31日，邓小平访美期间，签署了两国政府间第一个科技合作协定——《中华人民共和国政府和美利坚合众国政府科学技术合作协定》，简称“中美科技合作协定”。[②]

在该协定框架下，方毅副总理与美国能源部长施莱辛格签署了高能物理科技合作议定书。同时，中美双方还就教育、农业、空间三个领域的科技合作议定书换文。中美两国政府有关部门在“中美科技合作协定”框架下共签署了几十个议定书或谅解备忘录，涉及能源、环境、农业、基础科学、科技信息和政策、地学、自然资源、交通、水文和水资源、医药卫生、计量和标准、民用核技术与核安全、统计、自然保护、林业等众多领域。合作方式除参观互访、互派留学生、交换文献资料、邀请外籍科学家讲学、举办技术咨询和国际学术会议外，还逐步深化为合作研发、联合调查和共同观测等形式。[③]

“中美科技合作协定”的签署为两国科学家的交流奠定了基础。根据双方约定，中美科技协定每五年续签一次，两国政府主管部门每两年轮流主办中美科技合作联委会会议。四十多年来，中美双方在该科技合作协定框架下取得了多项重大成就，双方科学家之间的交流达到了前所未有的深度，这就为我国大科学工程建设创造了十分有利的条件。

---

① 胡维佳:《中国科技规划、计划与政策研究》,山东教育出版社,2007年,第79页。

② 张静:《邓小平与中美科技合作的开展(1977—1979年)》,《当代中国史研究》,2014年第3期,第14—23,125页。

③ 张蕾,王鸿生:《中美科技交往30年考察》,《西安电子科技大学学报》(社会科学版),2003年第1期,第112—117页。

三、国家科技攻关计划

20世纪80年代初，各发达国家纷纷调整科技政策，出台了诸如星球大战计划之类的大型科技计划。同一时期，我国改革开放步伐加快，经济社会发展也要求进一步强化科技支撑。在这种背景下，1982年国家计委根据中央和国务院的部署，组织制订并实施了国家重点科技项目攻关计划（简称国家科技攻关计划）。

国家科技攻关计划的宗旨是解决国民经济和社会发展中遇到的重大科学技术问题，为国民经济建设服务。其主要特点是突出重点，集中力量，调动各部门、行业和地方的优势，针对传统工业的技术改造、引进技术的消化吸收、重大工程建设中的技术难点，组织联合攻关。①虽然国家科技攻关计划重在产业关键技术和共性技术，但在强调“科学技术是第一生产力”的时代背景下，该计划也对满足国家战略需求的重大工程建设和重大装备研制进行了重点支持。“七五”期间，国家科技攻关计划支持了北京正负电子对撞机重要设备的研制，保证了工程进度。“九五”期间，国家科技攻关计划又将曙光系列高性能计算机研究与开发、曙光计算机应用（天津）工程等与超级计算有关的项目列入支持清单。②另外，作为当时我国大科学工程代表之一的中国遥感卫星地面站相关项目，也曾先后作为国家“七五”“八五”“九五”期间的科技攻关项目得到支持。

四、高技术研究发展计划

20世纪80年代初，许多国家都把发展高技术列为国家发展战略的重要组成部分，如1983年美国提出的“战略防御倡议”（又称“星球大战计划”）、欧共体的“尤里卡计划”、日本的“今后10年科学技术振兴政策”和苏联的“加速发展战略”等。1983年11月，国务院经济技术研究中心（现国务院发展研究中心）组织全国上千名专家，对如何发展高技术的问题进行研究，在此基础上完成了《中国迎接世界新技术革

① 柯文:《谈谈国家重点科技攻关计划》,《中国科技论坛》,1990年第5期,第48—51页。

②《“九五”期间国家科技攻关计划项目名录》,《中国科技信息》,2000年增刊,第60—62页。

命浪潮挑战和机会对策的研究》报告。1985年3月，有关专家再次集中起来，就如何应对美国“星球大战计划”进行讨论。由于存在分歧，发展高技术的设想没有变成具体行动。

1986年初，国防科学技术工业委员会（简称国防科工委）召开国防科技计划会议。无线电电子学家陈芳允在会上提出：“科学技术飞跃发展的今天，谁能把握住高科技领域的发展方向，谁就可能在国际竞争中占据优势。我国的经济实力不允许全面发展高科技，但我们在一些优势领域首先实现突破却是可能的。”该观点当即得到光学家王大珩的认同。会后，陈芳允找到王大珩、王淦昌、杨嘉墀等科学家，经过将近一个月的讨论、修改，形成了《关于跟踪研究外国战略性高技术发展的建议》。随后四人联名致信邓小平并呈上建议，他们写道：我们四位科学院学部委员关注到美国战略防御倡议对世界各国引起的反应和采取的对策，认为我国也应该采取适当的对策。看过他们的建议后，邓小平迅速作出“此事宜速作决断，不可拖延”的重要批示。[①]随后中共中央、国务院组织200多位专家，研究部署高技术发展的战略。经过严格论证，中共中央、国务院批准出台了《高技术研究发展计划纲要》（简称863计划）。863计划从世界高技术发展趋势和中国的需要与实际可能出发，选择生物技术、航天技术、信息技术、激光技术、自动化技术、能源技术和新材料7个领域15个主题作为高技术研究与开发的重点。随后，又新增了海洋技术领域。

863计划于1987年3月正式组织实施。在生物技术领域，有高产、优质、抗逆的动植物新品种主题，基因工程药物、疫苗和基因治疗主题以及蛋白质工程主题；在航天技术领域，有大型运载火箭及天地往返运输系统主题，空间站系统及其应用主题；在信息技术领域，有智能计算机主题，光电子器件和光电子、微电子系统集成技术主题，信息获取与处理技术主题和通信技术主题；在激光技术领域，有激光技术主题；在自动化技术领域，有计算机集成制造系统主题和智能机器人主题；在能

① 金红梅：《科学家和政治家的合作：“863计划”制定过程研究》，《清华大学教育研究》，2005年第6期，第32—37，65页。

源技术领域，有燃煤磁流体发电技术主题和先进核反应堆技术主题；在新材料领域，有高技术新材料和现代材料科学技术主题；在海洋技术领域，有海洋探测与监视技术主题，海洋生物技术主题，海洋探查与资源开发主题。此外，还有5个专项：水稻基因图谱、航空遥感实时传输系统、DIH-04型大型数字程控交换机关键技术、超导技术、信息安全。

从项目成果来看，北京正负电子对撞机相关科研项目顺利开展；中国与俄罗斯成功合作研制了6000米水下机器人，可用于海底地质地矿探测、水文测量及相关科学研究；银河系列、曙光系列高性能计算机成功研制；神光系列激光聚变装置成功研制；自适应光学望远镜成功研制；载人航天工程成功立项并顺利实施；等等。可以说，几乎所有后续大科学工程都以不同方式和不同程度得到过863计划的支持。

五、这一时期大科学工程建设的特点

这一时期，“中美科技合作协定”的签署和一系列科技规划的制订，为我国大科学工程的建设奠定了坚实基础。尽管国家各项事业都“以经济建设为中心”，但基础研究仍然得到了越来越多的支持。

当时的国家计委作为国家经济工作主管部门，努力从建设经费中拿出一部分支持基础科学事业。随着北京正负电子对撞机于1988年建成，其示范效应迅速显现。到90年代，国家对大科学工程的投入规模明显增加，建设数量和单项投资都在加大。1986至1995年的十年间，我国投资9.72亿元建设了14个大科学工程。①1996年7月，国家科技领导小组决策启动国家重大科学工程计划，确定建设“九五”时期第一批四个项目，包括新一代望远镜计划、合肥同步辐射装置二期工程、兰州重离子加速器冷却储存环、中国地壳运动观测网络。1997年6月，国家计委同意“九五”时期第二批国家重大科学工程项目立项，包括上海同步辐射光源、全超导托卡马克实验装置、中国大陆科学钻探工程等。改革开放之后的20年，我国在大科学工程建设和相关科研领域取得了显著成绩，拿出了一批高水平科研成果。

---

① 杜澄，尚智丛，等：《国家大科学工程研究》，北京理工大学出版社，2011年，第6页。

这一时期，在国家有关科技计划的支撑下，银河和曙光两大系列高性能计算机实现突破，磁约束和激光约束核聚变实验装置接连建成，北京正负电子对撞机、兰州重离子加速器和国家同步辐射光源几乎齐头并进、投入使用，中国遥感卫星地面站建成并投入使用，实践二号卫星群和实践四号卫星成功发射，特别是载人航天工程于1992年再次立项并高效推进。这样，计算机、加速器、激光、强磁场、火箭、卫星等几乎所有大科学工程的“基础结构”都开始在科学领域发挥出重大聚焦作用和支撑作用，并对后续大科学工程建设发挥着辐射带动作用。这一时期正处于我国从传统计划经济体制转向社会主义市场经济体制的转型期，大科学工程的宏观规划和微观管理机制都在不断发生着变革和重构，如何将计划手段和市场手段有机结合起来，建构新型管理体制和机制，就成了一个要害问题。在这方面，国家计委等有关主管部门逐步摸索出了一套行之有效的大科学工程筛选机制，并在这一时期的后期形成了制度化的大科学工程规划机制。就微观管理而言，北京正负电子对撞机建设过程中，探索形成了一套“中西合璧”的大科学工程建设管理体系和运行管理体系，并对后续其他大科学工程建设管理和运行管理发挥了不可或缺的示范带动作用。这样，大科学工程逐渐深入到科学研究的各个领域，取得了显著成就。基于这些装置的科学研究也取得了丰硕成果，我国在世界若干前沿科研领域占有了一席之地。

从跨国知识流动的角度看，如果说上个时期我国大科学工程建设主要倚重从苏联获取的技术知识，那么这一时期我国大科学工程建设则开始主要倚重从欧美等国与地区获取技术知识，因此中美之间和中欧之间的国际技术合作开始在大科学工程建设过程中占据主导地位。北京正负电子对撞机就是突出的例子，如果没有“中美科技合作协定”和据此建立的中美高能物理合作委员会，如果没有美国相关科研机构和科学家们的大力支持，此项大科学工程建设不知还要拖延多长时间。曙光1号高性能计算机的研制则是另一个显例，其研制过程中科研团队深入美国硅谷，在开放创新生态中搭建出了基本构架。当然，此类国际科技合作并不是一味依赖外方，唯外国专家是瞻，而是始终不忘在合作中求自立，在学习中求自强、求创新。也正因为如此，我国大科学工程建设才能够在不断实践中形成自己的内生创新能力，从而不断推陈出新。

围绕以基础研究为主的大科学装置，这一时期，我国还相继成立了国家同步辐射实验室、北京串列加速器核物理国家实验室、北京正负电子对撞机国家实验室和兰州重离子加速器国家实验室。这些国家实验室进行了有益的组织探索，在各自领域发挥了不可替代的引领作用，因而可以看作今日国家实验室体系建设的先声。

这一时期，大科学工程对于高科技发展的支撑作用得到了充分认可。1988年10月24日，邓小平携中央其他领导同志参观北京正负电子对撞机，发表了“中国必须在世界高科技领域占有一席之地”的重要讲话。他说：

下一个世纪是高科技发展的世纪。……过去也好，今天也好，将来也好，中国必须发展自己的高科技，在世界高科技领域占有一席之地……现在世界的发展，特别是高科技领域的发展一日千里，中国不能安于落后，必须一开始就参与这个领域的发展。搞这个工程就是这个意思。还有其他一些重大项目，中国也不能不参与，尽管穷。因为你不参与，不加入发展的行列，差距越来越大。现在我们有些方面落后，但不是一切都落后。这个工程本身也证明了这一点。……不仅这个工程，还有其他高科技领域，都不要失掉时机，都要开始接触，这个线不能断了，要不然我们很难赶上世界的发展。[①]

可以想见，如果没有邓小平的大力倡导和支持，我国大科学工程建设必定是另外一种局面。

第四节　中国大科学工程的发展壮大

20世纪90年代中后期，随着市场经济建设的稳步推进和科教兴国战略的正式出台，经济领域的技术创新工程、高等教育领域的211工程

① 邓小平：《中国必须在世界高科技领域占有一席之地》，《邓小平文选》（第三卷），人民出版社，2001年，第279—280页。

和985工程、科研领域的973计划和知识创新工程以及中央部委所属科研院所的转制改革相继得到实施。在建设国家创新体系的氛围里，国家发改委开始以五年为期，制订大科学工程建设规划。随后，国家对大科学工程投入规模明显加大，无论是大科学工程建设数量还是单项投资额度，都实现了大幅增长，我国大科学工程迎来了蓬勃发展的新时期。

一、知识创新工程

1997年，中科院组织专门力量，在对国际、国内经济社会和科技发展趋势进行战略研究的基础上，从国家整体发展高度撰写了《迎接知识经济时代，建设国家创新体系》研究报告，系统分析了世界知识经济发展态势及挑战，提出了建设面向21世纪的我国国家创新体系的思路与新时期中科院的战略选择，并建议国家组织实施“知识创新工程”。

1998年6月9日，国家科技教育领导小组第一次会议审议并原则通过了中科院《关于“知识创新工程”试点的汇报提纲》，决定开展知识创新工程试点工作。具体分三个阶段实施：1998—2000年为启动阶段，2001—2005年为全面推进阶段，2006—2010年为优化完善阶段。其总体目标是：到2010年前后，把中科院建设成为瞄准国家战略目标和国际科技前沿、具有强大和持续创新能力的国家自然科学和高技术的知识创新中心；成为具有国际先进水平的科学研究基地、培养造就高科技人才的基地和促进我国高技术产业发展的基地；成为有国际影响的国家科技知识库、科学思想库和科技人才库。[①]从此，中科院掀起了一场影响深远的体制改革和创新浪潮，院属大科学工程建设也进入了快车道。[②]

通过知识创新工程，中科院加大了与科研机构集中的北京市、上海市、合肥市等的合作，建设了一批大科学工程和相关研究中心。例如，与上海市共建第三代同步辐射光源，与合肥市合作成立了中科院合肥物质科学研究院。进入知识创新工程后的合肥物质科学研究院建成了我国

---

①《关于开展“知识创新工程”试点的汇报提纲》，《中国科学院院刊》，1988年第5期，第330—335页。

② 汤章城：《开局顺利 成绩可喜——中国科学院知识创新工程试点启动阶段情况简介》，《科学》，2001年第2期，第9页。

自主设计的全超导托卡马克核聚变实验装置，加上“十一五”时期立项建设的稳态强磁场实验装置，初步建成了面向综合性和多学科交叉研究的大科学设施群。

知识创新工程还促成一批大科学装置的升级换代，主要包括北京正负电子对撞机、兰州重离子加速器、合肥同步辐射光源等。其中，对北京正负电子对撞机的改造是在对撞机现有隧道内新建一个储存环，采用多束团、大交叉角对撞方式，使之成为国际上最先进的双环正负电子对撞机，亮度提高了两个数量级；兰州重离子加速器扩建了多用途的冷却储存环工程，能够为我国重离子核物理、放射性束物理、高离化态原子物理、核天体物理、强子物理等基础研究，以及生命科学、材料科学、航天科技等应用研究，提供更为先进的实验条件；合肥同步辐射光源新建1台波荡器插入元件，增建8条新光束线和相应8个实验站，成为了性能优异、稳定可靠、部分指标相当先进的中低能区同步辐射光源。截至2011年，中科院新建8个具有国际先进水平的大科学装置，改造3个大科学装置，基本建成适应科技创新活动要求的科研装备体系，科研仪器装备自主研发能力大幅提升。

2010年3月31日，国务院第105次常务会议听取中科院关于实施知识创新工程进展情况的汇报，审议通过了“创新2020”规划，决定继续深入实施“知识创新工程”，经过十年努力，创新能力大幅提升，科技创新实现整体跨越。作为“创新2020”规划的重要组成部分，战略性先导科技专项旨在瞄准事关我国全局和长远发展的重大科技问题，集科技攻关、队伍和平台建设于一体，形成重大创新突破和集群优势。当年，未来先进核裂变能、空间科学、干细胞与再生医学研究、应对气候变化的碳收支认证及相关问题4个A类先导专项正式立项；面向感知中国的新一代信息技术研究、低阶煤清洁高效梯级利用关键技术与示范、深部资源探测核心技术研发与应用示范3个A类先导专项预启动。其中空间科学一期先导专项于2011年完成了硬X射线调制望远镜卫星工程立项，同时启动量子科学实验卫星、暗物质粒子探测卫星的工程研制。2018年7月又启动了二期先导科技专项。先导科技专项对于培育和建设新一代大科学工程，对于强化中科院在大科学工程建设中的领军地位，都发挥了至关重要的作用。

二、国家中长期科学和技术发展规划纲要（2006—2020年）

21世纪初，新科技革命方兴未艾。2001年我国正式加入世界贸易组织（WTO），开启了我国加速融入世界科技经济体系的进程。我国要成为创新型国家，全面建设小康社会，就需要尽快发展科学技术并尽力缩小与发达国家的差距。2005年12月，国务院发布《国家中长期科学和技术发展规划纲要（2006—2020年）》，重点安排了8个技术领域的27项前沿技术、18个基础科学问题，提出实施4个重大科学研究计划，并且从重点领域中确定一批优先主题，围绕国家目标筛选出若干重大战略产品、关键共性技术或重大工程作为科技重大专项。16个科技重大专项分别是核高基（核心电子器件、高端通用芯片及基础软件）、极大规模集成电路制造技术及成套工艺、新一代宽带无线移动通信、高档数控机床与基础制造技术、大型油气田及煤层气开发、大型先进压水堆及高温气冷堆核电站、水体污染控制与治理、转基因生物新品种培育、重大新药创制、艾滋病和病毒性肝炎等重大传染病防治、大型飞机、高分辨率对地观测系统、载人航天与探月工程、北斗工程、激光聚变工程、新型超高音速火箭技术。这些专项关乎重大战略产品制造、关键共性技术突破和重大工程建设，是我国科技发展的重中之重。

该纲要还特别提出，要加强大科学工程建设，建设若干大型科学工程和基础设施，包括高性能计算机、大型空气动力研究试验装置、极端条件下的科学实验装置等；加强科学仪器设备及检测技术的自主研究开发，推进大型科学仪器、设备、设施的共享与建设，逐步形成全国性的共享网络。另外，还强调要积极参与国际大科学工程和国际学术组织，支持我国科学家和科研机构参与或牵头组织国际和区域性大科学工程。2006年2月，国务院颁布了若干配套政策，明确提出重点建设一批科研基础设施和大型科学仪器设备共享平台、自然科技资源共享平台、科学数据共享平台、科技文献共享平台、成果转化公共服务平台、网络科技环境平台，以全面加强对自主创新的支撑。纲要的颁布与实施，为我国大科学工程的蓬勃发展注入了强大动能，具有里程碑意义。

三、重大科技基础设施发展路线图

2007年7月，在《国家中长期科学和技术发展规划纲要（2006—2020年）》颁布之后，中科院根据国家未来发展需求，从经济持续增长和竞争力提升、社会持续和谐发展、生态环境持续进化与人类社会相协调这三大目标出发，开展面向未来的科技发展路线图战略研究。经过一年多深入研究，形成了18个战略研究报告。

其中，2009发布的《中国至2050年重大科技基础设施发展路线图》从科学技术及经济社会发展对重大科技基础设施的需求出发，分析了我国重大科技基础设施发展的现状和差距，确定了粒子物理及核物理、天文与空间科学、多学科研究平台、生命科学与生物技术、资源环境与生态、高技术6个领域作为研究重点，并确定了各领域所需的重大科技基础设施以及相关设施到2050年的发展路线图，在此基础上明确了各阶段发展的主要方向及可能或必须突破的重大科学技术问题并提出了一些为实现发展目标所需要的体制、资源、人才等方面的建设任务。报告建议尽快启动依托大科学装置的两三个国家级综合性研究基地建议，使其到2020年前后初具规模，远期目标是形成若干科学技术产出位居世界前列的大型科研基地和高技术园区。①该路线图为后续国家出台相关规划提供了依据，也预示了新时代我国重大科技基础设施集群化建设的新局面。

四、国家重大科技基础设施建设中长期规划（2012—2030年）

2013年1月16日，国务院常务会议讨论通过《国家重大科技基础设施建设中长期规划（2012—2030年）》，明确了未来20年我国重大科技基础设施发展方向，决定“十二五”时期重点支持16项重大科技基础设施建设。

此项规划的制订，意在贯彻《国家中长期科学和技术发展规划纲要（2006—2020年）》，做好重大科技基础设施建设的前瞻谋划和系统

①中国科学院大科学装置领域战略研究组:《中国至2050年重大科技基础设施发展路线图》,科学出版社,2009年,第20页。

部署。依据“着眼长远、服务大局，科学谋划、系统布局，重点突破、实现跨越，创新机制、持续发展”建设原则，计划在未来20年间，瞄准科技前沿研究和国家重大战略需求，根据重大科技基础设施发展的国际趋势和国内基础，以能源、生命、地球系统与环境、材料、粒子物理和核物理、空间和天文、工程技术七个科学领域为重点，从预研、新建、推进和提升四个层面逐步完善重大科技基础设施体系，到2030年，基本建成布局完整、技术先进、运行高效、支撑有力的重大科技基础设施体系。

“十二五”时期，在我国科技发展急需、具有相对优势和科技突破先兆显现的领域，优先安排包括高海拔宇宙线观测站、转化医学研究设施、海底科学观测网、中国南极天文台、上海光源线站工程等在内的16项重大科技基础设施建设。规划还要求从健全管理制度、保障资金投入、强化开放共享、协同推进预研、加强人才培养和促进国际合作六个方面入手，制定强有力的保障措施，力求全面保障所涉及的重大科技基础设施建设项目的顺利实施，真正提高我国重大科技基础设施建设、运行的技术和管理水平，推动我国从科技大国迈向科技强国。

五、大科学工程管理的规范化

中科院在大科学工程管理上始终发挥着引领作用。2007年，为了提高大科学工程的科技产出和社会效益，中科院院长办公会审议通过了《中国科学院大科学装置管理规定（试行）》《中国科学院大科学装置建设管理办法（试行）》和《中国科学院大科学装置运行管理办法（试行）》。之后于2013年进行修订，包括将“大科学装置”改为“重大科技基础设施”，正式发布了《中国科学院重大科技基础设施管理办法》《中国科学院重大科技基础设施建设管理办法》和《中国科学院重大科技基础设施运行管理办法》。

《中国科学院重大科技基础设施管理办法》分为八章。第一章总则明确了制定本规定的目的，确定了“科学规划、严格立项、法人负责、精心建设、高效运行、开放共享”的管理原则。第二章对重大科技基础设施进行了定义与分类。接下来的几章分别阐述了重大科技基础设施的管理体制、管理要求、经费管理、人力资源管理、资产与知识产权管理等内容。《中国科学院重大科技基础设施建设管理办法》明确了由国家发改委批复的可行性研究报告和初步设计报告所确定的建设内容、性能指标、经费和工期是工程实施的基准及工程管理的核心，确定了“强化计划、监控过程、严把基准、精心管理”的建设管理原则，明确了院部机关、项目法人和工程经理部以及共建单位的管理职责，并对预先研究、工程前期文件编制及审查、项目建议、可行性研究和初步设计、开工准备、建设实施、竣工验收和转入运行、工程后评价等各个阶段将要面对的不同管理问题进行了具体规定和说明。《中国科学院重大科技基础设施运行管理办法》确定了“明确目标、加强计划、高效运行、开放共享”的运行管理原则，从管理机构、运行维护、利用和开放、运行经费、运行工作评估、退役、共同运行大科学装置等方面对院属重大科技基础设施运行管理进行了具体规定。

上述管理规定与管理办法的制定是我国大科学工程事业发展到一定阶段的经验总结，这些管理规定和办法也逐步成为其他单位学习借鉴的模板。参考中科院的管理实践经验，国家层面的大科学工程管理办法也随之出台。2014年11月5日，国家发改委、财政部、科学技术部（简称科技部）和国家自然科学基金委员会（简称自然科学基金委）联合发布了《国家重大科技基础设施管理办法》，要求按照“科学决策、明确权责、协同管理、开放共享”的原则，完善国家重大科技基础设施管理，更大程度地发挥其科学效益和社会效益，同时对设施项目决策、建设管理、运行管理进行了规范。国家发改委牵头负责设施的规划、建设、运行和退役；国家有关部门和省级政府等负责项目的申报协调工作；高校、科研院所或企业可作为设施建设管理的依托单位，负责设施项目申报、建设和运行管理的具体任务，落实相应的保障条件。在项目决策方面，设施建设项目实行审批制，遵循竞争择优、集中建设的原则；在建设管理方面，要求成立项目建设管理机构，明确总负责人，协调推进项目建设工作，主管单位负责对项目建设情况进行检查；在运行管理方面，由依托单位负责，确保设施建设和运行的有效衔接，同时做好设施向社会开放、共享共用工作。

为了加快推进科研设施与仪器向社会开放，国务院于2015年1月26日印发《关于国家重大科研基础设施和大型科研仪器向社会开放的意见》，提出力争用三年时间，基本建成覆盖各类科研设施与仪器，统一规范、功能强大的专业化、网络化管理服务体系，使科研设施与仪器开放共享制度、标准和机制更加健全，建设布局更加合理，开放水平显著提升，分散、重复、封闭、低效的问题基本解决，资源利用率进一步提高。7月，科技部会同教育部等部门制订了试点工作方案，清华大学、上海交通大学、华中科技大学、西安交通大学、中国科学技术大学五所高等学校被选为试点单位，先行将科研设施和仪器向社会开放。

在上述管理制度建设背景下，中科院为了进一步加强院属重大科技基础设施管理，更好地为社会提供高水平的大型科学实验装置和公益科技设施，根据国家有关法规和规章，于2019年修订了2013年版管理办法，发布了新的《中国科学院重大科技基础设施管理办法》以及《中国科学院重大科技基础设施建设管理实施细则》《中国科学院重大科技基础设施运行管理实施细则》，体现了重大科技基础设施管理制度建设上迭代学习的机制与追求卓越的精神。

此外，随着我国综合国力及科技水平的提升，国际组织、外国政府及国外科技界邀请我国参加各类国际大科学工程或研究计划的次数持续增加。为了落实《国家“十二五”科学和技术发展规划》及《国际科技合作“十二五”专项规划》中有关“积极稳妥地参与国际大科学工程和研究计划”的要求，科技部在广泛征求相关政府部门及科研机构意见的基础上，于2012年1月发布了《参加国际大科学工程及研究计划国内论证指南（试行）》，从五个方面进行了规范：国际大科学工程或研究计划的重要性及可行性分析；我国参加该项目/计划的重要性和必要性分析；我国以不同方式参加该项目/计划的权利义务对比分析；我国参加该项目/计划的可行性分析；我国参加该项目/计划的国内收益评估分析。该指南的编制加强了我国有关机构参加国际大科学工程及研究计划相关事宜的协调和管理，有力支持了我国科技界参与国际热核聚变实验堆计划（ITER）、综合大洋钻探计划（IODP）、第四代核能系统（GIF）以及其他领域的国际大科学工程和研究计划，也为适时发起由中国科学家和科研机构主导的国际和区域性大科学工程及研究计划打下了基础。

六、大科学工程建设走向“全面赶超，重点突破”

在可以从全球吸纳创新资源的大背景下，在国家各项科技规划与政策的支持下，我国大科学工程进入了百花齐放的大发展时期，从高性能计算、高能物理、核物理、空间科学领域迅速扩展到了天文、地学和生命科学领域，无论是建设的广度还是建设的水平都跃上新的台阶，逐渐形成“全面赶超，重点突破”的局面。

“十五”期间，我国启动建设了全超导托卡马克核聚变实验装置、郭守敬望远镜、上海光源、中国西南野生生物种质资源库等大科学装置。“十一五”期间，相继启动建设中国散裂中子源、强磁场实验装置、500米口径球面射电望远镜、科学号海洋科学综合考察船、航空遥感系统、结冰风洞、大陆构造环境监测网络、重大工程材料服役安全研究评价设施、蛋白质科学研究设施、子午工程、地下资源与地震预测极低频电磁探测网、农业生物安全研究设施12项大科学工程。“十二五”期间，优先安排16项大科学工程，包括海底科学观测网、高能同步辐射光源验证装置、加速器驱动嬗变研究装置、综合极端条件实验装置、强流重离子加速器、高效低碳燃气轮机试验装置、高海拔宇宙线观测站、未来网络试验设施、空间环境地面模拟装置、转化医学研究设施、中国南极天文台、精密重力测量研究设施、大型低速风洞、上海光源线站工程、模式动物表型与遗传研究设施、地球系统数值模拟器。“十三五”期间，按照“成熟一项、启动一项”的原则，优先布局10个建设项目，具体包括：空间环境地基监测网（子午工程二期）、大型光学红外望远镜、极深地下极低辐射本底前沿物理实验设施、大型地震工程模拟研究设施、聚变堆主机关键系统综合研究设施、高能同步辐射光源、硬X射线自由电子激光装置、多模态跨尺度生物医学成像设施、超重力离心模拟与实验装置、高精度地基授时系统。

这一时期的标志性大科学工程建设成就包括：在高性能计算领域，银河/天河系列、曙光系列、神威系列高性能计算机研制你追我赶，竞相突破，在世界高性能计算机竞争中屡拔头筹。在高能物理领域，北京正负电子对撞机和兰州重离子加速器进行了升级换代，支撑能力大幅提升，而大亚湾中微子实验测得了中微子振荡基本参数，实现了基本粒子物理研究的重大突破。作为多学科平台，合肥光源不断进行升级改造，已经达到了第三代光源水平，而本就是第三代光源的上海光源及其线站工程成为了支撑众多门类科学研究的强大平台，引领了国内光源建设，以至于各地纷纷要求上马光源建设，业界甚至还流行起“有光则灵”的说法。在核物理领域，无论是磁约束核聚变实验装置还是激光聚变实验装置，都不断迈上新台阶并在国际上位居前列，使得人类彻底解决能源问题成为可望可及的事情了。在空间领域，我国载人航天工程和嫦娥工程高歌猛进，取得了历史性突破，从而将中国大科学实验装置真正推向太空、推向深空。在天文学领域，无论是郭守敬望远镜还是FAST，都是自主创新的杰出代表，在国际天文学界竖起了大科学工程建设标杆，已经催生了系列新发现。在地学领域，地壳运动观测网络的建成、大陆科学钻探工程的开展以及海洋科学考察船的建成，助力我国科学研究走向深地、深海，其战略意义不可低估。生命科学领域的大科学工程建设则实现了从无到有的历史性突破，无论是种质资源库、生物安全实验室还是蛋白质研究设施，建成之后都发挥着不可替代的科技支撑作用。

这一时期，大科学设施建设和开放共享水平大幅提升，科研产出能力不断提高，为国家经济建设、社会发展和国家安全提供了科技支撑，培养了大批优秀科技人才，提升了我国的国际地位和影响力。

这一时期，大科学工程建设领域的新型举国体制探索不断深化，大科学工程建设及运行全面走向制度化、规范化，大科学工程创新能力不断增强，从而也就有了参与国际大科学工程甚至主导国际大科学工程的底气。我国积极参与国际热核聚变实验堆计划、国际大陆科学钻探计划、综合大洋钻探计划以及国际大洋发现计划等，一方面为此作出了自己的独特贡献，另一方面也实现了有效的技术学习。大亚湾中微子实验则是我国开展的以我为主的国际合作大科学工程，不仅取得了高水平成果，而且也为我国未来开展类似的大科学工程提供了组织管理样板。

尽管中科院在大科学工程建设中依然占据主导地位，但大科学工程建设机构的多元化局面逐步形成，特别是地方政府和高校参与承建大科学工程的积极性越来越高。地壳运动观测网络、大陆科学钻探工程、上海光源、脉冲强磁场实验装置、重大工程材料服役安全研究评价设施、空间环境地面模拟设施、精密重力测量设施、中国散裂中子源等都是显例。在这种氛围下，实现大科学工程与高等教育的融合，推动大科学工程服务于地方经济建设，就成为了基本诉求。高校作为我国科技创新发展的重要力量，开始在牵头组织国际大科学计划和大科学工程项目建设中发挥不可替代的作用。[①]大科学工程不仅具有重要科学价值，而且还具有重要的教育价值和经济价值，这一理念开始得到空前认可。

当然，重大科技基础设施不是孤立发挥作用的，而是需要高效的制度安排作为保障。21世纪头十年，在科技部主导下，我国结合相关科技基础设施建设，分三批启动了16个国家实验室试点，覆盖了海洋、航空、人口健康、核能、新能源、先进制造、量子调控、蛋白质研究及农业、轨道交通等战略领域。但从总体上看，这些国家实验室建设还处在探索阶段。党的十八大以来，以习近平同志为核心的党中央对我国科技创新事业进行了战略性、全局性谋划，中国特色国家实验室体系建设迈出新步伐。2016年5月印发的《国家创新驱动发展战略纲要》提出，“针对国家重大战略需求，建设一批具有国际水平、突出学科交叉和协同创新的国家实验室”。2017年10月，科技部、国家发改委、财政部印发《“十三五”国家科技创新基地与条件保障能力建设专项规划》，界定了国家实验室的性质：国家实验室是体现国家意志、实现国家使命、代表国家水平的战略科技力量，是面向世界科技竞争的创新基础平台，是保障国家安全的核心支撑，是突破型、引领型、平台型一体化的大型综合性研究基地，并明确提出要布局建设若干国家实验室，同时面向前沿科学、基础科学、工程科学部署建设一批国家重点实验室。可以说，面对全球百年未有之大变局，坚持“四个面向”——面向世界科技前沿、面向经济主战场、面向国家重大需求、面向人民生命健康，紧密结合大科学工程建设，加快构建国家实验室体系，建立综合性国家科学中心和科技创新中心，已经成为我国实现高水平科技自立自强的必然选择。这也决定了，我国大科学工程建设正在迈入全新的历史阶段。

---

① 孙冬柏：《高校参与组织国际大科学计划和大科学工程的思考》，《北京教育》（高教），2017年第2期，第71—73页。

第二章

“两弹一星”工程

“两弹一星”的科学意义毋庸置疑，通过发展“两弹一星”，我国第一批科研基础设施，例如加速器、反应堆、地面环境模拟装置、风洞等相继建成，更不用说直接服务于科学研究的科学试验卫星了。如此看来，“两弹一星”也就成为了中国塑造大科学装置的系列工程，同时也是一系列后续大科学工程建设的起点。因此，关于“两弹一星”的研制历程，当然应该成为中国大科学工程史的重要章节。

第一节　立国之战与核威胁

1949 年 10 月 1 日，中华人民共和国成立。1950 年 2 月 14 日，经过艰苦谈判，中国与苏联签订了为期 30 年的《中苏友好同盟互助条约》。1950 年 6 月 15 日，朝鲜战争爆发。1950 年 10 月 19 日，中国人民志愿军开始了持续 33 个月的抗美援朝战争。在这场中华人民共和国的“立国之战”中，美国曾屡屡威胁使用原子弹。

1950 年 11 月 30 日，美国总统杜鲁门在记者招待会上，扬言正“积极考虑”在朝鲜战场使用原子弹。后来，杜鲁门又再三声明，美国不会使用原子弹。之所以如此，主要是因为美国害怕苏联的核反击。1949 年苏联第一颗原子弹试验成功，打破了美国核武器的垄断地位，若引发第三次世界大战，谁都难以承受。然而，1953 年，艾森豪威尔继任美国总统后，再次威胁使用原子弹。美国国务卿杜勒斯通过印度总理尼赫鲁给中国带话：“如果不能安排停战，美国将不再承担不使用核武器的责任。”当尼赫鲁拒绝传递任何核威胁的信息后，美国通过板门店谈判，把“诉诸核武器”的信息散布开来，扬言如果谈判没有进展，战争可能升级：美国有可能使用核武器攻击中国本土，甚至包括北京。[①]1953年7月，战争双方在《朝鲜停战协定》上签字，抗美援朝胜利结束。1955年1月18日，中国人民解放军解放了大陈岛在内的所有浙江沿海岛屿。美国再次威胁中国，提出美国有权使用原子弹。[②]尽管这没有成为现实，但对于中国来说，无疑是悬在头顶的达摩克利斯之剑。

原子弹的理论基础是爱因斯坦在1905年提出的质能关系式$E=mc^2$（E代表能量，m代表质量，c代表光速）。第二次世界大战期间，德国科学家在世界上率先开始研制原子弹。当时，逃亡美国的德国犹太科学家西拉德（Leo Sziland）将这个消息告诉了爱因斯坦，并建议他致信美国总统罗斯福，提请美国尽快研制原子弹。这封由西拉德等人起草并由爱因斯坦署名后于1939年8月2日上书罗斯福的信中写道：“使用大量的铀来建立核链式反应堆，从而产生巨大的能量和大量的新型类镭元素已成为可能。现在基本可以确定这会在不久的将来实现。这种新的现象有可能——尽管还不是那么确定——将引导着炸弹的构造，并且威力十分巨大的炸弹也有可能因此而被制造出来。”[③]但是，罗斯福一开始并没有把这当回事。于是爱因斯坦在1940年3月又给罗斯福发了第二封信，劝他一定要抓紧，然而这似乎仍未对美国原子弹研制决策产生决定性影响。促使美国加速进行原子弹研制的主要原因是日本偷袭珍珠港和来自英国的原子弹前景展望情报以及美国科学院委员会关于铀研究的报告。[④]

终于在1941年12月6日，美国正式制订了代号为“曼哈顿”的绝密计划，并被罗斯福赋予“高于一切行动的特别优先权”。美国陆军部负责实施此项计划，耗资25亿美元，先后起用50多万人（其中包括1000名以上的顶级科学家），历时3年，于1945年7月16日成功进行了世界上第一次核爆炸，并按计划制造出两颗实用的原子弹。1945年美军在日本广岛和长崎投下原子弹，一定程度上促成日本的无条件投降。就

---

① 马沈，张秀芬：《美国在朝鲜战争中的五次核讹诈》，《环球军事》，2009年第17期，第36—38页。

②《美国曾三次对华“核讹诈”》，《环球时报》，2021年5月26日。

③ 许良英、赵中立、张宣三编译：《爱因斯坦文集》第三卷，人民出版社，1979年，第177—178页。

④ 陈恒六：《爱因斯坦与原子弹》，《自然辩证法通讯》，1985年第4期，第20—28页。

这样，科学技术第一次以令人炫目的方式，展示了其影响战争进程的巨大威力。曼哈顿计划不仅造出了原子弹，也留下了14亿美元的资产，包括一个拥有9000人的洛斯阿拉莫斯核武器实验室，一个拥有36000人、价值9亿美元的橡树岭铀材料生产工厂及实验室，一个拥有17000人、价值3亿多美元的汉福特钚材料生产工厂，以及分布在美国伯克利和芝加哥等地的实验室。作为一种新型科研模式，曼哈顿计划昭示了大科学时代的来临。

导弹是先于原子弹发展起来的。第二次世界大战前的德国，在火箭技术研制上处于领先地位。1942年10月，德国火箭专家成功地把A-4火箭送上蓝天，这种弹道式火箭后来被命名为V-2导弹。两个月后，另外一种飞航式火箭获得成功，后被命名为V-1导弹。1945年德国投降前夕，布劳恩和400余名火箭专家向美军投降，布劳恩随后成为美国火箭技术和空间技术的奠基人之一；苏联也缴获了大量V-2导弹的成品和部件，并俘虏了一些火箭专家。以此为起点，美苏开始了各自的火箭和空间计划。有了导弹的加持，原子弹的威胁几乎就无处不在了。

作为一个新兴大国，中国在面临核威胁的情况下，要想巍然屹立于世界民族之林，尽快研制自己的核武器和导弹，几乎就是必然的选择。1952年5月，在周恩来主持下，朱德、彭德怀、聂荣臻、粟裕等中央军委领导人在研究国防建设五年计划时，酝酿过研制原子弹等问题，征询过有关科学家的意见，并从各方面开始了准备工作。然而，当时中国科学研究的起点很低，科研力量捉襟见肘。在这种情况下，要想研制原子弹和导弹，无疑是异常艰难的事情。聂荣臻在其回忆录中有这样的描述：

解放初期我国科学研究事业的家底非常薄弱。全国科学研究机构包括社会科学研究机构在内，共计四十个左右，研究人员只有六百五十余人。一九四九年十一月，在接收原中央研究院和北平研究院的基础上，成立了中国科学院，但只有研究机构二十二个，研究人员二百多人……而且，从学科和门类来说，空白和缺门太多了。旧中国留下来的科学研究力量十分可怜，只有一些农业、地质、生物、社会科学等方面的小型研究所，即使这样，有些还是爱国科学家在极其困难的条件下努力兴办起来的。房屋、设备、仪器以及资金等都非常缺乏，很难独立地开展研究工作。至于国民经济和国防需要的重要学科和现代化的一些科学研究工作，可以说基本是空白。①

站在这个历史起点上，如何面向国家战略需求，将全国科研力量尽快组织起来，并不断“滚雪球式”地发展壮大，完成中国自己的大科学工程壮举，就成为了解放初期中国社会主义建设面临的一个关键课题。

第二节 中国第一颗原子弹的诞生

一、钱三强与中科院原子能研究所

要研制原子弹，就必须进行相关科研准备。这就不能不说中科院原子能研究所及其前身近代物理研究所，正是在这里，荟萃了中国第一代核能研究顶尖人才。

中华人民共和国成立后，在民国时期北平研究院和中央研究院的基础上，于1949年11月1日成立了中国科学院。1950年5月19日，中科院近代物理研究所成立，吴有训任所长，钱三强任副所长。一年后，钱三强任所长。吴有训1930年获美国芝加哥大学博士学位，师从著名物理学家康普顿，在X射线散射研究方面作出过重要贡献，曾任中央大学校长。1950年10月17日，吴有训与钱三强共同主持近代物理研究所第一次所务会议，王淦昌、彭桓武、何泽慧等出席会议。会议决定近期工作主要分为四部分，即实验原子核物理、放射化学、宇宙线、理论物理，其中以实验原子核物理为重点，准备建立两种粒子加速器，并进一步配置回旋加速器。科研组织暂分为理论物理、云室及照相版、计数器电子学和放射化学四个组。同月，已获美国普渡大学物理学博士学位的邓稼先回国，并到近代物理研究所任助理研究员，在彭桓武领导的理论

① 聂荣臻:《聂荣臻回忆录》,解放军出版社,2007年,第608页。

物理组从事原子核理论研究。建所初期，“一切从零开始”，“自己动手，丰衣足食”，是大家共同的口号和决心。[①]

1951年春，放射化学家杨承宗从法国回国到近代物理研究所工作。离法前，导师伊蕾娜·约里奥·居里对他说：“你回国后请转告毛泽东主席，你们要反对原子弹，就要有原子弹。原子弹也不是那么可怕的，原子弹的原理也不是美国人发明的。”杨承宗回国后即把这番话告诉了钱三强。[②]杨承宗还带回了用钱三强1949年转交的外汇购买的一些原材料和一台100进位的计数器，另有伊蕾娜·约里奥·居里为支持中国科学事业而赠送的10克含微量镭盐的标准放射源。伊蕾娜·约里奥·居里的一番话、礼物以及购置的材料，成为了中国原子能科学发展乃至研制原子弹的火种。

1952年，王淦昌和彭桓武被任命为近代物理研究所副所长。王淦昌1929年毕业于清华大学物理系，1933年获德国柏林大学博士学位，曾提出探测中子的实验设想，回国后先后任山东大学和浙江大学教授，1941年提出探测中微子实验方案。彭桓武1935年毕业于清华大学物理系，1940年和1945年相继获爱丁堡大学哲学博士学位和科学博士学位，在固体物理、介子理论和量子场论等方面做出过有国际影响的学术成果，回国后先后任云南大学和清华大学教授。1952年10月，近代物理研究所制订了1953—1957年发展核科学的第一个五年计划，发展方向是以原子核物理研究为中心，充分发展放射化学，为核能利用准备条件；通过科研实践培养人才，为发展核科学技术准备力量。

多年后，杨桢回忆了建所初期近代物理研究所大发展的情况：

在新中国成立初期的困难条件下，近代物理所，“麻雀虽小，五脏俱全”，钱先生（钱三强）历尽艰辛，使今天浩大的近代物理大军在那里都有了“根”；高能物理方面，王淦昌先生带学生开始了云雾室宇宙线的研究，王先生还给我们开了“原子核物理”和“宇宙射线”两门课；肖健先生刚从美国回来，就马上用云雾室积累“V-粒子”事例；理论物理组有朱洪元

① 葛能全:《钱三强年谱长编》,科学出版社,2013年,第182—183页。

② 边东子:《从居里实验室走来——杨承宗口述自传》,湖南教育出版社,2012年,第69,95页。

先生和彭桓武先生，还有在五十年代就不幸去世的郭挺章先生，而于敏、邓稼先和黄祖洽等后来为祖国的核事业作出重要贡献的人，当时都是这个组里的“小青年”。赵忠尧先生克服重重阻挠和困难一回到国内，就用他好不容易带回来的少量器材，领着叶铭汉（我们的团小组长）等几个青年，为我国的第一台加速器“奠基”；按照钱先生“首先要建立探测设备”的要求，除了何泽慧先生研制乳胶之外，戴传曾、李德平先生和我这个“小毛头”在一个组，他们每人建了一套真空系统试制盖革—米勒计数器，而我则忙于调试钱先生从居里实验室带回来的“居里静电计”，用以测试放射性。钱先生承袭了居里实验室的优良传统，非常重视化学。在化学组，从法国回来的杨承宗先生带着朱润生和林念芸等几个年轻人，开始了最早的“摸老虎屁股”即铀化学的研究。就这样，在钱先生的精心组织和安排下，中国的近代物理：高能、基本粒子、核物理、原子能乃至放射化学的雏形，就在这小小的灰楼里得以形成。①

在当时中苏关系日益密切的环境下，依靠苏联发展核科学技术是很自然的选择。1953年3月，钱三强率领中科院代表团访问苏联，商讨两国科学院的科学合作事宜，其间经特别批准参观了苏联物理学领域一些保密研究所，包括苏联科学院列别捷夫物理研究所、宇宙射线研究平流层观测站、苏联科学院列宁格勒物理技术所、苏联科学院瓦维洛夫物理问题研究所以及莫斯科国立大学第二物理研究所，了解了一些苏联核物理发展情况。访苏归来不久，钱三强与时任中科院党组副书记丁瓒一起向国家计委提出争取苏联援助我国发展原子核科学的建议，他们还表示，如果不能从苏联引进，就必须组织自行研制回旋加速器和实验性反应堆。

为了集中力量开展电子学研究工作，陈芳允负责的“电子学研究所筹备处”和闵乃大负责的“数学研究所电子计算机研究组”也被整合到近代物理研究所（1956年微波组划归电子学研究所，计算机组划归计算技术研究所）。1953年10月，近代物理研究所更名为物理研究所，

① 杨桢：《纪念钱三强老师（1994年1月11日高能所纪念四位前辈会上的讲话）》，《现代物理知识》，1994年第4期，第45—46页。

钱三强仍任所长，王淦昌和彭桓武任副所长。这一年底，物理研究所已发展到156人，其中研究员13人，副研究员10人。一年后，钱三强向中共中央宣传部科学处派到物理研究所的调查组提出建议：大力发展核科学研究，加紧人才培养，在较短时间内建立我国核工业并研制原子弹。随后，调查组根据调研情况和许多科学家的意见，向中央有关部门提交了大力发展原子能科学技术的书面材料，这对后续决策起到了促进作用。①

为了准备原子能科学专门人才，1955年5月，根据周恩来总理的指示，钱三强代表中科院邀请东北人民大学（现吉林大学）的朱光亚、浙江大学的胡济民、北京大学的虞富春等在物理研究所组建了一个培训机构——近代物理研究室（代号为6组，对外亦冠北京大学之名），同时向中科院申请经费在原子能楼附近兴建教学实验楼。1956年3月，开始从全国重点大学选拔第一批（97名）高年级学生，进行原子能专业培训，一年后参加工作。下半年，该室正式划归北京大学，更名为技术物理系。上一年的夏天，卢鹤绂奉命从复旦大学调任北京大学中子物理学研究室工作。他1941年在美国明尼苏达大学完成的博士论文曾被美国政府列为涉及制造第一批原子弹及原子反应堆的绝密资料；他1942完成的论文《原子核内之潜能及其应用》预言了大规模利用原子能的可能性；他1947年发表的《关于原子弹的物理学》一文，在世界上首次估算铀235原子弹费米型链式裂变反应堆临界大小的简易方法的全部原理。在培训班里，卢鹤绂主要讲授"中子物理学"及"加速器原理"两门课程，同时还讲授"核物理、磁流体力学、等离子体物理学"等，他的学生中有多位后来成为了"两弹元勋"。②1957年8月，钱三强又促成清华大学组建工程物理系，并亲自与苏联方面联系解决教材等事宜。次年，中国科学技术大学开办了原子核物理和放射化学两个系。

1956年9月，正在兴建中的北京房山坨里实验基地与物理研究所合并，名称仍为物理研究所，中关村为一部，坨里部分为二部。钱三强仍任所长，副所长有李毅、赵忠尧、郑林、王淦昌、彭桓武、罗启霖、力

---

① 葛能全:《钱三强年谱长编》,科学出版社,2013年,第247页。

② 卢永亮:《卢鹤绂与原子弹》,《世界科学》,2010年第6期,第45—48页。

一、梁超。同时，为了合理布局研究力量，谋求长远发展，决定分出一部分人，于1957年6月成立中国科学院兰州物理研究室。这年11月，杨澄中、金建中、叶龙飞等全部搬迁到兰州（1962年兰州物理研究室与613工程处合并成立了新的近代物理研究所）。1958年6月，二机部和中科院商定，物理研究所更名为中国科学院原子能研究所，实行部院双重领导，以部为主。[①]1959年4月16日，原子能研究所原有研究室和技术单位按学科分成“线”，即物理线、化学线、堆工线、生物防护线、物理化学线，另设中关村片。到了这年年底，原子能研究所已经发展到22个学科、60个分支，填补了我国一批学科空白。技术单位由1957年的10个发展到22个，包括反应堆设计、堆物理、堆工程技术、材料腐蚀、元件工艺、受控热核反应、高能加速器的研究、大云室的设计建造、计算数学、钚化学、分析化学、放射性同位素制备和同位素应用、放射生物、卫生防护等。[②]

就这样，原子能研究所逐步发展壮大，成为研制我国第一颗原子弹的核心科研力量。

二、“最高决策”

中共中央领导人很早就开始关注核武器了。1946年，周恩来在南京与国民党当局谈判期间，受邀观看过美国原子弹爆炸的影视资料。同年8月，毛泽东在接受美国记者采访时就明确回答：“原子弹是美国反动派用来吓人的一只纸老虎。”他进而表达了对原子弹在战略上藐视、在战术上重视的基本看法。[③]1949年4月，也就是北平和平解放之后三个月，钱三强参加以郭沫若为团长的中国保卫世界和平代表团，出席同时在布拉格和巴黎举行的第一次世界和平大会。行前，应钱三强的提议，周恩来批复5万美元，由他带到国外购买发展核科学急需的仪器设备和图书资料。由于当时的冷战形势，定购回旋加速器电磁铁的计划未能实现。1950年初，毛泽东访问莫斯科时，观看了苏联进行原子弹试验

① 1958年10月，中国科学院应用物理研究所更名为中国科学院物理研究所并一直发展至今。

② 葛能全：《钱三强年谱长编》，科学出版社，2013年，第308页。

③ 彭学涛，郑瑞峰：《苏联援助中国研制核武器始末》，《文史精华》，2012年第6期，第13—20页。

的纪录影片，而斯大林则向毛泽东表示了为中国提供核保护伞的意愿。回国后，毛泽东曾对身边警卫员说：“这次到苏联，开眼界哩！看来原子弹吓唬不少人。美国有了，苏联有了，我们也可以搞一点嘛。”①但是，那时候苏联并不想分享核技术，加之抗美援朝、国力所限，核武器研制相关事项并未列入我国“一五计划”（1953—1957）。随着斯大林去世，苏联领导层发生权力斗争，赫鲁晓夫为了战胜政治对手，积极调整对外政策。在这种情况下，中国开始考虑将核武器研制提上议事日程。②

1954年8月20日，钱三强受邀向国防部长彭德怀介绍有关原子弹和氢弹的基本原理与构造等情况。当时，彭德怀即将率军事代表团赴苏参观核爆炸试验。彭德怀问：“中国要搞原子弹，怎么搞？最关键的技术、设备是什么？”钱三强强调当前最重要的是要研制实验性反应堆和回旋加速器，培养人才，聚集力量。③彭德怀率团参观苏联核爆炸试验的时候，同陈赓一起向苏联方面试探援助研制反应堆和回旋加速器的可能性。

1954年10月，赫鲁晓夫等苏联领导人来华参加中华人民共和国成立五周年庆典。彭德怀提醒负责中苏合作谈判的李富春：“要把建设反应堆和加速器的问题，提请苏联帮助。宁可消减别的项目，这个堆和器一定要争取尽早建起来。”④在两国最高级别领导人会谈中，苏联答应帮助中国新建15项工程，扩建141项工程。毛泽东明确表达了对发展原子能、研制核武器的兴趣。赫鲁晓夫则表示，原子武器太费钱了，社会主义大家庭，有一把核保护伞就够了，不用大家都来搞。⑤不过，赫鲁晓夫同意帮助中国建造一座小型原子反应堆，以和平利用原子能。

这一年，国际社会正在筹备将在日内瓦召开的原子能和平利用会议，苏联表达了向其他国家提供科技援助的意愿。在这种形势下，1955

---

① 温卫东：《叶子龙回忆录》，中央文献出版社，2000年，第185—186页。

② 沈志华：《援助与限制：苏联与中国的核武器研制（1949—1960）》，《历史研究》，2004年第3期，第110—131页。

③ 葛能全：《钱三强年谱长编》，科学出版社，2013年，第246页。

④ 葛能全：《钱三强年谱长编》，科学出版社，2013年，第247页。

⑤ 梁东元：《596秘史》，湖北人民出版社，2007年，第23页。

年1月15日，毛泽东在中南海主持中共中央书记处扩大会议，讨论发展原子能问题，出席会议的有刘少奇、周恩来、朱德、陈云、彭德怀、彭真、邓小平、李富春、陈毅、聂荣臻、薄一波、李四光、钱三强等。钱三强后来称这次会议为“最高决策”：

毛泽东主席主持会议，开宗明义：“今天，我们这些人当小学生，就原子能有关问题，请你们来上一课。”

李四光拿出一小块黄色的铀矿标本，说明铀矿资源与发展原子能的密切关系。我国1954年上半年，第一次在广西发现了铀矿资源。

领导人一个一个传看着铀矿标本，对它那神话般的巨大能量感到新奇。

我汇报了几个主要国家原子能发展的概况和我国近几年做的工作，为了加深直观印象，我把带去的自己制造的盖革计数器放在会议桌上，把铀矿石装进口袋里，然后从桌旁走过，计数器立刻发出嘎、嘎、嘎的响声，这时全场都高兴地笑起来。有的领导人兴趣正浓，还亲自做了试验；有人提出这样那样的问题，询问国内国外的情况，气氛十分活跃。

毛泽东点燃一支烟，开始作总结性讲话：“我们的国家，现在已经知道有铀矿，进一步勘探，一定会找出更多的铀矿来，我们也训练了一些人，科学研究也有了一定的基础，创造了一定条件。过去几年，其他事情很多，还来不及抓这件事。这件事总是要抓的。现在到时候了，该抓了。只要排上日程，认真抓一下，一定可以搞起来。”

“你们看怎么样？”毛泽东看了看大家，接着强调说：“现在苏联对我们援助，我们一定要搞好。我们自己干，也一定能干好！我们只要有人，又有资源，什么奇迹都可以创造出来。”①

研制原子弹的事情已经板上钉钉了。此时，苏联方面终于有了明确态度。1955年1月17日，苏联部长会议发表《关于苏联在促进原子能和平用途的研究方面，给予其他国家以科学、技术和工业上帮助的声明》。次日，赫鲁晓夫公开表示，将帮助中国和东欧四个社会主义国家进行和平利用原子能研究。又过了两天，中苏签订秘密协议，两国共同

① 钱三强：《徜徉原子空间》，百花文艺出版社，2000年，第110—125页。

在中国境内开展铀矿普查勘探工作，规定铀矿石除满足中国自己需求外，其余由苏联收购。[①]1月31日，周恩来主持第四次国务院会议，通过《中华人民共和国国务院关于苏联建议帮助中国研究和平利用原子能问题的决议》。决议指出：中国人民在苏联的帮助和合作下，将同全世界爱好和平的人民一起，为反对原子战争、禁止使用原子武器、促进和平利用原子能而奋斗不懈。[②]在讨论“决议”时，周恩来讲话指出：

我们要进行几项工作，一是展开“拥护苏联帮助中国和平利用原子能”“反对制造和使用原子武器”的签名运动；二是进行有关原子能的科学教育，注意对现有的物理学家的使用，科学院录用留学生有优先权；三是认真进行原子能的研究工作。要把现在的原子物理专家逐渐从行政工作中抽出来。物理专家的组织才能都很强，钱三强是科学院的秘书长，又是青联的副主席，钱伟长是清华大学的教务长，周培源是北京大学的教务长，在浙江大学有个物理专家，叫胡济民，担任副教务长，调了好久调不来，这次要下命令调来，从行政部门把他们“解放”出来，如果找不到合适的人选做教务长，当个名誉教务长也可以嘛。总之要号召专家归队，各位如果知道有专长的人可以推荐，不要瞒起来。[③]

三、建造“一堆一器”

1955年4月2日，国务院第三办公室副主任刘杰率7人组成的中国政府代表团赴苏联，就促进原子能和平利用进行谈判，钱三强、赵忠尧等随行。代表团于4月27日在莫斯科签订了《关于苏维埃社会主义共和国联盟援助中华人民共和国发展原子能核物理研究事业以及为国民经济需要利用原子能的协定》。协定内容包括援建一座7000千瓦的重水实验反应堆和一台磁极直径为1.2米的回旋加速器，初步估算金额为4300万卢布，并接受中国工程技术人员和核物理研究人员到苏联进行培训和

---

① 梁东元:《596秘史》,湖北人民出版社,2007年,第28页。

② 中华人民共和国国务院:《关于苏联建议帮助中国研究和平利用原子能问题的决议》,《科学通报》,1955年第1期,第1—2页。

③《周恩来在国务院第4次全体会议上的讲话记录》,《党的文献》,1994年第3期,第19—20页。

实习。[①]

出访期间，刘杰和钱三强就“一堆一器”选址及建设于4月13日联名向国务院副总理薄一波提出建议：选在北京以西50千米左右的山区，园区占地面积约5平方千米（实验室及附属建筑面积约3万平方米，宿舍及办公室不包括在内），电力要有2500千瓦；维持这些设备需要科技人员200人，而为了充分发挥它们的作用，这个基地应该容纳500人以上的科技人员。[②]7月4日，该建议获中央批准。

1955年6月27日，世界上第一个原子能工业电力站在苏联建成发电，我国核专家及政府人士都很受触动。同年7月1日，国家建设委员会成立“建筑技术局”，钱三强被任命为该局副局长，负责反应堆、回旋加速器等重大工程的筹建工作。10月19日，钱三强率领“热工实习团”赴苏联，随团参加培训和实习的有40余人，一同参加重水反应堆和回旋加速器的设计审查，这为后续工作打下了基础。

1955年12月10日，由核物理学家诺维科夫率领的苏联和平利用原子能科学代表团抵达北京，带来了苏联政府准备给中国核工业建设以全面援助的信息。此后，中苏高层开始就核工业发展进行书面协商。1956年3月，由刘杰、钱三强等组成的中国政府代表团应苏方邀请，就苏联帮助中国原子能工业和确定援建项目进行谈判。3月26日，刘杰、钱三强、彭桓武、赵忠尧等出席在莫斯科召开的杜布纳联合核子研究所共建签字仪式。该所由阿尔巴尼亚、保加利亚、中国、匈牙利、德意志民主共和国、朝鲜、蒙古、波兰、罗马尼亚、捷克斯洛伐克、苏联11国联合成立，所址定在苏联杜布纳。根据协定，中国派赵忠尧、王淦昌、胡宁为联合核子研究所首任学术委员会委员。4月23日，钱三强在莫斯科主持《和平利用原子能科学远景规划（草案）》修订会，参加讨论的科学家有：赵忠尧、王淦昌、胡宁、周光召、彭桓武、何泽慧、力一、杨承宗等。据此规划，除了建造重水反应堆和回旋加速器，还将重点发展低能核物理、应用核物理、宇宙线、高能物理、放射化学、辐射化学等

① 葛能全:《钱三强年谱长编》,科学出版社,2013年,第256页。

② 王甘棠,孙汉城:《世纪核风云录——中国核科学史话》,科学出版社,2006年,第92页。

学科领域。这项规划成为此后发展原子能科学的重要依据。①

基于充分的前期准备，1956 年 5 月 25 日，实验性重水反应堆和回旋加速器工程正式开工兴建。1956 年 7 月 24 日，周恩来主持原子能委员会会议，审定中苏两国代表团共同商议起草的《关于苏维埃社会主义共和国联盟为中华人民共和国在建立原子能工业方面提供技术援助的协定（草案）》和中国方面的备忘录等。

1957 年 10 月 15 日，聂荣臻代表中国政府在苏联签署了“中苏国防新技术协定”。②根据协定，苏联政府承诺，在建立综合性的原子能工业，生产与研究原子武器、火箭武器、作战飞机、雷达无线电设备，实验试验火箭武器以及建立原子武器的靶场方面，对中国政府进行技术援助，包括向中国提供原子弹教学模型及有关图纸资料。1958 年 2 月，第三机械工业部（简称三机部）改名为第二机械工业部（简称二机部），主要组织领导我国核工业的建设和发展工作，宋任穷任部长。1958 年 3 月 15 日，回旋加速器在物理研究所二部安装完毕（图 2—1）。3 月 16 日，重水反应堆开始进行综合调试。6 月 13 日，我国第一座重水反应堆在物理研究所二部开始临界实验（图 2—2）。7 月 1 日，《人民日报》在头版刊发新华社公告：

图 2—1　我国第一台回旋加速器

图 2—2　我国第一座重水反应堆首次达到临界

① 葛能全：《钱三强年谱长编》，科学出版社，2013 年，第 265—266 页。

② 周均伦：《聂荣臻年谱》（下卷），人民出版社，1999 年。

我国第一座重水反应堆已经正式运转，回旋加速器已经建成，正在准备从事科学研究工作。……它们的建成标志着我国已经开始跨进了原子能时代。

1958年9月27日，原子能研究所举行坨里实验基地落成暨我国第一座实验性重水反应堆和回旋加速器正式移交生产典礼。三十年后的这一天，被定为改名后的中国原子能研究院院庆日。10月1日，重水反应堆生产出33种放射性同位素。“一堆一器”的建成，对我国“两弹一星”的研制发挥了基础性作用：在第一颗原子弹研制方面，重水堆提供了装料和装料的关键数据，研制了点火中子源，突破了钚生产堆燃料组件等关键技术；在第一颗氢弹研制方面，“一堆一器”完成了在氢弹技术路线选择中起到“定向”作用的轻核反应的关键数据研究，为攻克氢弹材料氚的生产工艺提供了依据；在人造卫星和洲际导弹方面，“一堆一器”为材料性能提升和导航设备陀螺仪研制提供了关键数据，并为卫星地面测试装置生产了千居里级的钋－210热源。[①]直到1987年和2007年，回旋加速器和重水反应堆先后完成了历史使命，光荣退役。

为了迎接中华人民共和国成立十周年，钱三强总结了包括“一堆一器”在内的科研装备与仪器的研制与建设情况：

加速器和反应堆是发展原子核科学技术不可缺少的重要设备，解放后我国在建立这些设备方面作了很大努力。1958年6月，建立了现在亚洲最大、功率为7000—10000千瓦的重水型研究型反应堆，能加速α粒子到2500万电子伏特的回旋加速器。它们的性能非常良好。反应堆的中子流强度和回旋加速器的离子流强度达到了国际上的先进水平。我们自己设计和制成的250万电子伏特的质子静电加速器、高压倍加器和苏联供应的电子感应加速器正在运转着。此外，电子静电加速器、电子回旋加速器等其他类型的加速器也正在设计和制造中。通过这些加速器和反应堆的安装、操纵和设计，一批新生的从事反应堆和加速器的研究、设计和制造的干部生长起来了。高度真空是加速器和其他许多科学技术不可缺少的重要技术。在这方

①《六十载风雨砥砺　一甲子春华秋实——写在“一堆一器”建成60周年之际》，《科技日报》，2018年9月26日。

面我们已经能设计和制造合乎要求的大体积的金属扩散泵。在反应堆和这些加速器上正在紧张地进行着原子核物理、辐射化学、同位素制备、放射生物等方面的工作。大量的青年科学工作者正在成长中。①

四、永远的“596”

有了原子反应堆和回旋加速器，研制原子弹也就有了科研装备基础。1958年6月10日，中央决定成立直属中央政治局的科学小组，以加强对“两弹”研制工作的领导，由聂荣臻任组长。

1958年7月15日，涅金等三位苏联专家应邀在北京作学术报告，介绍原子弹原理、结构及设计方面的情况。宋任穷回忆说：

> 1958年6、7月间，苏联派三个专家来华考察和工作。先到青海看了核武器研究基地厂址，7月15日回北京作报告，从教学的角度讲了原子弹的一般原理和大概结构，我和刘杰、袁成隆、钱三强、吴际霖、郭会英等都去听了。这次报告使我们在一开始就能从理论、实验、设计、生产几个方面齐头并进地展开，起了引路的作用，加快了研制进程，争取了一些时间。可是他们讲的，虽然不假，但毕竟是一种教学概念，不是工程设计，而且有的数据根本不对，我们用了两年左右时间，经过反复计算才完全弄清楚。后来的研制工作，主要是靠我们自己的科技人员刻苦钻研，反复实验，逐步过关，最后达到1964年核爆炸试验成功。②

然而，好景不长，情况开始发生变化。1958年7月31日至8月3日，赫鲁晓夫访问中国，要求中方答复不久前苏方提出的关于中苏建立联合舰队和长波电台的建议。中方认为这样做有损主权，就断然拒绝了。除此之外，还有两件事情对中苏关系产生了重要影响：一是1958年8月下旬中国在事先未通报苏联的情况下炮打金门，在赫鲁晓夫看来是对以苏联为首的社会主义阵营的藐视；二是同年9月24日中国在浙江温州俘获一枚国民党空军发射的坠地而未爆炸的美国“响尾蛇”导弹，

---

① 钱三强：《我国原子能的和平利用正在大踏步迈进》，《原子能科学技术》，1959年第1期，第2—5页。

② 王甘棠，孙汉城：《核世纪风云录：中国核科学史话》，科学出版社，2006年，第206页。

苏方得知后几次索要，但中方推说正在研究这枚导弹，未能及时提供。[①]这些都预示着中苏关系发生波折在所难免。

1958年8月20日，二机部向中央上报《关于发展原子能事业方针和规划意见》，提出“以军事利用为主，和平利用为辅；自力更生为主，争取外援为辅；中央与地方并举、土洋并举，大中小相结合”的方针。9月15日，中共中央批准成立中国科学院原子核科学委员会，李四光任主任委员，钱三强、张劲夫、刘杰任副主任委员。次年4月，在苏联专家指导下，兰州铀浓缩厂厂区全部工号的施工图设计基本完成。核燃料元件工厂一期工程21个子项全部施工图的设计仅用了48天完成。各个辅助工程项目的设计也都相继提前完成。

果然，1959年6月20日，苏共中央正式致信中共中央，决定暂缓向中国提供原子弹教学模型和图纸资料，一些专家以休假为名相继回国。7月14日，聂荣臻就是否复信苏方一事请示周恩来，周恩来说：“中央研究了，我们不理他那一套。他不给，我们就自己动手，从头摸起，准备用八年时间搞出原子弹。”[②]后来，主持原子能工业的二机部，决定将苏联来信拒绝提供原子弹教学模型和图纸资料的日期——1959年6月，定为第一颗原子弹的代号“596”。

此时，重水堆和回旋加速器已经由我国自己的工程技术人员安全运转了一周年，对堆器的性能和结构进行了初步研究并作了某些改进，同时还建立了两座零功率堆装置，完成了“49-2”游泳池式轻水反应堆的全部设计。100千伏高压加速管已安装调试完毕，开始出束。与此同时，裂变物理与堆理论、堆工程技术等方面都开展了工作。1958年建成的两台电子静电加速器，已先后于1959年国庆节和年底调试好。真空技术、探测技术方面，也都有了进展和提高。在修理后的工棚里，“十一”国庆节前又开始了放射性同位素的制备生产。[③]1960年1月19日，“49-2”游泳池式轻水反应堆工程动工。该工程以普通水作慢化剂和冷

① 沈志华:《援助与限制:苏联与中国的核武器研制(1949—1960)》,《历史研究》,2004年第3期,第110—131页。

② 葛能全:《钱三强年谱长编》,科学出版社,2013年,第305页。

③ 葛能全:《钱三强年谱长编》,科学出版社,2013年,第308页。

却剂，功率为3500瓦。1960年2月12日，铀浓缩实验室（工号615甲）在原子能研究所建成并正式移交生产，主要用于铀扩散厂技术人员的培训工作。1960年4月14日，原子能研究所建成的我国第一座重水反应堆"开堆自动化"试验成功，标志着中国在掌握反应堆技术方面向前跨进了一步。所有这些，构成了中国研制原子弹的新的起点。

1960年3月8日，宋任穷率领中国政府代表团赴苏联商谈，为解决有关原子能科技合作问题作最后努力，但未见明显收获。1960年7月3日，聂荣臻向中央报告说："苏联在关键技术上卡我们，令人气愤，但气愤没有用。事情有可能这么一逼，反而会成为发展中国国防技术的动力，让我们更加坚定地贯彻自力更生的方针，而不是指望外援……在新的形势面前，我们继续坚持独立自主、自力更生的方针是可能的。"①

1960年7月16日，苏联政府照会中国外交部，单方面决定自7月28日至9月1日，撤走全部在华苏联专家1390人，停止派遣专家900多名，并撕毁了343个专家合同和合同补充书。三天后，毛泽东在北戴河听取专门汇报，他强调："要下决心搞尖端技术。赫鲁晓夫不给我们尖端技术，极好！如果给了，这个账是很难清还的。"②苏联专家撤走时，带走了全部图纸、计划和资料，停止供应我国建设急需的重要设备，大量减少成套设备和各种设备中关键部件的供应，使我国250多个企业和事业单位的建设处于停顿、半停顿状态，给我国经济建设造成了重大损失。就核工业系统而言，到8月23日，233名苏联专家全部撤走回国，并带走了重要的图纸资料，与此同时一切设备、材料的供应也随之完全停止。③

在这种情况下，彻底甩开"洋拐杖"，自力更生搞出原子弹就成了必然选择。此时，宋任穷离开二机部，调任东北局书记，刘杰接任二机部部长。此后，原子弹研制快速实现了认识上和组织上的转变。这就是变困难为机遇，由过去的以苏方为主转到以我们自己为主，依靠我们自己的专家，集中力量打歼灭战。在这个基础上，自力更生过技术关、质

---

① 聂荣臻:《聂荣臻回忆录》,解放军出版社,2007年,第642页。
② 陆其明,范敏若:《张爱萍与"两弹一星"》,解放军出版社,2011年,第59页。
③ 葛能全:《钱三强年谱长编》,科学出版社,2013年,第317页。

量关和安全关。

决心已下，接下来就是如何实施了。原子弹的研制包括理论分析、实验、设计和生产等多个环节，每个环节都需要出类拔萃的人才。早在1958年7月，二机部就决定成立核武器研究所，李觉将军担任所长，钱三强负责提名选调高水平科技专家，以作为原子弹研制的中心。在钱三强等人的不懈努力下，从1959年到1961年，草创时期的核武器研究所迅速汇集了一批顶尖人才。

1958年8月，钱三强点将邓稼先担任核武器研究所理论部主任，负责原子弹理论攻关。中苏关系破裂后，苏联的原子弹教学模型等不到了，只能独立自主研制原子弹。凭着深厚的学术功底和敏锐的物理直觉，邓稼先为原子弹理论设计选定了主攻方向——中子物理、流体力学、高温高压下物质状态研究，并带领研究组于1959年就把中国第一颗原子弹的理论计算轮廓勾画了出来。理论设计是需要计算手段的，早期曾使用过手摇计算器、电动计算机。中国当时只有一台从苏联进口的万次计算机，后来陆续研制出自己的计算机，但运算速度仍然很慢。为了克服困难，粗估法、外推法等都经常被采用。基于两年多的理论计算和各项实验工作，到1963年，终于完成了原子弹的总体设计方案，“在爆炸力学、中子输运、核反应、中子物理、高温高压下物质的性质等一系列关键问题上，各种数据都搞得扎扎实实的，哪怕是一个细小的疑点，他们都不放过”①。

这当然不是一个人能够完成的工作，而且只凭这些工作，也是远远不够的。1959年，拥有美国密执安大学物理学博士学位的朱光亚从原子能研究所调入核武器研究所，担任副所长。作为技术总负责人，他参与领导并指导了核武器研制任务的分解、关键科学技术问题的攻克及其实施方案的确定等。1960年，拥有英国爱丁堡大学物理学博士学位的程开甲从南京大学调入核武器研究所，很快就担任副所长，并作为科研总体负责人起草了首次核试验的总体测试方案。在进行核爆炸试验的时候，他负责的自动控制系统在十几秒的时间内，启动了上千台仪器，分秒不

① 顾迈南：《突破“禁区”采访邓稼先》，《中国记者》，2019年第10期，第56—60页。

差地完成了爆炸。同年，拥有美国耶鲁大学冶金学博士学位的陈能宽被任命为核武器研究所第二研究室主任，成为第一颗原子弹爆轰物理、炸药装药以及实验物理等领域的主要组织者和领导者。在钱学森的推介下，拥有美国加州理工学院力学博士学位的郭永怀从中科院力学所调入核武器研究所并担任副所长，主管核武器的力学部分和武器化工作，他也是唯一在原子弹、导弹和卫星研制中都作出贡献的"两弹一星"功勋奖章获得者。[①]1961年，彭桓武调任核武器研究所副所长，主抓原子弹、氢弹理论攻关；而刚从苏联杜布纳回国的周光召立即被调入核武器研究所，担任理论部副主任，协助邓稼先进行原子弹理论设计工作，后来他利用最大功原理，解决了"九次计算"问题，推翻了苏联核武实验数据的可靠性，扫除原子弹理论设计的拦路虎。同年3月，从苏联杜布纳研究所回国不久的王淦昌受命担任核武器研究所副所长，主管核武器实验研究。他化名"王京"，带领年轻人自制仪器和设备，在爆轰实验、固体炸药工艺研究和新型炸药研制以及射线测试和脉冲中子测试等方面进行了奠基性研究。[②]正是在以这些顶尖人才为代表的大批科学家的共同努力下，在大批科研机构和工厂的协同创新中，我国解决了原子弹研制的基本理论和基础技术问题。

搞原子弹不是单凭理论计算，还需要一系列关键核心技术的支持。苏联专家撤走后，许多技术难题需要自己攻克，"当时受影响最大的是浓缩铀厂，关键材料苏联不给了，整个厂就停顿了"。[③]没有铀扩散分离膜，气体原料就不能一步一步浓缩，就不能最后把铀-235浓缩起来。分离膜有两种：甲种分离膜为单层丝网骨架膜，呈管状；而乙种分离膜是复合膜，呈片状；两者分别用于粗料端和精料端。1960年4月，中央向中科院和冶金部下达研制分离膜的紧急任务。1960年8月23日，钱三强在北京约见中科院上海冶金研究所的领导和专家，代表二机部和中科院下达研制"甲种分离膜"的攻关任务："二机部的苏联专家已全部撤

① 葛能全：《钱三强年谱长编》，科学出版社，2013年，第315页。

② 周光召：《序》，载杜祥琬：《纪念核物理学家王淦昌文集》，中国科学技术出版社，2010年。

③ 张劲夫：《关于中国科学院与"两弹一星"的回忆》//科学时报社编：《请历史记住他们——中国科学家与"两弹一星"》，暨南大学出版社，1999年，第20—48页。

走，有人扬言，苏联专家走后，中国的浓缩铀工厂将成为一堆废铜烂铁，更不用说制造原子弹了，其中关键之一就是我们不会制造分离铀-235的分离膜的元件。这个技术是绝密的，不可能得到任何资料。组织上决定把研制分离膜的任务交给你们去完成。”[①]1960年9月22日，钱三强代表二机部和冶金部联合召开专门会议，又向北京钢铁研究院、中南矿冶学院、东北工学院、北京航空学院等单位下达“乙种分离膜”的研制任务。[②]

1961年5月21日，为了进一步加强对二机部、国防部第五研究院（又称导弹研究院，简称五院）与中科院协作工作的组织领导，及时解决“两弹”协作中的问题，聂荣臻要求国防科工委分别主持成立中科院与二机部、中科院与五院两个协作小组，真正做到中科院、二机部、五院三家拧成一条绳。同年7月，国防科工委按照聂荣臻的指示发文成立了两个协作小组，分别主攻原子弹和导弹研制工作。同年11月，为了提供工作效率，尽快研制出分离膜成品，二机部会同中科院和冶金部，决定甲种分离膜在上海冶金研究所集中攻关，而乙种分离膜在北京钢铁研究院集中攻关。[③]从一开始的分散研制转向各单位科研力量集中一地联合攻关，这种组织模式的调整对技术突破发挥了关键作用。

1961年7月16日，中共中央发布《关于加强我国原子能工业建设若干问题的决定》，要求进一步缩短战线，集中力量，加强有关方面对原子能工业建设的支援，以加速我国原子能工业的建设。尽管如此，由于正值三年困难时期，有关原子弹和导弹是否下马的争议不绝于耳。为此，经最高领导人同意，聂荣臻责成张爱萍进行实地调查研究，摸清原子能工业的基本情况。1961年11月14日，张爱萍以他和刘西尧的名义，上报《关于原子能工业建设的基本情况和急待解决的几个问题的报告》，阐明了原子弹只能上马不能下马的理由。[④]报告指出：

明年是最关键的一年。若是组织得好，抓得紧，有关措施能及时跟上，

---

① 宋健：《“两弹一星”元勋传——吴自良》，清华大学出版社，2001年，第467页。

② 葛能全：《钱三强年谱长编》，科学出版社，2013年，第318页。

③ 葛能全：《钱三强年谱长编》，科学出版社，2013年，第330—339页。

④ 陆其明，范敏若：《张爱萍与“两弹一星”》，解放军出版社，2011年，第75页。

缺少的设备、仪表、材料、原料等（包括试制产品）是能够按照现在安排的时间生产供应的；基本建设是可以按时完成的；生产准备方面正在进行小生产试验和突破分析技术关，经过继续努力，核燃料的生产技术也是可以掌握的，核武器的研究已经取得初步成果，预计明年年底前可以开始设计改进型的原子弹（相当于苏联和美国1950年左右的水平）。因此，第一线工程争取在1962年到1964年陆续投入生产，取得核燃料，在1964年制成核武器和进行核爆炸试验是可能实现的。

此报告很快得到最高领导层批准，至此，原子能工业的“上马”和“下马”之争宣告结束。1962年9月11日，二机部上报《关于自力更生建设原子能工业情况的报告》（简称“两年规划”），提出争取在1964年或1965年上半年进行第一颗原子弹爆炸试验。11月17日，中央政治局批准两年规划，决定成立中央专委，周恩来任主任，由七位副总理、七位部长级干部为成员，以加强对我国原子能工业建设和加速核武器研制、试制工作以及核科学技术工作的领导。

1963年秋天，在吴自良带领下，甲种分离膜元件终于在上海研制成功。年底，上海冶金研究所第三试验厂生产出几千个甲种分离膜元件，经气体扩散装机运行试验，性能良好。随后，兰州铀浓缩厂启动投产，关键问题终于解决了。1964年1月，兰州铀浓缩厂一次投产成功，浓度90%以上的浓缩铀不断流入容器。[①]1964年7月，在以葛昌纯为核心的科研团队共同努力下，乙种分离膜研制也取得突破并生产出试制样品。[②]值此，铀浓缩问题彻底解决。

除了铀浓缩问题，还有其他关键技术需要突破，高能炸药就是其中之一。原子弹需要引爆装置，普通炸药是做不到的，必须用高能炸药。为此，中科院大连化学物理研究所（简称大连化物所）专门到甘肃建立分所，由于永忠领衔，主要从事高能炸药的研究与开发。上海有机化学研究所和第五机械工业部均派人给予支持。通过密切合作，他们解决了

---

① 葛能全：《钱三强年谱长编》，科学出版社，2013年，第358页。

② 曹珏，晋世翔，潜伟：《从分散研制到集中攻关——铀浓缩乙种分离膜研制组织工作初探》，《工程研究——跨学科视野中的工程》，2018年第8期，第428—437页。

关键技术问题，按期完成了高能炸药的合成任务。后来他们再接再厉，又提出塑料粘结炸药这一重要技术路线，组织实施并完成了塑料粘结炸药的研制，该炸药成功用于后来的氢弹引爆试验。[①]

1963年，试验人员进行了一次1：2核装置的冷爆炸试验和一次全尺寸的模型冷爆炸试验，均获得成功。[②]我国首颗原子弹爆炸试验的各项工作基本准备就绪。1964年4月11日，中央专委决定成立核武器试验总指挥部，任命张爱萍为总指挥。1964年10月16日下午3时，我国以塔爆方式，成功试验了第一颗原子弹（图2—3），成为继美、苏、英、法之后世界上第五个自行研制原子弹并取得成功的国家。从火球发亮时间、冲击波超压、烟云高度、地面测量率等各种数据和宏观景象，确认爆炸威力为2万吨TNT当量，与设计值一致。

图2—3 中国首颗原子弹爆炸成功

首颗原子弹爆炸成功后没多久，原子弹空爆试验即用飞机投掷原子弹的试验于1965年5月14日成功实施，爆炸威力大于3万吨TNT当量。接下来又用1年多时间探索“两弹”结合，即用运载火箭将核弹头送上天。1966年10月27日，在聂荣臻亲自主持下，携带轻型核弹头的“东风”2A型（DF-2A）中近程导弹从甘肃基地发射并精准击中目标，两

① 张劲夫:《关于中国科学院与“两弹一星”的回忆》//科学时报社编:《请历史记住他们——中国科学家与“两弹一星”》,暨南大学出版社,1999年,第20—48页。

② 所谓“冷试验”,是指用“其他材料”代替核材料进行的试验,目的是检验原子弹是否达到“热试验”的要求。

弹结合实验取得圆满成功。[①]通过这些试验，我国取得了核弹头研制定型的完整经验，标志着我国从此拥有了可用于实战的导弹核武器。

在原子弹研制中，中科院发挥了关键作用，充分彰显了原子弹研制作为大科学工程的特色。对此，钱三强回忆说：

作为全国综合性科学技术研究中心的中国科学院，除了充分发挥原子能研究所的作用以外，还调动了全院四分之一强的力量，二十几个研究所支援了核科学技术方面的工作。力学研究所副所长郭永怀和物理研究所研究员陈能宽参加了核武器的科研工作，生物物理研究所贝时璋所长主持核卫生防护工作，金属研究所副所长张沛霖和核燃料科技队伍近百人，调到第二机械工业部。

在记忆中第一颗原子弹内爆分析及计算工作，是在中国科学院计算技术研究所自行设计制造的“109丙”大型计算机上完成的；核燃料生产及后处理，是由上海有机化学研究所袁承业等参加完成的，核燃料生产的关键技术——扩散分离膜，是以上海冶金研究所为主（金大康等）研制成功的；第一颗原子弹爆炸时用的高速摄影机是西安光学精密机械研究所研制的；长春应用化学研究所（袁秀顺等）做了大量的分析化学方面的工作。概括起来，包括计算技术，金属材料，光学仪器，分析化学，核燃料生产及后处理，铀矿地质资源以及原子弹、氢弹爆炸前后的地质、气象、放射性本底的观测工作等，这些工作充分显示了中国科学院在科学技术储备方面的重大作用。[②]

五、氢弹研制

原子弹爆炸之后的另一项重要工作就是研制氢弹。1964年第一颗原子弹爆炸后，毛泽东即指示“原子弹要有，氢弹也要快”，周恩来也明确下达任务，要尽快研制氢弹。[③]1965年2月3日和4日，周恩来主持

---

① 聂荣臻：《聂荣臻回忆录》，解放军出版社，2007年，第653页。

② 钱三强：《中国科学院和我国原子能科学技术》，《中国科学院院刊》，1989年第3期，第242—245页。

③ 张家裕：《试论毛泽东、周恩来的和战略思想》，《军事历史研究》，1989年第2期，第1—7页。

第10次中央专委会，审议并批准了二机部《关于加速发展核武器问题的报告》，要求“力争1968年进行氢弹装置爆炸试验”。

如果说原子弹的研制曾借鉴苏联的经验，那么氢弹的研制则“完全是自力更生，从头摸索”。当时人们只知道氢弹的一般原理——用原子弹爆炸产生的能量使氢弹的热核材料产生聚变，释放出更加巨大的能量，产生更大当量的爆炸。[①]关于这件事情，早在1960年，钱三强就布置课题了。这年12月，钱三强与二机部部长刘杰讨论了氢弹问题，决定先在原子能研究所组织力量做些氢弹理论方面的预研究。在征得副所长彭桓武的支持后，钱三强找来理论组的黄祖洽，告知其领导的决定：“为了早日掌握氢弹理论和技术，我们要组织一个研究组。”钱三强还亲自找于敏谈话，交给他氢弹理论探索的任务。从那时起，于敏开始了长达28年隐姓埋名的生涯，他带领一群年轻科学工作者，悄悄地开始了氢弹技术的理论探索。对此，于敏后来回忆说：“钱三强先生受二机部党委委托，在（研制）原子弹过程中，组织了氢弹原理研究，确实是富有远见之举。我们在研究基础的同时，也不断探索实现氢弹的途径，解决了其中某些基本问题，提出了一些可能的技术途径并建立了相应的模型。”[②]

于敏1949年毕业于北京大学物理系，随后到近代物理所开始了科研生涯。在研制核武器的权威物理学家中，于敏是唯一未曾留过学的人。从原子弹到氢弹，美国人用了七年零三个月突破原理试验，英国人用了四年零三个月，法国人用了八年零六个月，苏联人用了四年零三个月，耗时间的一个主要原因就在于计算的繁复。而当时，中国仅有一台每秒万次的电子管计算机，并且95%的时间分配给有关原子弹的计算，剩下5%的时间留给氢弹设计。四年中，于敏、黄祖洽等科技人员提出研究成果报告69篇，对氢弹的许多基本现象和规律有了深刻的认识。

在邓稼先完成原子弹理论总体设计之后的1963年9月，聂荣臻下令让他领导的第九研究院理论部全班人马，转去承担中国第一颗氢弹的理

① 陈雁：《弹思求火种，深情寄木铎：黄祖洽传》，中国科学技术出版社，上海交通大学出版社，2017年，第97页。

② 于敏：《氢弹研究的团队效应》，《物理教学》，2008年第3期，第4，13页。

论设计任务，因此我国第一颗氢弹的代号是639。1965年1月，二机部将原子能研究所氢弹研究组的于敏和其他三十多人调入第九研究院。邓稼先领导理论部的科研人员兵分几路，分头上机计算研制氢弹的可能途径。作为该院理论部副主任，于敏在同年9月带领理论部一支小分队赶往上海华东计算机研究所，利用那里的一台每秒运行5万次的J501计算机①抓紧计算了一批模型。通过对计算结果的细致分析，一个月后，最终发现了热核材料充分燃烧的关键。新年伊始，他们拿出了一套从原理到结构都基本完整的理论方案。邓稼先得到消息后，立即飞往上海，并将方案带回北京，组织专家反复研讨并对方案作了很好的补充和优化。②基于这个方案，1966年初，实验部进行了一系列爆轰模拟实验研究，解决了引爆氢弹的关键技术问题。随后，理论、实验、设计和生产四方面人员密切合作，群策群力，解决了其他相关技术问题，按时完成了实验装置的加工任务。

同样重要的是氢弹所需要的热核燃料的制备。为此，理论物理学家金星南、核化学家刘允斌等人共同努力，掌握了氢弹原料之一的锂同位素的理论、计算和实验技术。放射化学家肖伦等人用经典的热扩散法，解决了锂靶中浓缩低丰度氚的技术问题，同时发展了氚的热置换法。在他指导下，孙懋怡、金德耀等人开展了氚的制备、提取、浓缩和关键设备生产的研制工作，为氢弹材料和热核燃料的生产奠定了基础。③

1966年12月28日，我国在罗布泊核试验场成功进行首次氢弹原理实验。结果表明新的原理方案切实可行，而且非常简便。聂荣臻向中央专委汇报：集中力量按照新原理方案进行设计，争取直接进行全当量的氢弹试验。中央专委批准此建议，研制工作随即展开。1967年6月17日，中国首次氢弹空爆试验成功，赶在法国之前，成了世界上第四个掌握了氢弹制造技术的国家。

---

① 此时，全国仅有两台每秒运行5万次的计算机，另一台在北京，代号119。

② 于敏：《艰辛的岁月，时代的使命》//科学时报社：《请历史记住他们：中国科学家与"两弹一星"》，暨南大学出版社，1999年，第141—153页。

③ 钱三强：《中国科学院和我国原子核科学技术》，《中国科学院院刊》，1989年第3期，第242—245页。

原子弹和氢弹研制成功后，到了1973年，受双重领导的二机部原子能研究所中关村部分划归中科院，原副所长赵忠尧、彭桓武、张文裕、何泽慧一并转到中科院，并以此为基础建立了中科院高能物理研究所（简称高能所），张文裕为所长。原子能研究所全部集中在坨里基地开展工作，后于1984年12月更名为中国原子能科学研究院。地处兰州的近代物理研究所开始将其研究方向调整为重离子核物理的基础理论与应用研究。1975年，钱三强也调回中科院到数理化学部工作。此时，如何着眼长远发展，加强基础研究，很自然地被提上了议事日程。

第三节　中国东风系列导弹的研制

一、导弹研制决策

中国的导弹研制大体上是与原子弹研制并行推进的，而这与钱学森息息相关。钱学森1939年获美国加州理工学院博士学位，后任麻省理工学院教授，在火箭研制和工程控制论方面卓有建树。1950年8月他就准备回国，但受到美国政府百般阻挠。经过多方斡旋，直到1955年10月，滞留美国多年的钱学森才历尽千辛辗转回归祖国。一个月后，他就奔赴当时中国工业最发达的东北地区考察，其中包括哈尔滨。解放军副总参谋长兼中国人民解放军军事工程学院（简称哈军工）院长陈赓带着周恩来和彭德怀的指示，陪同钱学森参观哈军工，并就中国发展火箭、导弹的问题请教钱学森。陈赓问：“中国人自己搞导弹行不行？”钱学森答：“外国人能干的，中国人为什么不行？”陈赓说：“好！我要的就是你这句话。”①陈赓当即授意哈军工炮兵工程系教授任新民向中央军委提出发展火箭武器和火箭技术的建议。回京后，陈赓又陪同钱学森到北京医院病房探望彭德怀。

这次会见很特别，彭老总开门见山就提出问题说：“我们是社会主义国家，不会去打人家，但我们一定要把部队用新式武器装备起来，落后了要

① 王寿云:《钱学森传略》,《科技导报》,1991年第1期,第3—8页。

挨打，我很想知道，我们中国人，能不能自己造出导弹来？需要多少时间？”双方就这个问题讨论很久，谈得很投机。看来彭老总心情很急，简直就像交代任务一样。①

1955年12月，周恩来接见钱学森，交给他一个任务：写个意见，关于怎么组织发展航空、导弹研究机构。1956年1月20日，彭德怀在第57次军委会议上说，中国要发展导弹事业，“目前即使苏联不帮助，我们也要自己研究，苏联帮助我们，就去学习”。聂荣臻说：“这是非常正确的态度。”②

1956年2月17日，钱学森向国务院提交了《建立我国国防航空工业的意见书》，提出了发展我国国防航空、火箭、导弹事业的组织方案、发展计划和具体措施，还列出了21位高级专家名单，包括任新民、罗沛霖、梁守槃、庄逢甘、林津、胡海昌等人。该意见书受到高度重视，由周恩来批示印发中央军委各委员。③

1956年2月22日，周恩来将钱学森的建议书呈给毛泽东，并于当晚开会讨论。3月14日，周恩来主持中央军委会议，决定筹备组建导弹航空科学研究领导机构——航空工业委员会（简称航空委），下设设计机构、科研机构和生产机构，由军委副主席聂荣臻主抓。同日，国务院正式成立科学规划委员会，钱学森担任由12名科学家组成的综合组组长，负责整个规划项目的评价、裁决、选择和推荐工作。

1956年4月13日，航空委正式成立，聂荣臻任主任，黄克诚、赵尔陆任副主任，钱学森等任委员。第一次会议认定，所谓航空工业，主要指飞机、火箭和导弹的生产。1956年5月10日，聂荣臻在仔细研究和征求钱学森等人的意见和建议后，向国务院、中央军委提交了《建立我国导弹研究工作的初步意见》，建议立即开始导弹研制和培养干部工作，要以最快的速度在几年内完成一种或一种以上导弹的研制工作；在航空委下设立导弹管理局，钱学森任总工程师，同时建立导弹研究院，

---

① 朱兆祥：《钱学森先生在力学所初建的日子里》，《力学进展》，2006年第1期，第6—8页。

② 霍有光：《钱学森年谱（初编）》，西安交通大学出版社，2011年，第95—99页。

③ 霍有光：《钱学森年谱（初编）》，西安交通大学出版社，2011年，第101页。

钱学森任院长。5月26日，中央军委召开第71次会议，讨论聂荣臻报告，并作出了发展中国导弹事业的决策。周恩来指出：“中国发展导弹不能等到一切条件都具备了才开始进行研究工作，应当采取集中力量，突破一点的方针。”会议决定，由航空委负责，组建导弹管理局（国防部五局）和导弹研究院（五院）[①]，全力推进导弹研制工作。

1956年8月出炉的“十二年科技规划”（草案）提出在12年内使我国喷气和火箭技术走上独立发展的道路。钱学森不仅主导制订了有关导弹研制的规划，而且还力主优先发展导弹事业而不是飞机。涂元季回忆说：

早在1955—1956年，苏联、美国的人造卫星并没有上天，洲际导弹技术在国外也没有突破。所以当时对于导弹究竟能不能成为一项重要的国防技术，大多数人并没有明确的认识。许多人甚至不知道导弹是怎么回事。大家有比较明确认识的倒是飞机。所以当时一个主要的争论是，我国的国防究竟是应该首先发展飞机，还是发展导弹？此一争论在制订12年科学规划时摆到了桌面上，而且当时多数人倾向于先搞飞机。

钱学森认为，飞机的重要性自不待言，而导弹确实是一种新的有巨大威胁力的武器，其作用在第二次世界大战末期已现端倪。希特勒德国就使用了V-1、V-2导弹。与飞机相比，导弹的优点是它的速度快，在战争中无论是从攻击或防御的角度看，都是一个重要的战术技术性能。另一方面他又从技术上指出，攻克火箭导弹技术并不见得比飞机更难。因为导弹是无人驾驶的一次性武器，而飞机则有人驾驶，且要求多次使用。这在发动机结构、材料和飞行安全等问题上都有许多特殊的要求。他给大家介绍说，发展导弹在技术上也会遇到许多难关，比如制导问题。这也是当时大家不知道导弹为什么会自动飞向目标的一个神秘问题。针对这一情况，钱学森给大家讲解了许多制导的原理，其中包括洲际导弹的制导原理。他对制导技术进行了剖析，并由此得出结论说，这个问题在短期内易于突破。钱学森还专门指出，他这么说并不是否定飞机的重要性。事实上，这两种武器

① 霍有光:《钱学森年谱(初编)》,西安交通大学出版社,2011年,第106页。

在战争中是相辅相成，缺一不可的。所以导弹作为一种现代武器，应及早引起人们的重视，并列入重点项目予以突破。钱学森的这一具有真知灼见的分析，自然为很多人所接受，并统一了大家对导弹问题的认识。①

钱学森告诉大家，美苏两国加速发展以导弹、核武器为代表的尖端武器，将彻底改变战争方式。中国优先发展导弹，不仅可以大大提升国防安全，而且可以拉动高科技的跨越式发展。钱学森的态度令极力主张优先发展飞机的空军司令员刘亚楼等人大为吃惊。最终，钱学森的见解得到了高层认可。这项抉择影响了后续几十年我国航空航天事业的发展路径。

二、导弹研制过程

导弹研制的首要瓶颈还是人才。为了解决组建导弹研究院的人才问题，周恩来委托聂荣臻邀请33位有关部门领导共同研究，提出方案。就这样，任新民、屠守锷、梁守槃、庄逢甘、姚同彬等专家被选调到导弹研究院工作，和当年分配来的100余位应届毕业大学生一起，组成了最初的导弹研究队伍。②

1956年10月8日，五院正式成立，钱学森任院长，王诤、刘秉彦任副院长。10月15日，聂荣臻就我国导弹事业向中央报告，提出对导弹研究采取“自力更生为主，力争外援和利用资本主义国家已有的科学成果”的方针。17日，中央批准了这个报告。③当月，聂荣臻召集航空委委员和导弹研究专家，共同商议导弹武器发展策略，结论是：不管苏联愿不愿意帮助，帮助有多大，中国必须主要依靠自己的力量来发展国防尖端事业。尽管中国落后，但还是有一定的科技力量特别是有留学归国人员可以依靠。钱学森推断，根据当时的情况，研制像美国“诚实约翰”之类的火箭是没有问题的。“诚实约翰”是美国于50年代研制出来的近程地对地导弹，没有制导系统，最大射程37千米。中国研制这类

① 涂元季：《钱学森——共和国的功勋》，《时代潮》，1999年第10期，第62—65页。
② 霍有光：《钱学森年谱（初编）》，西安交通大学出版社，2011年，第106页。
③ 张钧：《当代中国的航天事业》，中国社会科学出版社，1986年，第9页。

火箭，可以直接把射程定为200千米左右。

1956年10月，“十二年科技规划”正式获批。基于“重点发展，迎头赶上”的方针，确定了12个重点项目和四大紧急措施——计算机、电子学、无线电技术和自动化技术。这些实际上主要是为“两弹”提供支撑的。之后，国防部在不到一年时间内，就在研究导弹方面取得了很大进展。在这种情况下，中央军委研究了五院提出的建议，决定着手建设第一个导弹综合试验靶场。

1957年9月，以聂荣臻为团长，陈赓、宋任穷为副团长的“中国政府工业代表团”一行共40余人（钱学森任聂荣臻的科学顾问，随团出访）赴苏联，就新技术援助问题进行谈判，历时35天，具体涉及原子能、导弹、飞机、无线电及有关试验基地建设等。中国代表团参观了苏联科学院的有关研究机构和导弹研制机构，全面了解了苏联火箭导弹的总体情况、计划规划、组织体制和人员结构，深入探讨了冲压式发动机、液体火箭高能推进剂、固体火箭及新型固体推进剂、各种大型试验设备、靶机和靶场等专门技术，还就苏联专家来华帮助工作及苏联接收中国留学生等事宜进行了商讨。在导弹研制方面，《中苏国防新技术协定》规定：1957—1961年底，苏联将供应我国四种导弹样品（P-2，C-75，C-2、K-5M）和有关技术资料、各种大型试验设施和靶机，派遣技术专家帮助中国进行仿制，增加接受中国火箭技术和原子能专业留学生的名额等。1957年12月24日，来自莫斯科的专列抵达北京，车上除了102名苏联专家外，还有两枚P-1近程地地导弹，其中一枚是供教学用的解剖弹，另一枚是实弹。①

1957年11月，五院决定以总体设计、空气动力、单体结构、发动机和推进剂五个研究室为基础组建一分院，负责导弹总体设计和弹体、发动机研制；以电子科学研究院为基础，合并控制系统、控制组件、无线电、计算机和技术物理五个研究室，组成二分院，负责导弹控制系统的设计工作。1958年1月，五院制定了《喷气与火箭技术10年（1958—1967）发展规划纲要》。2月，彭德怀主持会议，听取陈锡联、钱学森

---

① 霍有光:《钱学森年谱(初编)》,西安交通大学出版社,2011年,第125—128页。

和苏联专家关于导弹靶场场址勘察的汇报。会议确定在地势平坦，地质、气象和水源条件好，远离居民区的甘肃和内蒙古西部接壤地区——酒泉东北弱水河畔建设综合导弹试验靶场，并将甘肃和新疆南部选定为弹着区。2月26日，毛泽东审阅中央军委《关于选择导弹试验靶场的报告》，批示交中央书记处处理，经邓小平、陈云、陈毅审核后，最后确定建立中国第一个陆上靶场基地——酒泉基地，代号为20基地。3月，彭德怀批准五院导弹研制基地四项工程的设计任务书。其中主要包括导弹总体与发动机研制、控制导引系统研制、火箭发动机试验、空气动力研究等四个项目。①

1958年9月25日，彭德怀主持第157次军委会议，会议建议把航空委改组为国防部国防科学技术委员会（简称国防科委），在军委、中央科学领导小组领导下开展工作。10月16日，中共中央批准了这个报告，聂荣臻任国防科委主任，陈赓任副主任，主要任务是：贯彻执行中共中央、中央军委关于国防科学技术研究的方针政策，负责加强军内外有关国防科学技术研究工作的组织领导、规划协调和监督检查。②

中苏两国签订新技术协定后的头两年，协定执行比较顺利。但从1959年开始，苏联方面的态度有了变化。鉴于中苏关系发生变化，1960年1月，在上海举行的中共中央政治局扩大会议上，聂荣臻发言指出，苏联很可能在短期内终止与中国的协议。

看来靠苏联援助肯定靠不住了，苏联为了保持领先地位，更加对我们不放心，所以在国防尖端技术上，对我们加紧限制的情况已经越来越明显了。我们已经摸清了他们的基本意图，是在新武器装备的科学研究上使我们与其保持相当的距离，他们正在生产或正在研制的新装备，是不会向我国提供的。对我国研究、设计、试验工作的援助，也局限在规定的几种仿制型号上。总之，他们想长期使我国处在仿制阶段，处于依附地位，永远落后两三步。③

---

① 张钧：《当代中国的航天事业》，中国社会科学出版社，1986年，第11页。
② 霍有光：《钱学森年谱（初编）》，西安交通大学出版社，2011年，第143—144，147页。
③ 聂荣臻：《聂荣臻回忆录》，解放军出版社，2007年，第641页。

1960年2月27日，中央军委召开扩大会议，通过了《国防建设工作纲要》，明确了“以原子弹、导弹为主，而以导弹为第一，同时注意发展电子技术”的国防尖端技术发展方针。①1960年3月18日，中央任命刘亚楼兼五院院长，王秉璋兼五院副院长，钱学森任技术副院长。为了保障钱学森在技术工作上的指挥决策权，研究院又建立了技术指挥线。在管理思想上，“聂荣臻一再强调，各级领导一定要保证技术指挥线畅通，不得以任何理由否定科学家在技术问题上的决策权。技术指挥线全部由专家组成，技术问题由技术指挥线决定，保证了专家们的决策权”。②1960年7月16日，苏联政府单方面决定在一个月内撤走全部在华的苏联专家。8月12日，在五院工作的苏联专家全部撤离回国。苏联专家撤走时，带走了全部图纸资料，并停止供应急需的重要设备。这样，中国独立研制导弹的工作开始了。

在这种情况下，聂荣臻鼓励大家一定要争口气，依靠自己的专家，自力更生，立足国内，仿制P-2导弹不动摇，无论如何要搞出来。广大研制人员边学边干，克服工艺技术、器材设备以及火箭燃料等方面的各种困难，把仿制工作推向深入。1960年9月，为组织国产仿制苏联P-2导弹首次试飞，中央成立了试验委员会，张爱萍为主任，孙继先、钱学森、王诤任副主任。1960年11月5日，在苏联专家撤走后的第82天，中国在酒泉发射场成功发射了自己制造的第一枚导弹东风一号（苏联P-2导弹的仿制型，图2—4），准确击中550千米外的预定目标。聂荣臻说这是我国军事装备史上一个重要转折点。③

图2—4 东风一号准备发射

不过，第一枚导弹射程太短，更不能用来发射原子弹、氢弹。此

① 周均伦:《聂荣臻年谱》,人民出版社,1999年,第653页。
② 梁小虹:《聂荣臻元帅与航天一院》,《红岩春秋》,2006年第1期,第6—8页。
③ 张钧:《当代中国的航天事业》,中国社会科学出版社,1986年,第15—16页。

前，东风二号导弹研制就已经开始，标志着中国火箭工业结束了单纯仿制的历史，开始走上自主设计的道路。为此，一定要搞高能燃料，加大它的推力、速度。新的高能燃料推力大，导弹的温度也更高，这就要研究耐高温的材料。导弹飞行的稳定性和打击精度取决于“制导”，这就要进一步研究自动控制问题。这样，任务接二连三就出来了。

在导弹研制过程中，高能燃料是重中之重。在这方面，中科院发挥了不可替代的重大作用。张劲夫多年后回忆说：“科学院主要任务是搞高能燃料的。当时，各方面的协作关系都很好。有的燃料毒性很大，我们每次实验都要请防化兵，戴着防毒面具，把工作人员都武装起来。高能燃料是研制导弹的一个关键所在。”[①]实际上，早在1958年，中科院就召开了高能燃料会议，组织地处北京、上海、大连、长春的四大化学所，开展液体、固体高能燃料的研制，并探索固液型、游离基及重氢燃料，[②]由此带来的相关突破成为了导弹研制的关键支撑。关于高温合金材料的研制，则不能不提姚桐斌。姚桐斌1951年获得英国伯明翰大学工学博士学位，1954年任德国亚琛工业大学冶金系研究员，1957年回国加入导弹研究院。1962年，他被任命为703所所长，这是当时中国唯一的航天材料及工艺研究所。他带领科研人员反复分析试验，只用了2个月不到的时间就生产出了高温钎焊合金。随后，他又针对“火箭发动机燃烧时，会产生3000度高温，容易烧坏零部件”这个问题进行研究，带领科研人员成功研制出新的材料并应用于火箭上，不但降低了火箭发射时的高温，还提高了比推力，增加了射程。

为了进一步协同攻关，1961年7月24日，国防科委决定成立中科院与五院协作小组，由王诤、钱学森、张劲夫、裴丽生、刘西尧组成。然而，鉴于国内外的不利局面，在北戴河召开的国防工业会议上，不少人倾向于让“两弹”下马，只研制飞机和常规装备。8月20日，聂荣臻回到北京，向毛泽东、中共中央提交《关于导弹、原子弹应坚持攻关的报告》并得到认可。[③]

---

① 张劲夫:《关于中国科学院与“两弹一星”的回忆》//科学时报社编:《请历史记住他们——中国科学家与“两弹一星”》,暨南大学出版社,1999年,第20—48页。

② 张劲夫:《我国第一颗人造卫星是怎么样上天的》,《协商论坛》,2007年第2期,第46—50页。

③ 霍有光:《钱学森年谱(初编)》,西安交通大学出版社,2011年,第184页。

导弹研制工作继续进行，仅用一年多时间就研制出我国自行设计的第一枚火箭。1962年3月21日，这枚东风二号导弹进行第一次发射试验，但8秒后失去控制，十几秒后发动机着火，几十秒后坠毁爆炸，在发射台附近地上砸了个深4米、直径22米的大坑。聂荣臻指示各级领导，不要追责，并安慰大家，既然是试验，就有失败的可能，要总结经验，以利再战。聂荣臻安慰钱学森：“这是很重要的一课，试验本身就包含着成功与失败两种可能，失败了重在总结经验教训，不要追究责任。”钱学森则安慰下属：“科学试验嘛，如果次次保证成功，那又何必试验呢？直接拿去用不就行了？失败了重来。经过挫折和失败，会使我们变得更聪明！”[①]其实，他承受的压力比任何人都大。钱学森主导事故调查，五院的三个分院以及20基地的领导与技术骨干进行了半个月的专题分析和总结。调查发现事故原因有两个：“一是没有充分考虑导弹弹体是弹性体，飞行中弹体会作弹性振动，与姿态控制系统发生耦合，导致导弹飞行失控；二是火箭发动机改进设计时提高了推力，但强度不够，导致飞行过程中局部破坏起火。”[②]在这种情况下，即使控制系统、发动机系统都没问题，几个加在一块儿也会出问题。因此得出了一条基本教训：只有在地面模拟试验合格的全弹系统，才允许进行飞行试验。1962年7月13日，钱学森等五院领导向中央书记处汇报导弹故障分析和请求解决有关问题。书记处认为从失败中总结的经验，有时比从成功中总结的成果更加宝贵，同意五院领导关于改进设计和充分进行地面试验的安排，并决定加快建设急需的地面试验设施。这样，五院很快建立了地面模拟试验设施，从技术上、组织上落实大型火箭发动机试车台、全弹振动试验塔、全弹试验台、超声速风洞等重大基础设施，同时强调了设计综合的概念。此后，钱学森进一步提出要加强总体设计部建设，充分做好地面试验，把各个分系统关系协调好。自此，“把问题消灭在地面”成为我国航天事业的一条重要原则。

1963年9月23日，由钱学森主持设计和建造的导弹全弹试车台竣工。27日，验收性试车点火成功。在此基础上，重新设计了东风二号，

---

① 霍有光:《钱学森年谱(初编)》,西安交通大学出版社,2011年,第196页。

② 霍有光:《钱学森年谱(初编)》,西安交通大学出版社,2011年,第195页。

主要改进有：将仪器舱移到酒精箱与液氧箱之间、液氧箱改用强度更高的材料、提高动力装置的强度和可靠性、发动机推力定为40.5吨。1964年6月29日我国自主研制的第一枚中近程导弹——东风-2A发射试验成功，射程1000多千米。这是中国火箭发展史上的一个重要转折点。中国人掌握了从提出任务、总体设计、工程研制直到飞行试验的导弹研制程序和方法，标志着中国导弹从仿制走向了独立研制。7月9日和11日，接连进行了第二枚和第三枚东风二号改进型导弹试验，均获得成功。1966年，东风二号开始装备部队。同年确定了东风三号总体设计方案，并于12月试射成功，1971年服役。在这个过程中，在钱学森指导下，黄纬禄、梁思礼等人逐步发展了导弹自动控制理论和方法，为后续各类导弹型号研制奠定了基础。

三、"两弹"结合

1964年原子弹爆炸成功之后，紧接着是"两弹"结合的问题，即如何用运载火箭将核弹头送上天。早在1963年8月下旬，周恩来就提出，二机部应该加快发展核武器，尽可能缩短从研究试验到军事装备的过程。9月，聂荣臻在听取二机部等汇报时明确要求："我们装备部队的核武器，应该以导弹为运载工具作为我们的发展方向。飞机很难在现代战争条件下作为运载核武器的有效工具。"①

遵照周恩来和聂荣臻的指示，二机部于1963年9月13日就核武器发展的方向、步骤、进度、试验方法和应采取的措施提出了初步意见。12月5日，周恩来主持中央专委会议，确定核武器的研究方向应"以导弹头为主，空投弹为辅"。1964年2月，聂荣臻又进一步要求二机部核武器研究院，抓紧时间开展小当量核弹头的研究设计，尽快与五院协商拟定"两弹"结合方案。1964年3月和5月，核武器研究院与五院召开两次会议，讨论"两弹"结合的技术协调问题，彼此介绍了相关的研究设计情况及技术数据。9月，由核武器研究院与五院共同组织一个方案

---

① 李鹰翔:《核导弹武器化成功的重要标志:纪念我国"两弹"结合试验成功50周年》,《中国核工业》,2016年第10期,第52—54页。

论证小组，制订“两弹”结合方案以及具体研制、试验计划。12月，“两弹”结合方案论证小组正式提出总体方案、头部壳体外形尺寸的改动以及头部加温系统方案。试制工作有三大部分：对导弹进行适应性改造、对原子弹弹头进行适应性改造、解决“两弹”结合的全面配套与协调。①

研制小当量核弹头的难点，在于其体积和质量都要比第一颗原子弹装置大幅减少，而其结构强度和元器件性能质量还必须能够适应导弹飞行环境，这些都给工程设计和加工制造带来诸多困难。第九研究院从1965年1月起，开始进行小当量核弹头的结构设计和起爆元件的爆轰实验、工艺试验。到6月底，完成了核弹头的理论设计、结构设计和引爆控制系统原理设计，并与七机部②商定了原子弹头与导弹头部壳体连接结构方案。然后，又经过一系列研究、试验，确定了缩小型原子弹头配装中近程地地导弹的技术标准。③

1965年3月，周恩来主持召开中央专委会议，决定把导弹纳入管理范围，从而加快了导弹核武器统筹发展的步伐。这次会议还原则批准了七机部制订的“八年四弹规划”：1965—1968年，研制两种射程的中程核导弹；1969—1972年，研制远程导弹，并争取在1975年以前研制出洲际导弹。④尽管这个通过七机部集思广益而来的规划因为“文化大革命”干扰未能按时完成，但这个“中近程—中程—远程—洲际”系列导弹发展蓝图为我国航天事业的长远发展奠定了基础。

随着我国第一发导弹核弹头的核装置和引爆控制系统的研制取得进展，核弹头的核爆炸试验问题便被提上议事日程。最初考虑用平洞方式进行地下试验，测量原子弹头核爆炸威力和性能参数，但专家论证表明，地下试验不能真正检验核弹头在实际飞行状态下的动作是否符合要

① 霍有光:《钱学森年谱(初编)》,西安交通大学出版社,2011年,第221页。

② 为了加速导弹工业的发展,1964年12月五院一分院改组为第七机械工业部(简称七机部),统一管理导弹工业的科研、设计、试制、生产和基本建设工作,任命王秉璋为部长,钱学森为副部长。

③ 李鹰翔:《核导弹武器化成功的重要标志:纪念我国“两弹”结合试验成功50周年》,《中国核工业》,2016年第10期,第52—54页。

④ 霍有光:《钱学森年谱(初编)》,西安交通大学出版社,2011年,第224页。

求。1965年12月，第九研究院建议中央专委调整计划，由地下试验改为进行飞行状态下的“冷”试验，在确有把握后，再进行装有核燃料的“热”试验。周恩来主持中央专委会议，指示国防科委和二机部要多做几个方案进行比较。1966年2月，国防科委组织有关单位负责人进行了研究，确认无论是采用地面各种环境条件模拟试验，还是地下核爆炸试验，都不能完全模拟飞行过程中的真实状态，起不到真实综合检验“两弹”结合技术的作用；检验“两弹”结合技术的最好办法还是进行飞行“热”试验，采用全射程、全威力、正常弹道和低空爆炸的方式进行。为此决定，1966年9月先进行一次“冷”试验，作为“热”试验的练兵，“冷”试验成功后接着就进行“热”试验。①

1966年3月，周恩来再次召集中央专委会议，讨论国防科委上报的“两弹”结合试验方案，会议原则同意进行飞行“冷”“热”试验的计划，要求国防科委进一步组织有关各方认真落实各项措施，从多方面设想，多做一些试验，保证万无一失。遵照周恩来的指示，二机部和七机部对导弹的可靠性和试验的安全问题作了充分论证。从1964年6月至1965年底，共发射导弹19发，除1965年12月12日发射的1发因元件故障引起停电并在主动段掉下来以外，其余试验全部正常，证明导弹的工作系统是稳定可靠的。另外，导弹自身带有自毁装置，如在主动段发生故障不能正常飞行时，可由地面发出信号，自行炸毁弹体。核弹头本身装有保险开关，即使在主动段掉下来，因保险开关打不开，只能发生弹体自毁爆炸或落地时撞击炸毁，也不会引起核弹头的核爆炸。②

1966年10月20日，周恩来主持中央专委会议，听取试验现场总指挥张震寰关于“两弹”结合试验最后准备工作的情况汇报。1966年10月27日，在聂荣臻主持下，用中近程导弹（东风-2A）运载原子弹的“两弹”结合飞行试验获得成功（图2—5）。核弹头从酒泉发射基地起飞，在预定距离精确命中目标（900千米之外的罗布泊试验基地），实

---

① 李鹰翔：《核导弹武器化成功的重要标志：纪念我国“两弹”结合试验成功50周年》，《中国核工业》，2016年第10期，第52—54页。

② 李鹰翔：《核导弹武器化成功的重要标志：纪念我国“两弹”结合试验成功50周年》，《中国核工业》，2016年第10期，第52—54页。

现核爆炸（爆炸高度569米）。弹着区遥测设备收到无线电信号，立即按程序启动，测到爆炸威力为1.2万吨TNT当量，与理论设计值基本一致，证明试验取得了圆满成功。通过这次试验，我国取得了核弹头研制定型的完整经验，解决了所谓“有弹无枪”的问题，形成了可以自卫反击的核战斗力。第二天，新华社报道：“这是中国人民在进一步加强国防力量、保卫祖国和世界和平方面取得的又一个新的重大成就。”毛泽东风趣地说：“应该给赫鲁晓夫发一个一吨重的勋章。”①

图2—5 “两弹”结合试验成功

第四节 中国第一颗人造地球卫星的研制

一、卫星研制第一波

1957年10月4日，苏联第一颗人造地球卫星“斯普特尼克1号”发射成功。苏联在发射之前就请求中国协助跟踪观测苏联卫星。因此从10月开始，在全国范围组织对苏联卫星的观测活动，并成立了人造卫星光学观测组和射电观测组。观测站先在北京、南京、上海和昆明设立，半年时间发展到12处观测点。11月2日，苏联发射了第二颗人造地球卫星，并运载了一只小狗。1958年1月31日，美国丘比特C火箭也成功地将美国第一颗人造卫星“探险者1号”送入太空。

卫星上天震动了中国科学界，竺可桢、钱学森、赵九章、陆元九等科学家积极建议中国也要研制人造卫星。1958年5月，张劲夫将此建议带到武昌召开的中共中央八届二次会议上。5月17日，毛泽东提出“我

① 聂荣臻:《聂荣臻回忆录》,解放军出版社,2007年,第644页。

们也要搞人造卫星”，中央政治局讨论决定，以中科院为主要负责机构，开展人造卫星研制工作。[①]随后，主管科技的聂荣臻副总理责成张劲夫和王诤等组织专家进行研制卫星的规划设想。

1958年7月，中科院向聂荣臻呈送了卫星研制分三步走的计划：第一步发射探空火箭，第二步发射小卫星，第三步发射大卫星。具体分工是：运载火箭以五院为主，中科院配合；探空及观测工作以中科院为主，五院配合。8月20日，聂荣臻签署《关于十二年科学规划执行情况的检查报告》并上报中央，正式提出研制人造卫星的建议。这是第一次在上报中央的正式文件中提出卫星的事情。[②]

1958年8月，中科院召开会议，决定由钱学森、赵九章、郭永怀、陆元九等负责拟定发展人造卫星的规划草案，并把这项任务定为中科院1958年“头号”重点任务，代号581。为此，中科院成立581组，组长钱学森，副组长赵九章、卫一清，负责组织协调人造卫星、火箭探空工作。会议还议定成立三个设计院：第一设计院负责卫星总体设计与运载火箭的研制，由郭永怀、杨南生任正副院长，钱学森指导全面工作；第二设计院负责控制系统的研制，吕强任主任，陆元九、张翰英、屠善澄为技术指导；第三设计院负责探空仪器与空间物理研究，赵九章、钱骥为技术指导。这三个设计院分别为力学所、自动化所和地球物理所的二部。581任务计划分三步走：第一步发射探空火箭，箭头分高空物理和生物两种（用以研究高空物理与高空生物学问题）；第二步发射小卫星，至少要有一二百千克的质量；第三步，发射大卫星，质量在几吨以上。当时要求苦战三年，实现中国第一颗卫星上天。[③]

581组奋力拼搏，经过两个多月紧张工作，与院内外31个单位通力协作，完成运载火箭结构的初步设计和两个探空火箭箭头模型，同时高能燃料和高温合金的研究工作也取得了进展。1958年10月5日，中科院向聂荣臻呈送报告，提出除继续配合国防部五院的工作外，中科院也组

① 陆绶观:《中国科学院与中国第一颗人造地球卫星》,《中国科学院院刊》,1999年第6期,第433—440页。

② 霍有光:《钱学森年谱(初编)》,西安交通大学出版社,2011年,第141页。

③ 霍有光:《钱学森年谱(初编)》,西安交通大学出版社,2011年,第141—142页。

织一支运载火箭研制队伍，双方采取不同途径，齐头并进：五院以仿制为主，先从一般燃料入手；科学院则完全靠自己摸索，从高能燃料入手。这一建议得到聂荣臻认可。为此，在组织上也采取了措施：经与上海市委协商，把第一设计院迁往上海，以充分利用上海的工业基础。该院对外称“中国科学院上海机电设计院”，由中科院和上海市委双重领导。同月，在中科院跃进成果展览会保密馆，展出了卫星、火箭的设计图和模型，包括载有科学探测仪器和小狗的两个探空火箭头部模型。10月27日，毛泽东专程参观此项展览。①

1958年10月16日，赵九章率领中科院高空大气物理代表团去苏联访问。当时正值我国研制卫星的高潮，代表团希望借此机会考察苏联研制卫星和探空火箭的情况。尽管这次访问历时70天，但事关机密，代表团想看的东西大部分都没有看到。在考察总结中，赵九章提出：“中国发展人造卫星要走自力更生的道路，要由小到大，由低级到高级。”②随后，中科院上报关于人造地球卫星的工作报告。11月，中央政治局研究决定，划拨专款2亿元用于研究人造地球卫星。面对这笔巨款，“中科院党组认真征询科学家们的意见，慎重地研究决定：专款重点用来建设迫切需要的高能燃料、火箭发动机和上海机电设计院运载火箭2个研究设计试验基地，以及水声工作站、风洞、581实验室、109厂，上海、大连、长春高能燃料研究室和电子、自动化、高温金属、光学4个配套工厂”③。

然而，没过多久，情况就发生了大变化。1959年1月，由于经济困难，时任中共中央总书记、国务院副总理的邓小平作出指示：现在拨巨款研制人造卫星，与国力不相称，要调整空间技术研究任务，“卫星还是要搞，但是要推后一点，因为国家经济困难”。随后，中科院按照中央指示，提出“大腿变小腿，卫星变探空”的工作方针，决定调整组织架构，停止研制大型运载火箭和人造卫星，把工作重点转到研制探空火

① 张劲夫：《我国第一颗人造卫星是怎样上天的》，《协商论坛》，2007年第2期，第46—50页。

② 罗福山：《搞卫星最积极的人——记著名科学家赵九章院士》，《科学新闻》，2011年第9期，第53—54页。

③ 张劲夫：《我国第一颗人造卫星是怎样上天的》，《协商论坛》，2007年第2期，第46—50页。

箭上来。[①]

在这个背景下，赵九章与卫一清、钱骥商量，于1959年2月提出今后工作的五项建议："以探空火箭练兵、高空物理打基础、不断探索卫星发展方向、筹建空间环境模拟实验室、研究地面跟踪接收设备。"这随后成为中科院继续发展卫星的基本路径。为此，中科院先后将分散在各个研究所的探测仪器、箭头结构、电源、天线、遥测遥控、雷达跟踪及总体设计等研制工作集中到581组，使得探空火箭和卫星任务准备工作走上稳定发展轨道。

1959—1965年，赵九章领导科研团队扎扎实实地开展工作：进行了20多发火箭探空试验，取得了一批科学数据和一些技术经验；空间环境模拟实验室已初具规模；主要几项卫星预研课题已有较好的进展；空间科学研究也有了良好的开端。这样，科研队伍逐步壮大，由1958年底的8个研究组几十人，发展到1964年底的5个研究室400多人。赵九章深知科学研究与研究设施的密切联系。在他的带领下，我国地球物理领域开始有了大科学的雏形，观测站、地磁站、电离层台、宇宙线台，都是服务于地球物理研究的技术基础设施。而且，他十分清楚卫星的升空将会带来的重大科研机会。在他的眼里，地球卫星是绝佳的科学研究工具，一旦升空，就可以直接用于观测宇宙空间，由此促进空间物理学的大发展。

在探空火箭方面，赵九章在钱骥的协助下，组织了箭头总体、遥测、雷达跟踪、天线、电源和环境模拟设备等探空技术研制队伍，同时开展了中层大气、微流星、磁场、电离层、太阳辐射以及宇宙线的空间探测器的研制。[②]经过一年多努力，成功研制探空火箭箭头。1960年2月19日，由上海机电设计院王希季主导研制的中国第一枚液体探空火箭（T-7M型）发射成功，火箭直径250毫米，起飞重量190千克，发射高度8千米。9月13日，在杨南生、王希季领导下研制的T-7型火箭，首次进行了探空火箭和固体助推器串连的无控制气象火箭试验，箭头、

---

① 张劲夫：《我国第一颗人造卫星是怎样上天的》，《协商论坛》，2007年第2期，第46—50页。

② 潘锋：《科学大家赵九章》，科学新闻，2007年第10期，第39—41页。

箭体分离后分别用降落伞回收。1962年王希季又领导研制出改进型T-7A探空火箭，可用作气象探测、高空生物和地球物理探测。①

1963年1月，上海机电设计研究院划归五院建制。同月，该院派出朱毅麟、李颐黎、褚桂柏和孔祥言赴京，到五院开展人造卫星的先期研究工作。在钱学森的指导下，五院用将近一年的时间，收集和学习国外人造卫星和其他航天器的技术资料，并在此基础上编制了我国卫星和空间技术发展规划。在钱学森的推动下，1964年春，机电设计院以上述4人为骨干，成立了第七研究室，开始从事人造卫星的设计工作。该研究室下设总体设计、结构与温控、姿态控制、电源、跟踪遥测遥控5个组。②1964年7月19日，中国第一枚生物火箭T-7A（S1）在安徽广德探空火箭发射基地发射成功，把8只大、小白鼠送上了80公里的高空，20多分钟后，生物舱安全着陆，大、小白鼠全部活着返回地面，遥控与摄影等数据获取系统工作正常。此次试验，开启了中国宇宙生物学研究和生物保障工程设计的先河，标志着我国迈出了空间探测的第一步。

以上工作都为日后卫星研制打下了技术基础。在火箭探空成功后，赵九章、钱骥等及时组织队伍开展人造卫星的预研工作，同时密切注意苏、美人造卫星发展动态，结合我国实情，提出着重发展各类应用卫星的建议。

二、建议报告

1964年6月下旬，赵九章和钱骥应国防科委的邀请访问国防科委第二十试验训练基地即酒泉卫星发射中心，观看了东风2号的发射。在结束将近一周的参观之后，1964年11月初的一个晚上，他约请钱学森商议人造卫星研制的事情。赵九章认为，再过四五年，完全有可能在导弹基础上研制出可以发射100千克左右卫星的运载工具。我国在卫星研制方面已经有了五六年的预研准备，再过四五年完成卫星研制是有把握

① 张志会:《新中国初期我国探空火箭研制与航天科技的起步》,《自然辩证法通讯》,2019年11期,第67—76页。

② 李颐黎:《钱学森与中国航天工程的开创——以探空火箭工程与东方红一号卫星工程为例》,《工程研究——跨学科视野中的工程》,2010年第4期,第301—313页。

的，现在的关键是卫星研制要由国家立项。赵九章希望钱学森能做工作，但钱学森很谨慎，说“现在上面顾不过来”。

赵九章心有不甘，感觉应该尽快把搞卫星的必要性和可能性向国家领导人说清楚，因此决心提出报告，直接上书中央。他明白，过多强调卫星的科学意义，恐怕不会引起各方关注，要着重说明卫星的国防用途，同时还要说清楚搞卫星及发展新技术与现代工业的密切关系，重点是要说清楚发射卫星与发射洲际导弹的关系，毕竟研制洲际导弹已经是国家战略任务之一了。基于这个认识，赵九章请钱骥先起草，然后他逐段逐句修改，经过20多天几易其稿才最终定稿。赵九章知道周恩来主持的中央专委在抓原子弹和导弹的研制，因此决定将此份报告直送总理。送总理的报告，字要大一些，于是他让办公室人员抄写，自己签了名。在1964年12月下旬第三次全国人民大会期间，赵九章把报告直接呈送周恩来。[①]周恩来阅信后，很快批转给聂荣臻组织有关人员研究论证。

鉴于赵九章这份报告的重要性和感染力，现抄录如下：

总理：

在最高国务会议和人民代表大会上，听到您的说明和报告，感到无比的兴奋，在全国开始出现社会主义革命和社会主义建设新高潮以及全世界出现一片大好形势的今天，我国人民面临着更加光荣重大的任务。作为一科学工作者，愿尽我一切力量，响应党的号召：“我们必须打破常规，尽量采用当代世界先进技术，向六十年代和将来到的七十年代赶上去。”

我国第一颗原子弹的爆炸成功，标志着我国科学技术开始飞速前进的新阶段。今后为了建立我国核武装完整系统，必须加速我国洲际导弹的研制。配合国家这一重大任务，我谨愿就发射我国人造卫星问题，向您陈述我的一些看法和建议，请您参考：

1. 发射卫星和发射洲际导弹的关系

根据几年来苏、美两国发展洲际导弹的过程看来，苏联在卫星成功发射以后的一年多，才以洲际导弹向太平洋打靶；美国在1958年发射卫星时，

---

①《赵九章》编写组：《赵九章》，贵州人民出版社，2005年，第120页。

他们的远程导弹还没有过关。这不仅是试验运载工具的推力，还有它较深刻的原因。远程导弹和人造卫星进入轨道之前的无线电导航设备基本上是一样的，由控制卫星进入轨道的精确度，就可以衡量洲际导弹打靶时落弹点的精确度。卫星进入轨道的一些偏差，并不妨碍卫星的运转，但它既可以为改进洲际导弹控制系统提供试验数据，又可以避免在地面试射洲际导弹的一些暂时的困难。由于远程导弹射程较远，一般都要超出一个国家范围，落弹点的偏差必须有可靠的把握才能进行试射。以我国幅员来说，即使把发射阵地设在国境的最西端，到东北边境或西沙群岛的距离都不过4000多公里。如果采取东北弹道，就要经过蒙古人民共和国；而向西沙群岛发射，要经过人烟稠密地区的上空，且着落点的观测还有许多不便之处。即使这些问题可以解决，也不可能解决洲际导弹全程打靶的问题。因为洲际导弹打靶，还有两个复杂问题：一个是向远离我国的太平洋海区打靶，要有强大的海军配合行动；另一个是要解决导弹重返大气问题。当然这两个问题，我们必须解决。无论这两个问题是否解决，都可以发射卫星，并可以先走一步，把无线电导航、轨道试测及计算地面跟踪等科学技术系统建立起来。这并不妨碍我国洲际导弹进展，相反的，两者是相辅相成的。

2. 人造卫星是直接用于国防或服务于国防的

从美国和苏联已发射的卫星的情况来看，人造卫星是直接用于国防或服务于国防的。有些探测项目，一时还不能直接用于国防，只是附带做做而已。苏联发射的人造卫星，在1962年以前，似乎对在国防上的应用，注意不够。1962年以后，就大力发展人造卫星在国防上的应用，自宇宙卫星系列起，他们就没有发表探测的项目，但从这些人造卫星的轨道情况看来，大部分是适合于侦察地面情况的。从他们发表卫星气象学论文看来，他们在这方面的水平并不落后于美国。就美国发射的卫星来说，至今年11月份为止，据不完全统计（因有些秘密卫星没有公布），共计发射了288个，成功的228个。直接用于国防的，在发射成功的228个中为174个。直接用于国防或服务于国防的卫星中，包括美国公开宣称的秘密卫星（绝大数用于侦察核爆炸和导弹发射）和间谍卫星等。有些卫星如气象卫星“泰罗斯”（已发射了8个）及“雨云”（已发射了1个），观测全世界的云量、温度分布及气象情况，本身就是美国全球战略的一个工具。一旦有战事发生，美国就可以利用卫星系统及全球海底电缆的通讯工具，把全球气象情报掌握起来加以保密。而在这一系列的卫星上，还载有拍摄地面设备的照相机，更可以直接用为侦察的手段了。不属于上述这一类的卫星，也还是和国防有关的，如太阳观测卫星（OSO），地球物理观测卫星（OGO），看来好像是为了纯科学目的，其实这些人造卫星都需要高度精确的姿态控制技术，作定向无线电发射及特殊照相，也可以应用于国防，此外，这些卫星中也可能载有未公布的仪器，从事秘密工作。有些卫星，如探险者系列（共发射了34个，成功24个），表面上看来，也好像是为了纯科学目的，探测高空辐射带、高空磁场等等，其实探测辐射带的仪器和探测核爆炸后产生的放射性粒子的仪器，原理是一样的。由此可以说，所有的人造卫星，几乎都与国防有关的。

3. 人造卫星的工作规模和尖端科学及工业的关系

人造卫星的工作规模是非常大的，综合性是非常强的。配合原子能、导弹事业发展，可以更全面地推动各种尖端科学和工作的发展。首先是地面观测设备，除了和导弹有相同的要求外，还需发展灵敏度更高、距离更远的雷达设备，高速的电子计算机，各种特殊的讯号收发技术，如气象卫星中的图片收发技术。这就推动无线电、自动控制等尖端科学和工业的发展。其次是卫星制造本身，对半导体（太阳能电池等），超小型无线电部件，防护辐射的材料，以及地面对高空环境的模拟（进而可以供研究反导弹之用），红外部件和各种特殊的探测（大都可用于国防）仪器等尖端科学研究都提出了较高的要求。还有更多的方面，这里不能一一列举。要使这些工作达到能发射卫星的要求，需要有一段相当的时间，如美国的高空环境模拟试验室，从设计到设备制成运转的周期，一般要四五年。因此，我认为从现在起，抓这一工作，已是时候了。

我国尖端科学力量已有相当规模，1958年以来，在总路线光辉照耀下，中国科学院成立了一批与新技术有关的研究单位，一支科学技术队伍已经成长起来。从1960年起，我们和国防部五院合作，已成功发射了一批气象火箭，取得高空风及温压资料，在探空技术上，取得一点初步成绩，但这仅是我国空间研究的开始，我们还必须再接再厉，努力取得更多的成绩，为我国国防多做一些工作。从备战的观点来看，我国亟需进一步准备侦察卫星、通讯卫星、气象卫星等工作。这是我国科学上继原子弹之后的一个重大任务，由于您在最高国务会议上，曾提到要尽快解决运载工具问题，由于人造卫星与洲际导弹有密切关系，它的发射可以配合洲际导弹的发展，本身又可以为国防服务，并带动我国尖端科学技术，我特向中央领导提出这个建议。如果中央领导决定了发射卫星的计划，在国防科委及国家科委的领导下，军民合作，大力协同，像21号任务那样，把科学院，有关院校及工业部门力量组织起来，相信一定可以提前完成国家这一项重大科学任务，争取在建国二十周年前放飞第一个人造卫星，并把我国尖端科学技术带动起来。

以上所述，是否有当，敬请批示。

此致

敬礼！

赵九章敬启

十二月二十七日[①]

1965年1月6日，赵九章又会同自动化所的吕强，联合向中科院领导写信，建议加快卫星研制工作步伐。中科院副院长竺可桢批示：“刻不容缓。”3月11日，中科院主持卫星研制规划座谈会，赵九章在会上谈了我国卫星研制的方案设想。3月22日，再次召开座谈会，钱骥报告了卫星本体设计及相关问题；自动化研究所的屠善澄报告了卫星控制问题；电子学研究所的魏钟铨报告了卫星跟踪问题；力学研究所的眭璞如报告了运载火箭问题。经过座谈，形成了中科院推动卫星研制工作的一套比较完整的设想。

1965年1月8日，钱学森也致函聂荣臻，建议早日制订卫星计划，将其列入国家任务。钱学森在建议报告中说：

自从苏联在1957年10月4日发射了第一颗人造地球卫星以来，中国科学院及原第五研究院对这项新技术就有所考虑，但未作为研制任务。现在看来，人造卫星有以下几种已经明确的用途：测地卫星、通信及广播卫星、

① 《赵九章》编写组：《赵九章》，贵州人民出版社，2005年，第120—125页。

预警卫星、气象卫星、导航卫星、侦察卫星。重量更大的载人卫星在国际上的应用，现在虽然还不十分明确，也得有所准备。现在我国弹道导弹已有了一定的基础，现有型号进一步发展，即能发射100公斤左右重量的仪器卫星。这些工作，是复杂艰巨的，必须及早开展有关的研究、研制工作才能到时拿出东西。因此，建议国家早日制订我国人造卫星的研究计划，将其列入国家计划，以促进这项重大的国防科学技术的发展。①

一个月后聂荣臻对这个报告作出批示：我国导弹必须有步骤地向远程、洲际和人造卫星发展。过去由于中程弹道式导弹还未搞出来，技术力量安排上有困难。现在只要力量上可能，就要积极去搞。步骤上还是先把中程导弹搞出来，作为运载工具。卫星要与中国科学院结合起来，充分利用地球物理所及搞探空技术的力量。可考虑卫星以中国科学院为主进行研制。②

1965年4月10日，国防科委召集会议讨论卫星研制工作，罗舜初主持，张劲夫、张震寰、钱学森、赵九章等人出席。赵九章第一个发言，着重谈了我国发射卫星的目的、意义和任务，认为我国已经具备条件，在1969年最迟1970年发射一个100千克左右质量的卫星是可能的。他强调目前的关键是要请中央专委批准，同意将卫星研制列入国家规划。钱学森说："过去对卫星虽有考虑，但我们主要忙于武器的研制。而中国科学院这几年做了不少准备工作。赵所长提出了方案设想，我看现在已有条件考虑卫星的问题了，应该提上工作日程了。"③张劲夫在会上介绍了中科院几个研究所有关卫星研制的准备情况，认为只要中央专委批准，中科院承担任务还是有基础的，也有信心。会后，4月29日，国防科委提出在1970—1971年间发射质量为100千克左右的我国第一颗人造卫星的建议，其中明确：卫星本体由中科院负责研制，运载火箭由七机部负责研制，地面观测跟踪、遥感系统以主抓电子工业的四机部为主，中科院配合研制。5月，中央专委召开第12次会议，批准了国

① 霍有光：《钱学森年谱（初编）》，西安交通大学出版社，2011年，第223页。

② 周均伦：《聂荣臻年谱》，人民出版社，1999年，第957页。

③ 张劲夫：《关于中国科学院与"两弹一星"的回忆》//科学时报社编：《请历史记住他们——中国科学家与"两弹一星"》，暨南大学出版社，1999年，第20—48页。

防科委《关于开展人造地球卫星研制工作的报告》，同时确定：以中国科学院为主，负责发射人造卫星的总体设计和技术抓总，由四机部、七机部及总后勤部军事医学院等部门协作。中国第一颗人造卫星的研制任务正式启动。[①]

三、东方红一号

中科院立即行动起来，除了已经成立的轨道计算组之外，又成立了卫星本体组、地面设备组和空间生物组。地球物理所二部、力学所、自动化所、电子所等均派出专家，定期集中开会，商讨卫星型号规划事宜。

1965年7月，聂荣臻在听取七机部工作汇报时，谈到卫星问题：“人造卫星的研制由中国科学院承担，这个担子不轻；运载工具包括第三级火箭，应由七机部搞；第一颗人造卫星不必多考虑科学探测，只要放上去，送入轨道，能转起来，听得见，看得见，就行，待成功后，再搞通信、侦探、气象等卫星；大跃进时，谁都要搞上天的，各搞各的型号，事实教训了我们，上天不那么容易，各搞各的是不行的。”[②]到8月，七机部决定，上海机电设计院迁至北京，改名为七机部第八设计院，除了继续研制探空火箭外，承担我国第一颗人造卫星运载火箭的研制任务。

1965年10月20日至11月30日，中科院受国防科委委托召开了“我国第一颗卫星方案论证会”。赵九章在会上报告了我国卫星的总体方案（草案），他对卫星工程涉及的主要科技问题作了详细阐述，并提出了一些关键技术问题以及可能解决的技术途径。钱骥在会上报告了《我国第一颗人造卫星本体方案（草案）》。会上还报告了卫星运行轨道、地面跟踪及布站方案和运载火箭的设想方案等。会议开了42天，进行了充分讨论，确定了1970年发射卫星的目标；卫星定名为“东方红一号”，外形是一个1米直径近球形的72面体，能播放《东方红》乐曲；

---

① 张劲夫：《我国第一颗人造卫星是怎样上天的》，《协商论坛》，2007年第2期，第46—50页。

② 周均伦：《聂荣臻年谱》，人民出版社，1999年，第992页。

要求“上得去、抓得住、听得到、看得见”。实际上，关于卫星轨道的问题，早在方案论证会的前半年就受到赵九章的关注。他认为一个1米尺度的卫星入轨后，就像几千米外的一只蜜蜂，要找到它，就要在发射卫星之前做好卫星运行轨道的计算、测量、预报以及跟踪站的布置等。这年4月，他找中科院数学研究所的关肇直商量，由该所承担此事，又找紫金山天文台的同志一起组成小组，专攻卫星轨道选择与计算问题。由于及早部署，节省了资源又赢得了时间，对以后的卫星工程起了重要作用。1966年初，在大量模拟计算和分析研究的基础上，确定多站多普勒独立测轨的方案，这使我国中低轨道卫星的跟踪测轨系统形成了自己独有的特色。①

1966年1月，中科院成立卫星设计院（代号651设计院），内设卫星本体、地面设备、生物和轨道四个组，赵九章被任命为院长。他除了抓第一颗卫星的研制工作外，还注意到卫星型号发展问题。1966年5月，中科院召开卫星系列规划设想讨论会，赵九章在会上报告了我国卫星系列规划设想，有四个要点：第一，以科学试验卫星作为开始和基础；第二，以对地观测卫星为重点，全面发展应用卫星（如通信、气象、测地、导航等卫星，配成一个完整的体系）；第三，在对地观测卫星的基础上发展载人飞船；第四，建立卫星的防御措施，必须使卫星拥有反干扰、反破坏的能力。经过讨论，最后商定卫星系列的重点与排序：测地、通信、气象、载人飞船、导航。

1966年6月10日，中科院向中央专委提交《关于发展我国人造卫星工作的规划方案的建议》。8月2日，中央专委第13次会议原则同意该方案，争取1970年左右发射第一颗人造卫星，并提出，必须考虑政治影响，第一颗卫星应该比苏联、美国的第一颗先进，表现在质量重、发射机功率大、工作寿命长、技术新、听得见。中央专委会议还确定了中国发展人造卫星的方针：由简到繁、由易到难、从低级到高级、循序渐进、逐步发展。同时还对卫星工程做出了明确分工：整个卫星工程由国防科委组织协调；卫星本体和地面测控系统由中科院负责；运载火箭

① 张劲夫：《我国第一颗人造卫星是怎样上天的》，《协商论坛》，2007年第2期，第46—50页。

由七机部第八设计院负责；卫星发射场由国防科委试验基地负责。

正当卫星研制取得很大进展的时候，“文化大革命”开始了，中科院成了重灾区，各类科研活动受到重大干扰。1966年12月，为了规避影响，中央专委决定将卫星研制任务改由国防科委全面负责。1967年1月24日，中科院卫星研制科研队伍、试验基地、科研设施和工厂全部移交国防科委管理。3月17日，根据聂荣臻的建议报告，中央决定对国防工业各部（包括七机部）实行军事管制，要求“军事管制委员会在国务院和中央军委的领导下，对部（院）的各项工作实行统一领导”。[①] 到1973年9月军事管制委员会撤出，前后经历六年半。[②]

1967年3月，为加快卫星研制速度，加强卫星总体工作，钱学森推荐孙家栋出任卫星总体技术总负责人，领导我国第一颗卫星东方红一号的后续研制工作。6月27日，中央军委责成国防科委组建空间技术研究院，钱学森兼任院长。研究院主要职责是：参与制定国家航天发展规划，负责航天器的技术指标论证，负责各类航天器的研究设计生产和试验，负责运载火箭、发射场和地面测控系统之间的技术协调。7月29日，孙家栋正式从研制导弹转而研制卫星。12月11日，卫星总体和各系统方案审定会召开，会议简化了卫星方案，将卫星正式定名东方红一号，总体目标是“上得去、抓得住、听得到、看得见”，同时确定第一颗卫星技术水平应比苏联和美国的第一颗卫星高一些。

1968年2月，为了把分散在各个部门的卫星研制力量集中起来，经聂荣臻提议、毛泽东和周恩来批准，成立了中国人民解放军第五研究院，整合了卫星设计院、自动化研究所、力学研究所分部、应用物理研究所、电工研究所、西南电子研究所、生物物理研究所、兰州物理研究所、北京科学仪器厂、上海科学仪器厂、山西太谷科学仪器厂、第七机械工业部第八设计院（原上海机电研究设计院）、军事医学科学院第三研究所等单位从事空间飞行器研究的力量，隶属于国防科委，从而成为中国专门从事空间飞行器研制的单位。

---

① 霍有光:《钱学森年谱(初编)》,西安交通大学出版社,2011年,第234页。

② 在此背景下,赵九章被无端停职审查,不断遭受批斗。1968年10月26日,他被迫害致死。赵九章的搭档钱骥则被冠以特务的罪名,被关进“牛棚”。

在这次大调整中，中科院十几个单位中从事空间技术研究的力量被调整到空间技术研究院，前期建成的一大批科研基础设施亦划归空间技术研究院，包括动平衡机、精密转台、大型热真空环境试验设备、模拟空间飞行的仿真实验系统以及各种震动、冲击、离心、噪声等实验设备。其中一些设备不仅填补了国内空白，而且达到了当时的国际先进水平，最著名的就是模拟卫星空间环境的大型热真空实验设备。

1969年10月下旬，东方红一号卫星初样基本完成。1970年1月30日，东风四号在酒泉卫星基地发射成功，顺利实现高空点火和两级分离，并高精度命中目标。这样，第一颗人造卫星的运载火箭问题也基本解决。3月6日，周恩来批准东方红一号卫星和长征一号火箭正式出厂，并装上西去的专列。4月9日，火箭和卫星对接。4月10日和14日，周恩来两次召集钱学森、李福泽（火箭基地司令）、任新民和戚发轫回京，让他们汇报卫星发射准备情况。4月20日，周恩来明确要求："第一颗卫星发射要安全可靠，万无一失，准确入轨，及时预报。绝不能带任何一个疑点上天。"4月24日下午3点50分，钱学森接到周恩来电话："毛主席已经批准这次发射。希望大家鼓足干劲，仔细地工作。要一次成功，为祖国争光。"①21点31分，用长征一号运载火箭发射的重173千克的东方红一号卫星飞向太空，宣告我国正式迈入太空时代（图2—6）。

图2—6　中国第一颗人造地球卫星"东方红一号"

① 霍有光:《钱学森年谱(初编)》,西安交通大学出版社,2011年,第270—271页。

我国第一颗人造卫星方案本来是一个较为先进的长寿命卫星。为了早日发射卫星，1967年12月，原定装星的多项有关空间科学探测的有效载荷被拿掉，使卫星方案大大简化，只求“上得去，看得见，听得着”。随着这颗人造卫星的发射成功，发射专门用于空间物理探测的科学试验卫星被提上议事日程。从20世纪70年代至2019年底，中国先后研制和发射了实践一号、实践二号卫星群、实践四号至十三号、实践十五号至十八号、实践二十号卫星。兼顾空间科学探测和航天新技术试验的实践系列卫星的相继发射，推动我国步入空间科学时代。

第五节 “两弹一星”工程的科学意义

“两弹一星”工程的成功实施，真正让中国人挺直了腰杆，增强了民族凝聚力，激发了中国人的爱国热情，并帮助中国在国际舞台上赢得了大国地位。[①]正如邓小平同志1988年10月24日在视察北京正负电子对撞机工程时所指出的那样：“如果六十年代以来中国没有原子弹、氢弹，没有发射卫星，中国就不能叫有重要影响的大国，就没有现在这样的国际地位。这些东西反映一个民族的能力，也是一个民族、一个国家兴旺发达的标志。”[②]

“两弹一星”工程铸就了“两弹一星”组织管理模式，这就是团结协作、集中力量办大事的“举国体制”。正如钱学森在总结我国“两弹一星”实践经验时所说：“这样复杂的总体协调任务不可能靠几个人来完成，因为他们不可能精通整个系统所涉及的全部专业知识，他们也不可能有足够的时间来完成数量惊人的技术协调工作。这就要求以一种组织、一个集体来代替先前的单个指挥者，对这种大规模的社会化劳动进行协调指挥。”[③]这种举国体制也成为了后来一系列大科学工程的基本

---

① 中华人民共和国国史学会“两弹一星”历史研究分会：《“两弹一星”工程的成功经验与启示》，《当代中国史研究》，2013年第5期，第41—49，125—126页。

② 邓小平：《中国必须在世界高科技领域占有一席之地》，《邓小平文选》（第三卷），人民出版社，2001年，第279—280页。

③ 钱学森，许国志，王寿云：《组织管理的技术——系统工程》，《上海理工大学学报》，2011年第6期，第520—525页。

运作模式，至今也并不过时，而且在市场经济条件下还在发扬光大。

“两弹一星”工程直接拉动了一系列大科学工程的开展。“两弹”工程与后来我国高能加速器的自主研发具有直接的知识和人才联系，自不待言。我国第一颗原子弹和氢弹的理论设计工作需要进行大量计算，可当时没有功能强大的计算机，甚至很多时候需要用手摇计算器和算盘来计算。在这种情况下，自主研制计算机的任务就被提上了议事日程，成为了紧急任务。后来，随着核试验对计算机性能的要求越来越高，研制高性能计算机就成为了战略任务。这样，从 20 世纪 80 年代之后，我国逐步成长起来了银河、曙光和神威三大系列的高性能计算机。类似的，人造地球卫星的研制和发射，迫切需要精准、覆盖范围广的授时系统，短波授时台以及后来的长波授时系统的建设都与此息息相关。授时系统是一个国家最具基础地位的技术基础设施，不容丝毫闪失，这就是 20 世纪 50 年代中国拒绝赫鲁晓夫的共建授时系统提议的基本原因。而当卫星上天后，要考虑应用的时候，卫星地面站的建设也就被提上议事日程。此时正值中美建交前后，我国借助这个时机，于 20 世纪 80 年代初开始建设卫星地面接收站。值此，凭借天地一体架构，卫星的科学价值和应用价值才得以充分展现。

原子弹和氢弹的研制成功开辟了全新的能源研究方向，一系列新的科研装备也由此而来。在消化“一堆一器”技术的基础上，我国自行研制的各种实验性核反应堆和加速器成为了后续原子能科学研究必不可少的装备。1964 年，原子能研究所自主设计和建成的我国第一座国产反应堆——49-2 游泳池式反应堆，主要服务于重大项目燃料元件考验任务，同时还用于同位素生产、材料辐照考验、单晶硅辐照、核电服务和人才培养等。1984 年，原子能研究所自主开发、设计和建成我国第一座微型中子源反应堆，用于中子活化分析、放射性同位素制备、堆物理实验及核仪器考验等。2002 年开工并于 2010 年实现临界的中国先进研究堆，主要技术指标位居世界前列，能为相关领域领先研究提供理想的实验环境。2010 年，中国原子能科学研究院还研发、设计、建成中国实验快堆，不仅可以将铀资源利用率从 1% 左右提高到 60% 至 70%，还可使乏燃料的放射性毒性影响和废物量降低数个量级。在加速器方面，中国原子能科学研究院1996年研制了30兆电子伏特强流质子回旋加速器，2014年又研制出100兆电子伏特强流质子回旋加速器，为医疗、工业等领域的研究课题提供了有力的研究手段。

第一颗人造地球卫星成功升空推动我国走向空间科学时代，将科学研究的触角延伸到了太空。有了人造地球卫星，也就有了全新的科研平台，从而为科学研究提供了前所未有的可能性。随着第一颗人造地球卫星的升空和稳定运行，我国很快就开始了科学实验卫星和应用卫星的研制。1971年3月3日凌晨，实践一号科学试验卫星升空，准确进入轨道。实践一号利用东方红一号的“备份星”，凭借科学探测仪器、卫星姿态磁强计、单项多普勒移动测速定轨系统以及自身稳定的工作性能，首次获得了我国上空的空间环境探测数据，为我国应用卫星、通信卫星的研制积累了经验。后来，实践系列卫星陆续发射，为我国科学探测、技术开发和相关应用作出了历史性贡献。1975年11月26日，长征二号和返回式遥感卫星发射升空，准确入轨并工作正常，三天后返回舱成功与星体分离。这样，中国成为第三个掌握卫星回收技术的国家。返回式遥感卫星在技术上比在空间遨游而不再返回地面的卫星要复杂得多，它既要有一般卫星在空间飞行的能力，又要具有按程序接受地面控制、安全完整地返回地面预定区域的能力，而且在返回途中要能经受住严酷的再入环境的考验。①返回式卫星可以作为观测地球的空间平台和微重力试验平台，也是载人航天技术的先导，其意义十分重大。不仅如此，有了运载火箭和卫星，光学望远镜就可以建立在卫星平台之上，相关科学实验也可以利用卫星平台进行了。此类“天基”科研基础设施，作为具有战略意义的新型基础设施开启了我国空间科学探索新篇章。

“两弹一星”工程还造就了“两弹一星”精神和大批一流科技人才，而其中不少人才成为了后续大科学工程建设的领导者和中坚力量。以“两弹一星”元勋为代表的大批科技英雄，隐姓埋名，以身许国，他们的历史功绩将永远载入史册，激励后人。1999年9月18日，中共中央、国务院、中央军委决定，对当年为研制“两弹一星”作出突出贡献

---

① 张钧：《当代中国的航天事业》，中国社会科学出版社，1986年，第290—292页。

的23位科技专家予以表彰，授予于敏、王大珩、王希季、朱光亚、任新民、孙家栋、杨嘉墀、吴自良、陈芳允、陈能宽、周光召、钱学森、黄纬禄、屠守锷、彭桓武、程开甲“两弹一星”功勋奖章，追授王淦昌、邓稼先、赵九章、姚桐斌、钱三强、钱骥、郭永怀“两弹一星”功勋奖章（以上排名按姓氏笔画为序）。“这23位科技专家，是中华人民共和国的功臣，是老一辈科技工作者的杰出代表，是新一代科技工作者的光辉榜样。”[①]事实上，通过“两弹一星”工程，许许多多科研人员和管理者都经受了磨练和考验，成长为社会主义事业的卓越建设人才，这也为后续的大科学工程建设奠定了人才基础。王淦昌和谷羽就是这两类人才的典型代表。王淦昌在我国第一颗原子弹和氢弹冷试验研究中发挥了中流砥柱的作用，后来也正是在他关于激光核聚变的“创意”激发下，我国开展了相关研究和神光装置的建造。“两弹一星”研制期间，谷羽担任中科院新技术局局长，进行了大量科研组织管理和协调工作。在北京正负电子对撞机工程建设时期，她受邓小平同志委托，担任了工程建设领导小组组长，发挥了重要组织作用。

因此，可以毫不夸张地说，“两弹一星”工程是我国大科学工程发展的原点和源头。我国之后开展的众多大科学工程，几乎都能够以这样或那样的方式追溯到“两弹一星”工程。

①《中共中央、国务院、中央军委关于表彰为研制“两弹一星”做出突出贡献的科技专家并授予“两弹一星功勋奖章”的决定(1999年9月18日)》//科学时报社编:《请历史记住他们——中国科学家与“两弹一星”》,暨南大学出版社,1999年,第Ⅰ—Ⅲ页。

第三章

计算领域：高性能计算机的研制与应用

高性能计算机（High Performance Computer，简称HPC）也称为巨型机或超级计算机，泛指运算性能比较高的计算机，主要以计算速度（尤其是浮点运算能力）作为衡量标准，一般指信息处理能力为每秒可执行亿次以上指令的计算机。随着计算机性能的不断提升，到21世纪初，人们一般认为峰值速度几十亿次以上的计算机是高性能计算机。高性能计算机是一个非常庞大的系统，包括中央处理器、互联网络、存储设备、基础软件、应用软件等。本章主要描述我国高性能计算机发展的历史背景以及银河Ⅰ天河、曙光、神威这三大系列高性能计算机的发展历史。

第一节　中国高性能计算机发展的历史背景

高性能计算机的主要应用领域包括科学工程计算、事务处理和信息服务。从应用看，高性能计算机包括两种：一种是超级计算机，主要用于科学工程计算及专门的设计领域，这类应用大约占据高性能计算机应用中的10%；[①]另一种为超级服务器，主要用于商用计算、事务处理、数据库应用、网络服务等，这类应用大约占据高性能计算机应用的90%。根据体系结构的不同，高性能计算机可分为大规模并行计算机、共享存储器并行计算机和向量巨型机等类型。

高性能计算机在密集计算、海量数据处理等领域不可或缺，对于保障国防安全、促进科学研究及产业创新具有直接推动作用。在国防领

① 李国杰：《发展高性能计算需要思考的几个战略性问题》，《中科院院刊》，2019年第34卷第6期，第605—608页。

域，核武器设计、核爆炸、反导弹武器系统、空间技术的开发等都需要在高性能计算机上进行模拟；在环境领域，长期气候预测、高精度天气预报、海洋环流计算、空气与水污染的模拟分析、洪水与地震等灾害的预报等都需要进行海量数据处理和大规模计算；在产业创新领域，发动机设计、模具设计、生物新药设计、风洞试验仿真、石油地质勘探以及新材料研究等也都离不开高性能计算。①

高性能计算不仅意味着中央处理器（CPU）运算速度的大幅提高，更在于其网络化运算环境下的巨大数据处理能力。中央处理器、平台体系结构、互联网络技术、软件工具和服务等都是构成高性能计算平台不可或缺的要件。高性能计算技术涉及计算机体系结构、硬件技术、软件技术、并行算法等诸多方面，需要解决关乎系统运行效率、系统可伸缩性和系统鲁棒性等的关键技术问题。此外，高效通信技术、大规模并行系统的软件环境、大规模数值计算的高效并行算法、软件进化模型及开发环境等，也都是高性能计算机研发中的重点和难点。②

高性能计算机是电子计算机技术发展到一定阶段的产物。20世纪是动荡不安的世纪，也是科学技术迅猛发展、成就辉煌的世纪。至今人类历史上的两次世界大战，都发生在20世纪上半叶，特别是第二次世界大战，直接导致出现了对人类社会最具影响的两项发明：原子弹和计算机。1945年8月6日美国在日本广岛投掷原子弹，其威力顷刻之间震撼了整个世界。与此相反，最初计算机的发明则显得悄无声息。1945年2月，由美国军方定制的世界上第一台电子计算机ENIAC在宾夕法尼亚大学宣告研制成功时，只有它的发明者、拥有者和为数不多的科学家为之振奋。然而，经过多次改进之后，计算机技术便以人们乃至它的发明者都无法预料的速度迅猛发展起来。1946年，美国贝尔实验室研制成功继电器式样机Model-v；1948年，美国IBM公司研制成IBM－604机；1949年，英国剑桥大学研制成第一台存储程序计算机电子延迟存储自动

① 付向核：《中国高性能计算机产业化历程研究》，中科院研究生院博士学位论文，2011年。

② 夏培肃：《高性能计算机中的若干关键技术问题的基础性研究》，《中国基础科学》，2000年第4期，第6—9页。

计算器（EDSAC）；1951年，苏联第一台小型电子计算机问世。[①]短短几年，计算机技术不仅冲出美国走向世界，而且开始从军事应用扩展到人类社会的其他领域。

20世纪60至70年代，计算机技术在经历了电子管计算机、晶体管计算机、集成电路计算机后，开始进入大规模、超大规模集成电路计算机的发展时期。计算机的体积、重量、功耗逐步减少，而运算速度、存储容量、可靠性及寿命都有很大提高，系统软件和应用软件也获得了巨大发展。随着互联网技术、多媒体技术、分布式处理技术的快速发展，微型计算机进入家庭及人类生活的各个领域。计算机在办公自动化、数据库管理、图像处理、语言识别和专家系统等各个领域得到广泛应用。在计算机微型化发展的同时，由于大科学工程、复杂科学研究、海量数据处理等方面的需求日益增加，运算速度更快、信息处理能力更强的巨型计算机，就成为计算机技术发展的另一个重要方向。

国际上巨型计算机的研制起步于20世纪60年代。20世纪70年代初，美国控制数据公司（CDC）研制的STAR-100以其高速度震撼了计算机界。1976年美国CRAY-1巨型计算机的问世，则标志着巨型机步入商品化阶段。由于巨型计算机在科学研究和大型工程项目中显示出来的威力，世界范围出现了竞相研制巨型机的热潮。继美国之后，日本、俄罗斯、法国、英国和德国都相继研制出自己的巨型机。1989年，日本研制出SX-3/44，最高时速达每秒220亿次，在硬件方面超过了美国。1990年美国推出CRAYC-90，虽然在速度上略低于日本，但综合技术特别是算法和应用软件方面胜于日本。而此时，世界上高性能巨型机约有500台，美国的CRAY系列就占330台之多。[②]随后，美国国防部把巨型机的发展作为1992年二十一项最重要的关键技术之一和大幅增加研究经费的三个项目之一。[③]由于巨型机不仅代表了一个国家计算机技术发

①《国际计算机大事年表》,《中国计算机工业概览》,电子工业出版社,1984年,第645页;И.А.阿波京,Л.Б.梅斯特洛夫:《计算机发展史》,上海科技出版社,1984年,第382页。

②赵振通,陈树楷,孙延军:《计算机技术》,上海科学技术出版社,1994年,第26页。

③林晓峰编译:《美国国防部调整1992年斗争技术经费并宣布92—95年经费预算》,《计算机情报》,1991年第12期。

展的最高水平，而且直接关系到国家安全，因此西方发达国家对巨型机的核心技术实行严格的出口限制。

当世界上第一台计算机问世之时，中国刚刚取得抗日战争的胜利、即将进入解放战争时期。新中国成立不久，又开始了抗美援朝战争，以美国为首的联合国军动用了除原子弹以外所有的最新武器装备，使得入朝参战的中国军队高级将领深刻认识到武器装备技术对未来战争的决定性影响以及加强军队和国防现代化建设的迫切性。决策者很快认识到，计算机技术与国防建设尤其是以原子弹为代表的核武器装备之间具有紧密关系，从而将其列为国家重点发展的技术领域。事实上，“当初我国发展计算机的动力之一就是为研制原子弹创造必要的手段”，“全国最大型的高速计算机，无一不是为国防重大工程服务的”。①

20世纪50年代初，计算机技术通过不同途径从欧美尤其是苏联传入中国。1952年，华罗庚召集分别从德国、英国留学回国的闵乃大、夏培肃等人，在中科院数学研究所成立了中国第一个电子计算机科研小组，开始着手计算机科学研究。② 1954年，苏联研制的三种计算机在北京、广州等地展出，这是国外计算机第一次在中国展出，《光明日报》《人民日报》专门刊文介绍苏联计算机工业发展应用情况，阐述电子计算机在科学研究、国民经济及国防军事上的重大应用价值。③

国家的组织决策和方针政策是中国计算技术发展的根本保证。1956年国务院制定的“十二年科技规划”，将计算机技术列为重点项目之一，并采取紧急措施以保证其发展。④根据当时人力、物力、财力的情况，中央制定了“先集中后分散”的组织方针和“先仿制后创新，仿制为了创新”的技术路线。1956年底，以中科院为主，集中中国人民解放军、第二机械工业部、教育部等单位的技术力量，筹建了中科院计算技

① 虞浦帆：《我所事业成就之关键》，《华东计算技术研究所三十年（1958—1988）》，1988年，第19页。

② 夏培肃：《回忆我国第一个电子计算机科研小组》，《中科院计算技术研究所三十年》（1956—1986），1986年，第9页。

③《苏联展览会观众已达二百万》，《光明日报》，1954年11月21日//闵乃大：《一个新的科学部门——自动快速电子计算机》，《人民日报》，1955年11月14日。

④ 本书编辑委员会：《当代中国的国防科技事业》（上），当代中国出版社，1992年，第32页。

术研究所，华罗庚任筹备委员会主任，随后成立了计算机整机研究室、元件室和计算数学室，成为中国早期计算机技术专门研究机构。与此同时，清华大学、北京大学、哈尔滨工业大学、中国人民解放军军事工程学院[①]等高校，也抽调技术力量组建计算机专业或着手研制计算机。此外，隶属工业部门的华北计算技术研究所、华东计算技术研究所以及与计算机生产相关的工厂也相继建立。

为了加速计算机技术人才的培养与队伍建设，1956年中国政府派出15人组成的计算技术考察团到苏联，在两个多月的时间里，对莫斯科、列宁格勒计算机技术的科研、生产与教育进行考察，重点研究了M-20计算机技术。另外，国家还派出一部分工程技术人员到苏联做短期实习。1957年，中科院代表团访问了苏联科学院，并订购了苏联M-3计算机和БЭСМ计算机图纸资料。随后，苏联科学院派出3名专家到中国协助工作。[②]经过一系列准备，在苏联计算机图纸的基础上，我国开始了计算机研制工作。1958年8月，103机研制成功，中国开始有了自己的计算机（图3—1）。1959年10月，中国研制出第一台大型通用计算机104机，并部分用于中国第一颗原子弹研制的科学计算。103机和104机的诞生，不仅填补了中国计算机技术的空白，而且在仿制中掌握了技

图3—1　中国第一台电子管计算机103机

① 中国人民解放军军事工程学院1953年成立于哈尔滨，简称哈军工；1966年退出部队序列改称哈尔滨工程学院；1970年主体南迁湖南长沙，改称长沙工学院。1978年重新回归军队，组建为国防科学技术大学。

② 何绍宗：《对我国计算技术发展的回忆与思考》，《中科院计算技术研究所三十年(1956—1986)》，1986年，第23页。

术，积累了经验，特别是形成了试制加工以及系统配套方面的能力，还培养了干部和技术队伍，由此为中国计算机技术的发展奠定了基础。

1956年，美国研制出第一台晶体管计算机，标志计算机技术从电子管进入晶体管时代。为跟踪国际计算机技术发展新动向，1958年中国开始部署晶体管计算机的研制。1961年，中国电子学会派出代表团访问英国计算机公司、研究所，了解半导体技术在应用上的意义及前景。1958年至1962年间，中科院计算所、华北计算所、哈军工及华东计算所等先后开始研制晶体管计算机。1965年至1970年间，中国自主研制出一系列晶体管计算机，如：中科院计算所研制的109乙机和109丙机[①]，华北计算所研制的108乙型晶体管计算机，哈军工研制的441B-Ⅲ晶体管通用计算机。[②]其中，109乙机和109丙机用于中国第一颗氢弹研制，而108乙机用于中国第一颗人造地球卫星的科学试验，都发挥了不可或缺的重大作用。[③]

1958年，美国德克萨斯公司的基尔比（Jack Kilby）制成世界上第一个半导体集成电路，[④]这是继1947年发明晶体管后电子技术领域又一重大突破。1964年，美国IBM公司利用集成电路的优越性，对计算机的整个硬件、软件性能做了深刻改造，研制成功集成电路360系列计算机，标志着计算机技术进入集成电路时期。在这个背景下，中国于1965年定型了第一块集成电路（DTL门电路），随后试制出PN结隔离的DTL门电路和TTL门电路，1968年开始生产PMOS电路。[⑤]集成电路的起步与发展，使中国研制集成电路计算机成为可能。1971年，中科院计算所和华北计算所分别试制成功111机和112机。1973年，北京有线电厂、北京大学和石油部地球物理勘探局合作，研制成功150大型集成电

---

① 蒋士飞：《回顾研制109乙机的意义及其经验》，《中科院计算技术研究所三十所（1956—1986）》，1986年，第95页。

② 国防科学技术大学校史编辑组：《国防科学技术大学计算机系兼研究所史（1956—1993）》，1993年，第42页。

③ 陶登意：《108乙机研制和151-Ⅰ期工程回忆》，《电子工业部第十五研究所三十周年（1958—1988）》，第十五研究所，1988年，第53页。

④ 陈厚云，王行刚：《计算机发展简史》，科学出版社，1985年，第72页。

⑤ 本书编辑委员会：《当代中国的电子工业》，中国社会科学出版社，1987年，第280页。

路计算机，每秒运算100万次。同年，华东计算所研制成功655集成电路计算机[①]，其技术指标与150机相近，主要承担航天工业、核工业、建筑、水利工程等大型项目的计算任务。1978年8月，国防科技大学研制成功151-Ⅳ百万次级双机复合系统，随后在我国洲际运载火箭发射、潜艇水下发射和同步卫星发射等一系列试验中，都发挥了重要作用。[②]

但是，到20世纪70年代末，国防科研部门所拥有的电子计算机技术和设备，已远远不能满足科研和生产的需要，落后的数据计算、处理方法和手段，已经成为制约武器发展的关键原因之一。[③]由于国外的禁运与封锁，中国只能采取封闭式开发的技术路线。第一、二代计算机的系统软件大多自主开发，一开始就形成了“重硬件轻软件”的倾向。虽然中国的计算机研究在独立自主的状况下得到较大发展，但由于长期以来的封闭特别是“文革”十年的干扰和破坏，中国第三代计算机的研制拉大了与国外的技术差距，在运算速度上远远落后于国外先进水平。[④]

20世纪80年代，随着世界信息技术革命的深化以及中国各个产业领域的发展，许多关键部门迫切需要高性能计算机，尤其是石油、银行、金融、通信等行业，不得不大量从美国、日本等国家进口工作站、服务器。例如，当时中国境内石油勘探领域全部采用从IBM、SGI等国外公司进口的高性能计算机。国产高性能计算机研制能力的落后，成为中国信息产业发展及关键行业技术进步的瓶颈，我国只能花费巨资从国外进口。[⑤]但是，在巴黎统筹委员会[⑥]协议框架下，西方发达国家一直以防止军事应用为借口，在高性能计算机等高技术领域对中国实行严格

① 陈仁甫:《回顾三十所 寻求新路子》,《华东计算技术研究所三十年(1958—1988)》,1988年,第17页。

② 国防科学技术大学校史编辑组:《国防科学技术大学计算机系兼研究所史(1956—1993)》,1993年,第44页。

③ 赵阳辉:《中国银河机研究群体的基本特征与现状》,《自然辩证法通讯》,1996年,第18卷第5期,第33页。

④ 付向核:《曙光高性能计算机的创新历程与启示》,《工程研究——跨学科视野中的工程》,2009年第3期,第282—291页。

⑤ 付向核:《中国高性能计算机产业化历程研究》,中科院研究生院博士学位论文,2011年。

⑥ 正式名称是“输出管制统筹委员会”,是对社会主义国家实行禁运和贸易限制的国际组织。1949年11月在美国提议并秘密成立,总部设在巴黎,通常称之为“巴黎统筹委员会”(简称“巴统”)。

封锁和禁运，要么是不允许出口，要么就是只向中国出口已经过时的产品，同时还要附加许多关于使用方面的限制。对中国进口的计算机在性能指标上加以限制，甚至将其关在玻璃房子里被外国员工监管使用，都是曾经发生过的事情。①而且，卖给中国的软硬件产品价格奇高，同时还要按销售额的10%收取系统集成费。中国在软硬件设备引进、系统集成和后期维护过程中，额外花费了大量资金。②为此，邓小平指出："中国要搞'四个现代化'，不能没有巨型机!"③

1983年，中科院计算所历时8年，研制成功中国第一台大型向量机——757机，字长64个二进位，浮点运算峰值速度为每秒1000万次。在结构上，757机采用了高庆狮于1973年至1974年间于国内首先提出的纵横加工流水线向量机的设计思想。另外，该机使用的中小规模集成电路和配套设备及元器件，全部采用中国自己的产品。同年，紧随757机之后，国防科技大学研制的银河-I亿次流水线向量巨型计算机，使我国大型计算机运算速度首次突破每秒1亿次/秒。尽管银河-I大型机采用的是进口集成电路，其结构体系设计参考了美国GRAY-1设计思想，但它将中国大型计算机水平与国外的差距缩短到7年左右，因而是中国大型机研制的里程碑。但是，757机和银河-I机仍是在计划经济模式下，按照"以军为主"的原则，面向国防建设和重大工程项目的需要而研制的。④

20世纪80年代初，中国开始着手经济体制和科技体制改革。1982年，国务院提出"科学技术必须面向经济建设，经济建设必须依靠科学技术"的科技工作方针。在当时的经济状况下，中国不可能投入大量经费进行高性能计算机的基础理论研究。科技计划致力于中小机型的推广使用，对高性能计算机的基础理论研究和研发工作重视不够。恰恰是在这一时期，世界各发达国家皆对发展高性能计算机给予了优先支持。尽

---

① 孙凝晖，谭光明:《高性能计算机发展与政策》,《中科院院刊》,2019年第34卷第6期，第609—616页。

②《国产高性能计算机助推国际化经营》,《中国石油报》,2005年11月14日，第6版。

③ 张俊科:《妙算神机今已在》,《档案时空》,2019年第1期，第28—29页。

④ 刘益东，李根群:《中国计算机产业发展之研究》,山东教育出版社，2006年，第113—119页。

管如此，757机和银河-I机等大型机的成功研制，仍为中国高性能计算机的进一步发展奠定了较好的基础。

直到20世纪80年代后期，中国高性能计算机产业发展仍处在起步期。主要表现是：[①]第一，由于国外的禁运与封锁，我国一开始只能采取封闭式开发的技术路线，经过多年的技术积累，虽为进一步发展奠定了一定的技术基础，但整体水平与国外有较大差距。第二，中国计算机尤其是大型机的研发主要面向国家战略需求特别是国防需求，民用需求相对较弱。第三，研发力量主要集中在国立科研机构尤其是军队部门，包括中科院计算所、国防科技大学、江南计算技术研究所等。[②]

面对世界科学技术的快速发展，中国于1987年3月组织实施863计划，开始布局与产业化结合的高性能计算机的研发。为了兼顾军事应用、公共需求和产业化目标，也为了兼顾不同的技术发展方向，863计划对高性能计算机的发展做了三个方面的部署：银河系列、曙光系列和神威系列，形成了后来中国高性能计算机研发的三股主要力量。[③]

第二节　银河与天河系列高性能计算机

技术先进、功能最强的计算机，首先是满足军事领域的迫切需求。我国银河系列计算机的立项、研制，也是为了满足国防科研和尖端武器研发的迫切需要。1983年12月，国防科技大学研制成功的银河亿次巨型计算机(简称银河-Ⅰ)，不仅填补了中国巨型计算机的空白，而且在国防尖端技术和石油地震勘探领域得到实际应用，标志着中国进入了世界研制巨型机的行列。[④]1992年11月，银河-Ⅱ巨型计算机系统研制成功，是我国自行研制的第一台面向科学工程计算和大规模数据处理的十亿次并行巨型机系统，总体上达到20世纪80年代中后期国际先进水

---

① 付向核:《中国高性能计算机产业化历程研究》,中科院研究生院博士学位论文,2011年。

② 江南计算技术研究所创建于1951年,位于江苏省无锡市,是我国最早建立的计算机科学与工程相结合的大型综合计算技术研究所。

③ 付向核:《中国高性能计算机产业化历程研究》,中科院研究生院博士学位论文,2011年。

④《银河计算机国家鉴定书》,1983年12月6日,第2页。

平，[①]实现了从向量巨型机到并行处理巨型机的跨越。1997年6月，银河-Ⅲ并行巨型计算机系统通过国家技术鉴定，峰值速度为每秒130亿次浮点运算，多项技术居国内领先地位，系统综合技术达到国际先进水平，实现了从多处理并行巨型机到大规模并行处理巨型机的跨越。进入21世纪，国防科技大学又启动了“天河”高性能计算机，于2009年10月成功研制出浮点运算峰值速度为每秒1206万亿次的天河一号超级计算机系统，使中国成为继美国之后世界上第二个能够研制千万亿次超级计算机的国家。2010年11月，技术升级优化后的“天河-1A”在全球超级计算机系统500强排行榜上跃居第一。[②]2013年6月，天河二号超级计算机系统研制成功，以浮点运算峰值速度每秒5.49亿亿次、持续计算速度每秒3.39亿亿次双精度浮点运算的优异性能，位居全球500强榜首。[③]

一、银河系列高性能计算机的发端

国防科技大学计算机研究所是从哈军工海军工程系9人教学小组发展起来的。1957年底，海军工程系年轻教员柳克俊带领学员到海上实习，目睹中国海军装备落后的情况，认识到改革舰艇指挥仪的迫切性和必要性。1957年6月，他和海军工程系副主任慈云桂随中国人民解放军院校参观访问团访问苏联、波兰及捷克，了解其军事院校教育及装备状况，进一步认识到中国发展武器装备的紧迫性。同年8月，柳克俊向海军工程系提交了《关于发展舰用电子计算机——研究试制供快艇用的快速电子指挥仪的报告》，并附上《331号电子计算机概述》总体方案及设计图，受到学院和海军司令部的重视。随后，海军工程系成立了由柳克俊、胡守仁负责的9人研制小组，慈云桂负责组织协调工作。1958年9月28日，331型舰用电子数字计算机初步研制成功，后经多次海上试验和改进，定型生产装备部队。[④]这是中国第一台军用电子管计算机，

---

①《银河-Ⅱ巨型计算机鉴定书》，1992年11月19日，第4页。

②《天河一号，全球超算“一哥”》，《人民日报》，2010年11月17日，第6版。

③《中国超算再登全球榜首》，《人民日报》，2013年6月18日，第1版。

④ 国防科技大学校史编审委员会：《国防科技大学校史（1953—1993）》，国防科技大学出版社，1993年，第4—6，393页。

也是哈军工计算机科研、教育的开端。

1961年，哈军工将海军工程系和空军工程系的电子类专业合并，组建了电子工程系，下设军用电子计算机等6个专业，慈云桂任系副主任。1966年，哈军工退出军队序列，学院改制、部系调整，组建了电子计算机系，慈云桂任系主任。①1959至1966年间，共培养了电子计算机专业毕业生560名。其中，研究生胡守仁、王振青和本科生周兴铭、康鹏等后来都成为银河计算机团队的中坚力量。②

1961年9月，慈云桂随中国计算机代表团访问英国。他注意到国际计算机发展的主流方向是全晶体管通用电子数字计算机，回国后马上向国防科委电子局领导汇报考察情况，建议国家尽快停止生产电子管计算机，开展晶体管计算机的研制，并主动提出承担这一研制工作。后经聂荣臻批准，正式列入国防科委研制计划。1962年，电子工程系军用计算机教研室成立了由刘德祯、康鹏负责的晶体管通用电子数字计算机设计组，代号441B。1965年，由慈云桂主持、以康鹏发明的“脉冲变压器”和“隔离——阻塞逻辑电路”为基础，研制出441B晶体管通用计算机，先后生产100余台，广泛用于国防和民用领域，对于推动中国第二代计算机技术的发展产生了积极影响。

1969年11月，慈云桂受邀参加国家组织的远望测量船中心处理机的论证会。会议争论的焦点是搞每秒50万次还是百万次处理机？用晶体管还是集成电路？慈云桂大胆提出了国产化、集成化、百万次级和双机系统的方案，认为可以通过系统优化和狠抓质量的办法，弥补国产元器件质量不稳定的不足，提高系统的稳定可靠性。慈云桂的观点得到基地领导的赞同，尤其是20基地的司令员，他们是当年441B-Ⅲ的用户。会议最后确定华北计算所和哈军工各做一台百万次机。接到任务后不久，1970年哈军工突接军委“一号令”，主体南迁长沙。慈云桂带领团

① 国防科技大学校史编审委员会:《国防科技大学校史(1953—1993)》,国防科技大学出版社,1993年,第68—69,157—158页。

② 1980年,慈云桂当选为中科院学部委员,是中国最早的两个计算机学科领域的学部委员之一。当时的本科生周兴铭于1993年当选为中科院技术科学部学部委员。参见:周兴铭,赵阳辉:《慈云桂与中国银河机研究群体的发展历程》,《中国科技史杂志》,2005年第26卷第1期,第38页。

队，克服“文革”不利影响和南迁中的许多困难，经过近10年艰苦努力，终于研制成功151-Ⅳ大型百万次级集成电路计算机。与此同时，华北计算所也完成研制任务。1980年5月，这两台计算机作为测量中心计算机系统分别安装在远望号和向阳红号测量船上，完成了我国首次洲际导弹全程试验落点测量任务。此后，151-Ⅳ计算机还参加了中国运载火箭发射、第一颗同步卫星发射和定点等重大试验任务。[①]

至此，从哈军工到国防科技大学，先后研制出大中小型专用和通用18种型号的电子计算机，经历了从电子管、晶体管到集成电路计算机三个发展阶段，从技术队伍、组织和生产管理等方面，为巨型计算机的研制积累了经验，奠定了基础。

20世纪60至70年代是世界电子计算机技术快速发展时期，但中国正值“文化大革命”，不少领域科学技术发展处于停滞状态，加之西方长期封锁，致使我国计算机技术落后世界先进水平达20年之久。面对冷战时期美、苏两个超级大国之间的核军备竞赛，中国必须加强自身的国防建设。我国第二代核武器的发展、核动力装置的研究、航空航天飞行器的设计、军事情报分析以及卫星图片判读等，都离不开巨型计算机。此外，中长期天气预报和气象形势分析、石油地震处理、油藏工程和能源开发、图像处理以及遗传工程等，也都需要更高性能的计算机。因此，研制巨型计算机，对我国加强国防建设、发展国民经济，促进科学技术的进步，都有十分重要的意义。

早在1967年9月，聂荣臻就曾提议研制更高水平的计算机。1970年11月，中科院计算所曾上马代号“723”的亿次计算机工程。[②]1972年秋，国防科委根据我国发展第二代战略武器、增强国防实力的迫切需要，提议研制亿次巨型机，并委托时任长沙工学院计算机研究所所长的慈云桂负责起草报告，向中央专委建议将巨型计算机的研制列入国家重点工程项目。慈云桂开始组织队伍进行各种预研和技术贮备。[③]1974年

① 国防科学技术大学校史编辑组：《国防科学技术大学计算机系兼研究所史（1956—1993）》，1993年，第43—47页。

② 陈仁庆：《计算技术研究所大事记（1956—1985）》，《中科院计算技术研究所三十年（1956—1986）》，1986年，第202页。

③ 慈云桂：《“七八五”工程银河亿次机研制报告》，1983年12月4日，第1页。

初，中科院、第四机械工业部和国防科委三个部门联合向国务院、中央军委、中央专委提出组织全国力量研制巨型计算机的建议。1975年10月和1977年5月，根据国防科委主任张爱萍的指示，慈云桂两次负责组织专家就巨型机的需求、相关元器件和外部设备的生产能力和性能价格比等进行全国范围内的调研。在此基础上，1977年11月14日国防科委向中央呈报了《关于研制巨型电子计算机事》的请示报告，很快得到邓小平等中央领导"拟同意"的批示。为贯彻中央批示精神，尽快落实研制任务，12月20日国防科委主任张爱萍向中科院、国防工办、二机部、四机部、七机部等单位领导通报了党中央对国防科委报告的批示，以征得国内同行的支持。①就在这次会议上，中科院计算所、第四机械工业部、长沙工学院以及相关电子系统单位都表达了想要研制亿次巨型机的意愿。1978年初，中科院计算所提出了巨型计算机总体方案。1978年1月5日，四机部向中央提出了《关于统筹安排亿次计算机研制任务的报告》。1978年1月29日，长沙工学院也通过国防科委向中央呈交了《关于安排研制亿次计算机情况报告》。1978年3月4日，邓小平在中央部署巨型计算机研制的汇报会议上说："1亿次机就由长沙工学院搞算了，……论证时，要多请一些人来参加，什么时候完成，长沙工学院要签字。"②由于是在1978年5月正式立项，故称之为"785"工程。

二、银河亿次巨型计算机的研制及应用

1. 银河亿次机的指导思想及方案论证

785工程立项前，国防科委组织有关单位已开展六年巨型计算机预研工作，并进行过两次全国性调研。正是这些前期准备工作，使银河-I总设计师、总工程师的慈云桂了解到，研制银河-I所需的某些关键元器件当时国内尚不能生产，如果元器件攻关全部立足国内研制，恐怕十年

---

① 赵阳辉：《妙算神机在"银河"——中国计算机事业的先驱慈云桂》，《自然辩证法通讯》，1999年第21卷第5期，第61—67页。

② 国防科学技术大学校史编辑组：《国防科学技术大学计算机系兼研究所史(1956—1993)》，内部印刷，1993年，第116—117页。

也完不成任务。[①]因此，他大胆提出建议："跟踪国外最先进技术，引进国内一时无力生产而国外又能买到的元器件和设备，用自己的智慧和技术设计研制出中国的巨型机。"[②]这一建议，最终成为785工程的指导思想，贯穿在整个方案设计、决策过程之中。

1978年5月国防科委召开了巨型机方案论证和协作会，会议通过了一个分两期完成的双处理机方案，并确定引进一些元器件，国内协作研制外围机和外部设备。[③]这个总体方案主要是借鉴1973年前后美国巨型机CDC、STAR-100和TIASC的设计思想。不久，当设计人员看到美国CRAY-I机的有关报道后，经过研究分析，认为CRAY-I的设计思想、实现手段是先进的、有独到之处。于是，他们果断放弃之前耗时八个月完成且刚刚通过的总体方案，将焦点转移到CRAY-I上。根据专家研究和用户建议，又对国内外巨型机研制使用情况进入了深入调查，在此基础上设计出既符合中国国情又与国际主流机兼容的亿次机总体方案。[④]最初，总体组提出了两个设计方案：一是共享主存的双中央处理器系统；二是双向量阵列结构的单中央处理机系统。[⑤]考虑到当时我国元器件水平有限，开发并行处理软件的技术难度也比较大，最终选择了第二个方案。1978年10月，巨型机总体论证设计工作完成。此前的7月，国防科委在长沙召开了785工程巨型机软件协作会议，落实了协作任务，并提出指令级兼容的建议。后经多次调研、论证，形成785工程软件方案。11月，国防科委经审议后批准了这个方案。鉴于外围机和外部设备在国内落实尚有困难，决定也从国外引进。[⑥]

---

① 胡宏哲：《银河疑是九天来——巨型计算机"银河-Ⅰ"号诞生记》，《科技中国》，2005年第12期，第60—62页。

② 赵阳辉：《妙算神机在"银河"——中国计算机事业的先驱慈云桂》，《自然辩证法通讯》，1999年第21卷第5期，第61—67页。

③ 慈云桂：《"七八五"工程银河亿次机研制报告》，1983年12月4日，第2页。

④ 周兴铭，赵阳辉：《慈云桂与中国银河机研究群体的发展历程》，《中国科技史杂志》，2005年第26卷第1期，第37—45页。

⑤ 胡守仁：《计算机技术发展史（二）》，国防科技大学出版社，2006年，第239页。

⑥ 国防科学技术大学校史编辑组：《国防科学技术大学计算机系兼研究所史（1956—1993）》，1993年，第118页。

2. 银河亿次机的技术改进及理论攻关

总体方案确定之后，785工程进入实验、逻辑设计、插件工程化和模型机研制阶段。研制人员狠抓技术攻关，从理论、技术和工艺上提出了一系列新思想、新方法，解决了工程中遇到的许多困难和问题。[①]

在系统结构上，基于开关速度为2纳秒的MECL10K逻辑电路和单片存取周期为375纳秒的存贮器件的速度性能，确定主频为20兆赫。为获得每秒1亿次以上的运算速度，在主机结构上采用向量双阵列部件结构，包括浮点运算部件六条流水线、双向量部件六条流水线、双向量寄存器，使得每拍可获得两个运算结果；运用复合流水线技术，较好地解决了向量指令相关问题，提高了部件工作的并行度，从而提高了实际运算速度。由于单处理机双向量列阵的方案存在访问主存储器的难题，为减少存贮模块冲突的概率，慈云桂、杨晓东等提出了素数个存储体交叉访问的构想，据此存控设计师们很快找到了素数模地址变换的快速简易算法，圆满解决了这一难题。

在部件设计上，采用新的浮点倒数近似迭代算法，使流水站由14位减至6位，节省了器材，缩短了运算起步时间；在指令流水控制部件中，设置了微命令库，使控制变得简单，既节省了器材又简化了结构。

在软件系统的开发过程中，建立了比较完整的银河软件工程化规范。按照软件工程化的需要，形成了软件人员梯队，按级分工，实行结构化程序设计，独立研制出各种模拟器和调试、测试等软件，大大加速了软件研制进度。银河操作系统参照CRAY-1操作系统用户手册独立研制，根据用户需求进行了扩充；采用FORTRAN77国际标准文本，根据银河机的特点进行了向量运算的扩充；独立研制了数学子程序库，在并行算法和并行程序设计上进行了深入研究，其在功能、数量和精度、速度上都优于CRAY-1。

在维护诊断技术方面，三控（指控、运控、存控）部分利用双阵列部件比较、双数据通路比较、关键控制部件双套比较、奇偶校验，进行了全面的可测试性布局，硬件只增加5%，大部分故障（包括瞬时故

① 慈云桂：《“七八五”工程银河亿次机研制报告》，1983年12月4日，第7—12页。

障）都可以及时检测，并为插件级故障诊断创造了有利条件；主存贮器采用海明码校验系统，大大提高了可靠性，并设有完整的自检手段，维护方便。特别是主存校验系统的重要信息，均可由软件回收，保证存贮体故障的准确定位。此外，建立了部件、插件、组件三级诊断系统，开发了各种故障诊断生成软件，提高了诊断速度。

为了保证主机在20兆周主频下稳定工作，获得尽可能高的运算速度，“银河-Ⅰ”采用了高密度组装工艺。具体包括：采用阶梯式圆弧状柱体柜结构，缩短了走线距离；采用高精度、高密度、高可靠性插件印制板和印制底板以及贴膜反镀法生产工艺；采用高密度锡焊底板组装和绕接工艺，印制线、双扭线、三扭线混合传输线结构，获得了良好的信号传输性能；采用加固大插件结构和平插方式，使得整体结构美观，电性能良好，维护使用方便。

为解决高密度组装带来的散热问题，在理论分析的基础上，通过大量实验，研制出平行短风路均匀送风的风冷散热系统，提高了系统抗干扰能力，增加了可靠性。此外，低压大电流供电是计算机系统的一个突出问题，尤其是采用电流较大的发射极耦合逻辑（ECL）电路以及高密度组装，使电流密度急剧加大。银河亿次机首次采用交流稳压、整流滤波的并行电源馈电系统，效率高、结构简单、可靠性强，全机各点压差小，提高了系统的稳定性。

1980年3月，785模型机研制成功，表明巨型机硬件研制中的理论和技术难关基本解决，随后进入主机生产阶段。1981年7月，主机生产任务完成。1981年3月至12月，仅用66天就顺利完成了硬件系统的分调、联调、正确性调试和考核。1979年8月至1983年6月完成了软件系统研制和联调。随后，进入试算和国家技术考核、鉴定阶段。与此同时，主抓另外两台亿次机的生产、改进和提高。

3．银河亿次机的组织管理

785工程立项后，国防科委组成以张寰环副主任挂帅的工程领导小组，慈云桂被任命为785工程总设计师和总指挥。长沙工学院则组建了以副校长张文峰、慈云桂（兼计算机研究所所长）以及副政委董启万为成员的领导小组，下设785工程办公室，加强对整个研制任务的具体领导。[1]同时，建立校、所、室和专业组四级指挥系统，每周定期召开协调会，随时研究解决工程中出现的各种问题。

“集中力量，大力协同”是“两弹一星”工程的成功经验。亿次巨型计算机的研制离不开这一方针的指导。长沙工学院初接巨型计算机任务时，在技术队伍、技术积累和加工生产等方面面临许多困难。为充实技术队伍，国家有关部门协助从全国范围20多个高校、研究机构调入一批技术人员，充实技术队伍。当时长沙工学院计算机研究所只有研制百万次大型机的经验，从百万次到亿次机存在相当多的理论问题和技术难关。785工程不仅得到学校内许多部门、单位的技术支持与帮助，而且还得到航天部、石油部物探局等相关部门以及复旦大学、武汉大学、湖南大学、湖南师范大学、湘潭大学等30多个单位在人力、技术、器材设备等方面给予的大力支援。[2]

国家有关部门还为785工程提供了足够的财力和物力保障。1976年，华北最大的煤炭基地唐山发生大地震，国家经济受到极大影响。这一年工业净产值下降了5.3%，财政赤字达29.6亿元。1977年至1979年，国家虽然采取了一系列措施恢复工业生产，但总体上国民经济仍处于徘徊状态。[3]在这种情况下，国家计划拨出2亿元[4]（实际上只用了4000万元，节约的经费上交国库[5]）保证巨型计算机的研制。在外汇非常有限的情况下，为785工程紧急进口了必要的元器件及外部设备。为使整个工程按期完成，785工程专门成立了器材采购部门，统一负责所有元器件、设备的采购。各级领导简化审批手续，保证了工程的顺利进行。

历时五年半之久的巨型计算机工程，是一个复杂大系统，参加研制的单位有数十个，涉及数千人，元器件达数十万个。为保证工程保质按期完成，785工程采取了一系列措施：一是制定了以“方案论证、生

---

①《785工程简报》，1979年第4期，1979年4月20日。

② 国防科学技术大学校史编辑组：《国防科学技术大学计算机系兼研究所史（1956—1993）》，内部印刷，1993年，第124页。

③《当代中国经济概述》，广东人民出版社，1989年。

④ 慈云桂：《“七八五”工程银河亿次机研制报告》，1983年12月4日，第2页。

⑤ 国防科学技术大学校史编辑组：《国防科学技术大学计算机系兼研究所史（1956—1993）》，1993年，第130页。

产、调试、试算和技术鉴定”等工程基本内容为主线，以“物质保障、器材选购、机房建设、工厂技术改造、人员调配和协调协作任务安排”为辅线的工程流程计划，确定工程的进度和规模，提出设计质量标准和完成期限的要求；二是实行分工负责制，总设计师把大课题分为若干子课题，子课题再分为若干小课题，每一级课题都有相关负责人；三是建立了由总师组织的主任设计师协调会机制，每周定期召开协调会，互通工程进展情况，及时解决矛盾问题；四是在设计、生产、调试等环节，坚持质量第一、可靠性第一，严格落实岗位责任制、设计审查制度、质量检查制度、器材管理制度等规章制度。[①]正是靠着严密组织和严格要求，才创下了230万个焊点无一虚焊等记录，保证了工程的顺利完成。[②]

我军优良传统和切合实际的政治思想工作是亿次巨型机得以完成的重要保证。1978年3月，中央将巨型计算机的研制任务交给长沙工学院，是年6月，国务院中央军委决定以长沙工学院为主组建国防科学技术大学。这一举措极大地激发了科研人员的政治热情，他们为能参与国家任务而感到光荣和自豪。这种荣誉感汇聚升华为“胸怀祖国、团结协作、志在高峰、奋勇拼搏”的银河精神。在工程实施的各个关键时刻，通过思想教育、动员会、总结表彰等方式，使无私奉献、团结协作、认真严谨的工作作风和我军严明的组织纪律性、艰苦奋斗的优良传统，渗透到整个研制工作中。[③]大家拥有一个共同的目标，就是要高质量、高速度、低成本地拿下巨型计算机，完成党和国家的重托，为缩短中国计算机与世界计算机的差距作出贡献。

1983年12月，经过五年多的艰苦努力，我国第一台亿次巨型计算机顺利通过国家鉴定，张爱萍将其命名为“银河”，即银河亿次巨型

---

① 温运城，赵阳辉：《科技共同体有效沟通中的角色扮演及影响因素实证研究——以银河-天河巨型机科技共同体为例》，《2012年全国科学学理论与学科建设暨科学技术学两委联合年会论文集》，2012年8月1日；吴迪：《工程哲学视角下的银河-Ⅰ亿次巨型机案例研究》，国防科学技术大学硕士学位论文，2010年。

② 国防科学技术大学校史编辑组：《国防科学技术大学计算机系兼研究所史(1956—1993)》，1993年，第176—177页。

③ 赵阳辉，吴迪：《银河亿次巨型计算机工程组织管理研究》，《科技管理研究》，2010年第3期，第9—11，16页。

机。鉴定认为：银河亿次机系统稳定可靠，软件较为齐全，其主要技术指标均达到或超过鉴定大纲要求，具有国内先进水平，某些方面达到了国际水平，填补了国内巨型计算机的空白，标志着我国进入了世界研制巨型机的行列。[①]

图3—2 “银河”亿次巨型电子计算机在工作

银河-I计算机系统先后生产了三台，分别安装于原石油部物探局、中国工程物理研究院西南计算中心和国防科技大学计算机研究所，为国民经济和国防科技领域解决科学工程计算、数值模拟等问题[②]，提供了不可或缺的计算工具。但是，银河亿次机还有不足之处，尤其是在满足用户需要的软件方面，如绘图软件、数据库、专用程序包的开发，以及并行算法和并行程序设计的研究等方面，还有大量的工作要做。[③]

①《银河计算机国家鉴定书》，1983年12月6日。

② 吴迪：《工程哲学视角下的银河－Ⅰ亿次巨型机案例研究》，国防科学技术大学硕士学位论文，2010年。

③ 慈云桂：《“七八五”工程银河亿次机研制报告》，1983年12月4日，第15页。

三、银河-Ⅱ、银河-Ⅲ巨型机的研制及应用

1. 银河-Ⅱ的立项、研制及应用

就在中国研制成功银河-Ⅰ亿次巨型机之时，1983年美国克雷公司推出向量峰值速度为每秒10亿次以上的CRAY X-MP双处理并行巨型系列机（内存容量8兆字节）。紧接着，1985年推出CRAY-Ⅱ 4处理机并行巨型机系统，向量峰值速度为每秒35亿次（内存容量为256兆字节）。1986年又相继推出4、8、16个处理机的并行巨型系列机。

面对国际上巨型机技术的飞速发展，中国计算机界心急如焚。然而，此时已不是1978年了。一方面，中国开始进行科研体制改革，重大科研项目经费由实报实销改为科研经费承包，由用户分期预支，就是说研制经费由用户提供，用户是立项的决定者，是签订合同的甲方，而研制者是乙方。另一方面，改革开放使得国外各种商品包括高性能计算机产品大量涌入中国市场，一时间到底是进口巨型机还是自主研制巨型机，成为业内人士争论的话题。其实，国外厂商打压中国计算机技术发展的基本策略就是：当你没有巨型机时封锁你；当你有了巨型机，就以优惠价格向你推销同水平产品，力图挤垮你。为了打破国外封锁，发展中国自己的巨型机技术，缩小与发达国家的差距，国防科技大学计算机研究所积极上书中央，请求研制中国自己的高性能巨型机，得到国防科工委以及中央高层的支持。

1986年2月24日，国防科工委向国务院提交了《关于发展银河巨型机的建议》，中央明确了“巨型机立足于国内”的方针，国家计委、国务院电子振兴办坚决贯彻这一方针。1986年6月30日，国防科工委向国防科技大学下达了《关于贯彻中央领导同志批示，落实巨型机研制任务的通知》，明确第一家用户为国家气象局，并提供预研经费，银河-Ⅱ工程进入预研阶段。随后，国防科技大学计算机研究所向国家气象中心介绍了银河-Ⅱ机的初步设想，并征求中国石油天然气总公司等有关部门的意见和要求。1986年8月2日，国防科技大学计算机研究所与国家气象中心就银河-Ⅱ机签订了合作意向书。国家计委根据双方合作意向书和气象局的报告，批准了国家气象局北京气象中心的扩建工程，并列

为国家“七五”重点工程。于是，计算机研究所与北京气象中心开始合同谈判。意向书明确指出：国防科技大学向北京气象中心提供一台银河-Ⅱ巨型机，作为中期数值天气预报的主机（天气预报将由1至2天延长到5至7天），承诺主机标量速度为气象局引进的大型计算机M-170机的10倍以上，向量速度为CRAY-1A的1.2倍以上；用气象应用题目T63L15测试其综合速度与80年代初欧洲大气中心用于中期数值天气预报的CRAY-1A的水平相当，系统可用率在95%以上。[①]由此可见，用户对研制方提出的技术指标是比较高的，无论是硬件系统还是软件的要求，都是以国外先进巨型机为参照的。

1987年7月，国防科工委在北京主持召开银河-Ⅱ巨型机方案论证会，国内巨型机主要用户和同行专家受邀参加会议。会议确定了银河-Ⅱ巨型机的技术目标和主要功能，即面向气象、石油、核能与航空航天等大型科学工程计算与大规模数据处理；为满足北京气象中心的需要，加强系统软件功能的开发，提供有交互能力、有入网功能的多处理机操作系统，发展向量化编译、多任务软件；建立银河高速网；大力加强I/O能力，建立I/O子系统，使银河-Ⅱ磁盘系统的速度比银河-Ⅰ快10倍以上；建立银河-Ⅰ上没有联机的磁带子系统，以适应石油地震处理的大数据量I/O的要求。最后，研制方承诺与用户密切合作，支持用户建立应用系统、开发应用软件。

1988年3月，由国防科工委和国家气象局共同主持，北京气象中心与国防科技大学签订了研制银河-Ⅱ的合同，落实了研制经费。在双方签订的合同中，确定银河-Ⅱ是一台双向量阵列的单中央处理器（CPU）系统。对此，用户提出希望有更高性能的巨型机，而研制方也希望提高性能，努力跟踪世界先进水平。但受当时的技术、能力等各种因素的限制，多CPU系统的方案具有很大挑战性。幸运的是，在合同谈判的过程中，对多处理机系统及其系统软件的研究取得重大突破，使得多CPU成为可能。1988年5月，国防科技大学提出银河-Ⅱ多处理机系统

① 国防科学技术大学校史编辑组：《国防科学技术大学计算机系兼研究所史(1956—1993)》，1993年，第125—126页。

结构方案和多处理机软件方案，得到用户积极支持。1988年6月6日，国防科工委批复了国防科技大学《银河-Ⅱ巨型计算机研制任务书请示报告》，确定了最后总体方案。银河-Ⅱ是4CPU系统，浮点运算速度达到每秒10亿次。[①]

随后，银河-Ⅱ巨型机进入研制阶段。1989年底，硬件设计基本结束。1991年2月，小系统硬件调试完成，4月开始调试软件。1992年5月，主频50兆赫的硬件大系统调试完毕，进入大系统软件调试。1992年8月，全系统软、硬件调试完毕，进入鉴定预备阶段。从签订合同到大系统调试完毕，历时四年五个月。

1992年11月，银河-Ⅱ巨型计算机系统通过国家技术鉴定。鉴定委员会认为：银河-Ⅱ巨型计算机是我国自行研制的第一台面向大型科学工程计算和大规模数据处理的通用十亿次并行巨型机，系统稳定可靠，各项技术指标均达到或超过研制任务书规定的指标，其综合处理能力十倍于银河-Ⅰ亿次巨型机，总体上达到80年代中后期国际先进水平。[②]

银河-Ⅱ巨型机在性能指标与技术上有许多突破与创新。银河-Ⅱ主机为4个高性能向量中央处理机共享主存紧耦合系统，基本字长64位，主频50兆赫，峰值速度每秒10亿次以上，主存容量256兆字节；设置了独立的双I/O子系统，峰值速度30MIPS（每秒处理的百万级的机器语言指令数），存储器容量32兆字节；有符合国际FDDI标准的每秒100兆比特高速光纤网和中速以太网接口，实现网络计算；并行操作系统实现了高效多处理机管理调度，以批处理工作为主，有一定交互处理能力，支持并行处理的高性能FORTRAN编译系统和汇编系统、多任务库、通用数学库软件、为应用程序服务的基本图形系统（GKS）图形库和软件工具等。在研制过程中，科研人员攻克了一系列技术难题，涉及并行体系结构、高性能中央处理机设计、高速共享大主存、独立I/O子系统、系统动态容错重构、三级诊断、50兆赫高主频技术、高速大型

① 国防科学技术大学校史编辑组：《国防科学技术大学计算机系兼研究所史（1956—1993）》，1993年，第129页。

②《银河-Ⅱ巨型计算机鉴定书》，1992年11月，第4页。

电子系统集成式管理软件计算机辅助设计（CAD），以及印制板加工、高密度混装安装、压接和绕接互连、风冷、供电技术等。[①]

与银河-Ⅰ相比，银河-Ⅱ走的是以“用户需求”为牵引、以“深化应用”为核心的技术路线。研制人员积极了解用户需求，与用户密切合作，在深入互动的过程中，及时调整、完善设计方案，在协同的过程中解决各种具体技术问题。在应用软件开发方面，采用了研制与应用系统同步进行的方法，即一方面研制十亿次巨型机系统，另一方面密切关注用户，与用户联合开发中期数值天气预报并行应用软件。他们共同合作移植开发的中期数值天气预报谱模式T63L16程序，在银河-Ⅱ上试算成功，表明气象、石油、核能、核武器、航天航空、地震等应用领域的程序都能在银河-Ⅱ上高效运行。[②]在开发过程中，他们也遇到了一些技术难题，例如中期数值天气预报软件系统有14万行代码，还要补70多个模块。为了解决软件系统中的基本数学计算问题，银河-Ⅱ应用软件主任设计师李晓梅提出了具有国际先进水平的并行算法方案，并根据银河-Ⅱ机结构、软硬件、并行计算等特点对其进行了完善，研发出的“气象应用并行库”在银河-Ⅱ机上运行成功，使完成一天天气预报的运行时间仅需413秒，远低于国家气象中心原定的1100秒指标。[③]关于巨型机与前端机的互连问题，银河-Ⅱ的原设计前端机接口是VAX机型，与用户所要求的CYBER机型不相符合，[④]为了解决这一矛盾，硬件接口设计为两个，这样就能与Cyber962大型机和Cyber992大型机分别相连。诸如此类的问题在银河-Ⅱ工程中比比皆是，也正是在不断与用户交流沟通的过程中，解决了各种技术问题，完善了系统的各项功能，最终达成设计指标。

银河-Ⅱ工程上马正值中国改革开放蓬勃开展之时，1984年国家提

---

①《银河-Ⅱ巨型计算机鉴定书》，1992年11月，第2—3页。

② 国防科学技术大学校史编辑组：《国防科学技术大学计算机系兼研究所史（1956—1993）》，1993年，第131—132页。

③ 赵波，刘程，章立丁：《银河-Ⅱ巨型机的背后：我军并行计算机专家李晓梅》，《解放军报》，2005年1月28日。

④ 杨国权，李泽梅，李泽椿：《银河-Ⅱ并行计算机在气象业务系统中的应用》，《计算机工程与科学》，1997年第19卷第3期，第64—67页。

出发展有计划的商品经济，1985年国家全面启动科研体制改革，因此，其组织体制、运行机制、科研经费、工程管理等，都做出相应的调整和改革。当然，银河-Ⅱ工程自始至终都得到了国防科工委和中央高层领导的大力支持和强有力的领导。中央“巨型机立足国内”的大政方针是银河-Ⅱ得以立项的直接前提，而国防科工委是银河-Ⅱ工程的直接推动者。按照当时科研体制改革的精神，工程必须先落实用户，为此，国防科工委副主任沈荣骏、科技委副主任聂力亲自抓工程上马。在国防科技大学计算机研究所与国家气象局签订合同以前，国防科工委就提供了预研经费，使方案论证、技术准备、电路选型、CAD系统、工艺准备提前进行，充分的预研工作，使银河-Ⅱ得以顺利立项。

银河-Ⅱ与银河-Ⅰ的组织体制和运行机制有所不同。根据国防科工委领导的指示精神，银河-Ⅱ工程实行技术和行政两条指挥线的组织体制。银河-Ⅱ技术指挥系统由总设计师、主任设计师和主管设计师三级组成负责技术工作。银河-Ⅱ工程行政指挥系统由银河-Ⅱ工程总指挥、研究所总工程师、副总工程师和有关教研室主任、副主任组成，负责工程的组织指挥、计划调试、人员、经费、物资保障等工作，以及跨部门的协调工作。行政线总指挥由研究所所长陈福接担任，副总指挥是周兴铭和陈立杰。技术线总设计师由周兴铭担任，副总设计师是陈立杰和彭心炯。行政与技术两条指挥线，职责分明，协调有力，充分发挥群体优势，是确保银河-Ⅱ工程顺利完成的组织保证。

银河-Ⅱ工程的指导思想与银河-Ⅰ一脉相承，但强调用户至上、软硬件配套和投资费效比，这就要求充分利用改革开放的条件，吸收国外先进技术思想，引进国际市场上流通的、国内还不能制作的先进元器件和设备，自主研发软硬件配套的高性能计算机系统。在方案设计上，瞄准国际主流巨型机的先进技术，注重应用的广泛性和软件的丰富性，强调用户至上和系统实用、友好。在生产制作过程中，强调质量第一、可靠第一，突出性价比，用尽可能少的经费，做出高水平的机器。

银河-Ⅱ工程的经费管理与银河-Ⅰ完全不同。银河-Ⅰ下拨的研制经费，实行实报实销的财物管理制度。银河-Ⅱ则实行科研经费承包制。根据合同，银河-Ⅱ巨型机的研制经费总计4000万元加几百万美元，这包括从预研、研制、生产到售后保修1年、历时七八年的全部费用。[①] 银河-Ⅱ的性能是银河-Ⅰ的10倍，但经费相当。科研人员本着勤俭节约的原则，充分利用现有设备，改造老旧设备，挖尽潜力，精打细算，研制出国外需要上亿美元的巨型机系统，实现了很高的科研投资费效比。

银河-Ⅱ工程是在党和国家的关怀支持下，在国防科工委的直接领导下，在国家气象局的直接支持下，经过研制单位、协作单位和应用部门的共同努力完成的成果。在整个研制过程中，不仅得到国防科技大学四海厂、系统工程与数学系、应用物理系、航天技术系和物资、器材、营房基建部门的大力支持，还得到国家气象局、石油天然总公司、西南计算中心、九院九所、十二所、国家地震局、复旦大学、武汉大学、华中理工大学、中国科技大学、科工委21基地21所、中国原子能科学研究院、上海航天局、二炮、科工委系统所等单位的大力支持。[②]

银河-Ⅱ巨型机研制成功，推动了计算机技术的进步，又一次锻炼了我国巨型机研制和超级计算开发应用的科技队伍，积累了丰富的经验，增长了才干，为今后更高的追求打下良好基础。

2. 银河-Ⅲ的研制

十亿次巨型机研制成功之后，银河科研团队再次寻求突破，进行百亿次巨型机的预研工作。1994年3月，银河-Ⅲ高性能计算机工程正式立项。

在研制银河-Ⅲ之初，总师组就对巨型机的研制方向达成了共识，那就是要紧跟世界巨型机发展潮流，采用世界先进技术，适应市场的需求，通过自主创新，走中国自己的道路。不同于银河-Ⅰ和银河-Ⅱ巨型机采用的多处理并行机机型，银河-Ⅲ巨型机采用的是当时国际上最先进的也是最符合市场需求的可伸缩并行处理机。要研制这种巨型机，有四个问题需要解决：一是自主设计超大规模芯片；二是瞄准国际上先进

---

① 国防科学技术大学校史编辑组:《国防科学技术大学计算机系兼研究所史(1956—1993)》,1993年,第130页。

② 国防科学技术大学校史编辑组:《国防科学技术大学计算机系兼研究所史(1956—1993)》,1993年,第135页。

技术，遵循国际标准；三是为用户提供高效、方便的应用开发环境；四是要有更高的工程实现水平。[①]为此，银河团队本着无私奉献、自力更生、刻苦钻研的精神，解决了一个又一个难题。经过三年拼搏，终于在1997年6月，银河-Ⅲ并行巨型计算机在北京通过国家鉴定。

银河-Ⅲ采用可扩展分布共享存储并行处理体系结构，由130多个处理结点组成，峰值性能为每秒130亿次浮点运算，具有良好的可扩展性和很高的可靠性。它的成功标志着中国的高性能巨型机研制技术取得新的突破，使我国在高性能计算机领域步入了世界先进行列。银河-Ⅲ百亿次巨型机因其良好性能被应用于国家气象中心、军事气象等部门。以银河-Ⅲ为业务主机的“中期数值天气预报系统”在国防和国民经济建设中发挥着重要作用；基于银河-Ⅲ百亿次巨型机开发的“并行化全球中期数值天气预报模式系统”和“并行化全球气象资料四维同化系统”等，有效地解决了军事天气预报中的关键技术，实现了我军气象保障技术的重大突破。[②]

四、天河系列高性能计算机的研制及应用

银河-Ⅰ巨型计算机研制成功，实现了我国巨型机技术“零”的突破，到银河-Ⅲ，“多项技术居国内领先地位，系统综合技术达到国际先进水平”。[③]但在2002年前，全球超级计算机TOP500榜单几乎看不到中国高性能计算机的身影。为改变这种现状，进一步推进我国超级计算机事业，“十一五”时期启动了新一轮超级计算机研制。“天河”系列应时而生。

1．天河一号的研制及应用

进入21世纪后，我国在工业、农业、交通、金融、互联网等国民经济和国防建设的各个领域都迎来高速发展时期，对高性能计算机的运算速度和容量都有了更高要求和更迫切的需求。2007年，国家正式将开

---

① 李微，刘程：《银河巨型机的成功突破——来自银河-Ⅲ巨型计算机研制第一线的报告》，《中国图象图形学报》，1997年第5期，第429—433页。

② 李佩江，王握文：《“银河”妙算阴晴雨雪》，《解放军报》，2003年7月23日，第9版。

③ 国防科技大学计算机学院：《YH》，1998年，第11页。

发千万亿次超级计算机系统列入《国家中长期科学和技术发展纲要》，国防科技大学获得了国家863计划重点课题支持，再次受命，承担起研制千万亿次超级计算机系统的重任。[①]2008年，命名为天河一号的千万亿次超级计算机一期系统开始进入设计阶段，经过近两年的艰苦努力，于2009年9月研制成功，其峰值运算速度达到1206万亿次，成为我国首台千万亿次超级计算机系统，实现了我国自主研制超级计算机从百万亿次到千万亿次的跨越。在同年11月发布的第34届全球超级计算机500强排行榜中，排名全球第五、亚洲第一。[②]2010年，“天河”研制团队对天河一号进行升级，研制出天河一号二期系统（天河-1A），其持续速度增至每秒2566万亿次。2010年11月，“天河-1A”在世界最快电脑500强排名中超越美国，成为世界上运算最快的计算机，标志着我国高性能计算机技术又迈上了新的台阶，成为继美国之后世界上第二个能够研制千万亿次超级计算机系统的国家。

天河一号是我国自主创新的产物，它使用了国防科技大学自主研制的3款大规模集成电路芯片，自主设计的四类节点机、两套网络以及操作系统、编译系统、并行程序开发环境与科学计算可视化系统等，具体涉及七项创新技术：多阵列可配置协同并行体系结构、高速率可扩展互连通信、异构融合体系结构技术、基于隔离的安全控制技术、虚拟化的网络计算支撑技术、多层次的大规模系统容错技术和系统能耗综合控制技术。[③]其中，最具突破性的创新是异构融合体系结构技术，这也是国际上第一次使用此类架构。所谓的异构融合体系结构技术，就是CPU和通用图形处理器（GPU）相融合的高效并行计算体系结构。一般情况下，计算系统总的计算处理能力等于单颗CPU的计算处理能力乘以CPU的总数。[④]但是，无法通过一味增加CPU的数量来达到千万亿次的

---

① 施泉江，刘文韬：《“银河”“天河”：让五星红旗插上世界超算之巅》，《湖南日报》，2019年8月9日，第3版。

② 张育林，徐一天：《“天河”一号自主创新的成功实践》，《求是》，2010年第4期，第51—53页。

③ 雷蕾：《自主创新迈出“中国速度”——我国成功研制千万亿次超级计算机“天河一号”》，《发明与创新》（综合版），2009年第12期，第7—9页。

④ 赵阳辉，陈方舟，温运城：《国之重器：“天河”高性能计算机发展历程》，《科学源流》，2016年第68卷第3期，第50—53，64页。

运行速度，因为CPU数量与计算机出现故障的概率成正比。对此，“天河”团队的解决方案是：将CPU与GPU结合在一起。GPU通常是进行图形图像处理的，但是也可以处理某些类型的计算任务。通过流处理器等技术，使CPU和GPU的计算力达到协同，从而提高计算效能。再一个就是高速率可扩展互连通信技术。这是把几万颗微处理器高效地连在一起，求解一个问题。互联通信系统的核心是两块芯片，一块是路由器实现数据交换，另一块是网络接口，通过合理分配通信接口的软硬件功能，可以保证快速进出计算部件。天河一号超级计算机系统基于隔离的安全控制技术，自主开发了独有的麒麟操作系统，因而具有更高的安全性。正是这些技术创新，使天河一号具有了高性能、低能耗、高安全、易使用的特点。

2010年，天河一号落户国家超级计算天津中心，面向国内外提供石油勘探、高端装备制造、生物医药、动漫设计、新能源、新材料、工程计算与仿真分析、气象预报等领域的超级计算服务，标志着我国建成了首个具有千万亿次计算能力的超级计算中心。①

2. 天河二号的研制及创新

在先期技术攻关基础上，国防科技大学申报了科技部“十二五”863计划信息技术领域“高效能计算机研制”重大项目，并于2011年12月通过立项评审。2013年6月，我国新一代高性能计算机天河二号超级计算机系统由国防科技大学自主研制成功，其峰值计算速度达到每秒5.49亿亿次，持续计算速度每秒3.39亿亿次，综合技术处于国际领先水平，②对于提升我国综合国力具有十分重要的战略意义，为解决经济社会和科技发展重大挑战性问题，提供了更为先进的手段。在全球超级计算机500强榜单中，从2013年6月到2015年10月，天河二号连续五次夺得榜首。

与天河一号相比，天河二号在多个方面实现了创新和突破，具有更高的性能、更低的能耗、应用更加广泛、使用更加方便、性价比更高等

---

① 周润健：《中国“天河一号”超算已饱和运行，使用率超过欧美》，新华社，2017年2月1日。

②《世界超级计算机TOP500排名发布：中国超算再登全球榜首》，《人民日报》，2013年6月18日，第1版。

特点。首先，在体系结构上，在异构融合体系结构的基础上进行了创新，采用了“异构多态”新模式，实现了多类型计算资源、输入输出资源和服务资源的灵活配置，在强化科学工程计算的同时，可高效支持大数据处理、高吞吐率和高安全信息服务等多类应用，显著扩大了天河二号的应用领域。第二，在计算方面使用的是英特尔的微异构技术，即基于多核架构的至强处理器与基于集成众核架构的至强融核协处理器相结合的技术。这种技术不仅在性能和能效方面满足了用户需求，而且还克服了传统异构技术的劣势。虽然是异构，却采用了常见的x86编程模型和应用开发及优化工具，既兼顾了统一编程模式带来的便利，又实现了并行计算性能。第三，在事务处理方面，采用了由国防科技大学自主研制的飞腾-1500CPU，功耗低，极具节能优势。第四，系统容错性能高。采用多层次容错设计，实现了超大系统的智能化管理，可自动监控、检测、隔离系统运行时出现的故障，与天河一号相比，全系统稳定时间提高了1.5倍以上。此外，在高速互连、新型层次式加速存储架构、综合化能效控制、高密度高精度结构工艺等方面也有突破。①

2013年下半年，天河二号落户国家超级计算广州中心，在空间科学研究、大气海洋环境研究、工业设计制造、新能源新材料开发利用、生物医药与健康医疗等领域均取得了应用成果。2016年，天河二号机时服务合同总金额突破7000万元，2017年前五个月机时合同总数量较上年同期再增长60%，应用服务收益持续上升。2017年，天河二号已部署700多个应用软件和工具软件，用户总数突破2000家，成为全世界用户数量最多、利用率最高的超级计算系统之一。②可以说，从“银河”系列巨型计算机到“天河”系列高性能计算机，经过几代科研人员的努力，我国在高性能计算机领域达到了世界先进水平。从银河-I的零的突破，到“天河”在世界超算数度称雄，实现了从“跟跑”到“领跑”，这是改革开放以来我国科技事业在艰辛中创造辉煌的一个缩影。

---

①本刊编辑部：《世界首台亿亿次超级计算机——天河二号》(一、二、三、四、五、六)，《实验室研究与探索》，2013年第9期，第1—2页、第10期，第3—4页、第11期，第3—4页、第12期，第3—4页；2014年第1期，第4页、第2期，第3—4页。

②《天河二号落户广州4年成绩亮眼 每12分钟预报一次天气》，《信息时报》，2017年7月26日。

第三节 曙光系列高性能计算机

中科院计算所是中国计算机事业的摇篮。1958年，我国第一台通用数字电子计算机103机在中科院计算所研制成功。1959年，我国第一台大型通用电子计算机104机在中科院计算所研制成功。1960年，中科院计算所成功研制我国第一台自行设计的小型通用电子计算机107机，从此我国计算机开发进入自主设计阶段。1964年，中科院计算所自主设计的我国第一台大型通用电子管计算机119机，运算速度每秒5万次，是当时世界上速度最快的电子管计算机（当时美国已经在做晶体管）。1965年，大型通用晶体管计算机109机研制成功，改进后的109丙机于1967年投入使用，并在国防部门运行了17年，有效算题时间达10万小时以上，被国防科工委誉为功勋机。进入20世纪70年代，中科院计算所等单位开始研制第三代集成电路计算机。1973年成功研制每秒100万次集成电路计算机，并运行了我国自行设计的操作程序。[①]1975年启动研制中国第一台大型向量机757机，历时八年于1983年研制成功，浮点运算峰值为每秒1000万次。虽然我国的计算机研究在独立自主的状况下得到较大发展，但由于长期封闭，这些机器的研制只能走“全部采用国产器材，依靠自己的技术力量”的技术路线，因而大都经历了较长的研制周期，[②]而且运算速度远落后于国外先进水平。尽管1978年启动研制的银河-Ⅰ巨型机通过采用进口元器件的技术路线并于1983年取得成功，浮点运算峰值达每秒1亿次，但是如何商品化并大规模推广，仍然面临诸多技术与机制方面的挑战。20世纪80年代中期以后，在国家863计划专项主题的重点支持下，曙光系列高性能计算机的研制被提上议事日程。

---

① 付向核:《曙光高性能计算机的创新历程与启示》,《工程研究——跨学科视野中的工程》,2009年第3期,第282—291页。

② 孙凝晖,谭光明:《高性能计算机发展与政策》,《中国科学院院刊》,2019年第34卷第6期,第609—616页。

一、863计划306主题与国家智能中心

1986年出台的863计划共组建了生物、航天、信息、先进防御、自动化、能源、新材料7个领域的专家委员会和15个主题专家组，由各领域的专家委员会（组）负责计划的制定和实施，以提高决策质量和决策效率，保障项目的顺利实施。①其中，在信息领域设立了智能计算机系统主题——306主题。306主题专家组成员由国家科委在全国范围内选聘并在其领导下开展工作，每一届任期两年到三年。

当时，306主题专家组提出了“顶天立地”的指导思想，即在理论和方法上有创新，在关键技术上有突破，在应用和产品开发上有效益；对“创新”类课题着重论文质量和验证系统的水平，对“突破”类课题着重原型样机的性能，对“效益”类课题着重所取得的社会效益和经济效益。②基于这个指导思想，专家组确定了306主题的目标，即：建立几种智能计算系统样机，到20世纪末研制出在并行处理、知识更新、模数信息处理集成及感知机制等方面有创新的智能模型机；研制出用于智能可视化计算、事务处理、信息分析和服务的先进计算机系统，为中国国民经济信息化建设和科学计算提供良好的软硬件平台；开发出一批有重大影响的应用系统和产品，在几个重要应用领域取得明显效益；为中国信息产业的发展提供技术源头，扶持一批高技术企业；培养一批优秀的信息技术人才。③

20世纪80年代中后期，正是世界计算机技术快速发展时期，因此，306主题的战略目标也在不断调整。1986年，306主题的主攻方向是“智能计算机系统”，到了1990年，“支持智能应用的先进计算机系统”成为主要方向。1990年3月，在306主题专家组的领导下，中国组建了国家智能计算机研究开发中心（简称国家智能中心）。国家智能中心是为实现863计划战略目标而建立的国家级科研基地，也是当时863计划

---

① 侯逸民:《863计划专家委员会管理体制研究》,《科学学研究》1991年第9卷第2期,第85—91页。

② 中国科学技术协会:《中国科学技术专家传略:工程技术编,电子信息科学技术卷(2)》,中国科学技术出版社,2007年,第489—491页。

③ 付向核:《中国高性能计算机产业化历程研究》,中科院研究生院博士学位论文,2011年。

资助建设的10个研究开发基地之一。其宗旨是研究和开发高性能计算机系统，具体负责研制曙光高性能计算机。

建立国家智能中心，以研究开发基地的方式来推动专项科研项目，与20世纪80年代科技体制改革的总体背景有关。科技体制改革的核心问题是促进科技与经济的结合，重点是加速科技成果转化。从1986年开始，对国家科研单位实行分类管理：技术开发型科研单位实行技术合同制，社会公益型科研单位实行经费包干制，基础研究型科研单位实行事业拨款、专项拨款和基金制相结合的新机制。在这种情况下，为了保证国家重点科研项目的实施，采取了重点支持科研基地的方式。中科院、国家科委和中科院计算所都对国家智能中心抱有很大期望，希望通过国家智能中心走出一条科研和产业相结合的道路。当时给智能中心下达的主要任务是：承担并组织实施863计划智能计算机主题关键目标产品研制任务；实现系统集成，开发适于推广应用的高性能计算机软硬件；进行与关键目标产品有关的高技术基础研究与新产品预研；开展国际合作及国内外学术交流；进行研究开发环境建设与人才培养，建立高技术开发研究基地。①

国家智能中心以中科院计算所为依托单位，业务上接受国家科委领导。中科院计算所李国杰研究员任国家智能中心主任兼曙光1号课题负责人。之所以选择中科院计算所为依托单位，主要是因为中科院计算所在科技人才、技术基础条件以及科研成果转化等方面具有独特优势。中科院计算所是我国第一个计算机科学与技术研究基地，自1956年建所后的二十多年中，先后成功研制了103、104、107、119、109、156、111、717、013、757等计算机，为“两弹一星”的研制作出过重要贡献，取得了大批应用基础研究与实用性开发成果，培养了大批既有科研攻关能力又有工程实施经验的高素质人才。进入20世纪80年代中期，在科技体制改革的大潮中，中科院计算所陆续创办了近20家企业，其中包括中关村创业初期影响较大的“两通两海”公司（四通、信通、科海、京海）以及后来发展为联想集团的中科院计算所新技术发展公司，

---

①《曙光1号科技产业工程可行性报告》,国家智能机中心档案资料。

使得市场意识和创新意识深入人心。①

国家智能中心实行全新的运行机制：国家智能中心主任由国家科委任命，不归属中科院的干部体系；国家智能中心有自己的公章和独立于中科院计算所的财务；基本保证306主题经费的四分之一以上划拨给国家智能中心；国家智能中心在科研方向与经费使用方面有较大自主权；国家智能中心在行政和后勤上得到中科院计算所提供的保障和支持。

二、曙光并行机的决策与论证

国家智能中心成立之初，集中用两年左右的时间论证技术发展思路，为曙光1号并行计算机的研制决策与任务下达进行准备，同时尽力做好技术与人才的储备。

在决定研制曙光机伊始，面临着方向性选择：究竟是发展智能机（prolog机）还是发展并行机。②我国863计划计算机主题原定的研究目标是智能计算机，这是一种采用集成电路设计运算控制器主板的惯常发展思路，当时在世界上影响很大的日本第五代智能机的研制也是沿袭这条技术路线。但是，就在这段时间，并行机开始成为计算机发展的新趋势，国际上多处理机系统和并行计算机已大量进入市场。并行机具有比单机更快的速度，更大的作业吞吐量，更高的性价比，更好的可扩充性和可靠性。同时，并行机的发展建立在高性能的RISC处理机芯片基础上，采用当时流行的操作系统和一系列工业标准，形成了开放的体系结构。这种开放系统打破了少数公司对计算机的垄断，给后来者和小公司提供了绝好的发展机遇。③然而，并行计算机发展方向虽然符合国际潮流，但其研制在国外也起步不久，在关键软件技术上还不成熟，仍然存在很大的不确定性。

鉴于以上情况，在曙光1号并行机进行研制前，306主题专家组进

①《曙光1号科技产业工程可行性报告》，国家智能机中心档案资料。

② 中国科学技术协会：《中国科学技术专家传略：工程技术编，电子信息科学技术卷(2)》，中国科学技术出版社，2007年，第489—491页。

③ 李国杰，陈鸿安：《曙光1号并行计算机》，《中国科学院院刊》，1994年第9卷第4期，第366—369页。

行了充分的技术论证，并于1990年5月专门召开智能计算机发展战略研讨会，广泛听取国内外专家的意见。

在充分了解世界高性能计算机发展趋势并且总结美国、日本等国计算机研制的经验教训之后，专家组认识到，依靠半导体工艺来提高计算机速度的难度越来越大，需要在机器本身的系统结构上挖掘潜力，而并行处理已成为今后提高运算速度的重要途径。而且，采用国外现成的微处理器和并行处理技术，可以较快地满足国内市场对高性能计算机的需求，也利于今后实现产业化。经过论证，专家组最终否定了智能机研制路线，决定研制以并行处理技术为基础的高性能计算机，以“全对称共享存储多处理机（SMP）系统”的曙光1号为主攻方向。[①]

这一选择主要基于以下考虑：第一，计算机产业虽然发展很快，但已相当成熟，已形成一系列国际工业标准，脱离工业标准与计算机主流技术的所谓智能计算机不可能有太大发展。第二，从用户使用角度看，当时最成熟的还是全对称共享存储多处理机。第三，从当时国内外市场看，需求量最大的也是全对称共享存储的多处理机服务器。国内已研制成功的几种共享多存储多处理系统不是全对称的，而是依靠在一台主机上串行地运行操作系统的核心去支持用户程序，操作系统核心本身并没有并行化。根据国外对典型的服务器运行进程的统计分析，一个进程平均要花费40%—50%的时间来运行系统核心代码。因此，如果采用非对称方式，许多应用只适用于两个中央处理器的多机系统，即使每个用户进程花费10%的时间执行核心代码，这种多处理机最多也只能供10个用户同时使用。第四，与传统的大型机相比，全对称共享存储多处理机服务器在性价比方面有明显优势，而且这一技术国外还没有形成一家垄断的局面，中国有可能迎头赶上：一旦掌握了多处理机技术，就容易形成高性能计算机系列产品。可以说，国家智能中心尽管是顶着“智能计算机”的帽子，却是以研制满足市场需要的高性能计算机为目标的。

这样，国家智能中心一开始就明确，曙光1号不能是一个原理性样

---

① 付向核:《曙光高性能计算机的创新历程与启示》,《工程研究——跨学科视野中的工程》,2009年第3期,第282—291页。

机，而应是具有市场竞争力的高科技产品。为此，就要采用商品化的微处理器发展思路，以全对称共享存储多处理机为首要目标。如果能够攻克全对称多处理和支持细粒度并行的多线程技术，就可以不依赖国外禁运的芯片，而用国内能批量生产的支持细粒度并行、实时处理能力强的芯片。与此同时，在硬件和软件设计时，通过采用公认的工业标准，可以提高系统总体的开放性和通用性，有利于应用软件的移植、推广应用以及设备的更换、扩充。

三、曙光1号及曙光1000的研制

为了开发具有中国特色的具有自主知识产权的高附加值技术，攻克“那些花钱也买不到的”高技术，做出有市场竞争力的产品，国家智能中心开启了曙光高性能计算机的研制进程。国家智能中心成立之初有固定成员50多人，在一线从事研究开发的科研人员平均年龄只有20多岁。此外，还有来自其他科研院所和高等院校的100多名科研人员承担了中心的课题或作为中心的客座人员参与科研工作。①

国家智能中心成立一年后，形成了由李国杰挂帅，以刚毕业的博士、硕士为主力的技术研发队伍。国家智能中心下设系统软件组、硬件组、应用组、理论组。其中，软件组前两年的主要工作是对各类操作系统核心代码、基本输入输出系统及相关工具进行分析与掌握；硬件组开展的工作包括学习并掌握各种微处理器芯片及接口芯片、多机系统的构成以及硬件设计工具的使用等。

1991年11月，为缩短研制周期，率先在国内采用微处理器芯片和Unix操作系统研制并行机。1992年，曙光1号作为智能型并行分布计算机课题下的子课题（863—306—61—01），得到863计划200万元资助。1992年3月，考虑到国内购买元器件速度慢，操作系统、部件与工具厂商技术支持弱，高精度生产技术缺乏等因素，国家智能中心组织陈鸿安、樊建平、刘金水、李如昆、王永杰等人到美国硅谷进行曙光1号的封闭式开发。开发工作包括总体方案完善、设计、生产加工及部分调试

---

① 付向核：《中国高性能计算机产业化历程研究》，中科院研究生院博士学位论文，2011年。

等几个阶段。留在国内的项目组成员则配合曙光1号的硬件及并行程序开展设计工作。

我们不是与美国某一个企业或大学合作，而是在硅谷租了一套房子住和工作。充分利用硅谷的大环境，需要什么软件和零部件，打个电话就有人送来，有些软件还让我们免费试用。这种做法大大缩短了机器研制周期。①

1993年2月，赴美进行封闭开发的五人带着已初步调试成功的几块曙光1号主板回到国内，与国内研制人员一起进行联调及软件的移植工作，两个月后基本完成了硬件、管程、基本输入输出系统及操作系统核心的调试工作。由张兆庆、乔如良进行的并行编译，刘晓华进行的编程环境，孙凝晖等进行的计算性能测试与优化，隋雪青等进行的数据库移植与事务处理测试等工作，都在后来的2—3个月内逐一完成。在此基础上，尝试将863计划资助课题相关研究成果在曙光1号上进行集成，主要包括石油大学开发的油气田布井决策系统、浙江大学开发的智能软件开发环境、华中理工大学开发的地图数据库管理系统、西安交通大学开发的LISP/CLOS系统、中科院数学研究所开发的几何定理证明软件系统以及清华大学移植的Ingres数据库等。经过一年多的艰苦努力，曙光1号于1993年5月研制成功，其主存容量最大768兆字节，定点速度为每秒6.4亿次。②

曙光1号的研制采取了与国际接轨的技术路线，遵从国际工业标准，与主流技术兼容，使得研制周期从预计的五至六年缩短为一年，投入的人力与资金也大为减少。在当时国内寻求完全自主研发的氛围下，曙光1号的研制打破了“从芯片和操作系统做起，实现彻底自主研发”的传统模式，为中国在开放合作条件下研制高性能计算机探索了一条新路。曙光1号诞生后仅三天，西方国家便宣布解除10亿次计算机对中国的禁运。③

---

① 李国杰：《走向产业化的国产高端计算机（上）》，《全国信息导报》，2000年第3期，第8—10页。

② 付向核：《中国高性能计算机产业化历程研究》，中科院研究生院博士学位论文，2011年。

③ 孙凝晖，谭光明：《高性能计算机发展与政策》，《中国科学院院刊》，2019年第34卷第6期，第609—616页。

随着计算技术的快速发展，曙光1号的体系结构限制了其可扩展性。要形成产业就必须不断升级换代，提高市场占有率。为配合国家正在逐步实施的重大电子信息工程，紧紧抓住服务于经济信息化的发展契机，国家智能中心着手研制曙光1000（原名曙光2号）并谋求逐步形成曙光系列。

其实，在1992年开发曙光1号的同时，国家智能中心就抽调部分人员组成曙光1000研制小组，开始了预研工作。在曙光1号研制成功以后，国家智能中心正式开始了曙光1000大规模并行机的研制。研制人员在研发过程中克服了很多困难，当时国内集成电路还不成熟，没有自动焊接技术，做电路板时只能靠老工人拿电烙铁一个管脚一个管脚地焊接，工作量很大。1995年5月，曙光1000大规模并行计算机系统研制成功。

曙光1000是中国第一台实际运算速度超过每秒10亿次浮点运算（峰值速度为每秒25亿次）的并行机。大规模并行机的关键技术是把大量处理机有效连接起来的高速互联网络和每个处理单元的核心操作系统。国家智能中心突破了“蛀洞路由”这一关键技术，成功研制出路由芯片，为中国发展大规模并行机探索出一条道路。当时美国亚洲技术情报中心的报告指出：“中国高性能计算机研制已从落后走到非常接近西方的水平。”①

曙光1000研制成功后，国家智能中心没有急于追求研制更高性能的机器，而是用两年时间实现已有成果的系列化、商品化和产品增值升级。曙光1000研制成功后不到两年时间内，其升级产品曙光1000A研制成功，形成了具有市场竞争力的曙光1000超级服务器系列产品。曙光1000A是通用的超级服务器，既可用于科学工程计算，也可用于数据处理和商业应用、信息服务器、文件服务器、多媒体服务器等。国家智能中心在曙光1号和曙光1000基础上，又先后研制出高可用服务器、互联网服务器、曙光1000A机群系统以及基于新技术的机群系统等系列产

① 付向核:《曙光高性能计算机的创新历程与启示》,《工程研究——跨学科视野中的工程》,2009年第3期,第282—291页。

品。[1]这些商品化的高性能计算机在市场上逐渐打开了局面。

四、超级服务器与专用机研制

为了更快地将研究成果转化为商品，在科技部、信息产业部和中科院的大力推动下，以曙光1号知识产权为基础的曙光信息产业有限公司（简称曙光公司）于1995年组建成立。从此，国家智能中心和曙光公司密切合作，负责曙光系列机的开发和研制。

随着曙光1000研制成功，曙光的发展便面临着第二次技术路线选择——继续研制超级计算机还是转而研制超级服务器。二者在应用和技术层面都存在巨大差别。超级计算机主要用于科学工程计算，追求计算速度，容易得到学术界同行认可；而超级服务器则聚焦于通用的高端计算，不仅能够用于科学工程计算，还能用于事务处理和网络服务，分别对应于计算密集、数据密集和通信密集型的应用。

曙光1000大规模并行机完成之时，全世界500强高性能计算机中90%都是向量机和大规模并行机，机群系统所占比例较小。当时高性能计算机发展已经表现出网络化、体系结构主流化、开放和标准化以及应用的多样化等特点，而网络化应用是高性能计算机最重要的发展趋势。客户机/服务器模式也开始进入第二代，即服务器聚集的模式。从应用前景看，超级服务器是大势所趋。于是，国家智能中心根据计算机标准化和摩尔定律所展示出来的发展趋势，大胆进行技术转向。

这样，继曙光1000之后，曙光2000研制成功。曙光2000及后续产品的应用情况充分证明了这次决策的正确性。到1999年底，全世界速度最快的500台计算机中，超级服务器已占300多台；全世界90%以上的高端计算机都应用于信息服务和数据处理，用于科学工程计算的比例不到10%。

待到曙光3000推出以后，机群系统已成为市场上高性能计算机的主流。然而，随着高性能计算机产业的发展，通用机群的技术门槛越来越低，而且高端机器的特点决定了用户不可能很快更新换代，这就要求

① 李国杰：《走向产业化的国产高端计算机（上）》，《全国信息导报》，2000年第3期，第8—10页。

根据用户需求的不断升级进行必要的市场细分。如何在技术上更进一步，突破传统的通用机群系统这一瓶颈，成为曙光公司和国家智能中心面临的重大技术难题。如果说从超级计算机转向超级服务器是一种必然，那么从“通用型”超级服务器再转向“专用型”产品同样是一种必然。为了实现曙光机的广泛应用，曙光的研发目标开始从通用型超级服务器转向适合行业应用的专用服务器。

为此，曙光公司和国家智能中心率先研制了几种网格零件，使随后的曙光4000A（图3—3）真正成为面向网格的服务器，性能又迈上新台阶。曙光4000A的研制实现了众多核心技术突破：10万亿次计算、普及64位计算、自有高速互连网络和通信协议、可扩展机群文件系统、操作系统动态部署和轻载技术、机群操作系统核心、自有四路SMP主板设计、提高系统效能的技术以及大规模机群的管理网络等。在2004年6月公布的全球高性能计算机TOP500排行榜中，曙光4000A首次跻身世界超级计算机排行榜前十。

图3—3　曙光4000A

曙光4000系列超级计算机担负了神舟五号、神舟六号载人飞船从发射到回收的计算任务，在目标轨道计算、空间碎片定轨计算、控制飞船入轨、发射气象气候监测、飞船发射窗口分析等方面发挥了重要作用。曙光高性能服务器还应用于基因测序、药物分子设计等生物医药研究领域，在多项基因测序和药物研究中均获得突出成就。曙光高性能计算机应用于超级计算中心，在船舶设计、支线飞机设计、汽车碰撞模拟、金属催化、药物分子、地质构造与抗震性能分析、核能开发、电磁辐射、计算流体力学、材料科学等领域发挥效能。2007年，曙光4000L高性能计算机助力有关企业在渤海湾滩海地区发现储量规模达10亿吨的大油田——冀东南堡油田。[①]

随后研制的曙光5000A设计浮点运算速度峰值为每秒230万亿次，是当时国内运算速度最快的高性能计算机。曙光5000A的推出，标志着中国高性能计算产业的水平大幅提升，标志着中国成为继美国之后第二个能自主研制超百万亿次高性能计算机的国家。之后的曙光6000超级计算机采用曙光“星云”系统，以实测每秒达1271万亿次的峰值速度，成为亚洲和中国首台、世界第三台实测性能超千万亿次的超级计算机。

五、“曙光”之路

曙光在中国创造了数个第一：第一台SMP并行计算机、第一台MPP大规模并行机、第一台机群超级服务器、第一个中国服务器行业标准、第一台10万亿次超级计算机、第一台64位四路服务器、第一个实现服务器主板设计技术、第一台64位八路服务器。

总体来看，曙光系列是按照863计划“发展高技术、实现产业化”的宗旨来发展的：系统地发展机群架构技术体系，从而使计算速度不断提高、应用领域不断扩大、机器台数不断增多，走出了性能、应用和产业化相得益彰的“曙光”之路。曙光团队三十多年来始终坚持这一发展战略，成功研制了一代又一代曙光高性能计算机：计算速度较初代提升了1.2亿倍，达到国际最高水平；应用领域覆盖46个行业，在石油勘探等国家关键行业打破国外厂商垄断；市场占有率由零稳步走向领先位置。[②]曙光高性能计算机的发展史，可以看作我国高性能计算产业发展史的缩影。

① 付向核：《中国高性能计算机产业化历程研究》，中科院研究生院博士学位论文，2011年。

② 孙凝晖，谭光明：《高性能计算机发展与政策》，《中国科学院院刊》，2019年第34卷第6期，第609—616页。

第四节　神威系列高性能计算机

神威是中国高性能计算机的一支重要力量。神威系列由国家并行计算机工程技术研究中心（简称国家并行中心）牵头，联合国内有关科研单位共同研制。20世纪80年代中期，随着微处理机芯片迅速发展，计算机专家金怡濂预见到大规模并行处理计算机将成为国际巨型机发展的主流，提出了基于通用中央处理器芯片的大规模并行计算机设计思想的混合网络结构。随后，他带领团队解决了240个处理机互连的难题，研制出运算速度达到当时国内领先水平的并行计算机系统，实现了我国巨型计算机向大规模并行处理方向的突破。

一、技术基础与组织准备

作为神威系列高性能计算机的领航人，金怡濂1951年毕业于清华大学电机系，1956年到1958年在苏联科学院精密机械与计算机技术研究所进修电子计算机技术。1958年夏留苏归来后，他被安排到中科院计算所，参加我国第一台大型计算机104机的研制，具体从事运算控制方面的研究。104机的研制，不仅造出了我国第一台平均浮点运算速度每秒1万次的大型计算机，更重要的是通过研制，培养了人才，积累了经验，为后续我国自主发展计算机事业创造了条件。

1959年初，金怡濂回到他所在的部队研究所（今江南计算技术研究所），参加代号“5号”的大型计算机研制。从1959年到1962年，该所连续研制出5号、6号、7号、8号共4台大型电子管计算机，实现了从每秒1万次到2万次运算速度的跨越，在国内处于先进水平。在这个过程中，金怡濂仍然主攻运算控制部分，不断谋求并取得了技术上的创新和突破。1963年，为了谋求技术上的跨越，晶体管计算机10号机的研制开始了。到研制工作后期，金怡濂被指定为技术总负责人。1967年，10号机研制成功，运算速度达每秒16万次，居当时国内领先水平。10号机完成后，研究所很快投入到九〇五乙机的研制任务。这是我国大型计算机由单机模式向并行模式迈进的一个重要转折点，也是金怡濂科研生涯的重要里程碑。九〇五乙机是九〇五国家重点工程的组成部分，其研制工作从1970年开始启动，主要指标定得很高，要达到每秒500万次运算速度，工期安排也很紧。[①]当时，中国的电子工业基础薄弱，国内在元器件、印制板等工艺方面的质量不高。在这种情况下，研制工作没办法顺利向前推进。1972年底，研究所决定修改原设计，降低主要设计指标，速度调整为每秒150万次，完成任务的期限也从1973年7月改为1976年底。金怡濂被指定负责总体设计。金怡濂等人到元器件研制单位调研，意识到国产元器件的质量问题是制约九〇五乙机研制的瓶颈。在元器件选型的同时，金怡濂进行了九〇五乙机总体方案的设计，提出并行处理的全新总体方案，即采用双处理器体系结构，以双机并行提高运行速度、稳定性和可维护性，以此来弥补元器件可靠性差的不足。1973年，金怡濂带着陆绍福、李锦绣等人，用半年时间完成了双处理器体系结构的九〇五乙机实现方案。1976年12月，九〇五乙机研制任务圆满完成，运算速度达每秒350万次，超过预期目标。鉴定委员会对九〇五乙机采用的新技术、新器件、新工艺特别是双处理器并行系统结构给予了高度评价。[②]

1978年3月，全国科学大会召开，“科学的春天”到来。同年，金怡濂、张效祥、李明等五位大型机研制专家组成考察组，前往美国和日本了解巨型机发展的新技术和新动态。他们意识到巨型机广阔的应用前景及其对国家科技实力的重要影响，回国后向有关领导作了专门汇报。不久，中国批准研制九〇五工程亿次机。

从每秒350万次到每秒1亿次，不仅是运算速度的大幅提升，更意味着研制技术的飞跃。九〇五工程亿次机立项后，首先面临研制路线的选择。张效祥牵头总体方案研究，在充分吸收九〇五乙机双机并行成功经验的基础上，对巨型机的技术特点进行了深入分析，同时到全国各地调研了解用户对机器性能的需求。在此基础上，张效祥提出了“群机并

---

① 赵建国，雷红英：《金怡濂传》，航空工业出版社，2015年，第101—136页。

② 赵建国，雷红英：《金怡濂传》，航空工业出版社，2015年，第139—149页。

行”的研制思路，即通过增加处理机的量来提高机器的性能指标。这个设计思路得到上级肯定。之后，金怡濂领衔开展九〇五工程亿次机研制任务。[①]

由于国外对中国的严密封锁，可供借鉴的巨型机研制技术和资料很少。考虑到当时国产元器件水平有限，对处理机的稳定性影响较大，如果机群过大将导致整机可靠性下降。经过反复权衡，金怡濂提出通过提高单机速度并减少群机数量来提高系统的可靠性，同时针对主存供需矛盾提出了总线与交叉开关相结合的混合互联网络方案，以解决多级系统中互联拓扑结构难题。专家组对这个技术方案进行了严格论证，最后确定九〇五工程亿次机由2台指挥机、16台模块机构成群机系统。[②]

1986年5月，九〇五工程亿次机研制成功并顺利通过国家鉴定，这也是我国第一台标量巨型机，其国产元器件占比达到85%。以国务院电子振兴领导小组副组长聂力为主任的鉴定委员会评价认为：

> 九〇五工程亿次机体系结构先进，它是由18台高速处理机组成的复式模块化结构的多处理机系统。这样的系统结构既保证了每秒1亿次以上的标量运算速度，又提高了系统的可靠性、可用性、可控性。该系统具有支持多道程序、多任务并行的系统软件，较好地发挥了多处理机系统的效率。[③]

九〇五工程亿次机即将研制成功时，新一代机型已在酝酿并进入预研。1985年，金怡濂领导开展了10亿次机的总体方案研究。他建议采用国际通用的32位处理器芯片，向大规模并行计算机方向发展。大规模并行计算机通常是指由100台以上处理机构成的并行计算机。在实现技术上，必须通过系统对软硬件进行协调以实现高效运行。[④]研制人员针对10亿次机研制中的具体问题，逐步形成了成熟方案，确定以多种技术相结合的混合网络结构实现240个处理机互连，从而解决大规模并行机的关键技术问题。

---

① 赵建国，雷红英：《金怡濂传》，航空工业出版社，2015年，第156页。

② 赵建国，雷红英：《金怡濂传》，航空工业出版社，2015年，第156页。

③ 赵建国，雷红英：《金怡濂传》，航空工业出版社，2015年，第158—159页。

④ 赵建国，雷红英：《金怡濂传》，航空工业出版社，2015年，第165页。

研制工作启动后，软件面临的最大问题是操作系统能否有大的突破。主机操作系统采取了“引进改造”开发模式，就是对引进的操作系统进行改造，融入自己在并行处理方面的独特技术，开发出具有国际先进水平的并行操作系统。在研制过程中，科研人员排查解决了大面积单元处理机局部存储器性能不稳定等诸多工程问题，及时调整研制计划，经过半年多的努力，成功地将引进的单机操作系统改造成适应群机大规模并行的操作系统。

1991年底，我国第一台10亿次巨型计算机系统研制成功。1992年，国家科委批准组建国家并行中心。该中心以中科院计算所和江南计算技术研究所为依托单位，主要任务是致力于大规模并行计算机关键技术的研究，力争用较短时间，进入这一领域的国际先进行列。金怡濂任国家并行中心主任。1993年4月28日，国家并行中心在人民大会堂揭牌成立。

二、神威Ⅰ及神威Ⅱ计算机系统的研制

在我国第一台10亿次巨型机研制即将成功之际，神威计算机的研制立项工作便已开始。关于10亿次机成功后下一步的研制目标，神威计算机预研小组进行了广泛调研和深入研讨。经过反复推敲，提出300亿次巨型机的总体方案，体系机构上仍沿袭10亿次机采用的集中主存模式。随后，有关部门召开了神威计算机研制第一次方案论证会，但未达成一致意见。

1992年秋，第四次神威计算机研制方案论证会召开。经过反复修改，预研小组将主要技术指标提高至每秒500亿次，提交会议讨论。主持会议的主管计算机研制的领导同志在会上提出，是否可以跨越百亿次台阶，直接研制1000亿次巨型机？金怡濂表示完全有能力造一台1000亿次的巨型机。[①]他认为：

---

① 金怡濂认为，巨型机的体系结构是提高国内研制水平的关键。他结合思考撰写了《大规模并行计算机的发展及我们的对策》，阐明了“跨越式发展”的理念。他在书中指出：20世纪90年代将是大规模并行计算机飞跃发展的时代，美国政府已通过“高性能计算与通信计划”。该计划提出的任务之一，是研制每秒万亿次浮点运算的巨型计算机。如果我们抓住机遇，措施得力，充分发挥我们的优势，在10年内使我国巨型机达到每秒数千亿以至更高的运算速度，是完全可能的。

> 在吸收世界巨型机技术最新成果的基础上，我们完全有能力造一台千亿次巨型机。而且，无论从现实还是长远出发，都应当下这个决心，实现这个跨越。否则，我们此前的努力和取得的成绩，都将付诸东流，我们将被世界越甩越远。①

之后经过数次研究讨论，各方专家最终达成共识，确定了研制千亿次计算机系统的总体目标。不久，国家批准神威高性能计算机的研制立项，此时已退居二线的金怡濂被任命为“神威”机研制的总设计师。

在使用亿次机、10亿次机两台巨型机后，许多用户反映，希望缩短访问时间。基于此，金怡濂酝酿形成并制订了新的方案，采用以平面格栅网为基础的“分布共享存储器大规模并行结构”，以保证系统可扩展、可分割，使系统更具透明性和可编程性。同时，吸收国际上有关机械构造、材料科学、电子制造工业等相关学科的先进技术，融入工程设计实践。

在神威计算机研制过程中，并行识别课题组用两年半时间开发了一套并行识别软件，在技术上有新突破，但距离实用有较大差距。1994年，金怡濂听取汇报后，建议重新组织力量，专攻问世不久、用于科学计算的基于数据划分说明的并行语言（HPF）。之后，课题组用了不到两年时间，开发出国内第一个HPF编译器，成为了“神威”通用性的亮点。

1994年底，国际上新一代中央处理器即将研制成功。为了确保神威计算机的世界先进水平，研制人员决定更换芯片。这是“神威”研制过程中的一个关键决策。由于当时逻辑设计已经基本完成，“换芯”就意味着软硬件核心部分的重新设计。经过日夜赶工，科研人员按时完成了设计任务。芯片升级提高了速度和频率，整机的可扩展性大大增强，可靠性明显提高。

在整机全面调试阶段，金怡濂又建议将机器规模扩大一倍，并得到上级支持。经过半年多的努力，神威计算机的运算速度提高至每秒1000亿次。1996年9月，神威计算机最后一块插件板被插进机仓，经测试，

---

① 赵建国，雷红英：《金怡濂传》，航空工业出版社，2015年，第181—199页。

峰值运算速度达到每秒3120亿次。在两个月后的鉴定会上，鉴定委员会给出如下鉴定意见：神威计算机研制起点高，运算速度快，存储容量大；系统设计思想先进，创新性很强，与世界上已公布的同类系统相比，总体技术和性能指标达到国际先进水平。[①]经过改进和试运行，神威计算机的浮点运算峰值速度达到每秒3840亿次。

1999年9月，神威高性能计算机系统（按照系列化命名惯例，称为神威Ⅰ）宣告研制成功并投入运行，中国也成为了继美国、日本之后能够研制生产3000亿次以上计算机的国家。2000年7月25日，神威Ⅰ面向社会开放使用，迅速在气象、石油、药物、航空航天等领域获得实际应用。与此同时，国家计委批准以神威计算机系统为基础，在中国气象局内组建北京高性能计算机应用中心，作为国家高端计算基础设施的一部分，建成国内高水平的高性能计算机应用开发基地。[②]

神威Ⅰ研制成功后，新一代高性能计算机系统——神威Ⅱ的研制顺利启动，仍由金怡濂担任总设计师。此时，世界高性能计算机浮点运算已达万亿次水平。在综合国际先进设计的基础上，金怡濂提出了以超三维格栅网为基础的可扩展共享存储体系结构与消息传输机制相结合的总体构想。基于这种构想，在研制人员的通力协作下，神威Ⅱ于2001年底研制成功，其运算速度为每秒13.1万亿次，系统效率达75%，超过当时世界上排名第一的高性能计算机58.8%的效率指标。

三、神威新世纪系列集群系统

从2000年起，国家并行中心开始研制神威新世纪系列集群系统。中央领导在视察神威Ⅱ时曾指出，要在今后的神威计算机中采用国产芯片。研制具有自主知识产权的高速中央处理器的相关工作随即启动，而神威蓝光也在神威Ⅱ之后迅速研制。金怡濂作为技术顾问，参与到神威

---

① 鉴定委员会主任胡启恒院士对全体研制人员说："同志们，大家都知道毛主席有一句著名的诗句：'一万年太久，只争朝夕'，但你们计算过，1万年有多少秒吗？是3100亿秒！也就是说，1万年有多少秒，我们的'神威'在1秒内就能做多少次浮点运算，这是多么了不起的一件事啊！几代中国人的梦想，通过你们的努力，终于实现了！"

② 付向核：《中国高性能计算机产业化历程研究》，中科院研究生院博士学位论文，2011年。

蓝光及中央处理器芯片的研制过程中。神威蓝光千万亿次系统属于国家863计划项目，由国家并行中心按照万万亿次架构设计，其8704片16核的国产申威1600处理器，是在“核高基”国家科技重大专项支持下完成的具有世界先进水平的多核处理器。2011年10月，经国家权威机构测试，神威蓝光超级计算机系统持续性能为每秒0.796千万亿次浮点运算，运行效率为74.4%，标志着中国成为继美国、日本之后第三个能够采用自主中央处理器构建千万亿次计算机的国家。

2012年，神威蓝光落户国家超级计算济南中心。神威蓝光超级计算机具有以下特点：一是首台全部采用国产中央处理器的千万亿次超级计算机；二是采用板上冷却系统——通过水在冷板内部的封闭循环带走主板热量，几乎不损耗水且无噪声；三是高密度封装，一个机仓可装入1024个中央处理器，千万亿次规模仅需9个机柜。神威蓝光超级计算机在2011年至2012年发布的中国高性能计算机百强排行榜中位居第二名，在2013年发布的中国高性能计算机百强排行榜中位居第三名。[①]

神威蓝光之后是神威·太湖之光。这套超级计算机系统于2015年12月完成整机系统性能测试，取得了三大突破，其峰值性能、持续性能、性能功耗比三项关键指标均居世界第一。2017年11月13日，全球超级计算机500强发布，神威·太湖之光计算机系统以每秒9.3亿亿次的浮点运算速度第四次夺冠。[②]

神威系列集群系统先后安装在上海超级计算中心、中科院上海生命科学研究院、中科院上海药物研究所、中国石化集团总公司等单位。自投入使用以来，神威计算机在气象、石油、药物、航空航天等领域得到了广泛应用。国家气象中心利用神威计算机精确地完成了极为复杂的中尺度数值天气预报，在各类气象保障中发挥了关键作用；中科院上海药物研究所用神威计算机作为通用的药物研究平台，大大缩短了新药的研制周期；中科院大气物理研究所用神威计算机进行新一代高分辨率全球大气模式动力框架的并行计算，取得了较好成果。

---

① 迟学斌，等：《国家高性能计算环境发展报告(2002—2017)》，科学出版社，2018年，第62页。

② 2016年6月，在德国法兰克福举行的国际超算大会上发布了超级计算机TOP500榜单，神威·太湖之光计算机系统首次亮相并夺冠。

神威高性能计算机系统是一个可扩展的大规模并行处理系统。其主要技术特点是：采用分布共享体系结构，结构上的分布特性保证系统可扩展和可分割，逻辑上的共享特性使系统具有透明性和可编程性；采用消息处理机、高速路由器及硬件支持的全局操作和同步机制，减少了消息传送开销，提高了并行处理速度；操作系统采用两级分布式结构和多虚空间、多重映射与主动消息相结合的技术，实现了在分布共享结构下操作系统的可扩展性，并实现单一系统映象；采用相关性分析、数据流分析、通信优化和数据重分布等多种编译优化措施，提高了并行程序的执行效率；支持消息传送、分布共享、结点共享、数据并行编程模型，以满足不同用户开发大规模并行程序的需要；面积大、密度高的印制板和表面安装技术减少了信号传输延迟，提高了系统可靠性。①

第五节　国家超算中心

经过数十年的发展，我国高性能计算机已经迈入世界先进行列。伴随着高性能计算机的发展，也逐步涌现出以超算中心为主要载体的新型科研基础设施。依托超算中心，我国高性能计算机正在为我国科学研究、产业创新和国防建设提供强大的算力支撑。②

一、国家超算中心建设背景

高性能计算能力与应用水平关乎一个国家或地区在信息技术领域的成败，关乎基础科研、工业设计和高技术产业的长期可持续发展。③1998年，863计划智能计算机系统主题将重点从研制单台高性能计算机转向从技术上支持我国高性能计算基础设施的构建。经过二十多年的发展，我国高性能计算环境基本建成并应用于诸多领域。这个过程经历了

---

① 付向核：《中国高性能计算机产业化历程研究》，中科院研究生院博士学位论文，2011年。

② 李莉：《中国超算40年：挑战世界速度极限》，《中国科技奖励》，2019年第8期，第14—17页。

③ 党岗，程志全：《超级计算中心核心应用的浅析》，《计算机科学》，2013年第40卷第3期，第133—135，166页。

三个时期：①

2001年至2005年的探索期。在这一时期，建成了依托国产高性能计算机的中国国家网格试验床，共有8个节点——中科院计算机网络信息中心、上海超级计算中心、国防科技大学、清华大学、西安交通大学、中国科学技术大学、北京应用物理和计算数学研究所、香港大学，将多种高性能计算资源、存储资源和软件资源集成起来，形成了易于使用的共享资源空间，聚合计算能力达到18万亿次，总存储容量200万亿字节，共享软件50多个，数据库约150个。

2006年至2015年的成长期。在这一时期，中国国家网格结点单位扩展到16个，新建了国家超级计算天津中心、国家超级计算济南中心、国家超级计算深圳中心、国家超级计算长沙中心、山东大学、华中科技大学、中科院深圳先进技术研究院和甘肃省计算中心8个节点，聚合计算机资源超过1.2亿亿次，聚合存储资源34千万亿字节。

2016年之后的完善期。2017年3月16日，中国国家网格合肥运行中心启用，意味着高性能计算机环境拥有北京和合肥双运行中心，数据可异地备份，服务更加可靠。到2018年，中国国家网格结点单位达到19家，其中新增了国家超级计算广州中心、国家超级计算无锡中心、吉林省计算中心和上海交通大学，聚合计算资源超过20亿亿次，总存储资源超过167千万亿字节，总内存资源超过104万亿字节。值此，我国已经建立了功能比较完备、服务较为全面的超级计算基础设施。

二、若干国家超算中心

从2009年开始，围绕国家超级计算基础设施建设布局需求，科技部批准并建成、投入运营的国家超级计算中心有7个，分别位于天津、深圳、长沙、济南、广州、无锡和郑州。

1. 国家超级计算天津中心（简称天津超算中心）

天津超算中心是我国第一个国家超算中心（图3—4）。为加强我国高性能计算技术的研究与应用，在国家863计划信息技术领域高效能计

---

① 迟学斌，等：《国家高性能计算环境发展报告》，《中国国家网格》，2018年1月，第1—12页。

算及网格服务重大项目千亿次高效能计算机系统基础上，2009年5月科技部批准成立该中心，由天津市滨海新区和国防科技大学共同建设。

图3—4 国家超级计算天津中心

天津超算中心的目标是：打造天津市滨海新区高端信息产业基地，为天津、环渤海湾乃至全国范围的企业和科研院所提供高性能计算服务。天津超算中心的建设于2009年6月启动，包括两大部分：一是配套基础设施建设，二是业务主机研制。2009年12月，天河一号一期的部分系统落户天津超算中心，开始为用户提供计算服务。2010年7月，天河一号二期系统完成安装调试。[①]天津超算中心可以为全国科研院所、大学和重点企业提供高性能计算、云计算、大数据等高端信息技术服务。2013年10月，经国家发改委批准，天津超算中心成立了大数据处理技术与应用国家地方联合工程实验室。2016年7月，E级计算机关键技术验证系统通过科技部立项支持，并于2020年部署在天津超算中心。

天津超算中心的基本定位是：以超级计算机系统和超级计算技术为基础，为国家科技创新服务，为新兴产业发展服务，为政府信息化建设服务，为培养高端信息技术人才服务；立足天津市滨海新区，带动和促进国家高端信息产业快速发展。建成以来，先后服务于科研、企业、政府机构，用户数近6000家，遍布全国近30个省、市、自治区，具体涉及生物医药、基因技术、航空航天、天气预报与气候预测、海洋环境模

① 朱小谦：《国家超级计算天津中心》，《高性能计算发展与应用》，2011年第2期，第64—66页。

拟分析、航空遥感数据处理、新材料、新能源、脑科学、天文等诸多领域。天河一号每天满负荷运行8000余个科研计算任务；累计支持国家科技重大专项、国家重点研发计划等重大项目超过2000项，涉及经费超过20亿元。依托天河一号，还构建了石油勘探、新材料、基因健康、工业设计与仿真、建筑与智慧城市等十余个专业化平台，聚集行业企业超过3000家，为近200家规模以上企业提供了高质量计算服务。

2. 国家超级计算深圳中心（简称深圳超算中心）

华南作为我国经济发达区域之一，在产业、科研和公共服务方面对高性能计算需求巨大。2009年，科技部批准建立国家超级计算深圳中心，也是我国第二个国家级超级计算中心，总投资达12.3亿元。

深圳超算中心立足深圳，服务华南，面向我国港澳台及东南亚地区，致力于打造四大平台：一是科技服务平台，为气象、金融等行业提供公共信息服务；二是产业创新平台，为企业提供高性能计算和数据处理解决方案；三是科技研发平台，为高性能计算应用软件研发提供支撑；四是人才聚集平台，支持华南地区人才培养、技术交流和国际科技合作。2011年11月，我国首台实测性能超千万亿次的曙光6000超级计算机在深圳中心开通运行，该机最大浮点性能每秒1.271千万亿次，相当于20万台个人电脑运算能力的总和，在2010年全球超级计算机排行榜500强中位居第二。①

深圳超算中心将超算资源应用于云计算服务，使计算机资源既能满足高性能计算需求，又能提供强大的云计算服务能力，其设施条件居全国各超算中心之首，被工业和信息化部评为全国首批5A级机房。深圳超算中心的云计算业务实施自主、联合、委托的多元化开发模式，以承担国家重点云计算示范项目——深圳市云计算公共服务平台为突破口，联合企业搭建了城市云公共服务平台，已形成教育云、健康云、工业云、政务云、警务云、渲染云、气象云、档案云、测试云、招标云、血液云、备份云、工程大数据云、电子账单和应用商店的“十三云一单一

① 易运文:《国家超算深圳中心启用——首台实测性能超千亿次计算机开通运行》,《光明日报》,2011年11月18日,第10版。

店”格局，使该平台成为行业覆盖面广、服务功能齐全、用户数量众多的城市云公共服务平台。

2012年6月，深圳超算中心正式向社会提供高性能计算业务的商业服务。2013年7月，正式向社会提供云计算业务的商业服务。2016年，高性能计算科研机构用户达1600个，云计算公共服务平台的机构用户超过2.4万家。中心经营年均收入达1.3亿元以上，是全国经营效益最好的超算中心。①

3. 国家超级计算长沙中心（简称长沙超算中心）

长沙超算中心于2009年11月25日正式启动建设，2010年10月由科技部授牌成立。②该中心采用“政府主导、军地合作、省校共建、市场运作”的经营模式，由湖南省政府负责建设资金投入并组建理事会统筹发展，湖南大学负责运营管理，国防科技大学负责技术支持。

长沙超算中心的建设目标是立足湖南，辐射周边，面向全国，建成集科技研发、技术创新、人才培养为一体的数字基础平台，向全社会提供高性能计算应用服务。2013年8月中心机房等基础设施基本竣工，初步具备运行条件。2014年4月正式开始运营。长沙超算中心总投资约8.6亿元，采用天河一号高性能计算机。作为基础支撑平台，长沙超算中心主要提供三个方面的服务：一是为高校和科研院所的基础研究提供高性能计算服务；二是为气象、国土、水利、卫生、安全、交通、社保、文化、教育等公共部门提供自然灾害预警分析、气象预测、地质勘探、医疗卫生信息共享等大数据计算与存储、电子政务应用服务；三是为装备制造业、生物制药、数字媒体和动漫制作等各类产业领域的企业提供专业软件资源与云计算服务。③

4. 国家超级计算济南中心（简称济南超算中心）

济南超算中心由科技部和山东省政府批准建设，是继天津、深圳、

① 迟学斌，等：《国家高性能计算环境发展报告》，科学出版社，2018年，第68—71页。

② 张志明：《长沙超算中心总体架构及应用研究》，《信息系统工程》，2014年第12期，第83—84页。

③ 迟学斌，等：《国家高性能计算环境发展报告(2012—2017)》，科学出版社，2018年，第72—75页。

长沙之后的第四家国家超级计算中心。该中心由山东省科学院负责建设，建设总经费6亿元。[①]2011年3月开建，当年10月27日落成并对外提供计算服务。

济南超算中心是我国首台完全采用自主处理器研制的千万亿次超级计算机神威蓝光的诞生地。济南超算中心的建设成功，标志着我国已成为继美国、日本后第三个能够采用自主处理器构建千万亿次超级计算机系统的国家。济南超算中心拥有计算节点9000多个，近15万计算核心，组装密度和性能功耗比居世界先进水平，系统综合水平处于世界先进行列，实现了国家大型关键信息基础设施核心技术的“自主可控”目标。2015年济南超算中心获得国军标资质，并在同年通过了武器装备科研生产单位三级保密资格的审查认证。自运行以来，神威蓝光超级计算机已在天气预报、海洋环境预报、信息安全、电磁仿真、飞船返回舱流体模拟、金融大数据分析、新材料分析等应用方面大显身手，成为了促进基础科学创新和重大技术攻关的重要手段、加速企业科技创新的重要工具、凝聚高端技术人才的重要基地。[②]

5. 国家超级计算广州中心（简称广州超算中心）

广州超算中心是“十二五”期间在科技部的支持下由广东省政府、广州市人民政府、国防科技大学和中山大学共同建设的重大科技基础设施。2014年4月，广州超算中心开始试运行，对外提供服务。2015年9月，广州超算中心交由中山大学进行管理。

广州超算中心的业务主机是天河二号系统。天河二号一期系统峰值计算速度达到每秒10.07亿亿次、持续计算速度达到每秒6.14亿亿次、总内存容量约3000万亿字节、全局存储总容量约1.9万亿字节，各项指标处于国际领先地位。基于天河二号，广州超算中心推进了高性能计算与大数据深度融合，打造出了科学研究、学科建设、交流合作、技术创新以及人才培养五大支撑平台。[③]

---

① 祝蕾:《“国家超算济南中心”项目启动建设》,《济南日报》,2010年12月30日,第3版。

② 迟学斌,等:《国家高性能计算环境发展报告(2012—2017)》,科学出版社,2018年,第62—68页。

③ 迟学斌,等:《国家高性能计算环境发展报告(2012—2017)》,科学出版社,2018年,第75—79页。

6. 国家超级计算无锡中心(简称无锡超算中心)

无锡超算中心由科技部、江苏省和无锡市三方共同投资建设,拥有世界上首台峰值运算性能超过每秒10亿亿次浮点运算能力的超级计算机神威·太湖之光(图3—5)。该系统全面采用国产申威26010众核处理器,是我国第一台全部采用国产处理器构建的超级计算机。2016年6月20日,在法兰克福世界超算大会上发布的世界500强榜单中,神威·太湖之光位居超级计算机系统首位,不仅速度比第二名天河二号快近2倍,其效率也提高了3倍。①

图3—5　超级计算机"神威·太湖之光"

无锡超算中心是无锡市政府直属事业单位,委托清华大学管理运营。依托神威·太湖之光计算机系统,无锡中心与国内外专家、应用单位等进行密切合作,面向生物医药、海洋科学、油气勘探、气候气象、金融分析、信息安全、工业设计、动漫渲染等领域提供计算和技术支持服务,已经发展成具有明确应用背景的高性能计算技术重大应用研究与支撑中心。②

① 本刊编辑部:《神威·太湖之光超级计算机》,《中国信息化》,2017年第1期,第46页。

② 迟学斌,等:《国家高性能计算环境发展报告(2012—2017)》,科学出版社,2018年,第79—82页。

7. 国家超级计算机郑州中心（简称郑州超算中心）

郑州超算中心2019年5月获得国家科技部批复筹建，成为全国第七家批复建设的国家超级计算中心。2019年11月1日，郑州超算中心项目正式开工建设。郑州超算中心依托郑州大学建设运营，于2020年11月建设完成，配备技术先进、自主可控新一代超级计算机系统，其峰值计算能力达到10亿亿次的浮点运算，存储容量100千万亿字节，主机系统实测持续计算性能居国际同期前列。郑州超算中心志在建成引领新经济快速发展的“高速引擎”、支撑国家战略在黄河流域“超级大脑”的培育，汇聚和培养高性能计算的“人才高地”。

第四章

高能物理领域：专用设施

高能物理，又称粒子物理，是研究组成物质的基本粒子及其相互作用的前沿学科，在宇宙的起源和演化、天体的形成和演化研究中起着重要作用。高能物理实验是国际上基础物理研究的前沿热点，世界各发达国家都对其投入了巨大的人力和物力。高能加速器是进行高能物理实验的必要手段，也是进行一些其他基础科学研究和应用研究的重要工具。高能加速器的建设是典型的大科学工程，其规模巨大，投资额高，建造周期长，需要大量采用世界上最先进的高技术，投入大量的人力。由于政治、经济和科技等多种因素的影响，中国的高能加速器建设经历了一个曲折发展的艰难历程。本章重点叙述北京正负电子对撞机、兰州重离子加速器以及大亚湾反应堆中微子实验三个专用大科学装置的立项背景、建设过程和相关成就。

第一节 “七上七下”的加速器建设项目

1953年，中科院近代物理研究所所址还在北京东皇城根时，美国布鲁克海文国家实验室（BNL）建成了一台3吉电子伏特的质子同步加速器。近代物理研究所的科技人员对此消息很感兴趣，特别组织了加速器专题讨论会。当时近代物理研究所已经成立了静电加速器组，在赵忠尧的主持下建造了一台70万电子伏特的静电加速器。虽然中国还只是刚刚开始建造低能加速器，但是科技人员都“充满信心，相信有朝一日一定能赶上国际水平”。[①]1955年谢家麟从美国回国后，开始建造一台

① 叶铭汉:《高能物理研究所的由来与发展》,《现代物理知识》,1993年增刊,第44—47页。

30兆电子伏特的电子直线加速器，并为此研制了大功率速调管。[1]通过建造此类低能加速器，有关微波技术、真空技术、高电压技术、离子源技术和核物理的实验方法逐渐发展起来，培养出叶铭汉、徐建铭等一批加速器与核物理理论和实验人才，有关工厂也获得了一定的实践经验。

1956年制订的“十二年科技规划”明确提出：“必须组织力量，发展原子核物理及基本粒子物理（包括宇宙线）的研究，立即进行普通加速器和探测器的工业生产，并在短期内着手制造恰当的高能加速器。”同年，我国参加设在苏联杜布纳的联合核子研究所，承担该所经费的20%，每年支付1500万至1600万元，并且派出科技人员参加研究工作。1957年，在王淦昌领导下，选派了徐建铭、方守贤等人赴苏联学习高能加速器的设计和建造。在苏联专家的指导下，他们设计了一台能量为2.2吉电子伏特、周长约为200米的电子同步加速器。作为“十二年科技规划”中发展中国高能物理的第一步，这是符合我国实际情况的方案。但是，在1958年“大跃进”的形势下，当王淦昌回国汇报这个方案时，却被一些人批判为“既保守又落后”，使其不得不被搁置下来。

国内一些人提出要设计一台15吉电子伏特的质子同步加速器，比当时苏联最大的7吉电子伏特质子同步加速器能量高一倍多。王淦昌回到杜布纳传达这一方案时，苏联专家感到惊讶，勉强同意帮助设计，然而设计能量最多也只能达到12吉电子伏特。中方设计组对该方案都不满意。王淦昌明确表示，这一方案超出了当时国力，不可能成功，并主张积极向上反映，把方案再变回来。1959年，方守贤回国向钱三强所长汇报了上述方案。[2]随后，钱三强等原子能研究所的专家经多次讨论后，认为此方案规模太大，决定暂停。

1959年，杜布纳联合核子研究所研制成功了世界上第一台中能强流等时性回旋加速器。在王淦昌领导下的物理组提议建造一台适合我国国力、能量为450兆电子伏特的中能强流加速器，以开展介子物理研究。经聂荣臻副总理批示，该建议被正式采纳。为此，由原子能研究所

---

① 谢家麟：《没有终点的旅程》，科学出版社，2008年，第73—88页。

② 方守贤：《我的高能加速器梦》，《现代物理知识》，2003年第1期，第11—21页。

力一副所长带队的加速器设计组被派到杜布纳联合核子研究所，在该所专家的帮助下进行初步设计，方守贤被分配负责其理论设计。1960年底，设计组在完成初步设计后，回国继续完善设计方案，准备着手预制工作。这个建设计划当时被称为205工程。然而由于各种原因，该工程于1961年被迫取消。1960年在讨论原子能研究所第二个五年计划期间的加速器规划时，王淦昌提出建造一台1吉电子伏特电子同步加速器。他认为高能电子将来会有重要应用，这个加速器投资较小，是很好的起步。但是，此规划也只停留在纸面上，没有实现。[①]1963年，原子能研究所在钱三强主持下召开了关于加速器下一步发展的讨论会，参加者有赵忠尧、王淦昌、杨澄中等，由叶铭汉担任会议秘书。会上提出了建造两台加速器的设想：一台2.0吉电子伏特电子同步加速器和一台2×6兆电子伏特串列静电加速器。然而，这个设想也仅在纸上留下记录。[②]1965年，中央再次决定建造高能加速器。按照钱三强的提议，在力一的主持下，准备建造一台3.2吉电子伏特质子同步加速器，后来又将能量提高到6吉电子伏特，初步考虑建在革命圣地延安。1966年，这个方案又因各种原因很快下马了。

1968年，一些科技人员自发聚集起来，给聂荣臻副总理写信，要求把有关科技人员集中起来，共同探讨高能物理的发展。建议得到批准，遂于当年10月在原子能研究所一部成立了高能筹建组，高能加速器的建造被再次提上日程。1969年8月，为了响应中共中央"面向实际，面向应用"的号召，何祚庥等提出了一个"一举两得"的方案，建议用加速器生产核燃料，既可以服务于国防建设的需要，又能为将来发展高能物理储备技术和人才。在此基础上，方守贤建议采用比较成熟的质子直线加速器来生产核燃料。这一主张后来被简称为"强流、超导、质子、直线"八字方针，据此形成了建造一台主要用于生产核燃料的1吉电子伏特强流质子直线加速器的计划，被称为698工程。当时原子能研究所二部的一些人还提出了建造轨道分离型加速器和烟圈加速器来生

---

① 叶铭汉：《北京正负电子对撞机工程进展》，《原子能科学技术》，1988年第1期，第43—54页。
② 叶铭汉：《高能物理研究所的由来与发展》，《现代物理知识》，1993年增刊，第44—47页。

产核燃料，为此，原子能研究所行政领导、二机部党组决定将何祚庥和方守贤等人从一部调回二部，并在二部军事管制委员会的领导下，一起对上述三种方案展开论证。后来，在二机部李觉部长的干预下，何祚庥和方守贤等人被调回一部，698工程的论证就此结束。①从1957年起，建造高能加速器的计划和设计经过了五起五落，一直是纸上谈兵，未能付诸实施。

1972年8月，张文裕等18位科技工作者给周恩来总理写信，提出“发展高能物理，建造高能加速器，尽快成立高能物理研究所”等建议。②9月11日，周恩来复信张文裕和朱光亚：“这件事不能再延迟了。科学院必须把基础科学和理论研究抓起来，同时又要把理论研究和科学实验结合起来。高能物理研究及高能加速器的预制研究应该成为科学院要抓的主要项目之一。”③

1973年2月，在原子能研究所一部的基础上成立了高能所，张文裕任所长，开始了我国高能物理研究新的发展历程。1973年3月13日至4月7日，中科院在北京香山召开了高能加速器方案讨论会，邀请全国有关单位和专家参加。与会专家就加速器类型和能量展开了激烈争论，有三种意见：第一种意见是将远景目标设定为超高能加速器，先建造一台几十吉电子伏特的质子加速器，以后作为更高能量的质子同步加速器的注入器；第二种意见认为我国在电子直线加速器方面已有一定经验，可以沿此方向发展，建造一台几十吉电子伏特的电子直线加速器；第三种意见则是以较少投资建造一台几吉电子伏特的电子同步加速器，后续可建造正负电子对撞机。会议的结论是走质子同步加速器技术路线，第一步先建造一台1吉电子伏特强流快脉冲质子同步加速器。④1973年5月至7月，以张文裕为首的中国高能物理代表团赴美国和西欧考察后，提

① 方守贤：《我的高能加速器梦》，《现代物理知识》，2003年第1期，第11—21页。

② 当时这18名科学家大多属于核工业部401所一部。当时核工业部研究重点在于军工，“没有什么实际意义”的高能物理研究争取经费非常困难，因此，科学家们希望进入以基础科学研究为重点的中科院。参见：《谢家麟院士简历及科技成就》，《科技日报》，2012年2月14日。

③《周总理给张文裕、朱光亚同志的信》，《中科院高能物理研究所年报（1972—1979）》，第1—3页。

④ 叶铭汉：《北京正负电子对撞机工程进展》，《原子能科学技术》，1988年第1期，第43—54页。

出了建造40吉电子伏特质子同步加速器的方案。1974年，建造高能加速器的计划因故被搁置。1975年初，中科院再次上报建造40吉电子伏特质子同步加速器的方案，约需经费4亿元，计划在十年内建成。1975年3月，周恩来总理和邓小平副总理批准了这一方案，代号为753工程。11月，受“反击右倾翻案风”运动的影响，753工程陷入停顿。①

1977年8月至10月，复出的邓小平先后接见了丁肇中②、西欧核子中心主任阿达姆斯③和邓昌黎④，分别与他们商定了派人出国工作和学习的事宜，并且表示中国一定要建造高能加速器。在会见丁肇中夫妇前，邓小平与方毅副总理、吴有训等人谈话，强调说，“这件事（753工程）不能再拖了”。⑤为此，经中科院和国家科委协商决定，建设高能加速器的工程由国家科委领导。1977年9月赵东宛调任国家科委副主任，方毅请他主抓建设高能加速器的工程。赵东宛多次召开专家会，论证高能加速器建造方案，并组织起草了《关于加快建设高能物理实验中心的请示报告》。⑥计划分三步走：第一步，到1982年底建成30吉电子伏特强流质子同步加速器；第二步，到1987年建成400吉电子伏特质子同步加速器，其规模可与欧洲核子研究中心（CERN）的400吉电子伏特超级同步加速器（SPS）相当，建设投资约10亿元，另外还需外汇约3000万元美元；第三步，到20世纪末建成世界一流高能物理实验中心。⑦1977年11月15日，该方案获批。高能物理实验中心工程指挥部随

---

① 丁兆君，胡化凯：《“七下八上”的中国高能加速器建设》，《科学文化评论》，2006年2期，第85—104页。

②《邓小平副主席在会见丁肇中夫妇时的谈话记录》，《中科院高能物理研究所年报(1972—1979)》，第38—42页。

③《邓小平副主席接见西欧中心总主任阿达姆斯等谈话记录》，《中科院高能物理研究所年报(1972—1979)》，第44—47页。

④《邓小平副主席会见美籍高能加速器专家邓昌黎一家时的谈话记录》，《中科院高能物理研究所年报(1972—1979)》，第49—53页。

⑤《邓小平副主席在会见丁肇中教授夫妇前同方毅同志等的谈话》，《中科院高能物理研究所年报(1972—1979)》，第37—38页。

⑥ 赵东宛：《回忆与思考》，中国人事出版社，2012年，第105—121页。

⑦《关于加快建设高能物理实验中心的请示报告》，《中科院高能物理研究所年报(1972—1979)》，第55—57页。

即成立，赵东宛任总指挥，国家建委副主任张百发、中科院副秘书长钱三强等6人任副总指挥，代号为八七工程。林宗棠被任命为八七工程总工程师，郭树言为总工程师，谢家麟被任命为总设计师，徐建铭为副总设计师，方守贤等9人为主任设计师。[①]在开工之际，丁肇中、邓昌黎等人建议，应提高第一步30吉电子伏特强流质子同步加速器的能量，否则这台加速器很难与国际上已建成的30吉电子伏特加速器竞争，建设意义不大。经各方反复研究，决定将待建的第一台30吉电子伏特强流质子同步加速器的能量指标提高到50吉电子伏特。1978年3月，调整能量指标的请示报告得到批准。[②]

八七工程总体而言是一个"激进方案"，"预算大大超过了国家实际的经济能力"，反映了中国高能物理界急于追赶欧美发达国家的迫切心情。[③]1979年，我国进入国民经济三年调整时期，基本建设紧缩成为大趋势。高能物理实验中心第一期工程设计任务书也作了调整，但是先后三次上报国家计委未获批准。1980年5月22日，张文裕、赵忠尧等39人致信邓小平等中央领导人，恳切希望高能物理不要下马。随即国务院批复同意在北京着手建设高能物理实验中心，国家计委批准了八七工程的设计任务书。然而，国内外仍不断有反对的呼声。1980年12月5日，聂华桐等14位美籍华裔科学家联名致信邓小平等中央领导，认为由于建造高能加速器，人力、物力花费太大，严重影响中国科技正常发展乃至"四个现代化"的实现，他们主张暂停建造高能加速器，改建一个电子储存环加速器即可。1980年底，八七工程被迫暂缓建设。

八七工程与前六次计划有质的不同，过去的计划仅是纸面方案，而这一次是真刀实枪的实干，并取得了实质性进展：[④]首先，组织了500多名科技人员参加联合设计，完成了高能加速器理论设计，7.5万电子伏特质子预注入器、200兆电子伏特质子直线加速器、50吉电子伏特质

---

①《中国科学院高能物理研究所大事记》，内部资料，2003年，第26—27页。

②《关于调整高能物理实验中心第一台质子同步加速器能量指标的请示报告》，《中科院高能物理研究所年报（1972—1979）》，第65—66页。

③ 方守贤：《我的高能加速器梦》，《现代物理知识》，2003年第1期，第11—21页。

④ 赵东宛：《回忆与思考》，中国人事出版社，2012年，第105—121页。

子同步加速器等项目的设计；其次，进行了高能物理玉泉路预制基地的建设，总投资1.23亿元，建成包括四个实验大厅（质子直线加速器厅、环形加速器部件厅、探测器厅、低温超导厅）、三个工厂车间（机加工车间、精加工车间、磁铁加工车间）等在内的7.49万平方米建筑及大量设备；第三，完成了预制研究项目中的一些重要子项，例如75千电子伏特预注入器、10兆电子伏特直线加速器、弯转磁铁模型、增强器磁铁模型、大电流磁铁、切割磁铁电源等；第四，从工程开始就从全国调集人才，截至1978年上半年就已调入279人，包括物理专业人员、工程管理人员和工程技术人员等；第五，开展了与联邦德国、欧洲核子中心和美国各高能物理实验室的合作，派出了上百名高能物理专家及相关的科技人员去学习，特别是1979年1月邓小平同志访美期间，中美签订了在高能物理领域的合作协议，组成了中美高能物理联合委员会，开始了与美国五大高能物理实验室的合作。[①]这些工作为后来北京正负电子对撞机的建设打下了坚实基础。

第二节 北京正负电子对撞机

北京正负电子对撞机（BEPC）是中国建造的第一台高能加速器，于1984年10月7日破土动工，1988年10月16日实现了正负电子对撞。建造BEPC的目的有三个：首先是进行基本粒子物理研究，主要是对粲物理和τ轻子物理的研究；第二是提供真空紫外、软X射线和硬X射线波段的同步辐射光，服务于凝聚态物理、材料科学、生物和医学、环境科学、地矿资源以及微细加工技术方面等学科领域的应用研究；第三是通过高能加速器和高能物理探测装置的研制带动和发展一批高新技术，促进工业技术的发展。可以说是“一器多用，基础研究和应用研究兼顾”。[②]BEPC投入运行后，迅速成为τ-粲能区性能居国际领先地位的高能物理实验装置，高能物理研究所也由此成为世界八大高能物理实验研

① 方守贤:《BEPC的前前后后》,《现代物理知识》,1992年第4期,第8—12页。

② 叶铭汉:《北京正负电子对撞机工程》,《物理》,1989年第5期,第274—278页。

究中心之一。2004年1月北京正负电子对撞机重大改造工程（BEPCⅡ）开始建设，于2009年7月17日通过了国家验收并投入使用，为我国继续保持在粲物理研究上的国际领先地位奠定了基础。

一、BEPC方案的确立

1973年5月，张文裕率中国高能物理考察组赴美国访问，在此期间，斯坦福直线加速器中心（SLAC）主任潘诺夫斯基（Wolfgang K. H. Panofsky）向考察组提出建造正负电子对撞机的建议。考察组回国后，部分成员在“对于建造超高能加速器的一些初步设想”的报告中，提出了六种不同的做法，其中第四种是“做一台能量为300—1000兆电子伏的正负电子对撞机，如果其亮度能达到1033$cm^{-2}s^{-1}$，那么可以做r介子方面很有意义的工作”。1976年9月，潘诺夫斯基来中国访问前与李政道讨论了中国高能物理发展计划，两人一致认为中国应该建造一台正负电子对撞机。

1976年10月，潘诺夫斯基在高能所作报告，提出中国高能加速器建设的三种可选方案：方案一，建造高亮度的质心能量为3吉电子伏特的正负电子对撞机；方案二，建造质心能量为40吉电子伏特的正负电子对撞机；方案三，建造100—300吉电子伏特质子同步加速器。他认为第一种方案最好，不但可以用来进行高能物理实验研究，尽快赶上国际先进水平，而且造价比50吉电子伏特质子加速器低得多，还可以产生同步辐射，用于化学、生物、环境等领域的前沿课题研究。1977年12月，李政道、袁家骝和吴健雄联名致信张文裕，再次提出建造质心能量为2×2吉电子伏特的正负电子对撞机的建议。但由于当时八七工程方案已经确定，此建议没有被采纳。①

1980年底八七工程下马后，为了确保高能物理研究不断线，中央决定利用八七工程剩余的约9000万元经费进行高能加速器建设。高能所科研人员对加速器方案的调整进行了讨论，焦点问题是：电子还是质子？慢引出还是快引出？强流还是弱流？能量高些还是低些？其中后三

① 叶铭汉：《高能物理研究所的由来与发展》，《现代物理知识》，1993年增刊，第44—47页。

项都是质子加速器方案的一些技术选项。1981年1月，李政道得知国内加速器方案变动后，作为中美高能物理合作委员会联系人，多次打来电话询问方案调整情况及今后中美高能物理合作事宜。另外，原定1981年6月将在北京召开中美高能物理联合委员会第三次会议，关于中方现在调整方案是否需要向美方各有关实验室通报并且听取他们的意见的问题，吴健雄和袁家骝也多次来电询问。为此，中科院派朱洪元和谢家麟前往美国进行商讨。两人出国前，所内建造高能加速器的方案已经初步成形，基于尊重实验物理学家意见的原则，决定了两种质子高能加速器方案：一是弱流慢引出、能量为5吉电子伏特的质子同步加速器；二是能量为2吉电子伏特的快循环增强器。①

作为中美高能物理联合委员会第三次会议筹备工作的一部分，1981年3月17日，在美国的费米国家实验室（FNAL）召开了中国高能物理调整方案的讨论会。中方参加人员有朱洪元、谢家麟和当时在美国的访问学者叶铭汉；美方参加人员有布鲁克海文国家实验室的袁家骝和朱永毅，费米国家实验室的威尔逊（R.R. Wilson）、赫森（R. Hyson）、莱德曼（L. M. Lederman）和邓昌黎，斯坦福直线加速器中心的潘诺夫斯基，哥伦比亚大学的李政道，劳伦斯伯克利国家实验室（LBNL）的哈德绍（W. Hartsough），阿贡国家实验室（ANL）的菲尔滋（F. Fields）。在这次会议上，谢家麟首先介绍了中科院高能所内商定的调整方案。随后，潘诺夫斯基提出建造一台2×2.2吉电子伏特正负电子对撞机的建议，并对加速器的技术参数、物理实验前景和探测器的类型等方面作了初步估计。他认为，该对撞机能够在粲物理领域做有意义的前沿工作，并且可以加装同步辐射装置，实现一机两用，费用约为3000万美元（当时折合人民币约9000万元），符合中方预算。经过讨论，与会者大多同意这一提议。会后，朱洪元和谢家麟对潘诺夫斯基的建议进行了详细审慎的研究，认为虽然对撞机的能量不高，规模适中，但可以做国际前沿物理工作，而且可以兼顾同步辐射应用，这是在中国当时经济收缩的情况下，仍能在高能物理方面迎头赶上世界先进水平的极好方案。朱洪元与

① 谢家麟:《没有终点的旅程》,科学出版社,2008年,第106—107页。

当时在美国访学的周光召打电话，交换关于建造2×2.2吉电子伏特正负电子对撞机的意见，他的想法得到了周光召的支持。朱洪元和谢家麟还先后与当时在美国费米国家实验室和布鲁克海文国家实验室工作的高能所叶铭汉、冼鼎昌、徐英庭、周月华等访问学者分别交流意见，获得了大多数人的赞同。在此之前的3月10日，以严武光为首的15位在美国访学的中国学者，也提出了建造一台质心能量为2×3吉电子伏特的正负电子对撞机的建议，强调要重视高能物理实验和理论研究工作，为此必须建设加速器、试验设备和相应数据处理系统三大部分。斯坦福直线加速器中心的诺贝尔奖获得者里克特教授也提出了建造一台质心系5.7吉电子伏的正负电子对撞机的方案。3月底，朱洪元和谢家麟又回到斯坦福直线加速器中心，分别与该所的大约20名物理学家和加速器专家深入讨论2×2.2吉电子伏特正负电子对撞机的物理目标和技术问题。谢家麟还根据斯坦福直线加速器中心SPEAR对撞机的造价，估算了当时在美国建造一台2×2.2吉电子伏特正负电子对撞机的费用。①

此时，国内关于对撞机的主流意见仍是建造一台能量较低的质子同步加速器。但是，能量较低的质子加速器可以做的有意义的工作，基本已被各国已有的能量更高的质子加速器做过，也就是被它们所“覆盖”，难以找到有价值的研究领域。当时国外质子加速器的能量愈来愈高，已经达到万亿电子伏特的领域，所以再建造一台能量较低的质子同步加速器的意义不大。与此相比，正负电子对撞机只要选择合适的能区，即使其能量较低，依然可以作出突破性研究。因为当工作能量低于设计值时，正负电子对撞机的亮度会急剧下降，因此更高能量的对撞机并不能“覆盖”低能量机器的工作能区。虽然2×2.2吉电子伏特正负电子对撞机处于相对较低的能区，但这一能区内的物理问题尚未被深入研究，而且，它兼有同步辐射应用的功能，在经费有限的情况下，是赶上世界先进水平的最佳方案。当然，建造正负电子对撞机在技术上难度较高，要冒较大的风险。对此，一部分美国物理学家和美籍华人学者私下也表达了担忧。

---

① 王晓义，白欣:《北京正负电子对撞机方案的初步提出与确立》,《中国科技史杂志》,2011年第4期，第472—487页。

1981年5月4日至7日，国家科委八七工程指挥部和中科院数理学部联合召开了高能物理玉泉路研究基地调整方案论证会。在此次会议上，可供选择的有两个方案：方案一，建造一台2×2.2吉电子伏特正负电子对撞机；方案二，建造一台5吉电子伏特质子同步加速器。会议讨论中，绝大多数与会代表赞同建造2×2.2吉电子伏特正负电子对撞机的方案。会议原则通过《高能物理玉泉路研究基地调整方案》，同意建造一台2×2.2吉电子伏特正负电子对撞机的方案，并将质子直线加速器的能量从10兆电子伏特扩大到35.5兆电子伏特。6月24日至26日，朱洪元和谢家麟在中科院数理学部第二次常务会议上作了方案汇报，会议“基本同意以两年时间，350万元进行预制研究，但需提出预制研究方案报告，报学部正式批准后进行（当时中科院由学部领导业务工作）。至于加速器建造方案将待组织专家进行论证，然后上报审批”。[①]7月，在河北承德召开的中国高能物理学会第一届会议上，与会专家重点讨论了正负电子对撞机的方案。高能所也成立了“对撞机筹备组”，希望把全所的工作重心转到建造正负电子对撞机的方案上来。

1981年9月22日至25日，中科院数理学部在北京召开2×2.2吉电子伏特正负电子对撞机预制研究方案论证会，会议认为，这台对撞机如能尽快建成，不仅可以开展有意义的物理工作，而且可以利用同步辐射开展应用研究。会议对高能所提出的注入器、储存环和探测器的预制研究项目进行了讨论，决定开展对撞机工程预制研究。但同时也提出了两个问题：电子对撞机的亮度达不到指标怎么办？如果工程被拖下来，建成时预留的“物理窗口”已经关闭了怎么办？面对这种不确定性和严格的预算约束，要做出抉择殊为不易。经过多方沟通、反复商议、综合权衡，中科院领导层最终下定决心，认定了建设正负电子对撞机这个大方向。10月25日，中美高能物理联合委员会在费米国家实验室举行了非正式会议，中方在会上表达了建造正负电子对撞机的决心，提出了与各实验室下一步合作的目标。

要建造正负电子对撞机，面临的一个关键问题是如何获得进行高能

① 朱洪元:《高能物理四十年来的发展》,《物理》,1989年第9期,第529—534页。

物理实验和数据处理的快电子学元件、先进的计算机系统和其他方面需要的尖端测试仪器。当时中国还不能生产这些器材，必须进口，特别是从美国进口，这就要解决巴黎统筹委员会自1950年实施的针对中国等社会主义国家的战略物资及高技术的禁运问题。为了简化美国能源部、商务部、国防部逐项审批的复杂手续，美方希望拿出一揽子器材清单。参加此次会议的谢家麟迅速拟定了《2×2.2吉电子伏特正负电子对撞机技术内容的总体说明》，作为在基础研究项目下批准禁运器材的依据，提交给美方。[①]

1981年12月5日，中科院党组书记李昌、院长卢嘉锡、副院长钱三强联名向邓小平同志等中央领导报告，请求批准BEPC方案。12日22日，邓小平同志批示："这项工程进行到这个程度不宜中断，他们所提方案比较切实可行，我赞成加以批准，不再犹豫。"[②]12月25日，邓小平同志会见李政道时提出："按五年为期，经费要放宽一些，不要再犹豫不决了，这个益处是很大的。"[③]

1982年1月21日，高能所向中科院报送《玉泉路工程调整计划任务书》，决定建造一台2×2.2吉电子伏特正负电子对撞机。BEPC的能区最初选择在适于研究粲粒子的2.2吉电子伏特。[④]1982年3月，在钱三强的建议下，中科院党组将数理学部秘书张厚英调任高能所常务副所长，同谢家麟一起主持BEPC的设计、研制和建造工作。[⑤]

---

① 谢家麟：《没有终点的旅程》，科学出版社，2008年，第111—112页。

② 冷溶，汪作玲，等：《邓小平年谱(1975—1979)》(上册)，中央文献出版社，2004年，第792—793页。

③ 冷溶，汪作玲，等：《邓小平年谱(1975—1979)》(上册)，中央文献出版社，2004年，第792—793页。

④ 潘诺夫斯基和布鲁克海文国家实验室的赛缪斯又先后向谢家麟提出2.8吉电子伏特能区重子研究的重要性，他们认为如能将能量指标由2.2吉电子伏特延伸至2.8吉电子伏特，将有助于扩展研究领域，延长使用寿命。谢家麟向当时中科院直接领导该工程的钱三强副院长作了汇报，提出改变设计指标的要求，得到了钱三强的支持。考虑到此前申报的都是2.2吉电子伏特，如果改成2.8吉电子伏特，将遇到重新审批程序的困难，最后决定加以变通，将2.8吉电子伏特解释为裕量，把BEPC的能量指标改写为2.2/2.8吉电子伏特。参见：谢家麟：《没有终点的旅程》，科学出版社，2008年，第113页。

⑤ 张厚英：《忆邓小平同志对建造北京正负电子对撞机的关怀和支持》，《中国科学院院刊》，1997年第3期，第187—188页。

1982年6月19日，谢家麟、张厚英和陈森玉等21名科技人员组成考察组，带着自主设计的BEPC方案，到美国斯坦福直线加速器中心进行为期三个月的考察工作。经过实地考察和与美国科学家的讨论，在原初步设计的基础上，确定了加速器的主要参数。此后，高能所经过多次优化，最终形成了与斯坦福正负电子加速环（SPEARⅡ）不同的具有创新性的BEPC方案：对撞机储存环每个超周期含有两个消色散节，注入系统远离对撞区、位于超周期对称点的消色散区，高频腔也置于另一消色散区；弧区采用非周期结构，具有灵活的变换工作模式、加大工作点和发射度的调节能力。这样，在周长和真空盒垂向尺寸几乎相同及半能量注入的不利条件下，BEPC的设计亮度可以达到SPEARⅡ亮度的约4倍。1983年4月25日，国务院批准国家计委《关于审批2×22亿电子伏正负电子对撞机建设计划的请示报告》，BEPC工程正式立项，总投资9580万元。

二、BEPC的建设过程

BEPC工程为中国高能物理研究带来了难得机会，同时也对中国科技界和工业界提出了挑战。首先，要跨过发达国家20世纪50年代到70年代建造静止靶高能加速器（同步加速器）的艰难探索，直接来“啃”对撞机这块“硬骨头”，一步迈入20世纪80年代国际先进水平，技术难度是很高的。其次，为了能在国际高能物理领域占有一席之地，BEPC就必须比国外已经运行十年左右的同能区的几台对撞机有更高的亮度和更小的束流能散。再次，国外的对撞机和同步辐射光源通常是分开建设的，但BEPC要兼顾同步辐射应用，就增加了很大难度，因为两者的某些技术要求是正好矛盾的。此外，当时我国台湾省也拟定了同步辐射光源方案，形成了海峡两岸竞赛的局面，加重了BEPC工程的政治分量，必须尽快建成。

这样一个高难度的工程，离不开中央高层的大力支持。1983年，邓小平亲自决定由参与过“两弹一星”组织工作的谷羽具体领导BEPC工程，并从组织上予以落实。1983年11月13日至15日，谷羽率团赴美参加了在斯坦福大学召开的中美高能物理联合委员会第四次会议。美方对BEPC表现出了极大热情，愿意积极合作并给予帮助。

回国后第二天，谷羽就向胡耀邦总书记作了汇报，并提出了组建领导小组来领导此项工程和用专项拨款解决经费等建议。[①]1983年12月15日，中央书记处会议决定将BEPC工程列入国家重点工程建设项目，并成立由谷羽、国家计委副主任张寿、国家经济委员会副主任林宗棠、北京市副市长张百发组成的工程领导小组，对BEPC工程实施全面领导和协调。谷羽任组长，张寿负责解决工程所需的经费，林宗棠负责组织工程专用设备的研制和生产，张百发负责土建工程。党中央书记处书记胡启立和国务委员宋平则分别代表党中央书记处和国务院领导这项工程。工程领导小组在中科院下设一个办公室，负责处理日常的调度和协调工作。

BEPC工程建设实行经理负责制，谢家麟和方守贤分别任工程正、副经理，全面负责工程的建造。当时，叶铭汉担任高能所所长，张厚英担任常务副所长，所领导和工程领导班子团结一致，分工负责。谢家麟和方守贤负责对撞机，叶铭汉负责北京谱仪，张厚英负责土建、对撞机和谱仪的非标准部件加工，徐绍旺负责工艺安装。[②]1986年5月，在工程进入安装阶段，谢家麟主动辞去了工程经理一职，改由方守贤和陈森玉分别任工程正、副经理。[③]1986年7月，谷羽因年龄到期离休后，中科院副院长周光召接任工程领导小组组长。

在工程建设领导小组和经理部的领带下，科研人员和工程人员深入开展对撞机的设计研究，先后确定了BEPC总体结构，完成了BEPC物理设计，提出了各系统和主要部件的技术指标，并根据这些指标完成了BEPC工程各个系统的初步设计和扩初设计。1984年6月，BEPC的扩初设计经审查通过。1984年9月，国务院批准了国家计委《关于审批北京正负电子对撞机建设任务和规模的报告》，明确了“一机两用”的方

---

① 柳怀祖：《改革开放的一次实践——忆小平同志亲自关怀下的北京正负电子对撞机建设》，《现代物理知识》，2013年第1期，第22—31页。

② 中国科学技术协会编：《中国科学技术专家传略（理学编，物理学卷3）》，中国科学技术出版社，2006年，第91—92页。

③ 谢家麟：《没有终点的旅程》，科学出版社，2008年，第118—119页。

针，增加了同步辐射实验区的建设。工程主体建设规模为：建造一台束流能量为2.2吉电子伏特的正负电子对撞机、一台大型粒子探测器（BES）和同步辐射装置，总投资2.4亿元。10月7日，BEPC工程破土动工，邓小平同志亲自为工程奠基，还题写了“中国科学院高能物理研究所北京正负电子对撞机国家实验室”。

BEPC工程主要包括四个部分：直线加速器、储存环、BES、同步辐射装置（图4—1）。直线加速器需要把电子或正电子加速到1.1/1.4吉电子伏特，然后通过正、负电子输运线注入储存环。储存环进一步加速电子和正电子，使它们的设计能量最高达2.8吉电子伏特并实现对撞。BES是一台由多种探测器和大型螺旋管电磁铁组成的大型粒子探测装置，安装在一个对撞点上。同步辐射应用装置建造在储存环的南半环外侧。

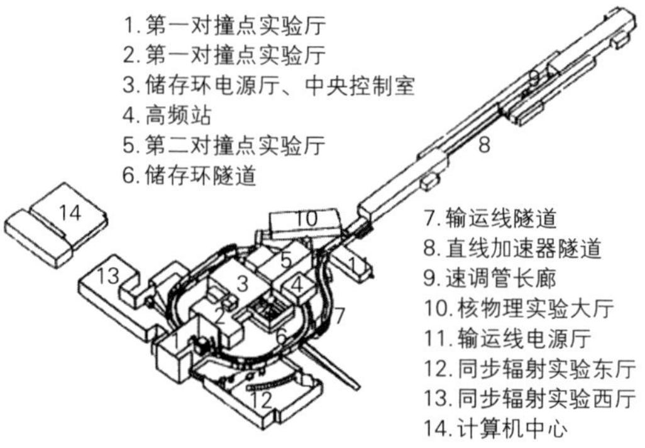

图4—1 BEPC的总体布局①

BEPC虽然主要是由高能所的科技人员在学习美国等国的先进技术基础上自主设计、建造和调试的，但是它的许多关键设备及部件的试制、加工和制造是由中国上百家工厂、研究所和高等院校完成的。BEPC的专用设备技术要求很高，且数量不大，当时中国的工业水平尚不适合研制加工这类高技术设备。为了组织好BEPC专用设备的研制，专门设立了由中科院、机械部、电子部、冶金部、航空部、核工业部、中国船舶总公司等17个部委组成的工程非标准设备协调小组，该协调

① 陈和生，张闯，李卫国：《北京正负电子对撞机重大改造工程》，《工程研究——跨学科视野中的工程》，2010年第3期，第275—281页。

小组负责指令性地调度和协调各工厂，把控对撞机部件加工的进度、质量和投资。在土建工程方面，也由工程领导小组办公室和北京市各建设单位共同组成土建协调小组，对BEPC的土建质量和进度进行指令性的调度。在当时情况下，这种工作模式保证了工程的进度和质量。工程领导小组的工作是BEPC工程得以顺利进行的决定性一步，为工程的成功创造了最基本的条件。①

BEPC工程中，对撞机和BES的各种关键非标设备上百项，这些设备能否按时保质完成研制是工程的关键。1984年10月26日至30日，国务院重大技术装备领导小组和BEPC工程领导小组召开了研制BEPC工程设备会议，并成立了工程非标准设备协调小组。会议期间，约有100多项重要非标设备落实了厂家，签订了合同。协调小组针对主环聚焦磁铁、弯转磁铁、等梯度加速管、速调管、高功率脉冲调制器和高频发射机六大部件的研制，特别加强了组织协调工作。

1985年，BEPC工程全面展开。土建开工面积15800平方米，电子直线隧道、速调管大厅、输运线隧道等三个工号陆续竣工。有关加速器的部分非标设备完成样机研制，并开始进入小批量生产。BES的主要非标设备已经落实厂家，到年底共正式签订230项合同。对标准设备和国外设备订货均已提出计划，并开始订货，部分采购已到货。对撞机工程的六项关键部件的样机均通过技术鉴定并开始批量生产。为了生产直线加速器所需的等梯度盘荷波导加速管，高能所工厂建立了专门生产线，建造了一个大型氢炉。BES各主要部件的模型研制已经完成，谱仪的主体设备螺线管磁铁、漂移室、簇射计数器等已开始加工。为了使自控系统能在1987年底加速器开始调束时投入运行，1985年1月，高能所还派出考察组到斯坦福直线加速器中心商讨相关事宜。②回国后，科研人员参照该中心的SPEAR新控制系统，完成了自动控制系统的初步设计。

在1985年进行的非标设备预制基础上，1986年开始了非标设备的批量生产。5月6日，BEPC工程总体安装正式开始。直线加速器的安

---

① 谷羽：《我所了解的北京正负电子对撞机工程建设》，《党史天地》，2001年第4期，第4—8页。

②《中国科学院高能物理研究所1985年年报》，中国科学院高能物理研究所，1985年，第14—31页。

装分成两个阶段进行。第一阶段是完成前端250兆电子伏特区段的安装，同时设法建造调试工作所需的辅助设施，如水、电、暖、通风等。第二阶段是在250兆电子伏特进入调试时穿插进行安装工作，以保证总体进度。加速器的其余部分改从末端开始安装，逐步向250兆电子伏特区段靠拢。1987年9月，直线加速器全部安装完毕。10月中旬，直线加速器整体第一轮调束开始。12月初，注入器总调成功，电子束流注入储存环，并观测到了同步辐射，电子束流能量达到1.17吉电子伏特。①

1987年6月，BES开始全面安装并调试。BES体积庞大，结构复杂，精确度高，其安装难度和复杂程度不亚于直线加速器。BES由中心漂移室、主漂移室、飞行时间计数器、簇射计数器、m子鉴别器、大型螺线管线圈磁铁、亮度监测器、触发判选系统、电子学读出系统、在线数据获取系统、气体系统等组成，谱仪整体直径6米，长6米，呈圆筒形，总重480吨，电子学读出信道共2万多道。1986年底，BES的磁铁加工完毕。1987年1月，螺线管线圈在中国原子能科学研究院绕制完成，3月安装在1号实验大厅内。1987年5月，中心漂移室组装完毕，开始进行性能测试。之后安装主漂移室，拉丝19380根。拉丝是把极细的镀金钨丝固定在漂移室的两个端面板上的丝孔中，每根丝的张力、漏电流等特性都有严格要求。到1988年春，飞行时间计数器、簇射计数器、μ子鉴别器、亮度监测器等仪器和部件的安装也陆续到位。10月23日，BES成功记录到宇宙线径迹。②

1987年上半年，除高频腔外，储存环的大部分设备陆续交货，6月开始安装，11月全部安装完成。1987年12月，储存环得到循环束流。1988年5月，第一台高频腔初步制成并移入环上。与此同时，输运线及主环近200台电源的各种操作已经全部计算机化，各区的真空及真空泵状态能在中央控制室显示。除高频场的非线性跟踪与同步软件尚在调试外，其余设备均可供调束使用。1988年5月5日，储存环的第一轮调束开始。5月19日，第一次获得有高频加速场下的储存束，但是流强较

---

① 方守贤:《北京正负电子对撞机的建造和调束》,《物理》,1989年第10期,第587—592页。

② 叶铭汉:《北京正负电子对撞机工程进展》,《原子能科学技术》,1988年第1期,第43—54页。

弱。经过20多天反复检查，6月18日发现插入聚焦磁铁的两个电源相互接反，致使束流无法注入储存环中。在改正错误后，7月3日，成功储存正电子束，电子束能量加速到1.6吉电子伏特，比预计好得多。

1988年10月初，储存环开始第二轮调束，需要每周7天、一天24小时地连续工作。当时分了5个调束班，每班12小时交替，值班长都是年轻人。1988年10月16日凌晨，值班人员在亮度监测器上看到了明显的正负电子散射信号，且计数随时间不断增长，而在单束运行时，信号消失，从而证实了信号是正负电子发生对撞而不是噪声的结果。反复多次都是如此，确认正负电子对撞成功。10月20日，《人民日报》头版报道了BEPC成功的消息，称它为“我国继原子弹、氢弹爆炸成功，人造卫星上天之后，在高科技领域又一重大突破性成就”。10月24日，邓小平等党和国家领导人再次来到高能所，参观了刚建成的BEPC，并作了“中国必须在世界高科技领域占有一席之地”的重要讲话。①

1988年12月，BEPC对撞峰值亮度达到设计指标。1989年5月，BES投入试运行，9月开始物理工作。1989年7月5日，BEPC和BES通过国家技术鉴定。鉴定委员会认为：BEPC和BES的主要技术指标和性能参数均达到或超过设计指标，工程总体性能达到80年代国际先进水平，是目前世界上在J/ψ能区峰值亮度最高和束流能散最小的机器。BEPC可以用两种工作模式提供同步辐射：一种是兼用模式，正负电子对撞，兼顾高能物理实验和同步辐射研究；另一种是专用模式，只加速电子，专门用于同步辐射研究。由于最初为经费所限，同步辐射实验室的建设起步稍晚。1989年12月，北京同步辐射装置的3个前端区、3条光束线和2个实验站通过技术鉴定并投入运行。作为同步辐射光源，其专用模式的性能已达到或接近当时世界上正在运行的第二代同步辐射光源水平。这说明，BEPC不仅实现了“一机两用”的目标，而且两者性能都如此之好，这在世界上还没有先例。BEPC全面投入运行后，迅速达到设计指标，成为了世界八大高能加速器中心之一，取得了许多重大物理成果，在粲物理研究中处于国际领先，在世界高能物理领域占据了

① 冷溶，汪作玲，等：《邓小平年谱(1975—1979)》(下册)，中央文献出版社，2004年，第1256页。

一席之地。

BEPC 只用 4 年时间就得以建成，创造了国际高能加速器建造的高速度。无论是对撞机、BES，还是同步辐射装置，总体性能均达到或超过了设计指标。无论是分系统调试还是整机调试，也都一次成功，所用时间之短与国外相比处于领先地位。这说明，BEPC 工程设计、设备研制、设备安装、准直测量、束流调试等都是高水平、高质量的。在工程投资上，在原材料大幅度涨价和外汇比价调整的情况下，不仅未突破概算，还略有节余。

高能所在工程研制和建设中贯彻了自力更生精神，推动了我国工业技术的发展。除部分快电子学和计算机系统外，BEPC 工程 90% 以上的设备都是国产的。随着引进技术的消化吸收和扩散，推动了我国工业技术水平向前迈进了一步。S 波段高功率速调管原国内仅有 15—20 兆瓦的产品，为 BEPC 直线加速器研制的国产速调管功率达到 34 兆瓦。盘荷波导加速管我国过去生产能力约 4 个月 1 节，提升为每月可生产 4 节，性能达到国际水平并出口国外。强磁场高精度磁铁和大型螺线管线圈的研制、大电流高稳定度稳流电源的生产、双间隙充气脉冲闸流管的试制和 BES 的建造等，都对我国工业产生直接或间接的效益。此外，BEPC 的成功建造，也为我国高技术产品赢得了国际信誉，使得我国生产的加速管、波导元件、磁铁等粒子加速器部件出口欧美。

BEPC 自 1989 年投入高能物理实验和同步辐射研究之后，经过持续改进，对撞亮度、束流强度和寿命不断提高，成为 τ-粲能区性能居国际领先地位的对撞机。1996—1998 年对撞机和谱仪均进行了升级，此后对撞机仍称为 BEPC，谱仪则称为 BESⅡ。改进后 BEPC 的综合性能大幅度提高，实现了稳定高效运行，年运行时间达到九个半月以上，故障率仅为 6% 左右，达到了国际同类加速器的先进水平。2000 年之后，BEPC 每年约运行 6000 小时，其中高能物理约占 40%，同步辐射占 20%—30%，机器研究及加速器启动约占 25%，故障率为 5% 左右，低于国际加速器的平均故障率。BEPC/BES 的高效运行使 BES 拥有世界上最大的、直接从正负电子对撞机获取的 J/ψ 和 ψ（2S）事例的样本，数据量比此前国际上类似实验的数据量高出一个数量级。由于 BEPC 亮度达到在该能区工作的美国SPEAR对撞机亮度的4倍，原来在该对撞机上工作的一些研究人员转到中国，与BES合作组合作。①

三、BEPC重大改造工程

BEPC在τ-粲物理实验研究中取得的重大成就及其对国际高能物理发展的巨大影响，引起了国际高能物理界对τ-粲物理的极大兴趣。为了继续保持在τ-粲物理领域的国际领先地位，1997年7月，高能所提出了BEPC重大改造计划（BEPCⅡ）。

在进行方案论证时，科研人员充分考虑了国际高能物理的最新成果和美日两个B介子工厂的运行情况，确定BEPCⅡ的物理窗口主要应在3吉—5吉电子伏特能区进行精确测量和研究，这是研究微扰和非微扰量子色动力学（QCD）及其过渡阶段性质的最佳能区，可进行包括寻找胶子球和夸克—胶子混杂态，研究轻强子谱、J/ψ家族、粲重子和激发态重子等对粒子物理的发展有重大意义的前沿课题。

1997年7月，高能所向中科院上报《北京正负电子对撞机下一步发展预制研究项目建议书》，提出对BEPC进行重大改造的单环麻花轨道方案。该计划的储存环设计采用单环，使用麻花轨道，实现多束团对撞，从而将束流能量1.89吉电子伏下的对撞亮度从北京正负电子对撞机的$3\times10^{31}cm^{-2}\cdot s^{-1}$提高到$3\times10^{32}cm^{-2}\cdot s^{-1}$，同时对探测器进行相应的重大改造。2000年7月27日，国家科教领导小组第七次会议原则上批准了中科院《关于我国高能物理和先进加速器发展目标的报告》，②同意投入4亿元对BEPC进行重大改造，同时指出，中科院要继续听取国内外专家的意见，加强和争取更多的国际合作。

2001年初，高能所所长陈和生、副所长李卫国和张闯访问美国康奈尔大学。康奈尔大学的正负电子对撞机CESR，原先在质心能量10吉

---

① 1989年10月，中美高能物理联合委员会美方主席、美国能源研究局副局长赫斯在第10次会议开幕词中宣布已决定停止SPEAR高能物理实验，祝贺BEPC成为全球粲物理、τ物理领域唯一的高亮度机器。

② 该报告还提出了大力发展非加速器物理的研究，努力建设同步辐射装置、散裂中子源等大型科学平台的发展目标。

电子伏特左右的B物理能区工作，为了到粲物理研究领域开展物理研究，已决定将能量下调到3吉—5吉电子伏特，称为CESR-c。该对撞机在此能区的亮度与当时BEPCⅡ麻花轨道方案的设计亮度相当，预计在2003年运行，比BEPCⅡ早实现两年。为了确保竞争优势，我国科研人员考虑采用双环方案，不过还是充满担忧。陈和生征求李政道的意见，李政道鼓励他们接受CESR-c的挑战。[①]

2001年3月26日，高能所召开学术委员会扩大会议，陈和生等介绍了康奈尔大学的计划，与会人员讨论了BEPC的未来发展，决定提出新的双环方案。在双环方案中，正负电子束流在两个彼此独立的储存环中积累，在南对撞点相遇、对撞，由于每个环中束流的束团数变多，设计亮度将大幅度提高，是单环方案的3倍以上。而且，双环方案能灵活地进行参量调节和优化，避免单环方案中麻花轨道引起的一系列问题，风险相对较小，建成后可以在较短时间内达到设计亮度，从而在竞争中取得领先。同时，双环方案也相应提高了探测器的性能指标，采用高性能的碘化铯晶体电磁量能器和超导磁铁等，总体上与CESR-c的水平相近。这样就能确保BEPCⅡ在与CESR-c的竞争中取得领先地位。不过，能否在BEPC现有隧道里安装两个储存环则是BEPCⅡ方案是否可行的关键。研究人员用木制模型磁铁进行了等比模型演示，虽然空间十分拥挤，但是隧道里还可以安装双环，验证了双环方案的可行性。

2001年4月2日至6日，BEPCⅡ可行性研究国际评审会召开，双环方案得到认可。2001年5月，叶铭汉、谢家麟、方守贤、陈佳洱和何祚庥五位院士联名向中科院路甬祥院长提交了《关于BEPCⅡ的两种方案的意见》，希望院领导尽快审定双环方案。他们强调，双环方案好过单环方案，双环方案的经费比单环方案增加50%（约增加2亿元），但是物理事例率增加约230%；双环方案可以做原τ-C工厂方案提出的重要物理工作，而投资只有原τ-C工厂方案的三分之一，为了确保我国高能物理占有的一席之地，必须采用双环方案。[②]2001年12月3日，李政道

---

① 张闯:《高能所使我梦想成真》,《现代物理知识》,2013年第2期,第10—12页。

② τ-C工厂是指工作在τ-粲能区,利用双环多束团、强流等技术达到更高亮度的新一代正负电子对撞机。从1994年开始,高能所就此开展过预制研究,进行了初步设计,被认为"花钱太多",未能立项。

又向朱镕基总理等有关领导转呈了这一报告，对内容和文字作了少许补充和修改，标题改为“关于提高BEPCⅡ性能指标和国际竞争力的意见”。[①]2003年3月，国家发改委正式批准了BEPCⅡ重大改造工程项目建议书，工程总投资为6.4亿元，其中1亿元由高能所自行筹措，建设期五年。11月11日，国家发改委批准了BEPCⅡ的可行性研究报告，并委托中科院组织专家组对BEPCⅡ初步设计进行评审。11月14日，中科院组织了BEPCⅡ工程初步设计及概算评审会，并于12月16日批准了BEPCⅡ的初步设计及概算。12月30日，中科院批准了《关于北京正负电子对撞机重大改造工程项目开工的报告》。BEPCⅡ工程建设依然实行经理负责制。高能所所长陈和生担任经理，副所长李卫国和张闯担任副经理。

BEPCⅡ的建设主要包括四部分内容：改造储存环、改造注入器、建造新的探测器（BESⅢ）和改造公用设施。双环对撞机设计方案是，在现有储存外环内新建一个储存内环，每个环内储存93个束团，单束流强大于0.9安培，在南对撞点以±11毫弧度的水平交叉角对撞，正负电子各走半个内环和外环。为适应BEPCⅡ高计数率运行的要求，满足在粲能区进行精确测量和探索新物理现象的要求，BES也需要全面改造，从而大幅度提高测量精度和粒子识别能力。新探测仪是BEPCⅡ工程的一个重要组成部分，它以高精度与BEPCⅡ的高亮度、高计数率相匹配，总投资达到2.4亿元。BESⅢ的最终设计包括一个有30000根丝的小单元氦基气体漂移室、由高精度塑料闪烁体组成的飞行时间计数器、有6300根晶体的CsI晶体电磁量能器、磁场为1特斯拉的大型超导磁铁及总质量达到700吨的轭铁，其中穿插有2000平方米的μ子计数器。此外，还要建设高速读出电子学系统、触发判选和数据获取系统。BESⅢ各方面指标均为当时国际先进水平。高能所承担各主要探测器和电子学读出、事例触发判选、在线数据获取、谱仪慢控制、离线数据分析等系统的研制、测试和安装任务。

---

① 叶铭汉，谢家麟，方守贤，陈佳洱，何祚庥：《关于BEPCⅡ的两种方案的意见——给路甬祥院长的报告》，《“中国高能物理发展中的叶铭汉”学术报告会论文集》，2005年，第233—235页。

2004年1月BEPCⅡ工程正式动工，最先进行直线加速器的改造，同时开展储存环和探测器的设备加工制造。为尽量减少改造工程对同步辐射用户实验的影响，11月19日直线加速器完成设备安装并调试出束后，12月30日即恢复向BEPC储存环提供束流，供用户进行同步辐射专用光实验。在直线加速器为储存环供束的同时，抓紧对其进行调试。2005年3月19日，成功地将正电子调到直线加速器出口，正电子流强比改造前提高了约一个数量级。6月19日，几项主要指标都达到了设计要求。7月4日，BEPC完成历史使命，开始储存环拆除。2006年9月18日，BEPCⅡ储存环隧道主体设备全部安装完毕，开始系统间联合调试。11月13日，开始运输线和储存环的第一阶段调束，5天后储存环成功积累电子束。

储存环和直线加速器工作稳定，束流性能良好。BEPCⅡ第二阶段建设任务基本达到目标。该系统全部零部件由中信重型机械公司加工、试装、调试、检测，在洛阳完成装配之后，将其解体，包装运输到高能所，在BES大厅进行总装配，用了五个月安装成功。高能所与成都飞机制造有限公司合作，完成了BESⅢ主漂移室的精密加工。它是BESⅢ的核心子探测器之一，内径126毫米，外径1620毫米，包含43个同心信号丝层的大型圆柱精密丝室，设计有6796根直径25微米的信号丝和21884根直径110微米的场丝。信号丝的最小直径为25微米，比人的头发还要细很多。拉丝工作完成，质量达到设计指标。BESⅢ还涉及直径3.8米、长度4米的大型超导螺线管磁体的制作与组装。这一大型超导磁体研制的技术难度很大，此前国内从未制造过这样的设备。

2007年3月20日，BEPCⅡ储存环（图4—2）首次实现正负电子束流同时积累，五天后成功实现了正负电子束流对撞，标志着双环对撞方案的初步成功。11月18日，BEPCⅡ成功实现正负电子对撞。2008年1月6日，BESⅢ探测器完成离线安装，并成功获取宇宙线事例。7月19日，BEPCⅡ加速器与探测器联合调试对撞成功，观察到了正负电子对撞产生的第一批物理事例。这标志着BEPCⅡ圆满完成了建设任务，进入试运行阶段。同年，美国康奈尔大学CESR-c停止运行。2009年4月14日，BESⅢ首次进行的物理数据采集结束，数据样本成为当时世界上在

ψ(2S)共振峰上最大的数据样本。5月13日，在1.89吉电子伏特能量下BEPCⅡ的对撞亮度是康奈尔大学CESR-c达到的最高亮度的4倍以上。2009年7月17日，BEPCⅡ工程顺利通过国家验收委员会的竣工验收。验收委员会认为："BEPCⅡ工程按进度、按指标、按预算、高质量地完成了各项建设任务，是我国大科学工程建设的一个成功范例。"①之后，通过不断的技术改进，到2016年4月5日，BEPC的性能达到改造前的100倍。

图4—2　BEPCⅡ储存环

BEPCⅡ工程坚持自主创新与采用国际先进技术相结合的方针，采用国际上先进的正负电子双环大交叉角对撞和创造性地用对撞区"内桥"联接两个外半环形成同步辐射"三环方案"，在较短的周长和窄小的隧道里安装双储存环，实现了"一机两用"。工程一方面最大限度地重复利用了北京正负电子对撞机的磁铁，并保持原有光线束出口基本不变，节省了建设经费；另一方面采用和开发了大量高新技术，在加速器和探测器方面取得重要进展，实现了集成创新。在工程建设中，采取BEPCⅡ设备研制与北京正负电子对撞机运行、旧设备拆除与新设备安装、BESⅢ探测器与加速器在线调束、加速器与探测器联合调束与高能

①《国家重大科学工程北京正负电子对撞机重大改造工程(BEPCⅡ)竣工验收意见》，中科院高能物理研究所，2009年7月。

物理取数运行、同步辐射开放运行与加速器调束等任务或并行或交叉进行、分阶段实施的创新工作方式。在工程建设期间为约700个课题提供了4轮长达5个月的同步辐射专用光，取得了一批高水平研究成果，这在国际加速器建造历史上是没有先例的。

BEPCⅡ是中国大科学工程中最具挑战性和创新性的项目之一。在BEPCⅡ工程建设过程中，我国自主研制的设备超过85%。对撞区插入节超导磁铁、BES大型超导螺线圈、超导高频腔和相应的低温系统，是实现BEPCⅡ性能所必需的关键技术，但将它们使用在国内的加速器上尚属首次。因为缺乏工作经验和技术积累，高能所采用国际合作方式，积极引进国外高新技术。例如，与日本高能加速器研究机构联合设计，与日本三菱公司联合研制了超导高频腔，与美国布鲁克海文国家实验室联合研制了世界上最复杂的紧凑型对撞区超导插入磁体。通过合作，中方掌握了研制和测试技术，提升了自主研制能力，成功研制了应用于工业和医学等方面的超导设备。低温系统一度是BEPCⅡ工程的瓶颈，通过与国内外在低温研究上卓有建树的研究所的合作，成立了BEPCⅡ低温系统联合工作组，解决了大量关键技术问题。

BESⅢ的优越性能和研究前景吸引了大量合作者。2006年1月，来自美国、日本、德国、瑞典、俄罗斯等国的物理学家与国内20所大学和研究所的科学家，在北京正式成立了BESⅢ国际合作组。BESⅢ每年会获取大量正负电子对撞数据，根据其可能获取的事例数及探测器的性能指标，BESⅢ国际合作组专家全面评估研究现状，提出了具体的物理研究目标，以及今后实验工作的方向。①

四、科技成就

北京正负电子对撞机为中国粒子物理和同步辐射应用开辟了广阔的前景，是我国继“两弹一星”之后，在高科技领域又一重大突破。BEPC建成之后，中科院高能所迅速成为了国际一流高能加速器研究中心之一，并以丰硕成果在世界高能物理领域占据了一席之地。BEPCⅡ

---

① 王贻芳:《北京谱仪(BESⅢ)的物理研究》,《现代物理知识》,2009年第5期,第27—32页。

的建成，进一步强化了我国高能物理研究在国际上的学术地位。BEPC及其改造工程有力支撑了我国高能物理及相关领域的基础研究，推动了相关领域的高技术发展，取得了一系列举世瞩目的成就，有关成果也获得了一系列奖项，其中，“北京正负电子对撞机和北京谱仪”获得国家科技进步奖特等奖（1990年），北京正负电子对撞机改造工程获得国家科学技术进步奖一等奖（2016年），而北京谱仪-τ轻子质量的精确测量（1995年）、ψ（2S）衰变及次生粲夸克偶素物理的实验研究（2001年）、2-5Gev能区正负电子湮没产生强子反应截面（R值）的精确测量（2004年）、BES-Ⅱ DD-bar阈上粒子ψ(3770)非DD-bar衰变的发现和D物理研究（2010年）、BESⅡ实验发现新粒子（2013年）等基础研究成果则获得了国家自然科学二等奖。下面，从六个方面总结BEPC建设的科技成就：

第一，τ轻子质量的精确测量。这是验证标准模型理论中轻子普适性的一个重要实验。1992年初，BES国际合作组的百余名中国科学家和三十余名美国科学家利用BEPC可以在τ轻子产生阈附近运行的优势，以近阈能量扫描的方式进行τ轻子质量的测量，给出了自1975年τ轻子发现以来的最精确测量值，比原世界测量平均值的精度提高约一个数量级，为检验轻子普适性作出重大贡献。BES上τ轻子质量的精确测量成为当年国际高能物理学界的重要成果之一。

第二，2吉—5吉电子伏特能区正负电子湮设产生强子反应截面R值的精确测量。5吉电子伏特以下的R值是标准模型计算不确定性的重要部分。R值精确测量将提高标准模型对希格斯（Higgs）粒子质量的预测精度，对于寻找希格斯粒子有重要意义。经过可行性研究，1999年BES国际合作组把测量能区定为2吉—5吉电子伏特，精度目标定在7%左右。为了完成R值精确测量实验，BEPC长时间保持了长束流寿命和高亮度的稳定运行，BES在2吉—5吉电子伏特能区的近百个能量点上进行能量扫描测量，并在数据分析中，发展和应用了多项创新方法和理论模型，使测量的系统误差大大降低，平均测量精度达到6.6%，比国际上原有实验结果提高了2—3倍。

第三，发现可能的新共振态。2003年，BES国际合作组在分析

5800万事例数据中的J/ψ粒子辐射衰变到正反质子的过程中，发现正反质子不变质量在阈值处有一个奇异的增长，可解释为一个新共振态。这一可能的新共振态不能用已知粒子来解释，由于其宽度非常窄，很难被解释为常规介子共振态。研究相关现象和确认共振态粒子性质，对检验和发展量子色动力学理论（描述基本粒子强相互作用的基本理论）有重要意义。

第四，升级后的第三代BES观测到一个至少含有4个夸克的带电粒子。BESⅢ实验在2013年采集的数据中发现一个新的共振结构，命名为Zc(3900)，它含有一对粲夸克和反粲夸克且带有电荷，提示其中至少含有四个夸克，可能是科学家长期寻找的一种奇特态粒子。这一成果在美国《物理学》杂志公布的2013年物理学领域十一项重要成果中位列榜首。

第五，同步辐射装置硕果累累。BEPC一机两用，既是一台在粲能区国际领先的高能物理实验装置，又是一台高性能的同步辐射设施。在BEPC上的北京同步辐射装置（BSRF）装备了14条光束线上的15个实验站，自1990年底开始正式向用户开放，研究内容涉及材料科学、凝聚态物理、化学、化工、生命科学、医学、地矿、资源、环境科学、微电子和微机械技术等学科和领域，取得了一大批科研成果，同时也为国家重大战略需求提供支撑，成为对外开放的大型公用科学设施和多学科研究的重要基地。2003年，清华大学科研人员利用北京同步辐射装置成功破解重症急性呼吸综合征（简称SARS）冠状病毒主蛋白酶的晶体结构，发现抑制该酶的活性能够阻断病毒的复制，随后通过实验获得了有效的药物靶分子，为研制治疗SARS病毒的药物提供了重要信息。2010年，上海血液学研究所、医学基因组学国家重点实验室科研人员利用北京同步辐射装置成功揭示了砷剂治疗急性早幼粒细胞性白血病的分子机制，对解释砷的结合如何决定癌蛋白命运起到了重要作用，为肿瘤治疗的新策略提供了理论和实践依据。

第六，在支撑基础研究的同时，通过自主研制非标设备BEPC的建造也拉动了我国工业技术和相关高技术领域的发展，具体涉及高频、磁铁、自动控制、精密机械、计算机、核探测、快电子学等。特别是在

BEPCⅡ建设过程中，高能所坚持以自主创新为主，与国际先进技术结合，实现了高水平的集成创新，自主研制的设备超过85%，有力地推动了产业技术进步。特别值得一提的是，BEPC的建造与国际合作对中国互联网发展起了重要作用。1986年夏，高能所成功与瑞士日内瓦欧洲核子研究中心远程网络连接，发出了国内第一封电子邮件。1993年，高能所建立了与SLAC的专线连接。1994年，高能所正式进入因特网，并建立了中国第一个万维网服务器，是中国最早进入国际互联网的计算机网络。

最后，借鉴国际大科学工程管理经验，基于BEPC和BEPCⅡ的建设实践，高能所形成了一套行之有效的大科学工程管理体系。这套体系最初在中科院内部得到全面推广，随后又逐步推向全国，从而为我国大科学工程建设管理的规范化发挥了至关重要的示范作用。

第三节 兰州重离子加速器

兰州重离子加速器（HIRFL）的建设从1957年延续至2008年，前后跨越了五十余年。历经了1.5米回旋加速器、分离扇回旋加速器和冷却储存环等的建设工程，经过多次建设和改进，HIRFL已成为我国能量最高、规模最大的重离子研究实验装置。它由电子回旋共振离子源（ECR）、1.7米扇聚焦回旋加速器（SFC）、分离扇回旋加速器（SSC）、冷却储存环（CSR）、放射性束流线、实验终端等设施组成。1964年，1.5米回旋加速器建成。1988年，由1.5米回旋加速器改造而来的1.7米扇聚焦回旋加速器作为注入器，分离扇回旋加速器作为主回旋加速器的兰州重离子加速器完成建设。2008年，以扇聚焦回旋加速器和分离扇回旋加速器作为注入器，又建成了冷却储存环的主环和实验环。

一、1.5米回旋加速器的建设

20世纪50年代初，中华人民共和国领导人认识到拥有原子弹的战略意义，下决心发展原子能事业特别是研制原子弹。根据当时的战略布局，周恩来于1956年作出了“除北京附近以外还应该在兰州设一个原子核科学的点”的指示。[①]1957年4月至5月，从中科院物理所抽调15名科技人员、8名工人和若干名辅助人员，在物理学家杨澄中的带领下先后来到兰州，与甘肃省委调配的20余名行政后勤人员一起，于6月成立了中科院兰州物理研究室。[②]该研究室以原子核物理研究为重点，同时开展核技术应用研究和核科技人才培养、队伍建设。

1956年底，杨澄中等在北京设计和建造了我国第一台400千电子伏特高压倍加器（图4—3），这是开展核物理实验的基础设备。1957年该高压倍加器被拆卸并搬到兰州。1958年2月，经过组装和改造后投入使用。1959年5月，在一次专门召开的现场会议上，高压倍加器的设计、制造、安装、调整等方面的经验被推向全国。1961年10月，国家科委专门在上海召开高压电器设计会议，讨论其定型设计和生产问题。1962年，兰州物理研究室与上海先锋电机厂合作设计、建造了600千电子伏特的双主体高压倍加器，于1965年建成并投入使用。后来，为了满足原子弹研制任务对不同能区的需要，还设计建造了15千电子伏特—50千电子伏特和40千电子伏特—150千电子伏特高压倍加器。在这方面，近代物理研究室用“小装置做出了高水平”，用“小设备培养出硬队伍”，为国内建造高电压型加速器的研制和应用研究作出了贡献。[③]

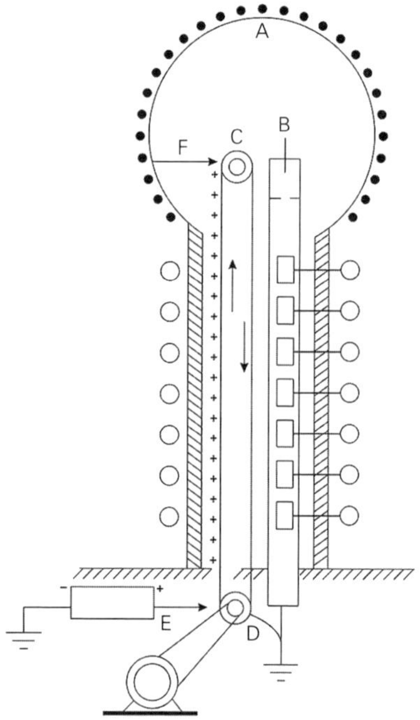

图4—3　高压倍加器原理图

① 钱三强，朱洪元：《新中国原子核科学技术发展简史1950—1985》//中国原子能科学研究院：《钱三强与中国原子能事业》，中国原子能出版社，2013年，第173—189页。

② 邬恩九：《忆中国科学院近代物理研究所的历史变迁和杨澄中先生的科学人生》，甘肃人民出版社，2016年，第39—45页。

③ 邬恩九：《忆中国科学院近代物理研究所的历史变迁和杨澄中先生的科学人生》，甘肃人民出版社，2016年，第64—72页。

对于原子能事业的发展而言，大型加速器更是必需的。为此，经过争取，苏联同意将1.5米回旋加速器作为156个项目之一援助中国。该项目由三机部和中科院负责在兰州建设，其中三机部负责工程投资，中科院负责工程建设的领导和管理。根据协议，苏方提供全套图纸、技术资料和主要设备，并派遣专家现场指导安装调试工作。1957年9月，1.5米回旋加速器建设工程（代号613工程）设计会议在兰州举行，有关专家就选址、供热、供电、供水等问题展开磋商。1958年6月，二机部（原三机部）在兰州成立了613工程处，专门负责加速器建设。随后，1.5米回旋加速器开工建设。到1960年8月，工程进入以调试为主、安装为辅、土建配合的阶段。此时，苏联专家中除剂量防护专家外有9人相继来到现场。

然而，由于中苏关系彻底破裂，苏联专家当月突然全部撤走，并带走了所有图纸和调试资料，停止了未到货的约70多项、共计300多台件器材设备和零部件的供应，包括三台机械真空泵和调磁变阻器等重要设备。[①]此时，设备安装刚完成60%、单项调试完成20%，总体调试尚未开始。这样，剩下的工程任务只能由613工程处独立完成。由于当时工程处跟随苏联专家的人员多是刚毕业不久或实习的大学生，在与苏联专家共同工作时没有掌握工作的主动权，其专业技术水平和实际工程所需相差甚远，而设备断供和图纸缺乏更让其无从下手。时任二机部副部长的刘伟来到现场，鼓励大家要自力更生，拿下这台加速器。之后，613工程处详细分析了问题与困难，开始逐一攻关。例如，技术人员通过小型机械泵与国产机械泵结合使用的方式，代替了原定的三台机械真空泵；在国内各单位的配合下，完成了水流继电器、隔离变压器、高压电缆的加工和试制。

1962年1月，为了推进613工程的顺利实施，中科院和二机部决定将兰州物理研究室与613工程处合并，成立近代物理研究所，隶属二机部。1962年底，近代物理所完成了全部设备的配套、安装和调试工作。

---

① 郧恩九：《忆中国科学院近代物理研究所的历史变迁和杨澄中先生的科学人生》，甘肃人民出版社，2016年，第87—88页。

1963年初开始联合调试，半年后完成了内靶调束，10月完成了外靶调束，束流强度超过原设计目标。1964年5月，1.5米回旋加速器正式投入运行。随后，近代物理所的核物理研究工作逐步从400千电子伏特高压倍加器的低能区转移到1.5米回旋加速器的较高能区。

在1.5米回旋加速器建设的几年间，形成了一支包括理论核物理、实验核物理、核探测器、核电子学及核化学等专业，以快中子物理和低能轻核反应为方向，具有一定核物理研究设备建造经验的科研队伍。靠着这支队伍，开展了以国防科研任务为中心的核物理研究工作。1965年4月，二机部向近代物理研究所下达了有关研究热核材料的1号和2号国防科研任务。在杨澄中的领导下，近代物理所组织了5个实验小组，分别在1.5米回旋加速器、600千电子伏特和400千电子伏特高压倍加器以及专为这一任务而建造的150千电子伏特高压加速装置和50千电子伏特离子源上进行实验工作。①杨澄中带领科研骨干和工程技术人员，历时五年完成了任务。从数据结果和测试技术来看，这两项任务取得的成果分别达到了当时的国际水平和国内先进水平，为我国氢弹研制设计提供了热核材料可靠的第一手数据，于1978年获得全国科学大会奖。②

在承担国防科研任务期间，原子核物理基础研究方面的部分人员常会代承担任务的人员参加集体活动，同时自己寻找课题。1970年，他们查阅文献后发现：国际上类似1.5米回旋加速器的装置大都是加速氦以上的离子，开展中、重离子反应研究。在国防科研任务接近尾声之时，他们提出了开展了超钚、超重元素（简称“双超”）的合成研究的想法，得到上级的认可。近代物理所逐渐形成了将研究定位转移到重离子物理研究领域的共识。为配合“双超”工作的开展，1970年10月，该所将1.5米回旋加速器改建为一台能加速到氖的重离子加速器，开启了重离子物理研究。

---

①《中国科学院》编辑委员会:《中国科学院(上)》,当代中国出版社,香港祖国出版社,2009年,第311—316页。

② 郇恩九:《忆中国科学院近代物理研究所的历史变迁和杨澄中先生的科学人生》,甘肃人民出版社,2016年,第93—100页。

二、兰州重离子加速器的建造

由1.5米回旋加速器改造成的重离子加速器只能加速碳、氮、氧等较轻的重离子，且能量分辨率差，束流也小，与国际上开展重离子物理研究的装置相比差距很大。要实现赶超，必须建造一台大型重离子加速器，实现从氢到铀的全离子加速。

1. 工程预研和立项

1972年，杨澄中向国家科委和二机部提出，为了开展我国重离子核物理研究，并在这一领域赶超世界先进水平，建议在近代物理研究所建造一台6米分离扇回旋加速器。之所以提此方案，主要是因为分离扇回旋加速器在理论上已经成熟，技术上困难不大，而且近代物理研究所在建造回旋加速器上已经有了一定经验积累，建设所需的相关设备制造能力国内也已基本具备。①这个建议得到了上级支持。

1973年3月，为了加强基础科学研究，根据周恩来批示的文件，近代物理研究所由二机部划归中科院，确定以低能重离子核物理为主要研究领域，同时积极开展重离子应用研究。在这种情况下，近代物理研究所于9月向中科院正式提交建设大型重离子加速器的请示报告。中科院于次月原则同意了该报告。

1975年，兰州重离子加速器的预研工作开始起步。当时还只是助理研究员的魏宝文承担了分离扇回旋加速器离子轨道的非线性效应研究和重离子束的空间电荷效应研究的预研任务。研究表明，在所要加速的能区内，非线性效应很小，轨道是稳定的；而当束流强度为微安级时，空间电荷效应更是可以忽略不计。这意味着建设方案的理论基础是可靠的。与此同时，有关科研人员完成了两块模拟磁铁的设计和加工任务，进而又做出了质量较高的横式模拟加速腔和高8米的竖式模拟加速腔，为物理设计提供了实验条件。另外，他们还在磁场垫补、高频加速腔、束流动力学等方面的预研中突破了不少技术难关，初步掌握了研制分离扇回旋加速器的基本技术。

---

① 郇恩九：《忆中国科学院近代物理研究所的历史变迁和杨澄中先生的科学人生》，甘肃人民出版社，2016年，第40页。

放射性污染问题是工程初步设计中需要特别考虑的问题。由于当时缺乏相关标准和规范，科研人员经历了较长时间的摸索。在1974年提出的初步设计方案中，科研人员估算了环境影响程度。由于正式设计工作尚未开始，所有参数尚未确定，所以放射性物质排放量的估算采用“在最大可能的基础上再加数倍”的保险估算法。1975年，根据物理设计中落实的工程参数，进一步核算了放射性物质的排放量。结果表明，该系统因中子活化空气产生的感生放射性气体最大浓度相当于国家防护规定剂量的0.9%。8月，甘肃省委同意大型重离子加速器在原有1.5米加速器基础上进行扩建。后来，甘肃省防疫站对工程的放射性物质排放量提出异议。11月，甘肃省科技局的贺进民带领省防疫站和近代物理研究所的人员到北京，与中科院、国务院和卫生部进一步讨论该问题，明确该加速器的环境影响低于国家允许标准，不会影响职工和居民健康。1976年6月，再次召开物理设计讨论会，确认该工程建成后放射性物质排放量低于国家标准，加以适当防护不会影响职工和居民健康。

1975年9月，中科院将《关于重离子加速器建造问题的报告》呈报国家计委，提出以近代物理研究所为主，一机部、四机部、七机部和甘肃省有关部门配合，共同建造一台分离扇回旋加速器。1976年4月，国家计委作出回复，建议加紧进行必要的模拟试验和预制研究，进一步充分论证后编报计划任务书，由中科院匹配经费把原1.5米回旋加速器改建成1.7米扇聚焦回旋加速器作为注入器。①6月，设计任务书完成。除一台主加速器和一台注入器外，拟新建2×20兆电子伏串列静电加速器，作为第二注入器。②11月，国家计委批复任务书，同意利用原有基础建造一台分离扇回旋加速器（代号7611工程），要求甘肃省根据工程进度为近代物理研究所增加300名人员。

此时，北京大学也提出了建设螺旋波导重离子加速器的方案。鉴于两个重离子加速器方案的关联性，中科院和教育部于1976年6月在北京

---

①《关于建造重离子加速器建造问题的复文》，中科院近代物理所档案室，1976年，第1页。

②《关于重新报送设计重离子加速器设计任务书的报告》，中科院近代物理所档案室，1976年，第12页。

联合召开了重离子加速器物理设计讨论会。[①]北京大学和近代物理研究所分别汇报了各自方案的物理设计。会议建议把两台重离子加速器都列为“五五”时期国家重点工程。后来，螺旋波导重离子加速器的方案在物理学家陈佳洱的带领下成功研制了样机。

2. 工程设计与建设

1977年，在杨澄中的领导和协调下，从所内各研究室和工厂以及所外兄弟单位调集近百名科技人员和工人充实到重离子加速器研究室、改器及串列静电加速器研究组，成立了7611工程处。9月，甘肃省革命委员会决定成立由茅林等14名同志组成的7611工程领导小组。[②]此后，重离子加速器的设计和建造工作全面展开。

由于兰州重离子加速器设计方案类似于法国国家重离子加速器，1976年近代物理研究所组织人员到法国巴黎大学核物理研究所和法国国家重离子实验室学习。1978年10月，国务院副总理方毅出访法国时签订了《中法科技交流补充协定书》，约定法方参加兰州重离子加速器的设计。基于此，近代物理研究所于12月邀请了4位法国专家来访，他们报告了法国国家重离子加速器技术设计的细节以及研制与设计中的经验教训，并对兰州重离子加速器研制设计面临的问题提出了建议。近代物理研究所据此对工程设计和进度安排作了修改。1979年6月，魏宝文作为访问学者到法国国家重离子研究中心工作，一年中完成了13篇研究报告，都很有参考价值。[③]

1980年底，基于预研的工艺设计工作基本完成，随即开始非标设备加工。11月，中科院在兰州召开了工程主体技术设计审查会，对主体三大部件——磁铁系统、高频系统、真空系统的技术设计、第一注入器的改建设计和物理修改设计作了审查。[④]1979年下半年，中科院缩减了工程经费，决定缓建第二注入器。此后，兰州重离子加速器工程的建

①《重离子加速器物理设计研讨会会议纪要》，中科院近代物理所档案室，1976年，第66页。

②《关于成立“7611工程”领导小组的通知》，中科院近代物理所档案室，1977年，第82页。

③ 岳海奎：《拳拳赤子心　殷殷报国情——记核物理学家魏宝文》，《发展》，1996年第4期，第55—56页。

④《“7611工程”主体技术设计审查会议纪要》，中科院近代物理所档案室，1980年，第95页。

设任务就不再包含2×20兆电子伏串列静电加速器了。

技术设计审查通过后，工程进入设备加工制造阶段。分离扇回旋加速器的主体设备和大部分配套设备基本都是非标准设备，其部件加工采取所内所外加工相结合的方法。2000吨主磁铁和束流输送系统、真空系统等的加工由近代物理三所附属工厂承担，高频发射机由四机部试制，而其他大件和精加工由一机部有关部门协助解决。此外，参加重要非标准设备协作研制和生产的还有第一重型机械厂、上海电机厂、西安整流器厂等多家单位。非标准设备常常需要进行艰难的研制。以磁铁系统所需的直流电源为例，该直流电源的长期稳定度要求在十万分之一和万分之一，研制难度很高，魏宝文和同事跑遍了大江南北寻找研制单位，最终落空，而从国外进口则需花费巨额外汇，他们只得自己研制。研究员周嗣信带领几名科技人员，精心设计，反复试验，用国产元器件研制出不同规格的样机，其综合技术指标达到国际同类产品的先进水平，除满足重离子加速器工程需要外，后来还为BEPC和合肥同步辐射加速器等重大科研工程提供了符合要求的电源。[①]

土建工程由二机部的设计单位负责，于1979年10月破土动工。到1984年11月，主加速器大楼和6个子项工程等土建部分全部竣工。由于加速器工艺设备尚未全部到货安装，故国家计委委托中科院对土建部分先期进行了阶段性验收。1985年，主加速器各系统所需的加工设备陆续到货，7611工程进入安装调试阶段，先后完成主加速器真空试轴、高频锻炼、磁场垫补、注入引出和前束流线的调试工作。1987年5月7日，注入器改建成功，首次调出碳离子束。1988年春，束流诊断元件和束流探测器安装调试完成，自动控制系统的各个分控站投入使用。5月，工程建设进入联合调试阶段。调试中发现由于个别元器件和常规产品质量较差，致使故障频发，后将问题元器件修复，运行状态才好转。

1988年12月12日，作为主加速器的分离扇回旋加速器和作为注入器的1.7米扇聚焦回旋加速器都宣告建成并投入运行，主要技术指标达

---

① 咏芝:《攀登核科学高峰的人——记八届全国人大代表甘肃省第八届人大代表、中科院兰州分院院长、核物理学家魏宝文》,《人大研究》,1994年第10期,第36—40页。

到国际先进水平。与其配套的在线同位素分离器、重离子飞行时间谱仪等8个大型重离子物理实验研究装置以及公用设施也于1989年全面建成并投入使用。[①]1989年9月，国家科委委托中科院对工程进行技术鉴定。[②]11月7日至12日，国家计委对工程进行技术鉴定和竣工验收。验收委员会认为：7611工程地处西北，条件比较艰苦，在各级主管部门的领导和各方面的支持下，经过近代物理研究所和全国100多家单位的自力更生，艰苦奋斗，团结协作，共同攻关，精心设计，精心建造，终于建成了目前我国规模最大，加速离子种类最多，能量最高的重离子加速器。这是我国高技术领域中又一次重大成就。验收委员会同意竣工验收，交付使用。[③]1992年，兰州重离子加速器建造工程获国家科技进步一等奖。

1989年12月31日，国家科委向中科院颁发兰州重离子加速器科技成果鉴定证书。[④]为促进核物理的研究及交叉学科的发展，并吸引、聚集和培养核物理方面的国际一流人才，获得国际竞争力，国家计委于1991年8月批准成立兰州重离子加速器国家实验室，向国内外近百所高等院校和科研单位开放。此后，科技人才不断向兰州凝聚，促使兰州逐渐成为我国重离子物理的"高地"。

后来，兰州重离子加速器进一步建成了一系列束流线，促进了相关研究的深化。例如，1993年建成我国第一条、世界第五条中能放射性束流线，成功获得氦、锂、铍等元素的30余种放射性核素；1997年又建造了具有国际先进水平的中能重离子弹核碎裂型放射性束流线；[⑤]2006年建成超导高电荷态电子回旋共振离子源，使兰州重离子加速器束流强

---

① 中国科学技术协会：《中国科学技术专家传略(理学编，物理学卷2)》，中国科学技术出版社，2001年，第58页。

②《关于对"兰州重离子加速器"组织技术鉴定事的复函》，中科院近代物理所档案室，1989年，第161页。

③《"7611工程"竣工国家验收鉴定书》，中科院近代物理所档案室，1989年，第3页。

④《关于颁发兰州重离子加速器科技成果鉴定证书的通知》，中科院近代物理所档案室，1989年，第183页。

⑤ 岳海奎：《蟾宫折桂　情证今生——记中科院近代物理所研究员詹文龙》，《发展》，2001年第8期，第52—54页。

度显著提高。

三、冷却储存环的建设

20世纪90年代，国际重离子物理研究有了新动向，极端条件下核物质性质研究及非核自由度研究成为原子核物理的前沿，国际上重离子加速器开始向“放射性束、高品质重离子束、高能直至相对论重离子的加速”三个方向发展。为了适应新的研究形势，同时促进相关交叉学科和高新技术的发展，经过反复酝酿、预研和论证，近代物理所拟在兰州重离子加速器基础上建造多用途的冷却储存环。冷却储存环能够提供更高能量、更高品质、更宽束流能量范围和更多种类的束流，从而支撑放射性核束物理、高温高密核物质性质、高离化态原子物理和高品质重离子束等方面的研究。该方案既能让近代物理研究所紧随国际原子核物理的前沿研究，又能促进我国交叉学科和高新技术的发展，服务于甘肃省的经济社会发展。

1. 工程预研和立项

1992年2月，在时任近代物理研究所所长、兰州重离子加速器国家实验室主任魏宝文的倡导下，成立了由夏佳文等3名博士生组成的研究小组，开展冷却储存环工程的调研工作。1993年，研究小组先后与到访的德国重离子研究中心（GSI）安格特教授、高能物理研究所张闯研究员、中国科技大学刘祖平教授、美籍高能物理加速器专家邓昌黎教授等讨论了冷却储存环工程方案。1994年4月，《兰州重离子加速器冷却贮存环HIRFL-CSR》一书出版，阐述了在重离子加速器上增建重离子冷却贮存环的必要性及可行性，同时给出了较为清晰的工程方案。[①]8月至11月，近代物理研究所与日本理化学研究所、东京大学核物理研究所、俄罗斯杜布纳联合核子所合作，进行了电子冷却与重离子束积累的理论模拟和预研实验。

1994年5月，中科院基础科学局召开会议，比较了中国原子能科学

---

① 中科院近代物理研究所，兰州重离子加速器国家实验室：《兰州重离子加速器冷却贮存环HIRFL-CSR》，兰州大学出版社，1994年。

研究院建造北京放射性核束装置的建议和近代物理研究所建造冷却储存环工程的建议，考虑到近代物理研究所的方案覆盖更多的重大物理问题，特色与创新也较多，并已作了充分的调研和准备，建议支持近代物理研究所的冷却储存环工程方案。从1995年开始，中科院为冷却储存环工程提供1342万元的预研经费，其中989万元的预研设备可作为冷却储存环设备中的一部分。基于预制研究，冷却储存环工程方案逐渐清晰，明确了冷却储存环工程由主环和实验环构成，建成后的冷却储存环主环周长161.2米，实验环周长120.9米，是一个集加速、累积、冷却、储存及内靶实验于一体的多功能实验装置。

然而，1995年2月，国家科委召集项目论证会，对冷却储存环给出了否定性结论。对此，高能所研究员许建铭于4月2日致信中科院有关领导，认为会上并未就该工程的先进性和当前国际重离子物理的前沿领域发展动向进行充分论证，少数专家对此也缺乏了解，提出了一些与实际情况完全不符的意见，由冷却储存环方案与北京放射性核束装置的对比得出了一些不科学、不公正的结论。①他还具体比较了放射性束核装置和重离子加速器冷却储存环的优劣：冷却储存环方案的投资效益比要高得多，各项指标可全面达到国际先进水平，而且BEPC和合肥同步辐射光源的建造积累的储存环建设经验可以转用于冷却储存环建造。相比而言，放射性束核装置初期投资虽较少，但实际上总体投资大、效益低，只能达到国外当时小型装置的水平，不能依靠它在下世纪初赶上国际水平。4月3日，近代物理研究所所长罗亦孝和兰州重离子加速器国家实验室主任魏宝文也联名致信国家计委科技司，驳斥了评审会上形成的一些结论。上述信件得到了有关部门的重视，并在冷却储存环立项决策中发挥了作用。8月23日，冷却储存环的建议书完成并上报国家计委。1996年，建议书通过国家计委组织的专家评议。1997年6月，国家科技领导小组原则批准项目立项，同意确定兰州重离子加速器冷却储存环工程项目入选“九五”第二批国家重大科学工程。至于北京放射性核

①《关于转发徐建铭先生对CSR对BRNBF意见的函》，中科院近代物理所档案室，1995年，第11页。

束装置，则于2003年7月经国防科工局批准立项，并于2016年10月通过国防科工局竣工验收并投入使用。

2. 工程设计和建设

1997年10月，中科院受国家计委委托对工程项目建议书进行评估，专家组建议与国外有关单位展开有针对性的专题合作研究，引进国外的先进技术，增加工程建设成功落地的把握。①1998年4月，中国国际工程咨询公司给出了工程项目建议书的评估报告，建议国家计委批准该建议书，同时也认为设计方案还有进一步优化的必要，如真空度指标的确定、磁铁孔径和线圈电流密度的选择以及与加速器的流强有关的各个环节的效率等。②7月，冷却储存环工程项目建议书获国家计委批准。③

随着工程方案的逐步完善，工程投资的估算也有所变动：借鉴德国在电子冷却系统设计方面的成功经验，修改了原有设计，两套电子冷却系统的最新询价为2600万元，大大超过了原先估算的980万元；借鉴德国重离子研究中心的经验教训，在原有设计基础上适当加大了实验环的接收度，相应增大磁铁的立体角和真空管道的孔径，总投资增加了约1000多万元；在冷却储存环上增加了必要的真空与束流诊断设备，对主环和实验环进行调整，两个环的周长均增加了约20米，使总投资又增加了约1000多万元；由于物价上涨，其他部分投资增加了约30%。因此，工程总预算费用从1995年的1.95亿元增加到1997年的2.98亿元。④

1998年11月，冷却储存环工程可行性研究报告通过中科院组织的专家评估。⑤1999年1月，受国家计委委托，中国国际咨询公司组织专家对可行性研究报告进行了评估，认为通过优化改进，该工程整体方案

---

①《关于兰州重离子加速器冷却储存环工程项目建议书的评估报告》，中科院近代物理所档案室，1997年，第14页。

② 中国国际工程咨询公司：《关于兰州重离子加速器冷却储存环工程项目建议书的评估报告》，中科院近代物理所档案室，1998年，第1页。

③ 国家计委：《关于兰州重离子加速器国家重大科学工程项目建议书的批复》，中国科学院近代物理所档案室，1998年，第3页。

④《关于HIRFL-CSR投资估算的说明》，中科院近代物理所档案室，1997年，第28页。

⑤《关于兰州重离子加速器冷却储存环国家重大科学工程项目可行性研究报告的评估报告》，中科院近代物理所档案室，1998年，第10页。

更趋于合理和完善，建议总投资控制在2.935亿元，建设工期为五年。[①] 8月，可行性研究报告通过国家计委审批。

为了配合工程的可行性研究，近代物理研究所委托多家单位进行工程的环境评估。1999年2月1日，中国原子能研究院和核工业第二研究设计院对兰州重离子加速器冷却储存环环境影响报告书（可行性研究阶段）给出评审意见。[②]2月9日，中国辐射防护研究院也给出了评审意见。[③]当日，国家环境保护总局在北京召开冷却储存环工程环境影响报告书的评估会，认为该报告书采用的管理限值和公众个人剂量目标值符合国家和行业的有关规定，其对环境影响很小的结论可以接受。2月28日，国家环境保护总局接受这次评估会的评估意见，批复了环境影响报告书，同时提出部分数据和信息的补充要求。[④]修改后的环境影响报告书再次上报并获批通过。

1998年，近代物理研究所与德国重离子研究中心签订合作协议。根据协议，近代物理研究所每年派专业人员去德国交流学习。工程总体设计小组于1999年4月赴德国，与德国专家讨论冷却储存环总体设计方案。5月，德国的安格特和斯特伊克访问近代物理研究所，审核了各分系统的设计方案，就工艺设计提出了建议，并就德国在某些关键技术和设备方面为冷却储存环提供支持达成初步协议。1999年底，近代物理所又与俄罗斯布德科尔核物理研究所达成了长期合作协议，并就冷却储存环电子冷却装置的研制签署了合作计划。2000年3月，近代物理研究所组织有关人员再赴俄罗斯，就共同研制冷却储存环主环加速腔和射频堆积腔与俄方达成合作协议，并就共同研制注入引出器件达成意向性协议。

根据最终设计方案，工程建设包括主环、实验环、束流线和核物理

---

①《关于兰州重离子加速器冷却储存环工程可行性研究报告的评估报告》，中科院近代物理所档案室，1998年，第4页。

②《兰州重离子加速器冷却储存环（HIRFL-CSR）环境影响报告书（可行性研究阶段）评审意见》，中科院近代物理所档案室，1999年，第179，181—183页。

③《兰州重离子加速器冷却储存环（HIRFL-CSR）环境影响报告书（可行性研究阶段）评审意见》，中科院近代物理所档案室，1999年，第175页。

④《关于兰州重离子加速器冷却储存环工程环境影响报告书的批复》，中科院近代物理所档案室，1999年，第1页。

探测装置，以及配套的建筑安装工程等。1998年11月3日，中科院成立项目管理委员会、项目工程指挥部及项目科学技术委员会，詹文龙任工程指挥部总经理，夏佳文任总工程师。①1999年12月10日，举行了开工奠基仪式。紧接着，工程相关设备的加工、安装和调试工作全面展开。通过邀请招标选择加工厂家的方式完成了许多非标设备的制造，到2001年1月，已经完成了C型弯曲磁铁、二极铁真空室和脉冲二极铁电源的样机制造。2002年4月，开始改建重离子加速器原实验大厅，进行旧设备的拆除，新加工的磁铁、电源、真空管路等设备的安装和改造。某些难度很大且国内缺乏设计经验的核心设备，包括电子冷却、大容积超高真空系统、宽频带高频加速腔等，均在研制过程中积极向国外学习或者联合研制，例如电子冷却装置（图4—4）就是由近代物理研究所和俄罗斯新西伯利亚核物理研究所合作研制的。到2003年12月，冷却储存环工程完成了主环主要设备的安装任务。2005年，开始进行系统总调。2006年1月，主环实现了束流的储存。

图4—4　兰州重离子加速器冷却储存环电子冷却装置

国内外专家的献计献策是冷却储存环工程建设的重要保障。1999年8月，由来自德国、日本、瑞典和俄罗斯等国的七位加速器专家组成的国际顾问委员会成立，安格特为委员会主任。在工程建设期间，国际

①《关于成立国家重大科学工程“兰州重离子加速器冷却储存环”项目有关机构的通知》，中科院近代物理所档案室，1998年，第177页。

顾问委员会定期召开会议，讨论下一步工作方案和主要的技术问题，逐步形成了现场问题及时解决的机制。专家为工程建设中的实际问题提出建议，例如，在2004年8月的会议上，就HIRFL-冷却储存环束流时间分配方案、冷却储存环和HIRFL改造、冷却储存环调束方案和准直安装等有关问题提出了建设性意见。从2000年到2005年，共组织了六届冷却储存环国际顾问委员会会议。①在2005年10月18日举行的第六届会议上，提出了电源噪声和纹波的抑制等十余个亟待解决的问题。

2007年10月7日，冷却储存环实验环调束取得重大进展，储存束流的强度超过了设计指标，创造了国际回旋加速器与冷却储存环组合系统在加速离子种类、最高能量和束流强度等方面的新纪录。2008年1月10日，冷却储存环主环（图4—5）成功实现慢引出，这是我国离子同步加速器首次实现慢引出。2008年7月30日，冷却储存环工程通过了由国家发改委组织的国家验收。验收认为：冷却储存环工程全面优质完成了建设任务，实现了验收指标，其中主环加速碳、氩束流的能量和流强超过了设计指标，使我国第一台大型重离子加速器冷却储存环达到了国际先进水平。②

图4—5　兰州重离子加速器冷却储存环

①《历届CSR国际顾问委员会会议纪要》，中科院近代物理所档案室，2005年，第1—59页。

②《国家重大科学工程兰州重离子加速器冷却储存环(HIRFL-CSR)竣工验收意见》，中科院近代物理所档案室，2008年，第1页。

在工程建设过程中，近代物理研究所还利用中科院知识创新工程资助项目，对装置作了冷却储存环工程建设内容之外的提升和改进。为了提高HIRFL加速极重离子的束流强度，2000年中科院批准近代物理研究所研制超导高电荷态电子回旋共振离子源。经过近五年的努力，建成了在磁场设计和结构方面都有所创新的超导ECR离子源。与此同时，还开展了强流电子加速器、320千伏高压重离子应用研究装置的研发，分别于2004年和2007年完成。

四、科技成就与基本经验

20世纪80年代，我国虽然已经积累了一定设计和建造大科学工程的经验，但相比西方发达国家还存在很大差距，而HIRFL的建设实现了我国在该领域的技术追赶。进入21世纪，随着我国经济技术条件的日益改善，立足于已经积累起来的加速器设计、建造和运行经验，近代物理研究所在更高起点上设计和建造出具有国际水准的冷却储存环，说明我国已经开始具备很强的工程能力。

自1.5米回旋加速器建成以来的半个世纪里，HIRFL边运行边扩建，成为国内最大、国际上重要的重离子研究装置（图4—6）。依托该装置，兰州重离子加速器国家实验室成立，汇聚了以重离子物理为核心的多学

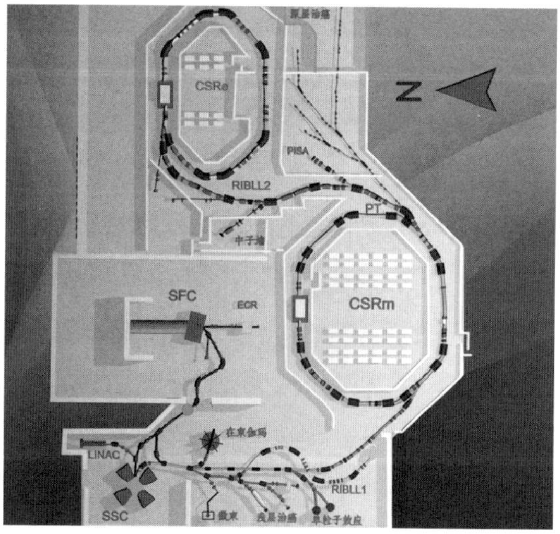

图4—6　HIRFL的总体布局

科人才，开展了重离子物理相关的基础研究、技术开发、仪器研制和产业培育，形成了“装置—人才—技术—产业”的互动发展局面。①

近代物理研究所利用该装置完成了一系列科研任务，实现了我国新核素合成零的突破，首次合成包括两种超重新核素在内的26种新核素，并首次测定了短寿命缺中子同位素的衰变纲图；完成了原子核质量精确测量；建成我国第一条中能次级束流线，并且在中低能重离子碰撞和热核性质研究以及重离子束应用研究等方面取得了一批重要成果，使我国在核结构、重离子碰撞和热核性质方面的研究进入国际前沿；冷却储存环实现了高精度原子核质量测量，并推动了核天体物理学的相关研究。

不仅如此，该装置还推动了学科融合和先进技术的发展。依托该装置建成了单粒子效应地面模拟实验平台，为航天器的安全运行提供了重要的技术保证；带动了超导和常规高精度磁铁技术、超高真空技术、大功率高精度电源技术等高技术发展，自行研制的DG系列电子加速器作为直流高压型电子加速器满足了国内的工业需求；生产了精密筛分材料——核孔膜并开发了相关产品；开发了重离子束诱变育种技术与甜高粱循环经济产业，产生了可观的经济效益；基于大量放射物理、放射生物学实验以及重离子治疗技术的开发，研发制造了世界上周长最小的医用重离子加速器系统，并于2006年开始临床试验，取得了显著疗效。②

根据对HIRFL建设的历史考察，可以引出三点基本经验：

其一，只有在国家重大需求和科学前沿发展的交叉点上做文章，才能找到大科学工程的准确定位。1.5米回旋加速器的建设目标是服务于国家的核武器与核工业发展，同时对我国核物理研究的起步发挥了基础作用。重离子加速器的建设主要是为了追赶国际重离子物理研究的步伐，走向国际重离子研究前沿，同时对我国核工业的发展也有很大的支撑作用。冷却储存环的建设则具有紧随国际原子核物理前沿、促进交叉学科研究、带动高新技术发展和服务经济社会大局等多重工程目标。

---

① 夏佳文，詹文龙，魏宝文，等：《兰州重离子加速器研究装置HIRFL》，《科学通报》，2016年第61卷Z1期，第467—477页。

② 李斌，李思琪：《兰州重离子加速器经济社会效益调研》，《工程研究——跨学科视野中的工程》，2015年第7卷第1期，第3—15页。

其二，通过累积式大科学装置建设来凝聚科技人才，偏远地区也可以成为“科学高地”。兰州地处我国西北腹地，最初由于核武器研制被选为核物理研究基地之一，随后通过跨越五十余年的彼此关联的大科学装置建设，形成了我国重离子加速器研究的实验平台。以杨澄中为代表的几代科技工作者，从重离子物理研究的物质基础、技术基础和人才基础着手，凝聚和造就了一支顶尖的重离子物理研究和加速器建造科技队伍，形成了加速器装置设计建设与核物理科技队伍之间的良性互动，将兰州打造成我国核物理研究的中心之一。

其三，只有千方百计促成跨国知识流动，才能成就大科学工程。在 HIRFL 的建设中，1.5 米回旋加速器的建设离不开苏联援助，分离扇回旋加速器的建设得到法国的支持，而冷却储存环的建设更是与德国、俄罗斯和日本等多国的支持有关。在缺少经验、技术和人才的情况下，通过参会、引荐、访问、讲学等方式建立了国际联系，积极学习借鉴国外先进技术和经验，是 HIRFL 建设成功的基本要素。大科学工程是基于科学又服务于科学的工程，科学是无国界的，加之我国大科学工程设计和建造能力相比西方发达国家还有不小差距，因此我国大科学工程的立项、建设和运行都必须扎根于国际科学界和跨国知识交流网络中。

第四节　大亚湾反应堆中微子实验

大亚湾反应堆中微子实验（简称大亚湾实验）是我国中微子研究领域的第一个大科学工程，旨在探究中微子振荡模式，测量相关参数。项目主要由科技部、国家自然科学基金委员会、中科院、广东省政府、深圳市政府、中国广东核电集团有限公司（简称“中广核”）等单位、机构以及企业给予物质保障和经费支持，同时还有来自美国能源部的经费支持以及来自美国、俄罗斯、捷克、中国台湾、中国香港特别行政区的众多科学家的参与和实验设备的支持。大亚湾中微子实验提出于 2003 年，2006 年立项，2007 年 10 月动工建设，总经费 2.4 亿元，是当时我国基础研究领域最大的国际合作项目。2011 年 12 月下旬实验工作正式启动，2012年3月发现中微子振荡新模式，并精确测量中微子混合角θ_{13}。

一、大亚湾中微子实验的立项

1. 立项背景

中微子是一种基本粒子，质量很小，极难被探测到，号称宇宙间的“隐身人”。作为宇宙大爆炸时期产生的“幽灵物种”，中微子仅次于光子，数量多于所有其他形式的物质。中微子在宇宙起源及演化中扮演着极为重要的角色，关系到粒子物理、核物理等领域的基本问题。

中微子最初由奥地利物理学家泡利（Wolfgang E.Pauli）于1930年从理论上预见。1956年，莱因斯（Frederick Reines）和柯温（C.L.Cowan）首次验证了中微子的存在，前者还因此获得1995年度诺贝尔物理学奖。1962年，美国哥伦比亚大学的莱德曼（Leon M. Lederman）、施瓦茨（Melvin Schwartz）和施泰因贝格（Jack Steinberger）等人发现了μ子中微子，并共同获得1988年度诺贝尔物理学奖。1968年，美国戴维斯（Raymond Davis）发现太阳中微子失踪。1987年，小柴昌俊领导的日本神冈实验室和美国IMB[①]实验观察到1987A超新星爆发的中微子。之后，戴维斯和小柴昌俊分享了2002年诺贝尔物理学奖。1998年，日本超级神冈实验组发现了中微子振荡现象，解释了大气中微子的反常现象。2000年，美国费米实验室的DONUT实验组发现了τ中微子。至此，三种类型的中微子——电子中微子、μ中微子、τ中微子，都被成功观测。[②]2001年，加拿大萨德伯里中微子观测站（简称SNO实验）证实了失踪的太阳中微子变成了其他中微子，解释了太阳中微子失踪之谜。日本超级神冈实验组的梶田隆章和加拿大SNO实验的麦克唐纳分享了2015年度诺贝尔物理学奖。

在中微子振荡现象被发现后，物理学家试图通过测量中微子振荡获得其相关质量的数据。既然自然界存在三种类型的中微子，那么根据两两组合推断，中微子振荡——三种中微子在接近光速飞行中的互相转

---

① IBM实验室是美国加州大学厄凡分校、密歇根大学及布鲁克海文实验室所组成的实验团体。

② 王贻芳：《神秘的中微子》，《科学》，2003年第2期，第13—17页。

换，就应该有三种模式。其中，被称作“太阳中微子之谜”（用混合角θ_{12}表示）和“大气中微子之谜”（用混合角θ_{23}表示）的两种振荡模式已经被发现和证实，但第三种振荡模式（用混合角θ_{13}表示）则一直未被发现。[①]因此，θ_{13}的测量就成了中微子物理学关注的焦点。

2000年以前，对θ_{13}进行搜寻的主要有美国的帕洛·弗德（Palo Verde）和法国的乔茨（Chooz）这两个实验。它们都是依靠能够产生大量中微子的核反应堆开展的。在观测时，两个实验的探测器均被放置在距离反应堆一千米左右的位置。限于当时人们对中微子的认识，这个距离并不是最优的，且探测器规模太小，系统误差和本底也太大，因此实验不够灵敏，未能看到θ_{13}不为零的迹象。2000年，俄罗斯物理学家米卡埃兰（L.A. Mikaelyan）和西涅夫（V. V. Sinev）提出了中微子相对测量方法：选取两个相同的探测器，其中一个放置地点靠近反应堆，测量发生中微子振荡之前的数量；另外一个放置在中微子振荡效应预期最大的地点，测量中微子振荡以后的数量，通过比较两个探测器中的中微子数量来计算θ_{13}的大小。这个方法可以极大地提高实验测量的精度。[②]

2. 立项过程

早在1996年，青年物理学家王贻芳就注意到中微子领域存在很多谜团，决心从探测器领域转型到中微子领域。于是，他向导师丁肇中请辞，到斯坦福大学物理系任助理研究员，加入那里的中微子实验小组并成为核心成员。2000年，斯坦福召开了国际高能物理大会，高能所陈和生所长一行前去参加会议。会议期间，他和王贻芳见面，交流了高能所与日本实验室合作进行长基线加速器中微子实验的计划。王贻芳为此进行了实验计算并发表了文章。为了这个计划，2001年12月，王贻芳作为“百人计划”学者受聘担任高能所研究员。由于种种原因，中日合作未能如愿开展。当时正值北京正负电子对撞机改造工程立项建设，王贻芳就参加了北京谱仪的领导工作，中微子实验计划也就搁置下来。

2002年开始，中微子振荡研究成为国际热点，国际上开始关注反

① 曹俊:《中微子研究的历史与未来》,《现代物理知识》,2015年第6期,第4—8页。

② 王贻芳:《探索宇宙“隐形人”:大亚湾反应堆中微子实验》,浙江教育出版社,2019年,第55—56页。

应堆相对测量方法。年底，陆锦标通过香港大学向高能所提出大亚湾是进行这类实验的较好场所。高能所开始关注此事，组织多次讨论。王贻芳、杨长根、马宇蒨等组成初期研究小组。

与此同时，美国密歇根大学博士后曹俊想要回国求职，并与高能所进行接触。2003年7月，王贻芳到芝加哥出差，请参与过美国费米实验室中微子实验的曹俊到机场面谈，并向他介绍了高能所的大亚湾中微子计划，邀请他参加。王贻芳随后通过电子邮件联系曹俊，希望他开展方案模拟验证，很快曹俊就完成了初步的实验方案模拟，确定了圆柱形的探测器方案。10月，曹俊正式入职高能所。当时正值BEPCⅡ改造，缺乏人手，大亚湾实验早期模拟设计几乎只能靠曹俊一人。他们的工作方式主要是王贻芳提想法，曹俊进行模拟计算并设计探测器。[①]

2003年9月，王贻芳在访问日本反应堆中微子实验卡姆兰德（KamLAND）时，向原帕洛·弗德实验的负责人、斯坦福大学教授格拉塔介绍了自己通过多模块探测器降低系统误差的方案。二人2000年在斯坦福时就讨论过米卡埃兰和西涅夫的文章，但当时认为这篇文章只解决了反应堆误差问题，探测器误差问题无法解决，就搁下了。现在通过多模块方法降低探测器误差，再结合远近点相对测量，就可以比帕洛·弗德实验的精度提高10倍，实验方案的领先性就无可置疑了。格拉塔非常认可王贻芳的想法，鼓励他应立刻开始，全力以赴。

2003年10月，王贻芳、杨长根、马宇蒨等前往大亚湾实地考察。考察后确认大亚湾现场地貌非常符合实验要求，于是着手准备地形描绘和地质勘测，同时与大亚湾核电站沟通以寻求支持。[②]2003年下半年，高能所召开学术委员会会议，听取了王贻芳关于大亚湾实验的正式建议。11月正式批准拨款100万元，结合王贻芳和曹俊的“百人计划”经费，正式开展设计和预研工作。

2003年11月，大亚湾实验国际研讨会在香港特别行政区召开。这次会议形成了大亚湾实验合作组框架雏形。2004年1月，第二次大亚湾

---

① 受访人曹俊，访谈人王大洲等，2021年3月8日，地点：中科院高能研究所会议室。

② 受访人杨长根，访谈人王大洲等，2021年3月11日，地点：中科院高能研究所办公室。

实验国际研讨会在北京高能所举行，集中讨论了国际合作开展中微子实验的可能性和合作方式。这两次会议确定了开展大亚湾实验的中美合作框架。此时，包括日本、美国、俄罗斯、法国等国在内的7个国家提出了8个θ_{13}测量方案。由于各种原因，最后顺利进行下去的只有法国的双乔茨（Double Chooz）实验、韩国的雷诺（RENO）以及我国的大亚湾实验。[①]为了促进国际学术交流并争得国际经费支持，大亚湾实验采取了国际高能物理研究通用的国际合作方式，其中最主要的是与美国合作。

2004年9月17日，在原国务院总理李鹏同志支持下，大亚湾核电站运营商中广核答复中科院，表示愿意配合大亚湾实验的建设和运行。2005年4月5日，高能所在北京举办的香山科学会议中提出，中微子实验国际竞争激烈，中国要尽快发展中微子物理，而大亚湾得天独厚的条件是中国高能物理领域难得的发展机遇。[②]2005年4月25日，中广核回复高能所，同意在大亚湾核电站附近进行工程地质勘察。

作为一项大科学工程，大亚湾实验计划能否落实的基本前提在于是否能筹集到足够的经费。大亚湾实验大约需要2.4亿元，其中1.6亿元由中方负责。但国内一般科研项目能够申请到的经费最多4000万元，国家自然科学基金委员会能够支持的“重大项目”最多只有1000万元，国家发改委的项目一般为3亿元以上。为此，王贻芳向时任中科院基础局局长张杰转达了深圳市的支持意愿，提出了一个由科技部、中科院、国家自然科学基金委员会、广东省、深圳市、中广核等联合提供经费支持的方案。随后张杰代表中科院与深圳市沟通，经过各方协调和努力，2005年12月14日，科技部基础研究司在北京主持召开“大亚湾反应堆中微子实验”协商会，肯定了大亚湾实验的重要性，决定尽快推动大亚湾实验项目建设，基本落实了各方联合支持的方案。

2006年2月，大亚湾实验国际合作组大会在高能所举行，相关各方建立了合作组管理架构，并根据国际惯例通过了合作组章程，成立了合

① 曹俊:《中微子研究的历史与未来》,《现代物理知识》,2015年第6期,第4—8页。

②《大亚湾反应堆中微子实验工程:综合管理——立项阶段,正式立项及立项过程文件等》,中科院高能物理研究所档案室。

作组委员会、执行委员会和数个合作研究工作组，确定了进度安排及研究计划。2006年4月10日，大亚湾实验的地质勘探通过专家评审，项目正式启动。这是当时中美最大的基础研究合作项目，中方承担了全部土建费用以及探测器建造费用1.6亿元中的一半，另一半由美方承担，其他参建各方也做了重要贡献。2006年7月14日，陈和生所长代表高能所与美国劳伦斯伯克利国家实验室签订了合作协议。

中方经费主要来自几个方面。2006年5月19日，中科院下发《关于大亚湾中微子实验站建设项目立项通知》（科发函字[2006]66号），同意大亚湾实验立项。2006年8月15日，科技部基础司在北京和深圳主持召开大亚湾实验项目可行性论证会，评审专家组认为总体方案先进可行、投资估算基本合理，建议有关部门及早批准立项，落实各方经费。2006年9月29日，高能所和中广核在北京签署《大亚湾反应堆中微子实验项目合作协议》。2007年1月4日，科技部批准大亚湾中微子实验项目作为973计划项目立项。2007年2月，深圳市科技和信息局决定资助部分经费用于开展科研活动。2007年4月25日，广东省政府在《关于支持大亚湾反应堆中微子实验项目的复函》中明确表示支持大亚湾实验，并于2011年匹配1000万元经费。[①]2008年1月28日，中广核与中科院签订《关于合作建设大亚湾反应堆中微子实验项目并提供经费支持协议》，同意为大亚湾实验项目提供场地，并由岭澳核电有限公司承担部分项目研究经费，全面参与项目合作。2008年12月10日，国家自然科学基金委员会批准大亚湾实验中微子高性能探测器关键技术与方法研究项目，资助1000万元。此外，由于高能所在深圳没有土地，也不是在深圳注册的法人，因此无法向深圳市政府申请建设工程。2006年年底，深圳市政府专门召开协调会，决定以大亚湾核电站业主中广核的名义，申请建设大亚湾实验配套基建工程。[②]至此，一个跨系统、跨部门、跨国别的合作网络得以成型。

---

①《大亚湾反应堆中微子实验工程：综合管理——项目竣工阶段，竣工验收文件》，中科院高能物理研究所档案室。

② 王贻芳：《探索宇宙"隐形人"：大亚湾反应堆中微子实验》，浙江教育出版社，2019年，第62页。

二、大亚湾实验的管理架构、设计与建造

1. 管理框架

大亚湾实验装置建设工程实行岗位责任制，建立了全面的质量保证体系，确保工程按计划、高质量建成。中、美各成立一个项目办公室，主要管理角色包括经理、副经理、总工程师、总工艺师、总经济师、工程办公室主任、系统负责人等。①

在项目管理上，大亚湾实验借鉴 BEPCⅡ建设经验，制定了包括各级工程人员职责、任务与预算清单、关键路径进度计划、物资采购程序、招标工作程序、采购合同签订程序、质量手册等在内的管理制度。与此同时，按照国际惯例组成合作组，中方和外方各有一名发言人，对内负责实验日常运行，对外代表实验合作组发言。王贻芳和曹俊先后任中方发言人，陆锦标任外方发言人。重大决策由执行委员会或合作组大会决定。执行委员会由九人组成，分别是高能所的王贻芳、曹俊、杨长根以及美国伯克利国家实验室陆锦标、美国托马斯·杰斐逊国家加速器装置的罗伯特·麦基翁、威斯康星大学的卡斯滕·希金、中国台湾大学的熊怡、中国香港中文大学的朱明中和俄罗斯杜布纳联合研究所的亚历山大·奥尔车斯基，他们共同负责重要的科学、技术与管理决定。机构代表委员会由各研究单位派一名代表组成，负责人员变动和相关安排。合作组大会由合作组内所有成员组成，具有最后决定权（图4—7）。②

在工程建设方面，成立了项目联合经理部，全面负责实验设施的建设，包括土建和探测器。由王贻芳和美国伯克利国家实验室的威廉斯·爱德华担任中美双方各自的项目经理，高能所庄红林和美国布鲁克海文国家实验室的拉尔夫·布朗担任总工程师，美国能源部还任命了布鲁克海文国家实验室的史蒂夫·凯勒担任美方经理部的首席科学家。

大亚湾实验国际合作组由来自世界各地的40个研究机构共200余名研究人员组成。合作组每三个月左右召开一次大会，由各课题小组或研

---

①《大亚湾反应堆中微子实验工程：综合管理——项目研制阶段(管理性)，项目管理规章制度》，中科院高能所档案室。

②《大亚湾反应堆中微子实验工程：综合管理——立项阶段，初步设计与评审、批复》，中科院高能所档案室。

究人员汇报工作进展，并对重大事项进行决策。合作组每周召开电话电视例会，交流工作进展。合作组内部成立课题组，根据兴趣、经验和能力分配任务。大亚湾实验分为工程建设与实验室基础设施、中心探测器、反符合探测器、电子学与数据获取、软件与物理分析五个课题组。另设系统集成组负责安装调试。合作组成员可根据兴趣、特长与工作需要选择参加一个或多个课题组。各课题组内部一般通过每周视频例会或电话会议、电子邮件，或人员互访进行交流。根据国际惯例，所获取数据为各参与方共有，其物理结果将形成论文公开发表。但在研制过程中，由某一研究机构独自开发的新技术，比如液体闪烁体，则为研发机构所有。①

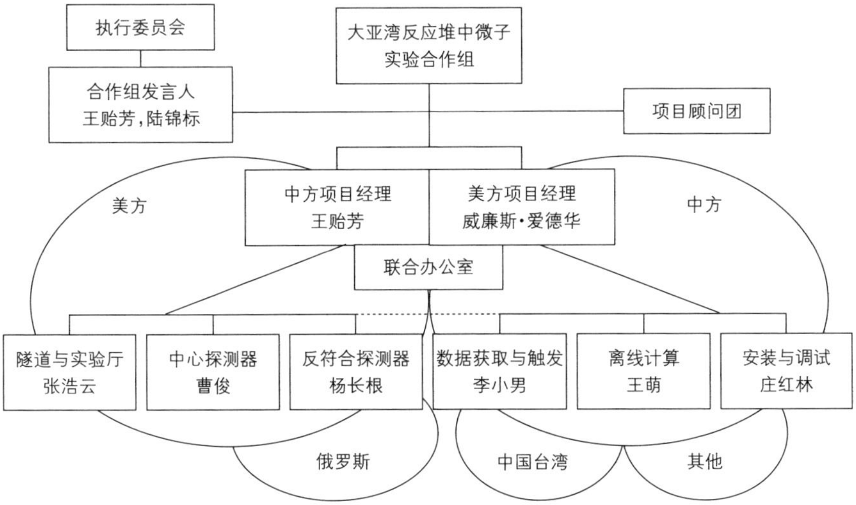

图 4—7 大亚湾反应堆中微子实验合作组管理模式

2. 设计与建造

中微子实验要取得成功，就要有高流量的中微子源、低放射性本底的测量环境、高性能的探测器以及精确测量的实验方法。此前国外反应堆中微子实验计划测量精度低的一个主要原因是站址问题，而这正是大亚湾实验的一个重要优势。经过多次实地考察，中外物理学家一致认为大亚湾是世界上利用反应堆进行中微子实验测量 θ_{13} 的最佳场所。

①《大亚湾反应堆中微子实验工程：综合管理——立项阶段，初步设计与评审、批复》，中科院高能所档案室。

大亚湾的反应堆可产生数目庞大的中微子以供探测。大亚湾核电站位于深圳市区东部，距岭澳核电站约 1 千米，核电站各有 2 个反应堆，每个核反应堆的热功率相同，4 个反应堆的总热功率为 11.6GW①，世界排名第十，加上岭澳二期的两个反应堆，六个反应堆的总热功率为 17.4GW，是当时世界上第二大核反应堆群，其中微子产率在每秒 10^{21} 个以上。不仅如此，由于这一地区的地理环境优越，中微子实验能够尽量去除本底影响，消除误差，以进行精确测量。其中一个比较重要的本底就是宇宙线。如果探测器之上的岩石足够厚，就能够把宇宙线挡住并过滤掉。大亚湾核电站刚好背靠高山，能够找到适于建造近端探测器（300 米左右）和远端探测器（2000 米左右）的地点，顶上岩石的厚度分别达 80 米和 400 米左右，岩石质量好，适于开山洞。而世界上其他可供选择的实验地点，都没能同时具备上述两大优点。当时大亚湾实验的主要竞争对手是法国双乔茨实验。其进度计划比大亚湾实验早三年，但由于反应堆附近没有山，近端探测器只能放在覆盖混凝土板的浅坑内，加上其他条件限制，对振荡振幅的测量灵敏度只能达到 0.03。②

大亚湾实验布局如图 4—8 所示，6 个黑点为核反应堆，白线为隧

图 4—8　大亚湾反应堆中微子实验的布局示意图

① GW 是表示功率的单位，常用来表示发电装机容量，代表 10 亿瓦特。1GW=1000 兆瓦=100 万千瓦。

②《大亚湾反应堆中微子实验工程：综合管理——项目竣工阶段，竣工验收文件》，中科院高能所档案室。

道，白色柱体为中微子探测器。大亚湾近点的2个探测器位于大亚湾核电站旁，主要监测其内部的2个反应堆，岭澳近点内的2个探测器可以监测岭澳一期和二期的4个反应堆。探测器远点则位于振荡极大值附近，通过4个探测器来测量中微子振荡大小。

大亚湾实验主要利用电子反中微子在大型液体闪烁体探测器中的反β衰变反应来测量反应堆中的微子。[①]反应堆发射的中微子数量称为通量，不同能量的中微子比例称为能量分布或能谱。比较远近点探测器测得的中微子通量和能谱，就可以知道中微子是否发生了振荡，进而确定振荡参数。如果存在振荡，在远点探测器中看到的中微子通量将比预期要少；同时，能谱会随着中微子振荡发生有规律的变形。[②]

大亚湾实验离不开可靠的探测器。由于中微子本身数值极其微小，很难精确测量，因此高能所团队提出了多模块探测器并放的研究思路，以便探测器测量结果之间可以相互验证，进而证明测量结果，并降低非关联系统误差。通过建设8个全同探测器模块（远厅4个，两个近厅各2个）可以大大减少测量误差（图4—9）。[③]经过反复推算，预期大亚湾实验可以达到0.01的测量灵敏度，在降低系统误差方面，要比先前的实验强10倍，也优于同期的法国双乔茨实验和韩国的雷诺实验。[④]

图4—9　大亚湾反应堆中微子实验探测器系统远点探测器

① 曹俊：《大亚湾实验发现新的中微子振荡》，《现代物理知识》，2012年第3期，第5—11页。

② 孙亚轩：《大亚湾反应堆中微子实验的前期研究》，中科院高能所，2006年。

③ 王贻芳：《大亚湾反应堆中微子实验》，《科学》，2012年第5期，第5—8页。

④《大亚湾反应堆中微子实验工程：综合管理——立项阶段，初步设计与评审、批复》，中科院高能所档案室。

在扎实论证的基础上，从2007年底到2008年初，大亚湾实验设计陆续通过了相关审批。2007年12月29日，国家核安全局发文批准大亚湾实验站土建配套工程施工爆破方案。2008年1月8日，大亚湾实验项目通过科技部基础司组织的中期评估。专家组认为该项目的工程设计已基本完成，基本建设部分完成了可行性研究和初步设计，总体进展顺利。2008年1月8日至10日，大亚湾实验项目通过美国能源部CD-2/CD-3a评审。①

2007年底，大亚湾实验工程开工建设。历时三年完成宽6.2米，高7.2米的地下隧道建设，可保证运输5米直径、5米高的中微子探测器。建设过程中一共爆破近3000次，全部满足国家核安全局设定的要求。探测器研制也历时三年，其间解决了许多技术难题，制作完成了一批达到世界先进水平的探测器部件，包括高精度、低放射性的薄壳不锈钢罐、5米直径不锈钢法兰的真空密封、4.6米直径有机玻璃反射板以及近200吨掺轧液体闪烁体等。2008年，探测器各个部件开始在全球各地生产。2009年底，探测器开始在现场组装、测试。2010年，隧道及地下洞室建设完成。2011年8月15日大亚湾实验近厅的探测器完成安装，当天就看到了中微子事例。2011年11月5日，岭澳近厅完成安装和探测器调试，开始物理取数。2011年12月24日，远厅完成安装和探测器调试，开始物理取数。至此，大亚湾实验基本完成建设与安装任务。

三、大亚湾实验过程与科技成就

1. 实验过程

大亚湾实验装置建设之初，国内年轻科研人员还没有中微子物理分析的相关经验。2009年夏天，在完成了探测器方案设计之后，曹俊就带领研究生们提前进行模拟数据的分析训练。②

---

① 按照美国能源部的项目评审流程，需要经过关键决策（Critical Decisions）0–4五个阶段的评审。CD-2（Critical Decisions-2）评审的目的是评估项目是否在技术、经费、进度计划、管理方面是否完成了开工建设的准备工作，是一系列关键决策评审中最核心的评审，通过CD-2评审后，项目即可开工建设。

② 受访人曹俊，访谈人王大洲等，2021年3月8日，地点：中科院高能物理研究所会议室。

中微子事例的物理分析包括以下步骤：第一，刻度与标定能量，使探测器的响应能与物理量准确对应；第二，选取事例，排除本底；第三，定量分析遗留的本底事例和事例选取效率，给出误差；第四，计算中微子探测器的预期能谱与流强，包括反应堆中微子的流强与能谱，进行中微子探测器与反应堆距离的精确测量和中微子探测器靶质量的测量；第五，结合中微子探测器的预期能谱与流强，比较近点与远点的测量结果，判断是否有中微子消失现象，给出中微子振荡的分析结果。①

2011年6月，也就是在完成近点实验大厅内2个中心探测器和相应的反符合探测器及电子学系统的安装调试之前两个月，日本T2K中微子实验率先发表了关于θ_{13}的新结果，表明θ_{13}中心值在9°—11°之间，而θ_{13}大于零的信号超出背景2.5个标准偏差。这个远高于理论预测的数值"强烈暗示了大亚湾实验根本无需等待安装预期计划的所有8个探测器就可以提前运行和采取数据"。②面对这种局面，根据王贻芳提出的"用部分探测器模块提前进入实验运行期"的设想，大亚湾实验合作组修改实验计划，将实验第一阶段物理目标确定为测量θ_{13}至0.03测量灵敏度，以加快出成果的进度。不等8个探测器全部到位，2011年12月24日就以6个探测器的体量提前运行，累积数据。两个星期后，合作组就观测到中微子振荡迹象。随后，高能所团队完成数据分析，并在与美国团队的竞争中取得优势，最终使高能所团队的分析成为大亚湾实验的正式结果。③

高能物理的论文因为参与人员众多，一般需要内部讨论一年之后才能修改完成并投稿。当时，韩国中微子实验已于2011年8月开始取数，先于大亚湾实验4个月。为了与韩国竞争，合作组于2012年1月确定了论文修改程序，严守时间节点，反复讨论修改，从初稿到投稿只用了一个星期，创造了前所未有的写作速度。④2012年3月8日，大亚湾实验

---

① 王贻芳：《大亚湾反应堆中微子实验》，《科学》，2012年第5期，第5—8页。

② 何红建：《大亚湾中微子振荡实验的启示》，《科学》，2016年第1期，第37—41页。

③《大亚湾反应堆中微子实验工程：综合管理——项目竣工阶段，竣工验收文件》，中科院高能所档案室。

④ 受访人王贻芳，访谈人王大洲等，2021年4月23日，地点：中科院高能所会议室。

合作组宣布，利用6个探测器运行55天观测到的数据（图4—10），发现了中微子的第三种振荡模式，并测得混合角θ_{13}。这个结果后来得到另外两个反应堆中微子实验双乔茨实验和雷诺实验以及加速器中微子实验的证实。[①]利用大亚湾实验站持续运行3—5年的数据成果，可把中微子混合角$Sin^2 2\theta_{13}$的测量精度提高到34%左右。

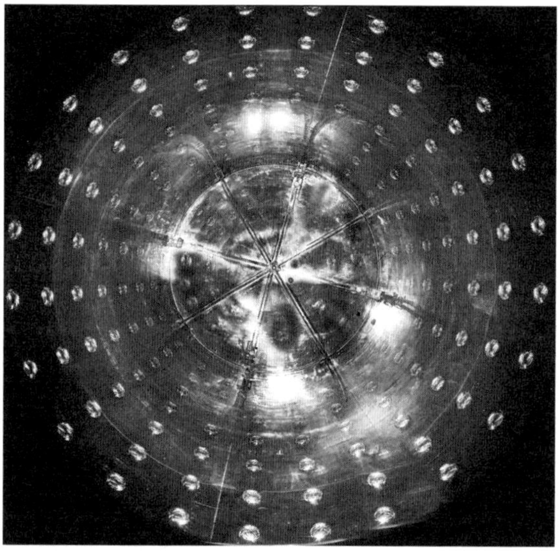

图4—10 用于探测中微子俘获时发出的光信号的192个光电倍增管

2012年8月29日—10月18日，实验站继续在2号厅和3号厅安装了剩下的最后2个中心探测器，并于10月19日开始3个实验厅内全部8个探测器的联合取数，这标志着实验站的全面建成。2020年12月12日，大亚湾中微子关机结束运行。

2. 科学成就

大亚湾实验发现了一种新的中微子振荡现象，以超过5倍标准偏差的置信水平率先给出了第三种振荡模式存在的证据，并精确测量了其振荡大小，为相关领域的前沿研究提供了较为精确的初值输入。[②]这项研究对基本粒子物理的标准模型、寻找与鉴别新物理等具有重要意义。国

① 曹俊，李玉峰：《中微子振荡的发现与未来》，《物理》，2015年第12期，第787—794页。

② Adey D, An F P, Balantekin A B, et al. Measurement of the Electron Antineutrino Oscillation with 1958 Days of Operation at Daya Bay. Physical Review Letters, 2018, 121(24): 241-805.

内外科学界对第三种振荡模式的发现和对混合角θ_{13}的精确测量给予了高度评价。诺贝尔奖获得者李政道认为，“这是物理学上具有重要基础意义的一项重大成就”；美国托马斯·杰斐逊国家加速器装置的罗伯特·麦基翁认为此次实验结果是“有史以来来自中国的最重要的物理（实验）结果”。①

大亚湾实验获得了多个著名奖项。2012年底，大亚湾反应堆中微子实验成果入选《科学》杂志2012年度十大科学突破。2013年，王贻芳因“领导大亚湾中微子实验首次确定地测量出中微子混合矩阵的θ_{13}”，被授予美国物理学会高能物理实验的最高奖——潘诺夫斯基实验粒子物理学奖。2015年11月，科学突破奖在美国揭晓，②基础物理学突破奖被授予了研究中微子振荡的领导者及他们领导的研究团队，其中王贻芳研究员领导的大亚湾实验项目也获此殊荣，这是以中国科学家为主的实验团队首获该奖。③2016年，王贻芳、曹俊、杨长根、衡月昆、李小男凭借“大亚湾反应堆中微子实验发现新的中微子振荡模式”获得国家自然科学奖一等奖。2019年，王贻芳、陆锦标因大亚湾实验项目获得未来科学大奖。

3. 技术成就

在大亚湾实验装置建设中，高能所团队坚持以我为主，自主创新，自主研制的工艺设备超过99%，其中非标工艺设备超过75%。④

其一，大亚湾实验设计方案具有独创性。首次提出多模块测量思想，在同一实验并行放置2—4个全同的中微子探测器，显著提高了实验精度与可靠性。首次提出同心圆柱形中微子探测器，减小了建造难度，减小了系统误差。首次在探测器内采用反射板，光电倍增管用量减

① 王贻芳：《探索宇宙“隐形人”：大亚湾反应堆中微子实验》，浙江教育出版社，2019年，第117页。

② 科学突破奖由俄罗斯亿万富翁尤里·米尔纳等企业家共同设立，旨在帮助科学领袖不受资金限制而专注于思想世界，提升基础科学与数学的影响力和声誉，下设生命科学突破奖、基础物理学突破奖和数学突破奖，每个奖项奖金300万美元。

③ 闫蓓，安瑞，张冬梅：《努力工作，用实力说话：〈科学通报〉对话王贻芳研究员》，《科学通报》，2016年第6期，第553—555页。

④《大亚湾反应堆中微子实验工程：综合管理——项目竣工阶段，竣工验收文件》，中科院高能所档案室。

少一半，大幅降低了造价。首次将总重110吨的大型探测器设计成可移动的，便于检验系统误差。

其二，大亚湾实验作出了一系列技术创新。具体包括：低本底、薄壳、高精度钢罐制造；5米直径真空密封O圈防老化与检漏方法；采用尼龙/聚乙烯复合膜的200吨液袋；液闪大规模生产设备与方法；采用拉链密封实现光密与气密的200平方米水池盖；等等。其中，新型掺钆液体闪烁体的研制尤其重要。早期国际上数个大型中微子实验都遇到液闪问题，包括法国乔茨实验和美国帕洛·弗德实验。高能所张智勇团队自主研发的掺钆液体闪烁体具有衰减长度长、发光效率高、长期稳定的特点，攻克了大亚湾实验的关键技术难关，其性能完全满足实验要求，达到国际领先水平。①

其三，大亚湾实验发展了一系列先进分析技术。具体包括：高能所团队提前进行数据模拟和分析，最终使高能所开展的数据分析成为大亚湾实验正式结果；彻底解决了困扰不少中微子实验的光电倍增管自发光本底鉴别问题；建立了能量重建方法，相对能量标度误差仅为0.5%，好于1%的设计指标，大大降低了系统误差；发明了新的本底分析方法，降低了最大的本底误差；等等。②

四、大亚湾实验的历史意义

大亚湾实验是我国中微子研究领域的大科学项目，是我国地方政府和企业有实质性参与的首个重大基础研究项目，也是我国基础研究领域当时最大的国际合作项目。大亚湾实验的成功得益于几个关键因素：在领军科学家方面，王贻芳是大亚湾实验方案的主要提出者，项目建设过程中，他担任中方发言人，在与美方沟通协调以及领导工程全局、推动工程顺利实施方面都发挥了重要作用。在实验设计方面，大亚湾实验方案设计是全世界八个实验方案中精度最高、测量最灵敏的方案，这是美

---

① 庄琰:《核探测技术的重要突破——大亚湾中微子实验掺钆液体闪烁体的研制》,《科技纵览》,2016年第6期,第78—79页。

②《大亚湾反应堆中微子实验工程:综合管理——项目竣工阶段,竣工验收文件》,中科院高能所档案室。

国能源部支持美国科学家加入大亚湾实验的关键因素。在工程建设方面，高能所有丰富的大科学工程建设经验，为大亚湾实验提供了一流科技人才和全方位支持。在组织管理方面，大亚湾实验是一个多部门联合建设工程，项目实施过程中涉及多方面的统筹协调工作，各政府部门和大亚湾核电站运营商中广核的保驾护航至关重要。在国际合作方面，为了保证工程的顺利建设，大亚湾实验采用国际合作模式，开展高起点、高水平的国际合作，确保在前沿研究领域借力起飞。

大亚湾实验的成功具有重要的历史意义。首先，大亚湾实验是“以我为主、多国参与”的重大国际合作项目，通过不断探索和改进，形成了国际化、规范化的大科学研究治理体系。项目发言人、执行委员会和项目负责人各司其职，国际评审确保高水准运作，这对于未来我国开展其他国际合作大科学工程具有借鉴意义。其次，大亚湾实验培养了一批具有国际视野和管理才能的高水平科技人才，为后续研究的开展奠定了基础。大亚湾实验中，参与实验数据分析的主要成员都是高能所培养的年轻科研人员，他们在与美国团队竞争的过程中作出了创造性贡献。他们在国际合作与竞争中快速成长，有望成为我国基础研究的骨干和领军人才。再次，大亚湾实验是我国首次参与低能量、低本底、高精度的大型探测器研制，经过高能所科研人员和国内工业界共同努力，设备性能达到或超过设计指标，由此推动了我国相关领域高精尖设备研制能力的提升。最后，大亚湾实验成果提升了我国在国际上的科学地位，并对未来中微子实验研究产生了决定性影响。大亚湾实验发现 θ_{13} 值远大于预期，从而为未来的中微子研究铺平了道路。江门地下中微子实验站（JUNO）已于 2014 年年底在广东省江门市动工建设，预计 2023 年建成运行。工程目标是建设一个国际领先的中微子实验站并进行基础科学前沿研究，进一步巩固我国在中微子研究领域的国际领先地位，成为国际中微子研究的中心之一。

第五章

高能物理领域：衍生公共实验平台

本章描述国家同步辐射实验室（简称合肥光源）、上海同步辐射光源（简称上海光源）、基于可调极紫外相干光源的综合实验研究装置（简称大连相干光源）以及中国散裂中子源的建设历史。它们不是直接服务于高能物理研究的专用设施，而是基于高能物理相关装置及效应而建构的支撑众多学科领域基础研究工作的公共实验平台，因此高能物理领域专家是此类装置建设的核心人员。

第一节 从同步辐射光源到中子探针

高能物理领域回旋加速器的成功研制，使同步辐射装置的建设成为了可能。同步辐射是指当电子以接近光速沿弯曲轨道运行时其切线方向发出的电磁辐射，而用于产生这种辐射的装置被称为同步辐射装置。

早在20世纪40年代，我国科学家朱洪元在英国曼彻斯特大学攻读理论物理博士学位时，就撰写了《关于宇宙射线中电子受地球磁场偏转产生的电磁辐射的性质的研究》一文，并于1948年在英国刊物上发表。[①]此前一年，这种辐射现象在美国通用电气公司的一台电子同步加速器上被观察到，因此被称为同步辐射。可以说，朱洪元是同步辐射现象的最早研究者，后来他在推动北京正负电子对撞机的立项与方案确定上起了关键作用。[②]

同步辐射装置产生的同步辐射光具有一系列良好的特性：一是高强

① Tzu H-Y. On the radiation emitted by a fast charged particle in the magnetic field. Proc Roy Soc, 1948, A192, 231-246.

② 谢家麟:《谢家麟自传》,科学出版社,2012年,第23页。

度。如用X光机拍摄一幅晶体缺陷照片，通常需要7—15天感光时间，而利用同步辐射光源只需要十几秒或几分钟，工作效率提高了几万倍，因而可以用来做常规光源无法完成的工作。二是宽波谱。同步辐射从红外线、可见光、真空紫外、软X射线一直延伸到硬X射线，是目前唯一能覆盖这样宽的频谱范围又能得到高亮度的光源。利用单色器可以随意选择所需要的波长，进行单色光的实验。三是高准直性。利用同步辐射光学元件引出的同步辐射光源具有高度的准直性，经过聚焦后，可大大提高光的亮度，用于极小样品和材料中的微量元素研究。四是脉冲性。同步辐射光是由与储存环中周期运动的电子束团辐射发出的，具有纳秒至微秒的时间脉冲结构。利用这种特性，可研究与时间有关的化学反应、物理激发过程、生物细胞的变化。五是偏振性。与可见光一样，同步辐射光具有线偏振性或圆偏振性，可用来研究样品中特定参数的取向问题。正因为如此，许多国家都建造了同步辐射装置，以产生同步辐射光，用于物理学、生命科学、材料科学、环境科学、信息科学、化学、地质学等学科的前沿基础研究，以及微电子、医药、石油、化工、生物工程等领域的高技术实验研究。因此，同步辐射装置已经成为众多领域创新性研究不可或缺的平台。

自1947年人类首次观察到同步辐射现象以来，同步辐射光源的发展已经历了三代：第一代同步辐射光源是寄生于大型加速器上的光源，如依托北京正负电子对撞机工作的北京同步辐射光源；第二代同步辐射光源是基于同步辐射专用储存环的专用机，如合肥光源；第三代同步辐射光源是基于性能更高的同步辐射专用储存环的专用机，如上海光源。20世纪80年代末，各国竞相建造第三代同步辐射光源，在此类光源上可安装大量插入件，如波荡器和扭摆器等，不但能使辐射光谱亮度比第二代光源提高2—3个数量级，还可以灵活选择光子能量和偏振性，从而大幅提升空间分辨率和时间分辨率。目前正在北京怀柔科学城建设的北京高能同步辐射光源（简称北京光源）则是第四代同步辐射光源，其性能相比前三代光源将有大幅提升。

当然，同步辐射光源并非“透视物质结构”的万能“显微镜”，人类还需要其他类型的“显微镜”。其中，红外波段的自由电子激光装置就是一个选择。这种装置从20世纪70年代开始发展，最初的研究目标是激光武器，后转用于多学科实验平台。20世纪90年代之后，开始出现短波长、高亮度、短脉冲、高相干性的自由电子激光，被公认为第四代光源。其基本工作原理是，让高品质高速自由电子束穿过周期性变化的磁场，发生受激辐射，所产生的电磁波峰值亮度比第三代同步辐射光源高8—10个量级，光脉冲短3个量级，相干性提高3个量级以上，[①]从而为众多学科开辟了全新的研究空间。已经建成并投入运行的大连相干光源就属于此类光源。另一个选项是中子探针。中子探针具有X射线不具有的优点，其穿透力极强，在高温高压等极端条件下不受容器和装置的限制，具有同位素识别能力，可以轻易辨认氢、碳、氧等轻元素，因而是研究生物大分子和有机高聚物的有力工具。20世纪中叶以来，中子束装置的发展也受到高度重视，世界各国已建成30余台反应堆中子源。我国于2018年建成的中国散裂中子源就是一种典型的中子探针。

无论是同步辐射光源、自由电子激光还是中子探针，都属于植根于高能物理研究的通用大科学装置，具有广泛的应用范围，对众多学科和产业领域的研究工作具有支撑作用。我国已经建成的此类装置分别位于北京、合肥、上海、大连、东莞，其示范带动作用日益彰显。

第二节　合肥同步辐射光源

国家同步辐射实验室（NSRL）是原国家计委命名的我国第一个国家实验室，拥有我国第一台独立运行的同步辐射光源（简称合肥光源，HLS）。国家同步辐射实验室一期工程1984年11月20日动工，1989年建成出光，1991年12月通过国家验收。1998年到2004年，实验室实施了二期工程建设，增建八条光束线、实验站。经过一期工程、二期工程和重大维修改造工程，合肥光源已经达到第三代同步辐射装置水平。合肥光源以真空紫外光和软X射线为主，其主体设备是一台能量为800兆

① 孙洋，张未卿，杨学明：《“大连光源”为化学反应中的分子“拍电影”》，《科技导报》，2019年第37期，第26—31页。

电子伏特、平均流强为100—300毫安的电子储存环，用一台能量为200兆电子伏特的电子直线加速器作注入器。合肥光源拥有10条光束线及实验站，包括5条插入元件线站和5条弯铁线站。此外还有3个出光口为未来发展预留了空间。作为合肥大科学中心的重要组成部分，国家同步辐射实验室面向国家战略需求和前沿基础科学研究，旨在为各领域科学家提供长期、可靠、稳定的技术支撑。

一、合肥光源一期工程

1. 从“抱大腿”到自立门户

说起合肥光源，还得从赵忠尧说起。1955年，赵忠尧利用从美国带回的加速器部件，在近代物理研究所主持建成一台700千电子伏特的质子静电加速器。他担任中国科学技术大学原子核物理与原子核工程系（1961年更名为近代物理系）主任后，就在北京玉泉路园区的实验室对这台加速器进行安装和调试，将其用于教学实验。以此加速器为依托，开始了自己的加速器人才培养事业。

1969年，当时国家开展“电子会战”[①]，其中一个项目是微米离子束掺杂机，旨在用加速器原理制造超大规模集成电路。中国科学技术大学派出18人参加，自己动手安装加速器并完成调试。可惜这年年底，中国科学技术大学开始从北京南迁合肥，这项工作也就中断了。尽管搬迁时带走了一台质子加速器和一台电子静电加速器，但由于校舍紧张，只能露天放着。为了给学生提供实践的机会，近代物理系打算把电子静电加速器再安装起来，就向学院申请资助。1975年，中科院对此提供了经费支持，1978年小楼建成，倍加器也装好了，却由于各种原因最终没能建成加速器。[②]

后来通过几次讨论，近代物理系准备建一个跑道式电子回旋加速器，以开展医学等方面的研究，计划投资32万元，规划占地面积近2000平方米。当时学校答应拨付一部分资金先作理论研究。尽管完成了

---

① 1969年6月，北京卫戍区组织的电子工业会战，旨在推进电子工业的发展。

② 丁兆君：《我与国家同步辐射实验室建设裴元吉教授访谈录》，《中国科技史杂志》，2009年第3卷第2期，第180—192页。

物理计算，由于后续资金无法到位，就没有继续建设。1975年3月，国家计划在十年内建造一座能量为40吉电子伏特的质子环形加速器，工程代号定为753工程[①]。近代物理系争取到其中的三项任务，负离子源的制作就是其中之一。经过半年调研，他们就负离子源的制作完成了一份包括设计方案、理论计算、经济预算等内容的调研报告。尽管报告交给高能所了，也被认为写得不错，但最终并没拿到这个项目。裴元吉向钱三强说起此事，钱三强说：谁要你们抱人家大腿的？你们要立足自己来干这个事情。[②]系里领导深受启发，经过调研，达成共识，认为同步辐射装置应用很广，体积也不大，适合学校建设和使用。

1977年，时任副校长包忠谋率领中国科学技术大学代表团参加全国自然科学学科规划会议，和与会同事共同提出在中国科学技术大学建设电子同步辐射加速器的议案，后被列入全国科学技术发展纲要。1979年3月9日，电子同步辐射加速器筹建组正式成立。筹建组随即开始招兵买马，派团队到美国、德国考察，学习加速器建设经验，并请国外学者到实验室来讲课，指导加速器的设计和建造。

由于工程难度很大，筹建组决定用三年时间开展预制研究，并从中科院争取到380万元资助。预制研究有两项内容：一是加速器的整体设计；二是关键部件的研制。通过几年预研，实验室创造了中国加速器界的四个第一：建成了我国当时最高能量的3千万电子伏特电子直线加速器、第一块超高精度大型弯转磁铁、第一块聚焦四极磁铁以及一个储存环的超高真空系统。与此同时，还完成了8亿电子伏特同步辐射加速器物理设计。

这些预研工作并不是一帆风顺的。直线加速器包含电子枪和加速管两个关键部件。这个电子枪用了雷达上的一个调制器，能产生8万伏的脉冲高压。建设团队从购买超精密机床、培训工人开始，完全由自己来完成。当时经过调查，发现山东济南的一家工厂做得不错，他们就去买了五台，之后就培养工人自己来做。1980年4月，为40兆电子伏特直线

---

① 753工程在“文化大革命”的政治背景下未能顺利实施。

② 丁兆君：《我与国家同步辐射实验室建设——裴元吉教授访谈录》，《中国科技史杂志》，2009年第3卷第2期，第180—192页。

加速器提供电子源的强流脉冲电子枪调试成功。1981年7月11日，首次出束成功。

1983年，由于工程预算较少，在做脉冲切割磁铁时，只能将部件置于储存环真空室外面，中间用一个类似窗口的装置隔开。这样电子穿进去时能量低，大部分电子散射角加大，致使储存环不能捕获而丢掉，要实现预定目标电流，就要累计几百毫安，这又很难实现，成了困扰团队的一个大问题。裴元吉想到了一种方法，即把矽钢片上的漆去掉，用陶瓷代替。后来请中科院等离子体物理研究所（简称等离子体所）进行测试，结果发现：用陶瓷代替后竟然不放气反而吸气。这样做出来的真空室就可以直接放到储存环中去，难题解决了。①

储存环在真空室的制作材料选择上，由于铝在放射性环境下不会产生其他粒子，因此一开始选择了铝作为制作材料。但是在与法兰②连接时，需要对铝和不锈钢材料进行焊接，这种技术当时在国内还不成熟，最终还是采用不锈钢材料制作真空室。在实施过程中，最困难的是真空度数据测量，测量信号很难被观测到，且受到的干扰很大，这个问题直到1985年才得到根本解决。

1981年底，合肥光源的预制研究基本完成。9月14日，同步辐射加速器筹建组顾问谢家麟到校审查、指导同步辐射装置的设计报告和预研工作，他对各项进展表示满意。当时国内建设大型加速器装置的753工程和八七工程进展不理想，而合肥光源的预研团队只花了380万元就完成了包含30兆电子伏特的电子直线加速器在内的预制研究，因此被认为是国内该领域第一次获得的高水平成果，后来还获得了中科院重大科技成果一等奖。③1981年10月24日至28日，中科院主持召开合肥同步辐射装置预制研究及物理设计审定会，确认合肥同步辐射装置已具备建造的条件。

2. 工程建造

1981年11月2日，《合肥同步辐射实验室计划任务书》获批准，工

---

① 受访人裴元吉，访谈人李秀波、李俊峰，2014年3月21日，地点：中国科技大学。

② 法兰是用于轴与轴或者管子与管相互连接的盘状零件。

③ 据裴元吉回忆，预制成功的消息影响了中国台湾上马同步辐射装置的决策。

程建设就此拉开序幕。1982年5月4日至7日，中科院主持召开合肥电子同步辐射实验室计划任务书审定会，审核了地质、土壤等各个方面的条件。关于选址问题，合肥市政府希望借助国家项目支持地方建设，建议将装置建在大蜀山附近，约1800亩土地，外加一个果园，而同步辐射加速器筹建组考虑到大蜀山附近交通极为不便，而且通路、通水、通电和平地等工程耗资巨大，因此就没有同意。后来在校长严济慈的协调和争取下定在了西校区，选址问题就解决了。

1983年4月8日，国家计委发布《关于建设国家同步辐射实验室的复函》，批准筹建国家同步辐射实验室，同意建造一台能量为8亿电子伏特、平均束流强度为100—300毫安的电子同步辐射加速器及相应的实验设备，并将该实验室明确定位成“国家级的共用实验室”。1984年，国家计委批复同意合肥同步辐射实验室扩初设计，确定总投资5990万元（含350万美元）。

1984年6月25日至7月4日，受国家计委委托，中科院在北京召开会议，同时对北京正负电子对撞机工程和合肥同步辐射加速器工程扩大初步设计进行审查。1984年10月9日，国家计委批复同意将同步辐射实验室列入国家重点建设项目，建设规模调整为建筑面积11900平方米，人员编制190人。1984年11月20日，国家同步辐射实验室建设项目正式开工。[①]包忠谋担任工程经理，何多慧担任总工程师，裴元吉担任副总工程师。

加速器的安装有三项最困难的任务：一是预聚束段30米的预注入器安装；二是加速器储存环的同步；三是加速管的谐振频率调试。在设计过程中科研团队集思广益，最终成功解决了这三个难题。当时，同步辐射实验室的核物理大厅建设过程中缺乏钢材、木材、水泥等，国务院副总理姚依林听说后，立刻要求安徽省政府协助解决。到1988年，国家同步辐射实验室的土建工程基本完工。

在工程建设过程中，项目曾两度险遭下马。一次是1985年，国家

---

① 丁兆君:《中国科学技术大学国家同步辐射实验室的创建》,《中国科技史杂志》,2009年第30卷第2期,第162页。

计委调整计划，拟对工程进行整改，后经校领导争取，才保住了项目。另一次是由于国家资金困难，无法及时到位，实验室决定将工程验收时间推迟到1991年，但学院不同意，要求直线加速器最迟在1987年底出束，否则工程下马。1987年2月23日，项目组开会商议此事。经过计算，安装加速器需要一年左右，调试加速器大约要三个月，显然无法实现1987年底出束的要求。后来，裴元吉提出解决办法：第一要加班，包括饭要送到现场；第二安装队伍必须统一指挥，包括后勤在内；第三专门成立几支队伍，实行统一管理，以备特殊调遣。①

意见得到采纳，并由裴元吉担任安装总负责人。他带着工程师、技术工人到高能所参观。当时高能所的加速器已经安装了快一年，安装过程中的经验和教训很值得他们学习。回来之后就培训工人，制定严格的安装程序和验收程序。经过接近身体承受极限的工作，加速器于1987年10月20日安装完成，耗时160天，比预计提前了10天。从11月1号开始，一天三班倒进行不间歇调试，23小时后，第一次出束成功。11月9日，束流全部达到要求。

直线加速器安装完成并出束后，即开始整个实验装置的安装和调试。1989年3月26日，同步辐射装置成功储存了电子束流，生成了同步辐射光，电子束流达到4毫安。1990年12月27日，在满能量800兆电子伏特下，流强达109.4毫安，提前达到了设计指标。1991年5月24日，储存环流强在满能量8亿电子伏特注入下达到205毫安，标志着该同步辐射装置已达世界先进水平（图5—1）。1991年8月完成所有光束线实验站的安装调试工作。

1991年12月22日至23日，由国家科委组织、王淦昌任主任的鉴定委员会对合肥同步辐射加速器及光束线实验站进行了技术鉴定。鉴定委员会认为，合肥同步辐射加速器的主要性能指标达到国际上同类加速器的先进水平，已建成的5条同步辐射光束线和5个实验站的主要性能指标基本达到国际水平。1991年12月26日，国家同步辐射实验室通过了国家计委组织的国家验收。1993年4月，国家同步辐射实验室正式对国

① 受访人裴元吉，访谈人李秀波、李俊峰，2014年3月21日，地点：中国科技大学。

图5—1 8亿电子伏特电子储存环

内外开放。1995年，“合肥同步辐射加速器及光束实验站”项目获得国家科技进步奖一等奖。

从1993年1月到1999年6月，合肥光源光电子能谱、时间分辨光谱、软X射线显微、X射线光刻和光化学等五条光束线及实验站累计向用户供光约2.4万小时，完成科研课题129项，注册用户150余家，取得了一批有价值的成果。但是，由于同步辐射直线加速器的能量比较低，无法完成硬X射线层次的研究工作。为此，在中科院专项经费支持下，从1995年开始，国家同步辐射光源实验室对加速器进行改造，1999年建成了6万高斯超导扭摆磁铁及X射线吸收精细结构谱专用光束线，使工作能区扩展到硬X射线领域，其综合性能在国际同能区的装置中居于领先地位。

二、合肥光源二期工程

国家同步辐射实验室虽然已经建成，但由于立项之初国家财政紧张，工程资金投入有限，无法一次性建成理想中的同步辐射装置。所以，二期工程建设被提上日程。

1. 工程立项

1994年2月，由钱临照、唐孝威两位科学家发起，王淦昌、谢希德、谢家麟、冯端、卢嘉锡等34位科学家联合向有关部门提出《关于集中力量全面建设、充分利用合肥国家同步辐射光源的建议》，中国科学技术大学也正式向国家有关部门提出建造国家同步辐射实验室二期工程的申请。1996 年 11 月，中科院批准成立了国家同步辐射实验室二期工程项目管理委员会、项目工程指挥部和项目科学技术委员会，并确定了这三个机构的职能、职责和人员组成。

1996 年，国家科技领导小组批准二期工程作为“九五”首批国家重大科学工程项目之一。1997 年 4 月 8 日，国家计委批复了项目建议书。1997 年 8 月 29 日，国家计委批复了可行性研究报告，总投资 1.18 亿元。[①]1998 年 7 月 8 日，国家计委批复初步设计报告。[②]1999 年 4 月 15 日，国家计委批复同意二期工程开工建设。[③]其技术目标是，在充分保证装置主体长期、可靠、稳定运行，大幅度提高光源积分流强、亮度和稳定性的基础上，新建 1 台波荡器插入元件，增建 8 条新光束线和 8 个相应实验站。如果以光通量和实验站数来衡量光源的供光能力，改造后的同步辐射装置供光能力将提高 3 倍。

2. 工程建设

中国科学技术大学得到开工建设的批复后，即组建团队，任命刘祖平为项目工程指挥部经理兼总工程师。[④]二期工程包括加速器改造、光束线建设、试验站建设和公共设施改造四个方面。基于对工程目标及任务量的分解，共设定 42 个子项目。其中，加速器改造 12 个子项，光束线建设 11 个子项，实验站建设 9 个子项，公用设施改造 10 个子项（其中建安工程 4 项）。[⑤]

二期工程的具体建设目标是：第一，保证多数用户更为关注的通用光源模式的高效率运行，其束流发射度约为 140 纳米弧度，使常规运行储存流强达 300 毫安，束流寿命达 8 小时；第二，实现高亮度光源模式，

①《国家计委关于国家同步辐射实验室二期工程国家重大科学工程可行性研究报告的批复》，中国科学技术大学档案馆。

②《国家计委关于国家同步辐射实验室二期工程国家重大科学工程初步设计报告的批复》，中国科学技术大学档案馆。

③《国家计委关于国家同步辐射实验室二期工程开工建设的批复》，中国科学技术大学档案馆。

④ 丁兆君，刘祖平：《国家同步辐射实验室的创建与发展——刘祖平教授访谈录》，《广西民族大学学报（自然科学版）》，2016 年第 22 期第 4 卷，第 13—20 页。

⑤ 刘祖平，张新夷：《国家同步辐射实验室（NSRL）的现状及展望》，《中国物理学会粒子加速器学会第六届会员代表大会暨成立 20 周年学术报告会文集》，2000 年，第 68—75 页。

其束流发射度为27纳米弧度，运行流强150毫安，束流寿命4小时；第三，降低机器的故障率至7%以下，减少机器调整时间到原来的约10%；第四，控制束流轨道稳定度，使较敏感的实验站窗口对应的光源点之垂直漂移稳定控制在微米以内。①简言之，通过二期工程，要使合肥光源更强、更亮、更稳定。②

在二期工程中，储存环高频系统、波荡器和储存环注入系统是主要组成部分。储存环高频系统改造的主要目的是：提高储存流强，为延长束流寿命创造必要的条件；实现高频系统的稳定可靠运行，降低故障率。重点工作是新高频腔的研制、高频发射机和功率传输系统的改进以及高频控制系统的开发。新高频系统包括高频腔、高频机、低电平控制环路、环行器、馈管及附属的监测控制系统、恒温水冷系统等，战线长，困难多，对机器高质量运行的意义重大。实施全铜高频腔的加工和焊接也属于国内首次，是制造该系统的最大难点。该高频腔由高能所设计、航天部703所加工，基本全用无氧铜材料，制造中采用旋压成形、电铸冷却水道、精密机加工、真空炉钎焊、气体保护焊、电子束加强焊等技术。加工过程中，先后克服了进炉高温钎焊时外壳电铸铜层局部鼓包或开裂、组件焊接后需要补焊等困难。2001年下半年，高频腔完成机械加工。2002年10月，环高频系统完成安装，真空系统改造基本完成，工程进入联合调试、试运行阶段。2003年5月，新高频腔取代旧腔，安装就位。③

新建波荡器的制造和安装是一项重点任务。为了获取真空紫外到软X射线波段的可调谐、准单色的部分相干光，需要在合肥光源电子储存环的直线段上安装一台新的波荡器。它约长2.7米，能够产生高亮度同步辐射。制造过程中，厂方与建设团队共同解决了永磁块托架刚性不足、磁块粘接不牢等问题。加工完毕后，科研人员历时数月，反复测量

---

①《〈国家同步辐射实验室二期工程〉可行性研究报告》，中国科学技术大学档案馆。

② 刘祖平，张新夷：《让“神灯”之光更强、更亮、更稳定——国家同步辐射实验室及其二期工程》，《中国科学院院刊》，2000年第2期，第145—148页。

③ 刘祖平，王秋平，胡胜生，等：《国家同步辐射实验室二期工程的建设、竣工及意义》，《中国科学技术大学学报》，2007年第Z1期，第337—344页。

磁场、分析数据、调整磁块，最终使各项指标均达到或优于设计要求，国外同行认为不逊于他们高价订购的波荡器。2002年7月15日，波荡器通过专家测试。2002年12月，在上海电机厂起重技师的指导下，波荡器安装就位。[①]

储存环注入系统改造是第二项重点任务。2000年5月，储存环真空系统开环安装完成。2000年6月，储存环控制系统的改造基本完成。储存环注入系统采用4个置于陶瓷真空室之外的铁氧体冲击磁铁，集中安装在长约3米的同一个长直线节内，以形成梯形凸轨。非圆形截面的大尺寸金属镀膜陶瓷真空室的加工工艺在国内没有现成经验，是建造该系统的一大难点，同时安装空间紧张使其结构设计颇具挑战性。加工过程中，陶瓷厂与建设团队一起研究改进工艺，先后解决了焊接热应力造成陶瓷段在后续工序中容易断裂、金属膜过厚和产生涡流等问题。然而，储存环注入段陶瓷真空管和高频腔的加工在进度上还是严重滞后了，比合同原确定的完成时间推迟两年以上。之所以滞后，既有这两个部件加工难度大、国内无现成经验等客观原因，也有对相关技术认识不足的主观因素。经过攻关，2003年3月4日成功更换陶瓷真空室组件，3月13日开始带束联调并成功储存束流。

实验站建设是第三项重点任务。新建的8个实验站包括：表面物理站、X射线衍射和散射站、超微细加工站、原子分子物理站、光声和光热光谱站、红外与远红外光谱站、软X射线磁性圆二色站、光谱辐射标准和计量站。2002年10月，X射线衍射与散射站通过了专家测试开始试运行而表面物理、光谱辐射标准和计量、原子分子物理等站的光学元件完成安装，开始光路的初步调试。为了优先满足真空紫外圆二色光谱实验站的建设要求，2003年1月16日决定调整方案，集中力量建立真空紫外圆二色光谱及光声光谱实验研究方法，等条件成熟时再开展光热偏转光谱方面的工作。

二期工程建设也面临一些问题。除了由于部件加工难度太大造成了

---

① 刘祖平，王秋平，胡胜生，等：《国家同步辐射实验室二期工程的建设、竣工及意义》，《中国科学技术大学学报》，2007年第Z1期，第337—344页。

工期拖延，原计划的高亮度运行模式也未能如期实现。最初设想通过大幅度加强水平方向聚焦，可以将束流水平发射度从通用光源模式下约140纳米弧度降低到27纳米弧度，从而使同步辐射亮度提高一个数量级。但是，由于合肥同步辐射装置是20世纪80年代设计建造的第二代同步辐射光源，受主要硬件的限制，这一方案本身存在局限：调试工作在该模式初步实现、最高注入流强达到约70毫安之后遇到困难，与原设计的技术指标尚有较大距离；两种模式相互切换时，束流轨道的偏移难以控制，向光束线供光的应用前景很不明朗。工艺鉴定专家组认为，在二期工程中应用该模式的可行性还有待进一步研讨。所以，高亮度模式未被列入国家鉴定和验收的范围。

即使存在一些问题，二期工程还是较为圆满地完成了。2004年12月14日，二期工程通过了由国家发改委委托中科院组织的国家验收。验收委员会认为：国家同步辐射实验室通过二期工程建设，提高了装置技术水平，扩大了实验应用领域，基本完成了建设目标，同意通过国家验收。[①]

二期工程验收后，实验室在985工程经费支持下又建设了几个实验站。2007年11月，新建的X射线成像实验站完成了安装调试，空间分辨率达到50纳米，其分辨能力达到国际先进水平。2007年4月5日，真空紫外光束线及实验站建设成功。该束线利用波荡器产生真空紫外辐射，所涉波段高次谐波严重，抑制非常困难，是世界上真空紫外光束线研究的重点。新束线采用三级差分的气体滤波器，成功抑制了高次谐波，抑制效率为99.99%，达到了世界先进水平。[②]从2005年1月到2012年4月，合肥光源累计运行机时50297小时，其中向用户供光44925小时，完成用户课题1992项，用户发表论文1647篇。

三、合肥光源重大维修改造工程

合肥同步辐射装置二期工程建成后，与当时国际先进的真空紫外同

---

①《国家同步辐射实验室二期工程项目验收意见》，中国科学技术大学档案馆。

②《科技大学真空紫外光束线建设成功》，《光机电信息》，2007年第6期，第61—62页。

步辐射装置相比，亮度偏低、发射度偏大、设备老化的缺点逐步显现，难以满足前沿科学研究的要求。2009年12月，中科院和中国科学技术大学决定共同投资，对合肥光源进行新一轮重大升级改造。

2010年8月，正式启动重大维修改造项目。该项目拟通过物理设计将合肥光源装置性能提升至现有条件下的极致状态，实现恒流运行模式。其主要建设目标包括：实现储存环直线节数目增至8个，束流发射度降至40纳米弧度，直线加速器满能量注入，首批完成从插入元件引出的5条光束线及实验站的改造建设。[①]2012年5月，正式开工建设。用了两年多时间，新建了直线加速器和储存环，并将直线加速器升能到8亿电子伏特（图5—2）。2014年12月，通过工艺验收并投入试运行。改造后的加速器总体性能和光束线、实验站的性能都有显著提升。

图5—2　8亿电子伏特直线加速器

到2015年，合肥光源共拥有11条光束线及实验站，5条插入元件线站包括燃烧、软X射线成像、催化与表面科学、角分辨光电子能谱和原子与分子物理光束线和实验站，6条弯铁线站包括红外谱学和显微成像、质谱、计量、光电子能谱、软X射线磁性圆二色及软X射线原位谱学光束线和实验站。此外，还预留2个出光口以满足未来科研需求。合肥光源特色鲜明，与北京、上海光源形成优势互补态势，在真空紫外—软X射线能区发挥着不可替代的作用。[②]

① 王占东：《合肥光源的发展历程及展望》，《安徽科技》，2020年第7期，第52—53页。

②《合肥同步辐射装置》，《中国科学院院刊》，2015年第30卷第Z2期，第8—15页。

2016年1月5日，重大维修改造工程项目通过中科院组织的总体验收。验收专家组认为：改造后，装置的性能及运行的稳定性、可靠性得到了大幅度的提高，达到同类装置的国际先进水平。同月，正式投入运行。随后，边运行、边建设，逐步完善通用辅助设施，进行恒流运行技术改造。经过近两年努力，克服了实现恒流运行的重大挑战：保证加速器设备长期运行稳定性和可靠性；降低恒流运行期间实验大厅辐射剂量水平。2014年底完成新建直线加速器、储存环及5条光束线站的首批任务。2018年7月25日，恒流运行关键技术改造通过工艺测试。7月25日，合肥光源正式进入恒流运行模式。值此，合肥光源关键技术指标达到国际同类装置最好水平，与第三代光源运行水平相当。

四、合肥同步辐射装置的运行与成果

自一期工程建成至今，国家同步辐射实验室已经走过三十个年头。在这个过程中，实验室致力于提升机器性能，发展新的实验技术和方法，积极引进和培养国内外高水平用户，围绕前沿科学领域和国家重大需求，为国内外众多学科领域提供独特的大型综合交叉研究平台，特别是支撑了能量转换材料、化石燃料的清洁燃烧、大气环境、关联电子材料、多尺度生物成像等前沿学科领域的课题研究。同时，还面向加速器科学前沿和用户需求，开展了先进光源物理和关键技术研究。依托合肥光源取得的代表性科技成就包括：①

在物质科学领域，中科院大连化物所研究团队利用合肥光源的飞行时间谱—交叉分子束取样技术，观测到了氟加氘反应，发现在低碰撞能下激发态氟原子的反应性居然比基态氟高出很多，表明波恩—奥本海默近似不适用于氟加氘，并给出了这一非绝热动力学过程的精确的物理图像。该发现对于理解这一化学激光体系的反应机理有重要意义，标志着我国在非绝热动力学研究方面处于国际前列。中国科学技术大学研究团

① 何多慧，裴元吉，金玉明，等：《合肥国家同步辐射光源现状及未来》，《深圳大学学报》，1997年第1期，第1—7页；盛六四，刘祖平，官晓梅，等：《合肥同步辐射光源》，《中国科学院院刊》，2008年第6期，第514，562—564，581—582页；《合肥同步辐射光源》，《中国科学院院刊》，2019年第Z34期，第26—29页。

队通过构筑铂–硫化钼原子级分散催化剂，将二氧化碳高效转化为清洁液体燃料甲醇，并通过与合肥光源光电子能谱实验站合作，揭示出了单中心近邻原子协同催化作用机制。

在生命科学领域，中国科学技术大学研究团队利用合肥光源质谱实验站，结合自行开发的单细胞电生理与质谱联合检测平台，直接无稀释地检测了单个神经元中多种神经递质、代谢物、脂质等化学小分子，实现了单个神经元化学成分及代谢物的即时分析，从而将神经细胞成分分析研究推向了单细胞水平，可望在单细胞层次上研究神经生物学、代谢组学、毒理学等生命科学的重大问题。他们还通过单细胞质谱、光遗传、分子生物学、电生理及动物行为学等技术方法，揭示了一条脑内谷氨酸合成新通路及其参与日光照射改善学习记忆的分子及神经环路机制。

在工程科学方面，自2003年起，中国科学技术大学研究团队在合肥光源建立了同步辐射燃烧线站，发展了同步辐射真空紫外光电离质谱方法，并应用于燃烧中间产物的探测。国内外用户利用该线站开展了流动管热解、射流搅拌反应器低温氧化、层流预混火焰等实验，研究了一系列链烷烃、环烷烃、芳香烃、含氮燃料和含氧燃料的热解、氧化和层流预混火焰等燃烧体系，构建了相应的燃烧反应动力学模型，揭示了燃料分子结构对燃料分解、氧化和碳烟生成的影响。清华大学研究团队利用合肥光源直接拍摄到金属纳米颗粒单原子化过程的视频，对催化剂的氧化态和电子结构进行了细致的表征，证实了所合成的单原子催化剂具有优异稳定性，此项成果有助于解决工业贵金属催化剂高温下团聚失活这一难题。中科院微电子研究所研究团队利用合肥光源的二次X射线曝光技术，成功研制国内第一个256位的分子存储器电路。嫦娥一号首次飞行任务携带的8大载荷之一——太阳风离子探测器的紫外光抑制性能测试与探测器标定，由合肥光源光谱辐射标准和计量实验站完成。

在保证稳定运行、优质开放的基础上，国家同步辐射实验室的最终目标是建成具有世界一流水平的红外—真空紫外—软X射线波段的光源，成为国家交叉科学研究中心和人才培养基地，为用户提供世界先进的实验平台，推动我国同步辐射应用研究取得创新成果。随着合肥综合性国家科学中心的建设，国家同步辐射实验室正在谋划建设低能区的衍射极限光源——合肥先进光源，这将是世界上更先进的第四代光源。

第三节　上海同步辐射光源

上海同步辐射光源（Shanghai Synchrotron Radiation Facility，简称上海光源[①]）是我国大陆地区第一台第三代中能同步辐射光源，其设计性能位居国际前列，由国家财政、中科院和上海市政府共同出资建设，2004年开工，一期工程于2009年完工并投入使用，二期工程自2016年开工，预计2022年底完工。上海光源主要由150兆电子伏特电子直线加速器、全能量增强器、3.5吉电子伏特电子储存环以及若干条光束线和若干座实验站构成，中科院上海应用物理所负责上海光源的建设、运行、维护和升级。2018年10月，中科院将上海光源团队整体划转至上海高等研究院。

一、立项背景

20世纪90年代初，我国已经建成两个同步辐射装置并投入运行。北京同步辐射装置是寄生在北京正负电子对撞机上的第一代光源，也是中国第一台同步辐射装置，而独立运行的合肥同步辐射装置是第二代光源。这两个同步辐射装置尽管可以满足那些对时间分辨要求不太高的科学研究以及需要大光斑的科学实验和工业技术应用，但它们无法提供光亮度更高、波长范围更小、光的稳定性和分辨率更高的光束。北京同步辐射装置每年只有20%的时间可以提供给同步辐射应用，电子束流被限制在100毫安左右，而当时的合肥同步辐射光源是低能区第二代真空紫外和软X射线光源，其光亮度和波长范围受到较大限制。因此，要满足生命科学、材料科学、信息科学和环境科学等前沿科学研究需要，就必须建设更先进的同步辐射光源。

1988年至1992年，方守贤担任高能所所长。在他的领导下，北京

① 杜澄，尚智丛，等：《国家大科学工程研究》，北京理工大学出版社，2011年，第133页。

正负电子对撞机成功实现了对撞，并逐步实现了稳定运行。由于同步辐射装置附属于对撞机，因此就出现了同步辐射应用与高能物理实验对束流性能要求不同和双方争抢机时的情况。为此，方守贤在北京正负电子对撞机运行早期就提出了建造专用同步辐射光源的建议，并指导研究生完成了一台第三代同步辐射光源的物理设计。1992年4月，方守贤在中科院数理学部所作的学术报告中，进一步阐述了高能所未来发展的两种机遇，即建造一台高亮度的τ-粲工厂和一台1.5吉电子伏的高性能同步辐射光源。[①]

1993年12月，方守贤与高能所的另两位科学家丁大钊、冼鼎昌一道，正式提出了建设一台性能先进、规模中等的第三代同步辐射光源的建议。随后，我国科技界有关人士围绕第三代光源建设的必要性、资金来源和选址问题展开了热烈讨论。最初的设想，是将这个第三代光源建在北京并由高能所主导，但是根据中科院总体部署，项目最终落户上海。这个变化主要基于两点考虑：[②]第一，作为公共实验平台，光源要靠近用户群体，且符合国家大科学工程建设的总体布局。北京已经有了第一代同步辐射光源，合肥有了第二代同步辐射光源，第三代同步辐射光源建在东南沿海地区更为适宜，可形成地域上的互补性。第二，当时上海已经将城市发展定位于“科技中心”的建设，迫切希望借第三代光源汇集人才、知识和资本，因此愿意提供资金和土地支持。这样，中科院决定将第三代同步辐射光源落户上海，并由中科院上海原子核所（2003年6月更名为上海应用物理研究所，简称上海应物所）承担设计和建造任务。

1994年3月，上海原子核所向中科院和上海市人民政府提出了《关于在上海地区建设第三代同步辐射光源的建议报告》。1995年2月，谢希德、杨福家等7名政协委员向上海市政协递交《关于在上海建造第三代同步辐射光源》的提案，希望得到上海市政府的经费支持。他们认为，“这一大型科研工程建成后，上海将成为全国乃至世界的多学科前

---

① 陈和生，张闯：《粒子加速，国之大贤——缅怀方守贤院士对粒子加速器事业的贡献》，《物理》，2020年第49卷第5期，第285—291页。

② 杜澄，尚智丛，等：《国家大科学工程研究》，北京理工大学出版社，2011年，第133页。

沿研究中心，并藉以发展一系列具有巨大辐射效应的高新技术产业群”。[①]该提案受到上海市委、市政府的重视。3月，中科院和上海市政府原则同意，共同向国家提出建设第三代同步辐射光源的建议。随后，该工程被列入《上海市国民经济与社会发展“九五”计划和2010年远景目标纲要》。

得知上海光源的筹建动议，李政道先生也给予了热情支持，通过多种方式为光源建设培训人才，并将其纳入中美高能物理合作框架。1995年5月，李政道向中科院院长路甬祥推荐高能所陈森玉负责新光源建设。6月28日，中科院指示成立了以陈森玉为组长的“上海同步辐射装置”可行性研究工作组。9月7日，可行性研究工作组分别与上海原子核所和高能所签订协议，向两所借用近30名骨干力量参加上海光源的概念设计工作。[②]在十分艰苦的条件下，工作组于1996年10月完成了可行性研究工作。[③]

此前的1月份，谢希德、杨福家等人再次向上海市委提交提案，希望市委、市政府帮助解决三个问题，争取上海光源早日立项：第一是此项工程投资大，需由国家立项，立项时间长，建议上海市向中央汇报，争取早日立项；第二是为了使预研工作及时落实，希望在落实立项的同时，批转一部分经费，稳住工作班子，吸引国内一流人才；第三是希望政府加大投入，并多渠道集资，使上海光源早日建成。[④]上海市政协八届四次会议对提案给予了“将逐步解决”的答复。在这种情况下，中科院和上海市政府于1996年4月共同向国家有关部门提出了项目申请。

二、选址、预研与立项

为了推进上海光源的立项工作，1996年中科院初步确定了上海光源工程建设项目治理机制：首先，成立项目管理委员会，由中科院主管

①《中国人民政治协商会议上海市委员会提案第431号》，上海光源档案室。

② 陈和生，陈森玉：《李政道与中国的同步辐射》，《现代物理知识》，2015年27卷第4期，第59—63页。

③《关于上海同步辐射装置可行性研究工作组的总结报告》，上海光源档案室。

④《中国人民政治协商会议上海市委员会提案第560号》，上海光源档案室。

副院长任管委会主任，成员包括国家计委、国家科委所在地政府或职能部门负责人和中科院有关职能局的负责人以及项目委托单位的负责人，主要职能是重大问题决策、协调部门关系、提供条件保证、监督工程进展；其次，成立项目工程指挥部，工程经理负责组织工程建设的具体实施，按时、保证完成工程各项指标，副经理、总工程师、总工艺师和总经济师等分工承担相应职能；最后，成立项目科学技术委员会，由相关科技领域学术造诣深，技术水平高的学者、专家组成，主要就项目科学目标和工程技术进行指导，并协助管委会对工程建设实施监理。1997年3月，中科院批准成立“工程管理委员会（筹）”和“工程指挥部（筹）”，负责预制研究、工程队伍建设、工程设计和可行性方案制定等工作，待国家批准后再转为正式机构。[①]

为了确保上海光源立项，必须先行开展两方面工作：一是确定选址；二是预制研究。这两项工作几乎是同时推进的。

1．选址

上海光源选址工作采用“联合竞址”方式进行。参与联合竞址的单位或联合体共有5家：嘉定区人民政府、上海中科高科技工业园和上海嘉定工业区联合体；中科院上海原子核研究所；宝山区人民政府和上海大学联合体；杨浦区人民政府、复旦大学和上海新江湾城开发有限公司联合体；浦东新区管委会和张江高科技园区开发公司联合体。

为了从中选出最优地址，工程指挥部确定了九条“选址原则”：工程地质条件好、避开环境振动、整体效应和发展前景好、方便用户并便于向社会开放、有可持续发展的空间、地方政府的支持和优惠条件、基本具备七通一平的基础设施、生活设施基本配套、具有显示度与必要投资。[②]

1999年5月24日，上海光源工程选址专家组根据上述原则对五家竞址单位进行评估，[③]推荐张江高科、嘉定中科两处地块供领导决策选择，理由是这两处地块均符合城市规划要求，在满足工程建设进度要求

①《关于确定重大科学工程建设项目管理模式的通知》，上海光源档案室。

②《关于上海同步辐射装置选址原则的报告》，上海光源档案室。

③《上海同步辐射装置工程选址工作汇报》，上海光源档案室。

的前提下，都能无偿提供300亩熟地。不过，从发展前景、投资环境、整体形象和国内外影响力等方面分析，选址张江高科较为有利。专家组最终建议，应尽快组织力量，就地震断裂带对以上两处地块的影响做进一步论证，供领导最终决策时参考。1999年7月2日，在上海光源工程领导小组第二次会议上，确定选址浦东张江高新科技园，并审议和原则通过了首批光束线和实验站的设计方案。

2. 预制研究

上海光源获准立项的另一个前提是通过预制研究解决关键技术难题。我国虽有成功建造北京同步辐射装置和合肥同步辐射装置的经验，也积累了相关技术力量，可是与第三代同步辐射装置的技术要求相比，技术能力仍有较大差距，一些技术还几乎是空白。因此，要成功立项，就必须预先攻克关键技术难题。

1997年6月25日，国家科教领导小组原则同意开展上海光源预制研究。1998年3月，国家计委正式批准预制研究项目，总经费8000万元。[①]预制研究的主要目的是研制对工程质量和进度有重大影响的关键非标设备，攻克重大关键技术，落实国内加工厂家，弄清装置所需加工周期和制造费用。预制研究的原则是节省投资，带动国内相关工业和技术发展，凡是国内有一定基础或经过努力可以完成的，就坚决在国内研制和生产。1999年1月，上海光源预制研究启动时，除少部分从高能所、上海原子核所及中国科学技术大学抽调或借调的骨干外，大部分还是从未涉足该领域的年轻人。加之工作条件所限，直到当年7月，上海光源预制研究工作才真正开始。

为了如期、高质量、不超预算完成预制研究，上海光源工程指挥部从一开始就严格实行各级岗位责任制和月述职报告制度，建立了比较科学的工程管理体制及质量保证体系。上海光源预制研究进程包括自行设计、委托加工、过程监控、总成调试（或联合调试）四个阶段，涉及47项重要关键非标设备的研制，其中4项委托国内外单位承制，另外2项（高频功率腔及水冷活动挡光器），因外界客观条件发生变化，上报

---

①《国家计委关于开展同步辐射装置预制研究的批复》，上海光源档案室。

中科院和上海市政府获准予以调整取消，其余41项预研项目由工程指挥部主持研制完成。

2000年7月，国家科教领导小组认为立项条件尚不成熟，可能存在用户不足、经费投入大和实验室运行管理机制不明确等问题，要求进一步研究。[①]随后，有关方面进一步开展了相关论证工作。2001年3月，中科院和上海市计委主持专家鉴定会，认为41项预制研究项目都达到或优于设计任务书规定的指标，其中26项设备的技术指标达到同类设备的国际先进水平。考虑到预制研究已经为工程建设奠定了较好基础，有关技术问题已经基本解决，2001年4月20日，国家计委请求国家科教领导小组尽快批准上海同步辐射光源装置建设项目。

由于种种原因，工程未能如期获得国家批准立项。为此，又于2002年开展了包括优化设计和系统集成的二期预制研究工作。经过二次预研努力，基本掌握了建造第三代同步辐射装置的重大关键技术，初步形成了一支工程技术骨干队伍，为建设上海光源工程的立项奠定了坚实基础。[②]

2004年8月16日，国家发改委正式组织"上海同步辐射装置预制研究项目"国家验收，由中科院和上海市等有关部门的11位领导和专家组成的国家验收委员会给出的主要验收意见如下：该项目达到了国家批准的预制研究的目标和要求，切实掌握了建设第三代同步辐射装置的重大关键技术；研制的设备均达到或优于设计指标。[③]

按照国际上大科学工程的建设经验，预制研究的必要性是不言而喻的。然而，我国对该问题重视程度和规范化实施的认识却经历了一个逐渐提升的过程。与之前的大科学工程项目相比，上海光源预制研究是由国家正式批准立项、评估的独立阶段，且提前下拨了专门预研经费，建立了严格的组织管理和质量保障体系，这种做法在我国大科学工程建设史上具有示范意义。[④]

---

① 杜澄，尚智丛，等：《国家大科学工程研究》，北京理工大学出版社，2011年，第132页。

②《上海同步辐射装置预制研究项目验收意见》，上海光源档案室。

③《上海同步辐射装置预制研究项目验收意见》，上海光源档案室。

④ 杜澄，尚智丛，等：《国家大科学工程研究》，北京理工大学出版社，2011年，第135—152页。

3. 正式立项

选址的最终确定和长达五年的预制研究工作为上海光源的立项奠定了坚实基础。事实上，在预制研究通过国家验收之前，上海光源立项就顺利完成了。

2003年7月，中科院正式启动上海光源立项工作。2003年9月，国家发改委委托中国国际工程咨询公司完成项目建议书的评估。2004年1月7日，国务院常务会议批准项目建议书。值此，上海光源正式立项，总投资12.4亿元。

工程立项后，迅速成立了工程建设领导小组，中科院院长路甬祥任领导小组组长，上海市市长韩正任副组长。2004年6月29日，上海光源工程建设领导小组举行第一次会议，批准中科院副院长江绵恒任上海光源工程总指挥，上海市副市长杨雄任副总指挥，方守贤为科技委主任，冼鼎昌、杨福家、陈森玉为科技委副主任，徐洪杰任上海光源工程总经理、赵振堂和丁浩任副总经理、陈森玉任工程总顾问。会议还选定主体建筑方案，同意项目可行性研究报告并上报国家发改委。7月26日至27日，受国家发改委委托，中国国际工程咨询公司在北京组织专家对上海光源可行性研究报告进行了评估。11月15日，国家发改委批复上海光源项目可行性研究报告。

三、工程设计与建造

1. 组织管理架构

根据上海光源工程建设内容及技术要求，上海应物所组织了一支高水平、跨学科的工程建设队伍。在工程建设领导小组的领导下，组建了“工程指挥部—经理部—分总体—系统”四级工程管理体系（图5—3）。①

工程经理部组织制定了一整套规章制度，涉及技术管理、质量管理、经费管理、人事管理、计划管理等，并负责组织专家对工程设计进行技术评审，完成评审反馈及方案优化。在工程建设中，工程经理部针对总体、分总体、系统、设备四个层级，分别制定了包括建设内容、技

① 徐洪杰:《上海光源首批线站设计与研制》,上海科学技术出版社,2015年,第797—801页。

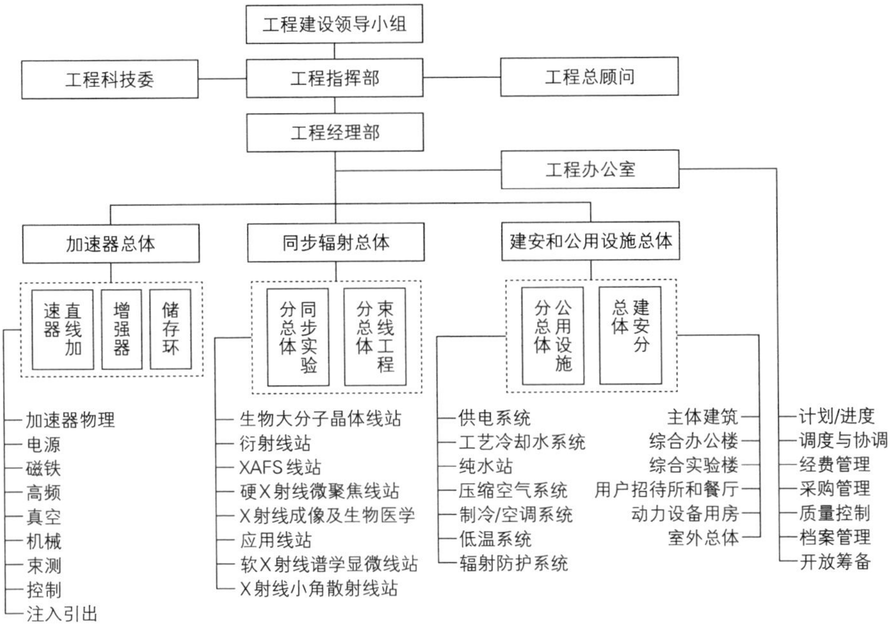

图5－3　上海光源四级工程管理体系

术指标、工作进度、人员、经费预算等方面的关键路线法（CPM）计划，从工程设计、加工、测试验收到安装调试，都尽力按照计划执行。工程经理部还非常重视设备采购和经费使用的管理，各方面都严格把关，确保工程建设在概算内完成。通过周密计划、并行施工、统一协调，经理部对工程质量和工程进度进行了卓有成效的控制。

2. 工程设计与优化

关于上海光源的总体设计，首当其冲的是地面振动与光源稳定性的问题。作为第三代光源，上海光源的高亮度必然要求储存环具有低发射度——仅约4纳米弧度，光源点水平束斑尺寸约150微米，垂直束斑尺寸仅约10微米。然而，低发射度则使得储存环的动力学孔径很小，从而带来束流注入难、束流寿命短等难题。低发射度还带来了储存环束流轨道的垂直稳定度须控制在1微米以下的要求。基于对张江地区地面振动问题的研究，表明其地面振动的幅度明显高于国外同类装置的地面振动幅度。为防振动防沉降，经过审慎的方案选择，进行了试验性打桩。通过控制地基的不均匀沉降以及储存环隧道、实验大厅地板的扭曲和变形，严格限定储存环隧道内空气温度的变化和光源设备冷却水温度的变化，密切监测和控制各种振动源、优化装置的机械结构并采用振动隔离和阻尼措施，尽可能提高电源稳定度、降低纹波，并应用轨道反馈等手段，保证上海光源的稳定性。同时，考虑到发射度愈小对地面稳定性的要求愈高，设备制造的难度也就愈大，决定采用发射度稍大的分离性磁聚焦方案。在软土地基及微振动条件极为不利的情况下，科技人员创造性地采取一系列技术措施解决了束流轨道稳定性问题，达到了亚微米级的国际先进水平。

基于对用户需求的初步研判，上海光源的线站设计工作在正式立项之前就已提前开始。自1995年开始，工程指挥部面向全国60多所大学、研究机构和企业，征集到70多份拟建光束线站的设计建议。1998年底，从已征集到的70余份概念设计和建议中，选择了7条光束线与实验站和4条后备光束线站。1999年10月，由14位国际专家及6位国内同步辐射应用专家组成国际评审委员会对光束线站设计报告进行评审，建议指挥部让更多大学和研究机构参与光束线和实验站的规划，同时尽早培养用户。[①] 2004年10月，首批光束线站初步设计评议会在上海召开，就首批7个光束线站的科学目标、设计指标、工程技术进行了讨论，并建议成立上海光源用户委员会。

根据初步设计，上海光源包括一台100兆电子伏特的电子直线加速器，一台3.5吉电子伏特增强器，一台3.5吉电子伏特电子贮存环和首批7条光束线。电子储存环的最高流强为300毫安，最低发射度为3纳米弧度，配以先进的插入件后，可在用户需求最集中的光子能区（0.1—40千电子伏特）产生高通量、高亮度的同步辐射光，最高光谱亮度可达到10^{19}（photons/s · mm^2 · $mrad^2$ · 0.1%BW），相当于普通X光机的上亿倍。首批建造4条基于插入件的光束线站，分别是生物大分子晶体学光束线站、硬X射线微聚焦及应用光束线站、X射线成像及医学应用光束线站、软X射线扫描显微光束线站；3条基于弯转磁铁的光束线站，分别是高分辨衍射和散射光束线站、XAFS光束线站、X射线光刻与微纳加工光束线站。

---

①《上海光源工程预制研究进展报告》，上海光源档案室。

2004年12月，国家发改委批复项目初步设计，核定该工程的总建筑面积50857平方米，总投资12.4623亿元。其中，国家财政拨款4亿元，中科院拨款4亿元，上海市政府拨款4.4623亿元。2004年12月24日，中科院批复上海光源项目开工报告。2004年12月25日，上海光源正式动工兴建。

伴随着土建工程的实施，上海光源技术设计工作仍在持续进行，先后就工程总体设计、光束线站设计和加速器技术设计召开了多次国际评议会，数十位海外专家参与了评议，提出了若干优化建议。为此，设计者对原设计方案进行了优化，包括对直线加速器和光束线站的调整。根据专家意见，直线加速器的能量由100兆电子伏特调整为150兆电子伏特，并采用2998兆赫的大功率微波源、基于纳秒栅控电子枪技术的电子源以及500兆赫的高Q值次谐波聚束器（表5—1）。同时对5条光束线站进行了调整：将原高分辨衍射和散射光束线站中散射实验站移出，调整为专用的衍射光束线站；XAFS光束线站所采用的辐射光源由弯铁改为扭摆器光源，光通量提高近两个数量级；X射线成像及医学应用光束线站改为X射线成像及生物医学应用光束线站；X射线光刻与微纳加工光束线站改为X射线小角散射光束线站，并重新进行设计；软X射线扫描显微光束线站改为软X射线谱学显微光束线站，所采用的辐射光源由

表5—1 上海光源加速器主要性能指标

分系统	主要性能指标
直线加速器	能量150MeV
	单束团模式1ns，1nC，多束团模式200ns，3nC
	中心能量稳定性0.5%；能散度0.5%。
增强器	注入能量150MeV；引出能量3.5GeV
	自然发射度<105nm.rad；重复频率2Hz
	单束团流强>1mA，多束团流强≫5mA；能散度<1×10^{-3}
储存环	电子束能量3.5GeV；流强200～300mA
	自然发射度3.9nm.rad；能散度1×10^{-3}
	轨道稳定度<1μm；束流寿命>10小时

水平极化平面波荡器改为可调极化波荡器（EPU），以扩展线站的应用领域。①

2006年5月16日至18日，工程经理部主持召开上海光源工程光束线站调整初步设计评审会，对调整后的首批7条光束线站初步设计方案逐个进行了评审。2006年10月，受国家发改委委托，上海市发改委与中科院召开上海光源建设方案调整评审论证会，对电子直线加速器和5条光束线站调整方案进行评审。②2008年12月15日，中科院正式批复调整方案。

3. 建造过程

从2004年12月开始土建工程建设，办公楼、用户招待所及餐厅、综合实验楼以及变电站、动力设备房等于2005年8月至2006年6月间陆续完成。6月10日，主体建筑结构封顶。紧接着，上海光源进入设备安装和调试阶段。

首先是直线加速器、增强器和储存环的安装调试。在土建工程进行的同时，直线加速器、增强器和储存环的集成单元的试安装工作已经展开。对于磁铁设计和研制，由于大多数已经在预制研究中完成了样机，不存在大的技术困难；电源系统、注入引出系统、高频系统、真空系统、高频系统的设计，则是通过国内外合作完成的。到2006年6月22日，加速器单元试安装工作基本完成并于23日完成工艺评估。在优化方案确定后，11月10日，直线加速器部分设备开始安装。紧接着，2007年4月16日，增强器的安装也正式开始。

2007年5月15日，直线加速器调试出束。6月28日，直线加速器各项技术指标全部达到设计要求，开始运行。9月30日增强器调束启动。10月5日，电子束流在增强器中被升能至3.5吉电子伏特的最高设计能量，达到储存环注入的能量要求并实现了电子束从增强器的引出。基于前期完成的储存环机械集成单元、隧道墙模型、储存环前端模型等的试安装工作，储存环调束于12月21日完成了设备安装和系统调试，全面

①《关于上海光源工程初步设计方案调整的批复》，上海光源档案室。

②《关于调整上海光源工程部分光束线站和电子直线加速器初步设计的请示》，上海光源档案室。

启动并很快实现3吉电子伏特电子束储存，获得了第一缕同步辐射光。之后，随着储存环调束工作的进一步推进，束流指标不断提升，到2008年9月30日，储存环在3.5吉电子伏特能量下实现201毫安束流储存，束流寿命大于13小时，初步达到流强大于等于200毫安、寿命大于等于10小时的储存环设计指标。

然而，在储存环安装中，也发生了意料之外的事情。储存环上的两台真空波荡器原计划整机从美国公司进口，由于该公司制造工期严重延误，为确保进度，上海光源工程经理部于2008年3月决定紧急启动自主研制两台真空波荡器的工作，仅用11个月，就完成了研制工作。[①]2009年1月28日，自行设计和研制的第一台真空波荡器完成性能测试，顺利安装到储存环上，并于2月4日调试出光。除了这两台波荡器，团队自主研制了储能型兆瓦级动态数字化磁铁电源和脉冲切割磁铁系统、大型双室不锈钢超高真空系统、数字化高频低电平控制系统、电源控制器和快轨道反馈系统等，均达到国际领先水平。可以说，我国在关键设备方面自主研制能力的提升保障了上海光源工程的快速推进。

其次是光束线站的安装。2007年11月9日，储存环机械设备安装完成，光束线前端区设备启动安装并于30日完成。在接下来的一年时间里，7条光束线相继调束成功。在光束线站的安装调试中，也有一些意想不到的挑战。例如，XAFS线站建设碰到了“扭摆器导致的光束线关键元件的高热负载问题”。恰好，有位科研人员曾在澳大利亚的同步辐射装置参与过类似设备仪器的安装调试，获得了宝贵的实战经验。回国后，他带领团队自主研制了光束线碳吸收器、加长单色器第一晶体。这套装置采用了非传统转轴位置及使用双孔薄铍窗，在兼顾光路稳定性的情况下，成功解决了该问题。[②]

在全体建设者的共同努力下，2009年4月上海光源一期建设任务全部完成。同月，工程指挥部组织了国际专家评估会，评估表明上海光源各项指标均达到或优于设计指标，达到同类装置世界一流水平。5月6

---

① 当代上海研究所：《21世纪上海纪事(2010—2012)》，上海人民出版社，2015年，第73页。

② 徐芳芳：《一十六载铸重器 交叉学科谱华章——记中国科学院上海高等研究院上海光源研究员、博士生导师姜政》，《科学中国人》，2021年第19期，第52—55页.

日，上海光源首批建造的7条光束线站和1条分时运行的分支线站开始向用户开放。

2010年1月19日，上海光源顺利通过国家验收（图5—4）。验收委员会认为：工程承建单位按计划、按指标、高质量地完成了工程建设任务；上海光源以世界同类装置最少的投资和最快的建设速度，实现了优异的性能，成为国际上性能指标领先的第三代同步辐射光源之一，是我国大科学装置建设的一个成功范例。① 2014年1月，上海光源荣获2013年度国家科技进步奖一等奖。

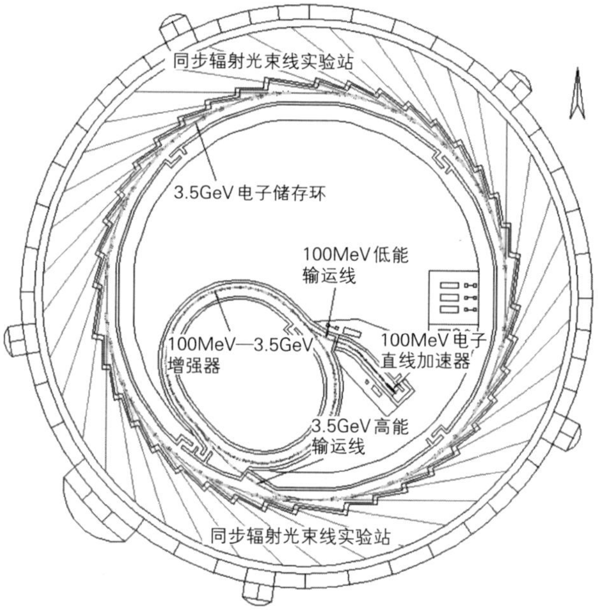

图5—4　上海光源总体布局示意图

四、上海光源线站工程

上海光源首批建造的7条线站，约占其可建光束线站总数的20%。当初国家科教领导小组曾担心上海光源项目“可能存在用户不足”，以至于推迟了上海光源立项。因此从那时起，面向用户、服务用户、培养

①《上海光源国家重大科学工程国家验收意见》，上海光源档案室。

用户一直是上海光源建设项目的重中之重。无论是在预研、线站设计还是后续改造中，工程建设者都积极引导用户参与其中，并组织各类讲习班培养未来用户。上海光源一期建成之后，其用户数量经历了一开始缓慢增长、尔后急剧上升并很快饱和的变化过程，这与国外同步辐射装置的用户变化模式是一致的。[①]但是，运行后的上海光源很快就进入了严重的供不应求状态。因此，在接下来的几年里，在国家发改委、中科院和国家自然科学基金委的支持下，从2010年开始陆续启动建设了若干"用户专用线站"（总计8线11站），包括超高分辨宽能段光电子实验系统（简称梦之线）、蛋白质科学研究（上海）设施光束线站（蛋白质微晶体结构光束线和实验站、蛋白质复合物晶体结构光束线和实验站、高通量晶体结构光束线和实验站、X射线小角散射光束线和实验站、时间分辨红外谱学光束线和实验站、红外显微谱学与成像实验站，共5条光束线及6个实验站）以及能源环境新材料原位电子结构综合研究平台（两线三站）。2020年还启动了中国石化上海光源能源化工科学实验室光束线站系统的研制。

在此之前，上海光源建设者早在2008年就提出了二期线站建设的建议，计划尽快建设一批线站满足用户的需求。2010年6月28日至30日，上海光源二期光束线站研讨会召开，与会者对同步辐射在生命科学与高分子材料、物理与环境科学、材料与能源科学、先进成像与工业应用等学科领域的国际发展状况、国内用户需求和未来的线站建设进行了交流、讨论，并汇集了许多意见和建议。[②]2011年7月，上海光源二期拟建束线站用户研讨会召开，初步商讨了下一步光束线站建设事宜。到2015年，随着用户数量的快速增加，用户需求越来越多样，启动以线站建设为核心内容的二期工程已经势在必行。

2015年3月，作为国家"十二五"重大科学基础设施建设项目的上海光源线站工程（即二期工程）立项报告得到国家发改委批复，由国家财政、中科院和上海市共同拨款建设。2016年5月16日，可行性研究报

---

① 杜澄，尚智丛，等：《国家大科学工程研究》，北京理工大学出版社，2011年，第174页。

②《上海光源国家重大科学工程》，《中国科学院院刊》，2016年第31卷第Z1期，第55—56页。

告获国家发改委批复。10月24日，初步设计概算获得国家发改委批复，总投资16.6739亿元。11月20日，上海光源线站工程正式开工建设，上海应物所所长赵振堂任工程总经理，邰仁忠和李亚虹任工程副总经理。二期工程建设内容包括新建16条性能先进的光束线站、实验辅助系统、光源性能拓展、建安工程及配套公用设施，预计工期6年。通过加速器性能升级改造和线站的创新设计，上海光源的时间、空间以及能量分辨能力几乎可以达到第三代光源的极限。

表5—2　上海光源已运行及在建线站列表

一期(7个)	二期	专用用户线站
软X射线谱学显微光束线站(BL08U1—A) 软X射线干涉光刻(XIL)分支光束线站(BL08U1—B) X射线成像及生物医学应用光束线站(BL13HB,原BL13W1) XAFS线站(BL14W1) 衍射线站(BL14B1) 硬X射线微聚焦及应用光束线站(BL15U1) X射线小角散射光束线站(BL16B1)	表面衍射光束线站(BL02U2) 微束白光劳厄衍射光束线站(BL03HB) 激光伽玛光束线站(BL03SSID) 动力学研究光束线站(BL05U) 动力学研究分支光束线站(BL06B) 纳米自旋与磁学光束线站(BL07U) 共振非弹性X射线散射光束线站(BL09U) X射线光学测试光束线站(BL09B) 时间分辨超小角散射光束线站(BL10U1) P2生物防护蛋白晶体学光束线站(BL10U2) 硬X射线通用谱学光束线站(BL11B) 超硬多功能光束线站(BL12SW) 硬X射线纳米探针光束线站(BL13U) 稀有元素分析光束线站(BL13SSW) 中能谱学光束线站(BL16U1) 快速X光成像光束线(BL16U2) 高性能膜蛋白晶体学光束线站(BL17MU) 三维纳米成像光束线站(BL18B) 能源材料研究光束线站(BL20U)	时间分辨红外谱学线站(2站)(BL01B1) 梦之线(2站)(BL09U) 蛋白质高通量晶体结构线站(BL17B) 蛋白质微晶体结构线站(BL18U) 蛋白质复合物晶体结构线站(BL19U1) 生物小角散射线站(BL19U2) SiP.ME2线站(BL02B) SiP.ME2线站(BL03U) 中石化专用线站 高压实验专用线站

上海光源一期建设造就了一支高水平的、具有很强自主创新能力的优秀科技团队，这就为二期工程建设准备了良好的人才基础。2018年11月2日，上海光源二期首条光束线站——硬X射线通用谱学线站顺利出光，其负责人就是在一期工程中历练出来的技术骨干。截止2020年12月，已建成21线29站，而P2生物防护蛋白质晶体学线站、纳米自旋与磁学线站、激光伽马线站、快速X光成像线站、纳米三维成像线站、高性能膜蛋白晶体学线站、线站技术支撑设施、储存环混合填充模式等分系统的建设工作正紧锣密鼓地开展，预计2022年底完成全部建设任务。建成后，将全面提升上海光源科技策源能力，更好地服务于世界科技前沿与国家战略需求。

五、上海光源的运行与科技成就

上海光源是国家重大科技基础设施，是支撑众多学科前沿基础研究、高新技术研发的大型综合性实验研究平台，向基础研究、应用研究、高新技术开发研究各领域的用户开放（图5—5）。2009年5月6日，上海光源举行了简短的用户开放仪式，正式对国内用户开放试运行。

图5—5　上海光源外景

上海光源作为"用户装置"，其组织结构依据"开放共享"和"为用户提供最佳的使用条件"的宗旨来设计，并在运行机时管理、用户课题和机时管理方面建立了完整的规章制度和工作流程。[①]上海光源建立了专门的面向用户开放的组织机构，下设几个小组：用户小组负责用户开放实验的开展；用户办公室负责用户课题的全流程跟踪管理，组织用户学术年会等；运行小组负责与加速器协调，解决开放运行中的供光问题；技术安全组负责用户实验样品安全审核及实验安全监督；总体组负责开放工作的总体协调。为了保障用户开放工作的顺畅，还设置了大科学装置管理部，负责装置的运行、维护和改进。与此同时，设立各线站的用户专家工作组，每个组都由来自科学前沿的十位用户专家组成，负责评审课题，咨询该线站的学科方向和监督运行状态。截至2019年，上海光源运行线站累计为用户提供实验机时超过35万小时，用户遍布全国537家单位，涉及课题组2557个，实验人员53675人次。[②]目前，上海光源已发展成为我国用户最多的大科学装置。

上海光源的科技成就主要体现在三个方面：

其一，为多学科前沿研究提供了先进的实验平台并催生出系列原创成果。自运行以来，上海光源聚焦重大基础科学突破，为广大用户提供了一个跨学科、综合性、多功能的实验平台，在生命科学、凝聚态物理、材料科学、化学、能源与环境科学等多个学科领域产生了一批有国际影响力的重大科研成果。例如，中科院物理所研究团队利用上海光源在拓扑半金属TaAs晶体中观测到了费米弧表面态，证实了这类“手性”电子的存在，被评为物理学的标志性进展；中科院大连化学物理研究所研究团队于2011年首次合成单原子铂催化剂，发现其在一氧化碳氧化反应中表现出的优异催化性能，并在此基础上提出了“单原子催化”概念；大连化学物理研究所另一支研究团队借助上海光源探索出天然气直接转化利用的高效方法，创造性地构建了硅化物晶格限域的单中心铁催化剂，成功实现了甲烷在无氧条件下选择活化，一步高效生产乙烯、芳烃和氢气等高值化学品；清华大学研究团队借助上海光源揭示了葡萄糖转运蛋白工作机理，在世界上首次解析出人源葡萄糖转运蛋白GLUT1

① 徐洪杰:《上海光源首批线站设计与研制》,上海科学技术出版社,2015年,第797—801页。
② 《上海光源及其线站工程》,《中国科学院院刊》,2019年,第50—53页。

三维晶体结构；中科院微生物研究所/国家疾控中心研究团队，利用上海光源完成了一系列包括 H1N1、H5N1、H3N2、H7N9、MERS、埃博拉、寨卡、基孔肯雅热的蛋白质结构研究，为我国科学家在病毒溯源，病毒跨宿主传播提供了强有力的支撑，为国家防控策略提供了重要理论基础；2020 年初，南开大学研究团队借助上海光源率先解析了新冠病毒关键蛋白的高分辨结构以及 S 蛋白与人受体相互作用的高分辨结构，在分子水平上明确了病毒入侵、复制过程，为抗新冠药物的研发奠定了重要基础。

其二，为上海张江综合国家科学中心的建设奠定了坚实基础。上海光源首批建设的光束线和实验站居国际先进水平，可同时容纳几百名来自不同学科和高技术领域的科学家、工程师开展实验。几十条光束线和上百个实验站全部建成后，则可同时容纳研究人员上千名，由此为不同学科间的交叉融合创造了优良条件。在上海光源带动下，多个大科学工程先后落户上海，有蛋白质科学研究设施（上海）、软 X 射线自由电子激光装置、10PW 超强超短激光实验装置、硬 X 射线自由电子激光装置等。2016 年 2 月，国家发改委、科技部批复同意建设上海张江综合性国家科学中心。上海光源作为张江综合性国家科学中心最重要的科技基础设施，参与到设施集群的深度融合和协同创新中，也推动了我国包括同步辐射在内的大科学装置的发展。

其三，为相关产业领域的重大技术创新提供了平台支撑。上海光源直接带动了先进电工技术、超高真空技术、高精密机械加工、X 射线光学、快电子学和超大系统自动控制技术等先进技术和工业的发展，在国家重大关键技术攻关、传染病防控等方面也发挥了关键作用。例如，大连理工大学研究团队基于上海光源实时 X 射线成像技术，解决了合金凝固的黑箱问题，发明了凝固过程电磁调控系列专利技术，实现非真空下铜铬锆合金圆坯的高质高效制备，制成的接触线成品性能国内外报道最高，并成功用于京沪高铁。浙江大学研究团队借助上海光源的小角 X 射线散射线站，于 2011 年首次发现了氧化石墨烯的液晶行为，从而奠定了石墨烯宏观组装的基础原理，解决了“高品质单层石墨烯粉体类原料无法量产”这个石墨烯产业化的核心问题。此外，在生物制药、化工、冶金、新材料等多个产业领域，越来越多的企业利用上海光源开展技术研发，取得了良好的效果和效益。①

第四节　大连相干光源

大连相干光源，全称为基于可调极紫外相干光源的综合实验研究装置（Dalian Coherent Light Source，DCLS），由中科院大连化学物理研究所和上海应用物理研究所联合研制，是中国第一台自由电子激光大型用户装置，世界上唯一工作在极紫外波段的自由电子激光装置，也是世界上最亮的极紫外光源。大连相干光源是推动相关领域源头创新的战略性科研平台，作为第四代光源，装置中有90%以上的仪器设备由我国完全自主研发，标志着我国在这一领域居于世界领先地位。②

一、科学背景

20世纪80年代，美国“星球大战”计划出台，自由电子激光器凭借自身优异特性，展现出了激光武器巨大的发展潜力，备受各方关注。如今，自由电子激光已经发展成为成熟的高能量、短波长的高增益模式，被广泛用作科学研究的工具。世界主要科技强国为了率先占领国际科技先机，纷纷将高增益自由电子激光列为其优先支持对象。2006年3月，德国的电子同步辐射加速器（DESY）经过两年的改造和升级，将高增益自由电子激光推进到了软X射线波段。③2009年4月，美国直线加速器相干光源（LCLS）自由电子激光正式进入硬X射线时代。之后美国开始研制更为先进的高重复频率自由电子激光装置LCLS-II。2011年6月，日本的SACLA成为当时世界上波长最短的硬X射线激光。近年来，意大利的FERMI、韩国的PAL FEL、瑞士的Swiss FEL、欧盟的

①《上海光源及其线站工程》,《中国科学院院刊》,2019年第34期Z2卷,第50—53页。

②《揭秘“大连光源”:人类探测微观世界的利器》,《红外》,2017年第38期,第50页。

③ 通常把能量较高,波长在0.01至0.1纳米之间的X射线称为硬X射线,波长在0.1纳米以上的则称为软X射线。

European XFEL 等装置也相继建成出光。中国 2014 年启动软 X 射线自由电子激光装置（SXFEL）、2018 年启动硬 X 射线自由电子激光（SHINE）装置等的建设。①

自由电子激光技术的突破为科学家们提供了探索未知世界、发现科学规律、实现技术变革的重要工具。借助自由电子激光技术，科学实验研究就可以从宏观体系深入到单个原子和分子尺度体系、从静态过程转向超快的动态过程。科研人员利用自由电子激光超高亮度、超短脉冲、全相干等的优异特性，发明了超快实验技术、光谱学及电离探测技术、散射及成像技术等新型实验方法，不仅使实验时间大大缩短，还大幅提高了空间分辨率。这些方法帮助人们从全新的时间尺度和空间尺度上探索自然过程，尤其是对电子动态过程、分子结构及演化和物质相变等现象的直接观测，为人类打开了一个全新的世界。

表5—3　各国自由电子激光②

装置名称	优势波段	所属国家或组织	加速器类型	电子束能量/GeV	光子能量/KeV	重复频率/Hz	出光时间
FLASH	软X射线	德国	超导	1.25	0.014—0.3	0	2005
LCLS	硬X射线	美国	常温	14.3	1—15	120	2009
SACLA	硬X射线	日本	常温	8	0.44—20	60	2011
FERMI	软X射线	意大利	常温	1.5	0.0124—0.3	10	2011
PAL FEL	硬X射线	韩国	常温	10	0.124—12.4	60	2016
Swiss FEL	硬X射线	瑞士	常温	5.8	0.177—12.4	100	2016
DCLS	极紫外	中国	常温	0.3	0.008—0.025	50	2017
European XFEL	硬X射线	欧盟	超导	17.5	8.4—30	2.7万	2017
SXFEL	软X射线	中国	常温	1.5	0.1—0.6	50	2019
LCLS-II	硬X射线	美国	超导	4	0.2—5	100万	2021
SHINE	硬X射线	中国	超导	8	0.4—25	100万	2024

① 孙洋，张未卿，杨学明：《“大连光源”为化学反应中的分子“拍电影”》，《科技导报》，2019 年第 37 期，第 26—31 页。

② 孙洋，张未卿，杨学明：《“大连光源”为化学反应中的分子“拍电影”》，《科技导报》，2019 年第 37 期，第 26—31 页。

大连化物所长期围绕国家能源发展战略开展研究，大连相干光源的建设也是为了更好地促进能源基础科学研究和发展。要在能源领域开展源头创新，离不开对相关化学反应本质的探索。真正在原子分子层次上理解复杂的化学反应，同时有能力对这些反应过程加以控制，是能源化学研究的重要目标。只有这样，才能发展更加高效洁净的燃烧过程和催化过程。要想突破这些挑战，高灵敏的、原位的、动态的实验探测手段和高精度、有效的理论模拟方法都是必不可少的。如果说分子的电子激发和电离是探测能源相关体系的核心方法，那么，极紫外自由电子激光则是电子激发和电离的最有效方法和手段。极紫外自由电子激光的高亮度、超快特性，以及激发原子分子的外层电子并电离却不破坏分子自由基的良好特性，使科研人员能够在原子分子层次上、在超快时间尺度上，对其进行重要的物理、化学和生物等过程研究。因此，建造大连相干光源不仅是大势所趋，也是支撑国家能源发展战略的重要环节。

大连相干光源的工程目标是研制一套可调极紫外自由电子激光相干光源的综合实验装置。其科学目标是依托该装置，围绕能源化学若干重大科学问题，开展前沿性、基础性研究，力求在燃烧、表界面催化、团簇结构、大气雾霾化学等领域取得重要突破。

二、立项、设计与建造

2011年，由杨学明、赵振堂、王东领导的来自大连化物所和上海应物所相关专家组成的联合研发团队，率先提出了建设极紫外高增益自由电子激光综合实验装置的计划。此计划于2012年3月获得国家自然科学基金委国家重大科学仪器研制项目资助，资助金额1.03亿元。此外，大连化物所在国家发改委光源发展基建项目的支持下，建成了先进的实验大楼。项目启动后，研发团队对当时国际上自由电子激光装置发展状况进行了详细调研，并于2013年12月确定了最终的技术研制方案。根据这个方案，大连相干光源作为第一台用于科学研究的工作在极紫外区域的自由电子激光装置，需要建设直线加速器、波荡器、光束线和实验站等组成部分。

对于探测分子、原子及其外壳层电子结构而言，极紫外区域光源是对分子进行激发和软电离最有效的光源。大连相干光源的电子束由注入器中的光阴极产生，需要一套皮秒驱动激光系统照射光阴极产生高亮度、高品质电子束。随后，电子束通过直线加速器进行加速。直线加速器主要包括6段S波段速调管和一台可移动磁压缩装置，电子束通过这一直线加速器被加速到300兆电子伏特（图5—6）。通过直线加速器产生的高流强、低能散、低发射度电子束是决定自由电子激光能否达到饱和输出的关键要素。自由电子激光的基本思想在于辐射的相干叠加和电磁场的相干放大，这就需要通过波荡器来实现。单个电子的同步辐射谱大多是在一定范围内的连续分布，通过合理选择波荡器（图5—7）和电子束参数，使各个电子的同步辐射在一定的波长上相干地叠加，产生相干辐射；而且电子在整体上将能量交给电磁场，使得辐射被相干放大。极紫外脉冲光在真空中产生且不能在空气中传输，因此需要在高真空中将极紫外光从光源的出口传输到实验装置（图5—8）。这就需要研制具有小角度反射镜的真空腔体和连接光源出口及

图5—6 直线加速器

图5—7 波荡器

图5—8 极紫外光束线

实验腔体的真空管线将光引到实验站。利用光束线上的极紫外光谱仪，极紫外光源的光强以及波长可以被实时监测。同时，光束线上还配备了气相高次谐波抑制器用于抑制光源的高次谐波成分。

2014年10月，大连相干光源在大连市长兴岛经济技术开发区动工。经过近两年的建设，项目组完成了主要基建工程和主体光源装置的研制，并于2016年9月24日实现了光源装置的首次出光。实现出光只是装置建成的第一步，能稳定出光才是装置发挥作用的基础。为此，联合研发团队不断对大连相干光源实验装置进行调试，相继于2016年11月25日和2017年1月15日成功实现了自由电子激光自放大自发辐射和高增益谐波产生的饱和输出。该装置可以在整个极紫外波段（50—150纳米）实现波长连续可调，重复频率达到50赫兹，成为世界上最亮且波长完全可调的极紫外自由电子激光光源。①

2018年6月15日，大连相干光源项目顺利通过专家组现场验收。2019年8月，大连相干光源被正式纳入中科院重大科技基础设施平台管理。2019年11月，大连相干光源作为首批成员加入国际科学中心联盟。此外，大连相干光源研发团队还在种子型自由电子激光中采用了“taper波荡器”技术，使得高增益谐波模式产生的极紫外激光脉冲峰值功率达到了设计指标的2倍。这项技术的运用是世界首创，大连相干光源有望引领世界极紫外自由电子激光及相关领域的发展。

在首批光束线站中，大连相干光源建设了中性团簇红外光谱实验站、气溶胶质谱及成核机理研究实验站、分子光化学实验站、自由基探测实验站、交叉分子束－时间切片速度成像实验站、极紫外激光解离－高分辨质谱实验站，分别致力于光化学、中性水团簇、交叉分子束、气溶胶、自由基光谱动力学等能源化学领域的研究工作。

在此基础上，大连相干光源于2021年完成升级改造，建成第二条波荡器束线并出光，以便同时为两个不同的用户供光，实现“两翼齐飞”的运行模式，提高工作效率。相较于第一条波荡器束线，第二条波

---

① 孙洋，张未卿，杨学明：《“大连光源”为化学反应中的分子“拍电影”》，《科技导报》，2019年第37期，第26—31页。

荡器束线将采用椭圆极化波荡器，可以实现自由电子激光偏振的任意可调谐，满足了偏振相关基础科学研究的需要。同时，第二条束线在皮秒极紫外激光的基础上，还可以提供百飞秒级的超短极紫外自由电子激光，为众多科学领域中的超快过程研究提供崭新的实验方法和技术手段。依托第二条波荡器束线，大连相干光源还将筹划建设4至6个先进实验站，在能源化学、表面催化、星际化学、大气化学以及生物医药等重要领域进一步发挥重要的推动作用。

三、运行与成果

2018年，在验收之前，运行团队对大连相干光源装置进行了全方位的运行维护工作。大连相干光源装置正式通过验收后，运行团队对光源进行了进一步的维护，排除了一些隐患，对自由电子激光的各项参数进行了优化，改善了用户的用光条件与便利性，提供了更多的用户机时，光源进入了相对平稳的连续运行状态。经过对光源各个系统的调整和优化，各项性能指标都达到了设计要求（图5—9）。

图5—9　大连相干光源实验楼外景

大连相干光源的建成和运行是一个历史性突破，表明我国重大科学仪器装备的研制进入无人区，为我国相关领域的原创性科学研究提供了前所未有的可能性。大连相干光源的成功建设也是我国高水平实验科学研究团队与先进大科学装置研制团队合作模式的典范，为我国先进大科学设施的建设提供了一个先进的发展模式。为了更好地发挥大连相干光源在科学研究中的作用，大连化物所依托大连相干光源，成立了大连光源科学研究中心，由技术研发与运行维护、科学研究两大板块组成。技术研发与运行维护板块包括5个研究组，分别为：自由电子激光技术研究组、低温超导技术研究组、超快激光技术研究组、光束线技术研究组、装置运维及辐射防护技术研究组。科学研究板块包括3个研究组和6个由科学用户建设的实验站，分别为团簇光谱与动力学研究组（负责运行中性团簇红外光谱实验站、气溶胶质谱及成核机理研究实验站）、分子光化学动力学研究组（负责运行分子光化学实验站）、自由基分子反应动力学研究组（负责运行自由基探测实验站）、交叉分子束—时间切片速度成像实验站、紫外激光解离—高分辨质谱实验站。大连相干光源坚持对外开放，接受国内外相关研究单位申请和使用光源，对于科学实验研究实行免费供光，对于营利性的课题研究则收取一定费用。

2018全年度，光源总运行时间为6624小时，用户供光时间为3684小时，用户平均无故障平稳连续用光时间占总运行机时的95%。2019年，大连相干光源进入平稳运行阶段。经过运行机制以及各系统性能的不断调整优化，光源整体运行状态相比2018年度明显提升。2019全年度，光源总运行时间为7061.5小时，加速器供束时间为6749.9小时，占总运行机时的95.6%。用户供光时间为5726.4小时，占总运行机时的81.1%。

自运行以来，大连相干光源运行团队对装置运行状态进行深入细致的分析，并通过借鉴国内外大科学装置运行的成功经验，不断完善大连相干光源运行机制，在机器参数调整方法及运行数据记录智能化等方面不断规范化，逐步形成了适合于自由电子激光用户装置的运行模式。随着运行体系的逐渐完善，自由电子激光的各项性能进一步提升，实验站用户获得了更多的用光机时，装置的运行结果达到了预期的目标。

大连相干光源的建成，引发了国内外学术界的广泛关注。德国马克斯·普朗克生物物理化学研究所所长投入200万欧元专项经费，在大连光源建设永久实验站——表面化学研究实验站，主要研究能源转化过程中的催化机制。这是大连相干光源建成之后第一个取得实际进展的高水平国际合作项目。英国布里斯托大学、美国布朗大学、美国加州大学伯克利分校等的科研人员也纷纷利用大连相干光源开展研究工作。以大连相干光源为平台、能源相关的基础科学研究国际网络已经初步形成。

截至2020年底，已有多个科研团队利用大连相干光源，取得了若干重要科研进展。在星际小分子光化学研究中，科研人员发现水分子光解产生超热的羟基自由基，观测到电子激发态的羟基超级转子的形成、水分子同位素诱导的偶然共振效应以及水分子光解形成高振动激发的氢氧根（OH）是火星大气辉光的来源。在水结构演化机制研究中，科研人员首次实现了质量选择中性水团簇的高灵敏探测及红外光谱的研究，发现了最小水滴立体结构是由五个水分子团簇组成以及最小分子冰立方的多个新结构，并揭示了水团簇的成键特征。在能源催化相关机理研究中，科研人员探测了贵金属纳米颗粒单原子分散级催化剂在催化过程中的自由基以及大气团簇中的氢键费米共振机制。此外，科研人员还研发了极紫外激光解离－高分辨质谱实验站，开展小分子与生物大分子的相互作用研究，为药物靶点的研究提供了一个崭新的实验工具，并且取得了初步成效。

大连化物所在先进极紫外自由电子激光领域的发展并没有就此止步。早在2014年，该所光源团队就提出了建设下一代极紫外自由电子激光装置（大连先进光源）的设想。2018年8月，大连先进光源——高重复频率极紫外自由电子激光装置预研项目正式启动，大连市政府和大连化物所签署合作协议，大连市政府将在项目选址、建设资金上对大连先进光源预研项目予以重点支持，目前正在争取入列国家重大科技基础设施建设规划。展望未来，这一先进的极紫外光源将使光子产生的频率从每秒50次提升到100万次，平均亮度将增加近1万倍。这一光源将有希望达到纳米级别的半导体光刻技术所需要的光源亮度，未来有可能成为高端芯片制造技术的有益补充，[①]并将为基础科学提供一个前所未有的实验研究工具。

---

① 张佳星：《下一代“大连光源”亮度将提高1万倍》，《科技日报》，2019年3月12日，第1版。

第五节　中国散裂中子源

中国散裂中子源（CSNS）是一种聚焦高科技前沿、多学科应用的大科学装置。中国散裂中子源工程历时六年半，于2018年3月25日完成建设任务，8月23日通过国家验收。随后，中国散裂中子源开始对海内外各科研领域的用户开放使用。从综合性能看，中国散裂中子源技术先进，达到了世界同类设备水平。中国散裂中子源对促进国内脉冲中子源及相关应用领域的发展具有重大意义，能够为我国材料科学、生命科学、中子核物理、新能源、资源环境等诸多科技领域的基础研究和技术研发提供强大的平台支撑。

一、建设背景

与X射线一样，中子也是帮助人类探索微观世界、解密物质微观结构的重要工具。中子散射对于研究蛋白质、生物大分子、纳米团簇、物质磁性结构以及微观动力学过程等有重要作用。20世纪80年代以来，美国、日本和英国相继投入巨资建设高性能散裂中子源，并在众多领域的科学研究和技术研发中取得了重要成果。我国虽然已经建设了4台同步辐射光源，[①]但却没有高性能的脉冲中子源，从而制约着许多学科领域的发展。

中国致力于发展高通量中子源已有近半个世纪的历史。1958年，我国建成第一座实验性重水反应堆，不仅奠定了原子能工业的基础，还推动了国内中子散射研究。到20世纪80年代，中国原子能科学研究院不仅拥有亚洲地区唯一的液氢冷却的冷中子源，还建成了国内唯一初具规模的热中子散射实验室。该实验室在稀土永磁材料的磁结构、高温超导材料中氧原子位置、声子圆偏振色散关系等方面都有过重要研究成果，使我国热中子散射研究在国际上有了一席之地。进入21世纪，越来越多的科研人员希望利用中子散射深化相关研究，而国内中子研究科

① 分别位于北京、安徽合肥、台湾新竹和上海。当时，上海的高亮度、高性能的X射线源处于在建状态。

研装置已经远远满足不了需求，科研人员只能到国外的中子散射装置开展相关实验工作。虽然中国原子能科学研究院在1994年就开始着手推进中国先进研究堆工程（CARR），但该装置对于中子散射研究存在着不少局限，只有通量高、波段宽的中子源才能有效支撑高分辨中子散射测量。为了促进中子研究，中国建造高性能的脉冲中子源装置已经势在必行。

1999—2000年，受中科院委托，高能所起草《关于我国高能物理和先进加速器发展目标的报告》，报告中明确提出发展强流质子加速器，进而发展散裂中子源和驱动次临界核反应堆的思路。1999年6月，中科院向国家科技领导小组第四次会议提交了这个报告。2000年7月，得到了国家科技领导小组第七次会议的原则同意。2000年7月5日，中科院院长路甬祥院士率代表团访问卢瑟福·阿普顿实验室（RAL），参观了英国散裂中子源（ISIS）。1985年10月建成的ISIS是当时世界上亮度最高的散裂中子源，平均每年为1500多名科学家提供服务，20多台中子散射光谱仪每年支撑700多项实验研究，而RAL实验室每年发表的相关高水平论文就达500多篇。鉴于散裂中子源对多学科基础研究乃至产业创新的强大支撑作用（图5—10），路甬祥回国后即要求中科院组织有关专家论证在中国建造散裂中子源的可行性。

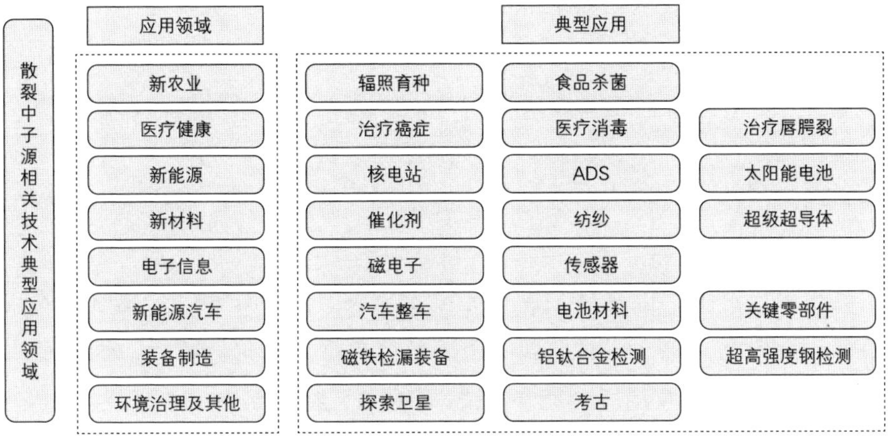

图5—10　散裂中子源应用研究领域[①]

① 张玲玲，张利斌，赵明辉，等：《依托大科学装置产业化的人才需求和发展策略研究——以散裂中子源为例》，《科技促进发展》，2018年第12期，第1118—1125页。ADS指的是加速器驱动洁净核能系统。

2001年2月，以21世纪中子科学发展为主题的香山科学会议召开，来自国内14家单位的44位专家就我国中子科学发展以及国家经济社会发展对中子科学与相关实验装置的需求展开研讨。专家们认为，为了提升自主创新能力，我国应尽早尽快启动散裂中子源建设；但是，相关技术十分尖端，建造难度很大，经费投入多，建造周期需要十年左右。尽管我国的散裂中子源建设领域基本属于空白，但高能所拥有建造35兆电子伏特质子直线加速器的成功经验和技术积累，可以为散裂中子源提供一定的技术支持。散裂中子源质子直线加速器的设计、制造、安装和调试，完全可以借鉴同步加速器建设的成功经验。在此基础上，通过技术攻关，突破相关技术难题是完全有可能的。

二、立项过程

2001年5月，中国散裂中子源研究第一次院士咨询研讨会召开，与会专家建议对中国散裂中子源的先进性和可行性进行全面的调研和评估。同年8月，中国散裂中子源研究第二次院士咨询研讨会召开，通过了中科院物理所建议的北京散裂中子源建设方案，即建设一台脉冲频率25赫兹、束流功率100千瓦的散裂中子源大科学装置。

2002年7月，中科院知识创新工程重要方向项目——多学科平台散裂中子源的关键技术创新研究项目正式启动，由中科院高能所和物理所合作承担，旨在攻克散裂中子源核心技术。该项目包括5个子课题：其中3个子课题致力于加速器技术攻关，分别涉及加速器方案设计、质子直线加速器关键技术、快脉冲同步加速器关键技术；另外2个子课题是靶站和谱仪技术攻关，涉及靶站关键技术的创新研究、谱仪选型和概念设计。2003年4月，“多学科应用的散裂中子源”获科技部国际科技合作重点项目资助，以开展关键核心技术攻关。2004年6月，在当年的两院院士大会上，院士们对散裂中子源项目进行了讨论。随后，国家发改委在上报国家科教领导小组的规划文本中，将散裂中子源列为“十一五”时期9个大科学工程之首。

2004年8月，第一届散裂中子源多学科应用研讨会在中科院物理所召开，会议达成两项共识：一是散裂中子源项目一期建设5台中子散射谱仪，其中2台谱仪由用户自建，以化解经费紧缺问题；二是组建中子散射用户联盟，并确定了用户工作条例。2005年6月，散裂中子源项目正式上报国家发改委。与此同时，中科院决定提供经费3000万元用于关键技术的预研工作。2005年7月19日，国家科技教育领导小组原则批准北京散裂中子源项目。在接下来的5年，国家将投入60亿元建造9个大科学装置，其中12亿元将用于BSNS建设。

2005年10月，高能所发文成立北京散裂中子源加速器工程指挥部（筹）。2006年2月，北京散裂中子源靶站谱仪工程中心（筹）在物理所挂牌成立。2006年4月，北京散裂中子源加速器工程设计国际研讨会在高能所举行，与会专家对加速器各系统的工程和技术设计进行了全面评估。同年7月，项目组邀请用户参加第三届散裂中子源多学科应用研讨会，听取他们对散裂中子源的性能要求和设计建议。

2006年6月，路甬祥到广东省考察，确定了与广东省共建散裂中子源项目的合作意向，项目名称遂由北京散裂中子源改成中国散裂中子源。2006年11月，中科院决定高能所为中国散裂中子源项目责任单位。2007年2月，中科院与广东省签署合作备忘录，以共同推进中国散裂中子源建设，并在东莞市大朗镇打造散裂中子源国家实验室。2007年4月，东莞中子科学中心在松山湖科技产业园区挂牌成立，其主要任务是：推动和落实中国散裂中子源的预制研究、项目规划用地相关地质勘探、规划设计等工作；提供必要条件，以引进和储备装置建设所需人才。

2007年5月，第一届中国散裂中子源项目国际顾问委员会评审会在高能所举行，委员们对散裂中子源的总体指标以及加速器、靶站、谱仪等的相关技术问题进行了深入探讨，并提出了指导性意见。2007年7月，专家组审查和评议了《中国散裂中子源可行性研究工程地质勘察报告》，在3个预选场址中选定东莞大朗镇水平村作为散裂中子源装置建设地，规划用地1000亩。同时，将生活区设在松山湖科技产业园区，规划用地50亩。

2007年12月，国家发改委委托中国国际工程咨询公司对《中国散裂中子源项目建议书》进行了评估。2008年6月，中国散裂中子源项目建议书通过国家环保部组织的评审。2008 年 9 月，项目建议书获得国家发改委批复同意，中国散裂中子源正式立项。

三、设计与建设过程①

2009 年 6 月，中国散裂中子源工程领导小组成立，路甬祥担任领导小组组长。2009 年 8 月，领导小组在广州举行第一次会议，确定了散裂中子源工程建设领导小组和工程经理部的职责，审议了工程指挥部和工程经理部的组成人员名单，并对下阶段工作重点及工作规划进行了讨论。高能所所长陈和生任工程总指挥兼经理，高能所马力任常务副经理，高能所傅世年、奚基伟、陈元柏以及物理研究所冯稷担任副经理。工程经理部下设加速器、实验、公用设施三个分总体。

2009 年 9 月，散裂中子源工程实验各分总体工作讨论会召开，与会专家对固定靶和转动靶两种设计方案的特点、优势和技术问题等进行了研讨，初步明确了靶站建设将采用固定靶水平维护方案。2009 年 10 月，中国国际工程咨询公司对《中国散裂中子源项目可行性研究报告》进行了评估。2011 年 2 月，该报告获国家发改委批复同意，明确高能所为项目法人单位，物理所为共建单位。

2011 年 3 月，十一届全国人大四次会议表决通过了《中华人民共和国国民经济和社会发展第十二个五年规划纲要》，中国散裂中子源被列为“科技创新能力建设重点”之一。2011 年 5 月，中国散裂中子源初步设计报告评审会召开，会议评审了散裂中子源项目的总体报告、各分总初步设计报告（包括加速器、靶站谱仪、土建工程、公用设施等）以及工程经费与管理报告等内容。专家们强调：“中国散裂中子源项目在建设内容上要着眼长远，突出预见性、战略性和前瞻性，增强科学前沿重要问题的突破能力，注重工程实施的可行性。”②2011 年 5 月，中科院正式批复同意中国散裂中子源的初步设计及概算，进一步明确了该项目的科学目标、工程目标、建设内容和主要验收指标等。项目规划用地 1000

---

①《散裂中子源年报(2009-2019)》,[2020-12-05],http://csns.ihep.cas.cn/csnsnb。

②《中国散裂中子源项目初步设计报告评审会召开》,(2011-05-04)[2022-05-22],http://lssf.cas.cn/lssf/slzzy/xwdt/201105/t20110505_4513135.html。

亩，首期用地400亩，项目总投资为23.239亿元，其中国家投资16.699亿元（后来调整为18.6632亿元）①，广东省配套投资5亿元，建设周期6.5年。2011年10月20日进行了中国散裂中子源的开工奠基仪式。这一年还先后通过了快循环同步加速器四极磁铁样机、铁氧体加载腔用射频功率源等9个预制研究项目的测试和验收。

CSNS项目主要建设1台负氢离子直线加速器、1台快循环同步加速器、2条束流运输线、1个靶站、3台谱仪及相应的配套设施和土建工程。2012年，预制研究工作已经基本完成，开始转入非标设备批量生产阶段，累计完成39个项目的招标工作。

2013年是CSNS土建工程的攻坚之年，在各参建方共同努力下，土建工程完成投资约2.45亿元，占合同总造价的46.7%。排风中心、冷冻站、测试实验楼、维修站及仓库、辐射防护楼、综合实验楼、综合服务楼共8栋单体以及110千伏特专用变电站投入使用。这一年共完成工程招投标任务36个，中标金额累计2亿元；共签订了763份合同，总金额为3.2亿元。

2014年继续攻坚土建工程，完成投资约1.33亿元，占合同总造价的25.3%；主装置区完成总工程量的80%，直线隧道和设备楼基本完成。10月，加速器首台设备——负氢离子源进入隧道安装，标志着散裂中子源建设进入非标设备安装阶段。

2015年，土建工程、设备研制和加工等方面都取得了重要进展，工艺设备进入到全面安装阶段，部分设备开始调试。4月，加速器前端系统设备完成安装，经过15天调试，低能端射频四极加速器成功出束。5月，靶站氦容器完成安装。氦容器的功能是向散裂中子源反应区域提供氦气，并防范放射性气体及活化的冷却介质泄漏。12月，最后一台加速器四极磁铁成功安装，标志着快循环同步加速器所有磁铁的批量生产与磁场测试工作全面完成。②

---

① 2015年12月，因土建工程等部分建设内容调整，国家发改委追加投资1亿元，其余资金由中科院自筹解决。

② RCS磁铁是快循环同步加速器的重要组成部分，共有各类磁铁145台，包括二极磁铁24台、四极磁铁48台、六极磁铁16台、校正磁铁34台、注入区特种磁铁14台以及引出区特种磁铁9台。全部磁铁由高能所东莞分部加速器技术部磁铁组人员完成物理设计。

2016 年是散裂中子源设备安装最为繁忙的一年，工程建设取得了重大进展，加速器完成全部设备安装任务，进入设备调试和调束阶段；靶站和谱仪进入设备安装的最后阶段。

2017 年 6 月 13 日，靶站质子束窗安装工作完成后，加速器设备全部安装就位。8 月 25 日，最后一台大型精密设备——小角散射谱仪主探测器完成安装。8 月 28 日，散裂中子源首次打靶成功，获得中子束流，标志着 CSNS 主体工程顺利完工，进入试运行阶段。11 月 1 日，CSNS 开始加速器、靶站、谱仪首次联合调试。11 月 9 日 18 时 10 分，CSNS 打靶束流重复频率达到了 25 赫兹的设计指标，打靶的平均质子束流功率超过 10 千瓦，达到了验收指标的要求。

2018 年 2 月 14 日，通用粉末衍射谱仪（GPPD）完成了首个用户样品实验，实验数据质量高、可靠性强。2018 年 3 月至 5 月，中国散裂中子源先后通过了工艺、设备、建安、财务和档案五个方面的专业验收。

2018 年 8 月，中国散裂中子源项目通过国家验收。验收委员会认为，中国散裂中子源的各项指标均达到或优于批复的验收指标；装置整体设计先进，研制设备质量精良，靶站最高中子效率和三台谱仪综合性能达到国际先进水平。需要特别指出的是，束流功率达到 20 千瓦，大大超过了 10 千瓦验收指标要求。经过六年半建设，我国首台散裂中子源大科学装置高质量建成（图 5—11），开始向国内外科研工作者开放使用。

图 5—11 中国散裂中子源外观布局

四、散裂中子源装置构成与相关技术突破

中国散裂中子源宛若一台“超级显微镜”，可以帮助人们探究微观世界的奥秘，解释物质微观结构的机理。CSNS 由一台负氢离子直线加速器、一台快循环质子同步加速器、一个靶站和 3 台中子谱仪构成。其主要原理是：通过离子源产生负氢离子，利用一系列直线加速器将负氢离子加速到 80 兆电子伏特，负氢离子经剥离成质子注入到一台快循环同步加速器中，将质子束流加速到 1.6 吉电子伏特的能量，引出后经束流传输线打向钨靶，在靶上发生散裂反应产生中子，中子通过慢化器、中子导管等被引向中子谱仪，供用户开展实验研究（图 5—12）。CSNS 虽然束流功率只有 0.1 毫瓦，但是束流能量达到 1.6 吉电子伏特，装置设计指标和综合性能达到国际先进水平，建成时成为当时世界四大散裂中子源之一。

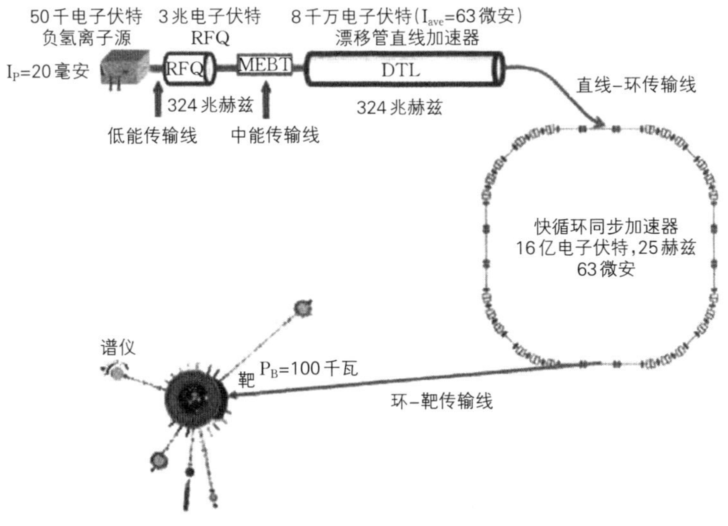

图 5—12　中国散裂中子源装置结构示意图

加速器对散裂中子源的主要性能指标起着决定性作用。低能端射频四极加速器（RFQ）可对束流进行聚焦、聚束与加速，有效克服低能强流束所产生的空间电荷效应，从而大幅提高束流质量。漂移管直线加速器（DTL）的主要功能则是对束流进行二次加速，即把 RFQ 引出的 3

兆电子伏特负氢离子加速到80兆电子伏特，为快循环同步加速器（RCS）的进一步加速作准备。[①]该DTL采用了较高的324兆赫频率，这种设计既可加速较高峰值电流的束流，又缩短了直线加速器的长度、降低了成本。RCS束流功率设计为100千瓦，主要负责将注入的81兆电子伏特质子束流加速到1.6吉电子伏特，并经过束流传输线将加速后的质子束流轰击钨靶，使之发生散裂反应以产生中子。[②]RCS所采用的铁氧体加载腔、陶瓷真空盒等技术在国内均是首次应用。

靶站是利用加速器产生的高能质子脉冲轰击重金属靶体发生散裂反应，从而产生大量快中子（图5—13）。靶站里的慢化器对这些中子进行慢化处理，使之变为慢中子脉冲，通过中子束道分配到中子散射谱仪终端，供用户进行中子散射实验研究。靶站系统由靶体、慢化器、铍/铁反射体、铁/重混凝土生物屏蔽体等组成。其中慢化器有3个，分别是耦合氢慢化器、退耦合窄化氢慢化器以及退耦合水慢化器。靶体材料是钽包覆的金属钨，冷却剂采用水，靶体容器则采用具有耐辐照及腐蚀特性的不锈钢。

图5—13　中国散裂中子源靶站谱仪的靶心

① 刘华昌，瞿培华，宋洪，等：《中国散裂中子源漂移管直线加速器研制进展》，《原子能科学技术》，2015年第S2期，第556—559页。

② 李晓，孙虹，张春林，等：《中国散裂中子源快循环同步加速器射频系统的设计与研制进展》，《原子能科学技术》，2016年第7期，第1307—1313页。

中子谱仪主要用于探测中子物理量。谱仪有两大类：第一类是弹性散射谱仪，包括粉末衍射仪、单晶衍射仪、小角衍射仪和反射仪；第二类是非弹性散射谱仪，包括直接几何非弹性散射谱仪和逆几何非弹性散射谱仪。[①]弹性散射谱仪重在探测散射中子的空间分布和位置变化，主要用于研究物质结构中分子、原子等的位置及变化。非弹性散射谱仪除了能够探测散射中子空间分布的变化之外，还可以对散射中子的能量变化进行探测。因此，非弹性散射谱仪主要用于研究物质中原子、分子等的动力学过程。由于经费预算限制，项目组在综合考虑用户需求等因素后，一期项目主要建设3台谱仪，即通用粉末衍射仪（GPPD）、小角散射仪（SANS）和多功能中子反射仪（MR）。其中，GPPD主要用于物质的晶体结构和磁结构等问题的研究，SANS主要应用于空间尺度在10—1000 A范围内的物质结构分析，而MR则适用于物质表面和界面的结构特性研究。[②]

在建设加速器、靶站、谱仪的过程中，科研人员攻克了许多技术难题，取得了一系列技术创新成果，设备国产化率超过了90%。代表性技术突破有：第一，在国内首次自主研制成功25赫兹快循环大孔径交流谐振二极磁铁和四极磁铁及其电源，采用电流谐波注入新方法，实现了二极磁铁和四极磁铁磁场的高精度同步跟踪，使动态磁场控制精度优于国外同类设备。第二，在国际上首次在空间电荷中和的低能束流传输线中运行静电斩束器，关键指标束流脉冲上升与下降时间小于10纳秒，远快于美国散裂中子源和日本散裂中子源低能段斩束器的大约100纳秒指标，处于国际领先水平。第三，在国内首次自主研制成功脉冲散裂中子靶站，通过创新设计，实现了靶一慢化器一反射体的紧凑耦合，使靶站最高中子效率、时间平均亮度与脉冲峰值亮度等中子学性能均达到国际先进水平。第四，在国内首次设计了3台特色飞行时间中子散射谱仪，自主研发的GPPD大面积高空间分辨闪烁体中子探测器，填补了国

---

① 王芳卫，梁天骄，殷文，等：《散裂中子源靶站和中子散射谱仪的概念设计》，《核技术》，2005年第8期，第593—597页。

② 王芳卫，贾学军，梁天骄，等：《散裂中子源靶站谱仪的物理设计》，《物理》，2008年第6期，第449—453页。

内大面积工程应用型闪烁体探测器的空白，解决了我国核探测领域的一个“卡脖子”问题。第五，在国内首次自主设计及制造冷中子源慢化器，攻克了双层薄壁铝容器的整体成型及加工变形控制技术、变壁厚铝制异型薄壁容器焊接及焊接变形控制技术、中子窄化片热等静压成型等工艺难题。[①] 第六，SANS 散射腔体内衬使用了我国自主研制的新型硼铝复合材料，这也是世界上首次在中子源上使用该材料。可以说，散裂中子源建设显著提升了我国在磁铁、电源、探测器及电子学等领域的相关产业技术水平和自主创新能力，使我国在强流质子加速器和中子散射领域实现了重大跨越。

五、运行与成就

中国散裂中子源的建成，填补了国内脉冲中子源及应用领域的空白，为我国众多学科领域的基础研究和高新技术研发提供了强有力的平台支撑，对满足国家重大战略需求、解决前沿科学问题具有重要意义。

为加强中国散裂中子源工程管理，2013 年 2 月 19 日高能所正式成立了东莞分部，并于 2020 年 12 月 8 日更名为东莞研究部，为高能所内设异地科研单元。东莞研究部下设 3 个研究机构（加速器技术部、中子科学部、技术支持部）和相关职能部门，主要任务是推动散裂中子源项目建设和运行，为项目建设和运行提供管理、人员、服务等支撑，做好散裂中子源项目建设运行的日常工作协调和管理，确保散裂中子源稳定可靠运行，努力建成我国中子、质子多学科研究和应用中心、国际一流的大型多学科研究平台。截至 2019 年底，设施员工总数达到 329 人，其中运行维护人员有 157 人，实验研究人员有 129 人。

中国散裂中子源正式运行后，全面推进开放共享，吸引了大量科研工作者进行中子散射实验研究。2019 年 7 月，中国散裂中子源完成了 2018—2019 年度开放运行任务，包括用户课题共计 101 个（高等院校 54 个，研究院所 47 个），其中香港地区以及国外的用户课题 11 个。2019 年

---

①《中国散裂中子源慢化器顺利通过出厂验收》，(2016-12-16)[2020-09-2]，http://lssf.cas.cn/lssf/slzzy/xwdt/201612/t20161221_4524321.html。

散裂中子源加速器打靶束流功率达到80千瓦，并保持稳定运行，全年实现有效打靶供束时间4576小时，超过3600小时的计划目标；供束期间，加速器的供束效率达到92.6%，超过90%的计划目标。利用中国散裂中子源，学者们在芯片中子单粒子效应、逆自旋霍尔磁性薄膜、高强合金的纳米相、格明子的拓扑磁性、新型锂离子电池材料、太阳能电池结构等方面取得了重要研究成果，对催化剂、可燃冰、页岩、航空材料等开展了卓有成效的研究。

首期三台谱仪的科研成果尤其突出。2018年9月，GPPD正式对国内外用户开放。此后，GPPD持续升级硬件与软件系统，在2019年至2020年期间，上线使用多套实验样品环境设备，包括1.5开尔文低温恒温器、80摄氏度高温炉、9特斯拉超导磁铁、5—750开尔文高低温设备、20兆帕低温高压耦合设备等，丰富了实验条件。与此同时，GPPD还验证了对分布函数（PDF）分析、中子成像、应力分析等多类新的谱仪应用功能，尽可能满足不同实验的要求，为新建谱仪奠定了基础。GPPD谱仪的用户数量和申请机时逐年大幅增加，截至2020年12月，每年支持的课题数从55项增加到100多项，主要涵盖新型能量存储与转换材料、磁性材料、金属及合金材料、无机化合物、超导材料和金属有机框架材料等，共产出高质量研究论文37篇。国际同行在《科学》和美国物理联合会《科学之光》等杂志上对GPPD重点用户研究工作进行了亮点报道，GPPD优异性能的可靠性和科学性得到国内外同行的充分肯定。

SANS主要用于研究物质内部1—100纳米尺度的不均匀结构。2018年9月开始对国内外用户开放，10月完成了南京理工大学用户关于金属玻璃晶化动力学研究的首个用户实验。2019年起，SANS组成员与相关专业组合作逐步对谱仪进行优化升级，使得谱仪的Q值范围不断扩展，测试能力得到提升。此外，SANS逐步搭建了磁场（1.1特斯拉）、高温（1250摄氏度）和水浴样品环境，为研究在高温和磁场下材料纳米结构的演化提供了条件，并发展掠入射小角中子散射（GISANS）技术，将SANS的应用范围拓展至薄膜和涂层等表界面的研究中。SANS每年实际开展的国内外用户课题数量将近70项左右，在国际期刊上发表高水平学术论文近20篇，涉及诸多学科领域，在国内外产生了广泛影响。

MR的目标是建立基于中子反射测量分析薄膜材料结构的研究工具，具备磁场最大可达1.8特斯拉，温度最低可达5开尔文的原位样品环境。MR建设的科学目标是满足对于人工制备的各种薄膜结构和磁结构的认识需求，主要应用研究领域包括各种新兴薄膜材料的结构、磁性低维结构及表面磁性、聚合物膜及生物膜的结构和界面现象等，研究工作涉及物理学、化学、材料科学、能源科学等领域。自投入运行以来，MR用户数量一直持续增加，每年支持来自中科院、国内高等院校等的研究课题数20多项，主要面向自旋电子薄膜材料、强关联氧化物薄膜、有机太阳能薄膜材料、软物质等方面的研究。2020年，MR的科研产出达到了国际同类型谱仪的先进水平。

此外，散裂中子源相关研究成果开始得到产业化应用。2019年12月，散裂中子源科学中心成功研制出硼中子俘获治疗（BNCT）实验样机，并成功打靶，产生中子束流。作为利用散裂中子源相关技术催生的首个产业化项目，该装置的成功研制，为我国医用BNCT治疗装置整机国产化和产业化奠定了技术基础，将为我国肿瘤治疗带来技术性革新。2020年初，“硼中子俘获治疗（BNCT）肿瘤装备工程技术研究中心”获得了广东省科技厅认证。

总之，中国散裂中子源的成功建造，结束了我国没有高性能脉冲中子源的历史，为我国核物理、材料科学、生命科学、新能源等领域的科学研究提供了基础设施支撑，对我国开展前沿科学研究、攻克关键核心技术等具有重要作用。自建成以来，科研人员面向社会经济发展需求，已经在新型高温超导、稀土磁性、锂离子电池材料、功能薄膜等领域取得重要学术成果。中国散裂中子源布局在粤港澳大湾区，促进了电源、探测器、磁体、医疗等技术的产业集聚，推动了粤港澳大湾区国际科技创新中心和综合性科学中心的建设。

第六章

核能领域：核聚变与强磁场实验装置

随着现代物理学的发展，原子能的开发利用开始进入人们的视野。第二次世界大战期间，全世界都被原子核裂变中蕴藏的巨大能量所震惊。核能的释放主要有两种途径：重核裂变和轻核聚变。原子弹和氢弹的爆炸分别是核裂变与核聚变在不可控情况下能量大量释放的过程。与重核裂变相比，轻核聚变释放的能量要大得多，产生的有害放射性产物也要少得多，而且核聚变所需原料氘的蕴藏量远富于裂变所需的铀或钚，因此核聚变能源开发的前景十分诱人。我国的核聚变研究于上世纪50年代中期开始，和国际社会对核聚变的研究工作几乎同时起步。[①]迄今，我国已经形成了核工业西南物理研究院（简称西物院）、中科院等离子体物理研究所（简称等离子体所）、中国工程物理研究院、中科院上海光学精密机械研究所（简称上海光机所）四个核聚变研究基地。这些基地打造了中国环流器系列装置、全超导托卡马克装置、神光系列装置以及作为磁约束核聚变研究伴生物的强磁场实验装置，它们的建设历史集中反映了我国在核聚变能源领域的不懈求索。

第一节　核聚变能源研究的兴起

长期以来，人类的能源开发主要指贮量有限且不可再生的煤、石油、天然气等化石燃料的开发。随着各国能源需求的大幅增加，化石燃料正在走向枯竭，它们或者被开采殆尽，或者因开采成本过高而失去开采价值。不仅如此，化石燃料消耗还带来了严重的环境问题，其中温室

① 杨阿卓:《走向世界的中国核聚变——核工业西南物理研究院院长潘传红谈中国核聚变研究发展》,《中国核工业》,2006年第12期,第7—9页。

气体的排放被认为是全球变暖的主要原因。因此，人们不得不将希望寄托于风能、太阳能、水能、核能等替代能源。其中，风能、太阳能虽然对环境的破坏小，但其能量密度太低，难以完全替代化石类能源；水能受自然环境影响大，水电站的建设对生态环境的影响也很大；核裂变虽然可以提供巨大能量，但核废料的处理、装置的安全问题等一直难以解决。相比之下，核聚变能源具有突出优点。低原子序数的元素通过聚变反应聚合为更高序数的元素，反应中损失的质量转化为能量被释放出来，提供能量的效率比裂变高得多。聚变燃料是按一定速度和数量加入的，任何时候在反应室内的聚变燃料质量都不大，在进行核聚变反应时，即使失控也不会产生严重事故。核聚变不会产生二氧化碳和二氧化硫等温室气体，其反应产物主要是无放射性的惰性气体氦，所产生的放射性物质只是微量的氚和半衰期很短的活化材料，即使发生事故也不会有辐射危害。加之氘这种聚变反应需要消耗的元素在地球上储量丰富，开发核聚变能源可以说是解决能源问题的重要途径。①

20世纪50年代初，美、苏相继进行了氢弹试验，意味着人类已经在地球上实现了不可控的热核反应。要有效利用热核反应所释放的能量，就必须使这一反应在可控条件下持续进行。而要实现可控核聚变反应，却困难重重。主要原因是，要实现可控核聚变，就要用实验模拟出太阳内部发生核聚变反应时的苛刻条件。太阳中的物质都以等离子体形式存在，由于太阳的巨大质量，其核心会产生极高温度和压力，可以自然约束其中的等离子体而达到聚变反应条件。但在地球上，没有现成材料可以承受如此高的温度和压力，要想创造这个条件并安全利用核反应能，难乎其难。这就是为什么在20世纪50年代中期苏联就成功建造了最早的基于重核裂变原理的核电站，但对于核聚变反应的控制问题直到今天依旧没能完全解决。

早在1950年以前，英国、美国和苏联就已经秘密进行受控核聚变研究。最初，各国物理学家都是利用气体放电的箍缩效应来探索受控核

① 李建刚，杨愚：《受控热核聚变研究及其在我国HT-7超导托卡马克上的最新进展》，《物理》，2003年第12期，第787—790页。

聚变反应途径。1950年，苏联科学家塔姆和萨哈罗夫提出利用磁场和电流的相互作用去约束等离子体的设想，随后成为了现代托卡马克装置设计的基础。在此基础上，1952年诞生了闭端式磁系统托卡马克装置。同年，苏联物理学家布德克尔提出磁镜装置原理。与此同时，美国科学家也单独设计了磁镜装置，还建成了把环形容器扭曲成8字形以仿照星体中发生聚变反应的仿星器。1958年，在日内瓦举行的联合国第二届核物理大会上，苏、美、英、联邦德国、法、日等国家的科研人员发布了各自的核聚变研究成果。其中苏联代表团发表的研究成果就是托卡马克，俄语的意思是环状磁容器①，这是一种利用磁约束来实现可控核聚变的环性容器（图6—1）。此次会议激起了人们对核聚变研究的巨大兴趣。

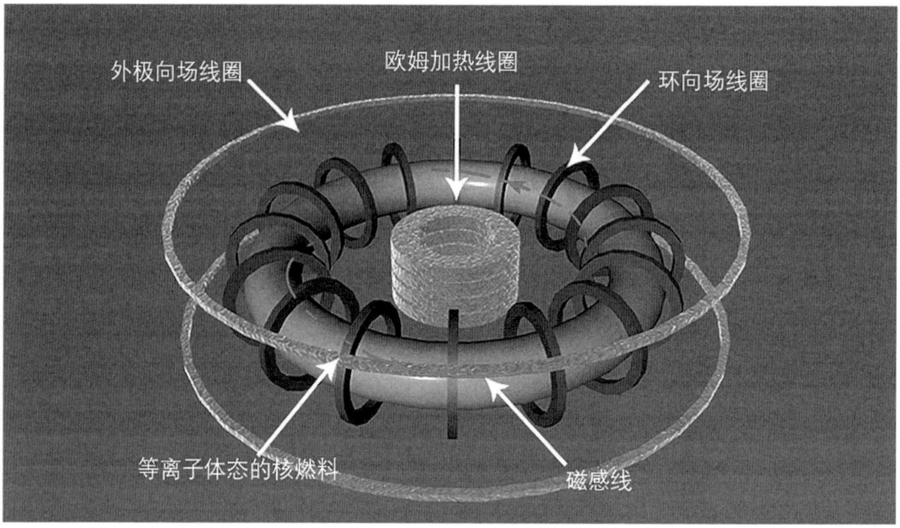

图6—1　托卡马克磁场系统

1968年，苏联科学家取得突破，在托卡马克装置内把约1000万摄氏度高温的等离子体约束数毫秒，震惊世界，紧接着在70年代建造了大型托卡马克系统。而美国、日本和欧洲国家则修改了各自的热核研究计划，转向应用托卡马克系统。到了80年代，科学家们对托卡马克装置上发生的种种现象已经有了深入理解，主要发达国家纷纷建成自己的

① “托卡马克”是俄文“环形磁场的真空室”首字母的音译。

托卡马克装置。其中，最大的当数欧盟在英国卡拉姆建成的欧洲联合环JET，其次是日本原子能研究所的JT-60、美国普林斯顿的TFTR以及苏联库尔恰托夫原子能研究所的T-15。到了90年代，从事托卡马克研究的国家已达30多个，JT-60U和TFTR的离子温度达到或超过了40千电子伏特，在JET中温度也达到了20千电子伏特，聚变能在25年间增加了1万亿倍。这些表明，托卡马克装置极有可能成为未来受控核聚变反应堆的首选。①

上述发展大体上属于磁场约束可控核聚变技术路线，就是用强磁场来约束高温等离子体。另一条技术路线是惯性约束聚变（ICF），就是利用激光驱动器提供的能量使靶丸中的核聚变燃料（氘、氚）形成等离子体，在这些等离子体粒子由于自身惯性作用还来不及向四周飞散的极短时间内，通过向心爆聚被压缩到高温、高密度状态，从而发生核聚变反应。在惯性约束聚变中，最主要的是激光惯性约束聚变，就是把激光束聚焦到热核材料制成的微型靶丸上，瞬间产生极高的温度和极大的压力，从而完成核反应。在这里，激光相当于雷管，起到引爆作用，可以使核聚变物质温度在10^{-9}秒内上升到1000万摄氏度以上。在ICF方面，国外也做了大量基础研究工作。

1963年2月，在第三届国际量子电子学会议上，苏联科学家巴索夫在国际上率先提出激光聚变概念。②世界上几个重要实验室建成多级放大的万兆瓦级大功率激光系统，并用大功率强激光辐照热核靶材，探索激光引发热核聚变的可能性。20世纪70年代初，美国洛斯·阿拉莫斯国家实验室、美国劳伦斯利弗莫尔国家实验室、美国海军实验室、苏联的列别捷夫物理研究所，日本的大阪大学激光核聚变能实验室、英国剑桥大学卢瑟福实验室等均获得了激光向心压缩的实验结果。③1997年，

① 莫恭敏：《受控热核聚变研究五十年》，《现代物理知识》，1999年第2期，第10—16页；潘传红：《磁约束核聚变能源开发的进展和展望》，《核科学与工程》，2000年第3期，第244—247页。

② Basov N G, Krokhin O N. Conditions for Heating up of a Plasma by the Radiation from an Optical Generator. Soviet Physics—JETP, 1964, 19: 123-125.

③ 邓锡铭，沃新能，陈时胜：《激光核聚变国内外概况（上）》，《兵器激光》，1982年第3期，第1—7页。

美国开始建造国家点火装置（NIF），2009年5月29日在劳伦斯利弗莫尔国家实验室落成，总耗资约35亿美元。该装置可以把200万焦耳的能量通过192条激光束聚焦到一个很小的点上，产生类似核爆炸时的温度和压力。

与国外相比，我国核聚变研究起步并不算晚。我国从20世纪50年代中期就开始涉足受控核聚变研究，并将其纳入“十二年科技规划”。之后，中科院原子能研究所等机构开始致力于核聚变研究，并进行了磁镜装置的建设。在此基础上建立的西物院发展成为我国致力于磁约束核聚变研究的中心，后来陆续建设了中国环流器系列装置。1969年，中科院物理所等离子体研究室建成功率达10万焦耳的直线型角向箍缩装置，在国内首次观测到了核聚变反应中子。1974年又建成我国第一座托卡马克装置CT-6，后来改建为CT-6B，并于1978年开始运行。[①]1978年9月，合肥受控热核反应研究实验站建立，后来发展为等离子体所。该研究所异军突起，先后建成了合肥超环HT-7和东方超环EAST，走出了一条引进、消化、吸收、再创新的大科学工程建设之路。[②]

中国环流器和EAST装置建设为中国平等参加国际热核聚变实验堆（ITER）这一重大国际合作计划奠定了基础。肇始于1985年的ITER是世界上规模仅次于国际空间站的国际大科学工程计划，在美、苏首脑的倡议和国际原子能机构的支持下，由美、苏、欧、日等四方共同启动，目标是建造一个可持续燃烧的托卡马克聚变实验堆，以验证聚变反应堆的工程可行性。我国于2003年2月正式加入该计划谈判。2006年，中、美、欧、日、俄、韩、印签署协定，正式实施国际热核聚变实验堆计划。其核心任务是在法国南部的卡达拉舍建造核聚变装置，总投资50亿美元，其中欧盟占比45.46%，其他6个国家各占9.09%。国际热核聚变实验堆计划执行期为三十五年，其中建造阶段十年、运行和开发利用阶段二十年、去活化阶段五年。加入这一计划，使我国有机会全面掌握国际热核聚变实验堆设计和相关技术，从而促进我国核聚变基础研究以

① 莫恭敏：《受控热核聚变研究五十年》，《现代物理知识》，1999年第2期，第10—16页。

② 王大明：《大科学工程：在探索与造物之间——以中国EAST托卡马克核聚变装置的建造为例》，《工程研究》，2007年第1期，第196—209页。

及实用的核聚变反应堆建设。从2008年至2017年，在ITER计划的带动下，我国磁约束核聚变能源发展研究共部署119个项目，总计安排经费约40亿元，取得了多项国际领先研究成果，使中国在核聚变领域处于与国际同等甚至某些方面领先的地位。[①]

我国惯性约束核聚变研究则可追溯到20世纪60年代中期，当时王淦昌独立提出激光约束聚变构想，在邓锡铭带领下上海光机所开展了这方面的研究。1973年，上海光机所建成两台百亿瓦级的激光系统，用以辐照靶材，观察到中子发射。[②]1987年，上海光机所与中国工程物理研究院合作建成神光Ⅰ装置，接着在90年代又开始建设神光Ⅱ装置，2000年建成并开始运行。这是当时我国规模最大的高性能高功率钕玻璃激光装置，在规模上处于世界同类装置的第四位，其光束质量及运行输出指标与当时国际高水平的大型激光驱动器相当。在国家有关计划的支持下，两家单位又合作建成了用于快点火研究的神光Ⅱ升级装置和飞秒拍瓦激光装置，而中国工程物理研究院激光聚变中心主导建成了神光Ⅲ装置。这些都是国际上配置先进的激光聚变综合试验平台。

值此，我国核聚变研究已经形成了四大中心：西物院、等离子体所、上海光机所、中国工程物理研究院。这种在两条技术路线上形成的既相互竞争又相互合作的组织生态，预示着我国核聚变能源发展的光明未来。而植根于核聚变研究的稳态强磁场实验装置和脉冲强磁场实验装置，也已经成为相对独立的，可支撑多学科研究的公共实验平台。

第二节　中国环流器系列装置

由于核聚变反应所要求的条件在可控环境下极难达到，因此核聚变能源的开发是一个极具挑战性的课题。20世纪70年代初，二机部西南585所正式实施磁约束聚变451工程。1984年，中国环流器一号装置的

---

① 李浩：《ITER十年：为"人造太阳"贡献中国智慧》，《科技中国》，2018年第1期，第37—40页。

② 邓锡铭，沃新能，陈时胜：《激光核聚变国内外概况（下）》，《兵器激光》，1982年第4期，第1—6页。

建成，标志着我国磁约束聚变研究开始进入规模化实验阶段。环流器一号于1994年改造为环流器新一号，具备了更高性能，取得了多项重要研究成果。随着科研工作的进展，2002年底建成了中国环流器二号A，进一步缩小了我国在该领域同世界先进水平的差距。最新一代的环流器装置——中国环流器二号M，于2020年12月在成都建成并实现首次放电，其性能大大超过之前的装置。中国环流器系列装置铭刻着中国人探索核聚变能源的奋斗历史。①

一、李正武与西物院

1955年，从美国归来的李正武担任原子能研究所核物理研究室副主任，在国内率先提出开展可控热核反应研究的建议并制定了研究规划。李正武在加州理工学院攻读博士学位及留校工作期间，从事过大量核物理方面的研究，在受控核聚变与等离子体物理研究领域造诣颇高。发生在1952年的一件“怪事”，让他意识到核聚变能源研究的重要意义。当时，他所在实验室的主要研究人员和专家教授“人间蒸发”整整一年，在绝密状态下为美国政府制定受控核聚变研究计划。因此，回国后，他向王淦昌慷慨陈词，倡议在国内开展受控核聚变与等离子体物理方面的研究。②

1956年，在王淦昌的支持下，受控核聚变研究作为原子能科技发展规划的组成部分被列入“十二年科技规划”。③从1958年起，原子能研究所成立热核反应室，主攻受控核聚变研究。同时，北京大学、复旦大学以及中科院物理所等机构陆续展开相关研究工作。1959年12月，国家科委在北京召开全国第一次电工会议（实际上是第一次核聚变会议，因保密原因取名电工会议），讨论了受控核聚变研究工作规划和布局问题。1960年底，李正武调任热核反应室主任，正式进入受控核聚变研究领域。1962年12月，国家科委组织编制我国1963—1972年科技发

---

① 钱尚介:《核聚变研究与“中国环流器一号”》,《科学》,1992年第1期,第14—19页。

② 朱宇光,等:《聚变情怀终不变——李正武传》,上海交通大学出版社,2015年,64—65页。

③ 张一鸣,孙敦友:《中国环流器一号与热核聚变研究》,《自然杂志》,1991年第10期,第723—728,1,802页。

展规划，李正武执笔其中的等离子体物理与受控核聚变部分。1963年，国家科委决定将从事核聚变研究的东北技术物理研究所（简称东北503所）划归二机部，随后二机部决定将原子能所热核反应室迁往哈尔滨，与东北503所合并，建成我国以受控核聚变为首要任务的研究所。①

20世纪60年代，国外已经建立了40多个受控核聚变研究机构，建造了数百个实验装置，我国则成功爆炸了第一枚原子弹。在这种情况下，建立中国的受控核聚变研究中心，就成为了国家的战略需求。1965年，国防工业办公室和二机部决定将东北503所迁到四川乐山，与原子能所热核反应室、电力科学研究院热工二室合并，建立受控核聚变专业研究中心。经过四年规划、设计与建设，到1969年12月，西南585所正式成立。1970年，该所被列为“四五”计划期间（1970—1975）国家重点建设单位。1976年1月，西南585所以中科院西南物理研究所名义，有限对外开放，同年7月李正武被任命为该所副所长。1979年，该所更名为二机部585所，对外称为第二机械工业部西南物理研究所，李正武任所长。1988年，该所又更名为核工业部西南物理研究院，李正武担任名誉院长。②

二、中国环流器一号

1969年，李正武就已经开始了中国环流器一号装置的方案设计工作。在他的带领下，西南585所从1970年开始了中国环流器一号的具体设计工作。1971年7月，技术设计方案完成并上报核工业部，项目代号451，意为第四个五年计划的一号项目。同年12月，该项目获得国家计委和国防科工委批准。1972年，李正武被任命为451工程总体组组长，同年正式开始装置研制工作。③1976年中国环流器一号开始建造，1984年9月建成启动，成为我国受控核聚变研究的里程碑。其实验目标包括运行试验、诊断发展、加热技术、注入和排出技术，以便为下一代装置

① 朱宇光，等：《聚变情怀终不变——李正武传》，上海交通大学出版社，2015年，第77—79页。

② 朱宇光，等：《聚变情怀终不变——李正武传》，上海交通大学出版社，2015年，“李正武年表”。

③ 张一鸣，孙敦友：《中国环流器一号与热核聚变研究》，《自然杂志》，1991年第10期，第723—728，802页。

的建造奠定基础。

中国环流器一号由四个部分构成：主机、供电系统、控制系统和诊断设备。主机是中国环流器一号的核心部分，包括五个部分：环向场线圈、内外垂直场线圈、内外真空室及其抽气机组、铁芯变压器和底板底座。环向场线圈可以在等离子体的中心产生用以稳定等离子体的强磁场，而内外垂直场线圈产生的磁场则用于控制等离子体的位形。真空室是等离子体产生和运动的场所，需要用抽气机组对真空室进行高真空抽气。铁芯变压器的作用是在真空室中产生等离子体并将其加热到足够高的温度。由于物理实验的要求，中国环流器一号的主机需要在环向场与等离子体电流方向相同和相反的两种方向上运行。为此，采用偏磁电源对环向场线圈稳态供电以满足放电清洗内真空室的要求，进而产生环向电场；在放电清洗时，真空室可保持80摄氏度的热壁温度。这就对主机的工作方式提出了专门的要求。

供电系统一共有7套，包括环向场的供电系统、欧姆加热供电系统、内垂直磁场线圈供电系统、外垂直磁场线圈供电系统、内真空室烘烤电源、偏磁线圈供电系统以及放电清洗用欧姆加热电源，它们分别向主机的环向场线圈和内外垂直场线圈等进行供电。

控制系统包括中央控制、系统控制和就地控制三个环节。中央控制对整个系统的运行和实验工作进行统一指挥。系统控制是控制各个系统，使其处于所需的运行状态并使参数达到所需的数值，以满足实验过程中的种种要求。就地控制则是指在放电过程中发出各种指令，启动相关电测诊断仪器，用以记录等离子体的物理参数和主要电源的技术参数。

诊断设备对于整个实验装置来说是十分重要的。由于中国环流器一号的环向场线圈结构尺寸较大，限制了有效窗口的面积，同时内垂直场、上下屏蔽板、导体壳及底座、真空抽口等器件全部设置在窗口管道上，这就要求所有诊断窗口都必须配置在远离等离子体中心的地方，为等离子体的诊断带来了很大困难。为此，建设组研制了多种等离子体诊断方法，取得了良好的实验结果。环流器一号诊断系统可以测量9种物理量，另外还具有诊断辅助系统和数据采集与处理系统。

1985年11月16日至18日，中国环流器一号通过国家验收。验收认为：该装置获得的物理参数达到或超过了预定指标；得到的等离子体寿命超过预定值1倍以上，为国内同类装置等离子体寿命的10倍或10倍以上，并且是国际同规模托卡马克装置实验所罕见的。[①]以中国环流器一号为依托，诸多前沿课题研究得以展开并取得可喜成果，主要包括：密度系数等参数已经和国际上同规模托卡马克装置的先进水平相当；装置稳定运行区得以拓宽，其中最低稳定孔栏处安全因数突破小于2的限制，与国外最高水平的几个实验室相当；等离子体电流波形、密度波形与持续时间达到国外20世纪80年代同规模装置的水平；等等。这些成果为下一阶段的装置改造打下了良好基础。

三、中国环流器新一号

随着实验目标的达成，中国环流器一号也完成了它的历史使命。在环流器一号的基础上，西物院建成中国环流器新一号，并就高功率辅助加热、低杂波电流驱动和弹丸注入加料条件下高温等离子体的性质等开展进一步研究。

中国环流器一号是一个有铁芯的圆截面托卡马克装置，但是在主机的环形容器和环向场线圈之间有一个厚度为5厘米的铜壳。这个铜壳尽管可以改善等离子体的平衡，但限制了环形容器的小截面半径，这意味着等离子体小半径、等离子体参数诊断窗口、电磁波及中性粒子束注入窗口的尺寸和数量均受限制。因此，中国环流器新一号的设计中，将铜壳去掉，代之以精良磁场位形和反馈平衡系统对等离子体进行约束，进而实现中国环流器新一号的物理目标。中国环流器新一号有多组极向场线圈，把温度高达几千万摄氏度的等离子体约束在环形容器中，这就对磁场位形设计的精度提出了极高要求，这也是“新一号”相比于“一号”的重大改进之处。

在主机之外，中国环流器新一号还有真空抽气、无感电流驱动、电源及控制、等离子体诊断、辅助加热以及数据采集与处理等分系统。

---

① 朱宇光，等：《聚变情怀终不变——李正武传》，上海交通大学出版社，2015年，第94—95页。

1993年初，经过一年的技术论证和几项重大工艺试验之后，新装置主机投产，并于1994年10月6日安装完毕，次日即按照方案进行工程总体联调。[①]经过1994年至1995年的调试，实现了典型的稳定与平衡的托卡马克放电。1995年后，新一号装置进入物理实验阶段，取得了重要成果。第一，它的低杂波工程系统的输出功率达到850千瓦，脉冲宽度为1秒，超过了原先的设计值。注入低杂波337千瓦，驱动113千安电流，占等离子体电流的81%。在一定条件下，注入200千瓦的低杂波，初步发现了波向变压器原边输入能量的充电效应。第二，进行高能中性粒子注入并获得成功。在高能中性粒子束注入阶段，欧姆加热依旧存在。第三，就聚变堆的"弹丸注入"加料方法展开多项实验，逐步摸清了加料过程的机理，探讨了分子束注入作为加料手段的可能性。这些成果为建设新的受控核聚变实验装置提供了基础条件。

四、中国环流器二号A

1988年，在中国环流器一号启动运行仅四年的时候，李正武就开始为中国环流器二号进行概念设计了，这为后来中国环流器二号A装置的成功建设奠定了基础。[②]中国环流器二号A装置位于西物院内，是该院与德国马克斯·普朗克等离子体物理研究所合作建成的。其中，主机部件由德国方面无偿赠送，其他部件利用了中国环流器新一号的部分设施。中国环流器二号A于1998年由国家计委立项，次年正式动工建设，2002年12月竣工验收。

中国环流器二号A装置在研制过程中，完成了冷却/烘烤水循环系统等主机配套、真空获得与送气系统、电源与控制系统和等离子体诊断系统的部件和设备研制。德国赠予的轴对称偏滤器实验托卡马克装置于1996年8月运抵建设现场，先是在2000年10月进行主机磁体与真空室的预安装，随后在2001年底完成了主机总装。2002年5月，完成了首次真空室烘烤实验，接着是真空室内部件的安装。同年8月完成了脉冲飞

① 邓希文，严建成，袁保山，等：《受控热核聚变实验研究装置——中国环流器新一号(HL-1M)》，《物理》，1999年第6期，第3—5页。

②彭真：《中国科学院院士李正武》，《中国核工业》，2005年第6期，第42页。

轮发电机组的安装，同时完成安装的还有从日本引进的1.25亿伏安机组、各电源主回路和控制系统。工程联调于2002年10月开始，11月中旬便获得了初始等离子体。2003年又成功将其运行于偏滤器位形，使该装置成为我国第一个具有偏滤器位形的大型托卡马克装置。

中国环流器二号A各项性能指标比中国环流器新一号有了很大改良。其研究目标包括在高参数等离子条件下利用其独特的大体积极向偏滤器，开展与偏滤器位形运行相关的研究，具体包括器壁处理和再循环控制、等离子体输运、辅助加热、不稳定性和约束、等离子体剖面控制和电流驱动以及其他相关问题，目的是提升对复杂偏滤器等离子体物理的认识，加深对偏滤器位形运行下的物理问题和约束运行模式的理解。①

中国环流器二号A的核心是主机。主机由16个大型纵向场线圈和若干极向场线圈及环形真空室组成。装置中等离子体大半径为1.65米，小半径为0.4米，电流设计值为500千安，纵向磁场设计值为2.8特斯拉。装置主机的真空室用特殊的无磁不锈钢制作，上面布置了200多个大小各异的窗口，用于等离子体的加热、加料和诊断等。8台涡轮分子泵将环形真空室抽到超高真空状态，在真空室的4组极向固定孔栏、活动孔栏、上下偏滤器的外侧喉道处的表面覆盖了石墨瓦，真空室内第一壁的石墨材料表面覆盖率达到30%。除了装置主机外，中国环流器二号A还包括辅助加热系统、长脉冲供电系统、等离子诊断系统、加料系统、真空抽气系统和水冷系统。

与中国环流器新一号相比，中国环流器二号A的等离子体聚变三乘积提高了约10倍左右，最高运行参数为：等离子体电流45万安，纵向磁场2.77特斯拉，等离子体电子温度5000电子伏特，等离子体离子温度2500电子伏特。这个量级意味着中国环流器二号A具备了开展堆芯等离子体物理实验的能力。

中国环流器二号A的建成，实现了三个重要进展：其一，实现了等离子体偏滤器位形放电。偏滤器是聚变反应堆的关键部件，是主动控

①严建成，刘永，周才品，等：《中国环流器二号A装置（HL-2A）工程研制》，《核聚变与等离子体物理》，2004年第4期，第241—247页。

制反应堆的能量流、粒子流和杂质流的主要手段。2003年11月5日，中国环流器二号A第一次实现单零位形偏滤器放电。其二，等离子体电子温度创造了新纪录。偏滤器位形建成后，装置中的等离子体参数逐年提高，其中标志性的进展就是等离子体电子温度达到了4.93千电子伏特。[①]在高电子温度的条件下，一系列有关电子热输运的实验研究得以开展。其三，实现了高约束模放电。2009年4月18日，中国环流器二号A首次实现了高约束模放电。这标志着该装置的综合实验技术上了一个新台阶，在此装置上能够开展一些前沿的等离子体物理实验的研究。[②]

五、中国环流器二号M

随着相关实验的陆续展开，对中国环流器二号A等离子体的参数提高、放电的运行模式从欧姆模式和低约束模式进入高约束模式的需求已经变得更加迫切，因此装置的升级换代工作也逐步被提上议事日程。

经过改造的中国环流器二号A装置改称中国环流器二号M。它是当时中国规模最大、参数最高的磁约束可控核聚变实验研究装置，是我国开展聚变堆核心技术研究的关键平台。这个改造项目于2009年由国家原子能机构批复立项，由西物院自主设计建造，2014年投入工程调试。中国环流器二号M装置的机械结构主要由真空室、环向场线圈、极向场线圈和支撑系统组成。其等离子体积可达环流器二号A装置的2倍以上，离子温度可达1亿摄氏度以上，电流值也提高了3倍左右。[③]

中国环流器二号M装置的磁体由20个环向场线圈、16个极向场线圈和欧姆场线圈组成（图6—2）。环形真空室截面呈D形，真空室内安装上下偏滤器、第一壁及被动控制导体组件等。改造后的装置具有大的拉长比和三角形变的等离子体截面，具备获得高比压等离子体的基本条

---

① 董家齐，严龙文，段旭如：《中国环流器二号A(HL-2A)实验进展》，《科技导报》，2007年第16期，第61—67页。

② 曹建勇，丁玄同，段旭如：《中国环流器二号装置及物理实验进展》，《科学》，2012年第64卷第2期，第1—7页。

③ 韩维正，刘乐艺：《“人造太阳”离圆梦又近一步——揭秘中国可控核聚变》，《中国产经》，2020年第1期，第60—63页。

件；同时在纵横比、环向场较小的情况下，可以达到300万安的等离子体电流；配建大功率加热系统，以提高等离子体温度和控制等离子体行为，有效控制高比压等离子体中的主要磁流体不稳定性，包括新经典撕裂模、边缘局域模、垂直不稳定性和破裂不稳定性等。另外新建一套脉冲容量为300兆伏安的飞轮脉冲发电机组，建设与中国环流器二号M装置主机相匹配的磁场电源系统。

图6—2　主机线圈系统内部

改造升级后的中国环流器二号M装置能够运行在先进的位形下，并具备更强的二级加热功率，尤其是中性束加热，可以开展聚变堆和国际热核聚变反应堆计划相关的聚变科学研究。作为可开展先进托卡马克运行的核聚变实验装置，中国环流器二号M已经成为中国开展与聚变能源密切相关的等离子体物理和聚变科学研究不可或缺的实验平台。

中国环流器系列装置的建造是我国核聚变研究进程中具有突破性意义的事件。整个中国环流器系列装置的建造过程凝聚了以李正武为代表的几代核工业人的血汗和智慧。从装置的建设到实验的实施，再到下一个装置的建成，这些科研人员为了最终实现建成“人造太阳”的伟大梦想所作出的不懈努力值得被永远铭记。

第三节 全超导托卡马克装置

全超导托卡马克装置（EAST）是“九五”时期规划的国家重大科学工程项目，由等离子体所承建，是我国自行设计、研制的世界上第一个全超导非圆截面托卡马克核聚变实验装置。工程总投资1.65亿元，1999年开工建设，2007年通过国家验收。EAST装置由超高真空室、纵场线圈、极向场线圈、内外冷屏、外真空杜瓦、支撑系统六大部件组成，主机高11米、直径8米、总重400吨。EAST装置在极端环境条件下运行，其芯部可以产生上亿摄氏度的高温，而强磁体线圈中的温度则可低至零下269摄氏度。EAST的建成使我国磁约束核聚变研究进入世界前沿领域。

一、陈春先与等离子体所的创建

EAST项目是等离子体所的立身之本，而等离子体所的建立，得益于陈春先对核聚变事业的敏感和执着追求。陈春先1952年从四川大学被选派赴苏联留学，最初在乌拉尔矿业学院学地质，1956年被选入莫斯科大学物理系，师从玻哥留博夫（Bogolubov）院士，参加了当时世界理论物理界最前沿的课题研究，在超导理论、多体问题等领域取得了成果。1959年，他学成归国后，被分配到国防科委参与原子弹试验工作。后来中科院领导经过一再努力，把他调到物理研究所进行研究工作。1971年底，陈春先从国外资料中了解到苏联库尔恰托夫原子能研究所建成的托卡马克核聚变实验装置T3已达到几千万摄氏度的高温，就主动请缨研究核聚变。在无资金、无设备场地情况下，陈春先联合所内外一批科研人员，包括中科院力学所、电工所以及北京大学物理系、清华大学工程物理系的科研人员，于1974年7月1日建成中国第一个托卡马克装置（简称CT-6），后来于1978年获得全国科学大会成果奖。在装置研制过程中，他还向中科院领导打报告，后由武衡向周恩来请示，获得重要批示：“核聚变可以二机部和中科院两家搞，两条腿走路。”[①]从而

① 卫汉青:《中关村第一人陈春先》,《中关村》,2018年第2期,第20—28页。

为中科院开展核聚变研究赢得了发展空间。

自1971年开始，陈春先经常去合肥董铺岛，就是今天的科学岛，筹建合肥核聚变研究基地。选择建在合肥的一个重要原因是，中科院电工所已于60年代在合肥建成一个储能可达2×10^8焦耳的大型储能电感装置，又称为八号电感。此电感装置可以为热核聚变装置所需的强大脉冲电源提供重要支持。1973年2月，合肥受控热核实验站成立，挂靠安徽光机所。1978年9月，等离子体所成立，专门从事核聚变研究，陈春先任首届业务副所长，主管合肥基地全面业务。从受控站成立到建所初期，主要工作是筹建大型实验装置8号工程。1974年确定了初步设计方案。1975年审查了工程主机方案，同年10月在钱三强主持下通过了工程初步方案，总预算经费为4000万元，计划于1980年前建成。1976年11月，国家计委批复同意建造8号装置。此后，工程进入设计和施工阶段，一些主要加工项目得到落实。1978年，我国国民经济进入调整时期，不少工程被迫下马。1980年，8号装置停建。①在以后几年里，他们将原来的装置进行了改造，开展了磁流体现象研究，并建造了更大一些的装置，算是实现了“软着陆”。而8号装置的遗产，特别是人才队伍、加工能力、实验场地、大容量电源，成为了后续工作的重要基础。②

从1978年开始，陈春先曾三次访美，考察美国的核聚变研究项目，试图为合肥基地注入新技术、新动力。在考察过程中，他被美国硅谷和波士顿128公路沿线区域的高技术发展所震撼，决心致力于技术创业，为解决我国科技成果转化难的痼疾探索出路。1980年，陈春先创办了中关村第一家民营科技企业——北京等离子体学会先进技术发展服务部，并不断为技术创业鼓与呼，遂成为了“冲破中国传统科技体制的闯将”和“中关村第一人”。③这样，他也就淡出核聚变事业了。

---

① 1980年1月，中共中央以中发（1980）2号文件批转中央科学研究协调委员会会议纪要。文中指出：“二机部的‘托卡马克’装置将于明年建成，科学院不必另建，可与二机部合作共同利用，搞好研究工作。”8号工程就此下马。参见：王杨宗，曹效业：《中国科学院院属单位简史（第二卷）》，科学出版社，2010年，第496—498页。

② 王龙：《陈春先与聚变研究》，《物理》，2009年第11期，第820—823页。

③ 卫汉青：《中关村第一人陈春先》，《中关村》，2018年第2期，第20—28页。

二、合肥超环的诞生①

等离子体所要迈上核聚变研究新台阶，还需要艰苦的努力，第一步就是建成合肥超环（简称HT-7）。HT-7是一个可产生长脉冲高温等离子体的中型聚变研究装置，包括全超导托卡马克装置本体、大型超高真空系统、大型计算机控制和数据采集处理系统、大型高功率脉冲电源及其回路系统、全国规模最大的低温氦制冷系统、兆瓦级低杂波电流驱动和射频波加热系统，以及数十种复杂的诊断测量系统。HT-7不是单纯的升级换代，而是在消化吸收苏联T-7超导托卡马克装置基础上取得的新成就。

1990年初，苏联库尔恰托夫原子能研究所所长卡托姆采夫院士给等离子体所写信，表示有意将该所停止运行的价值约150万美元的T-7托卡马克装置赠送给中国。时任等离子体所所长的霍裕平阅信后，考虑到T-7超导线圈很适合准稳态等离子体运行，且其中的一些关键设备当时在国内还无法制造，而国内有能力对T-7加以改造以支撑相关科学研究并培养尖端人才，因此与所里同事商议并作出决定，同意接收T-7装置。该决定随后也得到了中科院和有关部委的支持。这样，从1991年底至1994年，T-7及其配套的低温、电源等系统陆续运抵合肥。在当时经济非常困难的情况下，等离子体所集中全所人力、财力投入装置建设，在俄罗斯（1991年12月，苏联解体）科研人员的帮助下，对T-7及其低温系统进行了彻底改造，并更名为HT-7，其中的“H”意为合肥。2010年，HT-7又征得中文名合肥超环。

1993年，12位国际著名核聚变科学家组成的国际评估小组对HT-7进行评估，称其为发展中国家最先进的托卡马克装置，使中国走向世界核聚变研究的前沿。1994年7月，HT-7成功进行了低温和磁体调试，最大纵场励磁电流超过5000安，达到原T-7运行水平，同年8月，中科院正式将HT-7纳入国家大科学工程管理。1994年12月，装置正式建成。1995年3月，HT-7工程联调成功并投入实验运行。

---

① 何友珍，蒋缇，叶华龙：《我国首个超导托卡马克装置“合肥超环”正式退役》，(2013-05-07)[2022-05-22]，http://www.ipp.ac.cn/xwdt/ttxw/201305/t20130507_111297.html。

HT-7在其生命周期中共进行近20轮放电实验，总放电118000次；开展了石墨限制器条件下的运行模式、等离子体物理特性、等离子体波加热、波驱动高参数等离子体物理特性研究；还探索实现了HT-7高参数、长脉冲运行模式等，为实现稳态参数等离子体开辟了新途径。2003年3月，HT-7获得可重复的大于60秒的放电时间，最长放电时间达到63.95秒，高约束等离子体存在时间为能量约束时间的220倍；获得了最高超过5000万摄氏度的等离子体，从而成为继法国托卡马克装置之后当时世界上仅有的两个可进行高参数稳态条件下等离子体物理研究的平台之一。2008年3月21日，HT-7连续重复实现了长达400秒的等离子体放电，电子温度1200万摄氏度，创造了当时国际同类装置中时间最长的高温等离子体放电的新纪录。HT-7所取得的多项工程和物理上的重要成果，为中国新一代超导托卡马克装置的建设奠定了良好基础。

随着受控核聚变技术的不断发展，HT-7也完成了自己的历史使命。2013年5月7日，在历经退役必要性论证、退役实施方案论证、环评验收与设备监测等工作后，HT-7被中科院和环保部批准退役。其实，在HT-7退役前近二十年，科学家和决策者们就开始考虑建造下一代超导托卡马克装置了。

三、走向全超导托卡马克装置

早在1994年，中科院基础局就曾邀请14位专家在合肥召开了HT-7U超导托卡马克计划座谈会，首次提出HT-7U（后更名为EAST）计划，其中的“U”就是超导的意思。

1995年4月和6月，等离子体所先后向中科院提交了关于从俄罗斯购置部分超导设备和进行HT-7U预研究的立项申请报告和补充报告，得到了中科院领导层的肯定和支持。1995年11月，等离子体所向中科院正式提交了《关于HT-7U超导托卡马克核聚变实验装置“九五”立项报告》。①报告提出，HT-7U的建成将使我国成为世界上少数几个拥有这种类型超导托卡马克装置的国家，从而使我国磁约束核聚变研究进

① 杜澄，尚智从，等：《国家大科学工程研究》，北京理工大学出版社，2011年，第92页。

入世界前沿。[①]根据同时提交的《HT-7U超导托卡马克核聚变实验装置工程项目建议书》，预计总投资为9870万元，建设周期五年（1996—2000年）。

1995年11月，中科院向国家计委提交报告，建议将HT-7U列入国家“九五”计划。[②]1996年初，部分两院院士对“九五”国家重大科学工程项目进行初步评估，HT-7U装置被列入初选项目清单。1997年6月3日，国务院科技领导小组批准HT-7U立项建设。同年，等离子体所所长万元熙出任项目总经理。10月，中科院组织了项目评估会，包括核聚变物理、电工学、等离子体物理、超导物理、低温物理、控制论、经济与财务等相关领域的15位专家参加评估。评估认为，HT-7U的建造对我国21世纪磁约束聚变研究十分重要，它的建成将使我国成为世界上少数几个拥有非圆截面、全超导磁体托卡马克装置的国家之一，使我国具备在高等离子体参数条件下进行稳态托卡马克运行模式探究的条件，从而使我国磁约束聚变研究登上国际舞台。专家组也指出，考虑到超导磁体（特别是极向超导磁体）研制难度很高，建议广泛开展国内外合作，联合同行专家进行深入研究，以保证技术方案的成功实现；鉴于整个工程预算偏紧，项目组对研制风险考虑不足，对预备金的估算偏低，建议在可行性研究阶段能够更加准确地作好经费预算，并希望国家在可能的条件下适当增加经费投入。[③]1997年11月，中科院根据评估意见，在原来9870万元预算的基础上，追加投资预算到1.635亿元，并于1997年12月报送国家计委。[④]随后，中科院对预算调整进行了进一步研究并加以详细说明，于1998年3月提交了补充报告。

1998年初，受国家计委委托，中国国际工程咨询公司组织专家组对该项目进行评估，并于1998年4月28日出具了评估报告。[⑤]评估认

①《关于HT-7U超导托卡马克核聚变实验装置“九五”立项报告》，中科院等离子体所，1995年。

②《关于HT-7U超导托卡马克核聚变实验装置“九五”立项报告》，中科院等离子体所，1995年。

③《关于“HT-7U超导托卡马克核聚变实验装置工程项目建议书”的评估意见》，中科院等离子体所，1997年。

④《关于报送〈关于HT-7U超导托卡马克核聚变实验装置工程项目投资估算变动的说明〉的函》，中科院等离子体所，1997年12月26日。

⑤《关于HT-7U超导托卡马克核聚变实验装置项目建议书的评估报告》，中科院等离子体所，1998年4月28日。

为，HT-7U实验装置的科学目标明确，意义重大，立项建设条件好，工程方案和指标技术先进、合理，因此，建议批准该项目建议书。在预算方面，评估认为，由于项目建设涉及非标设备很多，有许多不确定因素，因此建议增加投资总额，可暂按1.65亿元控制，需在预研阶段进一步详核。[①]

1998年7月8日，国家计委批复同意HT-7U立项，总投资1.65亿元。[②]1998年10月，HT-7U可行性研究报告在中科院基建局主持的专家评估会上通过。1998年12月，HT-7U可行性报告获批。1999年10月，中科院批复同意项目初步设计及概算。2000年10月，国家计委正式批准HT-7U开工建设。[③]

等离子体所将整个实施过程分解为四个建设程序：投资安排程序、建设阶段程序、建设的主工艺程序和审批管理程序。[④]工程指挥部还专门编制了《HT-7U超导托卡马克核聚变实验装置工程施工组织设计大纲》，陈明一系列管理规章制度，涉及经费管理、招标议标程序、质量控制、工程责任、岗位绩效津贴政策、档案资料管理等。[⑤]经过缜密研究，指挥部将工程分解为4个大项共23个一级工程项目。在此基础上，选聘了各项目负责人，初期组建了近10人的工程设计、管理和预研专业建设队伍，后来扩大为200多人。[⑥]为保证工程质量，工程指挥部还按照国际质量管理标准ISO9000的要求，编制出适合HT-7U工程任务的质量保证体系，[⑦]对组织管理结构进行了界定，对管理层的职责和权限进行了规范。

---

①《关于HT-7U超导托卡马克核聚变实验装置项目建议书的评估报告》，中科院等离子体所，1998年4月28日。

②《国家发展计划委员会关于HT-7U超导托卡马克核聚变实验装置工程项目建议书的批复》，中科院等离子体所，1997年12月26日。

③《关于同意HT-7U超导托卡马克核聚变实验装置工程开工建设的批复》，国家计委，2000年10月。

④《HT-7U超导托卡马克核聚变实验装置建设初步设计》，中科院等离子体所，1999年6月。

⑤《HT-7U超导托卡马克核聚变实验装置工程施工组织设计大纲》，中科院等离子体所，1999年。

⑥《HT-7U超导托卡马克核聚变实验装置建设初步设计》，中科院等离子体所，1999年6月。

⑦《EAST经理办公会议纪要》，中科院等离子体所，2001年。

2003年，凭借此前的积累，我国加入了国际热核聚变合作计划（ITER）的协商，拟与欧、日、俄三方一起分摊装置研制费用。在这种背景下，为便利国内外交流，项目名称于2003年10月正式由HT-7U改为EAST，易于发音、便于记忆同时又有确切的科学含义。EAST由实验“Experimental”、先进“Advanced”、超导“Superconducting”、托卡马克“Tokamak”四个单词的首字母拼写而成，其中文意思是“先进实验超导托卡马克”，同时具有“东方”的含意。

经历了复杂的研制和建设过程，在基本完成各项关键部件研制和配套设施建设之后，从2004年起工程进入总装阶段。[①]2006年1月，EAST装置本体各大部件全部安装就位。2006年7月，EAST装置真空室中电磁测量系统的所有测量线圈全部安装、连接并检查完毕。2006年上半年，成功进行了装置的工程联调。9月26日，在第一次等离子体放电实验过程中，成功获得了电流大于200千安、时间接近3秒的高温等离子体放电，标志着世界上第一个全超导非圆截面托卡马克核聚变实验装置率先在中国建成（图6—3）。随后，EAST进入物理实验阶段，并在全超导磁体稳定运行条件下获得了最大电流500千安、9秒重复放电、大拉长比偏滤器等离子体等多项实验成果。

图6—3　EAST装置主机

①《EAST经理办公会议纪要》，中科院等离子体所，2003年。

2007年2月初，EAST实现了跨国远程控制的等离子体放电。进行跨国实验的美国通用原子能公司核聚变实验专家，通过专用数据网看到的实验数据及放电图像，与中国科学家在控制室里看到的完全一样。在跨国操作中，获得了电流250千安、时间接近5秒的高温等离子体放电。远程控制的实现，为未来建立更广泛的核聚变实验研究网络奠定了基础。

2007年3月1日，EAST实验装置通过国家发改委组织的竣工验收。验收委员会认为：EAST项目实现了原定建设目标，性能在同类装置中处于国际领先位置；整个系统运行稳定可靠，装置主机及其重要子系统均达到或超过设计指标，已全面、优质完成；它为我国核聚变事业的发展创造了良好的平台，也为我国全面参与国际合作项目奠定了坚实的基础。

在随后的运行中，等离子体所还对EAST装置进行了多次重大技术改造。2008年12月完成的EAST内部部件改造工程，涉及机械安装、真空检漏、准直测量等多个学科，在诸如防松紧固、位移测量、石墨瓦改造、拆装维修等方面取得了重要突破。2010年12月初，建成了EAST芯部25道汤姆逊散射诊断系统，可以给出等离子体电子温度和密度的空间分布，这也是国际公认的最为准确的测量电子温度的方法。同月，攻克第一台兆瓦级大功率离子源各部件的所有机械加工难点，完成了安装精度要求极高的离子源总装。差不多同时进行的离子回旋系统、低杂波系统、诊断系统和高温超导电流引线、内部部件等的维修改造，也于2011年通过验收。

在所有技术改造中，辅助加热系统的建设最为重要。“EAST辅助加热系统”是EAST二期工程，2008年7月由国家发改委批复立项，2011年11月开工建设，2015年2月通过国家验收。二期工程突破了一系列关键技术难题，建成了具有自主知识产权的低杂波电流驱动系统和中性束注入加热系统，前者达到国际领先水平，后者达到国际先进水平，为今后开展高水平核聚变实验奠定了更加坚实的基础。2016年2月，EAST辅助加热系统投入运行1年后，EAST等离子体物理参数达到放电时间100秒、等离子体温度5000万度。①

EAST平台主要支撑如下几个方面的研究：全超导托卡马克稳态运行条件下的工程物理问题；近堆芯、稳态等离子体的实时控制及安全运行问题；稳态高功率加热条件下新的物理问题特别是高能粒子相关行为；稳态先进运行模式探索及等离子体约束和输运行为；稳态先进运行模式下等离子体稳定性和控制；全金属壁条件下的稳态偏滤器物理和等离子体与壁相互作用；未来反应堆加热、诊断及控制技术。

四、全超导托卡马克装置的创新成就

从合肥超环到全超导托卡马克装置，等离子体所为我国磁约束核聚变研究开辟了一条新路。EAST装置奠定了等离子体所在国际核聚变领域的学术地位。鉴于其突出成就，2014年1月10日，超导托卡马克创新团队被授予国家科学技术进步奖创新团队奖，这是继EAST装置在2008年获得国家科学技术进步奖一等奖后的又一国家级荣誉。EAST的创新成就主要包括两个方面：

一方面，在EAST装置的建造过程中取得了一系列重要技术成就。在经费有限、建设时间紧迫，特别是国内超导工业基础薄弱、缺乏相关技术储备的条件下，EAST建设团队完成了十几个子系统的研发，在大型超导磁体的设计、制造、性能测试、精密加工等方面取得了重大突破，除少量国内没有条件生产的如超导线和低温阀门等材料和部件进口外，自主加工制造了所有核心部件和绝大多数关键设备，实现了安装调试运行放电一次成功。EAST装置的超导磁体和某些重要子系统，如2000瓦液氦低温制冷系统、总功率达到数十兆瓦的直流整流电源、超导磁体测试设备等，均由等离子体所的科技人员自主研发、加工、制造、组装、调试，全部达到或超过设计要求。因此，与国外同类实验装置相比，EAST使用资金最少、建设速度最快、投入运行最早、投入运行后最快获得首次等离子体。在建设过程中，项目组还自主研发了65项关键技术和新技术，形成了一系列技术生长点，创造了多个国内乃至国际

①《全超导托卡马克核聚变实验装置》,《中国科学院院刊》,2019年,第34卷,第30—33页。

第一。如铠装电缆超导导体（CICC）是EAST的核心部件，为了满足工程需要，等离子体所自主生产了总长度达35千米的大电流特殊超导电缆导体，使我国特殊超导电缆导体制造技术进入世界先进行列，同时还创造性地发展了无焊瘤管—管对接焊技术、薄壁焊缝超声波检测技术等一整套大型超导磁体制造工艺，提升了我国大型超导磁体设计、制造和综合实验测试能力。此外，大规模超低温制冷技术以及任意可控的急剧变化大电流设备技术的开发等，都属国内首创并达到国际先进水平。

另一方面，EAST实验装置为国内外聚变研究搭建起了关键平台，为核聚变科学研究提供了强大支撑。等离子体所同中国科学技术大学、清华大学、西物院等16所大学、研究机构建立了20多个工作组，与国外10多个研究所签署了双边合作协议，形成了一个以我为主的国际科研合作网络。依托EAST实验装置与合作网络，科研人员取得了一系列科学成就。2009年，科研人员针对国际热核聚变实验堆未来物理实验的许多关键科学技术问题开展实验研究，在等离子体电流为250千安、中心电子温度大于1500万摄氏度、拉长比为1.9的条件下，获得了稳定重复的60秒非圆截面双零偏滤器位形等离子体放电。2010年11月，首次在实验中实现高约束模式等离子体放电，在随后进行的实验中，高约束模式维持时间长达6.4秒。本次实现稳定的100秒放电是当时时间最长的托卡马克高温偏滤器等离子体放电，处于国际领先水平。2011年上半年，科研人员基于EAST装置发展了先进的二维成像弯晶谱仪和多时点快速往复式探针等诊断手段，第一次在EAST上同时观察到低杂波电流驱动同时能引起芯部和边界同电流方向的环向旋转，对于构建聚变装置的稳定运行机制提供了新思路。2012年7月，科研人员利用低杂波和离子回旋射频波，实现了多种模式的高约束等离子体、长脉冲高约束放电，并创造了两项托卡马克运行世界纪录：获得超过400秒的2000万摄氏度高参数偏滤器等离子体，获得稳定重复超过30秒的高约束等离子体放电，分别是国际上最长时间的高温偏滤器等离子体放电、最长时间的高约束等离子体放电。2017年，在纯射频波加热、钨偏滤器等接近ITER运行条件下，EAST实现了101.2秒的稳态长脉冲高约束等离子体运行，创造了新的世界纪录。2018年，EAST在超低碰撞区（υ*—0.02）

实现中心电子温度超过1亿度的完全非感应等离子体放电，相当于ITER装置实现芯部电子温度高达2亿度的稳态运行。此次实验获得的归一化参数接近未来聚变堆稳态运行模式所需要的物理条件，标志着EAST在高功率加热下堆芯物理机制研究方面取得突破性进展。①

尽管取得了巨大成就，但等离子体所并没有止步于EAST，而是在此基础上大力推进聚变事业。在多方努力下，聚变堆主机关键系统综合研究设施（CRAFT）成为我国《国家重大科技基础设施建设"十三五"规划》中优先部署的大科学装置。该项目于2019年正式立项并开工建设，项目法人单位是中科院合肥物质科学研究院，参建单位为西物院，旨在建设一系列原型部件和系统，并加以有机集成，建成具有国际领先水平的超导磁体和偏滤器两大研究系统，为聚变堆主机关键系统研究提供粒子流、电、磁、热、力等极端实验条件，从而形成国际聚变领域参数最高、功能最完备的综合性研究平台，强力推进我国聚变能应用的进程。

第四节　神光系列装置

我国在激光惯性约束聚变装置的研发上早有布局。20世纪60年代中期就开始了这方面的工作。1987年我国建成神光I装置，接着在90年代又开始建设神光II装置，2000年建成并开始运行。神光Ⅱ装置由激光器系统、激光自动准直系统、激光精密靶场系统、激光参数测量诊断系统、激光储能供电系统、精密装校及环境保障系统等组成。它是数百台（套）激光单元和组件的集成，并在空间立体排布成8条激光放大链，每条激光放大链终端输出口径为240毫米，8束基频激光输出能量总和逾每秒6千焦耳，最高输出功率达到10兆瓦，三倍频效率大于50%。就瞬时功率而言，比全国电站瞬时功率的总和还要大许多倍。神光Ⅱ装置为我国惯性约束聚变研究、X射线激光研究和极高压状态下材料的参数测量等，提供了不可替代的实验手段，在此基础上，上海光机所与中国

①《全超导托卡马克核聚变实验装置》,《中国科学院院刊》,2019年,第34卷,第30—33页。

工程物理研究院又联合建成了神光Ⅱ升级装置，而中国工程物理研究院进一步建成了神光Ⅲ激光装置。

一、王淦昌、邓锡铭与激光惯性约束聚变

始建于1952年的中科院光学精密机械研究所（后更名为中科院长春光学精密机械与物理研究所，简称长春光机所）是中华人民共和国在光学领域建立的第一个研究所。在王大珩、龚祖同等老一代光学家的带领下，该所经过多年艰辛努力，逐步建立了我国应用光学的技术基础，而我国激光事业就发端于此。

1961年，王之江带领科研人员研制出我国第一个红宝石激光装置并成功运行，只比世界上第一个激光器问世晚了一年多。1961年底，邓锡铭独立提出了高功率激光Q开关（转镜巨脉冲发生器）原理，几乎与国外学者同时。他们还利用红宝石激光器的激光输出，在试验中击穿了钢片，展示出激光作为辐射武器的可能性。1963年7月，邓锡铭领导建立了我国第一个氦氖激光装置并成功运行。紧接着，镓砷半导体激光器、氟化钙激光器、钕玻璃激光器、含钕钨酸钙晶体激光器等接踵而至，实现了激光器的“满堂红”。此前的1962年，钱学森专门将激光技术发展写进《1963—1972年全国科学发展规划纲要》（草案）：“受激光发射，不但对基础学科会有这些影响，它也将在工程技术方面，在远程飞行体的定位探测追踪技术上开辟广阔的前景，它也将为宇宙通讯创造新的可能性。因此，受激发射技术的生长和发展有可能将在今后十年内，在科学技术中引起一次广泛的波澜，建立起另一门尖端技术。”他后来还建议将光受激发射器（Laser）称为激光或激光器并被学界接受。[①]此时大洋彼岸的美国，正在积极进行“死光”武器也就是激光武器的相关研究。

1963年8月，中科院党组书记、副院长张劲夫参观长春光机所演示的红宝石激光器，明确提出“发展这门新技术，要考虑一些非常措

① 邓锡铭：《我国激光的早期发展（1960～1964）》，《激光与光电子学进展》，1990年第12期，第13—16页。

施”。不久，长春光机所领导率队赴中科院院部展示红宝石激光器和氦氖激光器，张劲夫陪同国务院副总理兼国家科委主任聂荣臻观看了演示。次月，王大珩等向中科院提交了“加强受激光发射研究，建立专门研究机构的若干建议”。根据聂荣臻的指示，中科院拟在上海建激光研究机构，以充分利用那里的工业基础。1963年12月16日，毛泽东主席在听取聂荣臻汇报十年科技规划时明确指示，“要组织一批人专门去研究它……没有成绩不要紧。军事上除进攻武器外，要注意防御问题的研究，也许我们将来作战中主要是防御”。[①]1964年1月11日，国家科委、国家计委批复同意中科院光学精密机械研究所上海分所设计任务书。1964年5月，经中科院院务常务会议审查通过并经国家科委批准，中科院光学精密机械研究所与电子学研究所从事激光研究的人员汇合起来，成立中科院光学精密机械研究所上海分所（1970年更名为中科院上海光学精密机械研究所）。建所之初，王大珩兼任所长，黄武汉、邓锡铭等担任副所长。

那时，物理学家王淦昌正在从事核武器研制工作，当他了解到激光具有单色性、相干性、准直性和高强度等特点后，迅速提出了用激光打击含氘物质产生中子的设想。在《利用大能量大功率的光激射器产生中子的建议》一文中，他写到：

我们认为，若能使这种光激射器与原子核物理结合起来，发展前途必相当大。其中比较简单易行的就是使光激射与含氘的物质发生作用，使之产生中子……至于利用这种核作用的方法，是否有进行一种新型的可控制热核反应的可能性，暂不在此讨论。[②]

1964年12月，在第三届全国人民代表大会第一次会议期间，王淦昌遇到邓锡铭，向他提出了利用激光进行核聚变研究的设想。邓锡铭欣然接受，认为这是实现激光应用的一条重要路子。他随即将这个设想向

---

① 中共中央文献研究室编:《毛泽东文集(第八卷)》,人民出版社,1999年,第352页。

② 王淦昌:《利用大能量大功率的光激射器产生中子的建议》,《中国激光》,1987年第11期,第641—645页。

张劲夫作了汇报，并得到赞赏和支持。[①]几乎与此同时，上海分所研究人员发现红宝石不适合作为高功率激光器的工作介质，于是决定改换钕玻璃。这是一个非常重要的决策，国外后来发展的激光核聚变装置也都采用了这种工作介质。邓锡铭回忆说：

虽然当时国外一些研究评论认为，钕玻璃不适合大功率激光器的研制，但中国的研究人员经过分析认为，钕玻璃在中国的研究有基础，光学质量好，加工容易，利于扩大尺寸等。从1964年底决定放弃红宝石方案，改用钕玻璃工作物质作为我国的高功率激光器的发展方向。[②]

1965年5月，中科院向上海分所布置了惯性约束核聚变研究任务，时称“71号”任务。此后，上海分所就兵分两路：一路由王之江领衔，主要从事激光武器研究；另一路由邓锡铭牵头，主要从事激光聚变研究。[③]当年，上海分所的研究人员建立了第一台钕玻璃四级行波放大装置，功率输出达到1亿瓦。他们利用这台激光器进行了惯性约束核聚变实验，第一次观察到从靶面发出的X射线穿过铝箔，使照相底片感光，这在国际上属最早的实验成果之一。[④]之后，研究人员把工作重心转向激光器输出能量的提高上，逐步将激光器工作孔径由直径40毫米增大到180毫米，输出能量由几个焦耳增大到1000焦耳。但由于未能解决器件产生的超辐射、自振、超荧光、反向激光以及因超负载带来的工作物质损伤等问题，激光器无法用于打靶实验。[⑤]经过不懈努力，直到1970年，靶点处功率密度得到提高，输出激光光束质量得到改善，研究人员才开始尝试激光打靶实验。[⑥]

① 胡仁宇，王淦昌：《我国惯性约束聚变研究的开创者与奠基人——纪念王淦昌老师诞辰100周年》，《物理》，2007年第5期，第346—349页。

② 邓锡铭，沃新能，陈时胜：《激光核聚变国内外概况（下）》，《兵器激光》，1982年第4期，第1—6页。

③ 王大珩：《光学老又新前程端似锦(下)》，《兵器知识》，1999年第11期，第3—5页。

④ 王淦昌：《一次难忘的盛会》，《民主与科学》，1992年第5期，第10—11页。

⑤ 陈崇斌，王乐天：《四十载自主探索路——中国科学院上海光学精密机械研究所激光惯性约束核聚变的探索历程》，《物理》，2010年第7期，第495—502页。

⑥ 栗敬钦：《ICF驱动器激光束聚焦特性的研究》，四川大学博士学位论文，2001年。

1972年，美国科学家首次提出利用内爆原理将热核燃料压缩至高温、高密度实现聚变的设想，取得了理论上的突破。根据这一设想，惯性约束聚变可以经过四个阶段加以实现：激光辐射、内爆压缩、聚变点火、聚变燃烧，由此确立了实现激光聚变的一条可行路径。[①]受此影响，多个国家竞相投入财力和人力跟进惯性约束聚变研究。

在这种情况下，1972年8月，全国激光重点规划会议把激光聚变列入国家重点规划。[②]鉴于激光打靶实验打出中子普遍被看作激光聚变可能性的一个有力证明，研究人员为此采取了一系列技术手段以改善激光器的性能。1973年，上海光机所建成两台100亿瓦级的激光装置，并在激光打靶实验中从氘靶中打出了中子，产额达每次千个，实现了突破性进展。[③]为了提高总体效率，研究人员又于1974年研制出新型单路激光系统，使激光输出功率提高了一个数量级，激光打靶实验的中子产额也相应提高了一个数量级。

为了进一步开展向心压缩聚爆实验，上海光机所从1975年开始建造六路激光装置。装置研制分两个阶段：第一阶段是建立脉宽纳秒级的六束激光系统，并进行激光微球靶的基本打靶探索；第二阶段是建立脉宽亚纳秒级的六束钕玻璃激光等离子体物理实验装置。第一台六路高功率钕玻璃系统于当年年底建成。1977年他们利用其中的四路激光，进行薄壁玻壳微球靶的打靶实验，体压缩在30—50倍，已接近消融型压缩水平，这标志着我国惯性约束聚变研究进入了逐级论证向心聚爆原理的重要发展阶段。[④]到了1979年，研究人员又采用锁模、空间滤波技术，把这台装置改建成亚纳秒六路钕玻璃激光系统，并研制出了十多种物理实验诊断装置。

---

① J. H. Nuckolls, L. Wood, A. Thiessen, and G. B. Zimmerman. Laser Compression of Matter to Super-High Densities: Thermonuclear (CTR) Applications. Nature, 1972, 129: 239.

② 王传珂:《王世绩:躬耕激光聚变业筚路蓝缕拓荒人》,《军工文化》,2013年第9期,第48—51页。

③ 陈崇斌,王乐天:《四十载自主探索路——中国科学院上海光学精密机械研究所激光惯性约束核聚变的探索历程》,《物理》,2010年第7期,第495—502页。

④ 谭维翰:《我国近十年来激光与等离子体相互作用的研究》,《中国激光》,1984年第11期,第641—647页。

二、神光Ⅰ激光聚变实验装置的建造

虽然上海光机所惯性约束聚变研究起步较早且取得了比较好的进展，但由于受到我国工业基础的制约，到了20世纪70年代末，总体研究水平已经比美国落后不少，这特别体现在大型高功率激光装置的研制方面。美国70年代已经建成功率1兆瓦的激光装置，1978年和1982年又连续建造了更大规模的激光装置，而中国直到20世纪80年代初才开始大型激光装置的预研工作。①在这种情况下，如何凝聚力量，集中攻关，就成为了能否“迎头赶上”的关键。

早在1977年，二机部第九研究院（1985年开始对外使用“中国工程物理研究院”名称）的于敏就提出，激光惯性约束聚变是一项十分复杂的大科学工程，涉及理论、实验、诊断、制靶和激光驱动器五个要件，只有做到“五位一体”才能协调发展，因此他建议充分发挥第九研究院和上海光机所双方的特长，共同开展激光聚变研究。②的确，第九研究院在等离子体物理研究和诊断技术方面具有优势，但没有自己的激光装置，而上海光机所在高功率激光器研制上很有成就，但在等离子体理论研究方面却存在不足。面对这种情况，时任第九研究院副院长的王淦昌也倡导把两个单位联合起来，做到优势互补。③这年年底，王淦昌带领于敏、胡仁宇、方正知、王世绩等20位专家到上海光机所交流，初步达成了建立联合实验室进行激光聚变研究的共识。④王淦昌特别强调：“搞激光核聚变，应当搞一个牌子，那就是‘中国牌’。”⑤

1980年，为了赶上国际研究步伐，上海光机所开始进行大型综合性激光装置预研工作。1982年，上海光机所和第九研究院开始正式合作

---

① 陈崇斌，王乐天：《四十载自主探索路——中国科学院上海光学精密机械研究所激光惯性约束核聚变的探索历程》，《物理》，2010年第7期，第495—502页。

② 林尊琪：《激光核聚变的发展》，《中国激光》，2010年第9期，第2202—2207页。

③ 丁大钊：《学称一代宗，德为百年师——纪念王淦昌老师》，《现代物理知识》，1999年第4期，第39—42页。

④ 陈崇斌：《老骥伏枥功在千秋——记王淦昌晚年的科学活动》，《自然杂志》，2007年第6期，第358-362页。

⑤ 甘永超：《王淦昌先生与我国的惯性约束聚变事业》，《自然辩证法通讯》，2002年第6期，第73—74页。

研制激光12号大型综合装置。在研制过程中，科研人员进行了三项关键技术选择：第一，确定以磷酸盐钕玻璃作为激光系统的工作物质，而当时这种选择在国际上尚无成功先例；第二，摒弃了小口径多光束而选择双束、大口径片放大器技术路线，而这则是国外普遍采用的；第三，主要立足中国的元件、材料和技术基础，独立自主进行总体方案设计。[①]

经过三年努力，激光12号装置于1986年正式建成并投入运行。作为当时我国规模最大的高功率钕玻璃激光装置，该装置输出激光总功率可达1兆瓦，可用透镜聚焦到直径约50微米的靶面尺寸上，产生千万度的高温、很强的冲击波与反冲击压力，从而为多种物理研究提供支持。[②]值此，激光聚变研究的队伍、关键设备和能力都已经基本具备，我国激光聚变研究迎来了协同发展新阶段。

激光12号装置建成当年，在王淦昌和王大珩的竭力推动下，基于"共建共管"的理念，中科院和中国工程物理研究院成立了"高功率激光物理联合实验室"（1988年4月定名为中国科学院/中国工程物理研究院高功率激光物理联合实验室，简称联合实验室）。该实验室力求打破部门所有制，实行管委会领导下的实验室主任负责制。成立之初，由中科院新技术局局长张宏任管委会主任，上海光机所邓锡铭任主任，中国工程物理研究院激光实验室（即上海激光等离子体研究所的前身）王世绩任副主任，于敏任学术委员会主任。

1986年夏天，国防部长张爱萍将军欣然为激光12号装置亲笔题词"神光"。1987年6月，国家科委在上海嘉定召开了激光12号实验装置国家验收会。验收认为，该装置总体技术性能达到国内同类装置先进水平；该装置的建成是我国激光技术发展的一项重大成就；在该装置上进行的激光等离子体物理实验的成功，标志着我国开始在该领域进入世界先进行列。[③]在此次会议上，激光12号装置被正式命名为"神光"。此

---

① 陈崇斌，王乐天：《四十载自主探索路——中国科学院上海光学精密机械研究所激光惯性约束核聚变的探索历程》，《物理》，2010年第7期，第495—502页。

② 林尊琪：《激光核聚变的发展》，《中国激光》，2010年第9期，第2202—2207页。

③ 林尊琪：《激光核聚变的发展》，《中国激光》，2010年第9期，第2202—2207页。

后为了与神光Ⅱ相区别，神光装置在1994年退役后被称为“神光Ⅰ”（图6—4）。

图6—4　神光Ⅰ装置

神光Ⅰ装置的建造表明我国已经有能力自主研制大型激光聚变实验装置了。神光Ⅰ装置的技术指标与美国20世纪70年代末的激光装置相当，与美国20世纪80年代初建成的装置尚有差距，但该装置有中国自己的特色，体现了若干独创性研究成果，是国际少数几个水平相当先进的装置之一。[①]对“神光Ⅰ”的技术水平，王大珩曾这样评价：“尽管国外激光输出功率还有比这大一个半数量级的，但这个装置世界上还是数得上的……我们的工作具有特色，在较小的装置上也能做出人家大装置的工作。”[②]

神光Ⅰ装置集中体现了自1965年以来的研究积累，标志着我国高功率激光聚变研究跃上了新台阶。神光Ⅰ装置建成并投入运行后，研究人员进行了多轮物理实验，取得了具有国际水准的物理成果，主要包括首次实现间接驱动内爆出中子、极高压条件下材料状态方程的高精度测量以及类氖锗X光激光达增益饱和等。[③]但是，随着时间的推移，神光Ⅰ

① 王传珂：《王世绩：躬耕激光聚变业筚路蓝缕拓荒人》，《军工文化》，2013年第9期，第48—51页。

② 王大珩：《近年来我国的激光研究》，《激光与光电子学进展》，1991年第5期，第1—2期。

③ 林尊琪：《激光核聚变的发展》，《中国激光》，2010年第9期，第2202—2207页。

已经无法满足激光聚变研究的新要求了。1994年，连续运行八年的神光Ⅰ装置正式退役。

三、神光Ⅱ激光聚变实验装置的建造及改进

神光Ⅱ激光实验装置（简称神光Ⅱ装置）由中科院、中国工程物理研究院、国家高技术863—416主题、国家高技术863—410主题四方共同出资，由高功率激光物理联合实验室负责研制，是国际上为数不多的大型高功率激光聚变实验平台。

1. 神光Ⅱ激光实验装置的立项

早在1988年，王淦昌等五位科学家参加在意大利召开的“战争与和平”国际会议时，得悉美国已经通过地下核试验，推断出利用1兆焦耳激光能量就有可能达到能量输入和产出的“得失相当”，并着手就建立“点火装置”进行可行性论证。鉴于这一突破的极端重要性，1988年12月，王淦昌、王大珩和于敏联名写信给中央军委主席邓小平和国务院总理李鹏，提出加强高功率激光研究的建议，得到了中央领导的重视和支持。①

1991年7月，惯性约束聚变立项论证专家组和中国光学学会激光专业委员会在北京香山联合召开惯性约束聚变激光驱动技术研讨会，对神光Ⅰ装置升级改造和下一代新型激光系统的未来发展、可选择的总体路线、关键技术、国内研究基础及技术可行性等问题进行了研讨。1992年3月，高功率激光物理联合实验室学术委员会对激光12号实验装置升级改造项目进行了论证。1993年5月，高功率激光物理联合实验室管委会通过了实验室学术委员会的评审意见。同年，“惯性约束聚变”被正式列入国家863计划，陶祖聪和于敏分别任首届主题专家组首席专家和顾问。他们共同提出了发展高功率激光驱动装置的构想并进行了布局安排。②结合我国国情，于敏还明确提出了惯性约束聚变研究20字方针，

① 王传珂:《王世绩:躬耕激光聚变业筚路蓝缕拓荒人》,《军工文化》,2013年第9期,第48—51页。

② 陈崇斌,王乐天:《四十载自主探索路——中国科学院上海光学精密机械研究所激光惯性约束核聚变的探索历程》,《物理》,2010年第7期,第495—502页。

即："目标明确、规模经济、技术先进、物理精密、道路创新"。在他们的积极推动与指导下，我国制定了惯性约束聚变的发展战略和"九五计划"，其中就包括神光Ⅱ激光装置的建造和规模更大的神光Ⅲ激光装置的预研。[①]

1994年5月，由中科院、中国工程物理研究院、国家863—410主题专家组、国家863—416主题专家组作为甲方代表，高功率激光物理联合实验室作为乙方代表，双方签订了"神光Ⅱ高功率激光实验装置"工程研制总承包合同。值此，神光Ⅱ装置建设正式启动，其规模大约比神光Ⅰ装置扩大了四倍。[②]

2. 神光Ⅱ激光实验装置的建造

1994年8月，建筑面积为1500平方米的激光12号实验装置实验室改扩建工程开始动工。1996年夏，随着神光Ⅱ装置各类激光组件和单元的安装到位，总体调试正式开始。然而此时却遭遇了棘手问题：激光总体输出能量受限、激光工作物质及光学件严重受损以及装置激光输出性能不稳定等诸多技术难题急待解决。之所以会出现这些问题，是因为"神光Ⅱ的设计和神光Ⅰ完全不一样，有些材料和工艺在跟不上的情况下很容易产生这种那样的问题，这在某种程度上是技术支持和技术发展需求失配造成的"。[③]令人痛心的是，惯性约束聚变主题专家组首席专家陶祖聪和神光Ⅱ装置研制的主要组织者邓锡铭先后于1996年和1997年病逝，使得神光Ⅱ装置建造陷入困境。

在这种情况下，联合实验室常务副主任王世绩临危受命，接任联合实验室主任，挑起了神光Ⅱ装置"改进达标"的历史重担。他和其他技术骨干一道，确立了"既不推倒重来，又不伤筋动骨，既要在时间上把

① 应阳君，蓝可，李华：《从理论物理到工程物理——于敏先生的学术生涯与杰出贡献》，《物理》，2015年第2期，第86—91页。

② 王传珂：《王世绩：躬耕激光聚变业 筚路蓝缕拓荒人》，《军工文化》，2013年第9期，第48—51页。

③ 受访人朱健强，访谈人李俊峰，2014年5月13日，地点：中国科学院上海光学精密机械研究所。在神光Ⅱ项目中，朱健强曾担任工程工艺组的组长和工程总体结构及单元器件的设计者，对于最初制定的不尽合理的精密驱动方案，他曾顶住压力将其推翻，用8个月时间重新设计，改善了驱动输入输出线性度问题，成功排除了驱动过程中微小振动可能带来的重大干扰。

'神光Ⅱ'尽快搞出来向国家交卷，又要在有限的空间中有效实施可靠性”的基本原则。[①]他带领大家从装置前级开始，逐个逐级全面清理问题，鼓励大家献计献策，制订了改进达标总体技术方案。同时，建立了质量保证体系和例会制度，以强化改进达标组织管理。在他的建议下，联合实验室的管理委员会和学术委员会还委派了以胡仁宇为组长的“神光Ⅱ改进达标监理组”，指导、监督改进达标工作。

1999年7月，联合实验室终于克服了所有关键技术难题，实现了“神光Ⅱ高功率激光实验装置”基频单路达标。2000年2月，“神光Ⅱ高功率激光实验装置”八路基频激光输出能量全部达标，激光光束质量得到较大幅度提高，达到三倍衍射极限，完成了阶段任务。2000年4月7日，首发激光发射就获得2×10^9中子产额。之后，这一实验又重复数次，实验结果与理论计算预估值基本一致。2001年8月，神光Ⅱ装置终于全面建成，其基频总输出能量可达每纳秒6千焦或每百皮秒8太瓦，总体性能优良，工作稳定性强。[②]

2001年12月28日，神光Ⅱ装置通过了由中科院和中国工程物理研究院共同组织的技术鉴定和验收。神光Ⅱ装置（图6—5）由激光器系

图6—5　神光Ⅱ装置靶场

① 王传珂:《王世绩:躬耕激光聚变业筚路蓝缕拓荒人》,《军工文化》,2013年第9期,第48—51页。

② 林尊琪:《激光核聚变的发展》,《中国激光》,2010年第9期,第2202—2207页。

统、激光自动准直系统、激光精密靶场系统、激光参数测量诊断系统、激光储能供电系统、精密装校及环境保障系统等组成，其八路基频激光输出总能力为每纳秒6千焦，最高输出功率可达1013瓦，可以倍频或三倍频运行。①该装置的建成和高水平运行体现了我国研制大型激光驱动器的综合能力，为我国惯性约束聚变以及X光激光前沿领域研究工作提供了重要平台支撑。

3. 神光Ⅱ多功能高能激光系统的研制

为了实现我国惯性约束聚变领域“五位一体”（驱动器、理论、诊断、制靶、实验）研究平台的发展，联合实验室于2002年启动了神光Ⅱ装置多功能高能激光系统（简称第九路）的研制工作。作为神光Ⅱ装置的配套装置，这一束激光的基频输出能力可达每3纳秒4.5千焦，倍频和三倍频转换效率大于50%。②第九路激光驱动的探针光可以使研究人员更加全面、准确地了解相关等离子体物理规律和机理，因此除了用于物理实验研究，还可用于开展三倍频条件下的光束质量、材料破坏效应等多方面研究。

2002年2月，中科院下发《关于上海光学精密机械研究所“神光Ⅱ高功率激光实验装置”多功能高能激光束（第九路）扩建项目征地的批复》，同意在原神光Ⅱ高功率激光实验装置实验楼北侧征地约35亩，用于第九路激光设施建设。9月21日，联合实验室第三届管理委员会第一次会议在北京召开，推荐朱健强任实验室主任，林尊琪任总工程师。这年年底，联合实验室拟从国外购买大口径激光干涉仪的申请得到863计划的支持。而联合实验室后来仅用了一套设备的钱，就买回了3套，用于现场、定标和实验的检测。之所以如此，以我为主、自主开发的理念起了重要作用，而这种理念贯穿到了第九路研制的方方面面：

一件事情想要比别人做得更好，就要事先进行深入探究。商业谈判时，

---

① 朱健强：《开拓创新、持续发展中的神光装置》，《中国科学院院刊》，2010年第1期，第114—117页。

② 朱健强：《开拓创新、持续发展中的神光装置》，《中国科学院院刊》，2010年第1期，第114—117页。

如果我们在技术上做得很专业，就可以告诉对方，我买一部分就行了，这样算出来的价钱比较便宜，这是我的菜单选择，你不用管我干什么。实际上对方也是组装起来卖，但是我们自己一组装，就便宜400万……如果我们对技术有很深刻的认识，就可以来谈价钱，可以只买一部分就行了。[①]

安放第九路激光器的实验大厅于2003年开工，2004年交付使用。2004年5月第九路器件进场并安装调试，次年即开始试运行。2006年，神光Ⅱ第九路激光输出能量打破历史纪录，较此前单束激光输出提高了5.8倍。[②]2007年，针对第九路系统主激光瞄准精度小于等于30微米和大焦斑辐照均匀性优于10％的要求，联合实验室提出了靶场终端光学组件的设计结构。随后，科研人员应用有限元法对组件关键机械元件和靶室整体进行动静态分析，优化了设计参数，同时与聚焦透镜配合进行数值分析，确定了列阵透镜单元数、曲率和厚度以及单元长和宽等参数。经过实验测试，主激光瞄准精度达到28.9微米，大焦斑辐照的形状为1000微米×500微米，均匀性为12％。[③]2008年1月，第九路研制项目全面达到设计要求。

在神光Ⅱ装置第九路研制过程中采用了自主研发的集成波导前端技术，提高了输出激光的能量稳定性，其中双脉冲、不同脉宽、时间抖动输出性能达到国际先进水平。第九路激光建成后的输出能力为：基频4.5千焦/3纳秒，300焦/100皮秒；二倍频和三倍频效率＞50％；四倍频200焦/3纳秒或0.2焦/80皮秒。2008年10月，第九路光研制项目通过了由中国科学院、中国工程物理研究院、国家高技术863－804主题专家组联合组织的验收。神光Ⅱ装置第九路（图6－6）的建成不仅满足了当时我国惯性约束聚变研究需求，也大大促进了我国高功率激光技术的发展。

神光Ⅱ装置第九路是我国唯一、世界第二个可为物理实验提供探针光的高能激光装置。[④]神光Ⅱ装置第九路光束口径由前8路的每束190

---

① 受访人朱健强，访谈人李俊峰，2014年5月13日，地点：中国科学院上海光学精密机械研究所。

② 林尊琪：《激光核聚变的发展》，《中国激光》，2010年第9期，第2202—2207页。

③ 赵东峰，华能，章亚男，等：《“神光-Ⅱ”装置第九路靶场终端光学组件的研制》，《强激光与粒子束》，2007年第2期，第245—248页。

④《神光高功率激光实验装置》，《中国科学院院刊》，2019年第Z2期，第46—49页。

图 6－6　神光Ⅱ装置第九路光

毫米增至 310 毫米，单路能量输出达 5200 焦，这就为进一步升级奠定了坚实基础。[①]神光Ⅱ装置以其精密化运行，实现了激光核聚变驱动器技术质的飞跃。

4. 神光Ⅱ激光驱动器升级装置

2005 年 2 月，联合实验室学术委员会对《神光Ⅱ装置升级项目可行性报告》进行评审，认为在未来 15 至 20 年内我国惯性约束聚变研究的目标应该是实现热核点火和自持燃烧，因此迫切需要建立一个具有 18 千焦耳激光输出能力并配备千焦耳能量拍瓦激光系统的研究平台。同年 11 月，《神光Ⅱ装置升级项目可行性报告》通过联合实验室管委会组织的专家评审。2007 年 9 月，《神光Ⅱ装置升级工程初步设计方案》通过了联合实验室管委会组织的专家评审。随后，神光Ⅱ装置升级工程获得国家重大科技专项经费支持并正式启动。

2009 年 3 月，联合实验室倍频课题组在神光Ⅱ装置第九路上进行了"Ⅰ＋Ⅱ"类 KDP 晶体实现三倍频激光输出的实验，表明正在研制中的高功率激光装置的谐波转换技术路线是可行和安全的。2010 年 4 月到 5 月，在神光Ⅱ装置第九路及神光ⅡX 射线激光靶室实施了升级装置终端光学组件验证实验，获得了有实用价值的结果。2011 年 1 月，神光Ⅱ装置空调系统、能源系统和靶场系统的维修改造项目通过验收，为神光Ⅱ

① 林尊琪：《激光核聚变的发展》，《中国激光》，2010 年第 9 期，第 2202—2207 页。

装置的稳定、安全、可靠运行提供了保障。4月8日，在多年开展束匀滑技术研究的基础上，首次在神光Ⅱ装置上利用第九路进行了大能量联机实验，获得了较好的实验结果。2014年7月至8月，皮秒拍瓦激光系统完成首次物理磨合实验，表明装置具备了皮秒及亚皮秒超短脉冲物理实验打靶运行能力。9月至10月，皮秒拍瓦激光系统完成了单次脉冲信噪比诊断实验。

2014年底，驱动器升级装置建设全面完成，转入试运行，其核心评价指标达到或接近美国国家点火装置（NIF）水平。2016年8月，升级装置通过技术验收。2017年6月，升级装置通过综合验收。通过实施升级项目，八路三倍频激光输出能力提升到24千焦/3纳秒，第九路系统1千焦/(1－10)皮秒基频激光输出功能也有所增加，不但可以支撑更高水平的激光聚变研究，而且可以支撑“快点火”前期的物理研究工作。

5．运行情况①

神光Ⅱ装置是我国激光驱动器发展历史上的里程碑，其成功研制使我国高功率固体激光工程与技术、聚变物理与基础物理研究实现了跨越式发展。经过不断升级改造，神光Ⅱ装置已经成为我国开展惯性约束聚变和前沿基础研究的核心实验装置。2004年之前，神光Ⅱ装置提供正式物理实验打靶2025发次，而从2004年到2017年，累计提供物理实验打靶8390发次，成功率为91.7％。

基于神光Ⅱ实验装置，聚变相关物理应用研究取得了一系列重要成果。例如，神光Ⅱ装置首轮基频光直接驱动中子实验获得的单发最高中子产额和间接驱动获得的辐射温度都达到了国际同类装置最好水平；获得了增益饱和的类镍银13.9纳米X射线探针激光并观测到待测等离子体临界面附近电子密度空间分布；结合第9路皮秒拍瓦系统开展间接驱动预压缩快点火集成实验，实现了超过40倍中子增益的世界最高水平。

自2008年开放运行以来，国内外科研机构还利用神光Ⅱ装置开展了大量高能密度物理领域的实验研究，包括黑腔辐射温度、内爆物理、

---

① 朱健强，陈绍和，郑玉霞，等：《神光Ⅱ激光装置研制》，《中国激光》，2019年第1期，第1—8页。

流体动力学不稳定性、辐射不透明度、辐射驱动冲击波、温密等离子体物理、X光激光产生机制和应用、天体物理现象实验室模拟研究等，得到了高水平物理实验结果。例如，中科院物理所和上海交通大学科研团队神光Ⅱ装置，揭示了地磁场重联过程的新特征，为地磁场重联观测的解读提供了新的思路。

在神光Ⅱ装置上获得的科研成果不仅为我国下一代激光装置的研制奠定了坚实基础，而且还带动了我国材料科学、精密光学加工与检测技术、电子科学技术等相关领域的科技发展。①联合实验室发展出了集成前端、再生放大、时空整形技术、焦斑控制、大口径磁光隔离及放大技术、三倍频及综合测试技术、啁啾脉冲放大技术等一系列新技术，为我国高功率激光驱动器支撑体系建设作出了不可替代的突出贡献。②

四、神光Ⅲ激光聚变实验装置的建造

由中国工程物理研究院激光聚变研究中心作为建设单位建成的神光Ⅲ激光装置，代表了目前我国在激光约束聚变领域的最高水平。

早在20世纪90年代初，我国就制定了以实现聚变点火为阶段目标的惯性约束核聚变发展战略与总体规划，使我国惯性约束聚变研究进入具有明确物理目标的新发展阶段。1995年，中国工程物理研究院就开始酝酿研制神光Ⅲ装置，目标是建成几十万焦耳级的大型激光驱动装置。在国家863计划的支持下，该院首先于2007年建成神光Ⅲ原型装置并通过国家验收。该装置既是神光Ⅲ主机的工程样机，又是用于聚变实验研究的大型钕玻璃固体激光装置，拥有8束300毫米×300毫米口径光束、万焦耳能量量级、3倍频激光输出能力。2007年在该原型装置上进行了首次物理实验，用标准黑腔和小黑腔分别获得了大于200和225电子伏的辐射温度，辐射驱动内爆DD中子产额达到3×108/发。③

---

① 朱健强：《中国的神光——神光Ⅱ高功率激光实验装置》，《自然杂志》，2006年第5期，第271—273页。

②《神光高功率激光实验装置》，《中国科学院院刊》，2019年第Z2期，第46—49页。

③ 江少恩，丁永坤，缪文勇，等：《我国激光惯性约束聚变实验研究进展》，《中国科学》，2009年第11期，第1571—1583页。

在神光Ⅱ与神光Ⅲ原型装置的基础上，中国工程物理研究院激光聚变研究中心会同国内200多家协作单位，于2007年正式开始设计、建造神光Ⅲ主机装置。[①]神光Ⅲ主机装置由前端、预放大、主放大、靶场、光束控制与参数测量、计算机集中控制六大系统组成。它有6个束组，可输出48束激光，总输出能量为18万焦，峰值功率为60万亿瓦，每束激光均实现了基频光7500焦、3倍频光2850焦的能量输出，是我国激光惯性约束核聚变研究领域首台10万焦量级的高功率激光装置，其主要技术指标已经接近或达到美国国家点火装置的水平，部分指标技术难度甚至有所超越（表6—1）。该装置可为惯性约束聚变物理实验提供近紫外辐照光源，并为物理诊断提供高置信度的时标光以及高光束质量、精确同步的探针光。

表6—1　“神光-Ⅲ”装置主要参数与NIF对比[②]

	激光束数	光束品径/mm	输出能力	峰值功率/TW	脉冲波形	同步精度/ps(RMS)	打靶精度/μm	功率平衡/%	发射间隔/h
“神光-Ⅲ”主机装置	48	360	180kJ/351nm	60	整形脉冲	40	30	5	5
NIF	192	360	1.8MJ/351nm	500	整形脉冲	40	50	8	8

历经十余年研制，“神光Ⅲ”主机装置于2015年顺利建成，全面达到设计指标，成为当时世界上投入运行的第二大激光驱动器、亚洲最大的高功率激光装置。神光Ⅲ主机装置的建成，标志着我国在大型惯性约束聚变激光驱动器总体设计、总体集成、运行维护、大口径光学元件加工与检测、洁净控制与精密装校、关键单元器件等方面实现了体系化发展，并趋于成熟，也意味着我国成为了继美国之后，第二个开展多束激

① 邓学伟:《“神光-Ⅲ”主机装置研制及其性能》,《2017年中国工程物理研究院科技年报》,2018年,第137—147页。

② 邓学伟:《“神光-Ⅲ”主机装置研制及其性能》,《2017年版中国工程物理研究院科技年报》,2018年,第137—147页。

光惯性约束实验研究的国家。①

神光Ⅲ装置具备十万焦耳级惯性约束聚变实验能力，已经成为我国开展关键物理过程研究、高能量密度物理研究的重要实验平台。神光Ⅲ主机装置的建成使我国高能量密度物理实验研究的国家能力实现了与欧美发达国家“并驾齐驱”，使世界惯性约束聚变研究形成美、中、欧三足鼎立之势，标志着我国激光聚变事业进入全新发展时期。在未来相当长一段时间内，神光Ⅲ主机装置作为主力运行装置将在我国惯性约束聚变以及高能量密度物理研究领域发挥重要作用。正是在神光Ⅲ装置的基础上，2020年，惯性约束聚变点火工程被确定为《国家中长期科学和技术发展规划（2021—2035）》中的十六个重大专项之一，其目标是突破可自持激光核聚变反应技术。

五、神光系列激光聚变装置建设的历史经验

在中科院和中国工程物理研究院的共同推动下，经过几代科学家的接续努力，我国激光聚变研究已经走上了可持续发展之路。从神光Ⅰ，到神光Ⅱ，再到神光Ⅲ，见证了我国激光聚变研究的巨大进步。在神光系列装置研制的推动下，国内其他研究单位也纷纷开展这方面的研究，如中国原子能科学研究院的“天光”系列氟化氪准分子激光器装置、中科院物理研究所的“极光”装置等。与“神光”系列主要进行大型激光聚变实验不同，“天光”装置作为下一代候选激光驱动器进行先导性研究，“极光”装置用于高能量密度物理的实验研究。②总体而言，我国激光聚变研究水平已经位居世界前列，一个互补共进的激光研究格局已经在我国形成。

我国激光核聚变研究和装置建设之所以能取得这样的成就，主要得益于三个关键因素：其一，神光装置的建造是工程科学原始创新的产物，需要持之以恒的长期投资才能见效。国家之所以愿意长期投入，在

① 郑万国，王成程：《神光Ⅲ激光装置项目管理》，机械工业出版社，2018年，第6—7页。

② 范滇元，张小民：《激光聚变驱动器的发展与展望》，《中国科学技术前沿》，高等教育出版社，2000年，第361页//陈崇斌，王乐天：《四十载自主探索路——中国科学院上海光学精密机械研究所激光惯性约束核聚变的探索历程》，《物理》，2010年第7期，第495—502页。

于惯性约束核聚变具有军民两用的战略价值——激光技术的进步关乎新型武器开发，而核聚变的实现关乎未来能源问题的根本解决。鉴于这种战略价值，该领域从一开始就被纳入国家发展战略，得到了国家层面稳定、有力的支持，有机会通过长期技术积累走上可持续发展之路。其二，神光系列装置的成功得力于杰出科学家的持续引领和整个科研团队的自主创新精神。如果没有王淦昌的原创思想以及邓锡铭的早期努力，也就不会有激光聚变发展的“火种”；如果没有王淦昌、王大珩、于敏、邓锡铭、范滇元、王世绩、林尊琪等杰出科学家的接续引领，也就不会有五十多年来的辉煌。这些科学家不仅协助国家确立了长期持续支持激光聚变的战略认知，还始终把握着激光聚变的发展方向，并通过言传身教实现了代际传承，带起了一支不断发展壮大并勇于自主创新的激光聚变科研队伍。其三，在高功率激光的研制过程中，中科院和中国工程物理研究院建立了良好的协作模式，形成了我国激光聚变“创新生态”，由此推动了激光聚变研究的深化和可持续发展。在这种生态中，各个科研单位之间既竞争又合作的关系催生了一种多样化的探索机制，从而为未来实现激光聚变的新突破奠定了组织基础。这种打破部门所有制、优势互补的合作模式，堪称合作创新的典范，充分体现了王淦昌、王大珩等先生心系国之大者，打破部门局限、开拓战略研究领域的爱国情怀。这些历史经验值得充分重视并发扬光大。

第五节　强磁场实验装置

在强磁场、极低温和超高压等极端条件下研究物质的性质，是当代科学的一个重要取向。强磁场是半导体、超导、特殊功能材料和器件研究不可缺少的实验条件，而强磁场下的核磁共振又是生命科学、医学和脑科学研究的必要工具。强磁场实验条件分为稳态强磁场和脉冲强磁场两大类。稳态强磁场装置的磁场强度能够保持一定时间的稳定状态，而脉冲强磁场装置则可在较短时间内实现更高的磁场强度。我国稳态强磁场实验装置由中科院合肥物质科学研究院负责建设，脉冲强磁场实验装置则由华中科技大学负责建设。这两个装置建设的核心人员都经受过磁约束核聚变实验装置研制的历练。两个装置在技术上互补，建设方案迥异，因此，其建造大体上也是各自独立进行的。

一、我国强磁场事业的发端

当物质处在磁场中，其内部结构将会发生一系列变化。在磁场中发生的许多物理现象和磁场的强弱有密切关系。强磁场可以帮助科学家揭示物质的基本性质，了解如何设计和控制材料的性质和功能，因此已经成为物理、化学、生物等学科的有力研究工具。①

随着科学研究的深化，科学家对磁场强度的要求越来越高。1960年，美国在麻省理工学院（MIT）建成了世界上第1个国家高场磁体实验室。后来，法国、荷兰、日本等国相继建设了自己的稳态强磁场实验装置。由于受技术限制，稳态强磁场的场强难以继续大幅度提高。为获取更高的场强，20世纪90年代以来，西方发达国家掀起了一股兴建脉冲强磁场实验装置的热潮。到21世纪初，全球上规模的国家级脉冲强磁场实验装置已建成两个，分别在美国洛斯阿拉莫斯国家实验室和法国图卢兹国家实验室，正在建设的有德国德累斯顿脉冲强磁场实验室。

中国的强磁场事业发端于20世纪60年代。1964年，我国拟在陕西汉中建立新技术物理中心，其中包括建立强磁场实验装置的计划，后因故中断。1978年9月，中科院等离子体所成立，其中设立了第三研究室，又称强磁场室。该研究室人员由8号工程磁体研制相关人员与原汉中超导低温电子学所的超导科研人员重组而成。1980年，8号工程下马。1982年，在等离子体所所长霍裕平的组织和领导下，第三研究室的学科方向由核聚变装置的磁体设计与研制转向高场磁体的设计和研制。

到了1983年，等离子体所施加标研究小组成功研制出中国首台40特斯拉、20毫米孔径、20毫秒非破坏的脉冲磁体装置。1984年4月，经中科院数理学部组织专家论证，决定由等离子体所强磁场室主任高秉钧负责，建设由高功率水冷磁体与超导磁体相组合的20特斯拉混合磁体

---

① 匡光力，邵淑芳：《稳态强磁场技术及科学意义》，《科技导报》，2018年第36卷第19期，第93—96页。

强磁场实验装置。1992年5月，强磁场室完成该实验装置及其配套装备系统的研制和建设，使我国成为当时世界上拥有20特斯拉以上磁场强度的七个国家之一。但是，如何突破技术瓶颈，进一步提高磁场强度，满足科学研究和技术开发的新要求，一直是有待解决的关键问题。

鉴于稳态强磁场和脉冲强磁场在科学研究中各有需求又相互补充，我国决定同时建设两种强磁场装置，并将其列入“十一五”国家重大科技基础设施建设项目。其中，稳态强磁场实验装置建在合肥科学岛，由中科院合肥物质科学研究院承建、中科大参与共建；脉冲强磁场实验装置建在武汉，由华中科技大学承建，北京大学、南京大学、复旦大学和东北大学协助建设。

二、稳态强磁场实验装置的建造

稳态强磁场实验装置选址于合肥科学岛，于2008年5月19日获批开工，2010年10月28日转入“边建设，边运行”模式，2017年9月27日通过国家验收。

1. 工程立项

稳态强磁场实验装置项目的首席专家和总工程师是高秉钧，他参与了强磁场实验装置项目的立项、方案论证、工程实施等全过程。1992年8月至1995年7月，高秉钧在位于新墨西哥州的美国国家强磁场实验室（National High Magnetic Field Laboratory，NHMFL）工作期间，提出了高功率水冷磁体设计新概念——毕特磁体，据此设计和建造的水冷磁体相继创下世界水冷磁体的最高场强记录。1995年7月，高秉钧自美国回国前提出利用等离子体所的80兆瓦直流脉冲发电机组建设45特斯拉准稳态强磁场实验装置的计划。为此，等离子体所与美国国家强磁场实验室签订合作意向书。1996年6月至1997年7月，高秉钧再度应邀到该实验室从事研究工作，并完成了具有世界最高运行稳态场的45特斯拉混合磁体的内水冷磁体设计。2000年，该混合磁体成功运行，磁场达到45特斯拉。回国后，高秉钧开始为建立我国的强磁场装置而奔走。

2000年12月，准稳态强磁场装置的关键技术预研被列为中科院知识创新工程项目，由崔平和高秉钧主持，高秉钧任项目首席科学家。项目包括四项内容：一是攻坚新型水冷线圈研制中的关键技术，以解决加工的国产化问题；二是探索直流脉冲发电机组用于发展准稳态强磁场的可能性；三是预研 1.8 开尔文常压超流氦低温冷却技术；四是规划强磁场物理实验研究。2005 年 12 月 7 日，该项目通过验收。验收成果包括：第一，设计了两个新型强磁场水冷磁体线圈，研制出这两个线圈的加工模具，并利用它们冲制了合格的水冷磁体比特片（线圈 A 比特片和线圈 B 比特片），还研制了两个磁体线圈上、下端板，为研制新型强磁场水冷磁体线圈奠定了技术和工艺基础；第二，完成了直流脉冲发电机组励磁系统的改造以及二并二串供电系统方案、控制反馈系统与准稳态运行的可行性研究；第三，研制了超流氦冷却试验装置并达到了 1.8 开尔文的运行条件；第四，进行了强磁场下科研内容和装置建设的系统调研，在强磁场物理方面进行了相关研究，凝聚了骨干，培养了人才。另外，项目组提出并上报了两个建议报告：第一，中科院知识创新工程重大项目建议“35—40 特斯拉稳态磁场实验装置建设”；第二，国家重大科技基础设施推荐建议“强磁场实验装置”。

2005 年 1 月 15 日，中科院基础科学局在北京香山组织召开研讨会，探讨强磁场装置的应用方向、科学目标及用户队伍等问题。4 月 14 日，基础科学局又在中关村组织研讨会，讨论成立了稳态强磁场项目建议书编写小组，由匡光力任编写组长。7 月 14 日，基础科学局再次召开强磁场建设方案研讨会。与会专家提出：第一，目前的建设方案在科学目标、建设指标、关键用户、研究团队等方面还有不足，需要进一步改进；第二，装置建设是以用户需求为基础的，要由用户提出科学问题和建设目标，用户一开始就要参与到装置建设中；第三，鉴于经费有限，需要识别关键用户，提出具体的科学目标，明确具体的磁体指标以及对装置的具体要求；第四，建设公用实验平台，不仅需要高指标的装置，还要关注配套的实验设备和技术支撑队伍的建设。

2005 年 7 月 28 日，由中科大和中科院相关研究所的 15 位专家组成的强磁场项目科技小组在合肥开会，讨论了稳态强磁场项目的建设方案和科学目标，提出了具体建议。10 月 26 日，中科院组织了稳态强磁场实验装置项目建议书专家评审会。专家组认为，稳态强磁场实验装置项目科学意义重大，考虑到国际上强磁场迅猛发展的态势和国内多学科前沿发展对强磁场越来越迫切的需求，建议按照国家大科学工程立项程序尽快立项。11月4日，稳态强磁场实验装置项目通过中科院院长办公会议的审定，会议要求该项目牵头单位进一步修改完善项目建议书，同时要求该项目在总体设计中为今后建设必要的脉冲强磁场留下余地。

为了更好地了解和掌握科技界对强磁场的需求，做好立项前期准备工作，2005年12月8日，合肥物质科学研究院召集了稳态强磁场实验装置用户会议。用户单位的代表介绍了他们在该领域的研究工作和强磁场实验装置建成后可以开展的研究工作，并从物理、化学、生物、材料领域等不同角度，对平台建设、装备配置、运行、服务等提出了建设性意见。会议还决定聘请全国各系统科技专家成立用户委员会。

2005年12月15日，稳态强磁场立项建议书报送国家发改委。2006年8月25日至28日，中国国际工程咨询公司评估组对该项目进行了评估。2007年1月25日，国家发改委正式批复建设稳态强磁场实验装置立项建议书，确定强磁场实验装置采取“一个项目，两个法人，两地建设，共同管理”的建设模式，在中科院合肥物质科学研究院建设稳态强磁场实验装置（SHMFF），同时在华中科技大学建设脉冲强磁场实验装置（PHMFF）。

项目建议书得到批复后，工程进入可行性论证环节。2007年10月24日，《强磁场实验装置可行性研究报告》得到国家发改委批复。《强磁场实验装置初步设计》也于11月20日通过中科院和教育部共同组织的专家评审。2008年3月，《稳态强磁场实验装置工程实施及管理计划》完成编制。4月30日，中科院强磁场科学中心正式成立，作为稳态强磁场实验装置建设的依托单位，匡光力任中心主任，高秉钧任首席专家兼副主任，张裕恒任首席科学家兼副主任。

稳态强磁场实验装置项目的建设任务是：建立40特斯拉级稳态混合磁体实验装置和高功率水冷磁体、超导磁体实验装置；建设满足上述稳态强磁场实验装置水冷磁体部分运行需要的20兆瓦高功率高稳定度电源、20兆瓦高功率去离子水冷却系统和中央控制系统；建设强磁场实验装置上的输运、磁性、磁光、极低温、高压和组合显微实验测试系统及核磁共振研究实验系统（图6—7）。

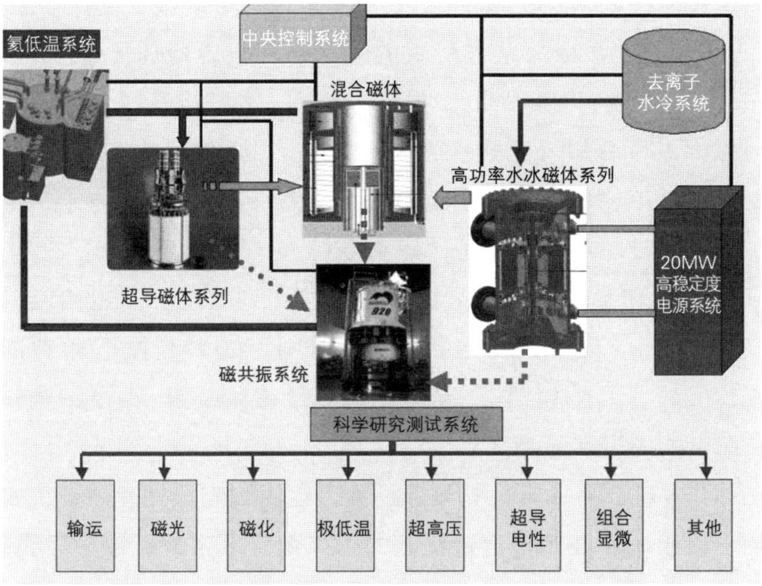

图6—7　稳态强磁场实验装置的磁体、系统构成示意图

2. 工程建设①

2008年5月19日，稳态强磁场实验装置项目获开工批复。随后，在工程总经理匡光力的带领下，建设团队根据大科学工程的管理要求与项目特点，建立了配套的管理制度，并随之开展部分磁体装置的设计与采购，电源系统四台整流变压器的参数设计、招标及非标研制合同签订等工作，并对中央控制单元和数据传递单元进行了实验。另外，还签订了各科学实验测试系统部分仪器设备的采购合同，并为基建与公用工程的动工作了前期准备。

经过一年多的建设，到2009年11月27日，稳态强磁场实验装置部分磁体和系统先期转入试运行方案及2010年度运行计划通过专家组审核。2010年9月，去离子水②冷却系统的两台板式换热器正式进入强磁场科学中心水冷厅并安装就位。这两台板式换热器的换热量分别为28

① 中国科学院合肥物质科学研究院强磁场科学中心:《强磁场实验装置年度报告(2011—2021)》,(2021-06-05)[2022-02-01],http://www.hmfl.cas.cn/gccsyzz/ndbg。

② 去离子水是指除去水中离子态杂质而得到的近乎纯净的水。

兆瓦和2兆瓦，用于冷冻水与冷却水冷磁体及电源系统的去离子水换热，以保证水冷磁体的去离子水入水温度不超过10摄氏度。10月28日至29日，去离子水冷却系统所用的纯水高压泵运抵现场并顺利安装。去离子水冷却系统的磁体冷却循环需用高压水泵将高纯水加压送至磁体，对磁体进行冷却。根据系统设计要求，共采购四台高压多级水泵，其主材为双相不锈钢，每台水泵最大流量为每小时280立方米，工作扬程300米，额定功率355千瓦，配有专门减震台和减震器。2010年10月，部分磁体和系统先期投入试运行，按计划实现了“边建设，边运行”工作模式。已建成了8台磁场强度分别为20特斯拉至39特斯拉的稳态磁体装置，其中包括：5台高功率水冷磁体装置、3台超导磁体装置及其配套的先进实验测量系统。

2011年4月，井式真空充气保护大型铌锡线圈热处理炉系统安装调试成功。该系统主要用于铌锡线圈的热处理，以生成铌锡超导线圈。7月，自行研制的超导试验磁体完成测试，整个测试过程在7.5特斯拉背景磁场下进行，当对磁体进行大电流负载测试，磁体电流达到16千安培时，中心场达到12.1特斯拉，表明中国第一台采用铌三锡管内电缆导体的超导磁体研制成功。2012年3月，稳态强磁场实验装置氦低温系统制冷机完成了液化模式和制冷模式的调试，氦制冷机液化能力和制冷能力均超过设计指标，标志着氦低温系统工程建设目标已经实现。

在建设过程中，研制团队攻克了40特斯拉混合磁体内水冷磁体及其他水冷磁体的先进性设计、加工的国产化、线圈模具的设计和制作、毕特片的冲制等一系列关键技术，为项目的顺利完成奠定了基础。2013年1月16日，自主研制的第一台水冷磁体在输入10兆瓦电源功率、2万安培高稳定度电流后，获得了预计的26.93特斯拉的磁场。这标志着稳态强磁场实验装置项目获得了重大进展，也标志着我国强磁场水冷磁体技术达到世界先进水平。稳态强磁场实验装置项目需要四台不同参数的水冷磁体和一台混合磁体，它们共用一套高稳定度电源系统、大功率去离子水冷却系统、自动控制和保护系统以及氦低温系统。

2014年，孔径50毫米的水冷磁体在输入24兆瓦电源功率后，获得35特斯拉的磁场强度，是当时国际上相同孔径中获得磁场强度最高的水冷磁体装置。孔径32毫米的水冷磁体在输入25.2兆瓦电源功率后，获得38.5特斯拉的磁场强度，该磁体也创造了32毫米孔径磁场强度最高的世界记录。2015年，强磁场科学中心建成了国际上首个扫描隧道显微镜—磁力显微镜—原子力显微镜“三镜合一”的组合显微镜，还建成了亚太地区首个一体化的9.4特斯拉、400毫米口径高场磁共振成像—动物实验室研究平台。

2016年5月3日，混合磁体外超导磁体运抵强磁场磁体大厅，标志着稳态强磁场实验装置中结构最复杂、技术难度最高的混合磁体进入到最后总装阶段。中国此前没有制造大型铌锡超导磁体的经验，制造如此大口径的强磁场超导磁体在国际上也罕见。科研团队经过几年的研制和数月的调试，终于在这年11月实现了大型超导高场磁体10万高斯的设计指标，为40万高斯混合磁体的联调成功奠定了基础。

在稳态强磁场实验装置建设过程中，研制团队通过自主创新，打破国际技术壁垒，取得了一系列技术成就，使磁体技术和装置综合性能达到国际领先地位。在磁体技术方面，提出了一种水冷磁体设计创新方案，发展出一套全程可量化检测的高精度装配工艺，建成的水冷磁体中有三台磁体的性能指标创世界纪录，强磁场水冷磁体技术达到世界领先水平；混合磁体的研制成功攻克了重重技术难关，实现了大型超导磁体技术的重大突破，并据此建成了继美国之后世界第二台40特斯拉稳态混合磁体。在强磁场实验系统方面，科研人员独辟蹊径，建设了完备而独特的强磁场实验测试系统，其中包括国际唯一的高场扫描隧道显微系统，国际独创的“三镜合一”组合成像显微系统以及国际领先的强磁场、超高压、低温综合极端实验条件。

2017年9月27日，稳态强磁场实验装置通过国家验收，实现了我国稳态强磁场极端实验条件的重大突破（图6—8）。验收专家组认为：项目单位高质量完成了稳态强磁场实验装置建设任务，建成了磁体技术和综合性能国际领先的稳态强磁场实验装置，对于提升我国相关前沿学科的基础研究水平、带动相关新兴高技术产业的发展具有重要意义。[①]

---

① 匡光力，邵淑芳：《稳态强磁场实验装置及其科学研究》，《现代物理知识》，2018年第30卷第6期，第46—55页。

图6—8 稳态强磁场实验装置现场图

3. 工程运行

稳态强磁场实验装置建成后，使我国成为继美国、法国、荷兰、日本之后第五个拥有稳态强磁场的国家，也使我国相关科研条件跃升至世界一流水平。稳态强磁场实验装置的各磁体和实验测试系统自2010年10月就陆续建成，投入试运行并对用户开放。自投入试运行以来装置状态良好，为国内外用户利用稳态强磁场实验装置开展研究提供了支持。

基于稳态强磁场实验装置的磁体系统开展科学研究工作，我国科学家已经产出了一批具有国际影响力的科研成果。[①]众所周知，半导体是当代电子工业的基础，磁场在半导体能带结构研究、元激发及其相互作用研究中具有特别重要的作用。在强磁场中研究以石墨烯为代表的狄拉克费米子体系中的非常规量子霍尔效应，以及黑磷、拓扑绝缘体等二维材料的性质成为重要方向。我国科研人员首次观测黑磷中量子霍尔效应的部分数据就是在稳态强磁场实验装置的水冷磁体上采集完成的。[②]基于稳态强磁场的实验装置，浙江大学科研团队首次在少层黑砷中发现了

① 匡光力，邵淑芳:《稳态强磁场技术及科学意义》,《科技导报》,2018年第36卷第19期，第93—96页。

② 匡光力，邵淑芳:《稳态强磁场实验装置及其科学研究》,《现代物理知识》,2018年第30卷第6期，第46—55页。

新奇量子霍尔态，强磁场科学中心科研团队首次从理论上提出并验证了一种具有多拓扑态新型磁结构“磁束子”，都为高效率、低能耗自旋电子器件研发提供了理论支持。

三、脉冲强磁场实验装置的建造

我国脉冲强磁场实验装置由华中科技大学负责建设，2008年4月开工，2014年10月通过国家验收。

1. 工程立项

脉冲强磁场实验装置建设的直接推动者是潘垣，他是我国磁约束聚变技术和大型脉冲电源技术的主要开拓者之一。20世纪70年代至80年代前期，潘垣参与主持中国环流器一号的研制建造，负责工程方案设计，以及总体电磁工程、脉冲电源、总控系统的建设，解决了许多重大技术难题。①1983年，他调入等离子体所后，曾应邀在欧共体的大型托卡马克装置和美国德克萨斯大学聚变研究中心的托卡马克装置上从事研究工作。②他在等离子体所完成了托卡马克装置HT-6M的脉冲电源及控制系统升级改造，研制出8000伏、2万安培晶闸管直流断路器和控制托卡马克等离子体平衡的1兆瓦快响应反馈控制系统。1998年，他回到母校华中科技大学工作。三年后，他提出了建设脉冲强磁场装置的建议。

2001年，华中科技大学开始与美国得克萨斯大学奥斯汀分校进行该领域的合作，邀请该校聚变研究中心主任肯尼思·金特尔（Kenneth Gentle）教授一行前来访问讲学。代表团在考察了华中科技大学并与潘垣科研组进行交流后，达成了合作意向。经过协商，双方同意以TEXT-U设备为试验平台③，在华中科技大学联合建立核聚变研究中心。这套设备中的100兆伏安/100兆焦脉冲发电机组正是脉冲强磁场电源系统的关键设备。④对此，潘垣事后回忆说：“我们是教育部里唯一

---

①《我国磁约束聚变技术及大功率脉冲电源工程技术的开拓者——小记中国工程院院士潘垣》，《科技创业月刊》，2007年第6期，第3页。

② 孙勤：《核铸强国梦：60位核科技院士专家访谈录》，中国原子能出版社，2015年，第60页。

③ TEXT－U是经美国能源部批准，由美国得克萨斯大学奥斯汀分校聚变研究中心赠送的实验装置。基于该装置，中美联合建造了J－TEXT核聚变实验装置，这是全国高校中仅有的托卡马克装置。

④ 李智，胡艳华：《华中科技大学跨越式发展之路》，华中科技大学出版社，2009年，第94页。

拥有中型托卡马克装置的单位，美国在20世纪80年代末建造时花了2000万美金，现在无偿转让给我们。”①

当时，华中科技大学强磁场方面的研究实力还比较欠缺。为了尽快提升水平，华中科技大学启动了与比利时鲁汶大学的合作。该校物理系教授弗里茨·亨纳齐（Fritz Herlach）被誉为“脉冲强磁场之父”，是高性能脉冲强磁体、百万高斯级单线圈磁体以及磁压缩装置的分析、设计与实验测试技术领域的权威，他与世界上几个顶级强磁场实验室均有密切合作关系。2002年，华中科技大学与鲁汶大学签订了为期两年的超强脉冲磁场科研合作协议，并促成中比两国政府科技合作项目——超强脉冲磁场开发研究的立项，获得两国政府的经费支持。在该项目框架下，华中科技大学先后有两名博士生在亨纳齐的实验室进行了长达18个月的深入学习，他们不仅带回了脉冲强磁场技术领域的先进理论和技术，还培养了多位脉冲强磁体设计专业人才。在双方的共同努力下，中方人员30余人次赴欧洲脉冲强磁场实验室进行合作研究，有专家10余人次来华讲学、合作研究。②以此为基础，华中科技大学建立了脉冲强磁场实验室，开展预制研究，边试验边积累经验，为建设世界一流的脉冲强磁场装置作准备。2005年，潘垣团队正式提出建设脉冲强磁场实验装置的项目建议。

2005年，华中科技大学又开始了与法国图卢兹脉冲强磁场实验室和德国德累斯顿强磁场实验室的合作。这两个实验室都是国家级研究机构，在强磁场研究领域享有很高声誉。华中科技大学先后邀请德国德累斯顿强磁场实验室主任佐斯·沃森（Jochen Wosnitza）、法国图卢兹脉冲强磁场实验室主任助理欧利文（Oliver Portugall）、比利时鲁汶大学佐兰（Jollan Vanacken）等人来校指导强磁场装置建设。如此，“脉冲强磁场实验装置的建设，从一开始就站在了国际先进水平的起点上”。③

当时，由于潘垣年事已高，迫切需要引入一些年轻学者，续写脉冲

① 孙勤：《核铸强国梦：60位核科技院士专家访谈录》，中国原子能出版社，2015年，第61页。

② 李智，胡艳华：《华中科技大学跨越式发展之路》，华中科技大学出版社，2009年，第94页。

③ 李智，周前进：《媒体视野中的华中科技大学（1978—2008）》，华中科技大学出版社，2008年，第323页。

强磁场事业。李亮本科毕业于华中科技大学，之后在等离子体所获得聚变工程硕士学位，1997年获比利时鲁汶大学博士学位，之后赴美国国家强磁场实验室任脉冲磁体设计与工程技术部负责人，并研制出多项当时世界最高场强的脉冲磁体，2000年出任美国通用全球研发中心高级工程师。在华中科技大学一再邀请下，李亮于2007年4月辞职回国，主持脉冲强磁场实验装置的建设工作，担任项目负责人兼总工程师。不仅如此，李亮还把自己的导师亨纳齐请到华中科技大学做客座教授，这为后来创造脉冲强磁场建设的“中国速度”奠定了基础。①

2. 工程建设

2007年2月，脉冲强磁场实验装置与稳态强磁场实验装置的项目建议书得到国家发改委正式批复。11月，中科院和教育部联合发文批复《强磁场实验装置初步设计》，同意脉冲强磁场实验装置项目的初步设计方案和建设规模。2008年4月23日，教育部下发文件，批准脉冲强磁场实验装置开工建设。至此，脉冲强磁场实验装置的建设前期工作全部完成，正式进入建设实施阶段。4月25日，脉冲强磁场实验装置奠基仪式在华中科技大学举行。

在工程建设队伍方面，由于华中科技大学学科门类齐全，包括电机、控制、软件、物理等，所需的各种科技人才大多能够在校内找到。学校在人才引进、运行费用、物业管理、学生招收等方面给予有力支持，对于预制研究的完成和相关经验的积累发挥了关键作用。另外，“大科学工程的建设，中科院已经建立了很详细、很成熟的体制”，研究人员“也去学习了很多次，并且与学校的体制标准结合在一起”。②

2009年1月，脉冲磁体绕线机项目完成公开招标。4月30日，强磁场样机装置主控软件的研发任务完成。另外，由脉冲强磁场中心开发的脉冲磁体设计专用软件于2009年多次升级，完成正式版。2010年，团队完成了诸多设备的招标和订购，包括高频微波振荡器及其探测系统、脉冲整流系统等。磁体设计方面，除了外采一些零部件，最核心的磁

---

① 受访人陈晋，访谈人李秀波，2016年10月20日，地点：华中科技大学。

② 受访人陈晋，访谈人李秀波，2016年10月20日，地点：华中科技大学。

体、电源的安装以及调试部分均由中心团队自己完成，这也是该装置最具创新性的部分。

到2011年，工程的几个模块已经基本完成，并且搭建了一部分试验站，随即开始了边运行、边建设的工作模式。2011年11月8日，建设团队自主研制出国内首个双线圈脉冲磁体，成功实现83特斯拉磁场强度，表明我国在脉冲磁体技术、电源技术、控制技术与测量技术上达到了世界一流水平。2012年2月20日，顺利完成13个电容器电源模块保护电感的所有测试工作。该保护电感为自主设计加工，主要作用是保护晶闸管主放电开关免受冲击电流损坏，并限制磁体短路故障下短路电流峰值。9月15日，完成了脉冲发电机型电源系统以及配套纯水系统的安装工作。10月10日，通过蓄电池电源系统对新研制的Helical磁体成功进行了系统测试，最高磁场强度达到32特斯拉。到2014年9月底，脉冲强磁场实验装置已累计开放5790机时，为德国德累斯顿强磁场实验室、美国普渡大学、日本东北大学、北京大学、南京大学、中科院物理所等50个国内外科研单位开展了170项科学实验。

2013年10月，脉冲强磁场实验装置接受国际评估。评估委员会认为："武汉脉冲强磁场设施已经跻身世界上最好的脉冲强磁场实验装置之列。在电源设计和磁体技术方面取得的成就已经位列世界顶级。"2014年10月，该装置通过国家验收。验收委员会认为：脉冲强磁场实验装置项目已按计划、按指标、按预算、高质量地完成了各项建设任务，该装置以其优异的性能，成为国际上最好的脉冲强磁场装置之一。2018年5月，改进后的装置接受第二次国际评估，评估委员会评价其为"国际领先的脉冲强磁场设施之一"，"在支撑基础前沿研究方面发挥了重要作用，并将在未来发挥更大更深远的影响"。①经过不断改进，2018年11月22日，脉冲强磁场实验装置创造了64特斯拉、稳定度3‰的脉冲平顶磁场。2019年，该装置脉冲磁场强度达到90.6特斯拉，使我国成为继美国、德国后第三个突破90特斯拉大关的国家。2021年1月，装置实现94.8特斯拉脉冲磁场强度。

①《脉冲强磁场实验装置》,(2018-11-10)[2022-02-01],http://whmfc.hust.edu.cn/kfyx/zzjs.htm。

3．工程运行

基于工程建设和科学研究方面的进展，脉冲强磁场中心形成了一支在相关领域具有国际学术影响力的科研队伍，在国内外的学术地位不断提升，已经与美、法、德、日等国的多个世界知名实验室建立了紧密合作关系，聘请了包括诺贝尔奖得主冯·克利青（Klaus von Klitzing）在内的8位国际知名学者担任顾问教授，成立了由世界顶级科学家牵头组成的国际咨询委员会。装置负责人李亮充分发挥自身国际影响力，发起推动成立国际强磁场协会和亚洲强磁场协会，并分别担任副主席和主席，提升了我国在强磁场领域的国际话语权。截至2020年底，装置累计运行55412小时，为97家国内外科研单位开展实验1258项。研究内容涵盖了物理、材料、化学等多个学科，在高温超导体、狄拉克电子体系、量子临界材料等前沿基础领域和科学热点方面开展了卓有成效的研究工作。例如，在凝聚态物理中，钌酸锶（Sr_2RuO_4）超导对称性的测量非常困难。国家脉冲强磁场科学中心科研人员与多位美国合作者得到的关于Sr_2RuO_4超导态性质的成果启迪人们重新审视它的超导对称性。

在利用脉冲强磁场装置开展科学研究的同时，还充分利用装置的特点和优势开展了脉冲强磁场的工业应用研究。例如，在国际上首次提出的多时空脉冲强磁场成形技术，为航空航天板管类零件的成形成性制造提供了全新的技术途径；率先提出的大型永磁设备在组装后整体充磁的方法，可用于大型风机、磁共振成像仪、高速永磁电机等的整体充磁，将对永磁设备的制造工艺带来革命性改进。[①]脉冲强磁场装置落户武汉，与区域优势资源相结合，带动了当地特别是武汉光谷的生命科学、医学、光电子信息及材料等领域的应用研究，促进了光电器件、纳米级半导体器件与大型电磁装置等产业技术的发展。

为进一步提升装置的整体性能和开放共享水平，“十四五”期间，华中科技大学将开展脉冲强磁场实验装置优化提升项目建设，聚焦物质科学、生命科学以及强电磁工程科学领域的重大科学问题和国家战略需

① 李亮，韩小涛，彭涛，等：《脉冲强磁场实验装置及强磁场技术应用》，《第三届全国电磁冶金与强磁场材料科学会议学术论文集》，2016年，第1页。

求，对装置的磁场系统、实验测试系统、实验支撑系统等进行全方位的升级改造，建成后将成为性能参数全面领先的脉冲强磁场设施。

此外，强磁场实验装置有潜力与其他大型科学装置，如自由电子激光器、中子散射装置、同步辐射装置等相结合，开展更多的创新性科研工作。例如，华中科技大学与上海光源共同建设试验站，使得强磁场与高亮度光源相结合，形成了新的实验平台。

第七章

空间领域：卫星平台、空间站与深空探测

第一颗人造地球卫星的成功发射，历史性地将我国推向空间竞争的舞台。空间活动分为空间科学、空间应用和空间技术三个主要部分。空间科学主要是利用外层空间进行科学探索，空间应用主要是利用外层空间取得经济效益和社会效益，空间技术则是支撑空间科学研究及其应用的技术支撑系统。本章记述了从20世纪70年代开始我国从航天工程迈向空间科学前沿探索的历程，主要涉及遥感卫星地面站、双星计划、子午工程、载人航天与嫦娥工程等大科学工程项目。

第一节　从航天工程迈向空间科学

有了航天工程技术，一切都不同以往。以人造地球卫星为代表的航天工程的出现，大大拓展了人类的想象空间，引发了科学知识生产方式的变革。立足航天技术，望远镜就可以被放置在宇宙空间，几乎可以在全波段范围内观测来自天体的辐射，而且分辨率极高，从而为天文学和宇宙学研究提供独一无二的观测资料。借助航天技术，就可以将宇宙空间作为地面无法完全模拟的特殊实验室，进行微重力条件下的科学实验，探索全新的材料和生命现象。在载人航天活动中，为了保证人在地球外空间的正常生活和工作，就需要发展空间生理学和空间医学。在地球大气层以外，有许多来自太阳、银河系以及更遥远天体的辐射，因此必须研究辐射生物学。基于空间探测技术，还可以研究地球系统各圈层的内部结构、各圈层之间的相互作用以及整个地球的系统行为，提高人类对地球环境和地球系统变化的整体认识水平，提升预测预报地球环境变化和自然灾害的能力。可以说，航天技术的发展将科学研究推向了全新高度，催生了空间科学。

所谓空间科学，就是以空间飞行器为主要平台，研究发生在地球、日地空间、行星际空间乃至整个宇宙空间的物理、天文、化学以及生命等自然现象及其规律的科学，是高度综合与交叉性的前沿科学领域。[①]空间科学既瞄准宏观的宇宙，又瞄准微观的粒子和生命起源，有望在宏观和微观的“交叠”领域取得科学突破。从20世纪50年代开始，全球空间活动包括空间科学研究是在美、苏两个超级大国的空间竞争格局下开展起来的。美国第一颗人造地球卫星探测到地球辐射带的存在，并将其命名为范艾伦辐射带，可谓空间科学的首个标志性成果。从20世纪60年代开始，美、苏各自发射了一大批卫星用于研究太阳系的结构、太阳系行星的特征、地球空间的过程以及日地物理学。

我国第一颗人造卫星发射成功之后，发射一颗专门用于空间物理探测的科学试验卫星就被提上议事日程，这就有了实践一号卫星以及延续至今的实践系列卫星。不过，从1971年发射的实践一号到1999年发射的实践五号卫星，我国所进行的空间科学探测与实验项目基本属于搭载项目，科学家只能在限定的轨道、姿态和有限的卫星资源下，开展有限的科学探测和实验。其实，在空间竞争的背景下，当年美、苏双方发展航天特别是载人航天都有一定的盲目性，随着工作的深入，大家逐渐认识到，空间站实质上应成为较长时间有人照料的微重力实验室，主要从事地面上难于进行的空间生命科学和微重力科学研究。[②]

20世纪80年代初，在“以经济建设为中心”的氛围中，我国提出发展空间应用的口号，并在空间通信、气象卫星、对地观测卫星等方面取得进展，同时加速发展资源卫星，为国民经济服务。1987年，中科院将空间科学技术中心与空间物理所合并，成立了空间科学与应用研究中心，并集合院内有关专家成立了空间科学与应用委员会，试图在完成国家任务的同时把我国的空间科学带动起来。1992年9月21日，我国载人航天工程再次获批立项，代号921工程，旨在建造载人空间站，解决有

---

① 吴季：《发展空间科学卫星系列就是新时期的“两弹一星”任务》，《中国科学院院刊》，2017年第8期，第873—878页。

② 胡文瑞：《空间科学发展与展望》，《求是》，2004年第19期，第56—58页。

较大规模的、长期有人照料的空间应用问题。载人航天工程的实施，推动了我国空间科学迈向新的发展阶段。总体上看，改革开放之后的二十年，我国科研人员在空间科学的各主要领域都取得了成果，在此期间建设了遥感卫星地面站，完成了一批卫星搭载实验，研制了一批空间实验仪器设备，取得了一批空间实验成果。但是，与国际先进水平相比，我国空间科学研究还有很大差距。①

上述情况并不奇怪，因为“空间科学一直都不是中国空间计划关注的重点”②，“我国在空间科学方面的投资，比起在空间技术方面的投资远比其他发达国家低”③。不仅如此，我国对空间科学的支持，长期以来都是“一事一议”，“缺乏固定且不断增长的经费预算”，这也与空间科学发达国家和地区相去甚远。在这种情况下，我国空间科学家只能大量使用国外科学卫星公开发布的数据，这种“寄人篱下”的研究工作很难作出原始创新成果。④

不过，这种格局在新世纪之初开始悄然变化。2000 年，我国首次发布《中国的航天》白皮书，明确空间科学、空间技术、空间应用是我国航天事业发展的三大领域。白皮书的发布象征着空间科学开始获得国家层面的重视。在这种背景下，我国首个科学探测卫星计划——双星计划正式获准立项。2004 年，我国正式开展月球探测工程，并命名为嫦娥工程，分无人月球探测、载人登月和建立月球基地三个阶段加以实施。2006 年，国务院颁布了《国家中长期科学和技术发展规划纲要（2006—2020 年）》，载人航天和月球探测都被列入科技重大专项。2007 年，经国务院批准，国防科工委发布《航天发展“十一五”规划》，明确将“持续开展空间科学研究，扩展人类认知领域”作为主要任务之一。2008 年“东半球空间环境地基综合监测子午链”（简称“子午工程”）开工建设，2012 年通过国家验收，标志着我国空间环境地基监测网络得以形成。在此基础上，“国际空间天气子午圈计划”获得科技部重大国

① 胡文瑞：《空间科学发展随想》，《世界科技研究与发展》，1998 年第 6 期，第 38—40 页。

② Harvey B. China in Space: The Great Leap Forward. New York: Springer, 2013:16。

③ 王大珩：《我国在空间科学方面的若干进展》，《中国航天》，1994 年第 2 期，第 13—16 页。

④ 吴季，等：《2016—2030 年空间科学规划研究报告》，科学出版社，2016 年，前言。

际合作计划的支持，并被列入美国《太阳与空间物理十年发展规划》。[①]2009年，中科院发布《中国至2050年空间科技发展路线图》，明确了空间科学发展战略目标：开展针对重大科学问题的前沿探索与研究，在黑洞、暗物质、暗能量和引力波的直接探测，太阳系的起源和演化，太阳活动对地球环境的影响及其预报和地外生命探索等方面取得原创性的突破进展，全面提升我国空间科学的研究水平。[②]不难看出，这是我国空间科学发展不断受到重视的十年。

2011年1月11日，中科院正式启动空间科学先导专项，其主要目标是："在最具优势和最具重大科学发现潜力的科学热点领域，通过自主和国际合作科学卫星计划，实现科学上的重大创新突破，带动相关高技术的跨越式发展，发挥空间科学在国家发展中的重要战略作用。"[③]空间科学先导专项一期部署了硬X射线调制望远镜卫星、量子科学实验卫星、暗物质粒子探测卫星、实践十号返回式科学实验卫星、空间科学背景型号和空间科学预先研究等项目。2015年12月17日，暗物质粒子探测卫星率先发射升空，其在轨运行的前530天共采集了约28亿例高能宇宙射线，其中包含约150万例25吉电子伏特以上的宇宙射线。基于这些数据，科研人员成功获取了当时国际上精度最高的电子宇宙射线探测结果。2016年4月6日，我国首颗微重力科学实验卫星——实践十号返回式科学实验卫星发射升空，共搭载19个实验项目，这也是迄今为止单次空间微重力和生命科学实验项目及种类最多的卫星任务。2016年8月16日，世界首颗量子科学实验卫星发射升空。2017年6月，在国际上率先实现千公里级的量子纠缠分发，并在此基础上首次实现空间尺度严格满足"爱因斯坦定域性条件"的量子力学非定域性检验，为未来开展大尺度量子网络和量子通信实验研究，以及开展外太空广义相对论、量子引力等物理学基本原理的实验检验奠定了技术基础。2017年6月15日，硬X射线调制望远镜卫星成功发射，实现了我国在空间高能天体物

---

① 吴季，等：《2016—2030年空间科学规划研究报告》，科学出版社，2016年，第34页。

② 中国科学院空间领域战略研究组：《中国至2050年空间科技发展路线图》，科学出版社，2009年，第27页。

③ 吴季，等：《2016—2030年空间科学规划研究报告》，科学出版社，2016年，第25—26页。

理领域由地面观测向天地联合观测的跨越。①通过实施先导专项，建成了可持续服务我国科学卫星系列的高效先进的公共地面支撑系统，为空间科学先导专项二期奠定了基础。

2016年，“空间科学卫星系列”在国务院印发的《“十三五”国家科技创新规划》中被列为“发展空天探测、开发和利用技术”专项之首。规划提出，开展依托空间科学卫星系列的基础科学前沿研究，围绕已发射暗物质粒子探测卫星等任务，在暗物质、量子力学完备性、空间物理、黑洞、微重力科学和空间生命科学等方面取得重大科学发现和突破，研制太阳风—磁层相互作用全景成像卫星、爱因斯坦探针卫星、全球水循环观测卫星、先进天基太阳天文台卫星等，为在地球空间耦合规律、引力波电磁对应体探测、全球变化与水循环、太阳磁层与爆发活动之间关系等方面取得原创性成果奠定基础，引领带动航天尖端技术发展。据此，空间科学先导专项二期部署了一系列新的项目，包括：太阳极轨望远镜计划、磁层—电离层—热层耦合小卫星星座探测计划、增强型X射线时变与偏振空间天文台、空间毫米波甚长基线干涉测量技术（VLBI）阵列、系外类地行星探测计划、先进天基太阳天文台、爱因斯坦探针和全球水循环观测卫星等空间科学探测计划。

从组织层面看，我国空间科学探测涉及众多部门，包括中科院、国防科工委、中国航天科技集团、科技部、教育部、国家自然科学基金委员会、工业与信息化部、中国地震局、中国气象局和国家海洋局等，因此需要大量协调工作。2010年之前，我国空间科学探测没有实施有效载荷首席科学家制，因此在一定程度上存在着有效载荷研制的科学目标不明、数据处理与成果产出无人负责的现象。②随着空间科学先导专项的实施，这种情况有了根本改观。中科院空间科学与应用研究中心从2011年开始具体负责空间科学卫星计划的组织和实施，2015年正式更名为中科院国家空间科学中心（简称空间中心）。作为我国空间科学卫星计划

① 唐琳：《空间科学先导专项：探索中国空间科学发展之路》，《科学新闻》，2018年第9期，第36—40页。

② 国家自然科学基金委员会，中国科学院：《未来十年中国学科发展战略：空间科学》，科学出版社，2012年，第42页。

的工程总体单位，空间中心具体负责空间科学发展战略研究，组织和遴选空间科学卫星计划，并对空间科学卫星计划进行全生命周期管理。空间科学计划的首席科学家制也同步实施。这样，我国空间科学计划就有了更为有效的组织保证。

第二节　中国遥感卫星地面站

卫星应用离不开地面上的接收装置。中国遥感卫星地面站（简称地面站）是根据邓小平同志1979年访美期间所签订的《中美科技合作协定》而建立的。[①]地面站的主要任务有：接收国内外对地观测卫星数据，并对数据进行处理、存档、分发，为国内其他行业提供服务；进行卫星数据接收处理等相关技术的研究；开展国际合作交流，进行科技协作。[②]地面站可以对多种陆地观测卫星数据进行接收与处理，是民用的国家重大基础设施和国际陆地观测卫星地面站成员。地面站的成功建立填补了我国陆地观测卫星数据源的空白，促进了遥感技术的研究，推动了遥感应用产业化的发展。2007年，中科院对地观测与数字地球科学中心成立，此后，地面站被整体纳入对地观测中心的科技体系。2012年9月，对地观测与数字地球科学中心、遥感应用研究所合并成立了中国科学院遥感与数字地球研究所。2017年，中科院遥感与数字地球研究所与电子学研究所、光电研究院合并组建中科院空天信息创新研究院（简称空天院），地面站成为其核心科技机构之一。

一、中国遥感卫星地面站的立项与建设

卫星遥感是人类实现空间对地观测的一个重要手段，在拥有自己的遥感卫星地面站之前，我国科研人员只能购买国外的卫星数据，获取难度大、时效性差，获得的数据也较为有限。[③]为了解决这些问题，1978

---

① 郭剑峰：《中国遥感卫星地面站》，《科技潮》，2007年第4期，第56页。

②《中国遥感卫星地面站》，《中国科技信息》，2002年第1期，第4页。

③ 中国科学院对地观测与数字地球科学中心：《遥感卫星地面站的运行与发展》，《中国科学院院刊》，2010年第25期，第353—357页。

年7月1日，国家科委等有关部门向中央请示引进陆地卫星地面站。7月上旬，邓小平作出明确指示：地面站设备可以买。8月21日，中科院向国家计委、国家科委请示从美国引进陆地卫星地面站。11月18日，国家科委提出审批中科院引进地面站的意见，并呈报中央。邓小平等同志批示同意或圈阅。[①]

1979年1月，邓小平访美期间，在华盛顿签订了“中美科技合作协定”。1月31日，国家科委主任方毅与美国科学技术政策办公室主任普雷斯就有关《空间技术合作谅解备忘录》进行换文确认，作为执行“中美科技合作协定”的一个部分。其中有关地面站的条文是：“在条件合适的情况下，中国拟购买一个美国的地面站，能接收美国航宇局陆地资源遥感卫星包括现在正在发展的陆地资源卫星发来的地球资源信息。”[②]2月28日，中科院空间科学技术中心成立，下设空间科学研究部、空间技术研究部、遥感技术应用研究部和地面系统部，其中地面系统部系中国遥感卫星地面站的前身。3月20日，中科院和外交部向国务院提交《关于派选引进资源卫星地面站代表团赴美考察谈判报告》，时任副总理谷牧批示：用汇1000万美元，分别在1980年和1981年支付。

1980年1月24日，中科院和美国宇航局在北京签订《陆地卫星地面站的谅解备忘录》。中科院副院长严济慈和美国宇航局局长弗罗歇分别代表中美双方签字。其中，第4（8）条规定，北京地面站的建设需在本备忘录签订后十五个月内开始进行，在备忘录的附录中增加了“地面站用于接收处理美国陆地卫星和其他各国同类卫星的数据”的内容。7月30日，国家计委、国家进出口管理委员会批复同意在北京建站。根据备忘录，美国系统和应用科学公司将为中科院设计、组成和安装陆地卫星地面接收和数据处理站。9月12日，中科院空间科学技术中心上报《关于北京陆地卫星地面站可行性研究报告》并于9月16日得到反馈意见：建议这份报告书进一步修改后，由中科院空间科学技术委员会主持，进行一次较全面的同行评议，对整个引进站的计划、条件进行审

①《地面站选址测量数据及报告》，遥感卫星地面站建设项目档案。

② 赵千钧等：《中国科学院遥感与数字地球研究所35周年纪念》，遥感与数字地球研究所，2015年，第104页。

核。[1]1981年2月21日，遥感卫星地面站接收站站址定在北京市密云县金叵罗村东南侧。6月20日，国家进出口管理委员会和国家计委同意把地面站项目列入1981年技术引进和设备出口计划，总成交额控制在1000万美元以内。1982年7月，考察组访美，首次接触美国系统和应用科学公司。12月，与该公司签署地面站引进合同。1983年5月，该公司提出接收站的站址要求，地面站先接收处理多光谱扫描仪数据，待美国发射带有专题制图仪的陆地卫星时，再扩建地面站以接收相关数据。1983年12月，美国系统和应用科学公司通知我方，美国政府同意按照原设计全部要求出口地面站系统；美方已将出口合同送巴黎统筹委员会审议。[2]1984年2月，国务院第八次常务会议决定：陆地卫星地面站系统由中科院负责引进、建设、运行和管理，建成后向全国有关部门开放服务。6月，巴黎统筹委员会通过地面站系统的出口许可；北京密云接收站基建工程全部完成。

1985年，出国培训小组分三批赴美国马里兰、亚特兰大等地接受卫星地面站系统技术培训。11月7日，10米口径天线设备抵达北京首都机场，12日运到密云接收站，19日安装完毕，21日完成机房内的设备安装工作，25日地面站北馆改建工程竣工。12月，美方人员来华安装卫星轨道预报系统和记录系统。12月13日，完成系统调试并第一次记录接收到的陆地卫星数据。1986年5月，地面站投入试运行。11月26日，邓小平为地面站题写了站名“中国遥感卫星地面站”。12月4日，受国家计委委托，中科院组织有关部门和专家对中国遥感卫星地面站进行验收并颁发科学技术成果鉴定证书。12月20日，中国遥感卫星地面站落成典礼在京举行。[3]

地面站建立初期为一站两址，由北京本部和密云接收站两部分组成。北京本部对接收站接收的对地观测卫星数据进行处理、存档、分

---

①《地面站选址测量数据及报告》，遥感卫星地面站建设项目档案。

② 赵千钧，等：《中国科学院遥感与数字地球研究所35周年纪念》，遥感与数字地球研究所，2015年，第105页。

③ 赵千钧，等：《中国科学院遥感与数字地球研究所35周年纪念》，遥感与数字地球研究所，2015年，第105—106页。

发，为国内其他行业提供服务；密云接收站主要负责接收卫星数据。陆地卫星地面站的选址，首先要有广阔的视野，周围天际角小于5度，其次周围应为宁静的电磁干扰区，同时为防止干扰，地形屏蔽取工作仰角3度左右。[①]地面站天线场地的要求是，引进站场区半径不小于1千米，站周天际角3.5度左右，站区面积50亩。

北京地面站共分为五个系统，分别是：天线、数据接收、记录系统，快视、预处理及产品生成系统，精处理及图像分析系统，照相处理系统，数据及运行管理系统。地面站的建设规模为9000平方米，总投资为2800万元，人员编制为119人；其中跟踪接收部分建筑面积为1000平方米，人员编制为30人。地面站生产部分由接收站、数字处理室和光学处理室3个工作室组成。接收站的主要任务是跟踪卫星，接收信号，记录遥感数据。数字处理室的主要功能是回放高密度磁带记录的数据，进行校正处理，生成数字产品和照相潜影胶片。此外，还有4套图像分析处理设备，可供遥感应用图像分析、质量评估、特殊产品生成及系统快速使用。光学处理室配有黑白和彩色胶片与相片的冲洗设备、光学彩色合成设备、放大与复印设备及各种质量控制与检验设备等。照相产品最大幅面可达1.2米。[②]密云接收站的主要任务是接收和记录卫星遥感数据，可覆盖我国国土的80%左右。建站初期，接收站只能接收美国LANDSAT-5一颗卫星的数据。若配以相应的解调设备，国内计划发射的卫星数据和其他国家的航天数据也可接收。[③]

随着时间的推移，地面站开始逐步拓展接收卫星数据的范围。1993年5月，与日本签署接收日本地球资源JERS卫星数据协议；1995年3月，与欧洲航天局签订ERS-1卫星数据接收与分发协议；1995年9月，签订ERS-2卫星数据接收与分发协议；2001年11月，签订SPOT-5卫星数据接收和分发协议；2002年11月，签署美国“快鸟”高分辨率卫星特殊分发协议；2004年5月，签署LANDSAT-7数据接收与分发协议。[④]

---

① 《地面站选址测量数据及报告》，遥感卫星地面站建设项目档案。

② 王新民：《中国遥感卫星地面站的现状和展望》，《遥感学报》，1990年第3期，第245—246页。

③ 潘习哲：《中国遥感卫星地面站》，《科技导报》，1991年第9期，第25—26页。

④ 赵千钧，等：《中国科学院遥感与数字地球研究所35周年纪念》，遥感与数字地球研究所，2015年，第108—112页。

从1999年开始，我国发射的所有民用陆地观测卫星和空间科学卫星均由地面站负责接收，包括资源一号、资源二号、资源二号B、环境一号A、环境一号B、环境一号C、资源一号02C、资源三号、实践九号A、实践九号B、高分一号、高分二号、资源四号等卫星在内。1999年10月，我国首颗国产陆地卫星资源一号，即中巴地球资源卫星01星，由密云接收站进行数据接收。地面站作为对地观测领域的重大基础设施，为我国土地、林业、农业、环境、地质、海洋等领域提供了大量数据服务，满足了灾害监测的需求，也支撑了科学研究的开展。

二、陆地观测卫星数据全国接收站网的立项与建设

地面站建成初期，接收站只能接收美国LANDSAT-5一颗卫星的数据。随后逐渐接收了美国、日本、法国、加拿大、欧洲航天局、印度和中巴地球资源卫星的数据，大约覆盖我国陆地面积的80%。在较长一段时间内，民用国产陆地遥感卫星数据接收站只有北京密云站一个，为改变我国遥感数据接收范围受限的状况，地面站提出了建设中国陆地观测卫星数据全国接收站网的建议。这实际上是对遥感卫星地面站进行的升级改造。

据此建议，需要新建“三站一体”的接收站网，将新疆喀什、海南三亚两个接收站与北京密云接收站一起构建，形成覆盖全国陆地面积的数据接收能力。接收站网包括数据接收系统、数据传输系统、站网运行管理系统以及西部站、南方站和扩建后北京站的建筑及配套工程。其中，西部站站址位于喀什市西北荒地乡，南方站站址位于三亚市天涯镇，而北京站在密云接收站基础上扩充建设。

2000年，中科院向国家计委提交了建设覆盖全国的、民用的、接收中外陆地观测卫星数据的公用接收站网项目申请。2004年9月，中科院院长办公会议审议通过关于中国遥感卫星地面站扩建工程的报告，决定先期启动西部接收站建设工作。2005年，国家发改委在广泛调研和征求各部门意见的基础上，向国务院上报了关于集中建设我国陆地观测卫星地面系统的请示。2006年5月，国家发改委下达了关于抓紧开展陆地观测卫星地面系统和环境卫星应用系统建设相关工作的通知，明确由中

科院负责覆盖全国陆地面积的卫星地面接收站网的建设。

地面站根据中科院部署开展了站网建设的可行性研究工作。2007年5月，站网建设可行性研究报告获得批准。2007年9月，国家发改委委托国家投资项目评审中心，组织专家对项目初步设计与概算报告进行评审。2007年10月30日，国家发改委下发通知，核定了该项目初步设计概算总投资金额并决定全部在中央预算内解决。

2006年9月25日，喀什接收站基建工程率先开工。2007年8月24日，喀什站完成测试验收并进入试运行。2008年6月，密云站改扩建技术系统投入试运行。2009年4月29日，三亚接收站举行奠基仪式。2010年1月27日，三亚接收站第一套12米天线系统通过专家验收并投入试运行，使我国陆地观测卫星数据直接接收范围覆盖到我国南海以及南部邻国等区域。2011年3月30日，三亚接收站第二座天线吊装成功。[①]7月20日，喀什接收站记录分系统通过专家验收并投入试运行。[②]2008年至2013年间，数据传输等系统完成建设并投入运行。2009年至2012年间，新建数据接收等系统、分系统开始分阶段投入运行。2013年，新建站网运行管理系统投入运行，实现站网自动化常规运行。2014年末，完成全部研制与工程建设任务。喀什接收站的建立与使用弥补了我国西部数据的缺失；三亚接收站的建立与使用弥补了我国南海数据的缺失。在此基础上，为了适应资源三号卫星、高分辨率对地观测卫星系列、空间科学卫星系列等国产先进新型卫星的技术发展，中国遥感卫星地面站进一步增强了地面接收站网的数据接收、记录、传输、运行管理等能力。[③]2015年，地面站开始接收和处理法国Pléiades卫星数据，其空间分辨率达到0.5米。

2017年5月31日，陆地观测卫星数据全国接收站网建设项目通过国家验收。站网项目使我国遥感卫星地面站的数据接收覆盖范围由国土面积的80%提升到100%，甚至可以覆盖亚洲70%的区域；天线规模由

---

①《我国遥感卫星地面站完成组网覆盖全部疆土》,《硅谷》,2013年第12期,第24页。

② 中科院对地观测与数字地球科学中心,中科院高技术研究与发展局:《遥感卫星地面站的运行与发展》,《中国科学院院刊》,2010年第25期,第353—357页。

③ 云菲:《中国遥感卫星地面站简介》,《卫星应用》,2015年第5期,第50页。

过去的1个站3座天线增加到3个站8座天线。验收委员会认为："陆地观测卫星数据全国接收站网技术体系先进，项目在关键技术和工艺方面具有多项创新，在国内实现了工程化应用，促进了设备国产化；站网体系是目前我国地面接收系统中兼容和扩展能力最强的系统，引领了地面系统的技术发展方向，其总体指标达到国际先进水平，部分指标达到国际领先水平。"①

三、中国遥感卫星地面站的运行和成果

经过四十多年的发展，中国遥感卫星地面站形成了以北京总部为运行管理与数据处理中心，密云站、喀什站、三亚站、昆明站、北极站为数据接收网的运行格局，成为我国对地观测的核心基础设施，具备了全天候、全天时、近实时、多种分辨率卫星数据接收处理能力（表7—1）。作为国际资源卫星地面站网成员，中国遥感卫星地面站已经成为世界上接收与处理卫星数量最多的地面站之一，其保存的对地观测卫星数据资料是中国最大的多种对地观测卫星数据档案库，由此为科学研究和国民经济建设提供着强有力的支撑。

表7—1　中国遥感卫星地面站接收国内外卫星数据情况②

编　号	卫星名称	所属国家或组织	开始接收时间	当前是否仍在接收
1	LANDSAT-5	美国	1986年	
2	ERS-1	欧洲航天局	1993年	
3	JERS-1	日本	1993年	
4	ERS-2	欧洲航天局	1995年	
5	RADARSAT-1	加拿大	1997年	
6	SPOT-1	法国	1998年	
7	SPOT-2	法国	1998年	
8	CBERS-01	中国、巴西	1999年	

① 云菲：《中国遥感卫星地面站简介》，《卫星应用》，2015年第5期，第51页。

②《中国遥感卫星地面站》，(2021-5-22)[2022-02-01]，http://www.radi.ac.cn/jglb/kjtx/wxdmz/。

续 表

编 号	卫星名称	所属国家或组织	开始接收时间	当前是否仍在接收
9	SPOT-4	法国	1999年	
10	LANDSAT-7	美国	2000年	
11	SPOT-5	法国	2002年	
12	ENVISAT	欧洲航天局	2003年	
13	资源二号	中国、巴西	2003年	
14	RESOURCESAT-1	印度	2005年	
15	资源二号B星	中国、巴西	2007年	
16	RADARSAT-2	加拿大	2008年	√
17	环境一号A星	中国	2008年	√
18	环境一号B星	中国	2008年	√
19	THEOS	泰国	2011年	
20	资源一号02C星	中国	2011年	√
21	资源三号	中国	2012年	√
22	实践九号A星	中国	2012年	√
23	实践九号B星	中国	2012年	
24	环境一号C星	中国	2012年	√
25	高分一号	中国	2013年	√
26	SPOT-6	法国	2013年	√
27	LANDSAT-8	美国	2013年	√
28	高分二号	中国	2014年	√
29	资源四号	中国、巴西	2014年	√
30	SPOT-7	法国	2015年	√
31	PLEIADES-1A	法国	2015年	√
32	PLEIADES-1B	法国	2015年	√
33	暗物质粒子探测卫星	中国	2015年	√
34	高分四号	中国	2016年	√
35	实践十号	中国	2016年	
36	资源三号02星	中国	2016年	√
37	量子科学实验卫星	中国	2016年	√
38	高分三号	中国	2016年	√

续　表

编　号	卫星名称	所属国家或组织	开始接收时间	当前是否仍在接收
39	硬X射线调制望远镜	中国	2017年	√
40	电磁监测试验卫星	中国	2018年	√
41	高分一号02星	中国	2018年	√
42	高分一号03星	中国	2018年	√
43	高分一号04星	中国	2018年	√
44	高分五号	中国	2018年	√

地面站提供的卫星资料广泛应用于资源调查、环境监测、地质勘探、测绘、城市规划、水火虫灾害监测评估等众多领域，支撑了经济建设宏观决策的科学论证，产生了巨大的社会效益和经济效益。需要特别强调的是，地面站接收的数据在我国重大自然灾害防治中发挥了不可或缺的作用。1987年5月7日大兴安岭林区发生火灾，地面站利用数据对林火状态进行实时监测，火灾期间的实时数据清晰反映了火区的精确位置和变化情况。

1998年，长江流域与松花江、嫩江流域发生特大洪涝灾害，地面站首次应用了5颗卫星重复监测技术，借助雷达卫星具有不受云层干扰和宽扫描模式的特点，使数据对灾区的覆盖周期缩短到三天，对水情的监测频度大大提高。2008年5月12日，汶川发生地震，地面站紧急提交20多条轨道70余景数据申请。通过广泛协调，灾前灾后的遥感数据迅速得到汇总和处理分析，卫星数据景数达100余景，通过互联网向用户提供免费下载数据2.7万亿字节，向有关部门提供遥感数据3.6万亿字节，为国家决策提供了强有力的数据支持。2010年4月14日，玉树发生地震。中科院对地观测中心紧急启动灾情遥感应急响应体系，充分发挥地面站在遥感数据获取、传输、处理与共享方面的作用，高速传输了高分辨率航空遥感数据，为灾情监测分析提供了可靠保障。

作为国际资源卫星地面站网的重要成员，中国遥感卫星地面站还在澳大利亚林火、巴基斯坦洪水、日本地震等国际重大自然灾害中及时提供了大量珍贵卫星数据。2009年2月，澳大利亚发生有史以来最为严重的山火灾害。应我国驻澳使馆和澳大利亚空间信息中心的要求，根据地面站接收的我国环境一号A星和B星数据，相关人员对火势、范围、趋向、附近居民点等进行监测和分析，共编发分析报告5期，取得了良好的灾情监测和评估效果。2010年7月下旬至8月，巴基斯坦遭遇特大洪灾。地面站根据美国地质勘探局的请求，将喀什站接收的巴基斯坦地区卫星数据及时传送给美国地质勘探局，协助其进行巴基斯坦洪水监测。北京时间2011年3月11日13时46分，日本本州东海岸附近海域发生9.0级地震。灾害发生后，对地观测中心积极响应国际卫星组织的灾害监测，迅速启动灾害监测应急机制，向美国地质勘探局提供10条轨道共计93景卫星数据，向欧洲航天局提供14条轨道共计100余景的卫星数据，并向法国和加拿大申请了卫星数据用于日本地震灾害监测、评估等工作。

2011年，随着中科院空间科学先导科技专项启动，地面站承担了近地轨道空间科学卫星的跟踪、接收、记录和传输任务，从此将数据接收业务从对地观测领域拓展至空间科学领域。2015年开始，地面站相继成功实现了暗物质粒子探测卫星、实践十号返回式科学实验卫星、量子科学实验卫星、硬X射线调制望远镜卫星、微重力技术实验卫星、引力波暴高能电磁对应体全天监测器卫星以及可持续发展科学卫星1号数据的高质量可靠接收，为这些卫星取得重大应用成果作出了贡献。

第三节　地球空间双星探测计划

地球空间双星探测计划（简称双星计划）是我国第一个由科学目标牵引的空间科学卫星计划，是以我方为主，我国与欧洲航天局合作开展的大科学工程。双星计划由中科院空间科学与应用研究中心（简称空间中心）[①]的空间物理学家刘振兴院士于1997年初提出，并由空间中心牵

---

① 2011年6月，中科院批准成立国家空间科学中心，为依托空间科学与应用研究中心的院设非法人研究单元，与空间科学与应用研究中心“一个机构两块牌子”。2015年6月，中央编办批复同意中科院空间科学与应用研究中心更名为中科院国家空间科学中心。由于双星计划是在中科院空间科学与应用研究中心提出与实施的，因此本节仍然使用中科院空间科学与应用研究中心为负责双星计划的机构名称。

头实施，其主要科学目标是从宏观尺度对地球磁层进行两点探测，以跨越极区和赤道区的两颗卫星探测地球空间环境，研究当前地球空间最具挑战性的科学问题——磁层空间暴驱动和触发机制的全球多时空尺度物理过程。双星计划项目的起止时间为2001年2月19日至2005年11月30日，后延寿运行至2009年3月。在此期间，双星计划的赤道区卫星于2003年12月30日成功发射升空，设计寿命18个月，延寿28个月，实际在轨运行至2007年10月；极区卫星于2004年7月25日成功发射升空，设计寿命12个月，延寿36个月，实际在轨运行至2008年7月。

一、双星计划提出的背景

自1957年苏联发射第一颗人造地球卫星以来，国际上提出并实施了一系列空间科学探测计划，如20世纪60年代的普遍探测计划、70年代的国际磁层研究计划、80年代的动力学计划和中层大气计划，以及90年代的国际日地物理计划。[①]通过这些计划，人类对地球空间的认识有了质的飞跃，不仅更清楚地认识了电离层，还探测到了电离层以外的地球空间，包括辐射带和磁层的边界。地球空间环境直接受太阳活动和行星际扰动的控制，特别是日冕物质的喷发会导致大量电磁物质射向地球，经常引起一些爆发性的事件，比如磁层亚暴、磁暴、电离层暴和热层暴等，这些空间暴会危害空间环境，对卫星系统、航天员和人类生存有巨大影响。

自1980年以后，国际科学界已经发现地球磁层并不是一个稳定的结构，它会随着太阳活动产生动态变化，而其变化规律是世界空间物理界的科学难题之一。[②]探索地球磁层变化规律的一种方法是通过在日地空间各层次布置多颗卫星来联合探测磁层的变化，但世界上没有哪个国家能够单独承担起全球性的多星探测任务。20世纪80年代初，国际空间界开始酝酿空前规模的国际合作空间探测计划，由国际空间局协调

---

① 刘振兴：《地球空间双星探测计划》，《科学》，2004年第2期，第7—9页。

②《2010年度国家科学技术进步奖项目介绍：地球空间双星探测计划》，中科院空间科学与应用研究中心档案室。

组[1]组织和协调了“国际日地物理计划”。该计划的主要科学目标是将日地空间作为一个整体系统，在日地空间各层次发射多颗卫星，对日地系统联锁变化的物理过程进行协调的探测和研究。该计划在保持各国空间探测计划的独立性的同时，强调各个国家间探测计划的相互配合、补充与测量结果的可对比性。

1982年11月，欧洲空间物理学家提出使用极地轨道卫星探测地球磁层的顶区和磁尾区的设想。1983年，欧洲航天局的法国科学家提出星簇计划，用四颗完全一样的卫星编队飞行对磁层进行立体的空间探测。1985年，欧洲航天局正式启动星簇计划，并以之参加“国际日地物理计划”，由此，星簇计划成为了“国际日地物理计划”的核心项目。[2]1990年7月，为了完善星簇计划卫星科学数据系统的功能，欧洲航天局向世界各国科研单位发布通告，希望各国科研单位提出方案，参与星簇计划科学数据系统，共同进行科学目标的合作研究。[3]1990年11月，为推动我国空间物理研究，刘振兴代表中科院空间中心写了一份合作方案送到了欧洲航天局。欧洲航天局科学评议委员会认为中方在基础研究方面有一定优势，于1992年2月通过了该提案，决定欧洲航天局与中科院空间中心开展合作。1993年11月24日，中科院和欧洲航天局在北京签署合作协议。根据协议，中方建立了接收星簇计划数据的计算机联网系统，中国星簇计划数据和研究中心作为欧洲航天局的正式组成部分，向欧洲航天局提供与星簇计划配合的中低纬区三个台的地面磁场观测数据，双方还合作开展星簇计划科学问题的研究。[4]

星簇计划在1992至1996年期间正式实施，四颗卫星由欧洲航天局新研制的阿丽亚娜5型火箭搭载，于1996年6月4日在欧洲航天局的法属圭亚那发射场发射，刘振兴作为中国方面合作方代表应邀到发射现场观看，但由于这是阿丽亚娜5型火箭第一次发射，飞行程序软件存在问

① 国际空间局协调组(IACG)是1981年由美国宇航局、欧洲航天局、苏联和日本的空间局联合成立的空间科学国际机构顾问组。

②《外事简报第九期》,中科院空间科学与应用研究中心档案室,1999年。

③ 中国科学报:《太空“弈星”刘振兴》,《中国科学报》,2015年第3期。

④《地球空间双星探测计划简介》,中科院空间科学与应用研究中心档案室,1998年。

题致使火箭发射失败，四颗卫星化为乌有。1997年1月刘振兴提出双星计划的初步设想，在与濮祖荫等科学家讨论后正式在1997年4月1日至4日召开的北京香山科学会议上提出了该计划，主要科学目标是从宏观尺度对变化着的地球磁层进行两点探测，研究地球磁层空间暴驱动和触发机制的全球多时空尺度物理过程。

二、双星计划的立项

1. 来自欧洲航天局的支持

1997年4月4日，欧洲航天局正式通过全新的星簇计划，称为Cluster Ⅱ，[①]它与此前的计划一样，包括四颗相同的卫星，每颗卫星各载有11台科学仪器，共44台。[②]

在这种情况下，1997年4月初提出的双星计划就得到了国际上的高度关注。双星计划以两颗卫星从宏观尺度对变化的地球磁层进行两点探测，而欧洲航天局的“星簇”Cluster Ⅱ则是以四颗卫星从微观尺度对变化的地球磁层进行四点探测，两者具有相互补充的关系，如能协同实施，就可以构成对地球磁层宏观与微观相结合的多点探测体系。因此，欧洲航天局认为：“中国科学院提出的双星计划对欧洲航天局Cluster Ⅱ水平的提高是至关重要的，对国际日地关系计划将作出重要贡献。”[③]

1997年11月3日，欧洲航天局为了推动中国双星计划与Cluster Ⅱ的合作，主动派出以欧洲航天局科学项目主任莫里斯·邦尼特教授为团长的代表团访问中科院空间中心。双方讨论了双星计划的科学目标、双星轨道和有效载荷，签署了双星计划与Cluster Ⅱ合作议定书。欧方还表示，将在卫星轨道计算、有效载荷研制等方面给予中方积极支持。[④]1997年11月21日至22日，欧洲航天局召开第29次星簇计划科学工作会

① 2000年7月到8月，Cluster Ⅱ计划的四颗卫星放弃阿丽亚娜火箭而改由联盟号火箭分两次发射，相继成功。

②《地球空间“极区—赤道双星科学探测计划”(简称“双星计划”)初步设想》，中科院空间科学与应用研究中心档案室，1997年。

③《2010年度国家科学技术进步奖项目介绍：地球空间双星探测计划》，中科院空间科学与应用研究中心档案室，2010年。

④《地球空间双星探测计划简介》，中科院空间科学与应用研究中心档案室，1998年。

议，通过了对中国双星计划的推荐书，表示积极参加与双星计划的合作，并提供必要的支持。国际空间机构协调组也在1998年1月莫斯科会议上对双星计划的科学构想给予了很高评价："赤道区卫星的探测效能对23周太阳活动峰年至关重要，强烈支持并推荐将双星计划包括在23周太阳活动峰年期间国际空间机构协调组的探测任务中，以便与各国卫星交换科学数据。"至此，欧洲航天局和国际空间机构协调组都通过了对双星计划的推荐书。[①]

1999年9月7日至9日，欧洲航天局代表团一行8人在北京与中科院空间中心的专家们进一步讨论了双星计划的科学目标、有效载荷、卫星轨道和平台设计等，并于1999年9月14日正式向中国科学院和中国国家航天局提出与双星计划合作的请求。

2. 曲折的立项过程

1997年4月在香山会议上提出双星计划后，刘振兴与濮祖荫作为双星计划的共同发起人分别将其向各自所在的单位——中科院空间中心和北京大学申请立项，但濮祖荫所在的北京大学科技处认为北京大学是高校，应该从事科学研究，不应该参与发射卫星的事务而不予支持。[②]另一方面，国家科委基础和高技术司副司长邵立勤在此次香山会议的总结报告中建议支持双星计划立项，并于1998年5月9日与中科院基础科学局局长金铎商议，建议由中科院向科技部提出立项申请。

1998年5月中旬，中科院空间中心向中科院基础科学局呈送《关于地球空间双星探测计划有关问题的报告》，认为：目前最为急需的工作是尽快立项开始预研，不然很可能错过一次很好的国际合作机会，希望中科院基础科学局尽快向科技部申请立项。[③]1998年6月和7月，刘振兴又分别向中科院副院长与中科院秘书长写信，请求支持双星计划。1999年1月，中科院将双星计划建议书上报国家计委。

---

①《地球空间双星探测计划科学目标和有效载荷方案评审意见》，中科院空间科学与应用研究中心档案室，2000年。

② 丁兆君，李晓兵：《五秩共赢双星璨——濮祖荫教授访谈录》，《中国科技史杂志》，2015年第4期，第473—487页。

③《关于地球空间双星探测计划有关问题的报告》，中科院空间科学与应用研究中心档案室。

凭借与欧洲航天局确立的合作关系，1999年10月，中科院正式启动了双星计划可行性论证，并于2000年1月7日召开了科学目标与有效载荷方案评审会。评审专家包括王大珩、吕保维、陶诗言、刘光鼎、曾融生、陈颙、王水等十几位科学家，他们分别来自中科院、中国空间技术研究院、中国地震局、北京大学、中国科学技术大学、信息产业部等22所单位。专家们对双星计划的科学目标与有效载荷方案给予了高度评价，认为该计划意义重大，主要表现在三个方面：第一，双星计划瞄准了当时国际上磁层领域最具挑战性的重大科学问题“磁层空间暴的触发机制”，立论根据充分，研究内容与实现途径的构思有创新；第二，双星计划的轨道方案具有显著特色，两颗小卫星既是配合运行、自成系统的地球空间探测计划，又可与Cluster Ⅱ相互配合，做到优势互补；第三，双星计划的有效载荷配置合理，可以满足科学目标的需求。评审专家还认为，双星计划的实施，可带动我国空间探测技术的发展，提高我国空间物理研究和空间天气预报的创新能力，为保障航天活动的安全提供科学数据、科学依据和对策；双星计划与Cluster Ⅱ的相互配合可以为中国空间科学发展带来额外收益，特别是有利于扩大我国与欧洲航天局空间科学和技术的合作规模，加强国际交流和数据共享，提升我国在国际空间界的地位。[①]因此，评审专家建议中科院和有关部门尽快合作完成双星计划的总体方案可行性报告，建议计划研究组进一步完善技术设计并加强与国内子午工程及其他卫星探测的合作，在通过总体方案可行性报告评审后，有关主管机关尽快批准“双星计划”的立项并抓紧实施，与欧洲航天局Cluster Ⅱ紧密配合。[②]

2000年3月9日至10日，中国双星计划代表团应邀赴巴黎欧洲航天局参加计划A阶段方案论证会，中欧双方在会上签订了进一步合作的协议。会上，中国代表团详细介绍了中科院空间中心提出的双星计划A阶段设计方案报告。欧洲航天局对A阶段研究报告十分满意，表示将积极

---

①《地球空间双星探测计划（简称“双星计划”）进展情况简介》，中科院空间科学与应用研究中心档案室，2000年。

②《地球空间双星探测计划科学目标和任务需求》，中科院空间科学与应用研究中心档案室，2000年。

支持双星计划以及双星计划与Cluster Ⅱ之间的合作。

紧接着，双星计划总体方案可行性论证评审会于2000年5月22日在北京召开，由多位院士组成的评审委员会通过评审并再次建议尽快立项。由于Cluster Ⅱ计划的四颗卫星将于2000年7月17日与8月7日相继发射，欧洲航天局最为关注的利用“双星计划”与Cluster Ⅱ计划进行联合观测的需求变得更加迫切了。

2000年10月，中科院与中国航天科技集团联合致函国防科工委，认为国家尚未批准立项，没有经费开展仪器研制、订购元器件等工作，希望并恳请国防科工委预拨部分双星计划启动经费，中科院与中国航天科技集团再分别匹配适当经费，以维持队伍和研制关键部件。[①]紧接着，2000年12月，双星计划被国务院正式列入“十五”计划，先期启动。2001年2月19日，中方召开了第一次与欧洲提供载荷方的技术接口协调会。7月9日，中国航天局与欧洲航天局正式签署双星计划合作协议。8月24日，确定了双星发射日期，订出了总体计划的进度日程节点。[②]2002年4月，国务院同意双星计划立项。9月20日，国防科工委、国家计委与财政部等部门批准了关于地球空间双星探测工程研制立项的请示。2002年10月16日，中科院批准了知识创新工程项目“地球空间双星探测计划科学问题研究”。这样，中国和发达国家之间第一次从技术到应用的高层次、实质性对等合作的双星计划正式启动。根据预算，我国对“双星计划”的投入约1.1亿元，欧洲的投入约合6000万元人民币。[③]

三、双星计划的实施

1. 组织制度的建立

双星计划工程部分的实施主体包括发射与测控系统单位、中科院空间中心、中国航天科技集团公司下属第一研究院[④]、航天东方红卫星有

---

① 董荣:《中欧空间科学合作的建立与“双星计划”的实施》,中国科学技术大学学位论文,2017年。

② 《地球空间双星探测计划:计划工作节点》,中科院空间科学与应用研究中心档案室,2002年。

③ 《关于地球空间双星探测计划有关问题的报告》,中科院空间科学与应用研究中心档案室,2002年。

④ 即中国运载火箭技术研究院。

限公司、欧洲航天局及其下属科研机构以及研制载荷仪器的欧方企业。[①]为此，国家航天局任命王希季担任双星计划工程总设计师、刘振兴担任首席科学家，并任命了工程各大系统的总设计师、总指挥以及各级各类设计和指挥系统人员。工程中的各类重大科学问题、技术问题或工程问题都需经过首席科学家与总设计师的协调、研究与决策。2001年9月，国家航天局还正式成立了由国防科工委、中科院、总装备部、中国航天科技集团公司这四家单位的机关领导组成的双星计划工程管理组，协助总设计师与首席科学家处理工程总体工作，工程管理组下设工程管理组办公室，负责协调落实工程管理组的决定，保证工程的顺利实施。[②]

根据与欧洲航天局的合作协议，还成立了双星计划科学工作队，负责协调合作研究的目标、内容与举办研讨会。科学工作队主席由首席科学家刘振兴担任，合作主席由中欧双方各再出一位科学家担任，成员由双方科学家组成。同时，双星计划还成立了负责对科学目标、研究内容与研究进展进行讨论、评议和检查的专家委员会，专家委员会下设课题组，课题组按双星和Cluster Ⅱ上的探测仪器来分组。科学工作队负责协调每个课题组吸收相应的国外科学家进行合作研究，每个课题组的科学家也需要经科学工作队协调加入国外的研究组，双方互访与合作研究，定期举办学术研讨会。[③]

从2001年4月5日至2006年7月25日，中欧举行了13次技术讨论会。2002年9月14日至10月14日，科学工作队派出6人组成双星计划赴欧联调试验队，前往伦敦帝国理工学院开展与欧方探测一号有效载荷的联调试验工作，发现并解决了一些双方理解不一致的问题，达到了预期的实验目的。学习了西方严谨的程序化工作方法，同时向欧方展示了我方的技术实力和管理水平，使欧方对我国的航天技术水平和中科院空

① 根据合作协议，欧方负责研制8台科学仪器，其中中性原子成像仪由中欧双方合作研制，欧方还负责“双星计划”的欧洲科学运行中心及科学数据中心的运行和管理等。

② 董荣：《中欧空间科学合作的建立与“双星计划”的实施》，中国科学技术大学学位论文，2017年。

③ 刘振兴：《地球空间双星探测计划的国际合作》，《中国科学院院刊》，2003年第4期，第309—312页。

间中心的技术能力有了进一步的了解。[①]2002年11月13日，我方派出6人赴奥地利空间研究所就一级初始数据的时间覆盖问题、数据快速显示的软件问题与高分辨率科学数据的返还问题进行交流。[②]2003年6月23日，科学工作队派人赴瑞典就中欧联合研制的中性原子成像仪的半导体探测器进行粒子加速器定标实验。[③]科学工作队定期举行科学工作联席会议、技术讨论会，落实技术协调的机制，确保了中欧双方能够及时交流与协调，消除了许多误解。

2. 运载火箭的研制

双星计划的科学目标和探测总体思路由空间中心提出，科学探测有效载荷以及应用系统由空间中心主持研制，卫星平台则由中国东方红卫星股份有限公司主持研制。[④]

就选择何种运载火箭发射卫星这一问题，空间中心与中国航天科技集团公司下属第一研究院进行了多次讨论，决定近地赤道卫星由我国发射同步高度卫星的火箭（长征三号B型）搭载发射，该同步卫星的过渡轨道（500千米—40000千米）可以满足赤道卫星的轨道要求。但是，极轨卫星的发射有困难，一种方案是在我国发射极轨卫星的火箭上搭载发射，然后变级调整到预定轨道（远地点20000千米），但相关技术并不成熟；另一种方案是仿效Cluster Ⅱ计划，也由俄罗斯的联盟号火箭发射。[⑤]经过方案设计评审，最终选择进一步改进我国的长征火箭。2001年10月，双星计划的运载火箭进入研制阶段。

中国航天科技集团公司下属第一研究院为主成功研制的中国长征二号丙/SM运载火箭，由两级状态的长征二号丙火箭加上固体上面级SM组成，火箭起飞质量214吨，全长39.9米，箭体与整流罩的直径为3.35米。新研制的上面级由主结构、固体发动机、姿控系统、控制系统、分

---

①《“双星计划”赴欧联调工作周报》，中科院空间科学与应用研究中心档案室，2002年。

②《“双星计划”赴奥地利联调工作》，中科院空间科学与应用研究中心档案室，2002年。

③《“双星计划”赴瑞典联调工作》，中科院空间科学与应用研究中心档案室，2003年。

④《2010年度国家科学技术进步奖项目介绍：地球空间双星探测计划》，中科院空间科学与应用研究中心档案室，2011年。

⑤《地球空间双星探测计划（简称“双星计划”）进展情况简介》，中科院空间科学与应用研究中心档案室，2010年。

离系统、遥测系统等组成，采用自旋稳定和三轴稳定相结合的姿态控制方式，用于实现卫星的变轨、调姿和起旋，以满足卫星入轨的要求。长征二号丙/SM运载火箭的研制成功，使中国长征二号丙系列火箭技术迈上了一个新的台阶。

3. 卫星与有效载荷系统的研制

双星计划中的两颗小卫星由中国东方红卫星股份有限公司与中科院空间中心合作研制。两颗小卫星设计为偏圆柱形，直径1米，高度0.8米，每颗卫星总重量约135千克，总功率约82瓦，总数据率约每秒100千比特，有效载荷质量约30千克，功耗约30瓦，卫星姿态是自旋稳定，旋转率为每分钟15转。①

探测一号赤道区卫星和探测二号极区卫星的有效载荷各由8台探测器组成，两颗卫星共配置了16台科学探测载荷，包括三分量磁通门磁强计、高能粒子探测器（近赤道卫星）和中性粒子成像仪（极轨卫星）等，覆盖了宽能谱粒子、磁场和低频波等空间环境物理参数的测量。探测一号主要探测向阳面磁层顶和近磁尾等重要磁层活动区域，所搭载的科学仪器包括高能电子探测器、电位主动控制仪、三分量磁通门磁强计、低频电磁波探测器、热离子分析仪、重离子探测器、电子和电流仪、高能质子探测器。探测二号主要探测地球两极漏斗区沉降粒子对电离层扰动的作用及其与磁层其他活动区域变化的关系，所搭载的除了将探测一号上的热离子分析仪与电位主动控制仪换成了中性原子成像仪与低能离子探测器，其余仪器不变。

在这些科学仪器中，能量粒子探测器由德国马克斯·普朗克高空物理研究所研制，三分量磁通门磁强计由奥地利科学院空间物理所和英国帝国理工学院研制，中性原子成像仪由我国与爱尔兰联合研制，离子谱仪则由法国国家等离子体研究中心研制。②为将中外不同数据率和数据格式的探测器集成在一起，我国还自主研制了高效的有效载荷公用设

---

①《地球空间双星探测计划（简称"双星计划"）进展情况简介》，中科院空间科学与应用研究中心档案室，2010年。

②《地球空间双星探测计划（简称"双星计划"）进展情况简介》，中科院空间科学与应用研究中心档案室，2010年。

备。[1]两颗卫星的探测数据经过联合处理，可以探明磁层空间与太阳活动的时序关系，验证目前仍处于理论猜想阶段的磁层空间暴触发机制理论，以及发现重要的能量粒子输运途径，等等。[2]

载荷研制也遇到一些波折。欧洲航天局对欧洲载荷研制单位的研制经费未能及时拨付，使得各载荷研制单位的研制工作遇到经费困难，影响了进度。另外，由于欧洲航天局方面缺乏对各有效载荷工程进度的统一管理，通常是由中方对各有效载荷直接进行协调，但经常得不到对方回音，因此对工程进度有一定影响。特别是德国马普研究所负责研制能量粒子谱议的科学家于2001年突然去世，最终导致2001年12月应欧方的提议，从两颗卫星上取消了能量粒子谱仪。[3]

4. 双星的发射与运行

第一颗赤道卫星探测一号于2003年12月30日凌晨3时由长征二号丙/SM运载火箭从西昌卫星发射中心成功发射升空，卫星质量为335千克，运行于远地点78960千米、近地点565千米、倾角28度的大椭圆轨道，设计寿命18个月，实际在轨运行46个月，用于探测近地磁尾区的磁层空间暴过程及向阳面磁层顶区太阳风能量向磁层中的传输过程。

第二颗极轨卫星探测二号于2004年7月25日15时05分通过长征二号丙/SM运载火箭从太原卫星发射中心成功升空，卫星质量为343千克，运行于远地点38216千米、近地点684千米、倾角90度的大椭圆轨道，设计寿命12个月，实际在轨运行48个月，用于探测太阳风能量和近地磁尾区能量向极区电离层和高层大气的传输以及电离层粒子向磁层中的传输过程（图7—1）。

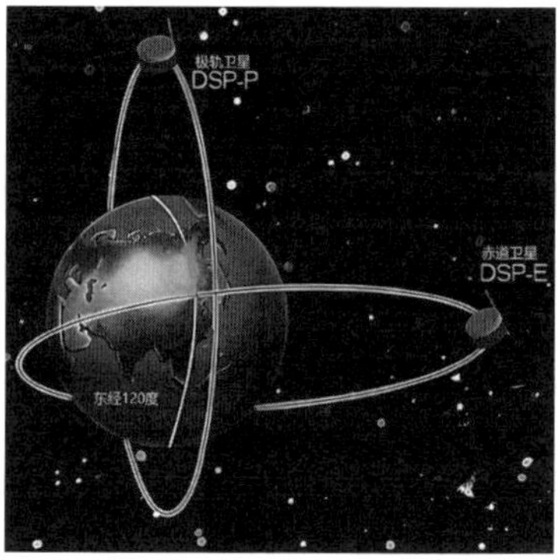

图7—1　双星计划示意图

①《国家科学技术进步奖推荐书(2010年度)》,中科院空间科学与应用研究中心档案室,2010年。

②《地球空间双星探测计划简介》,中科院空间科学与应用研究中心档案室,1998年。

③《关于双星计划与欧空局合作方面的工作汇报》,中科院空间科学与应用研究中心档案室,2010年。

双星计划在延寿运行期间（2005年10月至2006年12月），全面实现了与欧洲航天局星簇计划对地球空间的“六点探测”，达到了最佳配合。据此，还制定了双星计划两颗卫星以及其与欧洲航天局星簇计划的四颗卫星联合探测的短期（周）、中期（月）和长期（年）科学运行计划。①

四、双星计划的科技成就

双星计划是我国科学家在准确把握国际空间科学发展前沿的背景下，为满足我国空间物理探测、研究以及空间环境预报的需求而提出的地球空间探测计划。在双星计划之前，绝大部分重大空间探测和发现都由美国与俄罗斯作出，少部分由欧洲和日本作出②，双星计划的实施彻底扭转了这一局面。其鲜明的创新性、高技术特色和国际合作背景为我国后续空间科学规划发挥了重要示范作用。鉴于其突出成果，双星计划被评为“2004年中国十大科学进展”；2010年3月，国际宇航科学院授予了双星计划和星簇计划联合科学团队国际宇航科学院“杰出团队成就奖”；双星计划还获得了2010年度国家科学技术进步一等奖。

1. 双星计划中的技术创新

为了保障双星计划的两颗卫星有效运行，四个方面的技术创新发挥了巨大作用：

第一，联合优化的多点探测体系创新。要实现对地球空间的多点卫星探测，难度最大的是联合的轨道设计和优化。双星计划充分利用了椭圆轨道卫星远地点飞行速度慢的特点，通过优化设计使两颗卫星尽可能多地出现并尽可能长时间停留在需要探测的区域。在确定了双星的轨道关系后，为进一步扩大探测区域，倍增探测产出效益，两颗卫星的轨道还与欧洲星簇计划的轨道进行了联合设计，确定了两颗卫星的发射窗口，使两个计划形成一体，从而构成了宏观和微观相结合的多点探测

①《地球空间双星探测计划（简称“双星计划”）进展情况简介》，中科院空间科学与应用研究中心档案室，2010年。

②《2010年度国家科学技术进步奖项目介绍：地球空间双星探测计划》，中科院空间科学与应用研究中心档案室，2010年。

体系。[①]

第二，高精度电磁波与粒子探测有效载荷技术创新。中国自主研制的低频电磁波探测器，通过搜索线圈探头的创新设计，探测精度与整体水平达到了国际先进水平，由此获得了1项发明专利、4项实用型专利和2项软件著作权。[②]

第三，高电磁洁净度与高可靠卫星技术创新。中欧合作研制的中性原子成像仪的部分技术指标超过了美国同类仪器，以中性原子成像仪为代表的其他载荷也有许多创新，实现了中国空间探测仪器研制水平的跨越。高电磁洁净度指的是对磁场和离子的精确探测需要排除卫星本身对被探测对象的干扰，双星通过综合控制与补偿技术使其磁洁净度优于2纳米特斯拉，采用的掺锡化铟薄膜技术使卫星表面任意两点之间的电位小于1伏。双星的轨道均多次穿越辐射带，经受的辐射剂量远超过其他卫星，因此通过屏蔽、“退火”、硬件和软件纠错及冗余技术对卫星进行了抗辐射加固，使得两颗卫星的运行时间均大大超过了其设计寿命。另外，通过精确的热控设计和全轨道能量平衡技术，探测一号卫星安全度过了275分钟的超长地影。椭圆轨道导致卫星与地面站距离远且变化大，通过对不同测控距离调整速率，实现了多档变速率的测控与数传，提高了信道利用率。[③]

第四，远程自动化科学运行和应用支持技术创新。双星计划科学用户有近60个，分布于国内外（国内有北京、上海、合肥、武汉等，国外有英国、法国、奥地利等），并且数据多，容量大，因此科学运行与应用支持难度大。为此，开发了远程测试与自动运行技术，通过虚拟专用网络和公共网络，实现了异地设备测试和异地设备的自动运行，还通过统一数据格式并严格标定，实现了国际一流的数据处理与分发，使中

---

①《2010年度国家科学技术进步奖项目情况简介：地球空间双星探测计划》，中科院空间科学与应用研究中心档案室，2011年。

②《2010年度国家科学技术进步奖项目情况简介：地球空间双星探测计划》，中科院空间科学与应用研究中心档案室，2011年。

③《2010年度国家科学技术进步奖项目介绍：地球空间双星探测计划》，中科院空间科学与应用研究中心档案室，2011年。

国的探测数据得到了全球科学家的认可，另外，数据中心还同时处理和分发了欧洲Cluster Ⅱ四颗卫星的数据。①

以上创新之处在随后的航天活动中被推广应用于其他卫星型号。比如，嫦娥一号、嫦娥二号和萤火一号卫星都应用了双星计划的有效载荷技术，萤火一号卫星应用了双星计划的科学运行和应用系统技术，嫦娥一号、萤火一号、遥感九号和电磁检测试验卫星都应用了双星计划的远距离测控和数传技术、卫星平台创新技术。②

2．双星计划为空间科学研究提供了数据支持

双星探测数据的接收由中科院空间中心密云科学卫星数据地面接收站、上海天文台佘山观测站以及欧洲航天局西班牙卫星数据接收站共同完成。作为我国第一个科学卫星计划的业务运行系统，实现了对科学载荷运行、监视的自动化管理，编制了5个规范，研制了3个原型系统，并成功投入业务运行。从2003年12月30日至2009年3月11日，双星接收和处理了17.4万兆的科学数据，其中探测一号卫星获得了9万兆科学探测数据，探测二号卫星获得了8.4万兆科学探测数据；双星计划数据中心网页对科研工作者开放，平均日下载数据达到20兆。

针对这些数据进行的分析取得了一批原创成果，包括在向阳面磁层顶边界区对磁层空间暴驱动过程有关的磁场重联和通量传输事件研究，磁尾磁层空间暴的触发机制和演化时序研究，以及极隙区、极光区和电离层场和粒子耦合过程研究，等等，③特别是科学家们在辐射带发现了波粒相互作用效应，并在磁层顶边界发现了大尺度的等离子体空洞。空间科学领域的两份顶级国际期刊《地球物理学年鉴》和《地球物理学研究》各出版了一期双星计划成果专刊。④可以说，在卫星数据收集和处

①《2010年度国家科学技术进步奖项目情况简介：地球空间双星探测计划》，中科院空间科学与应用研究中心档案室，2011年。

②《2010年度国家科学技术进步奖项目介绍：地球空间双星探测计划》，中科院空间科学与应用研究中心档案室，2011年。

③《关于院知识创新方向性重点项目所级结题验收的函》，中科院空间科学与应用研究中心档案室，2007年。

④《关于"地球空间双星探测计划科学运行和数据处理与规范研究"项目通过验收的函》，中科院空间科学与应用研究中心档案室，2009年。

理上，实现了国内外机构和专家学者之间的实质性合作。不仅如此，双星计划的成功，还推动了我国空间科学领域的研究逐步走上一条良性循环之路。2015年6月4日，中科院和欧洲航天局联合宣布，拟在2021年合作发射太阳风—磁层相互作用全景成像卫星，并从项目的设计到运行维护进一步发展双星计划的合作模式，实现国际合作的可持续发展。

3. 协同创新机制的形成

双星计划的主要科学目标是解决空间环境问题，但实现这一目标却需要众多国内外不同领域的科学家、技术专家的通力合作。中方参与该计划的科学家来自中科院、中国科学技术大学、北京大学、北京航空航天大学等高校与研究院所，所处的学科包括了天文学、物理学、化学、计算机科学、系统工程等，参与工程的技术专家则来自信息产业部、中国地震局、中国航天科技集团等单位。欧洲航天局参与计划的人员来自法国、英国、德国、比利时、奥地利等国家，曾支持与双星计划展开合作的国际空间局协调组更有来自美国、加拿大、日本、俄罗斯等全世界的科学家。为了保证工程顺利实施，双星计划采取了科学工作队制度的国际合作模式，首席科学家制度、总设计师制度与工程管理组制度相结合的组织模式来协调各方的诉求与期望。通过科学工作队制度，在中欧每个研究组长期搭配对方相应科学家，并定期在欧洲和国内召开联席会议与科学研讨会。通过首席科学家和总设计师制度，及时高效协调工程各分部的进度与中欧相互配合的情况。通过工程管理组制度，定期组织中欧双方的管理技术协调会。

第四节　子午工程

东半球空间环境地基综合监测子午链（简称子午工程）是我国空间科学领域的重大科技基础设施。子午工程的基本内容是：在东经120度子午线附近的漠河、北京、武汉、海南一直到南极中山站，以及在北纬30度纬线附近的上海、武汉、成都一直到拉萨，改造建设15个综合性观测台站，形成以链为主、链网结合的大型空间环境地基监测系统，运用无线电、地磁（电）、光学和探空火箭等多种探测手段，连续监测地球表面、20千米至30千米以上到几百千米的中高层大气的风场、密度、温度和成分，以及地球电离层和磁层乃至十几个地球半径以外的行星际空间环境中的地磁场、电场。子午工程于2008年1月5日开工建设，2012年8月15日完工，2012年10月23日通过国家验收并投入使用。子午工程为我国建设独立自主的空间环境监测体系奠定了地基监测基础，助力我国成为世界空间天气领域研究的先进国家。

一、立项过程

1957年第一颗人造卫星上天，开辟了人类进入空间时代的新纪元，地球空间开始成为人类进行各种科学实验、开发利用空间资源以及维护国家安全的主要区域。空间环境包括地球表面20千米至30千米以上的中高层大气、电离层、磁层、行星际空间和太阳大气，它是由太阳不断向外输出的巨大能量和物质与地球相互作用形成的。空间环境的形态、结构和变化主要受到太阳活动的制约。此外，地球系统动力学过程，如地震和火山活动，以及人类的各种生产活动、空间活动和军事活动等也对地球空间环境有重要影响。

同大气天气一样，空间环境也常常出现一些突发的、灾害性的空间天气变化，严重时会破坏卫星运行、通信、导航和电力系统，影响天基和地基技术系统的正常运行，危及人类的健康和生命，导致多方面的社会经济损失。空间环境监测和空间天气预报能减轻和防止空间灾害性天气给航天、通信、导航、电力、资源、人类健康和国家安全等领域带来的巨大损失。因此，空间环境监测越来越成为发达国家科技竞争的战略高地。

在这种情况下，对空间环境进行研究和监测就成为了必要，包括探明各个空间区域的大气、电离层和等离子体（包括磁层和行星系）基本状况，弄清多种非线性过程和激变过程，如日冕物质抛射的传播、激波传播、磁场重联、电离与复合、电离成分与中性成分的耦合、重力波、潮汐波、行星波、上下层大气间的动力耦合等。因此，空间环境涉及很多前沿科学问题，1947年、1970年和1995年的诺贝尔物理学奖都颁给了该领域的研究者。[①]

钱学森是提出“空间气象”概念的第一人。他非常重视由空间环境所引起的卫星故障，非常重视卫星元器件的空间环境地面模拟试验。早在1971年，钱学森就提出，为了保证卫星系统的安全，必须对空间环境进行探测和预报。“在他的推动下，我国太阳物理和空间物理界开始了空间环境预报和研究工作，内容包括太阳活动预报、地磁活动预报和电离层扰动预报。”[②]

然而，长期以来，我国空间环境地基监测资源分散在全国各地多个部门，缺乏统一协调，难以适应科学研究和产业发展的需要。1993年，我国空间物理学奠基人魏奉思等人提出要“做一个大科学装置，把现有的监测设备都连起来使用”，此提议被列入1993年底的《中国空间物理发展规划建议》。[③]1995年，中科院、信息产业部、教育部、中国地震局、国家海洋局联合向国家建议实施子午工程。1997年6月25日，国家科技教育领导小组讨论确定子午工程为我国“九五”第二批国家四项大科学工程之一，由中科院牵头，教育部、信息产业部、国家地震局、国家海洋局、中国气象局、中国人民解放军总参谋部气象水文局等七个部委的相关单位参加建设。设想中的子午工程将作为我国空间环境地基监测部分，与天基系统（双星计划等）互为补充相辅相成，共同构筑空间环境综合监测体系。

事实上，空间环境中的地球磁场线接近地球子午线的分布，使地球附近的太阳电磁辐射（可见光、X射线、紫外辐射等）呈现沿子午线的天顶角效应，因此许多空间物理过程沿子午线发生。加上地球自转和绕日公转，地球空间环境便具有随时间和地域变化的全球三维结构特点，对地球的磁层结构、电离层结构、带电粒子和等离子体输运过程有重要

---

① 1947年诺贝尔物理学奖颁给发现高空无线电短波电离层的英国科学家Edward Victor Appleton；1970年诺贝尔物理学奖颁给在磁流体动力学领域作出贡献的瑞典科学家Hannes Alfven，以及在反铁磁性和铁氧体磁性领域作出贡献的法国科学家Louis Eugene Felix Neel；1995年诺贝尔物理学奖颁给发现了τ轻子的美国科学家Martin L. Perl，以及监测到中微子的美国科学家Frederick Reines。

② 刘振兴：《钱学森先生与我国的空间科学和应用》，《钱学森科学贡献暨学术思想研讨会论文集》，2001年12月10日，第245—248页。

③ 闫凯：《子午线上观天地》，《科学世界》，2013年第10期，第8—13页。

调控作用。因此，沿地球子午线配置空间环境监测链，对于了解近地空间环境的变化规律具有重要科学意义。我国境内最长的一段子午线是东经120度子午线，它的最北端是漠河，自北向南经过北京、武汉、海南等地。如果沿着东经120度子午线来布设基站并联网，那么随着地球的自转，相关监测设备就可以对该子午线随地球自转扫描过的空间的地磁变化、中高层大气成分、电离层变化、宇宙射线等进行实时监测。[①]

为了取得最大效益，魏奉思还建议以子午工程为基础和核心，通过国际合作，向北延伸至俄罗斯，向南经澳大利亚连接我国在南极的中山站，并和西半球西经60度附近相关国家和地区的若干区域共同实施子午链监测计划，如能与加拿大的地球空间监测计划形成闭合，就可以构成环绕地球一周的空间环境监测子午圈。这个构想很快得到相关国际科学组织、国家与地区的积极响应。[②]2001年中俄空间天气联合研究中心正式成立，并决定每年召开一次空间天气学术研讨会。2003年1月25日，“国际空间天气子午圈计划”筹备与推进会议在海南举办，国内外知名专家近40人与会，就计划内容和预期目标、国际合作方案等进行研讨。

由于项目牵涉部门多，建设内容分布广，加上国家投入大科学工程的资金有限，子午工程一度因为缺乏强有力的推动力量而陷于停滞。2005年6月，吴季担任空间中心主任，积极推动子午工程的立项和实施。针对国家发改委提出的项目建设和管理的复杂性问题，吴季建议通过整合空间中心的力量并利用航天工程的组织管理方式实施子午工程。针对由中国气象局牵头建设子午工程的提议，空间中心最终与中国气象局通过协商达成合作共识，即中国气象局以用户身份参与建设。在解决了上述问题后，子午工程建设走上“快车道”。[③]2005年8月25日，国家发改委批复同意中科院报送的《东半球空间环境地基综合监测子午链

---

① 汪凯凡：《走进中国的空间“气象站”——访“子午工程”总师王赤》，《科技生活》，2014年第8期，第77页。

② 范全林：《基于子午工程的国际空间天气子午圈计划》，《中国科学基金》，2008年第2期，第65—69页。

③ 受访人吴季，访谈人何江波，2018年6月28日，地点：中科院空间中心九章大厦。

（子午工程）项目建议书》，并将该项目列入国家“十一五”重大科学工程建设计划。按照国家发改委和中科院的要求，参建子午工程的七部委联合成立了子午工程建设领导小组和经理部，中科院秘书长李志刚任领导小组组长，吴季任经理部总经理，空间中心副主任王赤任总工程师。同时成立子午工程科技委，作为领导小组和经理部的科技咨询机构，由魏奉思担任主任。

中科院于2005年12月21日在北京召开子午工程可行性研究报告专家评审会。与会代表认为该项目具有重要的科学意义和显著的经济、军事等价值，建议尽快实施。[①]2006年7月，中国国际工程咨询有限公司完成了子午工程项目可行性研究报告评估。同期子午工程的国际合作也取得重大进展。2006年10月10日至12日，国际空间天气子午圈重大科技合作计划研讨会在北京举行。参加会议的除中国外，还有美国、俄罗斯、日本、韩国、马来西亚、加拿大、蒙古等国。会议决定实施多项行动，包括延展中国空间天气子午圈计划，涵盖现有全部位于东经120度和西经60度的子午链，使空间环境的子午线观测取得最大成效。会议建议在西伯利亚、东南亚等区域新建若干台站，以弥补全球子午链的缺口，同时支持各个电离层、磁层和行星际观测台站间的密切协作，在欧洲非相干散射雷达网的框架内建立非相干散射雷达链。[②]

空间中心牵头组织各共建单位，并与中国电子系统工程总公司设计研究所、联安国际建筑设计有限公司共同编制了《子午工程项目初步设计方案及概算报告》。为确保子午工程初步设计的质量，空间中心于2007年2月委托北京华盛中天咨询有限责任公司以第三方身份对子午工程初步设计方案进行咨询和评估。空间中心随后完成子午工程项目初步设计方案及概算的编制。

二、建设过程

2008年1月5日，子午工程开工仪式在北京举行，12家共建单位共

①《子午工程可行性研究报告专家评审会评审意见》，中科院空间科学与应用研究中心档案室，2012年。

②《2006年国际太阳（日球）物理年与国际空间天气子午圈重大科技合作计划研讨会》，中科院空间科学与应用研究中心档案室，2012年。

同签署《子午工程数据共享协议》，工程总投资1.67亿元，建设期3年。空间中心作为项目法人牵头工程建设工作，中科院地质与地球物理研究所、国家天文台、大气物理研究所以及中国科学技术大学、北京大学、武汉大学、中国电子科技集团公司第二十二研究所、中国地震局地球物理研究所、国家海洋局中国极地研究中心、中国气象局国家空间天气监测预警中心、中国人民解放军总参谋部气象水文局等单位参与建设。

子午工程建设体系分项目总体、系统、分系统、设备/子系统四个层次。子午工程有三大系统，分别是空间环境监测系统、数据与通信系统、研究与预报系统。空间环境监测系统是基础，目的是系统、准确地监测数据。数据与通信系统是连接空间环境监测系统和研究与预报系统的桥梁和纽带，它利用现代通信技术把空间环境监测系统的监测数据汇集到各个节点站，并传送至子午工程数据中心。研究与预报系统对空间环境监测台站下达监测计划，并以数据与通信系统存储的空间天气科学数据为基础，进行空间天气研究和建模，开展空间天气预报保障和预报服务（图7—2）。

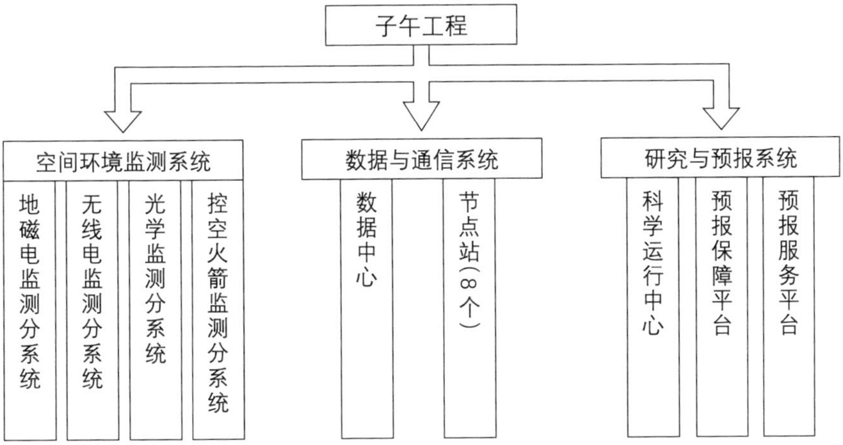

图7—2　子午工程架构图

子午工程面临的最大困难是多个参与单位的组织协调问题。部分参与单位、高校没有大科学工程建设经验，致使建设初期沟通不畅，提交的数据达不到标准规范，跟不上工程节奏。空间中心借鉴航天工程管理经验，采用技术管理、项目管理两套管理方式。分系统和设备的技术管理依靠三大技术系统进行，而项目管理依靠各负责单位设立子午工程领导小组统筹共建。两套管理方式的组织机构、工程计划、测试计划、管理要点以及技术规范等都遵照《子午工程实施及管理计划》的统一要求。[①]通过每两个月召开一次调度会，制订严格的进度计划，抓好设备建设节点和数据信息流通节点，使得工程建设在磨合中逐渐走上正轨。

子午工程参与单位联合组建国家空间天气科学中心，挂靠空间中心。国家空间天气科学中心实行理事会领导下的主任负责制，设立科技委员会、用户委员会，负责工程的咨询与监督。国家空间天气科学中心办公室负责工程的日常管理以及和两个委员会的沟通。另设国际子午圈计划办公室，负责国际合作交流。[②]2008年3月，第一批建设资金5000万元到位，工程建设随即展开。各个系统的建设情况如下：

1. 空间环境监测系统

空间环境监测系统的15个观测台站分布在漠河、满洲里、长春、北京、合肥、上海、广州、海南、南极中山站、新乡、武汉、重庆、成都、曲靖、拉萨。其中无线电监测分系统分布在我国东经120度子午线附近的漠河、北京、武汉、曲靖、海南及南极中山站等观测站；光学监测分系统分布在北京、武汉、合肥、海南和南极中山站等观测站；地磁（电）监测分系统分布在除重庆外的14个台站；探空火箭综合监测分系统位于中科院海南空间环境综合监测站，该站位于海南省儋州市富克镇，负责我国低纬地区20千米至200千米中高层大气和电离层探测与研究。

空间环境监测系统在2008年完成设备招投标、采购合同签订、台站建设与改造等工作。2009年部分设备到货验收，开始安装、调试，同时制定档案管理、资产管理等各类管理文件并据此实施。北京宇宙线超中子堆是空间环境监测系统第一台完成测试的仪器，于2009年12月25日通过测试。之后，北京延庆观测站的激光雷达监测系统也进行了验收

---

① 佘惠敏：《在子午线上仰望天空——子午工程团队创新文化建设纪实》，《经济日报》，2012年4月9日，第01版。

② 高艳蕊：《"子午工程"运行管理综合评价研究》，中国科学院大学硕士学位论文，2017年，第22—23页。

前测试，成功获取了米散射、瑞利散射和钠荧光散射三通道后向散射回波信号（图7—3）。2010年1月27日，广州宇宙线望远镜通过现场测试。3月28日，全天空气辉成像仪和激光雷达通过专家组验收，实现了以北京、合肥和海南三地为代表的我国中低纬地区主动和被动光学监测设备的联合探测。4月，南极中山站高频相干散射雷达正式运行，填补了国际超级双重极光雷达观测网络在南极的观测空白区域。[①]

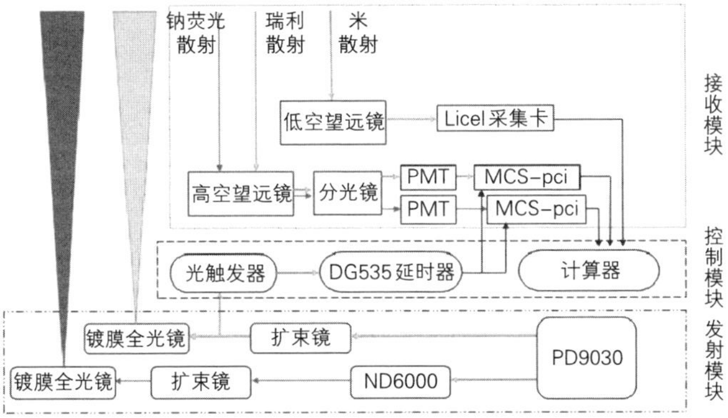

图7—3　北京延庆激光雷达示意图[②]

地磁（电）分系统设备最多、分布最广，共有感应式磁力仪、磁通门磁力仪、大气电场仪等33台地磁（电）设备，分布在满洲里、成都、琼中等地的10个地磁台站上。通过地磁场绝对观测、相对记录、地磁脉动观测、地电场和大气电场监测等多种监测方式，地磁（电）分系统可以掌握不同纬度地区高空电流体系的基本特征，为地球空间环境各种物理现象的研究提供监测数据。2011年5月18日至21日，由中国地震局地球物理研究所和湖南省地震局等11家单位共同承建的中国地震局地磁（电）分系统通过验收。

---

① 黄德宏，胡红桥，刘瑞源，等：《南极中山站极区空间环境观测系统》，《极地研究》，2016年第1期，第3页。

② 陈林祥：《北京上空低中间层逆温层现象探测研究》，中国科学院大学硕士学位论文，2016年，第9页。监测电离层不均匀结构特性及变化的甚高频相干散射雷达是无线电监测分系统无线电雷达链的主要组成部分。该设备位于海南，由中科院微波遥感技术重点实验室承建，采用了国际先进的相控扫描技术，具备先进的实时内定标能力，是我国自主研制的第一部专用于电离层不规则体探测的雷达设备。2010年11月雷达系统首次接收到流星电离尾迹回波，12月雷达系统首次接收到E区回波。

我国建设的第一台非相干散射雷达位于云南省曲靖市，地处低纬电离层异常区，用于探测100千米至1000千米高度范围的多种空间环境参数。2012年6月21日，非相干散射雷达完成测试验收，标志着空间环境监测系统完成全部监测设备的建设。

在整个空间环境监测系统里，火箭是在40千米至300千米高度范围内进行原位探测的唯一手段。①火箭系统分为两套：气象火箭和探空火箭。2010年6月3日，首枚气象火箭在海南探空火箭发射场成功发射。2011年5月7日，首枚探空火箭在中科院海南探空火箭发射场成功发射。截至2016年4月27日，该系列火箭一共成功发射12次。②借助气象火箭和探空火箭的成功发射，获得了60千米以下大气温度、密度、压强、风向、风速以及200千米以下大气微量成分、电离层电场、电子浓度、离子密度等临近空间的重要参量。③

2012年8月1日至10日，工程经理部组织专家组对空间环境监测系统进行了测试。测试表明，子午工程监测地理范围已覆盖初步设计的预期目标，89台（套）监测设备的功能和性能指标达到了初步设计要求。空间环境监测系统实现了对太阳风速度即散射指数、电离层电子离子浓度剖面、电离层漂移速度、电离层电子总含量、电离层相位闪烁指数、中高层大气风、中高层大气温度、中高层大气密剖面度、中高层大气气辉辐射强度、大气微量成分浓度、极光光谱强度、重力波参数、地磁分量及总强度、地磁三分量相对变化、地磁感应场、地电场、大气电场、宇宙线通量等空间环境参数的监测。④

2. 数据与通信系统

子午工程的监测设备位置分散，如何把众多设备的监测数据统一处理，是数据与通信系统的核心任务。2006年5月26日，空间中心召开科学支撑系统需求分析调研会议，讨论了子午工程的网络传输系统，决定

---

① 刘成，姜秀杰：《空间环境之火箭探测》，《现代物理知识》，2012年第5期，第25页。

② 东方星：《我国用探空火箭首次获得电离层顶数据》，《国际太空》，2016年第5期，第84页。

③《关于召开子午工程气象、探空火箭验收会议的通知》，中科院空间科学与应用研究中心档案室，2012年。

④《子午工程空间环境监测系统测试结论》，中科院空间科学与应用研究中心档案室，2012年。

建设北京专业数据库，并将其作为子午工程的数据节点之一，同时利用中俄生态系统网络作为子午工程北延俄罗斯的数据传输通道，实现北京到伊尔库斯克的国际数据交换。2009年5月31日，子午工程经理部又在北京组织召开监测数据汇交要求评审会，来自子午工程科技委的专家、用户以及12家共建单位就该要求中监测设备的数据内容、格式、级别、数据文件存储时间分割等展开讨论，同意将《子午工程监测数据汇交要求》作为子午工程数据交付规范、子午工程数据交换协议和子午工程数据接口文件的编写依据。

数据与通信系统有8个数据节点站需要改造建设（表7—2）。2010年3月15日，海南节点站完成现场测试，这是数据与通信系统第一个通过测试的节点站。3月22日，子午工程数据与通信系统测试大纲通过专家评审。3月26日，北京、海南、中国科学技术大学、中科院地球物理所、中科院地质与地球物理研究所和中国电子科技集团公司第二十二研究所6个节点站通过验收评审，标志着子午工程数据与通信系统进入试运行阶段。

表7—2　子午工程数据处理与服务台站统计表①

责任单位	运行台站
中科院空间中心	科学运行中心
	数据中心
	北京节点站
	海南节点站
中科院地质与地球物理研究所	中科院地质与地球物理研究所节点站
中国科学技术大学	中国科学技术大学节点站
武汉大学	武汉大学节点站
中国电子科技集团公司第二十二研究所	中国电子科技集团公司第二十二研究所节点站
中国地震局地球物理研究所	中国地震局节点站
国家海洋局中国极地研究中心	国家海洋局中国极地研究中心节点站
中国气象局国家空间天气监测预警中心	预报服务平台
中国人民解放军总参谋部气象水文局	预报保障平台

① 高艳蕊：《"子午工程"运行管理综合评价研究》，中国科学院大学硕士学位论文，2017年，第30—33页。

数据中心是数据与通信系统的核心建设部分，于2010年7月16日完成现场测试，并向用户提供数据观测服务。2010年11月8日，数据与通信系统通过了专家预验收评审。验收认为，子午工程数据与通信系统全面完成了数据通信分系统、数据库分系统、数据服务分系统和节点站的建设任务，实现了系统预期建设目标。

3. 研究与预报系统

研究与预报系统是子午工程的应用部分，包括科学运行分系统、研究建模分系统（预报保障平台）以及预报服务分系统（预报服务平台）。为此，科研人员开发了一系列专业软件，包括地磁暴预报模式软件、电离层预报模式软件、多站点中层大气气候模式软件、空间天气基础网络软件、数值磁层库软件、科学计划调度库软件、物理模式库软件等。2010年2月4日，科学运行分系统和研究建模分系统通过了测试和验收评审。11月15日，预报服务分系统民用部分完成测试。

海量监测数据的处理不仅需要软件支撑，还需要一流的硬件配置。2010年初，子午工程专用高性能计算平台通过空间中心组织的测试与验收。该超级计算机的计算峰值为12.28万亿次。经过半年试运行，表明专用高性能计算平台可以有效集成上述五个空间天气物理与应用预报模式。地球磁层准稳态解的模拟计算时间由过去的三个月缩短为三天，数据的展示也实现了由二维平面向三维立体的转变。

除了软件和硬件的开发应用，研究与预报系统还对我国相关行业规范作了统一。2010年2月5日，子午工程经理部在北京主持召开了研究与预报系统《子午工程数据共享和管理办法》《子午工程空间探测实施规范》《空间天气应用模式规范》《空间天气预报服务规范》等8个标准规范的评审会。标准规范的内容涉及子午工程运行管理、空间天气模式产品和空间天气预报服务三大类，由中国气象局国家空间天气监测预警中心和空间中心等单位共同完成。2010年12月30日，子午工程经理部组织专家，分别在空间中心、中国人民解放军总参谋部气象水文局空间天气总站和中国气象局国家空间天气监测预警中心，对研究与预报系统进行了现场联合测试。测试表明，研究与预报系统的功能、性能、接口满足设计要求。[①]2011年7月20日，研究与预报系统通过预验收。[②]

作为分布式大型科学工程，子午工程各分系统不仅要通过各自的测试评审，还要通过联合测试及相关鉴定，目的是综合检验联合运作的能力以及对空间天气事件的应急响应能力，评估科学目标的实现能力。2011年10月，子午工程的所有建设项目全部通过参建七个部委的验收。联合测试期间，总体情况良好，数据中心收集科学数据文件191万个，标准化加工产出数据文件1576个，可视化加工产出数据文件1.5万个，还为天宫一号和神舟八号发射任务提供了预报、现报或警报服务。2012年10月23日，子午工程通过了国家发改委主持的国家验收。验收委员会认为："子午工程是国际上监测空间范围最广、地域跨度最大、监测空间环境物理参数最多、综合性最强的地基空间环境监测网，达到世界领先水平。"[③]这标志着历时4年多的子午工程全面完成建设目标，正式进入运行阶段。

三、成果和影响

通过子午工程建设，我国建成了国际上监测范围最广、跨度最长（南北陆地跨度约4000千米，东西陆地跨度约3500千米）、监测方法最全、综合性最强的地基空间环境监测网。子午工程连同国际空间天气子午圈计划，形成了一个环绕地球一圈的空间环境监测链，确保我国持续获得多种类空间环境地基综合监测数据，具有广泛应用前景。

子午工程有力地拉动了我国相关科学仪器的研发，推动了我国空间科学的进步，并为我国空间天气预报提供了强有力的支撑。子午工程在国际上首次采用数字阵列技术的中间层—平流层—对流层（MST）雷达（图7—4），其性能优于国外同类雷达。[④]基于子午工程观测数据，科研人员首次在北京地区上空发现了双钠层和高密度钾原子层，观测到

①《子午工程研究与预报系统测试结论》，中科院空间科学与应用研究中心档案室，2012年。

②《子午工程研究与预报系统预验收评审意见》，中科院空间科学与应用研究中心档案室，2012年。

③ 泉琳：《子午工程：空间科学国之重器》，《科学新闻》，2018年第9期，第44—51页。

④ 佘惠敏：《在子午线上仰望天空——子午工程团队创新文化建设纪实》，《经济日报》，2012年4月9日，第01版。

日本“3·11”地震后电离层的扰动，发现了日冕物质抛射和耀斑一系列新的特性和规律。[①]利用漠河观测站的数据，我国科学家发现在磁暴期间，地面上空300千米高度的电离层的等离子体密度降低时间要早于等离子体层的等离子体密度降低时间，这是国际上首次研究电离层与等离子层的联系。[②]2018年，我国空间天气预报业务部门利用子午工程数据开展了日常空间天气预报业务。特别是自主地磁指数预报产品，在天宫一号再入保障任务预报中发挥了不可替代的作用。

图7—4　北京观测站MST雷达

子午工程推动了我国空间科学领域的国际合作。2011年2月20日至25日，空间中心在海南三亚举办国际空间天气子午圈计划首届研讨会。会上签订了《国际空间天气子午圈计划多边科学合作协定》，决定成立国际子午圈科学委员会，统一协调国际多边合作。2012年8月，美国发布《太阳与空间物理十年发展规划》，将国际子午圈计划列为两个最重要的国际合作项目之一。2014年，我国科学家和国际相关机构发起国际子午圈联合观测行动。[③]2016年8月，空间中心和巴西国家空间研究院合作建成“中国—巴西空间天气联合实验室”，即中国科学院南美

① 孙爱民:《等不起拖不起的子午工程》,《中国科学报》,2013年10月25日,第01版。

② Wang C, Zhang Q-M, Chi, P-J, et al. Simultaneous observations of plasmaspheric and ionospheric variations during magnetic storms in 2011: First result from Chinese Meridian Project. J Geophys Res, 2013, 118: 1-6.

③ 张顺荣,等:《国际联合观测2014》,《第三届全球华人空间/太空天气科学大会论文集》,2014年,第10页。

空间天气实验室，实现了对东西半球和南北半球共轭区域的地基空间天气的联合监测与研究。[①]美国国家大气研究中心主任基林教授评价说："将来空间天气领域的进展将更加依赖于全世界科学家们的集体努力，中国的子午工程的贡献将是无法估价的。"[②]

2018年1月，子午工程二期正式立项，并有望在2022年正式建成运行。子午工程二期计划将在东经100度和北纬40度两条观测链上部署16个台站、195台（套）监测设备，形成空间环境地基综合监测网。具体目标是：建成覆盖全国两纵两横和4个重点区域的综合性空间环境地基监测网；构建高效的运行与应用支撑体系和开放的数据信息平台；具备实时获取30余种日地空间天气全过程的空间环境要素探测和应用服务能力。不断完善的子午工程将同我国张衡一号电磁监测试验卫星、中欧联合科学卫星、太阳风—磁层相互作用全景成像卫星等一起，构成我国天地一体化的地球空间环境监测网络。

第五节　载人航天与空间站建设

载人航天工程是技术尖端、高度复杂的巨型工程，不仅体现了国家的整体科技水平，更彰显着国家的综合国力。我国20世纪60年代就有过载人航天的尝试，到20世纪90年代初，经过充分论证，再次决定实施载人航天工程。通过实施载人航天工程，中国建立了相对完整的载人航天技术体系，即将建成中国自己的空间实验站，这对提升我国国际地位、促进科技进步和经济发展、强化国防能力等都具有十分重要的战略意义。

一、我国载人航天的早期尝试

20世纪60年代初，在研制人造地球卫星的过程中，美苏在载人航

① 熊森林，郑岩，闫振中，等：《南美空间天气信息系统设计与初步实现》，《科研信息化技术与应用》，2017年第1期，第46页。

②《在创新的子午线上——国家重大科技基础设施"子午工程"创新纪实》，(2012-04-16)[2022-05-22]，http://www.gov.cn/jrzg/2012-04/16/content_2114165.htm。

天领域展开了激烈竞争，并对我国航天领域科研人员和管理者产生了重要影响。我国载人飞船研制也在这一时期被逐步提上议事日程。载人飞船一旦研制成功，将成为未来科学研究和空间探索的全新平台。

1966年3月底至4月初，国防科委主持召开了一次高度保密的专家论证会。经过二十多天的讨论，制定了我国载人航天以及宇宙飞船的发展规划。以周恩来为主任的中央专委在听取汇报后决定，在我国卫星研制的同时，宇宙飞船的研制工作也应该逐步开展起来。[①]1966年5月11日，我国召开卫星系列规划论证会，提出了“以科学实验卫星作为开始和打基础，特别是以返回式卫星为重点，在返回式卫星的基础上发展载人飞船”的设想，将“在1973—1975年发射我国第一艘载人宇宙飞船”作为总目标，首次将载人航天纳入航天发展规划。[②]

载人飞船与无人卫星的主要差别在于是否有人直接在太空参与各种活动。因此，研究太空环境对生命活动的影响，是载人航天工程的必然要求。从1964年7月到1966年7月，中科院生物物理研究所、上海机电设计院、空间物理研究所和自动化研究所等单位合作，成功进行三批次五发生物火箭——T-7A（S1）和T-7A（S2）——飞行试验并全部回收。在这些火箭上携带了白鼠、小狗等，开展了空间生物学研究，获取了高等动物在不同飞行条件下的试验数据和资料。[③]这些实际上也是为载人航天做的准备。

1967年6月，七机部八院（北京空间机电研究所前身）成立了载人飞船总体研究室，开展载人飞船总体方案概念研究，由卫星专家王希季负责组织。飞船的名字经中央专委研究定为曙光号。1967年7月至9月，中科院和七机部组织专家论证飞船方案。[④]1968年1月8日，空间

---

① 解大青，李颐黎，潘厚任，等：《中国载人航天的决策与实施》，《现代军事》，2003年第11期，第10—15页。

② 李颐黎：《航天技术先锋：北京空间机电研究所火箭和航天器技术的发展与成就》，北京理工大学出版社，2018年，第223页。

③ 张志会：《新中国初期探空火箭研制与我国空间科技的起步》，《自然辩证法通讯》，2019年第11期，第67—76页。

④ 解大青，李颐黎，潘厚任，等：《中国载人航天的决策与实施》，《现代军事》，2003年第11期，第10—15页。

技术研究院筹备处首次召开中国第一艘载人飞船总体方案设想论证会，对曙光一号飞船方案进行论证。1968年4月1日，在钱学森的直接领导和协调下，中国航天员科研训练中心的前身——宇宙医学及工程研究所正式成立（507所）。其任务是：将中国航天员送入太空，不仅要保证他们的健康和生命安全，而且要高效率地工作。1970年4月24日至30日，曙光号载人飞船总体方案论证会召开，会上展示了载人飞船样图和一个飞船模型。

1970年7月14日，我国将第一颗卫星送上太空80余天后，毛泽东批准载人飞船工程，即714工程，计划于1973年底将飞船发射升空。[①]该工程的启动，标志着我国航天事业的全面展开。但是，载人飞船必须有遍布全球的跟踪、遥测、控制和通信网，除了陆地台站外，至少还得有两个远洋船队，分别布置在大西洋和太平洋。这在当时是困难的事情，同时也是制约洲际导弹试验的一大问题。

1970年11月9日至26日，国防科委和七机部召开曙光一号飞船论证会，最后确定我国第一艘载人飞船以运载两名航天员为最佳方案。11月，空间技术研究院召开关于试验通信卫星的总体方案讨论会。12月，中央专委听取有关航天远洋测量船工程研制情况的汇报，决定将航天远洋测量船工程作为国家重点任务和专项予以保证。1971年3月底至4月初，国防科委组织一次秘密会议讨论714工程，全国80多家单位的400多位专家参加，具体制定曙光号载人飞船规划。4月18日至5月14日，在七机部总工程师王希季的组织领导下，北京空间机电研究所的林华宝、林斌等人在郑州市成功开展曙光1号载人飞船返回舱8架次3伞系统的空投试验。5月15日，空军航天员训练筹备组正式成立，开始着手训练航天员。不久，“九·一三”事件发生，空军宣布解散航天员训练筹备组。受国内政治、经济、技术等多重因素影响，载人飞船的许多工作无法开展。1975年3月，国防科委正式宣布暂停714工程，只保留核心技术的跟踪研究。中国发射曙光一号飞船的计划就此搁浅。

---

① 李成智：《中国航天科技创新》，山东教育出版社，2013年，第175页。

无论是研制载人飞船，还是培训航天员都需巨额的经费。1972年我国正处于“文化大革命”时期。在那个年代里，国家没有那么多经费支持和发展航天事业。国内对发展载人航天也有争议，认为把用在载人航天上的钱，搞经济建设更有实际效果。最后，毛泽东主席拍板定案，载人航天的事暂停一下，先处理地球上的事，地球外的事往后放放。周恩来总理也同意毛泽东主席的看法，先解决地球问题。①

尽管如此，曙光一号计划仍然取得了很大进展。经过八年发展，远望号航天远洋测量船队日益壮大，在世界各地负责人造卫星、洲际弹道导弹的监控工作。北京航天医学工程研究所建有多座模拟太空环境的实验室以及系统化的实验设备，可用于训练航天员。可回收的返回式卫星、舱外航天服、航天食品、太空跟踪站及雷达的研发以及航天员选拔和训练，都对后来的中国载人航天工程产生了积极影响。可以说，这是一项撒播种子的工程：

当时曙光号飞船的贡献，是在全国到处播种，安排了很多科研项目，全国当时有十几个省市一千多家科研单位，参加了曙光一号的飞船工作，同时安排测量船，向测量船提要求，应该怎么打捞、救生、回收，这些是早期的规程。另外也对火箭提出要求，什么样的火箭，怎么发射，怎么返回，因此曙光号飞船任务带动了各大系统的一大批人员，也就是说在中国广为播种。虽然1980年以后飞船没有搞，但是对科技的带动是很明显的，很多新产品都出来了，尽管飞船没有用，在其他方面还是用上了，效益也很明显。②

二、载人航天再起步

20世纪80年代初，美国航天飞机研制成功，在世界范围内引起了强烈反响。许多国家都开始积极探讨航天飞机甚至空天飞机的研制问

---

① 解大青，李颐黎，潘厚任，等：《中国载人航天的决策与实施》，《现代军事》，2003年第11期，第10—15页。

② 梁东元：《曙光号全解密：“神舟号”之前的中国载人飞船计划始末》，当代中国出版社，2010年，第185—186页。

题，国际空间站建设也被提上议事日程。如何规划新时期我国的航天发展，也随之成为热门话题。1985年7月，中国首届太空站研讨会在秦皇岛召开，开始重新酝酿我国空间站建设。[①]1987年，航天技术被列为863计划的七大重点发展领域之一。专家们建议把发展载人空间站系统作为863计划航天技术领域的目标并得到中央批准。此时，我国“已拥有了系列化的运载火箭，成功地发射了多种卫星，并掌握了卫星返回技术，建立了配套的科研生产和试验体系”，具备了发展载人航天的技术基础。[②]

“863计划－航天技术领域”的目标是研制可长期使用的空间站系统、大型运载火箭以及天地往返运输系统。为此，航天技术领域设立了两个主题项目：一个是空间站系统及其应用主题，主要研制规模较小、性能先进、模块式的空间站系统并进行空间科学与技术研究，以实现载人空间飞行；另一个是大型运载火箭和天地往返运输系统主题，主要目标是研制能发射小型空间站的大型运载火箭和天地往返运输系统。专家们很快就发展载人空间站和大型运载火箭达成一致意见，但在天地往返运输系统发展途径上发生了很大争议。为此，中央要求对天地往返运输系统的目标和发展途径进行深入论证。[③]

关于天地往返运输系统，最初专家委员会选取5种方案进行论证比较：载人飞船方案、不带主动力的小型航天飞机方案、带主动力的航天飞机方案、完全重复使用的两级火箭飞机方案和空天飞机方案。1988年7月，主题专家组召开了天地往返运输系统论证结果评议会。会议得出的主导意见是：空天飞机和火箭飞机是未来天地往返运输系统的发展方向，但我国尚不具备相应的技术基础和财力支持；类似美国航天飞机那样带主动力的航天飞机，要解决火箭发动机的重复使用问题，难度较

---

① 李颐黎：《航天技术先锋：北京空间机电研究所火箭和航天器技术的发展与成就》，北京理工大学出版社，2018年，第240页。

② 王礼恒，侯深渊：《中国载人航天的工程方法研究》//殷瑞钰，李伯聪，汪应洛，等：《工程方法论》，高等教育出版社，2017年，第233—257页。

③ 解大青，李颐黎，潘厚任，等：《中国载人航天的决策与实施》，《现代军事》，2003年第11期，第10—15页。

大；因此可供进一步论证比较的只有2种方案：多用途飞船和不带主动力的小型航天飞机。其中，不带主动力的小型航天飞机是由运载火箭送入轨道，可与空间站对接，完成任务后返回地面，下次执行任务时可再次使用，而发射小型航天飞机入轨的火箭则是一次性使用的，因此，只能称为部分重复使用的天地往返运输系统。1988年10月，总体发展蓝图集中到两个具体方案：第一种方案是，研制一种推力为15—20吨的大推力运载火箭，用来发射不带主动力的小型航天飞机和空间站，在此基础上实现载人航天飞行，争取2010年或稍后建成初步配套的载人空间站系统；第二种方案是对现有长征－2E运载火箭进行适当改进后发射一次使用的载人飞船，作为突破我国载人航天的第一步，之后再建空间站。①

在发展飞船还是航天飞机的问题上，国内专家的意见存在巨大分歧。航天飞机方案论证组认为，载人飞船只能使用一次，容易造成浪费，在国际航天界处于发展衰退期；而航天飞机具有重复使用的特性，是未来航天技术的发展潮流。载人飞船方案论证组则指出，航天飞机造价、维修、发射场建设的投入都非常巨大，且中国尚未掌握航天飞机的制造工艺；而载人飞船造价低，既可搭载航天员，也可以向空间站运输物资或者用作空间站轨道救生艇，更符合中国的发展实际和需要。1989年2月，航空航天部党组委托庄逢甘、孙家栋两位专家主持召开飞船与小型航天飞机比较论证会，两种方案"同台交锋"，结果投资较小、风险较小、把握较大的第二种方案占了上风。经过进一步论证，专家委员会最终选定第二种方案作为制定我国载人航天总体发展蓝图的基础。1990年5月，专家委员会向国防科工委呈报《国家高技术计划航天技术领域论证工作综合报告》，提出了载人航天总体发展蓝图：在2010年或稍后建立一个由载人空间站、空间站应用系统、大型运载火箭、天地往返运输系统（载人飞船）、发射场与返回场、测控通信网和航天员系统组成的基本配套的载人空间站工程大系统。为实现这一目标，将分阶段

① 解大青，李颐黎，潘厚任，等：《中国载人航天的决策与实施》，《现代军事》，2003年第11期，第10—15页。

进行，以发展载人飞船作为第一步，在2000年前后实现载人航天飞行。[①]

1991年6月29日，中央专委召开会议，研究我国载人航天发展问题，会议倾向于同意专家委员会关于发展我国载人航天的目标设想。1992年1月8日，中央专委再次召开会议，听取关于我国载人飞船工程立项的建议，会议认为“立即发展我国载人航天是必要的。我国发展载人航天，要从载人飞船起步”。[②]会议同时决定，由国防科工委负责，组织进行载人飞船工程的技术、经济可行性论证。1992年8月1日，中央专委召开会议，专门听取载人飞船工程可行性论证工作的汇报，原则同意工程总体技术方案，并决定我国发展载人航天分三步走：第一步，在2000年前，发射两艘无人飞船和一艘载人飞船，建成初步配套的试验性载人飞船，开展空间应用实验；第二步，在第一艘载人飞船发射成功后，突破载人飞船和空间飞行器的交会对接技术，发射一个小型空间实验室，解决有一定规模的、短期有人照料的空间应用问题；第三步，建造空间站，解决较大规模的、长期有人照料的空间应用问题。1992年9月21日，江泽民主席在中南海怀仁堂主持召开中央政治局常委会议，李鹏、乔石、姚依林、李瑞环等中央政治局常委出席会议，专题审议《中央专委关于开展我国载人飞船工程研制的请示》。会议认为发展我国载人航天是必要的，决定我国载人航天从发展飞船起步，确定我国载人航天的三步走发展战略（表7—3），批准载人飞船工程上马，代号为“921工程”。[③]与此同时，正式任命了四位工程负责人：总指挥丁衡高，副总指挥沈荣骏、刘纪原，工程总设计师王永志。根据中央领导指示，载人飞船工程作为一项大型保密工程，“要静静地、坚持不懈地、锲而不舍地去搞”，“多干、少说”，“只干、不说”，因此921工程最初是悄无声息地开展起来的。[④]

---

① 解大青，李颐黎，潘厚任，等：《中国载人航天的决策与实施》，《现代军事》，2003年第11期，第10—15页。

② 朱增泉，左赛春：《中国载人航天工程决策实录》，《决策与信息》，2003年第12期，第4—9页。

③ 解大青，李颐黎，潘厚任，等：《中国载人航天的决策与实施》，《现代军事》，2003年第11期，第10—15页。

④ 朱增泉，左赛春：《中国载人航天工程决策实录》，《决策与信息》，2003年第12期，第4—9页。

表7－3　中国载人航天工程“三步走”战略规划

阶段	主要内容
第一步	发射载人飞船，建成初步配套的试验性载人飞船工程，开展空间应用实验
第二步	突破航天员出舱活动技术、空间飞行器交会对接技术，发射空间实验室，解决有一定规模的、短期有人照料的空间应用问题
第三步	建造空间站，解决有较大规模的、长期有人照料的空间应用问题

为保证载人航天工程的高效推进，中央决定对工程实施进行专项管理，由中央专委直接领导，由国防科工委负责组织实施。为此，成立了中国载人航天工程办公室，负责组织编制和实施工程规划、计划，负责工程技术抓总、工程经费分配以及载人飞船在轨管理；设立工程总指挥和总设计师两条指挥线，建立“两总”联席会议制度，以便对工程实施中的重要问题进行决策，必要时请示中央专委审议后实施。从1998年开始，中国载人航天工程总指挥由总装备部①部长担任，副总指挥由总装备部主管工程的副部长、国防科工委主管航天的副主任、负责载人航天工程运载火箭和载人飞船的航天科技集团公司的总经理以及中科院主管科技工作的副院长组成。

载人航天工程第一步历时12年，分四个阶段进行，分别为方案阶段、初样阶段、正样与无人飞行试验阶段和载人飞行阶段。方案阶段从1992年9月工程立项开始，确定了工程技术7个系统的研制方案，完成上天产品模型的设计、生产与试验，突破了关键技术，确定了工程实施进度计划。初样阶段从1995年7月开始，主要任务是进行火箭、飞船和有关产品的初样设计、试制，掌握工艺技术，经过单机、分系统、全系统测试和各种力学、热真空、电磁环境的考核试验，检验设计的正确性和系统的协调性，确定正样产品的技术状态。与此同时，进行了航天员的选拔训练，完成测控通信主要设备的生产、安装和调试，发射场建设基本完成，具备发射运载火箭的条件。正样和无人飞行试验阶段从1998年上半年开始，完成上天产品的正样研制，进行4艘无人飞船的飞行试

① 1998年，国防科学技术工业委员会、总参谋部装备部和总后勤部有关单位合并成立中国人民解放军总装备部。2016年总装备部撤销，改制为中央军委装备发展部。

验，考核运载火箭的性能和可靠性，验证飞船关键技术和系统设计的正确性。载人飞行试验阶段从2003年开始，这年10月15日我国第一艘载人飞船神舟五号上天，标志着中国突破了载人航天技术，成为世界上能独立开展载人航天活动的第三个国家。[①]

之后，通过实施神舟七号飞行任务，以及天宫一号与神舟八号、神舟九号、神舟十号交会对接任务，突破和掌握了航天员出舱活动技术和空间交会对接技术，建成我国首个试验性空间实验室，标志着工程第二步第一阶段任务全面完成。通过实施长征七号首飞任务，以及天宫二号与神舟十一号、天舟一号交会对接等任务，工程第二步任务目标全部完成。目前正在实施载人航天的第三步，主要任务是，建成和运营我国近地载人空间站，掌握近地空间长期载人飞行技术，具备长期开展近地空间有人参与科学实验、技术试验和综合开发利用太空资源能力。

三、飞船与火箭研制

1. 飞船研制

载人飞船是载人航天工程最关键的系统之一。1992年11月，中国空间技术研究院建立载人飞船系统，于1993年4月着手开展方案的论证工作。载人飞船研制任务主要由中国空间技术研究院、上海航天技术研究院和中科院、航天医学工程研究所等单位共同承担。1994年，中国将载人飞船正式命名为“神舟”，并进入方案设计和初样研制阶段，由汪国林担任首任总指挥、戚发轫担任首任飞船总设计师。飞船是多用途的航天器，除了承担天地往返运输任务，还可以作为小型空间实验室完成科学研究、实验和观测任务。神舟飞船采用“三舱一段”构型，即轨道舱、返回舱、推进舱和附加段。轨道舱除了备有生活用品（食物、饮用水、睡袋和大小便收集器等），还携带了一些实验仪器设备。当飞船进入轨道后，航天员将在轨道舱生活和工作。在航天员完成任务返回地面后，轨道舱仍会继续留在空间轨道上，自行开展一些空间科学探索和技

---

① 解大青，李颐黎，潘厚任，等：《中国载人航天的决策与实施》，《现代军事》，2003年第11期，第10—15页。

术实验。轨道舱顶端还有一个过渡段，用于与其他航天器对接或空间探测。返回舱则是飞船的指挥和控制中心，通过舱门可与轨道舱连通，航天员可以通过舱门前往轨道舱开展工作。返回舱内部设计了座椅供航天员使用，核载人数为3人。在飞船起飞、上升和返回阶段，航天员均在返回舱中。推进舱除了装载推进剂外，还安装了发动机、电源、气瓶和水箱等设备。推进舱的功能主要包括：为航天员提供氧气和水，为飞船提供动力以实现姿态控制、变轨和制动等操作。当返回舱下降到稠密大气层后，回收控制系统开始工作，打开降落伞，进一步减速；着地前，着陆缓冲装置开始工作，使返回舱以低速（每秒2—3米以下）实现软着陆。为保证航天员安全返回，飞船主减速伞张开后面积达1200平方米。为保证载人航天的安全，神舟飞船还装有逃逸救生塔。逃逸塔内有10台发动机，从上至下为控制发动机、分离发动机、主逃逸发动机和高空逃逸发动机，其中前3种负责39千米高度以下的逃逸救生任务，高空逃逸发动机则在39—110千米高度内发挥作用。神舟飞船总体技术水平相当于国外第三代载人飞船，总体性能更优。

表7—4　中、美、俄（苏）三国载人飞船设计指标比较①

	中国	美国			俄罗斯(苏联)		
载人飞船名称	神舟	水星	双子星座	阿波罗	东方	上升	联盟
发射质量/吨	7.80	1.35	3.20—3.80	46.00	4.73	5.68	7.70
舱段组成	轨道舱 返回舱 推进舱	座舱 伞舱	座舱 服务舱	指令舱 服务舱 登月舱	座舱 服务舱	轨道舱 服务舱 气闸舱	轨道舱 座舱 服务舱
座舱外形	钟形	倒锥形	倒锥形	倒锥形	球形	球形	钟形
乘员数	1—3	1	2	3	1	3	3
再入方式	弹道式—升力式	弹道式	弹道式—升力式	弹道式—升力式	弹道式	弹道式	弹道式—升力式
下行次数	3	6	10	11	6	2	40
回收方式	降落伞—着陆发动机	降落伞	降落伞	降落伞	弹射座椅	降落伞	降落伞—着陆发动机
研制年份	1992	1958	1961	1961	1958	1963	1962

① 李成智：《中国航天科技创新》，山东教育出版社，2013年，第175页。

2. 火箭研制

长征二号F火箭系统在载人航天工程中占据重要地位。1992年，我国开始按照发射载人飞船的要求，进行载人运载火箭的研制工作。科研人员在长征二号E运载火箭的基础上调整设计方案，改进和优化相关技术，成功研制出了长征二号F运载火箭。长征二号F运载火箭的箭体结构主要由几个关键部分组成，包括逃逸塔、整流罩、芯二级火箭、芯一级火箭和四个液体助推器等（图7—5）。长征二号F运载火箭的主要设计指标为：在外形方面，箭体长达58.3米，整流罩最大直径3.8米，芯级直径3.35米，助推器直径2.25米；在运载能力方面，火箭起飞推力5923.2千牛，起飞质量479.8吨，且具有高达8吨的近地轨道运载能力，火箭的芯级和助推器发动机均使用四氧化二氮和偏二甲肼作为推进剂；在系统结构方面，长征二号F运载火箭比长征二号E运载火箭增设了故障检测处理系统和逃逸系统；在可靠性和安全性方面，将长征二号F火箭的可靠性指标提高到了0.97，安全性指标则定为0.997，以此增强运载火箭可靠性和航天员的安全性。[②]经过八年的研制和反复试验，长征二号F运载火箭进行了大量且有效的设计改进，成为我国第一种高可靠、高安全、高质量的载人飞船发射工具，为我国首次载人飞行的圆满成功奠定了重要基础。经过适应性改进的长征二号F运载火

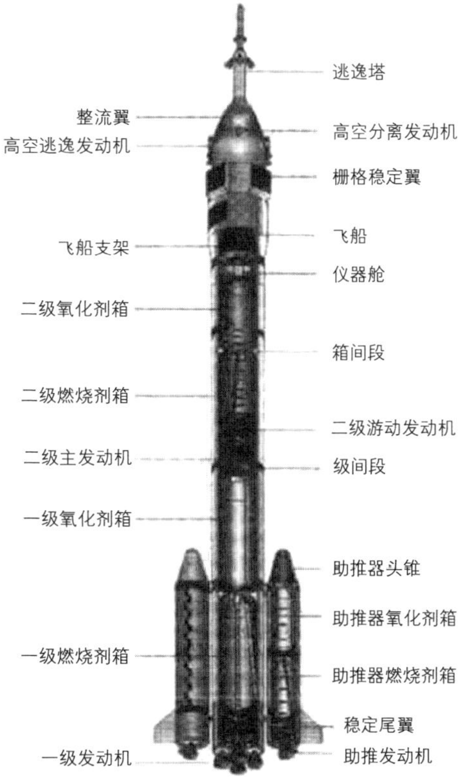

图7—5　长征二号F运载火箭总体布局[①]

① 刘竹生，张智：《CZ-2F载人运载火箭》，《导弹与航天运载技术》，2004年第1期，第6—12页。

② 刘竹生：《中国载人运载火箭》，《中国工程科学》，2006年第11期，第29—32期；刘竹生，张智：《CZ-2F载人运载火箭》，《导弹与航天运载技术》，2004年第1期，第6—12页。

箭可以将近地轨道运载能力提高到11.2吨，通过调整助推器、上面级的组合，可以适应不同有效载荷的需要。①

四、神舟飞船发射试验

1. 无人飞行试验

从1999年开始，我国载人航天工程迈入了飞船试验发射阶段。1999年11月20日6时30分，神舟一号在酒泉卫星发射中心由长征二号F捆绑式火箭发射升空（图7—6），飞行21小时11分，绕地球飞行14圈后，于21日3点41分在内蒙古自治区中部地区的着陆场安全降落。神舟一号是中国第一艘自主研制、具有完全知识产权的无人驾驶飞船。作为一艘工程实验飞船，神舟一号与飞船正样产品有很大不同。飞行试验的主要目的是检验新研制的长征二号F运载火箭的性能和可靠性。与此同时，也对飞船系统的设计与飞行进行了实战考核，包括对飞船发射、逃逸塔抛落、飞船轨道飞行、与地面的联系、舱内的科学实验、返回变轨、落地精度等进行较为全面的验证。神舟一号飞船试验首次使用新型陆海空测控网和新型远程试验发射控制模式，证明了相关技术的科学性与可行性。科技人员在短短七八年时间，攻克了高可靠性大推力火箭、载人飞船安全返回技术、载人太空飞行生命保障系统等技术难题。②神

图7—6 神舟一号发射升空

① 张智：《中国新型运载火箭长征—2F》，《国际太空》，2002年第12期，第14—17期。
② 唐国东，华强：《翱翔太空：中国载人航天之路》，上海交通大学出版社，2012年，第37页。

舟一号的成功试验，标志着我国在载人航天技术领域已经取得了重大突破。

2001年1月10日，我国在酒泉卫星发射中心发射神舟二号，进行第二次无人飞船试验。相较于神舟一号而言，神舟二号对系统结构进行了扩展，提升了技术性能。神舟二号是第一艘正样飞船，技术状态与真实载人状态基本一致。虽然神舟二号飞船也不载人，但它增加了载人航天所需要的环境控制、生命保障与应急救生两个分系统以及航天员代谢装置。神舟二号发射试验的重点是飞船内部各分系统考核，同时也进行若干科学实验。在飞船三个舱段的各个角落，共安装了64件科学实验设备，返回舱里15件，轨道舱里12件，附加段37件。神舟二号的科学任务以中国科学院为主，由全国50多个科研院所和大学承担。[①]神舟二号飞行时间长达6天18小时22分，在微重力环境下开展的科学实验研究涉及空间物理、空间材料、空间生命科学、空间天文等多个领域。

2002年3月25日，神舟三号发射成功，其技术指标完全按载人飞船的技术状态进行设计。神舟三号比神舟二号的功能更完善，新增了逃生和紧急救援功能。神舟三号装有人体代谢模拟装置、拟人生理信号设备以及形体假人，能够定量模拟太空中航天员的呼吸、心跳、血压、耗氧及产生热量等多种生理参数和效应。神舟三号试验飞行的主要目的，是进一步考核各系统工作性能、可靠性和安全性，系统之间的协调性和飞船的载人环境，航天员逃逸与应急救生系统以及火箭控制系统冗余等新增功能的工作状况。[②]飞船一共携带了10项44台有效载荷设备，主要包括中分辨率成像光谱仪、空间蛋白质结晶装置、地球辐射收支仪、大气密度探测器等，既可以进行对地观测，也可以开展航天医药、空间材料等学科领域的实验研究。为了模拟航天员在太空中的重要生理活动，神舟三号不仅装载了形体假人、人体代谢模拟装置，还配备了拟人生理信号设备和舱内辐射环境监测设备，这些都可以为相关设计决策提供数据支持。

---

① 李琇玮：《透视太空实验室》，《中国航天报》，2001年1月11日。

② 《神舟三号飞船的技术状态》，《中国航天报》，2002年3月27日。

2002年12月30日，我国开展神舟四号飞行试验，对航天员系统、飞船环境控制与生命保障分系统、载人航天应用系统进行全面试验和充分评估。除了没有载人之外，神舟四号的配置、功能以及技术状态和载人飞船基本一致。神舟四号完善了救生功能，增加了自主应急返回功能；完善了人控功能，万一自动控制失灵，航天员可通过手控返回地面；增强了飞船偏航机动能力；改善了舱内载人环境，基于人机工学进行了合理设计。飞船返回舱内增加了两个座椅，坐着两个模拟航天员，配齐航天员工作、生活、医保所需物品，包括睡袋、压力服、太空食品，以及着陆后遇到意外情况所需的匕首、枪支、弹药等救生物品。① 在太空飞行试验期间，飞船上的仪器设备均保持性能稳定，获得了许多飞行试验数据，为接下来的载人航天提供了科学依据。神舟四号的轨道舱留在太空中继续运行了半年，大规模、全方位探测太空轨道环境，并成功绘制了载人飞行太空轨道安全路况图。此次飞行还进行了大规模空间科学探测与实验活动，包括首次进行大规模空间环境监测、首次进行微波遥感三合一探测、液滴迁移试验、空间生物研究试验等。特别是遥感器随飞船上天，结束了中国航天没有微波遥感的历史。

至此，我国载人航天工程完成了无人飞船的研制与发射试验，为载人飞船的方案设计、产品研制与各项试验奠定了坚实基础。从神舟一号到神舟四号，不仅对运载火箭和飞船的性能、安全性、可靠性等进行了全面考核，还对地面测试发控系统及其他各大系统的适应性、可靠性等进行了充分检验。在此基础上，中国载人航天工程开始迈入载人飞行阶段。

2. 载人飞行试验

2003年10月15日9时整，神舟五号搭载航天员杨利伟发射升空，这是我国首次进行飞船载人飞行。10月15日9时42分，飞船进入预定轨道，发射取得成功。10月15日18时40分许，神舟五号飞船运行到第7圈，杨利伟在太空中展示中国国旗和联合国旗。10月16日6时23分，神舟五号载人飞船在内蒙古主着陆场成功着陆，实际着陆点与理论着陆

---

①《神舟四号四大新变化，确保飞船万无一失》，《解放日报》，2002年12月30日。

点相差4.8千米，返回舱完好无损，杨利伟自主出舱，标志着我国首次载人航天飞行圆满成功（图7—7）。

图7—7　中国首位航天员杨利伟在神舟五号返回舱中

神舟五号飞船总长8.8米，总重7.84吨。轨道舱为密封舱，两端带有锥段的圆柱形，圆柱段直径2.25米，总长2.8米。前端与附加段连接，后段与返回舱连接，供航天员进出返回舱。返回舱也是密封结构，锥段侧壁开有两个舷窗、6个天线窗口和一个光学瞄准镜窗口，供航天员观察和确定姿态使用。推进舱为非密封结构，总长2.94米，锥段最大直径2.8米。附加段为非密封箱体式结构，内装有效载荷为CCD相机及其相关设备。为了全面实现载人功能，神舟五号不仅充分继承前四艘无人飞船的成熟技术，还做了大量技术改进工作，增强了可靠性和安全性。其中，神舟五号进行了20处提高安全性的改进和39处提高可靠性的改进，开展了9项安全性试验和56项可靠性试验，还对123种故障模式设计了解决方案。[①]此次飞行试验不仅证明了航天器总体方案和子系统方案的正确性、协调性，而且还深入探测了载人环境，为后续飞行计划提供了

① 铭鑫，程卓：《安全性技术在“神舟”五号载人飞船上的应用》，《质量与可靠性》，2004年第4期，第26—31页。

决策依据。[1]值此，中国实现了载人航天关键技术的追赶，成为继美、苏之后第三个掌握载人航天技术的国家。

2005年10月12日，中国成功发射了神舟六号飞船。与神舟五号的“一人一天”飞行试验不同，神舟六号实现了“多人多天”在轨飞行，即费俊龙、聂海胜两位航天员进行了为期5天的太空任务飞行。2005年10月12日17时29分，费俊龙打开神舟六号返回舱与轨道舱之间的舱门，进入轨道舱开展空间科学实验。15日16时29分，国家主席胡锦涛与航天员费俊龙、聂海胜通话。10月17日4时33分返回舱成功着陆，实际着陆地点较预计相差仅1千米。与神舟五号相比，神舟六号飞船上新增40余台设备和6项软件，进行了110项技术改进。例如，通过水箱和单独的软包装两种方式准备了航天员用水；轨道舱内放置了食品加热装置和餐具，并挂有一个睡袋供航天员轮流休息；对航天员座椅缓冲器进行了重新设计，使返回前座椅提升后航天员可以看到舷窗外的情况；安装了返回舱与轨道舱之间的舱门密闭快速自动检测装置；数据记录仪不仅存储量比原来大了100倍，而且数据的写入和读出速度也提高了10倍以上。[2]通过技术改进和重大配置调整，神舟六号不仅实现了多人值乘、多天飞行的试验目标，还进行了人工实验和多舱工作，首次实现了有人参与的空间科学实验，首次实现了航天员前往轨道舱工作。神舟六号载人航天飞行的圆满成功，是我国载人航天工程“三步走”战略进入第二步的重要开局。

2008年9月25日，我国开展了神舟七号飞船的飞行任务，翟志刚、刘伯明、景海鹏三名航天员执行此次飞行任务。作为载人航天工程二期的第一艘飞船，神舟七号飞行试验最重要的任务是实施中国航天员首次空间出舱活动，同时在轨释放卫星伴飞[3]，开展卫星数据中继等空间科

---

① 戚发轫，张柏楠，郑松辉，等：《神舟五号载人飞船的研制与飞行结果评价》，《航天器工程》，2004年第1期，第1—14页。

① 秦文波：《神舟六号载人飞船及其技术改进》，《上海航天》，2005年第10期，第1—5页。

③ 微小伴随卫星是伴随飞行在其他航天器附近，提供监视、护航和新技术试验验证的微小卫星。伴随卫星既能够延伸大型航天器如空间站或者空间实验室的功能，又可以对大型航天器进行检测，为大型航天器在轨故障诊断和安全保障奠定基础。

学和技术试验。为此，技术人员对轨道舱进行了全新设计，对机械接口、热接口、电接口等进行了完整的试验验证，还首次完成有真人参与的真空环境试验。与前面各艘飞船相比，神舟七号是产品配置最多、技术状态最复杂的一艘飞船。[①]9月27日16点30分，景海鹏留守返回舱，翟志刚和刘伯明分别穿着舱外宇航服进入轨道舱。翟志刚出舱作业，刘伯明在轨道舱内协助。16时58分，成功完成舱外活动，实现了中国航天员第一次太空漫步。同日19时24分，飞船搭载的伴随卫星被成功释放。伴随卫星被释放后，以缓慢速度逐渐离开飞船，并在距飞船1千米范围内对飞船进行摄像和照相。航天员返回地面后，北京航天飞行控制中心通过对星上下传数据进行分析运算，生成变轨参数后注入伴随卫星，控制其逐步接近轨道舱，并最终实现围绕轨道舱飞行。卫星伴随既能够延伸大型航天器的功能，又可以对大型航天器进行监测，用于大型航天器在轨故障诊断和安全保障。地面系统对两个飞行器的运行轨道控制进行指挥、组织以及轨道预报，为今后航天器交会对接积累了技术经验。[②]航天员翟志刚完成了出舱活动飞行任务，标志着我国首次掌握航天员出舱行走的相关技术，这是我国载人航天工程三步走战略第二步第一阶段核心技术的重大突破。[③]同时，神舟七号首次搭载了一颗微小伴随卫星，验证了在轨释放和伴随飞行技术的可行性，为微小卫星的优化提供了科学依据，奠定了星间通信、交会对接、卫星编队飞行等空间试验的技术基础。[④]神舟七号还突破了气闸舱技术，不仅为我国后续开展太空组装、维修航天器等太空作业提供了技术支撑，还为我国建立空间站气闸舱进行了技术储备。[⑤]

---

① 尚志，于潇：《神舟七号飞船技术状态控制管理探讨》，《航天器工程》，2008年第11期，第2—8页。

② 余勇，张锐，陈宏宇，等：《神舟七号飞船伴随卫星轨道控制及在轨飞行结果》，《载人航天》，2010年第4期，第14—18页。

③ 左赛春：《神舟七号是我国载人航天飞行一座新的里程碑：中国载人航天工程副总指挥马兴瑞谈神舟七号新突破》，《中国航天》，2008年第10期，第15—18页。

④ 王忠贵，张丽艳，龚志刚，等：《神舟七号飞船伴星飞行试验方案设计及试验验证》，《中国科学(E辑：技术科学)》，2009年第3期，第590—595页。

⑤ 尚志，张柏楠，潘腾，等：《神舟七号出舱活动飞船研制综述》，《载人航天》，2009年第2期，第16—21,48页。

五、空间站建设

1. 天宫一号的发射与运行

基于多年载人航天飞船试验成果，2010年9月，中共中央正式批复《载人空间站工程实施方案》，启动载人空间站的研制、建设工作，具体采取“独立自主、创新引领、体系保障、规模适度、留有发展空间”的研制模式。

早在2006年，我国就开始进行目标飞行器初样研制，并将其命名为天宫一号，这是我国首个空间实验室，由张柏楠担任总设计师。与以往的载人飞船不同，天宫一号由实验舱和资源舱两个舱体组成，主要设计指标为：长10.4米，最大直径3.35米，起飞质量8.506吨，在轨寿命两年。实验舱分前锥段、圆柱段和后锥段。前锥段和圆柱段用于工作、训练、生活，而非密封的后锥段用于搭载生保设备。由于结构复杂、尺寸大、在轨飞行时间长，需要精度更高、密封性更好的舱体结构来确保其安全性。面对新挑战，科技人员通过技术攻关突破一系列关键核心技术，例如变极性等离子弧自动焊接技术和壁板零件高精度加工技术等，最终完成了天宫一号的研制生产任务。2011年9月，天宫一号成功发射升空（图7—8）。天宫一号的主要任务是为航天员在太空轨道上的日常生活、科学实验活动提供技术支撑，验证载人航天交会对接技术，为建

图7—8　天宫一号与长征2F/T1垂直总装

立长期的空间站积累必要的技术。[1]根据飞行任务规划，天宫一号与神舟八号、神舟九号以及神舟十号分别交会对接，进行相关科学实验。

为了实现与天宫一号的交会对接，神舟八号飞船进行了较大的技术改进，全船一共有600多台套设备，新研制的设备、新增加的设备占了15%。飞船具备了自动和手动交会对接功能，配置了平移和反推发动机。飞船电源帆板因为采用了新的太阳电池片，发电能力提高了50%。2011年11月1日5时58分，神舟八号实施不载人发射，11月3日凌晨1时30分与天宫一号成功实施首次自动交会对接（图7—9）。组合体飞行12天之后，11月14日进行第二次交会对接。11月16日，神舟八号与天宫一号分离后，于17日返回地面。自动交会对接试验的成功，标志着中国首次突破和基本掌握了载人航天飞行器自动交会对接技术，取得了航天技术的新跨越。[2]

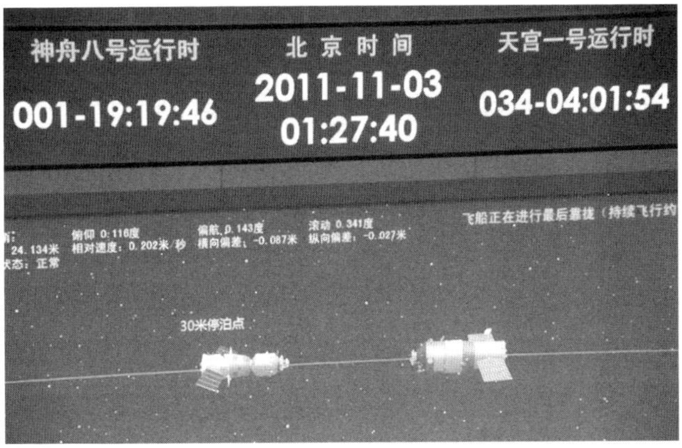

图7—9 神舟八号与天宫一号交会对接

2012年6月16日，神舟九号搭载景海鹏、刘旺、刘洋三名航天员升空，6月18日14时神舟九号与天宫一号实施自动交会对接，之后航天员于17时22分进入天宫一号实验室进行工作。6月24日12时55分，神舟九号与天宫一号又进行了一次手动交会对接。在此次试验中，中国

① 杨宏，魏传锋，满广龙，等：《天宫一号目标飞行器载人环境设计与实施》，《中国科学：技术科学》，2014年第2期，第119—124页。

② 周建平：《天宫一号/神舟八号交会对接任务总体评述》，《载人航天》，2012年第1期，第1—5页。

航天员首次成功访问在轨飞行器，女航天员首次参与太空飞行试验，顺利完成了航天飞行器的手控交会对接任务，具有里程碑意义。为保证载人交会对接的安全性，对神舟九号进行了多项改进，包括恢复了载3人的标准布局以及涉及女航天员的特殊设备。①

2013年6月11日，神舟十号飞船搭载航天员聂海胜、张晓光、王亚平升空。6月13日13时18分，与天宫一号进行了自动交会对接。此次飞行完成的主要任务有：进一步考核了交会对接、载人天地往返运输系统的功能和性能；进一步考核了组合体对航天员生活、工作和健康的保障能力以及航天员执行飞行任务的能力；开展了空间科学实验、航天器在轨维修试验和空间站有关关键技术验证试验；进一步考核了工程各系统执行飞行任务的功能、性能和系统间协调性；首次开展面向青少年的太空科学讲座科普教育活动等。②

在神舟十号于2013年6月26日返回后，天宫一号继续在轨道上工作。2016年3月16日，天宫一号目标飞行器正式终止数据服务，全面完成了历史使命。在超期服役期间，地面人员继续利用天宫一号开展空间科学技术试验、对地遥感应用和空间环境探测，验证了低轨长寿命载人航天器设计、制造、管理、控制相关技术，获取了大量有价值的数据和应用成果。天宫一号总计实现66人天的组合体驻留飞行，超额完成60人天的指标任务；飞船总计完成了8次交会、6次对接，充分验证了飞船和天宫一号的交会和对接能力。③

2. 天宫二号的发射与运行

“十三五”期间，我国继续推进载人航天工程的进度，先后发射了长征七号运载火箭、天宫二号、神舟十一号和天舟一号。

2016年6月，长征七号运载火箭首飞成功。这是专为发射货运飞船而全新研制的中型运载火箭，主要设计指标为：箭体长53.075米，起飞质量达到597吨，具备13.5吨的近地轨道运载能力。

---

① 五轩:《神舟九号任务方案与神舟八号的十个不同》,《中国航天》,2012年第7期,第14页。

② 杨涛,朱祥生,武轩:《十全十美看“神十”——神舟十号飞船交会对接任务透视》,《中国航天》,2013年第7期,第25—28页。

③ 俞盈帆:《神舟十号载人飞船》,《卫星应用》,2013年第7期,第72页。

2016年9月15日，我国圆满完成了天宫二号发射任务。天宫二号是我国载人航天工程“三步走”战略第二步第二阶段的首发飞行器，也是我国第一个真正意义上的空间实验室。天宫二号仍采用实验舱和资源舱两舱构型，全长10.4米，舱体最大直径3.35米，起飞重量8.6吨，在轨寿命2年。天宫二号空间实验室装载了空间冷原子钟、伽玛暴偏振探测仪、宽波段成像光谱仪、三维成像微波高度计、紫外临边成像光谱仪等14个空间应用载荷，代表着相关科学技术领域的国际先进水平。除了用于进一步验证空间交会对接技术外，天宫二号将开展一系列空间科学实验，包括开展地球观测以及空间地球科学、空间应用新技术、空间技术和航天医学等领域的应用和实验。①天宫二号原是天宫一号的备用产品，在主要设计指标上与天宫一号基本相同，但天宫二号属于真正的空间实验室，使命任务与天宫一号存在一定差异。天宫二号不仅用于开展空间实验，还要接受载人飞船和货运飞船的访问，以及验证空间站建造、运营与管理的相关技术。

对天宫二号进行一个月在轨测试后，10月17日神舟十一号飞船发射入轨，参加此次飞行的航天员是景海鹏和陈冬。10月19日凌晨，神舟十一号与天宫二号自动交会对接成功，景海鹏、陈冬进入天宫二号进行工作与生活。两位航天员参与或自主进行了大量空间科学实验，包括空间冷原子钟实验、综合材料制备实验、高等植物培养实验，伽玛暴偏振探测等空间科学实验与探测项目；宽波段成像光谱仪，空地量子密钥分配试验、伴随卫星飞行试验等应用和新技术试验项目等。11月17日12时41分，神舟十一号与天宫二号成功分离，景海鹏、陈冬回到飞船并于11月18日安全返回地面。此次飞行是中国载人航天飞行时间最长的一次，航天员在轨运行了33天，进一步验证了载人天地往返运输系统、人机协同在轨维修、航天员中期驻留的生命保障以及地面长时间任务支持等关键技术。②

---

① 邓薇：《天宫二号——中国首个真正意义上的空间实验室》，《卫星应用》，2016年第10期，第81—82页。

② 杨璐茜：《天空二号和神舟十一号载人飞行任务圆满成功》，《卫星应用》，2016年第12期，第34—39页。

在天宫二号空间实验室运行期间，第一艘货运飞船天舟一号于2017年4月20日发射，并于4月22日与天宫二号自动对接成功。天舟一号为全密封型结构，总长约10.6米，最大直径3.35米，起飞重量13.5吨，载货能力6.5吨。天舟一号共搭载40种科学实验仪器，进行了新型元器件在轨验证、空间环境探测、力学环境测量、生命科学方面等13项太空科学实验。9月22日天舟一号受控离轨，飞行任务取得圆满成功。天舟一号突破了货物运输、推进剂补加、自主快速交会对接等关键技术，建立了独立自主、功能齐备的空间货物运输系统，使我国跻身于少数几个具备大吨位空间货运能力的国家。这是我国载人航天工程“三步走”发展战略第二步目标成功实现的标志，预示着我国即将开启空间站时代。①

2018年1月，我国空间站组合体模拟器建成，由中国航天员中心自主研制，主要检验我国空间站环控生保分系统的运行情况。2018年5月，中国载人航天工程办公室与联合国外空司共同发布公告，对外征集中国空间站空间科学实验项目。共有27个国家和地区积极响应，来自17个国家、23个实体的9个项目被确定为首批合作项目，涉及星云气体的光谱研究、微重力流体与燃烧、空间生命科学与生物技术等领域。②2018年9月，天宫二号空间实验室圆满完成了在轨运行2年的指标，天宫二号突破并掌握了多项关键技术，包括中期驻留载人宜居环境设计、人机协同在轨维修、推进剂补加等技术。2020年1月，空间站核心舱初样产品和新一代载人飞船试验船运抵文昌航天发射场，参加长征五号B运载火箭发射场合练及首飞任务。这标志着中国空间站在轨建造任务即将拉开序幕。2020年5月5日，长征五号B运载火箭搭载新一代载人飞船试验船和柔性充气式货物返回舱试验舱在文昌航天发射场首飞成功，我国载人航天工程“第三步”任务正式拉开序幕。

值此，中国空间站的建成已经指日可待。中国天宫空间站运行轨道

① 白明生，金勇，雷建宇，等：《天舟一号货运飞船研制》，《载人航天》，2019年第2期，第249—255页。

②《联合国/中国围绕中国空间站应用开展空间科学实验第一批入选项目清单》，(2019-06-12)[2022-05-22]，http: //www. cmse. gov.cn/gyhz/201906/t20190612_23748. html。

高度为340千米至450千米，倾角为42度至43度，由核心舱、载人飞船、实验舱、货运舱、节点舱等模块组成。中国空间站被命名为“天宫”，而核心舱、实验舱Ⅰ、实验舱Ⅱ、货运飞船的名称则分别是“天和”“问天”“巡天”“天舟”。空间站由核心舱负责统一调度，其他飞行器协同完成各项任务。各飞行器既可以连接在一起形成组合体，又可相互独立，具备独立的飞行能力。

六、载人航天与空间站建设的科学意义

经过几代航天人的接续奋斗，我国航天事业走出了一条具有中国特色的发展之路，锻造出了永不磨灭的“特别能吃苦、特别能战斗、特别能攻关、特别能奉献”的载人航天精神，彰显了中国特色社会主义的道路自信、理论自信、制度自信和文化自信，成就了中华民族伟大复兴道路上的一座丰碑。

我国载人航天工程自1992年正式立项以来，就已经成为我国科技发展战略的重要组成部分。参加研制的单位包括中国科学院的有关研究所，航天科技集团公司的运载火箭研究院、空间技术研究院和上海航天技术研究院，信息产业部的有关研究所和总装备部的有关研究所，总共百余个研究院、所和工厂直接承担研制建设任务。航空、船舶、兵器、机械、电子、化工、冶金、纺织、建筑等领域及有关省（市）自治区的数千家单位承担协作配套任务。在党中央、国务院、中央军委高度重视和大力支持下，航天科技工作者通过自主创新，攻克了一系列技术难题，先后突破了载人飞船总体技术、货运飞船总体技术、空间站和空间实验室的设计技术，掌握了载人天地往返、载人交会对接、出舱活动、组合体管理与控制等关键的载人航天技术，还验证了载人环境控制与生命保障、推进剂在轨补加等支撑技术。虽然我国载人航天工程起步较晚，但是经过近三十年的自主创新，已经成为世界上第三个掌握载人航天技术的国家，相关技术从总体上达到了国际先进水平。

我国载人航天工程构建了相对完善的系统结构。其中，空间应用系统的主要职能是负责相应的空间科学与应用研究。在攻克并掌握一大批尖端载人航天技术的同时，载人航天工程开展了适量的空间应用项目，

获得了一批达到国际领先水平、具有重大应用价值的科技成果。我国已经高质量完成载人航天工程“三步走”战略中前两步的任务，并取得了空间应用研究成果。

在载人航天“三步走”战略的第一步，空间应用系统在对地观测、地球环境监测、空间天文、空间生命科学、空间材料科学和微重力流体物理等领域开展了28项科学实验，取得了丰硕成果。其中，神舟三号中分辨率成像光谱仪和神舟四号多模态微波遥感器都是当时国际上先进的地球遥感仪器，前者主要进行了陆地土壤/植被、海洋水色、大气水汽和气溶胶观测，后者采用微波辐射计、散射计和雷达高度计三种模态组合探测，为国家海洋资源开发利用提供了重要数据，这两台遥感仪器技术体制和相关成果已经成功应用于我国海洋、气象系列卫星；空间生命科学、空间材料晶体生长实验和微重力流体物理学研究促进了相关领域实验水平的提升；空间环境监测及预报研究则为飞船发射和在轨运行安全提供了重要保障，促进了相关学科的发展。总体上看，应用系统建成了先进的有效载荷在轨支持系统和有效载荷应用中心、空间环境预报中心等地面支持系统，为任务顺利实施提供了有力保障，推动了我国空间科学研究与应用技术全面提升，并为后续发展奠定了坚实技术基础。

在载人航天“三步走”战略的第二步，空间应用系统在空间基础物理学、地球科学观测、空间科学实验与探测、应用新技术等领域开展了70余项空间科学实验与应用试验，取得了具有重大意义的研究成果：第一，空间基础物理学：作为国际上首台在轨运行的冷原子钟，天宫二号空间冷原子钟日稳定度达到7.2×10^{-16}，相当于3000万年误差小于1秒，处于国际领先水平，原子激光冷却的方法和技术对未来空间高精度时频系统提供了直接技术支持；作为国际首台宽视场、高效率的专用宇宙伽马射线暴偏振探测仪器，天宫二号伽玛暴偏振探测仪（POLAR）成功探测到55个宇宙伽玛暴事例；在国内首次实现了利用蟹状星云（Crab Nebula）脉冲星的脉冲信号进行定轨，推动了脉冲星观测和导航技术发展。第二，地球科学观测：天宫二号多角度宽谱段成像仪在国内首次实现了12个多角度光学偏振遥感技术新体制验证，开拓了获取重要的陆地/海洋/大气信息的新途径；天宫二号多波段紫外临边成像仪采用环形大视场和前向临边结合的准同时的观测方案，获得了全球大气密度、臭氧和气溶胶垂直结构及三维分布。第三，空间生命科学实验：天宫二号在我国首次完成了“从种子到种子”的空间长周期培养，在国际上首次在空间获得了拟南芥开花基因启动子控制的绿色荧光蛋白实时图像；神舟八号任务开展了中德合作空间生命科学实验（共17项），首次分析得到了数十种在微重力下发生改变的植物细胞骨架相关蛋白，成功筛选得到了数千种植物微重力相关差异基因；天舟一号任务开展了8项哺乳动物细胞空间培养实验，在国际上首次在空间实现了人类胚胎干细胞体外分化为原始生殖细胞并存活33天、小鼠胚胎干细胞向中内胚层的成功分化。第四，空间材料实验：神舟七号首次开展了材料外太空暴露试验，为发展具有良好耐空间环境特性的新型润滑材料，提供了经验积累；天宫一号首次以“遥影像”方式开展了空间复合胶体晶体生长实验，为拓展由胶体晶体制备具备应用潜力的光子晶体材料积淀了理论认知和技术经验；天宫二号开展了半导体光电子材料、金属合金、纳米及复合材料等12种样品的空间制备实验，获得了高质量的材料样品，发现了一批新的材料生长现象，提高了对于相关规律的认知。第五，微重力流体物理实验：天宫二号液桥热毛细对流实验开展大普朗特数液桥体积效应和二次转捩等科学问题研究，获得了微重力下液桥热毛细对流多种效应和规律，丰富了相关理论模型；天舟一号蒸发冷凝实验首次实现了液滴蒸发与液层蒸发全过程的定量观测，获得了空间不同温度、体积和形貌的液体蒸发变化规律。第六，空间应用新技术试验：天宫二号量子密钥分配试验采用对光量子诱骗态方法，成功进行了天地量子密钥分配和激光业务数据传输，密钥成码率、跟瞄精度优于技术指标要求，为量子科学卫星做了先期技术验证；首次实现了对非合作目标近距离成像观测、远距离逼近、精确绕飞或飞越观测，获得了神舟飞船和天宫二号组合体的清晰图像，为未来新型航天器编队飞行奠定技术基础；天舟一号非牛顿引力实验检验的关键技术验证项目验证了空间高精度静电悬浮加速度计技术。此外，载人航天工程空间应用系统国际合作打开新局面，与国际著名空间机构建立了良好合作关系，显著提高了载人航天工程及空间应用系统的国际影响力和感召力，为在我国空间站上进一步扩大国际合作奠定了良好基础。[①]

自载人航天工程实施以来，我国空间科学与应用研究发展迅速，已有两项成果荣获国家科学技术进步奖特等奖，数百项技术成果获得专利授权。目前，我国载人空间站工程正按计划稳步实施，空间站建成后，将在轨运营十年以上。建成后的空间站将支持开展大规模的空间科学实验、技术试验和空间应用等活动，支撑空间生命科学和生物技术、微重力流体物理与燃烧科学、空间材料科学、微重力基础物理、空间天文和天体物理、空间物理与空间环境、空间地球科学等领域的前沿探索。作为中国航天史上规模最大、长期有人照料的空间实验平台，中国空间站将成为国家级太空实验室，全面开启我国空间科学研究与应用的新时代。

第六节　嫦娥工程

中国月球探测工程（CLEP）简称“中国探月工程”，又称嫦娥工程。2004 年 1 月 23 日，嫦娥工程一期即“绕月探测工程”立项获批。2007 年 10 月 24 日，嫦娥一号在西昌卫星发射场发射升空。2020 年 12 月 17 日，嫦娥五号返回器顺利着陆，标志着嫦娥工程“绕”“落”“回”三步走战略圆满完成。嫦娥工程的顺利实施拓展了我国在航天工程、空间科学领域的发展空间，提升了我国在深空探测领域的国际地位，为我国未来深空探测活动奠定了技术和人才基础。

一、嫦娥工程的背景

深空探测是人类对月球以及月球以远的天体和宇宙空间进行的探测活动。基于深空探测所得数据，可以深入研究太阳系乃至宇宙的起源与

① 《吕从民：空间应用系统成果丰硕，为长期太空探索奠定基础》，(2018-09-26)[2020-08-03]，http://www.cmse.gov.cn/xwzx/yzjz/201809/t20180926_45112.html；中国载人航天办公室：《2019 世界载人航天报告》，中国原子能出版社，2020 年；中国载人航天办公室：《2020 世界载人航天报告》，中国原子能出版社，2021 年。

演化，分析太阳、行星、彗星以及小天体等天体活动对人类生存环境的影响，甚至还有助于探究地球生命的起源与演化等重大科学问题。[①]

月球是深空探测的前哨阵地。[②]月球上没有大气层，地质活动少，因此是基础科学研究、特殊生物制品制备、特种新型材料研发和生产的天然场所。月球作为地球唯一的天然卫星，可建成对地观测基地，对地球进行长周期、多尺度的观测活动。月球背面电磁波环境洁净，可以在那里建立深空观测站，便于人类观测宇宙电磁辐射，探索宇宙起源。此外，月球拥有丰富的矿产资源储备[③]，月壤中富含可以作为聚变燃料的氦-3，月球开发有望成为人类解决地球资源枯竭问题的一个途径。[④]相较于近地航天，月球探测距离远、飞行时间长、遥测难度大、技术要求高，可以带动能源、遥感通信、特种材料以及信息技术等领域的跨越式发展。[⑤]就此而言，月球探测具有重大的科技以及经济社会意义。

迄今，人类月球探测活动走过了四个阶段[⑥]：第一阶段是无人探月阶段（1959—1968年）。这一时期，美、苏两国共发射50余颗月球探测器，完成了一系列月球地貌探测活动，获得了大量数据。第二阶段是载人登月阶段（1969—1975年）。1969年7月，美国“阿波罗11号”载人飞船实现了人类历史上首次载人登月，之后又完成了六次载人登月探测任务。第三阶段是月球探测宁静期（1976—1988年）。由于美国率先登月以及苏联火箭的多次发射事故，苏联于1976年宣布放弃载人登月，

---

①吴伟仁，刘旺旺，蒋宇平，等：《国外月球以远深空探测的发展及启示(上)》，《中国航天》，2011年第7期，第9—12页。

②吴伟仁，刘继忠，唐玉华，等：《中国探月工程》，《深空探测学报》，2019年第6卷第5期，第405—416页。

③月球上的斜长岩富含硅、铝、钙、钠等元素；克里普岩富含钾、稀土元素和磷；玄武岩含铁矿可达25%(体积)，比我国攀枝花钒钛磁铁矿矿石中的TiO_2含量更高。

④欧阳自远：《月球——新的战略平台》，《国家智库》，2014年第1期，第147—154页。

⑤栾恩杰：《国家航天局局长：我国为什么要启动探月工程?》，《中国航天》，2003年第4期，第4—6,10页。

⑥张永红，郭健，张继贤，等：《月球探测50年》，《测绘通报》，2007年第12期，第24—26,51页；孔祥元，张松林，魏二虎，等：《“嫦娥”工程与月球测绘学》，《大地测量与地球动力学》，2004年第1期，第117—120页；欧阳自远：《空间探测进展和我国的月球探测(一)》，《科学》，2007年第59卷第1期，第1—4页。

将太空探测重点转移到空间站的开发和应用上，而美国则把航天飞机作为研发的焦点。第四阶段是人类重返月球阶段（1989年至今）。1989年7月20日，美国提出了“重返月球”计划，由此掀起了月球探测的第二次高潮。

我国科学家自20世纪50年代起，通过研究陨石样本、跟踪国际月球探测动态前沿和成果，逐渐积累了陨石学、天体化学、月球科学和行星科学等领域的科研力量。①与此同时，我国在人造卫星、载人飞船等领域的探索过程中建立了完备的航天工程体系，形成了一支具有丰富实践经验的研发队伍，为我国深空探测奠定了较好的基础。②在人类探月活动的第二次高潮到来之际，我国科学界与工程界抓住机遇，开启了我国航天工程的新事业。

二、嫦娥工程的立项过程

我国月球探测计划由提出到正式立项，经历了漫长、曲折的过程。在这个过程中，科学界和工程界联合起来，提出了具有可行性与创新性的科学目标和工程方案，经过十几年的筹划，为嫦娥工程的高标准、高质量、高效率实施打下了基础。

在美国提出“重返月球”计划之后，我国空间技术专家、863计划航天领域首席科学家闵桂荣于1991年提出开展月球探测活动的建议。随后在他的推动下成立了“863月球探测课题组”。③1993年，我国曾计划利用因其他任务延迟而闲置的长征3号甲火箭发射一颗探月卫星。由于该计划缺乏明确的科学目标，最终未能得到批准。1994—1995年，天体化学家欧阳自远和空间探测专家楚桂柏带领的中科院科研团队完成了月球探测可行性研究报告，分析了中国进行月球探测的必要性，提出了探月活动应分阶段开展的设想，并就第一阶段探月的科学目标以及首颗

---

① 欧阳自远，邹永廖，裴照宇，等:《中国探月的起步》//国防科学技术工业委员会编:《中国航天五十周年回顾》，北京航空航天大学出版社，2007年，第351—357页。

② 叶培建，邹乐洋，王大轶，等:《中国深空探测领域的发展及展望》，《科学中国人》，2019年第1期，第42—45页。

③ 杨照德，熊延岭:《闵桂荣院士传记》，中国宇航出版社，2017年，第234页。

探月卫星方案进行了论证。[①]

1997年4月7日，主题为“面向21世纪的空间科学与探测技术”的香山科学会议召开。会后，杨嘉墀、王大珩及陈芳允三位院士联名发表了《中国月球探测技术发展的建议》。[②]1998年，闵桂荣、马兴瑞等20位专家完成研究报告《21世纪初我国空间技术发展战略研究（2000—2020年）》，建议将月球探测作为深空探测的首选目标。[③]与此同时，中科院专家组也提出了我国探月工程总体规划的初步设想以及月球资源探测卫星的科学目标。[④]

1998年3月，我国进行了新一轮政府机构改革，原隶属于军委的国防科技工业委员会改组为总装备部，另成立一个隶属政府部门的国防科技工业委员会（简称国防科工委），原国防科工委管理国防工业的职能、国家计委国防司的职能以及各军工总公司承担的政府职能，统归新组建的国防科工委，同时保留国家航天局和国家原子能机构。成立伊始，新任国防科工委副主任兼航天局局长栾恩杰组织有关部门谋划航天发展规划，形成了四点基本认识：以开放的姿态面向21世纪，展示中国航天人大步迈入新世纪的风采；以改革的精神，以“大航天”理念，推动中国航天事业的进步和领域的拓展；以重大工程和重大项目为牵引，夯实中国航天基础建设和关键技术突破，提升我国在国际航天界的地位；以履行国家航天行业主管部门的责任心，筹划国家航天发展的规划目标和对外合作方针和政策。这四点认识完整反映在2000年11月22日中国首次发布的《中国的航天》白皮书中，[⑤]其中第一次将空间技术、空间应用和空间科学纳入“大航天”范畴，明确提出了我国开展以

① 刘建忠，欧阳自远，李春来，等：《中国月球探测进展（2001—2010年）》，《矿物岩石地球化学通报》，2013年第32卷第5期，第544—551页。

② 王建蒙：《星系我心　著名航天工程技术专家孙家栋》，中国宇航出版社，2009年，第137页。

③ 杨照德，熊延岭：《闵桂荣院士传记》，中国宇航出版社，2017年，第234—235页。

④ 刘建忠，欧阳自远，李春来，等：《中国月球探测进展（2001—2010年）》，《矿物岩石地球化学通报》，2013年第32卷第5期，第544—551页。

⑤《中国的航天》是由中国国务院新闻办公室发布的航天白皮书。自2000年来，先后发布了《中国的航天》白皮书、《2006中国的航天》白皮书、《2011中国的航天》白皮书以及《2016中国的航天》白皮书。

月球探测为主的深空探测发展目标，并将月球探测工程设定为“两弹一星”、载人航天之后我国航天活动的第三个里程碑。随后，月球探测工程立项论证工作正式展开。毕竟，月球探测是我国第一次到达近40万千米深空的航天任务，深空测控、轨道设计和平台姿轨控技术都面临新要求和新考验；而且月球探测的科学目标究竟是什么，也需要深入论证。

2001年初，庄逢甘、闵桂荣在全国政协九届四次会议上提出了“十五”期间应着手探月工程立项的提案，得到了各方的重视。①从2001年11月开始，欧阳自远团队在国家863—703主题的支持下，就探月工程二、三期的科学目标、有效载荷需求、工程目标等进行研究与论证。②2002年12月至2003年3月，孙家栋领导200多位专家完成了月球探测一期工程的综合立项论证工作，明确提出了我国实施月球探测的基本思路：“坚持‘循序渐进、分步实施、不断跨越’的原则，逐步积累技术和经验，及时提高运载能力以适应深空探测的发展需求，于2020年前完成我国的探月工程。”③紧接着由孙家栋和欧阳自远牵头，工程界和科学界联合论证，基本确定了探月工程二、三期的科学目标、有效载荷需求和工程的总体概念性方案及关键技术。④

2003年9月27日，温家宝总理主持召开中央专委会，听取了探月工程汇报，栾恩杰在汇报中提出：“经过充分的技术论证，我们已经有能力实施绕月探测，建议把探月工程‘绕’‘落’‘回’三步走中的‘绕’剥离出来，作为探月工程第一期提前启动实施，‘落’和‘回’作为工程的二、三期放在国家中长期发展规划中以后实施。”⑤国务院于2004年1月23日批复同意绕月探测工程立项请示，标志着我国探月工程正式起步。⑥2004年4月，探月工程二期、三期通过国家科技重大

---

① 杨照德，熊延岭：《闵桂荣院士传记》，中国宇航出版社，2017年，第236页。

② 邹永廖：《嫦娥奔月》，上海科技教育出版社，2013年，第171—174页。

③ 孙为钢，王博，孟林智，等：《探月工程管理创新与专项试验验证技术实践》，《航天器工程》，2018年第27卷第1期，第1—9页。

④ 邹永廖：《嫦娥奔月》，上海科技教育出版社，2013年，第171—174页。

⑤ 栾恩杰：《敢上九天揽月——忆嫦娥工程二三事》，《紫光阁》，2009年第S1期，第39—42页。

⑥ 栾恩杰：《敢上九天揽月——忆嫦娥工程二三事》，《紫光阁》，2009年第S1期，第39—42页。

专项的论证与审核，决定按照“成熟一个，发展一个”的原则，二期、三期工程依次在一期工程结束后完成立项。①

在月球探测工程论证过程中，工程领导群体关注的首要问题是工程的技术路线。经过反复征集各方意见，最终将其确定为：“采用成熟的技术、花费较低的成本，以集成创新实现我国首次探月活动；以工程目标实现为主、科学目标为辅，走出中国深空探索的第一步；在工程研制中以卫星系统为主线，以测发控为重点，适度建设基础设施。”②简言之，就是“成熟技术、有限目标、突破关键、确保成功”。基于这个技术路线，才最终确立了“三步走”战略：第一步是“绕”，即“环月探测”，是嫦娥工程三步走战略中至关重要的第一步，其主要目标是研制和发射月球探测卫星，初步探测月球表面的地貌、地形和地表环境，月球资源的分布，以及地月间的宇宙空间。第二步是“落”（2008—2013年），即“月面着陆巡视勘察”，主要目标是发射月球软着陆器，试验相关技术，实施月面巡视勘查，深入探测月球资源分布和组成，测定着陆点的月表环境，为月球基地的选址提供多种探测数据。第三步是“回”（2011—2020年），即“取样返回”，主要目标是在月面巡视分析取样的基础上采样，并返回地面。这三个阶段分步实施、循序渐进、不断跨越，保持一定的连续性、继承性和前瞻性，从而构成完整的月球探测工程。③

三、嫦娥工程的实施

嫦娥工程系统由月球探测、运载火箭、发射场、遥感测控和地面应用五大系统组成。工程设立总指挥、总设计师，各子系统分别设立各自的总指挥和总设计师，此外还设立了地面应用系统首席科学家。在两总系统（总指挥＋总设计师）的指挥、组织下，历经17年的嫦娥工程三

---

① 邹永廖：《嫦娥奔月》，上海科技教育出版社，2013年，第177页。

② 栾恩杰：《探索浩瀚宇宙　建设航天强国——纪念中国深空探测12周年》，《深空探测学报》，2016年第3期第04卷，第295—306页。

③ 李春来，刘建军，左维，等：《中国月球探测进展（2011—2020年）》，《空间科学学报》，2021年第41卷第1期，第68—75页。

步走战略圆满成功。

1. 第一步："绕"（2004—2008）

2004 年是绕月探测工程"开局年"。2 月 25 日，由国防科工委主任张云川担任组长，国家发展改革委、科技部、财政部、总装备部、中科院和航天科技集团等相关领导组成的绕月探测工程领导小组第一次会议召开，会议任命栾恩杰为绕月探测工程总指挥、孙家栋为总设计师、欧阳志远为地面应用系统首席科学家。在国防科工委领导下，两总系统逐步建立起整个工程的组织体系和学术体系，志在"高标准、高质量、高效率完成绕月探测工程"。

绕月探测工程的核心是研制并发射嫦娥一号。其工程目标是：研制和发射我国第一颗月球探测卫星；初步掌握绕月探测基本技术；初步构建月球探测航天工程系统，包括运载火箭、卫星、发射场、地面测控系统和地面应用系统，根据月球探测的特点进行相应的整合与适应性修改，初步建立适应未来发展的工程大系统；为月球探测后续工程积累经验。其科学目标是：为月球画像，覆盖全部月球，包括从未涉足的南北极部分区域；在月球表面探矿，分析月球表面有用元素含量和物质类型的分布特点；探测月球表层土壤厚度，估算氦—3 含量和分布；探测地月空间环境。①

由于最初对月球环境和深空探测领域的认识不足，绕月探测工程具有很大挑战性。②为了确保工程顺利进行，确定了依托我国航天部门的丰富工程经验和科研生产试验体系，充分利用成熟的东方红三号卫星平台、长征 3 号甲运载火箭以及原有的测控系统，并借助国际协作以增加测控覆盖率的研制策略。研制中期，我国先后建立了喀什和青岛两座 18 米接收天线、密云 50 米和昆明 40 米数据接收天线，以及中科院国家天文台嫦娥工程地面应用系统总部的相关设施设备，提高了星地测控链路电平余量，形成地面应用系统，具备了相关科学数据接收、处理和解

---

①《月球与深空探测科学数据与样品发布系统》，(2018-12-01)[2022-05-22]，http://202.106.152.98:8081/moondata/web/datainfo/main.action#。

② 栾恩杰：《嫦娥工程"高标准、高质量、高效率"的总要求》，在绕月探测工程卫星系统工作会上的讲话，2005 年。

译的能力。[①]

2004年11月19日，绕月探测工程正式从方案阶段进入初样阶段。此后在电测及环境试验中发现了几十个问题，致使整体进度滞后两个多月。两总多次进行专题研究，加大管理力度，质量和进度才得以大幅改善。为了应对飞控期间的可能风险，科研人员还对国外探月故障进行全面深入分析以汲取经验教训。[②]

2007年1月25日，绕月探测工程进入发射准备阶段，计划2月4日卫星系统地面设备和参试人员全部进场。不巧的是，2月3日发射的北斗一号04星出现严重故障。鉴于嫦娥一号与该星使用的是相同平台，遂决定暂缓发射计划。2月8日，工程指挥部经过慎重研判，将嫦娥一号发射时间推迟到10月份。基于“退是为了进，缓是为了成，成功才是硬道理”的理念，工程团队吸取北斗04星的故障教训，查找薄弱环节和隐患，做好各项预案，以提高质量和可靠性。[③]

2007年10月24日，嫦娥一号搭载8种有效载荷，在西昌发射场发射升空。2007年11月20日，密云和昆明地面站同时接收到CCD立体相机传送的科学探测数据。11月26日，温家宝总理亲自发布我国探月工程第一幅月面图像（图7－10），其分辨率达到120米。2008年10月24日，嫦娥一号完成预定任务后继续执行额外任务，直至2009年3月1日在月球丰富海区域成功撞月。嫦娥一号共取得原始科学探测数据1.37TB。[④]

基于嫦娥一号的探测数据，科研人员制作出分辨率为3千米左右的“全月球数字高程模型”“三维月球地形图”“月表铀、钾、钍等元素含量分布图”，并得出全月球不同光照条件下的四频段微波亮度温度数

---

① 裴照宇，王琼，田耀四：《嫦娥工程技术发展路线》，《深空探测学报》，2015年第2卷第2期，第99—110页。

② 胡浩，裴照宇：《迈向深空第一步——记嫦娥一号任务和栾恩杰总指挥》，《国防科技工业》，2022年第1期，第16—19页。

③ 栾恩杰：《万无一失、力保首发成功——延迟进场的决策》，在绕月探测工程两总扩大会上的报告，2007年。

④ 欧阳自远，李春来，邹永廖，等：《嫦娥一号卫星的科学探测》，《中国空间科学学会　中国空间科学学会第七次学术年会会议手册及文集》，2009年，第15页。

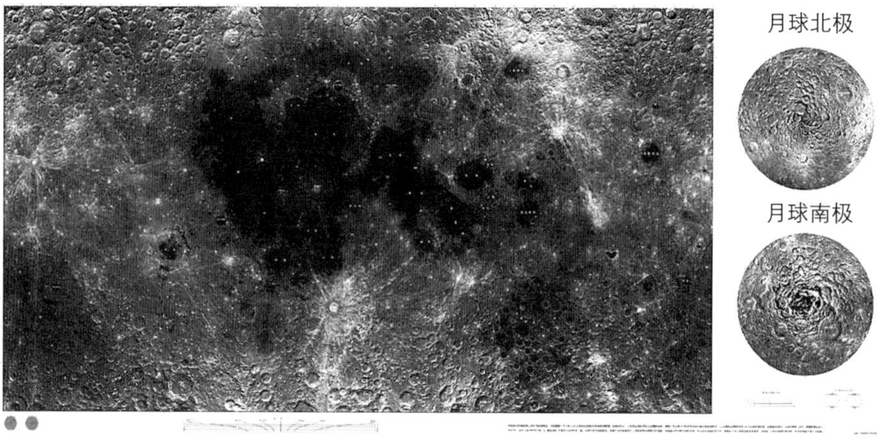

图7—10 嫦娥一号卫星CCD相机全月球影像图

据，这是国际上首次采用被动微波遥感技术测量全月球微波辐射信息，可以据此反演月壤厚度。通过对氧化铁、二氧化钛元素含量的反演，结合科学仪器探测到的元素含量和分布数据，区分了克里普岩、斜长岩和玄武岩，评估了月球某些矿物资源如钛铁矿、稀土和放射性元素等的开发利用前景。①

在技术难度大、时间紧、任务重的严峻形势下，绕月探测工程团队充分利用现有技术和能力，攻克测控可靠性、月食影响、定向天线、紫外敏感期和测控全向天线等关键技术，解决了轨道设计、保证卫星进行有效的测控通信、卫星实现三体定向（太阳电池帆板对太阳定向、有效载荷对月球定向、测控通信天线对地球定向）、卫星热控问题、电能的储存和供应问题等困难与挑战②，最终实现了绕月探测工程的圆满成功。在这个过程中，一支高水平的月球及深空探测科研队伍成长起来，为接下来“落”和“回”任务的完成提供了技术和人才保障。

2. 第二步：“落”（2008—2013）

2008年2月，在嫦娥一号绕月之际，嫦娥工程二期立项获批。国防

① 叶培建，于登云，孙泽洲，等：《中国月球探测器的成就与展望》，《深空探测学报》，2016年第3卷第4期，第323—333页。

② 徐菁：《自主创新实现我国首次绕月探测——专访嫦娥一号总指挥兼总设计师叶培建院士》，《中国航天》，2016年第9期，第3—7页。

科工委副主任陈求发任总指挥（2013年调整为马兴瑞），国防科工委科技司司长吴伟仁任总设计师，国家天文台台长严俊任地面应用系统首席科学家。由于嫦娥一号顺利执行了既定任务，2008年6月，其备份星嫦娥二号确定为二期工程的先导星，用于试验部分关键技术，积累相关工程经验，以降低未来月面软着陆的潜在技术风险。

嫦娥二号的工程目标是突破运载火箭直接将卫星发射至地月转移轨道的发射技术；试验X频段深空测控技术，初步验证深空测控体制；验证100千米月球轨道捕获技术，积累更多近月空间环境数据；验证100千米×15千米绕月椭圆轨道机动与快速测定轨技术；试验低密度校验码遥测信道编码、高速数据传输、降落相机等技术；对嫦娥三号任务预选月球虹湾着陆区进行高分辨率成像试验。其科学目标是：获取月球表面三维影像，分辨率优于10米；探测月球物质成分；探测月壤特性；探测地月与近月空间环境。①

2010年10月1日，嫦娥二号由长征三号丙火箭运载，在西昌卫星发射中心发射。本次发射采用直接地月转移轨道发射技术，仅用5天时间，飞行器就到达预定轨道，比一期入轨时间缩短了7天。②2011年4月1日，嫦娥二号完成既定任务后继续执行扩展任务，取得了多项重要成果。2011年4月下旬至5月底，补拍了月球南北两极漏拍点，将月球立体影像覆盖率从99.6%提高至100%（图7—11）。2011年8月25日起，进入环绕日地L2点进行了为期10个月的科学探测，获得了地球远磁尾离子能谱、太阳耀斑爆发和宇宙伽玛爆的科学数据。2012年12月13日，完成了近距离探测4179图塔蒂斯（Toutatis）小行星任务，在国际上首次近距离获取了目标小行星光学图像数据，最高分辨率优于3米（图7—12）。③

---

①《月球与深空探测科学数据与样品发布系统》，(2018-12-01)[2022-05-22]，http://202.106.152.98:8081/moondata/web/datainfo/main.action#。

② 赵永新：《嫦娥二号卫星成功发射》，《人民日报》，2010年10月2日，第1版。

③ 裴照宇，王琼，田耀四：《嫦娥工程技术发展路线》，《深空探测学报》，2015年第2卷第2期，第99—110页。

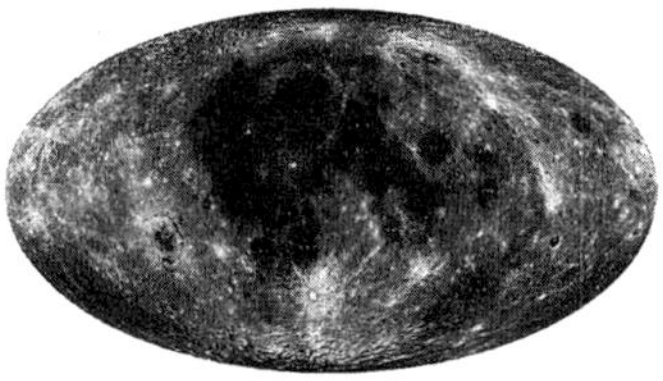

图7－11 “嫦娥二号”获得的全月球7米分辨率影像图[①]

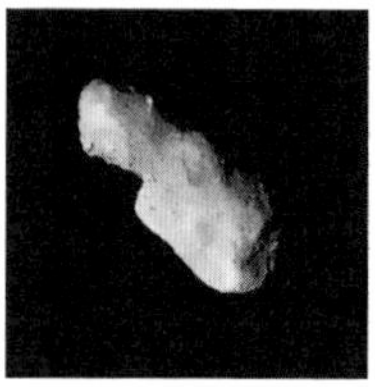

图7－12 4179小行星近距离实拍图[②]

嫦娥二号作为我国第一个飞入行星际的探测器，它在完成多项任务的同时，首次实现了对拉格朗日点和小行星的探测，使中国成为国际上第三个飞入拉格朗日点、第四个开展小行星探测的国家。[③]在嫦娥二号执行任务期间，科研人员利用前期探测数据，着手设计嫦娥三号并进行了模拟实验，为之后探测器安全着陆奠定了基础。[④]

嫦娥三号[⑤]是全新的探测器，由着陆器和巡视器组成，而巡视器又被称为玉兔号月球车。嫦娥三号的工程目标是：突破月面软着陆、月面巡视勘察、深空测控通信与遥操作、深空探测运载火箭发射等关键技术，提升航天技术水平；研制月面软着陆探测器和巡视探测器，建立地面深空站，获得包括运载火箭、月球探测器、发射场、深空测控站、地面应用等在内的功能模块，具备月面软着陆探测的基本能力；建立月球探测航天工程基本体系，形成重大项目实施的科学有效的工程方法。其科学目标是：开展月表形貌与地质构造调查、月表物质成分和可利用资源调查以及日地月空间环境探测和月基光学天文观测。[⑥]

---

① 叶培建，于登云，孙泽洲，等：《中国月球探测器的成就与展望》，《深空探测学报》，2016年第3卷第4期，第323—333页。

② 吴伟仁，刘继忠，唐玉华，等：《中国探月工程》，《深空探测学报》，2019年第6卷第5期，第405—416页。

③ 叶培建，黄江川，张廷新，等：《嫦娥二号卫星技术成就与中国深空探测展望》，《中国科学：技术科学》，2013年第43卷第5期，第467—477页。

④ 王舒颖，侯季光：《快出成果　多出成果　出好成果——访地面应用系统总设计师李春来等》，《国防科技工业》，2013年第12期，第32—33页。

⑤ “嫦娥三号”由着陆器和巡视器组成，巡视器又被称为“玉兔号”月球车，在新浪微博开设账号“月球车玉兔”，用于科普。

⑥《月球与深空探测科学数据与样品发布系统》，(2018-12-01)[2022-05-22]，http://202.106.152.98:8081/moondata/web/datainfo/main.action#。

作为探月二期工程的核心探测器，嫦娥三号着陆和巡视两大关键环节均无成熟技术可用，需要进行技术攻关，以应对月球环境的不确定性、无大气条件如何着陆减速、着陆段着陆器如何自主导航控制、着陆冲击的缓冲、复杂的月面环境如何进行热控保障、月球车在月面真空环境里如何移动、在月面巡视过程中怎样自主导航与遥操作控制、在地面怎样试验模拟月球环境等新的挑战。[①]面对新挑战，嫦娥三号研制取得了多项自主创新成果：实现了多学科总体优化设计；突破了软着陆的自助制导、导航和控制技术；突破了复杂推进系统设计和变推力发动机技术；突破了软着陆的着陆缓冲技术；突破了月面移动技术；突破了月面生存技术；突破了自主导航与遥操作控制技术；实现了月面就位和巡视科学探测；突破了软着陆和巡视探测的地面试验技术，以及突破了科学探测技术。[②]此外，其搭载的月基光学望远镜、极紫外相机和测月雷达是国际上首次应用于月球探测的科学仪器。[③]

2013年12月2日，嫦娥三号由当时我国能力最强的长征三号乙运载火箭在西昌卫星发射中心成功发射。12月14日，成功着陆在月球北纬44.12°、西经19.51°的预选虹湾着陆区，着陆精度优于1千米。12月15日，巡视器与着陆器成功分离，驶抵月面，并与着陆器完成互拍。[④]

嫦娥三号工程创造了我国航天工程领域的多项第一：地外天体软着陆与巡视勘察，探测器在极低温度环境下生存，运载火箭低温加注后连接器不脱落推迟24小时发射，覆盖行星际航行的深空测控通信网，月面同时开展就位与巡视综合科学探测。这些突破为后续月球探测乃至月外深空探测奠定了基础。[⑤]

---

① 裴照宇，王琼，田耀四：《嫦娥工程技术发展路线》，《深空探测学报》，2015年第2卷第2期，第99—110页。

② 郭奕彤，刘海英，紫晓：《自主创新树典范 嫦娥工程结硕果(上)——嫦娥三号探测器探月任务创新成果回眸》，《中国航天》，2014年第8期，第3—7页。

③ 张巧玲：《“嫦娥三号”任务及其初步科学成果》，《中国科学院院刊》，2017年第32卷第1期，第85—90页。

④ 裴照宇，王琼，田耀四：《嫦娥工程技术发展路线》，《深空探测学报》，2015年第2卷第2期，第99—110页。

⑤ 于登云，吴学英，吴伟仁：《我国探月工程技术发展综述》，《深空探测学报》，2016年第3卷第4期，第307—314页。

嫦娥三号工程还带来了一系列重要科学发现：在着陆区发现了一种全新的月球玄武岩，首次获得陆区月壳浅层330米深度的剖面结构特性及地质演化图，首次揭示了月球雨海区的火山演化历史，根据月球外逸层水含量的最新结果修正了国外得出的月球上有大量水分子存在的结论，获得了地球等离子体层图像数据（图7—13），首次发现了地球等离子体层边界在磁层亚暴的影响下发生凸起的现象，提出了等离子体层的空间结构受到地球磁场和电场约束及控制的最新观点。①

图7—13　嫦娥三号极紫外相机观测到的等离子体图层②

嫦娥三号探测器顺利完成了地外天体软着陆和巡视勘察任务，取得了丰富的探测数据，提升了我国在国际空间科学领域的地位，标志着我国探月工程第二步——“落”的战略目标的全面实现。③

3. 第三步：“回”（2011—2020）

2009年，为有机衔接探月一、二期工程，兼顾未来载人登月和深空探测，我国启动了探月工程三期的方案论证和预研究。三期工程于2011年1月三期工程立项，规划了2次正式任务和1次飞行试验任务，分别命名为嫦娥五号、嫦娥六号和月地高速再入返回飞行试验任务。④

① 叶培建，于登云，孙泽洲，等：《中国月球探测器的成就与展望》，《深空探测学报》，2016年第3卷第4期，第323—333页。

②叶培建，于登云，孙泽洲，等：《中国月球探测器的成就与展望》，《深空探测学报》，2016年第3卷第4期，第323—333页。

③ 于登云，吴学英，吴伟仁：《我国探月工程技术发展综述》，《深空探测学报》，2016年第3卷第4期，第307—314页。

④ 叶培建，黄江川，孙泽洲，等：《中国月球探测器发展历程和经验初探》，《中国科学：技术科学》，2014年第44卷第6期，第543—558页。

三期工程总指挥为许达哲（2018年调整为张克俭），总设计师为胡浩。

为了保证嫦娥五号任务的顺利进行，在正式发射前，需要先执行再入返回飞行试验任务。[①]2014年10月24日，为嫦娥五号探路的再入返回试验器“嫦娥5T”由长征三号丙运载火箭发射升空。同年11月1日，“嫦娥5T”成功在内蒙古自治区预定区域高精度平安着陆，标志着我国掌握了第二宇宙速度半弹道跳跃式再入返回技术，构建了月地高速再入安全返回工程体系。同时，月地往返多目标探测获取了大量科学数据，取得了多项技术突破。[②]这些成果为月球无人采样返回、火星和金星等有大气的天体的进入和载人登月等任务的立项、论证以及实施奠定了基础。[③]

嫦娥五号是嫦娥工程三期的核心探测器。其工程目标是：突破窄窗口多轨道装订发射、月面自动采样与封装、月面起飞、月球轨道交会对接、月地转移、地球大气高速再入、多目标高精度测控、月球样品储存等关键技术，提升我国航天技术水平；实现首次地外天体自动采样返回，推进我国科学技术重大跨越；完善探月工程体系，为载人登月和深空探测奠定一定的人才、技术和物质基础。其科学目标是：对着陆区进行现场调查和分析，开展着陆点区域形貌探测和地质背景勘察，获取与月球样品相关的现场分析数据，建立现场探测数据与实验室分析数据之间的联系；对月球样品进行系统、长期的实验室研究，分析月壤的结构、物理特性、物质组成，深化月球成因和演化历史的研究。[④]

嫦娥五号选择了一条技术集成度较高的路线，需要“新研火箭、新研探测器、新建发射场”，且具有飞行阶段多、关键环节多，设计约束多等特点，是迄今为止我国复杂度最高，技术跨度最大的航天系统

---

① 裴照宇，王琼，田耀四：《嫦娥工程技术发展路线》，《深空探测学报》，2015年第2卷第2期，第99—110页。

② 叶培建，于登云，孙泽洲，等：《中国月球探测器的成就与展望》，《深空探测学报》，2016年第3卷第4期，第323—333页。

③ 叶培建，杨孟飞，彭兢，等：《中国深空探测进入/再入返回技术的发展现状和展望》，《中国科学：技术科学》，2015年第45卷第3期，第229—238页。

④《月球与深空探测科学数据与样品发布系统》，(2018-12-01)[2022-05-22]，http://202.106.152.98:8081/moondata/web/datainfo/main.action#。

工程。[①]

嫦娥五号发射需要采用我国当时新研制的、推力最大的长征五号运载火箭发射，为此选用了新建设的海南文昌航天发射场，该发射场比西昌发射场纬度低，且位于海边，火箭航落区安全条件更好。在前两期工程设备的基础上，还新建了密云35米数据接收天线、南美35米站以及纳米比亚18米测控设备，新增了再入测量分系统、搜索回收分系统，以及月球样品存储实验室和异地容灾备份存储实验室。[②]

2012年底，嫦娥五号完成技术攻关和方案论证工作，转入初样研制阶段；2015年年底，完成初样研制，转入正样研制阶段。为了适应长征五号火箭的载重要求，嫦娥五号探测器推进剂重量设定为8.2吨，因此轻量化成为设计核心，为此研发团队研制出国内最轻的复合材料气瓶。为了模拟嫦娥五号月球着陆，2015年科研人员在北京东南郊做了三个月实验。2017年1月，嫦娥五号具备了出厂条件。然而，长五遥二火箭的发射失利导致嫦娥五号发射日期从原计划的2017年年底推迟至2020年。[③]

2020年11月24日，嫦娥五号成功发射。12月17日，返回器携带约1731克月球样品在预定着陆区成功着陆。[④]嫦娥五号搭载了7种有效载荷，包括全景及着陆相机系统、月壤结构探测仪和月球矿物光谱分析仪等，它们不仅为着陆区的就位探测[⑤]数据提供了返回样品的关键地质背景信息，而且有助于认识月球次表层结构、月表光谱特征和物质成分。当日，习近平总书记发贺电给予高度评价："这是发挥新型举国体制优势攻坚克难取得的又一重大成就，标志着中国航天向前迈出的一大步，将为

① 胡浩，裴照宇，李春来，等：《无人月球采样返回工程总体设计——嫦娥五号任务》，《中国科学：技术科学》，2021年第51卷第11期，第1275-1286页。

② 裴照宇，王琼，田耀四：《嫦娥工程技术发展路线》，《深空探测学报》，2015年第2卷第2期，第99—110页。

③ 索阿娣：《十年铸器 嫦娥五号这些年》，《科学大观园》，2020年第24期，第56-59页。

④ 时蓬，王琴，白青江，等：《2020年深空探测热点回眸》，《科技导报》，2021年第39卷第1期，第69—87页。

⑤ 就位探测是指探测器到达指定位置进行的探测。

深化人类对月球成因和太阳系演化历史的科学认知做出贡献。”①

嫦娥五号工程复杂度高且技术跨度大，是“三步走”战略的收官之作，是中国探月工程的又一重要里程碑。嫦娥五号突破月面采样、月面起飞、月球轨道交会对接、月地高速再入返回、月球探测科学仪器等核心关键技术②，创造了多项记录，包括地外天体采样与封装、月球轨道无人交会对接和样品转移、中国月球样品的存储分析和研究系统建立等，有望深化人类对月球成因和太阳系演化历史的科学探索。③

4. 开启新征程

嫦娥四号是嫦娥三号的备份星，由于嫦娥三号圆满成功，将其作为扩展性备份星。2014 年 11 月 30 日，嫦娥四号工程正式立项，总指挥为许达哲，总设计师为吴伟仁。

嫦娥四号由中继星（被命名为“鹊桥”）和探测器④组成，有两次发射任务。2018 年 5 月 21 日，科学试验微卫星“龙江号”搭载中继星“鹊桥”成功发射，同年 6 月 14 日顺利进入绕地月 L2 平动点的 Halo 使命轨道，成为国际首颗运行在该轨道的卫星。2018 年 12 月 8 日，探测器成功发射，2019 年 1 月 3 日安全着陆于月球背面冯·卡门撞击坑预选着陆区，完成着陆器与巡视器分离，1 月 11 日，着陆器与巡视器顺利完成互拍，开始执行探测任务。⑤

嫦娥四号通过中继星与地球保持通信，实现了世界上首次月球背面软着陆，传回了世界上第一张近距离拍摄月背影像图（图 7—14）。科研人员利用探测结果揭示了月球背面地质分层结构，获得了月球次表层结构剖面（图 7—15）和月球背面空间环境数据，这些数据不仅具有科学

---

①《习近平代表党中央、国务院和中央军委祝贺探月工程嫦娥五号任务取得圆满成功的贺电》，(2020-12-17)[2022-05-22]，https://www.ccps.gov.cn/xxsxk/zyls/202012/t20201217_145658.shtml。

② 胡浩，裴照宇，李春来，等：《无人月球采样返回工程总体设计——嫦娥五号任务》，《中国科学：技术科学》，2021 年第 51 卷第 11 期，第 1275—1286 页。

③ 时蓬，王琴，白青江，等：《2020 年深空探测热点回眸》，《科技导报》，2021 年第 39 卷第 1 期，第 69—87 页。

④ 探测器由着陆器和巡视器（即“玉兔二号”月球车）组成。

⑤ 叶培建，张熇，李飞：《前言——记嫦娥四号月球探测器专题》，《中国科学：技术科学》，2019 年第 49 卷第 2 期，第 123 页。

价值，而且为未来载人登月提供了实测环境数据。嫦娥四号首次在月球背面进行了超宽带甚低频射电天文信号观测，其所获数据有助于研究太阳低频射电特征和月表低频辐射环境。此外，为了利用嫦娥四号对公众进行科普教育，科研人员攻克了多项技术[①]，将动物、植物和微生物构成的生物组合搭载在着陆器上，完成了人类首次在月球表面的生物培育实验。[②]

图7—14　嫦娥四号着陆器监视相机拍摄的着陆点南侧月球背面图像[③]

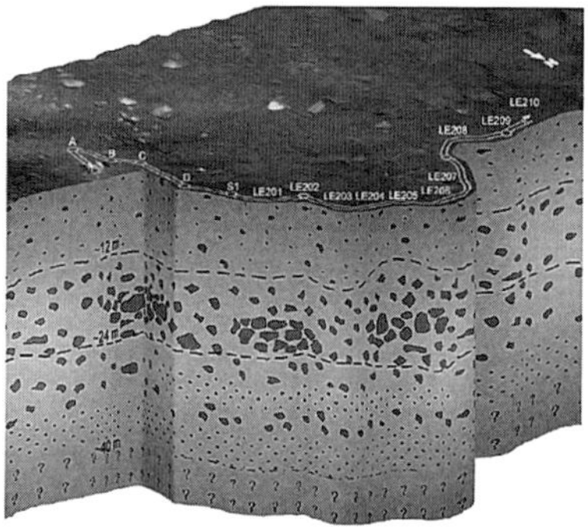

图7—15　月球次表层结构剖面示意图[④]

嫦娥四号因其突破性成果赢得了国际声誉。其研制团队获得了国际宇航联合会（IAF）授予的2020年度世界航天奖等多项航天领域国际奖项。[⑤]嫦娥四号的圆满成功全面拉开了我国探月工程四期的序幕。

四、嫦娥工程的科学意义

嫦娥系列探测器圆满完成了预定科学目标和工程目标，获得了大量探测数据和科技成果，提升了我国在深空探测领域的国际地位，推动了

---

① 比如，复杂环境下的生物固定、自主温控、月面条件下的导光等技术。

② 吴伟仁，于登云，王赤，等：《嫦娥四号工程的技术突破与科学进展》，《中国科学：信息科学》，2020年第50卷第12期，第1783—1797页。

③《人类探测器首次在月球背面软着陆》，《中国发展观察》，2019年第1期，第2页。

④ 吴伟仁，于登云，王赤，等：《嫦娥四号工程的技术突破与科学进展》，《中国科学：信息科学》，2020年第50卷第12期，第1783—1797页。

⑤ 吴伟仁，刘继忠，唐玉华，等：《中国探月工程》，《深空探测学报》，2019年第6卷第5期，第405—416页。

我国科学家在深空探测领域的国际合作。

首先，从战略高度平衡工程目标与科学目标，迈出我国深空探测第一步。对于任何大科学工程而言，没有科学目标的支持，工程意义将大打折扣，但是如果为了科学目标而不考虑工程能力，将会为工程实施带来难以克服的困难。面对嫦娥工程这个复杂度最高、技术跨度最大的航天系统工程，工程领导群体广泛听取各方意见，审时度势，综合权衡，确定了以工程目标实现为主、科学目标为辅的策略以及“绕、落、回”三步走战略，进而带领工程团队成功实现预期目标，树起了我国航天事业的第三座丰碑，具有“开天辟地”的重要意义。

其次，嫦娥工程推动了我国相关科技领域的大发展。在嫦娥工程的牵引下，我国逐步建成了全球布局合理、全天候全天时的深空测控网。嫦娥五号在一定程度上促进了长征五号火箭的研制，并推动了海南文昌发射场的建成。嫦娥工程中发展的技术与设备，比如玉兔车中的双目立体视觉技术、铝镁合金机箱、探测器软着陆使用的变推力发动机等，可直接应用于后续航天任务，具有长期辐射效应。嫦娥工程中的高性能产品带动了自动控制、信息技术、微电子、新材料等领域的新技术及其产业化发展。①嫦娥工程获得的大量原始科学数据，彻底改变了过去我国科学家研究数据受限的局面。②随着嫦娥工程的开展，中国月球探测、数据处理与研究的标准规范体系逐步建立并完善，填补了中国月球与行星科学相关探测技术与标准研究的空白。③

再次，嫦娥工程促进了深空探测领域的国际合作，为我国赢得了国际话语权。从一期工程开始，航天人便秉承国际合作理念，在工程实施与成果利用上保持开放透明，主动合作共享，加快了我国空间科学技术的发展。嫦娥一号的X射线谱仪和太阳风离子探测器的定标分别与意大

---

① 李静文，贾阳：《关于探月工程的规划和贡献》，《国防科技工业》，2019年第1期，第26—29页。

② 贺喜梅：《十六年，走出一条中国特色探月路》，《太空探索》，2021年第1期，第22—25页。

③ 目前已发布实施了月球与行星探测相关的国家标准17项，包括《月球空间坐标系》《空间科学及其应用术语第4部分：月球与行星科学》《月球基本比例尺地形图分幅和编号》《月球探测数据产品分级与命名》《月球与行星数据产品格式规范》《月球影响平面图制作规范》等。参见：李春来，刘建军，左维，等：《中国月球探测进展（2011—2020年）》，《空间科学学报》，2021年第41卷第1期，第68—75页。

利和法国合作完成，[①]卫星测控网中涵盖了库鲁、斯诺舍等国外测控站。[②]随着一期的成功实施，我国逐渐从单纯向国外寻求协助转变为国际合作研发，嫦娥四号搭载了德国、瑞典、荷兰、沙特等多个国家的科学仪器，实现了数据共享、联合研究。[③]作为世界上第五个成功发射月球探测器和第三个带回月球样品的国家，[④]我国基于开放透明的理念，将所得数据向全世界科学家公布，推动了全人类对深空领域的探索。[⑤]2015年10月，国际天文学联合会（IAU）批准中国嫦娥三号着陆区4项命名："广寒宫"着陆区、"紫薇""天市""太微"等环形撞击坑。2019年2月，再次批准嫦娥四号着陆区5项命名："天河基地"着陆区、"织女""河鼓""天津"等撞击坑，以及着陆点所在冯·卡门坑内的"泰山"中央峰。[⑥]可以说，嫦娥工程的顺利实施为我国赢得了深空探测领域的国际话语权，有效维护了我国在月球上的合法权益。

最后，大力协同，精细管理，锻造出了彪炳史册的"探月精神"。来自全国的相关企业及研究机构，中科院各研究所以及教育部所属高校等2000多家单位、数万名科技工作者参与研制，[⑦]大家"集中智慧，互通有无，大力协助，用有限的资源创造了奇迹"。[⑧]在具体实施过程中，嫦娥工程五大研发系统紧密协作，建立健全技术责任体系和管理责任体系，做到责任层面落实、责任人人明确、要求项项清楚，形成了各单位领导"立下军令状，定下时间表，明确责任人，实现责任制"的精细管

---

① 任荣珍:《嫦娥工程:拓展国际合作新领域》,《国防科技工业》,2007年第11期,第45—47页。

② 张高翔:《嫦娥五号任务新闻发布会实录》,《国防科技工业》,2020年第12期,第18—24页。

③ 吴伟仁,刘继忠,唐玉华,等:《中国探月工程》,《深空探测学报》,2019年第6卷第5期,第405—416页。

④ 郗秀青:《用有限的资源创造一种奇迹——访航天科技集团高级技术顾问、绕月探测工程总设计师孙家栋》,《国防科技工业》,2007年第11期,第16—19页。

⑤ 任荣珍:《嫦娥工程:拓展国际合作新领域》,《国防科技工业》,2007年第11期,第45—47页。

⑥ 李春来,刘建军,左维,等:《中国月球探测进展(2011—2020年)》,《空间科学学报》,2021年第41卷第1期,第68—75页。

⑦ 吴伟仁,刘继忠,唐玉华,等:《中国探月工程》,《深空探测学报》,2019年第6卷第5期,第405—416页。

⑧ 郗秀青:《用有限的资源创造一种奇迹——访航天科技集团高级技术顾问、绕月探测工程总设计师孙家栋》,《国防科技工业》,2007年第11期,第16—19页。

理局面。[1]嫦娥工程初期以“热爱祖国、无私奉献，自力更生、艰苦奋斗，大力协同、勇于登攀”的“两弹一星”精神和“特别能吃苦、特别能战斗、特别能攻关、特别能奉献”的载人航天精神作为团队的精神引领。随着工程的开展，探月团队进一步形成了更具针对性的“追逐梦想、勇于探索、协同攻坚、合作共赢”的探月精神，大家“有困难共同克服，有问题共同商量，有余量共同掌握，有风险共同承担”，[2]携手实现了“奔月”梦想，由此也丰富了我国航天精神体系。

随着嫦娥工程“绕”“落”“回”三步走规划任务的圆满完成，嫦娥六号和嫦娥八号的探测任务已经逐步明确，载人登月任务也在规划之中，[3]未来“探”“登”“驻”的目标将逐步实现。同时，依托嫦娥工程相关成果和人才队伍，火星探测工程也在有条不紊地进行。2016 年 1 月，我国火星探测工程立项。2020 年 7 月 23 日，中国首颗火星探测器天问一号在文昌航天发射场由长征五号遥 4 运载火箭成功发射，[4]2021 年被火星捕获并开展“绕”“着”“巡”三项任务，即环绕飞行探测、着陆探测以及巡视探测。[5]这表明，我国深空探测能力已经位居世界前列。可以期待，未来我国将在深空探测领域不断作出新的突破，从而为我国科技和经济社会发展乃至人类和平作出更大的贡献。

---

① 栾恩杰：《第三个里程碑：探月工程的动员与启动》，在绕月探测工程第一次工作会“启动动员会”所作报告，2004 年。

② 栾恩杰，孙家栋：《首次月球探测工程中的系统工程理念》，《国防科技工业》，2008 年第 1 期，第 17—20，35 页。

③ 顾逸东，吴季，陈虎，等：《中国空间探测领域 40 年发展》，《空间科学学报》，2021 年第 41 卷第 1 期，第 10—21 页。

④ 编者：《天问一号火星探测器发射成功》，《世界科学》，2020 年第 S2 期，第 11 页。

⑤ 张荣桥：《“天问”一号开启我国行星探测新征程》，《中国航天》，2021 年第 6 期，第 9—10 页。

第八章

天文领域：授时系统与望远镜

本章展示我国授时系统与天文望远镜发展的基本脉络，重点就长短波授时系统、郭守敬望远镜（LAMOST）、500米口径球面射电望远镜（FAST）以及硬X射线调制望远镜（HXMT）进行历史考察，它们每一个都是我国天文学发展和天文望远镜研制的里程碑。

第一节　中国授时系统与天文望远镜的发展

天文学在人类文明中扮演着重要角色。通过观察太阳、月球和其他天体的运动，人类规定了时间、方向和历法，生活与作息因此而变得有序。最初，人们只能用肉眼观察天空，但是肉眼所见毕竟有限，想要更多地了解宇宙就必须借助仪器的力量。因此，探索天文新技术和新方法历来是天文学研究的重要组成部分。

一、授时体系的变革

天文观测和天文学研究的一大功用是“授时”。授时古已有之。据《尚书・尧典》记载，羲和专管“历象日月星辰，敬授人时”，就是说通过观测天象来确定时间，“授时”一词似乎就出自这句话。现代天文测时依据的是地球自转，地球每天均匀转动一次，可看作天上的星星每天东升西落一次，只要通过望远镜测定恒星位置，就可以推算时间，并据此校正天文台的钟。但是，地球自转的不均匀性使得天文测时精度只能达到毫秒级，无法满足现代社会运行的需求。因此，一种更为精确和稳定的时间标准出现了，那就是20世纪50年代出现的原子钟。从那以后，世界各国陆续采用原子钟来产生和保持时间基准，再通过各种手段和媒介（短波、长波、电话网、互联网、卫星等），将时间信号送达用户，这整个流程就是授时系统。

1902年，现代授时在中国出现，当时中国海关制定“海岸时”，以东经120度之时刻为标准。1939年，中华民国确认1912年划分的时区为中华民国标准时区。20世纪50年代，美、苏、日等国相继建立了各自的标准时间和频率授时系统。当时我国由中科院上海天文台（简称上海天文台）负责授时，但由于技术设备落后以及上海并非全国地理中心，授时效果并不理想。1959年1月，上海天文台建立了自己的综合世界时系统。随着我国综合时号改正数工作的不断完善，我国《天文大地测量规范》正式规定使用中国自己的无线电短波授时BPV时号。1963年起，我国世界时服务的精确度进入国际先进行列。①

1966年9月，中科院就落实651卫星研制任务下达通知，由上海天文台承担授时保证任务。为此，上海天文台从联邦德国进口半导体石英钟并于1968年5月安装使用，随后又研制了时号发生器、BPV呼号发生器、自动报警系统等设备，还建立了651任务专用钟房。1969年9月30日，当周恩来获悉我国没有自己的原子频率标准，而是依靠接收日本无线电短波时号来校准自己的石英钟时，严肃指出：“我们不能拄着洋拐棍来发带有《东方红》乐曲的BPV标准频率。”②遵照周恩来批示精神，上海天文台开始了原子钟研制工作。1975年9月，上海天文台研制出国产第一台氢原子钟，并开始在标准频率发播中试用，1978年正式投入使用。上海天文台在我国第一颗人造卫星发射以及随后的十多次卫星发射中，均圆满完成了授时保证任务。

20世纪60年代中期之后，中国同时面临美、苏两个超级大国的军事威胁，国家安全环境恶化。在“备战备荒”的氛围中，国家决定在陕西蒲城建设短波授时系统，作为上海天文台时号发播的“备战台”。之所以选择陕西省蒲城，是因为那里靠近中国地理原点，地势比较开阔，

---

① 宁晓玉：《经纬乾坤——叶淑华传》，中国科学技术出版社，2018年，第53页。

② 苏锦源，周志宗：《周恩来总理的两次接见》//科学时报社：《请历史记住他们——中国科学家与“两弹一星”》，暨南大学出版社，1990年。

而且还有利于备战。[①]1980年12月，短波授时系统通过鉴定。1981年2月，国务院同意从1981年7月1日起，BPM短波授时台正式承担发播我国短波时号任务，届时上海天文台停止BPV时号的发播。在这个过程中，从70年代初开始，还在陕西蒲城建立了长波授时系统。陕西天文台就此诞生，今天称作中科院国家授时中心。

二、天文望远镜的发展脉络

天文望远镜的作用当然远远不限于授时，它是整个天文学乃至物理学研究的基石。实际上，当原子钟得到广泛使用之后，测时原理发生了“范式转换”，天文测时已经变得不那么重要了。从1609年伽利略将望远镜对准天空算起，用于天文观测的望远镜已经有四百多年的发展史。随着时间的推移，结构功能各异的天文望远镜逐步发展出来，在物理学、天文学以及天体物理学研究中发挥着越来越重要的作用。从牛顿的经典力学到爱因斯坦的相对论，再到当今的宇宙学理论，都有赖于天文观测提供事实依据。

由于宇宙中的大量物质以恒星形式存在，其辐射主要集中于光学波段，因此光学波段是天体物理研究的基础，光学天文望远镜的建造也就变得不可或缺。光学天文望远镜的实质就是将收集到的天体光子转换成图像，而收集光子的能力与望远镜镜面面积成正比，口径越大，收集的光越多，也就越能看到越多暗弱的天体。因此，制造更大口径的望远镜，一直是天文学家孜孜以求的梦想。[②]1948年美国建成的5.08米望远镜以及1976年苏联建成的6米望远镜就是典型代表，尽管后者由于设计原因没能发挥作用。在这方面，我国自主研制的口径最大的光学望远镜是1989年建成启用的2.16米天文望远镜，位于国家天文台兴隆观测站。我国口径最大的光学望远镜是云南天文台的2.4米天文望远镜，位于云南丽江，其综合性能在国际上的同级望远镜中处于中上水平，由英国望远镜技术公司（TTL）总体设计，由德国肖特公司研制主镜面。

---

① 李孝辉，窦忠，赵晓辉：《北京时间——长短波授时系统》，浙江教育出版社，2018年，第54页。

② 苏定强：《望远镜和天文学：400年的回顾与展望》，《物理》，2008年第12期，第836—843页。

实际上，望远镜口径做到5.6米就很难进行下去了，因为望远镜既要对准不同方向的天体，又要对天体作跟踪观测，镜面越大，也就越重，重力作用下就越难保持精确形状。不仅如此，镜面还会因观察室温度变化而变形。20世纪80年代，“主动光学”技术应运而生，包括两种做法：一是薄镜面主动光学，即实时检测反射物镜镜面的形状并作校正，使其保持精确形状；二是拼接镜面主动光学，用许多小子镜组成反射物镜，而每个子镜因其小而不易变形，工作时则实时检测和调整各子镜，使其保持在同一个面上。我国于2008年建成的郭守敬望远镜就是充分利用第二种主动光学技术的范例。然而，由于大气扰动的影响，即使天气晴好，大望远镜也不能获得完美图像，这又需要“自适应光学”技术，实时检测被大气扰动变形的“波前”并实时校正。还有一种提高分辨率的办法是把位于不同地点的数架望远镜的光汇聚到一起，发生干涉，再经过处理，得到具有更大分辨率的图像。利用这些技术，就可以建造新型大望远镜了。[①]例如，位于美国夏威夷的凯克（Keck）天文台，有2架10米望远镜，主镜均由36块六角形子镜拼成，每架望远镜都装有自适应光学系统，能够补偿大气抖动的影响。两者相距85米，可单独工作，也可联合工作，而此时在特定方向上的解析力等价于口径85米的单一望远镜。

然而，光学天文望远镜只能在光学波段发挥作用，非常有局限性。1931年，央斯基意外发现了来自银河中心方向的天体的无线电波，开辟了另一个电磁波窗口，标志着射电天文学诞生。六年后，雷伯（Grote Reber）建成了世界上第一架射电望远镜。随后，射电望远镜的发展日新月异，并催生了丰硕的研究成果。被誉为20世纪60年代天文学四大发现的类星体、脉冲星、微波背景辐射、星际有机分子，都是依靠射电天文学发现的。射电望远镜以天线和接收系统代替了传统望远镜的物镜—目镜结构，摆脱了镜片加工技术的限制，口径可以做得很大，从而帮助人类透过尘埃观测到较深的恒星形成区、银河系以及其他星系的近核区。例如，位于波多黎各的阿雷西博（Arecibo）射电望远镜（2020

---

① 苏定强：《望远镜和天文学：400年的回顾与展望》，《物理》，2008年第12期，第836—843页。

年12月发生坍塌事故，结束了观测寿命），其反射镜是直径达305米的球面镜，观测时使用其中直径为200米的照明区域，馈源即接收机在空中由缆绳带动作指向和跟踪运动。在这方面，我国以阿雷西博望远镜为标杆，于2016年9月25日落成500米口径球面射电望远镜，实现了天文望远镜研制的跨越式发展。

由于射电波长比光学波长长得多，制造干涉阵也就更为方便。20世纪50年代，剑桥大学的天文学家赖尔（M.Ryle）建成了第一台射电干涉仪，使不同望远镜接收到的电磁波可以叠加成像，并因此获得了诺贝尔物理学奖。甚长基线干涉仪（VLBI）就是在此基础上发展起来的，它不是直接将各望远镜收集的电磁波聚到一起进行干涉，而是分别记录下每个望远镜的观测结果和精确的时间（相当于记录下了位相），通过整理分析得到干涉结果，基线可长达几千千米，分辨率超过了光学望远镜，因而是高精度天体测量和地球板块运动测量的重要仪器。[①]1981年建成的美国甚大阵（VLA）就是此类望远镜，它由27架25米望远镜组合而成，基线的最长距离为36千米。在这方面，上海天文台于1987年率先在国内建成了VLBI站，开始了国际合作观测；1994年又建成乌鲁木齐VLBI站，开始了两站联合观测。[②]

传统的光学天文望远镜和射电天文望远镜都是位于地球表面的，免不了受到大气气流、地面电磁辐射和地球引力的影响。1957年10月4日，苏联成功发射第一颗人造地球卫星，开创了空间观测新时代。天基望远镜可以摆脱大气层的干扰和因重力产生的畸变，观测能力大大提高，甚至对于伽马射线、X射线、紫外、远红外等波段的观测效果也大为提高，可以获得各波段的、极深的、衍射极限的像，特别是观测可以在各个波段协同进行，为天文学研究提供了全新的可能性。1990年，美国哈勃望远镜（HST）率先发射升空，标志着全波段天文观测时代的到来。在这方面，我国也已经有了成功尝试。2011年，中科院启动空间科技先导专项，部署了暗物质粒子探测卫星、实践十号卫星、量子科学实

---

① 苏定强：《望远镜和天文学：400年的回顾与展望》，《物理》，2008年第12期，第836—843页。

② 宁晓玉：《经纬乾坤——叶淑华传》，中国科学技术出版社，2018年，第81—90页。

验卫星以及硬X射线调制望远镜卫星的研制和发射任务。2017年发射升空的硬X射线调制望远镜是我国第一个空间望远镜，既可以实现宽波段、大视场X射线巡天，又能对黑洞、中子星等进行高灵敏度的定向观测，实现了国际领先的空间技术突破，标志着我国的望远镜正式走向太空。

第二节　长短波授时系统

位于西安市的国家授时中心是我国唯一、专门、全面从事时间频率基础研究和应用研究的科研机构，承担着我国国家标准时间（北京时间）的产生、保持和发播任务，其建设和运行的长短波授时系统（长波授时系统BPL和短波授时系统BPM）是我国第一批国家重大科技基础设施。自20世纪70年代初以来，长短波授时系统承担着我国标准时间和标准频率的发播任务，1989年正式纳入国家大科学工程运行和管理。长短波授时系统已成为支撑我国科技发展的重要基础工程和公益设施，在国民经济发展、国防建设、国家安全等诸多领域发挥着不可或缺的授时保障任务。

一、短波授时台的建立

时间是一个基本物理量。从古至今，人类利用一切通信手段进行授时，从晨钟暮鼓、落球报时到20世纪的现代无线电报时、激光授时，人们对时间精度的要求不断提高。随着经济社会的发展，精准的时频服务成为了一个国家在科技、经济、国防等领域必不可少的重要战略资源。[①]小到智能家电的定时启动功能，大到邮电通信、现代数字技术、计算机、航天飞船的控制都离不开时间频率技术。因此，高精度的时间频率基准服务体系和更精密的测量发射装置成为了国家不可或缺的重要基础设施。

---

① 中科院国家授时中心，中科院基础科学局：《BPL/BPM长短波授时系统的运行与发展》，《中国科学院院刊》，2011年第2期，第227—229页。

世界上许多国家都拥有自己独立的授时系统。20世纪50年代初期，美国、日本、苏联等国相继建立了自己的标准时间和频率计时系统。那时，中华人民共和国刚刚建立，百废待兴，由上海天文台租用的邮电部真如国际电讯台向全国发布时间信号（中科院紫金山天文台徐家汇观象台的BPV时号）。然而，由于当时技术装备落后以及上海远离我国地理中心，配送效果并不十分理想，无法满足国家大规模经济建设的需要，特别是面对航天发射、大地测量等民用、军用需求时捉襟见肘。苏联领导人赫鲁晓夫曾提议为我国建立一个时间服务站。然而，毛泽东非常清楚标准时间和频率广播的深远意义，他礼貌地拒绝说："中国必须有中国的标准时间。中国的时间不能掌握在外国人手中！"[①]

实际上，鉴于授时工作的战略意义，早在1956年，国家就将筹建西北授时台列为"十二年科技规划"项目之一。[②]中科院为此派专家组赴西北考察，初步在兰州选定授时台台址。但是，苏联授时专家米哈依洛夫院士（普尔科沃天文台台长）和谢克洛夫（塔什干天文台台长）来中国考察后认为，兰州是地震活动区，不宜建授时台，所以中科院暂停了该选址计划。[③]之所以瞄准西北地区，是因为授时台选址必须尽可能靠近中国的地理原点，位于地势开阔处，同时还必须利于备战需求。根据国际惯例，每个国家的标准时间通常由其首都的时区决定。北京是我国的首都，位于东部八区。但是，中国幅员辽阔，地跨五个时区，时间服务站必须建在地理中心。因此，"北京时间"的长短波广播不是在北京，而是在西北地区。

20世纪60年代中期，中国同时面临美、苏两个超级大国的军事威胁，国家安全环境险恶。在备战备荒的氛围中，面对第一颗人造地球卫星研制的迫切需求，国家决定在陕西建设短波授时系统，作为上海天文台时号发播的"备战台"。1965年，国家科委再次建议中科院在西部地区从速增设一个授时台，同时提出了建立我国长波、超长波电台的建

---

① 钟里：《北京时间不是来自北京》，《科学24小时》，2008年第12期，第45—48页。

②《1956—1967年全国科学技术发展远景规划》，1956年12月22日。

③ 李孝辉，窦忠，赵晓辉：《北京时间——长短波授时系统》，浙江教育出版社，2018年，第54—57页。

议。中科院选派专业人员再次奔赴西北地区勘探考察选址，初步确定陕西省武功县杨陵镇为预选台址，但是专家们未能就该选址达成共识。1966年3月26日，周恩来主持召开的国务院常务会议，同意在陕西中部建立授时中心。会后，中科院向国家科委、国家计委报送了《西北授时台基建设计任务书》，将建设地点初步拟定为陕西省武功县。随后，考虑到陕西省军区的意见，中科院最终将授时台选址确定于陕西省蒲城县境内。

1966年9月12日，中科院重新向国家科委、国家计委报送建设任务书，明确提出在我国西北地区建设一个具有一定规模的授时台，名为西北天文台。其主要工作是开展天体测量、时间频率研究，同时进行纬表、星表、人造卫星地面绝对坐标的研究，并与全国天文台合作建立我国独立自主的天体测量体系。1966年11月29日，该计划书得到国家科委正式批复同意（代号326工程）。

之后，短波授时台进入实质性建设阶段。1967年，中科院成立326工程协作组，确定以授时为中心，开展原子时、世界时研究，采用短波发射时号，原则上同意采用中等功率的长波发射时号，随即抽调上海天文台、北京天文台和紫金山天文台等台的科研人员，让这些科研人员立即参与到蒲城的设施建设工作。

326工程的修建过程十分艰苦。一方面，国外对我国实行技术封锁，建设中的设备、器件都要自主研制生产和调试测试；另一方面，国内当时尚处于“文化大革命”时期，工程地处偏远山区，建设难度很大。经过三年奋战，短波发射系统于1970年7月建成，并于10月17日上报国务院，请求试播。经周恩来批准，自1970年12月15日起开始试播，呼号确定为BPM。

试播工作历经三年，科研人员对性能进行了充分测试，并对系统进行升级改造，以确保正常运行。试播期间，中科院组织专家对陕西天文台的短波授时台进行技术测试，发现了信号有效覆盖半径短（2000千米左右）、发射功率小、信号波形未达要求等问题，于是提出了扩建工程的建议。扩建内容包括：加大发射机功率，恢复30—60米高的铁塔天线并增加其数量，时间基准由石英钟逐步过渡到原子钟。1973年12月，短波授时台开始扩建，增加了3台50千瓦发射机和多副定向天线，并新建洞外发射机房，以满足远洋授时服务的需求。1978年扩建工程完成，次年重新试播。试播期间完成了我国向太平洋预定海域发射远程运载火箭试验中的授时任务。1980年12月，短波授时台通过了国家技术鉴定和验收。扩建后的短波授时台由原子时间基准、发播控制、发射系统、接收监测等部分组成，通过发播无线电信号传送标准的时间频率，其标准频率发播精度达到毫秒级，发播覆盖半径扩大到3000千米，可覆盖全国。

1981年2月，中科院就短波授时台正式发播事宜向国务院提出请示报告。国务院批复同意短波授时台从1981年7月1日起正式发播，承担标准时间和标准频率发布任务。上海天文台从此停止发布BPV时号。

二、长波授时台的建立

短波授时系统的建立，在运营初期基本满足了国家经济建设的需求。但随着我国战略武器和空间技术的飞速发展，亟待建立更加精准的授时技术体系，以满足更加严苛的授时需求，于是便有了长波授时系统（代号3262工程）的诞生。

早在1965年，国防部门就明确提出了在西安地区建立以原子标准为基础的长波授时台的建议。同时，国家科委也提出建议，希望尽快解决发播超长波时间频率信号问题。随后，中科院于1967年5月提出在326工程中增建40千瓦长波发射机的建议。次年11月，中央军委办事组批示：在工程设计上，在条件具备的情况下，可改装长波、超长波授时台设备。

1971年7月14日，经与中科院协商，国防科委向国务院、中央军委提出了《中国科学院应迅速在陕西天文台增设长波授时台的报告》，并建议将其列入国家计划。在李先念副总理等领导的指示下，国防科委、中科院迅速就建立长波授时台事宜进行深入调研。1972年，中科院、国防科委联合向国家计委提出筹建长波授时台的请示，建议将长波授时台作为326工程的第二期工程，代号为3262工程。[①]与此同时，中

①《关于建立长波授时台的请示报告》，中科院国家授时中心档案室，1972年。

科院向全国无线电管理委员会申请了长波授时台的使用频率为100千赫兹，于5月18日得到批复同意。

1973年4月28日，国防科委、中科院、空军司令部、海军司令部联合向国务院、中央军委上报了《长波授时台与长波导航试验台结合建设的请示报告》，于1973年6月16日得到批复同意。[①]批文指示：在长波授时系统的建设上应分两步走，首先为满足国防急需安装小功率的发射台进行试验，在成功取得一定经验后，再安排大功率发射台的研制和基本建设。设计计划任务书送国家计委审批后被列入国家计划，工程建设由中科院负责抓总。1973年6月27日，中科院通过了计划设计任务书，并决定将长波授时台建设和陕西天文台现有的天文测量、短波授时等工作合并，仍然沿用陕西天文台的名字，暂时保留3262工程指挥部。1973年7月10日，中科院向国家计委报送《3262工程计划设计任务书》，于9月3日得到批复同意。[②]1973年10月，3262工程进入选址阶段，通过对蒲城县及其邻近地区的仔细踏勘和考察，最终将长波台选址确定在蒲城县城西侧，小功率试验台则建于城南的501高地。同时，时频基准实验室、台部管理机关、科研大楼和生活区确定建在临潼县城东侧。1973年12月，中科院在北京召开了3262工程任务落实会议，成立了由中科院、国防科委、空军司令部、海军司令部、陕西省政府组成的工程协调小组，工程建设全面展开。

长波授时台的精度高达微秒量级，超短波授时一千倍，其建设和运营的复杂程度远远大于短波授时台。相比短波授时基本系统建设三年，经过四年测试和五年的改进扩建，总共花费十二年，长波授时系统建设估计将耗费至少四十年时间。面对如此复杂的情况，立项伊始就确定了“两步走”建设思路：先快速建设一个试验性小长波台，试验通过后再投入工程建设。这样既能快速发展关键技术，又利于长期建设。

1974年8月，中科院原则通过了3262工程总体方案论证，并就某些

---

①《关于长波授时台与长波导航试验台综合建设问题的批复》，中科院国家授时中心档案室，1973年。

②《关于长波授时台与长波导航试验台综合建设的请示报告》，中科院国家授时中心档案室，1973年。

具体技术、实施计划和任务落实提出了意见。1974年小功率长波授时台开始兴建，次年7月完工，随后确定了试播测试方案，进行了为期一年多的测试：在临潼、银川、定襄、酒泉、成都、西昌、大足、当阳等9个试验地15个点位上进行了传播试验；在20基地东风站至大树理、27基地西昌站至勉宁之间分别进行了火车和汽车搬钟试验；此外，还进行了重庆至上海的沿江接收测试，以及上海至锦西的沿东海、黄海的海上传播测试。最终测试结果证实了大长波台建设方案的可行性。1979年11月1日，小长波台开始每天定时发播。1980年3月20日至25日，中科院在西安召开小台技术鉴定会，确认小台授时精度达到设计要求，可以正式开展长波授时服务以满足国防急需。小长波台的建设和测试为大长波台的建设奠定了基础。

1978年5月，大功率长波授时台建设进入实施阶段。主体工程包括发射机房、传输电缆、天线架设等土建工程和所需设备的研制。作为用户关键设备，长波接收机于1977年11月完成样机，1978年通过鉴定，定名为PO20定时校频接收机，并投入批量生产，供用户使用。1979年9月，大功率长波授时台完成土建工程。1979年10月1日，陕西天文台开始建立我国独立的原子时频基准，正式出版以原子时为标准的《时间频率公报》。1979年11月，发射机运进现场。1981年6月，完成安装并开始调试。1983年5月，大功率长波台联调成功并开始授时服务，时间精度为30万至100万年误差小于1秒，位居世界第八位，使中国授时技术跨进了世界先进行列。1985年7月1日起，大功率长波授时台以全功率试验发播BPL长波授时信号。

1986年6月，国家科委鉴定认为，长波授时台技术指标达到总体方案设计要求，成功把我国授时精度由毫秒量级提高至微秒量级，使我国在原子时授时系统方面进入世界先进行列，填补了我国在授时领域的空白，已经具备正式发播条件。1987年1月2日，国家科委为中科院、国防科工委、空军司令部、海军司令部、中科院陕西天文台颁发长波授时台鉴定证书，长波授时台正式开始长波授时服务，每天定时发播。①

---

①《关于颁发“长波授时台”国家级技术鉴定证书的通知》，中科院国家授时中心档案室，1987年。

长波授时台建设是个庞大的复杂工程，涉及众多专业领域，完全依靠我国的科技工作者自主研制完成。长波授时台的成功建立，将我国无线电授时工作提升至国际先进水平，荣获1988年国家科技进步奖一等奖。[①]1989年，长短波授时系统被正式纳入国家大科学工程运行和管理。

三、长短波授时台的现代化改造

短波授时系统迄今共经历了两轮重要的改造升级。第一次改造始于20世纪80年代，用脉宽调制式发射机替换了60年代电子管发射技术。1988年，陕西天文台提出短波授时台技术改造方案，请求进行设备更新并搬迁台址。1993年6月，中科院正式同意短波授时台迁建计划。经过第一轮升级，短波授时台更新采用脉宽调制式发射机，整个系统实现了计算机自动控制。

第二轮改造始于20世纪90年代。当时，脉宽调制式发射机经过十几年的运行，在技术工艺、性能指标等方面的问题日趋明显，短波授时系统的运行稳定性明显下降。因此，国家授时中心将其作为大科学工程维修改造项目，向中科院提出发射机更新改造建议。2009年，中科院正式批复同意短波授时台发射机的更新改造，拟将3部脉宽调制式发射机全部更新为最先进的全固态发射机。2013年项目完工并通过验收。2015年，国家授时中心将所有的脉宽调制式发射机改造为全固态发射机。改造后的短波授时系统既增加了时码发播功能，实现了自动定时的接收功能，又增强了发射台的稳定性，实现了对发射信号的自动化控制（图8—1）。值此，短波授时系统已经达到国际一流的运行能力和发播质量，可以满足民用、军用等一切短波授时需求。

进入21世纪，长波授时系统已经连续运行多年，由于建设时条件制约所造成的固有缺陷和长期运行所沉积的各种隐患，已严重威胁系统的安全运行，加之世界授时先进技术不断涌现，对该系统进行现代化技

①《长波授时台系统的建立项目获国家科技进步一等奖证书》，中科院国家授时中心档案室，1988年。

图 8—1　改造后的BPM短波发播天线

术改造的问题不得不提上日程。2002年中科院组织相关领域专家，对长波授时系统技术改造进行了评估，并于2004年8月修改完成了《长波授时系统现代化技术改造方案》。[①]

2005年12月2日，中科院召开了长波授时系统现代化技术改造专家评审会。专家组认为：长波授时系统是我国时间频率保障系统不可或缺的重要组成部分，已连续运行近三十年，为我国国防和国民经济发展作出了重要贡献。但长波授时系统采用的是20世纪70年代的电子管发射机，需要庞大的通风和水冷系统，耗能大、效率低，每天只能发播8小时，不具备数字调制发播功能。该系统设备陈旧老化、器件匮乏、技术落后，运行难以为继，已不能满足日益增长的国民经济的发展需求，急需对其进行现代化技术改造。2005年12月15日，中科院院长办公会议原则同意改造项目立项，由中科院大科学装置维护改造专项经费和创新基金专项共同支持，总投资6000万元。

---

①《关于报送"BPL长波授时系统现代化技术改造项目建议书"的报告》，中科院国家授时中心档案室，1987年。

2006年2月，长波授时系统改造项目启动。按照改造总体方案，项目共分6个分项：固态发射机研制、地面机房建设、天线维护改造、发播控制系统改造、新型接收机研制、电波传播修正建模及测量。2006年12月25日，地面机房正式开工建设，并于两年后全面完成技术改造工作。[①]项目实施后，实现了每天24小时连续发播，并增加时码和时号改正数等数据发播，用户接收机可实现自动定时。2010年，改造项目通过验收。

长波授时发射系统的改造升级具体体现在以下几个方面：在技术创新方面，运用了我国自主研发的“多功能双频时间传递GPS接收机NTSCGPS-2的研制”“时间间隔计数器NTTIC-01”等项目成果；在设施升级方面，选用了技术更先进的全固态发射机；在功能升级方面，增加了时码发播、授时脉冲信号时刻数据发播功能，实现了自主授时功能；在软件升级方面，建立了电波传播时延数据库，研制自动修正软件。通过现代化改造的长波授时系统在耗能效率上达到了原系统的三倍，天线辐射信号功率由原来的1100千瓦提升到了1300千瓦，使我国在长波自主授时方面达到了国际领先水平。改造后的长波授时系统支撑着我国卫星导航系统的飞速发展，与我国北斗卫星导航系统互为备份，增强版时间频率保障体系达到了国际先进水平。

四、设施的运行及发展

1. 管理框架

国家授时中心承担着长短波授时系统的建设以及中国标准时间的产生、保持和长短波授时发播任务。50多年来，相关管理架构几经变革，不断优化。为了确保系统运行达到预期目标，国家授时中心根据《中国科学院大科学装置运行管理办法》成立了学术委员会、用户委员会和设施运行管理办公室。学术委员会是项目建设的科技咨询机构，其主要职能是提供咨询、评议工作计划、策划重大合作等。用户委员会的主要职

---

①《关于国家授时中心BPL长波授时系统现代化技术改造项目建议书的批复》，中科院国家授时中心档案室，2007年。

能是听取用户意见、反映用户需求、组织用户培训与交流、监督项目运行和利用情况、推动新技术的应用与合作研究。设施运行管理办公室则负责设施的日常运行、时频发播、设备的维护检测以及网络保障等技术工作，保障长短波授时系统的稳定运行。

2. 前沿技术与成果应用

通过对长短波授时系统的多次改造，设施整体运行状况和技术水平已处于国际先进水平，时间基准长期保持稳定。2018年，在全球83个时间保持实验室中，国家授时中心长期稳定度综合指标排在前5位。为了让授时系统能为国民提供更好的服务，国家授时中心始终关注行业最新的技术发展方向，取得了一系列科研成果。

为进一步提升我国高精度时间基准保持水平，满足我国诸多领域对高精度原子频标的需要，从2005年开始，国家授时中心就开展了钯冷原子喷泉钟、锶冷原子光钟和脉冲激光抽运及铷原子钟等的研制工作。2018年，通过开展授时系统的关键技术研究、喷泉钟授时应用研究和国际时间比对链路测量校准研究等工作，所保持的世界协调时间与国际偏差优于5纳秒，原子时30天以上的长期稳定度优于E-16，在国际原子时所占权重为6.34%，主要技术指标排在全球80多个时间实验室的前5位。为保障我国北斗卫星导航系统建设，利用与北斗系统间建立的北斗时间溯源系统，持续开展基于北斗的高精度国际时间比对，相关研究成果得到了国际计量局的充分肯定。在高精度时间频率传递比对研究方面，2018年，开展了20千米盘纤的双向量子时间比对演示实验，稳定度达到45飞秒，比对精度在1.23皮秒范围内不受光纤长度影响；开展了6千米实地光纤和4千米盘纤的双向量子时间同步演示实验，稳定度达到90飞秒。

为满足现代用户对标准时间频率服务持续增长的多样化需求，国家授时中心逐步建成了适应现代客户需求的授时服务体系，包括互联网络授时服务系统、电话授时服务系统、低频时码授时、时间戳服务系统等，向用户提供可靠的授时服务。例如，在互联网络时间服务系统方面，授时系统主要用于用户计算机时间同步，成为服务于金融、证券、电子商务等行业的重要组成部分。2010年，自动应答用户时间同步日访问量已达6027万次。[①]

3．开放共享与人才培养

长短波授时发播系统和时间基准保持系统均采用完全开放方式服务。在授时信号的开放共享方面，长短波授时系统的建设主要是面向国防建设和军工需要，同时兼顾民用，用户可随时随地接收时间信号进行时间校准、科学研究和工程应用。同时，系统的信号格式、接收技术、监测数据等信息均是对外公开提供的，并且对外公开提供接收机的校准等。在时间基准的开放共享方面，积极开展国际合作，代表我国参加国家时间频率协调工作。同时与国际计量局开展国际原子时合作，实现我国时间基准国际溯源。建立我国综合原子时系统，与上海天文台、中国空间技术研究院西安分院、中科院武汉物理与数学研究所、武汉大学、澳门地球物理及气象局、长河二号导航台合作，构成我国综合原子时系统，提高了整体授时水平；开展军地联合授时，整合资源，共享共用，提升我国时间基准保持水平和抗打击能力，同时提高各参与单位的授时水平；为国家重大系统如我国北斗卫星导航系统、海军长河二号系统、交通部海岸电台和低频时码授时等，提供高精度时间溯源服务。此外，还开展高精度时间的校准服务，为特殊用户提供本地和远程的高精度时间校准服务。每月及时出版发行《时间频率公报》，同时将公报内容发布在网络上，满足用户的实时查询需求。

长短波系统的稳定运行为我国培养了一支高素质的时频研究科研队伍。自1981年经国务院批准成为首批招收研究生的科研机构之一以来，国家授时中心围绕“北斗卫星导航”“载人航天”“国家时间频率体系”等国家重大科技项目，基于中科院重点实验室及十余个先进的实验室等平台，培养了一大批时间频率和卫星导航领域的青年人才。

4．未来发展

高精度地基授时系统是国家“十三五”重大科技基础设施建设项目之一。2018年5月，项目建议书获国家发改委批复。2020年2月，项目可行性研究报告获国家发改委批复，总投资16.713亿元，建设周期五年。

---

①《2019中国科学院重大科技基础设施年度报告》，中科院条件保障与财务局，2019年。

高精度地基授时系统采用增强型罗兰授时与光纤授时相结合的方式，互为补充、融合共用、相互增强，将成为国际上规模最大、性能最先进、功能最完善的地基授时服务系统，与星基授时系统一起构成我国星地一体化授时服务体系，为我国量子信息、地球科学、射电天文、高能天体物理、空间天气等多学科重大研究提供高精度的时间频率信号和技术支撑，促进经济社会和国家安全的长远发展。

五、科学意义

长短波授时系统的建设和发展，解决了我国独立自主的高精度授时问题，推动了我国在原子钟技术、授时技术、时间频率测量与对比技术、无线电通信技术和电波发射等方面的研究。随着长短波授时系统的稳定运行，我国拥有了自主化授时系统、多平台授时系统和多型谱终端支撑的服务用时体系，建成了独立安全的国家时频体系。

长短波授时系统不仅为我国航天工程、国防试验、大地测量等科学领域提供了准确可靠的授时服务，还为电力、通信、金融、交通、气象、地质等行业和部门提供了标准时间和标准频率服务。长短波授时系统参与完成了科学探测与技术试验卫星、风云系列气象卫星、北斗导航卫星、探月工程以及导弹试验等重大任务。由于为北斗二号卫星工程建设作出突出贡献，国家授时中心作为重要参与单位之一，荣获2016年度国家科技进步奖特等奖。未来规划中的陆基授时系统将在进一步改造现有长短波授时系统的同时，在西部增建若干长波授时台，与现有的长波和东部台组网，增强导航功能，形成稳定的授时导航链，使信号覆盖我国全部领土。

总之，从短波授时系统到长波授时系统，再到长短波授时系统的升级改造，我国授时系统建设走过了一条摸索试验、分步实施、迭代创新之路。这个过程诠释了举国体制的重要性，诠释了开展自主创新的重要性，诠释了人才队伍建设、学科交叉和跨界融合的重要性。

第三节　郭守敬望远镜

郭守敬望远镜又称大天区面积多目标光纤光谱天文望远镜（LAMOST），是我国科学家自主设计、自主建造的大型光谱巡天望远镜，其主要目标是大规模光谱测量，相当于对天体的光谱进行大规模的“户口普查”。[①]有关LAMOST的最初方案于20世纪90年代初正式提出，经过反复论证，于1996年被列为国家“九五”重大科学工程项目，总投资2.35亿元。经过四年左右的攻关，工程于2001年正式开工建设。又经过七年奋战，于2008年10月落成，2009年6月通过国家验收。当时国际天文界掌握的天体光谱只占已观测到天体的万分之一左右，而LAMOST在北天视场内可以对1000万个天体进行光谱测量，是世界上天体光谱获取率最高的天文望远镜。

一、建设背景及设计思想

1978年3月全国科学大会在北京召开后，我国的科技事业开始全面复苏，天文学界也借此进行了重建。到20世纪80年代中期，天文学界“五台四校一厂”[②]的学科基地已经立稳脚跟，我国天文学界与国际天文学界的联系也日渐密切。1989年，2.16米光学望远镜建成。至此，我国拥有了由2.16米光学望远镜、1.56米光学望远镜、1.26米红外望远镜、太阳磁场和多通道望远镜、13.7米毫米波、米波综合孔径，以及甚长基线干涉射电望远镜等所组成的天文观测仪器方阵，从而为我国天文研究提供了有力支撑。

为了顺应国际上天文设备巨型化发展趋势，以王绶琯为代表的我国天文学家便把目标锁定在大天区面积大规模光谱观测的开拓上。当时，

---

① 赵永恒，彭子龙：《中国天文科学大型装置的研制与应用（二）——大天区面积多目标光纤光谱天文望远镜》，《中国科学院院刊》，2009年第3期，第317—320页。

② “五台”分别是北京天文台、紫金山天文台、上海天文台、云南天文台和陕西天文台，“四校”指南京大学、北京大学、北京师范大学、中国科学技术大学，“一厂”指南京天文仪器厂。

国外各个电磁波段最重要的天文设备均属原有同类设备的扩展型设备，可对一些特殊天体进行深入观测。然而，天文光谱测量技术的效率一直难以提高，使天文光谱测量成为天文学学科发展的瓶颈。[①]原因在于，一个望远镜同一时间只能观测一个天体的光谱，不能像成像观测那样，一张照片可以同时记录下成千上万的目标。即使不断增加大型光学望远镜的数量，也无助于在大天区范围获得大规模光谱。这就需要能够同时测量多个天文目标光谱的技术。为此，美、英等国天文观测机构率先开展试验，用多根光纤将望远镜视场上多个天体的像引到同一个光谱仪上，以便同时进行观测。这项技术到20世纪80年代中期已经成型，可望改变长期以来光谱仪只能接受视场上一个天体的低效率状态。而要做到这一点，还必须克服另一道难关，就是望远镜必须大口径和大视场兼备。[②]20世纪90年代初，英国科学家率先在英澳望远镜（AAT）上做到了使3.9米口径的望远镜得到3平方度的视场（普通的4米级望远镜的视场不及1平方度），并配上了含400根光纤的光谱仪。而此时，美国普林斯顿大学和日本国家天文台等正在合作筹备斯隆数字巡天（SDSS）项目，计划制造一个2.5米口径的望远镜，视场比英澳望远镜大一倍，达7平方度，可同时测量由光纤引出的600个天体的光谱。[③]因此，之后的大规模天体光谱测量，只有在测量深度上超过斯隆数字巡天，才会有实质意义。

我国天文学界在大规模天体光谱测量方向上的最早方案是由陈建生提出来的。在《中国施密特望远镜的设计和“8米级后随”光谱望远镜的探讨》一文中，他设想该望远镜的施密特口径为1.5米，当时居世界首位，制成后其“巡天”和大规模“选样”功能在北半球将独一无二。不过，这个方案仍存在施密特望远镜的口径难以做大的缺点，对稍微暗一点的天体根本测不出光谱；同时由于光纤数量不多，也难以应付多样

① 王绶琯：《我国天文建设策略的探索——从LAMOST方案谈起》，《自然杂志》，1995年第4期，第185—188页。

② 王绶琯：《今日LAMOST：温故、定位、立新》，《中国国家天文》，2008年第11期，第14—21页。

③ 中科院国家天文台：《大天区面积多目标光纤光谱天文望远镜（LAMOST）项目可行性研究报告》，1997年。

本的情况。[①]于是，问题还是转到了“如何把施密特望远镜做大”这个老难题上。王绶琯回忆说：

最初几经曲折，就决定把立足点放在施密特望远镜的研究上。于是立即遭遇“施密特望远镜做不大”的老问题。由于问题出在折射改正镜，很自然地就想到了改用反射改正镜……反射施密特望远镜可以做大，大到和最大的反射望远镜相当。但它另有困难：适用的大口径反射施密特望远镜的镜筒很长，长到无法安装到机械跟踪装置上。于是，为了避免这种困难，最终想到了“卧式子午仪”装置。……采用了卧式便可以把望远镜的所有组成部分——主镜、反射镜、焦面设置和光谱仪都固定在地面上，从而允许把“镜筒”做到很长……采用了子午仪装置，就可以利用光路上增设一个反射面的办法使望远镜得以横下来放，也就是成了“卧式”。……付出的代价则是观测变成“被动”，观测的自由度受到了限制！不过这个代价是值得的。因为当代天文实测向着“多目标—巨样本—海量信息”发展的势头有增无减，“子午观测”始终都会是最佳选择。……当时的困难中真正严重的是如何在光路上安置为了采用卧式而增加的反射镜。……苏定强非常巧妙地把这个反射镜和施密特反射改正镜合二为一，创造了现在大家已经熟悉的“反射主动光学改正镜”。正是这“画龙点睛”的一笔，使LAMOST最终成型。[②]

从陈建生主持的150/220厘米中国施密特望远镜的论证，到苏定强设计的子午装置——焦面跟踪的施密特望远镜，再到LAMOST方案形成时苏定强画龙点睛的一笔——主动反射板，终于在1994年，把方案定型在大视场兼备大口径的主动反射施密特望远镜上。[③]

1993年，苏定强致信其学生崔向群，希望她能参与这个项目。当时，崔向群正在欧洲南方天文台参加当时世界上最大的光学望远镜计划——4台口径8米望远镜的研制工作。1994年初，崔向群回国，承担

① 杜澄，尚智丛，等：《国家大科学工程研究》，北京理工大学出版社，2011年，第279页。

② 王绶琯：《今日LAMOST：温故、定位、立新》，《中国国家天文》，2008年第11期，第14—21页。

③ 王绶琯：《我国天文建设策略的探索——从LAMOST方案谈起》，《自然杂志》，1995年第4期，第185—188页。

图8—2　LAMOST光路图

起LAMOST项目预研中的大量技术工作。当年7月，崔向群和另一位天文学家褚耀泉在英国的一次国际会议上报告了这个方案，得到了国际天文学界的赞许。然而，随之而来的则是国内天文学界的广泛质疑，有人认为连外国科学家都研制不出来的东西，我国科学家也很难取得成功。[①]毕竟，LAMOST在口径、视场和光纤数目三者的综合指标上超过了所有国际上已完成或正在进行的大视场多目标光纤光谱巡天计划，而且其核心技术——薄镜面拼接加变形的主动光学和4000根光纤定位技术——均属国际首创。

随后几年，通过不懈努力和一次次严格论证，到1996年，王绶琯、苏定强、褚耀泉、崔向群和王亚男五位科学家共同发表文章，对LAMOST的设计方案进行了系统总结，这篇文章也为LAMOST的最终设计和以后的建设奠定了重要的理论基础。[②]

①《为了成就扫描世界的中国巨眼——崔向群、褚耀泉谈国家重大科学工程LAMOST项目》，《发明与创新》，2009年第10期，第50—51页。

② Wang S-G, Su D-Q, Chu Y-Q, Cui X-Q, Wang Y-N. Special configuration of a very large Schmidt telescope for extensive astronomical spectroscopic observation. Applied Optics, 1996, 35(25): 5155-5161.

二、立项与预制研究

在20世纪90年代初，我国提出采用国家出资的方式，用20亿元筹建一批大科学工程项目，以促进我国战略高技术的发展和基础科研水平的提升。“九五”期间全国共有九项大科学工程入围，其中就包括天文学领域的新一代望远镜计划。这也成为了王绶琯等几位科学家致力于LAMOST的外部动力来源。

不过，这个新一代望远镜计划究竟落实为何种望远镜，还要从我国天文学科的长远发展考虑，并与国家投资水平相适应。于是，由中科院数学物理学部和中国天文学会出面，向全国天文界征集下一阶段的天文重大观测设备建议。结果，天文学、物理学乃至地学研究单位，都热烈地响应这一呼吁，从不同研究领域的需要出发，提出了12项大型天文观测设备项目的建议书，包括光学/红外、射电及高能各个天文观测波段，也包括地面和空间设备。[①]

经过天文界内部的“打擂”和筛选，到1993年底的评审会议之后，只剩下了4个项目，分别是LAMOST、上海60米级射电望远镜、4米普通光学望远镜、硬X射线调制望远镜。随后，经过进一步讨论（当时的国家科委提供了40万元资金支持研讨过程），1994年底进行了第二次会议评审。最终，天文界向国家科委提交了两个计划：一个是4米级光学望远镜计划，另一个就是LAMOST计划。[②]

1995年1月至2月，国家科委组织对各学科领域的大科学工程建议项目进行评议，LAMOST位居前列。6月，中科院成立了LAMOST项目委员会，时任中科院北京天文台台长李启斌担任项目总经理，苏洪钧、褚耀泉、崔向群、赵永恒为委员会成员，同时还聘请王绶琯、王大珩、雷天觉、苏定强和陈建生为委员会顾问。项目委员会的工作重点是组织项目可行性研究和部署关键技术的预研，争取进入国家“九五”计划的立项。7月，由中科院基础科学局主持，召开了LAMOST专家评审

---

①《〈国家基础研究“十五”规划〉基地建设子课题大科学工程调研材料》，中国科学院国家天文台，1999年8月6日。

② 受访人张昊彤，访谈人李俊峰，2014年12月10日，地点：中科院国家天文台。

会，评议组认为："鉴于LAMOST系统的创新性和独特性，项目具有相当的技术难度，经过分析并借鉴国际先进经验以及合作途径，这些困难可以克服，并且在技术上可行。"[①]10月，中科院基础科学局、计划财务局组织召开了LAMOST工程预研制计划专家评审会。[②]

1996年6月，国家计委、国家科委组织两院院士对国家重大科学工程进行评审，LAMOST位居前列。7月，国家科技领导小组决定启动国家重大科学工程计划，LAMOST被列入首批启动项目。8月，中科院向国家计委提出了《大天区面积多目标光纤光谱望远镜（LAMOST）项目建议书》。12月，中国国际工程咨询公司受国家计委委托，完成项目建议书评估报告。1997年4月，国家计委批复同意立项，由中科院承担建设。7月，中科院向国家计委提出了《大天区面积多目标光纤光谱天文望远镜项目可行性研究报告》。8月，中国国际工程咨询公司受委托完成评估。不久，可行性研究报告获国家计委批复，投资2.35亿元，周期为七年。项目经费采用投资封顶的模式，超支部分由中科院自行填补。

预制研究关乎大科学工程的成败。LAMOST预制研究在立项前就着手进行了。预制研究包含望远镜本体、焦面仪器、数据采集和处理、科学目标的实现、观测环境和工程建筑等诸多方面，而每一方面又包含多种关键技术的预研工作，例如，光学系统中估算不同条件下大气折射和大气色散对焦面像质的影响，重力、温度对镜面支撑结构的影响，望远镜的计算机控制系统和机械跟踪系统，薄镜面加工技术，光纤定位系统和电荷耦合元件（CCD）系统，天体光谱的在线和离线处理，圆顶设计中改善观测室视宁度[③]和减少光学系统振动的风洞试验，等等。

预研工作计划从1995年10月开始，重点是主动光学、薄镜面加工和光纤定位技术，到1996年1月底为第一阶段，拟完成关键光学部件及其指标的优化；到1996年5月底为第二阶段，拟完成总体所要求的各项

① 杜澄，尚智丛，等：《国家大科学工程研究》，北京理工大学出版社，2011年，第284页。

②《关于召开"大天区面积多目标光纤光谱天文望远镜"预制研究评审会的报告》，中科院国家天文台，1995年10月。

③ 视宁度是用于描述天文观测目标受大气湍流影响而看起来变得模糊、闪烁的程度的物理量。

指标的预研究；1996年6月之后为第三阶段，确定光学加工、主动光学和光纤定位等关键技术的方案，并向有关单位预订光学材料。整个预研经费为915万元。[①]

由于经费原因，预制研究计划在提出以后无法得到很好执行，造成工期和经费控制出现一定的困难。[②]在1999年《LAMOST工程项目进展汇报》中，工程指挥部提到："项目立项前没有投资，就无法开展必要的关键技术试验；而一旦立项，所进行的关键技术试验又常招致责难……"[③]实际上，开始确定下来的915万预制研究经费并没有按时到位，使得制订好的预研计划难以开展。LAMOST项目的预制研究是在可行性报告获得批复、项目经费到位以后才开始进行的，并常常受到经费问题的牵制。

三、建设过程

LAMOST的可行性报告得到批复后，随着预制研究工作的推进，到1999年2月，完成了项目初步设计报告。随后，中科院受国家计委委托批复了《LAMOST项目初步设计与概算》。2001年8月，LAMOST项目开工报告获国家计委批准，项目进入正式施工阶段。

1. 工程管理框架

早在1996年10月，中科院就下达了成立LAMOST项目管理委员会、项目工程指挥部及项目科学技术委员会的决定。项目管理委员会作为项目的最高领导机构，由中科院、国家计委、国家科委、北京市人民政府以及项目依托单位的相关负责人组成，主要负责工程目标、人事安排等重大问题的决策以及各部门之间关系的协调。项目工程指挥部是项目法人，实行总经理负责制（首任总经理李启斌，第二任总经理苏洪钧，第三任总经理赵永恒），负责对整个工程项目的目标、进度、资金

---

①《大天区面积多目标光纤光谱天文望远镜工程预制研究计划》，中科院国家天文台，1995年10月。

②《大天区面积多目标光纤光谱望远镜（LAMOST）国家重大科学工程项目清查报告》，中科院国家天文台，2003年。

③《LAMOST工程项目进展汇报》，中科院国家天文台，1999年。

和质量进行控制，下设科学部和工程部及台址与建设组。其中，科学部下设科学巡天和数据处理2个子系统；工程部下设光学、主动光学与支撑、焦面仪器、望远镜控制、机架与跟踪、圆顶6个子系统。项目科学技术委员会是咨询机构，由相关领域的院士、专家组成，主要职责是就项目建设中的重大问题特别是就科学目标和技术方案，向项目管理委员会提出建议和审核意见，协助其对工程建设实施监督；同时作为工程指挥部的顾问机构，提出建议并对工程中非标设备的建设进行监理。科学技术委员会的成员还需根据科学目标，提出各子系统的需求，审核工程建设各个阶段、工程各子系统的技术指标与科学需求的关系，保证项目科学目标的可实现性，处理与项目有关的天文学问题。①

LAMOST子系统建设的负责单位有三家：北京天文台（后改组为国家天文台）、中国科学技术大学和南京天仪中心（后改组为南京天文光学技术研究所），都属于中科院系统。

2. 关键器件的采购

LAMOST采用的关键设备，基本上是非标准设备，需要在研究基础上定制完成，这就增加了很多变数和不确定性。其中最重要的是微晶玻璃镜坯和CCD探测器。

在微晶玻璃镜坯方面，LAMOST望远镜的光学镜面Ma和Mb②的材料与加工，是整个工程项目成败的关键。上海某玻璃厂曾在20世纪70年代为2.16米和1.56米望远镜研制过微晶玻璃，对LAMOST中所用的微晶玻璃制造任务十分关注，希望借此恢复生产微晶玻璃的能力。鉴于该厂微晶玻璃售价较低以及LAMOST经费紧张的现状，工程指挥部组织有关专家评估了该厂制造专用微晶玻璃的可能性。1998年9月，经中科院批准，工程指挥部与该厂签订了《LAMOST工程微晶玻璃镜坯订货合同》。③

为了确保质量，项目组专家对该厂制造完成的镜坯进行了严格检测

---

①《LAMOST工程组织、工作条例及附属管理办法》，中科院国家天文台，2001年。

② LAMOST望远镜由两块大的拼接镜面组成，其中Ma是望远镜的反射改正镜，Mb是望远镜的主镜。

③《LAMOST项目工程部工程进展汇报》，中科院国家天文台，2000年。

和审核，并送南京天仪中心镜面实验室进行试磨，发现该厂工艺还是不够成熟，成品率较低。虽然总共有61块镜坯要加工，但由于热膨胀系数指标达不到Mb镜要求，因此只能把制成的镜坯用于Ma镜的磨制，最终只有8块满足Ma镜的要求。于是在2000年微晶玻璃材料专家咨询会上，指挥部决定取消与该厂的部分合同（有关Mb镜的合同），随后与德国和俄罗斯的公司签订了合同。事实上，项目组一直与德国肖特公司、美国康宁公司和俄罗斯路特卡力诺光学玻璃公司等保持着联系，一旦该厂在质量或时间上不能满足要求，就会考虑向这些公司订货。①2001年6月，指挥部与德国肖特公司签订了40块Mb镜坯的制造合同，2003年完成后运抵俄罗斯进行磨制。由于该厂Ma镜坯的制造也出现了问题，2003年12月，指挥部又与俄罗斯路特卡力诺光学玻璃公司签订了Ma镜坯制造合同。2004年底，俄罗斯路特卡力诺光学玻璃公司完成了Ma镜坯的制造和40块Mb子镜的磨制，于2005年初运抵南京。②之后，南京天文光学技术研究所继续完成了所有Ma子镜的磨制。

CCD探测器③的工作在项目建设之初并未展开，项目组一方面期望采用最新的技术产品和电子元件，另一方面期待着CCD实验室的建成。虽然当时国家天文观测中心的探测器实验室在人员和设备上都有了较大提升，但仍然存在工程技术人员缺乏的问题。④

在CCD芯片方面，由于我国当时没有能力自行研制，指挥部2004年与英国E2V公司签订了制造合同。⑤2006年，指挥部分别与中国电子科技集团公司第四十四所和俄罗斯特殊天体物理台签订了CCD相机研制合同。⑥2007年8月，在进行光谱仪的光机电联调时，CCD相机还没有到位，又与美国的里克天文台签订了CCD相机的研制合同。⑦之所以

---

①《LAMOST项目工程部工程进展汇报》，中科院国家天文台，2000年。

② 杜澄，尚智丛，等：《国家大科学工程研究》，北京理工大学出版社，2011年，第300页。

③ CCD是电荷耦合元件（Charge-coupled Device）的简称。

④《LAMOST项目工程部工程进展汇报》，中科院国家天文台，2000年。

⑤《国家重点建设项目大天区多目标光谱天文望远镜2005年进展情况汇报》，中科院国家天文台。

⑥《LAMOST简报》，中科院国家天文台，41-42期。

⑦《LAMOST项目工程指挥部会议纪要》，中科院国家天文台，2006—2008年。

与多家公司签订CCD相机合同，是为了保证工期不受外协方进度的影响。

中国电子科技集团公司第四十四所的CCD控制器研制过程不很顺利，没有达到噪声预定指标。为了不影响工期，指挥部只好提前对其进行验收，并拿到河北兴隆现场继续调试。[①]最终，该所只完成了CCD杜瓦方面的研制。而由于俄罗斯特殊天体物理台拖延合同，其产品也未被采纳；与美国里克天文台联合研制的CCD控制器在项目中得到了应用。

3. 关键技术的突破

作为支撑原创性科学研究的重大基础设施，LAMOST的成功有赖于关键技术的突破，主要包括主动光学技术和多光纤定位技术两个方面。

主动光学技术的难点在于构成两块镜面的子镜部分既要拼接又要变形（Ma镜需要子镜拼接和变形，Mb镜只需要对子镜进行拼接）（图8—3），使得LAMOST能够获得较大的视场。为验证和实现自主创新的主动光学设计方案，项目组在南京建造了1∶1（Ma子镜与Mb子镜的比例）室外主动光学实验装置，相当于1米口径的LAMOST。这个“小LAMOST”涵盖了望远镜部分的许多工程技术内容，如直接与主动光学相关的镜面支撑、力促动器和视宁度改善，以及机架跟踪和圆顶围挡气流控制等重要内容。实验装置于2001年1月出光，并于2002年12月实现了闭环控制的主动光学技术。到2004年12月，技术人员完成了全部主动光学技术试验，实现了开环控制的主动光

图8—3　Ma子镜拼接完成

① 《LAMOST项目工程指挥部会议纪要》，中科院国家天文台，2006—2008年。

学技术，并通过了验收。[①]2006年到2007年，项目组又分别进行了Ma子镜与Mb子镜比例为0∶3的拼镜面实验和为4∶9的“小系统”实验。在这些实验成功后，LAMOST的Ma子镜与Mb子镜比例为24∶37的架构也最终得以实现。

光纤定位技术是另一关键技术。它要求把4000根光纤在较短时间内精确对准各自观测目标。为了解决这一技术难题，项目组在1996年3月征集了10个光纤定位系统的方案。经过筛选以后，到1996年12月，工程指挥部组织中国科学技术大学、长春光机所和沈阳自动化所三个单位进行并行可控光纤定位原理试验，由它们分别按照各自的方案制造了单个单元试验的样机。2000年10月，这三家单位各自完成了第一批样机。2001年3月，工程指挥部又与这三家单位签订了光纤定位多单元试验合同，由每家单位制造集成19个光纤单元的样机。2003年10月，中国科学技术大学精密机械系设计的19个单元样机通过验收。经过两次“摸底”，由中国科学技术大学邢晓正提出的并行可控式光纤定位方案被确定为LAMOST光纤定位的设计方案。在此基础上，LAMOST项目组于2004年落实了拥有4000根光纤的定位系统的研制方案，完成了对中国科学技术大学光纤定位系统实施方案的评审，并于2005年1月与之签订了加工合同。之后，根据工程指挥部的要求，中国科学技术大学的研究团队先研制250根光纤的定位系统，用于LAMOST“小系统”的调试，之后又进一步完成了4000根光纤的定位系统。[②]

4. 调试安装及验收

在两大关键技术获得突破之后，LAMOST项目已经不存在技术障碍，因此其他方面的工作也开始全面铺开并且进展顺利。2005年秋，LAMOST项目进入安装调试阶段。到12月，顺利完成了反射施密特改正镜机架、焦面机构和球面主镜桁架三大部套的安装。在这期间，项目组多次组织人员对运输线路、安装现场进行实地考察，并根据运输线路和现场情况制定了运输、吊装方案，精心组织运输车辆、运输工具、起

① 杜澄，尚智丛，等：《国家大科学工程研究》，北京理工大学出版社，2011年，第229—300页。

②《LAMOST简报》，中科院国家天文台，43-45期。

吊设备和起吊工具，各大部套都在南京天文光学技术研究所内进行了初装和机电联调，并进行了现场安装模拟。①

2007年2月，LAMOST首批1.1米六角形Mb子镜在兴隆观测站安装成功。②在望远镜结构中，Mb子镜的倾角朝下，安装难度很大。在时间紧迫的情况下，通过反复的实战模拟，最终完成安装。此后，项目进入了光学装调阶段，主动光学部分的实验进度也不断加快。2007年5月，正在调试中的LAMOST“小系统”，即Ma与Mb子镜比例为4∶9的实验系统获得了首条天体光谱。随着调试的进展，“小系统”不断获得越来越多的天体光谱。“小系统”包括3米口径的镜面，250根光纤，1台光谱仪及其2台CCD相机，以及完整的机架、跟踪和控制系统，相当于一个能够模拟LAMOST实现观测的最为简化的光学系统。这一系统的研制成功，表明了两大关键技术——薄镜面及拼接镜面的主动光学技术和并行可控式光纤定位技术，在系统规模扩大后将仍然有效。中科院基础局组织相关领域专家对这个“小系统”进行了综合评估。评估认为：“LAMOST‘小系统’的光学质量完全达到了指标要求……‘小系统’的多目标光纤光谱系统基本达到预定目标，系统工作正常；望远镜、光纤、光谱仪和CCD相机所组成的观测系统，集成情况良好。”③

2008年6月，项目组完成了全部24块反射施密特改正镜、37块球面主镜的安装。④10月16日，LAMOST正式落成。2009年6月，LAMOST通过国家发改委主持的国家验收。验收委员会认为，LAMOST以其创新的概念、设计、技术和工艺，开创了我国高水平大型天文光学精密装置研制的先河。LAMOST的建成，突破了天文大视场与大口径难以兼得的难题，建成了具有我国自主知识产权的、目前国际上口径最大的大视场望远镜，也是国际上光谱获取率最高的望远镜，成为我国光学天文望远镜研制的又一个里程碑。2010年4月17日，LAMOST冠名为郭守敬望远镜（图8—4）。

---

①《LAMOST简报》，中科院国家天文台，38–39期。

②《LAMOST简报》，中科院国家天文台，40–42期。

③《LAMOST简报》，中科院国家天文台，43–45期。

④《LAMOST简报》，中科院国家天文台，48期。

图 8—4 郭守敬望远镜外景

四、运行与成果

LAMOST 建成以后，国家天文台于 2010 年 5 月成立了运行和发展中心，下设观测运行部、技术维护与发展部、巡天与数据部。同时，还成立了郭守敬望远镜科学委员会，主要职能是对 LAMOST 的科学目标、发展方向提供科学咨询，制定 LAMOST 的观测和运行计划及重大合作计划，评议装置的运行和使用情况，等等。

1. 对装置的改造与优化

2009 年下半年，LAMOST 进入测试运行阶段。2009 年 10 月开始，对 14 个科学测试观测天区反复进行了测试观测，涵盖各种类型的恒星、星系、类星体、行星状星云等天体，共计观测和处理得到了 20 万余条天体光谱。同时，还对望远镜的指向跟踪、光纤定位精度、平场和波长定标方法及精度、光谱分辨率、光谱成像质量等性能参数进行了测试，找出了影响观测总体效率和光谱质量的各种因素，并尝试找出解决办法。

2010 年底，运行和发展中心光学维护小组完成了 5 块 Ma 子镜的镀膜，使得镀膜后的镜面反射率达到 92%，较镀膜前提高了约 10%。2011

年中，Ma子镜的重新镀膜全部完成。2011年5月底，LAMOST光纤定位取得了突破性进展，总体精度已优于0.45角秒，其中90%的光纤定位精度在1角秒之内。相应的改进工作包括：采用照相法对光纤单元在焦面板上的坐标进行多次标定，改善了光纤单元的坐标精度，96%的光纤单元在焦面板上的定位精度优于50微米（相当于0.5角秒），为光纤定位精度的提高提供了硬件保障；对焦面比例尺进行实时改正，使得焦面坐标框架与天球在焦面上的投影坐标对准，并稳定在0.1角秒左右；对光纤坐标框架进行调整，消除了大气透明度变化和光纤之间效率差异的影响，更直观地判断平移、旋转和焦面比例尺对光纤坐标框架的影响；对光纤坐标系进行精确测量，通过将4000根光纤分成160组，每组25个源分别给出不同坐标偏置，进行光纤定位误差测量。

2011年8月31日，科学委员会对2009—2011年的试观测数据进行分析后发现，采用三分之二狭缝观测可以提高光谱分辨率，遂决定采用三分之二狭缝开展巡天。2011年夏，技术人员对光谱仪狭缝进行了升级改造。2011年10月，LAMOST进入先导巡天阶段。2012年9月底，进入正式科学巡天阶段。2013年6月28日，LAMOST子镜镀膜设备及配套装置维修改造项目通过总验收。2017年6月，LAMOST圆满完成了为期五年的第一期光谱巡天任务，共获取了约900万的光谱数据，其中高质量光谱数约725万，恒星参数约492万组，远远超过了全世界光谱巡天项目获取的光谱数总和，为天文学家研究银河系及一般星系的形成与演化提供了有力的基础性数据。2018年6月，LAMOST完成了七年巡天，获取光谱数首次超千万量级，也成为世界上第一个获取光谱数超千万的光谱巡天项目。

2. 数据共享与成果

LAMOST的数据共享对于不同国别、不同级别的合作单位和个人采用不同方式。数据共享政策规定国内科学家具有数据的优先使用权，每个季度所观测到的新数据都会实时向国内天文界发布。国内有天文学科的研究单位具备参与单位资格，科学委员会中一般也会有参与单位的代表。对于那些为LAMOST建设和运行作出贡献的国外合作单位，可以获得即时发布的数据，也有权利申请独立的观测计划。其他国外用户，如果愿意将其申请到的一部分科研经费投入LAMOST的研究项目，或者与有资格直接参与的单位或个人合作，也可以获得相应项目观测数据的优先使用权。对于一般的国外用户，也有机会利用相关数据进行科学研究，因为这些数据在向国内开放一年半以后，将向全世界天文界发布。

利用LAMOST光谱这些数据，来自国内外百余所科研机构和大学的科学家，在银河系结构与演化、恒星物理研究、特殊天体搜寻等前沿领域取得了有影响力的研究成果。

在银河系结构与演化方面，发现银河系的盘状结构直径大约是20万光年，比传统认识增大了1倍；计算出迄今为止最为精确的银河系旋转曲线并构建了银河系的质量模型，得到精确的银河系总质量为9000亿太阳质量；发现了7个源自银河系并合过程的新星流，占国际同类发现总数的一半；发现了33颗丰度不同于银河系普通恒星的“低α丰度恒星”，数目是国际上发现此类天体的两倍。在恒星物理研究方面，基于LAMOST获取的海量恒星光谱数据，从中遴选出了包含近百万颗处于恒星演化主序拐点或亚巨星阶段的恒星样本，得出了这些样本恒星的精确年龄和质量估计，其中近一半恒星的年龄精度达到20%—30%，该样本将具有可靠年龄信息的恒星数量扩大了两个量级以上，为全面揭示银河系特别是银盘的星族、结构、起源和演化提供了独特和关键的数据。在奇异天体搜寻方面，发现了一颗迄今为止质量最大的恒星级黑洞，这颗70倍太阳质量的黑洞远超理论预言的质量上限，颠覆了人们对恒星级黑洞形成的认知，有望推动恒星演化和黑洞形成理论的变革；发现了4颗超高速，其中1个是起源于银盘的超高速逃逸星，而目前世界上已证认的超高速星仅有20余颗；发现了一颗奇特恒星，它的锂元素含量超级高，约是同类天体的3000倍，成为目前人类已知锂元素丰度最高的恒星；基于LAMOST数据并利用国内外望远镜进行随后观测，证认了44颗富锂巨星，成为迄今国际上一致性最好、数据量最大的高分辨率富锂巨星样本。在星系物理研究方面，首次精确测量了近距离星系对的二元光度函数，即不同光度的两个星系构成星系对的概率分布；证认了42552颗类星体，其中17128个是被LAMOST首次发现，这为研究类星体光谱变化、发现特殊类星体等研究工作提供了丰富的光谱数据。①

2017年至2020年，在全球10个口径6米以上的中大型地面光学望远镜中，LAMOST的科学产出排名第五；在全球25个主要地面光学望远镜中，LAMOST的科学产出排名第六；国外天文学家利用LAMOST公开数据发表成果占三分之一，体现了LAMOST数据的国际影响力。LAMOST的研制体现了我国老一辈天文学家的创新追求：一方面，他们抓住了国际天文学界开展大规模天文光谱测量的宝贵机遇，提出并设计出一种大口径与大视场兼备的天文望远镜，打破了天文光谱测量的瓶颈；另一方面，在借鉴英、美多目标光纤光谱仪技术的基础上，提出了镜面拼接加变形和采用4000根光纤进行光谱观测的创新方案。LAMOST所确立的技术指标在当时的国际天文学界是前所未有的。LAMOST使我国成为率先开展一次可观测数千个天体光谱的大规模光谱巡天的国家，为我国在全球大样本天文学领域后来居上提供了极为宝贵的历史机遇。特别是基于LAMOST，北半球天空有一亿左右的恒星可供其观测，由此得到的光谱数据将是全球银河系研究独一无二的财富。

第四节　500米口径球面射电望远镜

500米口径球面射电望远镜（FAST，又称中国天眼）是继郭守敬望远镜之后中国天文领域的又一座丰碑。FAST于1999年被列为中科院知识创新工程项目，2007年成为国家重大科技基础设施建设项目。2011年3月，FAST开工建设，2016年9月落成启用，成为我国具有自主知识产权的当今世界第一大单口径射电望远镜。从预制研究到最终建成，总投资11.49亿元，历时二十二年，中国老、中、青三代科技工作者克服了关键技术无先例可循、关键材料急需攻关、核心技术遭遇封锁等困难，使FAST在射电望远镜口径、灵敏度、分辨率、巡星速度等关键指标上全面达到国际领先水平。

① 赵永恒:《LAMOST的科技创新》,《科学通报》,2021年第11期,第1281—1289页。

一、FAST工程的立项

20世纪90年代，国际上众多科学家设想，要赶在地球表面电磁波环境被彻底破坏之前，建设一批大型射电望远镜及其阵列，以便真正看一眼初始的宇宙，帮助弄清宇宙结构的形成和演化。在这一背景下，中国天文学家1994年提出建设FAST的最初构想。

射电望远镜分为可动和固定两种类型。在FAST之前，世界上最大的可动抛物面射电望远镜直径100米，由联邦德国的马克斯·普朗克射电天文研究所于1971年建成。由于自重和风载引起的形变，100米已是可动射电望远镜口径的上限。相比之下，固定型射电望远镜优势明显。FAST建成之前，世界上最大的固定型射电望远镜是位于波多黎各的直径305米的阿雷西博望远镜。①射电望远镜的口径越大，可接收的电磁辐射频率范围越大，灵敏度也越高，因此如何把望远镜做得更大，一直是摆在全世界天文学家面前的大问题。1993年，国际无线电科学联盟（URSI）在日本东京举行大会，包括中国在内的10个国家（澳、加、中、法、德、印、荷、俄、英、美）的天文学家提出联合建造总接收面积达1平方千米的大射电望远镜阵（SKA）。紧接着，各国研究团队开始了新一代巨型射电望远镜的概念研究，都试图筹建大口径射电望远镜以抢占科学制高点，②建造FAST的动机肇始于此。自1994年起，北京天文台（2001年更名为国家天文台）的科学家们就根据天文学科和天文学观测的特点、要求，开始了新一代大射电望远镜长达十三年的预研工作。

1995年12月，由中科院、教育部、电子工业部、航天工业总公司、贵州省科技厅等20多家部委、企业、科研院所及大专院校参与的SKA中国推进委员会在北京天文台成立，南仁东任主任。③在第一次年会

① 过静珺，谢炳福，于子洋：《FAST与近代大型射电望远镜介绍》，《测绘通报》，2002年第8期，第56—58页。

②《大射电望远镜(LT)国际合作计划建议书》，中科院国家天文台档案室，1994年，第1页。

③ 彭勃，南仁东：《通过国际合作　促进FAST自主创新》，《中国科学院院刊》，2004年第4期，第308—311页。

上，提出了利用贵州喀斯特洼地建造一个类似阿雷西博射电望远镜的球冠反射面的设想，这一方案最初定名为“喀斯特”。①设想中的天线阵由三十几根口径约300米的球面天线组成，分布于方圆数百千米的范围内，具有1角分至100毫角秒的多级分辨率，将从本质上改善射电天文成像能力。在此基础上，中科院进一步推进“喀斯特”概念。1997年7月，SKA中国推进委员会提出由我国独立建造一面世界最大单口径球面望远镜的初步方案，即在贵州的喀斯特洼地中建造500米口径球面射电望远镜，以期实现射电望远镜在中国的跨越式发展。②

FAST方案一经提出就受到了很多专家学者的关注与支持。1998年2月，陈允芳、杨嘉墀、王绶琯、陈建生等联名致信中科院院长路甬祥和国家科委副主任徐冠华，推荐这项对射电天文学和航天深空通信具有重要意义的新型天线方案。③路甬祥作出批示：“FAST可作为中科院‘十五’大型国家装置的候选。”同年4月，在SKA第三次学术年会上，国家天文台明确了FAST方案涉及的关键技术：贵州喀斯特洼地台址、主动球反射面和光机电一体化馈源索支撑等。1999年3月，FAST预研究作为中科院知识创新工程首批重大项目获批立项。④在国家天文台大射电望远镜技术实验室（FAST总体组）的协调下，各关键技术可行性研究课题进展顺利。2001年10月，FAST预研究通过中科院验收。2002年，FAST关键技术优化重要方向项目在中科院立项，旨在对FAST关键技术进行简化设计，以提高可靠性和可维护性并降低造价。从1993年到2002年的十年间，我国天文学界及相关工程领域的科研工作者在科技部、中科院、国家自然科学基金委员会的支持下，先后完成了FAST主动反射面、馈源索支撑等关键技术的可行性研究，各项关键技

---

①《500米口径主动球面望远镜(FAST)项目建议——LT中国推进重大进展》，中科院国家天文台档案室，1994年，第1页。

② Nan R D. Five hundred meter aperture spherical radio telescope (FAST). Sci China Ser G-Phys Mech Astron, 2006(2): 129-148.

③《陈允芳、杨嘉墀、王绶琯、陈建生四位院士给路甬祥院长的信》，中科院国家天文台档案室，1998年，第1—2页。

④ 中华人民共和国科学技术部：《关于〈500米口径主动球面望远镜(FAST)预研项目申请书〉的批复》，中科院国家天文台档案室，1999年，第1页。

术均取得突破，奠定了立项建设的基本条件。[①]

2005年，巨型射电天文望远镜的总体设计与关键技术研究作为交叉学科重点项目获得国家自然科学基金资助。2005年9月，中科院组织召开了国家重大科技基础设施FAST建议书专家评审会，项目顺利通过评审。同年11月4日，正式启动立项申请工作。2006年3月29日，中科院基础科学局主持召开了FAST项目国际评估与咨询会，与会专家肯定了FAST关键技术的可行性，并建议尽快立项建设。2006年11月，受国家发改委委托，中国国际工程咨询公司对FAST项目建议书进行了评估。2007年7月10日，国家发改委批复同意FAST项目立项。2008年3月18日，中国国际工程咨询公司对FAST可行性研究报告进行了评估。10月，FAST可行性研究报告获得国家发改委批复同意。2009年2月，FAST工程的初步设计和概算获得了中科院和贵州省政府的批复，工程总投资6.67亿元，其中国家投资6亿元。[②]2011年3月，中科院和贵州省政府联合批复FAST项目开工报告。3月25日，FAST工程正式开工建设，工期五年半。严俊任工程经理，郑晓年任工程常务副经理，南仁东任总工程师兼首席科学家。

二、FAST的建造

FAST工程由台址勘察与开挖、主动反射面、馈源支撑、测量与控制、接收机与终端、观测基地建设6大部分组成（图8—5）。2011年正式开工后，台址的勘察与开挖工作率先开始。在台址的勘察与开挖施工接近完成之际，设备基础施工也逐渐铺开，包括反射面圈梁基础、反射面地锚基础、馈源塔基础以及索驱动基础等工程。在基础工程和相关研究完成后，测量基墩、馈源塔、馈源舱停靠平台、索网、综合布线等环节的建设与安装工程也陆续展开，接下来进行的是馈源索驱动安装、反射面液压促动器安装、馈源舱安装以及反射面面板的吊装，最后进行的

① 彭勃，南仁东:《通过国际合作 促进FAST自主创新》,《中国科学院院刊》,2004年第4期,第308—311页。

② 张蜀新，彭子龙:《中国天文科学大型装置的研制与应用(三)——500米口径球面射电望远镜(FAST)》,《中国科学院院刊》,2009年第6期,第670—673,688—689页。

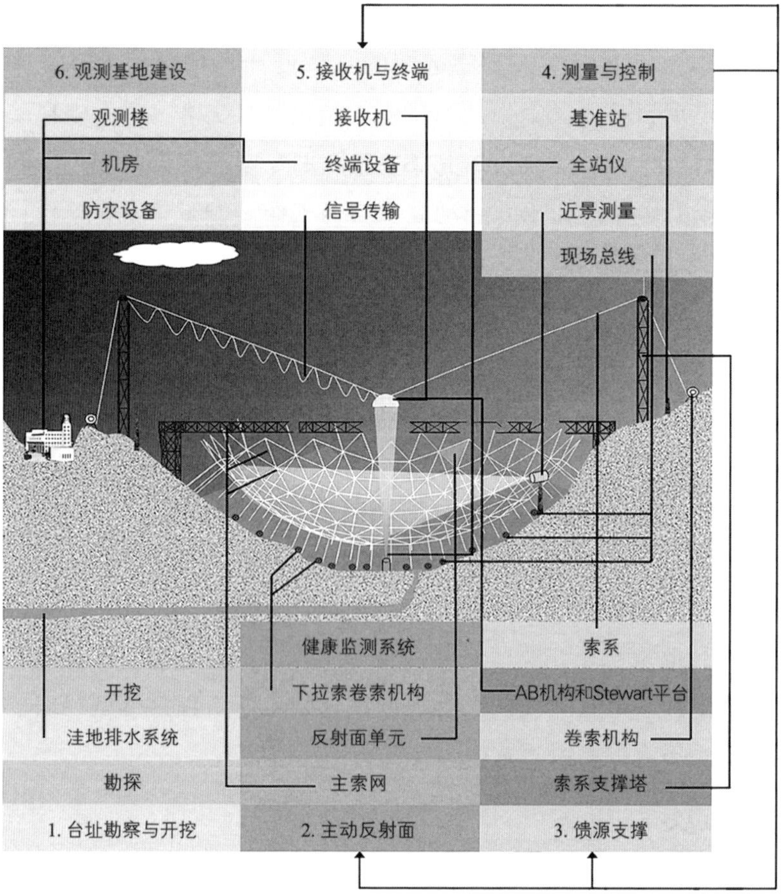

图8—5　FAST建设内容

是接收机与终端、观测基地的建设。2016年6月，接收机运抵贵州。作为FAST建设、运行和维护的基础保障，观测基地于9月在最后一块反射面单元吊装完成后完工。①

1. 台址勘察与开挖

建设一个单口径达500米的球面射电望远镜的想法在国际上史无前例，这也成为了FAST工程需要破解的第一个难题。如果平地起建，耗资将是巨大的，这就需要找一个既能放下超大反射面同时又符合FAST建设其他要求的天然大坑。从1994年开始，国家天文台专家首先利用

① 南仁东，张海燕，等：《FAST工程建设进展》，《天文学报》，2016年第6期，第623—630页。

遥感等技术，在全国范围内海选合适的区域，之后相关专家多次奔赴现场勘查，先后分析了400个洼地，制作了90个候选洼地的高分辨率数字地形模型（DTM）图像。最终，贵州省平塘县大窝凼洼地被选为FAST台址。这里不仅刚好盛得下FAST那相当于30个足球场面积大小的巨型反射面，而且附近5千米半径之内没有一个乡镇，25千米半径之内只有一个县城，无线电环境堪称理想。

2011年工程开工后，台址的勘察与开挖工作率先开始，包括勘查台址的工程与水文地质条件、绘制地形图、设计施工图、清理洼地、清理地表、开挖土石方及填方、支护边坡、治理地质灾害、修建道路、铺设圆管涵、场地排水及修建排水隧道等工程单元。这些工作历时近两年，于2012年12月30日完工并通过验收。自2013年1月起，项目方委托贵州地质工程勘察院定期对台址进行稳定性检测，保证FAST运行环境的稳定和安全，为后续工程建设铺平道路。①

2. 主动反射面系统

建造能够主动变形的反射面并利用其捕捉电磁波是FAST工程的重要创新。射电望远镜分为两种，可动型望远镜受风载与自重所限口径不可能大于100米，接收电磁波能力受限，而固定型望远镜虽然口径大了许多，却无法转动致使观测天区狭小，单靠馈源的移动难以有效弥补这一缺陷。我国科学家结合二者优势，提出新的思路，即建造一个口径达500米、张角为110度—120度的由球冠型索膜结构构成的“可动反射面”。这个反射面由4450块空间铝合金网架结构的反射面单元组成，面积约25万平方米。2010年起，相关方开始对反射面单元背架进行试验研究，从多种背架结构中优选出铝背架作为FAST反射面单元。2011年，对全铝不等边反射面单元进行了耐环境和风载荷等现场性能试验。2012年，通过了反射面单元优化设计，提出采用铝合金网架作为背架单元的方案。2015年2月，反射面单元设计与制造施工合同正式签订。②

① 南仁东，李会贤：《FAST的进展——科学、技术与设备》，《中国科学：物理学、力学、天文学》，第2014年第10期，第1063—1074页。

② 李会贤，南仁东：《FAST工程进展及展望》，《自然杂志》，2015年第6期，第424—434页。

2015年8月2日，第一块反射面单元吊装成功。2016年7月3日，最后一块反射面单元完成吊装。

为了支撑拼接而成的FAST反射面且实现反射面主动变位的功能，由6670根钢索编织成支撑反射面的索网，由2225个液压促动器通过下拉索驱动索网的节点，从而使单元面板发生位移来完成反射面主动变形，最终达到汇聚电磁波的目的。[①]但是，要建成这样的索网体系，就必须解决索疲劳难题。传统建筑结构中使用的预应力索的应力幅约为200兆帕，而FAST对索应力幅的要求高达500兆帕。为此，FAST团队开展了历时一年半的索疲劳试验研究，终于使试验钢索在500兆帕应力幅下成功通过200万次疲劳循环测试。之后，又进一步开展了索节点及索网优化设计。2013年，FAST钢索结构设计通过评审，确定了施工方案。

3. 馈源支撑系统

馈源支撑系统的基本构架是在洼地周边约600米圆周的山峰上建造6个112—172米高的馈源支撑塔，然后在支撑塔上安装6套钢索柔性支撑体系及索驱动装置，以实现馈源舱的一级空间位置调整。馈源舱内安装AB轴转向机构和并联机器人用于二级调整，以实现馈源的10毫米空间定位精度。[②]

馈源支撑塔是FAST馈源支撑系统的主体承载结构，它不仅是索驱动的依托支架，同时也作为一个平台为塔顶导向滑轮提供足够的支撑，以保证钢索能够牵引馈源舱在预定轨迹上运动。2012年12月，馈源支撑塔施工图设计完成并通过验收，6座成轴对称排列的钢管塔均匀分布在直径600米的圆周上，塔顶设备层上安装有索驱动导向滑轮和回转机构，以承载望远镜运行时产生的数十吨量级往复循环变化的钢索拉力。

索驱动装置是馈源舱的支撑与驱动环节，由塔底驱动机构、塔顶导向机构、缆索装置、控制系统和机房、配电房等设施构成。2012年1月，完成了塔—索联合设计以及索驱动方案优化设计，同时开展了

---

① Nan R-D, Ren G-X, Zhu W-B, et al. Adaptive cable-mesh reflector for the FAST. Acta Astron Sin, 2003(44): 13-18.

② Li H, Nan R-D, Karcher H J, et al. Working space analysis and optimization of the main positioning system of FAST cabin suspension. SPIE: Astronomical Telescopes + Instrumentation, 2008, 7012: 0T.

FAST专用光缆的研制及机械性能试验。2012年7月，签订馈源支撑系统索驱动设计、制造及安装施工总承包合同。经过反复试验，最终采用粗、细两套工艺绳，通过细绳牵引粗绳、粗绳牵引钢丝绳的方案。馈源舱是馈源支撑系统的核心部件，直径约13米、高6米、重约30吨，它将在反射面上方约200米口径的空中球冠表面运动，以实现馈源接收机的精确定位。

2012年3月，FAST馈源舱方案优化设计完成，确定了舱的基本结构。2012年11月，签订了FAST馈源舱的设计、制造、安装与调试总承包合同。2014年5月，完成了馈源舱的详细设计并通过专家评审。2014年11月，初步确定了馈源安放分组方案。2015年11月，索驱动机构安装完成，馈源舱首次升舱，馈源支撑系统正式进入6索带载联调阶段。

4. 测量与控制系统

测量与控制系统主要包括基础测量、馈源舱位姿测控、反射面测量与控制以及望远镜总体控制四个部分，旨在实现精确、快速、远距离的非接触测量和对主反射面的实时控制。

馈源舱的柔性支撑以及馈源舱与反射面之间的无刚性连接，要求馈源舱与反射面具有精确的位置关系，在运作时间上严格保持同步。为此就需要首先建立时间和位置的基准。时间基准方面，采用具有定时功能的全球定位系统主板来确定准确时刻，用计算机内部石英晶体震荡器的精确时间来守时，从而给出测量时的准确时刻及准确时间段，满足天文测量对时间的要求。就位置基准而言，建设高精度、永久性的全球定位系统基准控制网，为施工放样和安装测量、反射面和馈源动态测量以及系统的维护和形变测量等提供精确的方位。2002年至2005年，随着FAST关键技术优化研究课题的展开，全球定位系统基准网的初步研究和设计完成，其建设内容包括3个基准站和1个控制中心。[①]根据建设需要，先后建设了施工、安装和运行三级测量控制网，精度分别达到3

---

①《中国科学院知识创新工程重要方向项目执行情况验收总结报告》，中科院国家天文台档案室，2006年，第11页。

毫米、2毫米和1毫米。24个伸出反射面的测量基墩，为高精度测量仪器提供了稳定可靠的安装平台。该工程于2013年5月开始建造，2014年10月16日竣工，而各部分的测量仪器于2015年底全部安装完成并进行功能调试。

馈源支撑测控包括对馈源位姿、索支撑、AB轴和Stewart平台在200米口径空中球冠表面运动范围内进行高精度测量和控制。2012年，完成FAST馈源支撑控制方法优化与仿真。主动反射面测量包括单元面板测量、节点静态测量及节点动态测量，主要任务是反射面控制系统研发及综合布线。2013年，反射面控制系统方案设计及系统集成工作启动。

总控系统联系、协调和控制各子系统的运行数据并提供统一的时间标准。馈源支撑整体控制系统的主要功能有馈源支撑测量数据处理、天文轨迹规划、馈源支撑整体控制和系统校时。主动反射面控制系统的主要目标是根据天文轨迹规划和测量数据，通过调整促动器的伸长量控制反射面节点位置，形成位置和面型准确的抛物面。控制系统接收总控系统发来的天文观测指令及时钟信息，并综合反射面测量和健康监测系统的数据实现对2225个促动器的控制。2016年2月，测控整体功能调试完成。[①]

5. 接收机与终端系统

接收机与终端系统主要包括频率覆盖70兆赫—3吉赫的7套接收机及终端，时间频率标准，光纤数据传输、处理、存储系统和接收机监视及诊断系统等。7套低噪声前端馈源安装在Stewart平台，以达到望远镜观测所需的位置精度。低于约500兆赫的频段，使用常温馈源和低噪声放大器；高于500兆赫的频段，使用制冷低噪声前端，通过对极化器和低噪声放大器制冷以降低前端噪声温度。射频信号经由光纤传输到地面观测室后，采用数字终端进行数据处理。在这一系统的建设过程中，中外合作很多。例如，19波束多喇叭馈源阵列与澳大利亚联邦科学与工业研究组织合作研制；数字终端采用了美国加州大学伯克利分校研发的卡斯帕软硬件作为平台；在低频宽带接收机方面采用了美国加州理工学

---

① 胡明:《国家重大科技基础设施建设项目管理的规划与组织——以我国500m口径球面射电望远镜(FAST)工程为例》,《建设监理》,2017年第9期,第8—12,18页。

院低频宽带接收机，覆盖频率范围为0.27吉赫兹—1.62吉赫兹，用于中性氢、脉冲星等观测。①

6. 观测基地建设系统

观测基地建设系统是望远镜建造、运行和维护的基础保障，主要包括两个部分——观测基地基本建设和公用及配套设施，包括建设望远镜观测室、终端设备室、数据处理中心、各关键技术实验室以及办公与生活等辅助用房。这一系统的建设贯穿整个工程建设始末。FAST台址进场道路一期工程于2010年3月开始施工，2011年7月全线通车，全长约7千米。2013年4月，整个FAST场区总图设计完成，同年，观测基地规划方案通过专家评审。2015年5月完成了基地岩土工程详细勘察，2015年10月开工建设。2016年9月，主体建筑施工完成。②

2016年9月25日，500米口径球面射电望远镜落成启用，正式进入调试和试观测阶段。到2018年底，完成了望远镜多系统之间的功能性整合，实现了漂移、跟踪、运动扫描、编织扫描等多种观测模式，达到了验收技术指标。

2020年1月11日，FAST通过国家验收。验收认为：FAST工程建设实现了多项自主创新，显著提升了我国射电天文研究和技术水平，推动了相关产业技术的革新与发展，产生了较大的社会经济效益。FAST综合性能达到国际领先水平，对促进我国天文学实现重大原创突破具有重要意义。③

三、FAST项目的创新成果与科学意义

作为一项创新型工程，FAST项目的创新主要体现在三个方面：其一，利用天然的贵州喀斯特洼地作为台址；其二，利用主动变形反射面，在观测方向上形成300米口径瞬时抛物面汇聚电磁波，并在地面改正球差，实现宽带和全偏振观测；其三，使用轻型索拖动馈源支撑系统

---

① FAST工程办公室：《500米口径球面射电望远镜工程》，《科学》，2016年第4期，第6—9，64页。

② 南仁东，张海燕，张莹，等：《FAST工程进展及展望》，《天文学报》，2016年第6期，第623—630页。

③ 陆成宽：《"中国天眼"通过国家验收》，《科技日报》，2020年1月13日，01版。

和并联机器人，实现接收机的高精度定位及跟踪。[①]这三项创新使FAST成为了独具一格的新一代大型射电望远镜（图8—6，图8—7）。

图8—6　FAST全景[②]

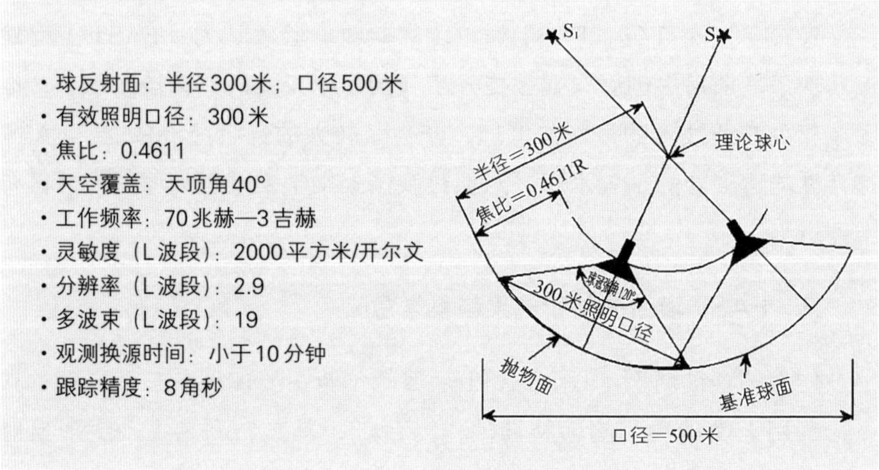

图8—7　FAST主要技术指标

FAST在设计上有诸多创新，这些创新用传统设计和制造工艺难以

① Nan R-D. Five hundred meter aperture spherical radio telescope (FAST). Sci China Ser G-Phys Mech Astron, 2006(2): 129-148.

② 南仁东，张海燕，等：《FAST工程建设进展》，《天文学报》，2016年第6期，第623—630页。

实现，因此倒逼相关工程领域在研发和制造环节展开创新。FAST工程通过分割反射面的方法突破了可动射电望远镜口径的百米极限，开创了建造巨型射电望远镜的新模式。望远镜的接收面积表征了其观测暗弱天体的能力，由于具有更大的反射面，FAST的灵敏度比德国波恩的100米射电望远镜提高了约10倍，比位于波多黎各的美国阿雷西博300米望远镜提高了2.25倍。而可动的反射面要求馈源舱在反射面形状变化时能始终与之保持相应的位置关系，于是设计团队创新性地使用钢索来支撑和驱动反射面以及馈源舱。为了提升钢索耐疲劳强度，科研人员和国内企业共同攻关，实现了钢索强度500兆帕、200万弯曲次数的设计要求，远远超越了我国此前一般钢索强度仅为200兆帕、200万次弯曲的水平。为了降低自身电气和电子设备的电磁干扰，研发团队采用了双层屏蔽的手段，使馈源舱的抗干扰能力达到了160分贝的屏蔽效果，远远超过国家标准最高屏蔽效能的120分贝。科研团队和企业生产部门通过不断摸索和实验，既完成了创新，同时也提高了自身研发和制造新型科学仪器的能力。这些创新也可以转用于其他领域，例如，高耐疲劳强度的钢索可以用到斜拉桥上以提升桥梁的质量；新的抗电磁干扰技术也可以应用到卫星和舰艇等的研发中以促进高灵敏度复杂系统电磁兼容技术的发展。

FAST是当今世界上最大、最灵敏、最精确的单口径射电望远镜，可以实现大天区面积、高精度的天文观测，甚至可以接收到137亿光年以外的电磁信号，这个距离接近宇宙的边缘。在未来的一二十年间，它将保持世界一流设备的地位。为了更好地发挥其科学效能，促进重大科学成果产出，国家天文台成立了FAST科学委员会和时间分配委员会，以统筹望远镜运行相关战略规划、科学方向凝练、项目遴选、数据公开等工作。基于FAST的强大观测能力，天文学家期望达到如下科学目标：将中性氢观测延伸至宇宙边缘，重现宇宙早期图像；发现大量新的脉冲星，建立脉冲星计时阵，参与未来脉冲星自主导航和引力波探测；主导国际甚长基线干涉测量网，获得天体的超精细结构；进行高分辨率微波巡视，检测微弱空间信号；参与地外文明搜寻；参与子午工程，提高非相干散射雷达双机系统性能；将深空通信能力延伸至太阳系外缘行星，将卫星数据接收能力提高100倍。

2016年9月，FAST科研人员在进行试验性观测时，成功接收到来自1351光年外一颗脉冲星发出的脉冲信号。2017年8月22日和25日，FAST在南天银道面通过漂移扫描先后发现了两颗新脉冲星，并于9月10日由澳大利亚帕克斯望远镜（Parkes）认证。第一颗自转周期为1.83秒，距地球1.6万光年；第二颗自转周期为0.59秒，距地球约4100光年。截至2017年底，FAST已发现脉冲星优质候选体37个，并经国际合作由澳大利亚、德国等国大型设备验证了9颗，开启了中国射电望远镜系统发现脉冲星的新时代。2018年2月27日，FAST首次发现毫秒脉冲星，并于4月18日通过FAST与费米伽马射线卫星大视场望远镜（Fermi-LAT）的国际合作得到认证。该毫秒脉冲星自转周期5.19毫秒，距地球约4000光年，是迄今发现的射电流量最弱的高能毫秒脉冲星之一。毫秒脉冲星是每秒自转数百次的特殊中子星，对其研究不仅有望对理解中子星演化、奇异物质状态研究起到重要作用，而且稳定的毫秒脉冲星是低频引力波探针。此项发现展示了FAST对国际低频引力波探测做出实质贡献的潜力。[①]未来，FAST将与中国其他5座射电望远镜组成甚长基线干涉测量网，并主导国际射电领域的低频测量网，从而更好地获取天体超精细结构。

第五节　硬X射线调制望远镜

硬X射线调制望远镜（HXMT，又称“慧眼”）是我国自主研制的第一颗X射线天文卫星。卫星有效载荷包括高能X射线望远镜、中能X射线望远镜、低能X射线望远镜以及空间环境监测器等，具有巡天观测、小天区观测、定点观测以及伽马暴观测等多种模式；还可实现对伽马射线暴的全天监测，是国际上20万电子伏—300万电子伏能区面积最大的伽马射线暴探测器。“慧眼”的成功发射和在轨稳定运行，结束了我国空间X射线科学研究只能使用外国卫星数据的历史，填补了我国空

①《500米口径球面射电望远镜》,《中国科学院院刊》,2019年第Z2期,第98—101页。

间X射线天文卫星领域的空白，标志着我国已掌握空间天文卫星的相关研制技术。

一、X射线天文学的兴起

天体发出的辐射覆盖了从无线电到高能伽马射线的整个电磁波谱段。为了更好地研究天体的物理性质，或者借助天体提供的极端物理环境来研究一些基本物理过程，就需要尽可能从各个波段对天体进行观测。但是，由于地球大气对高能光子的吸收，只有部分从天体发出的辐射（无线电波和可见光）才能到达地面，红外线、紫外线、X射线、伽马射线的天文观测通常不得不在地外空间进行（图8—8）。[①]

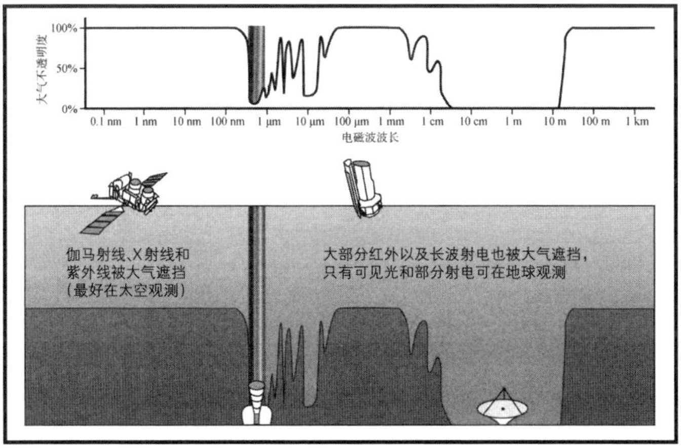

图8—8　地球大气对电磁波的吸收效应

1962年，美国核工程师贾科尼（R.Giacconi）联合麻省理工学院的科研人员，利用高空中的X射线计数器，探测月面被太阳照射时产生的荧光X射线，意外地在月亮和太阳以外的天区探测到一个很强的X射线源。但当时用的X射线探测器只能测得宽视场中的X射线光子计数，不能确定X射线天体的位置。1965年，日本学者小田（M.Oda）提出准直器调制定位方法，由此可以用简单的X射线计数器来确定X射线源的方位。1966年，贾科尼、小田等人用火箭将加了准直器的X射线探测器发

---

① 卢方军，张双南：《硬X射线调制望远镜——中国第一颗X射线天文卫星》，《物理》，2017年第6期，第341—347页。

射上天，测出这个X射线源在天蝎座，这就是人类发现的第一个宇宙X射线源——天蝎座X-1。1970年，采用这一技术的X射线天文卫星自由号升空，实现了光子能量范围2000电子伏—2万电子伏的X射线巡天，并发现了400多个宇宙X射线源，打开了人类观测宇宙的新窗口，标志着X射线天文学的诞生。自由号的负责人贾科尼也因此获得了2002年度诺贝尔物理学奖。①

在研究天体极端条件下的高能过程时，光子能量高于2万电子伏特的硬X射线是比X射线更重要的窗口。例如，黑洞吸引周围物质形成吸积盘，其最后一个稳定轨道内边缘的温度达到数百万、上千万摄氏度，可发射强烈的软X射线。而从吸积盘边缘到黑洞视界的高温等离子体温度高达数十亿摄氏度，这个区域主要发射比软X射线能量更高的硬X射线。所以，硬X射线是研究邻近黑洞强引力场区域时间、空间和物质性质的关键波段，而且很多巨型黑洞被尘埃包围，软X射线无法穿透，只能用硬X射线探测器去发现。

20世纪90年代初，美国国家科学研究委员会天体物理委员会在规划未来十年美国天体物理发展的报告中指出，高能天文观测存在一个重要的缺口，就是硬X射线波段，同时他们预测这个波段将是富有成果的领域；报告将硬X射线成像列为优先级最高的空间高能项目。美国宇航局也把硬X射线巡天列为了90年代空间高能天体物理的首要任务。

为此，科研人员竞相开发难度远超软X射线成像技术的硬X射线成像技术。基于20世纪70年代发展起来的编码孔径成像技术，欧洲和美国的科研人员从90年代初开始先后研制了编码孔径成像的硬X射线卫星，但其技术复杂、造价昂贵。面对发射硬X射线卫星的国际热潮，我国科学家也不甘示弱，基于自主创新取得了走在学科前沿的重大成果。

二、李惕碚与空间硬X射线调制望远镜

20世纪70年代末，高能物理研究所的李惕碚、顾逸东等人开始推动国内空间高能天文观测的发展。1992年，李惕碚和吴枚在高能天体物

① 李惕碚，吴枚：《空间硬X射线调制望远镜》，《物理》，2008年第9期，第648—651页。

理数据分析中发展了直接解调方法（DDM），该方法克服了硬X射线成像的技术困难，可以用简单成熟的准直型望远镜实现高分辨和高灵敏度的硬X射线扫描成像。此前，为了实现从观测数据到真实对象的反演，人们总是借助简化了的最优化条件（如最小二乘条件、最大似然条件）进行演算，而直接调解方法则应用非线性数学手段，直接解原初方程，实现反演成像。由于更充分地利用了数据所包含的信息，用同样的数据可以得到比传统方法好得多的结果。

但是，他们费了不少工夫才使直接解调方法为学界同仁所信服，李惕碚回忆说：

直接解调方法提出之初，用低分辨的非成像探测器能实现高分辨成像难以被接受，曾被称为“魔术”，直接解调成像结果甚至被怀疑为弄虚作假。新方法取得认可经历了一个长期的过程：论证了方法的数学基础；用地面实验和球载硬X射线望远镜飞行验证了直接解调成像的可行性；应用直接解调技术重新分析多种国际空间天文卫星的档案数据，大大提高了其结果的质量（利用一些非成像卫星的数据实现了高分辨成像，并获得一些重要的天文发现）。经过十年左右的理论、实验和数据分析工作，国内外学者开始接受直接解调方法，例如，2002年7月，欧洲航天局在意大利举行空间科学暑期讲习班，将“直接解调方法”列为成像方法课程。①

1993年，高能所高能天体物理实验室研制的非位置灵敏硬X射线探测器，在高空气球飞行中对恒星级黑洞天鹅座X-1进行扫描观测，利用直接解调技术实现了高分辨硬X射线成像。在此基础上，李惕碚等提出了用成熟廉价的探测技术建造具有世界最高灵敏度和最高空间分辨本领的硬X射线调制望远镜的建议，并被列入“九五”重大科学工程候选项目。这个计划有着宏大的科学目标：完成国际上首次高灵敏度的硬X射线巡天，发现大量新的硬X射线天体，并对重要天体进行高精度定点观测。②但在1994年5月进行的评审中，该计划被认为“作为核心的方法

① 李惕碚，吴枚：《空间硬X射线调制望远镜》，《物理》，2008年第9期，第648—651页。

② 卢方军，张双南：《硬X射线调制望远镜——中国第一颗X射线天文卫星》，《物理》，2017年第6期，第341—347页。

有待确认”。[①]

为此，44位物理、天文和空间科学技术方面的学者（包括9位在海外的中国学者）于1998年联合提出973项目建议书《天体高能辐射的空间观测与研究》并于2000年获批立项，以进一步探讨运用直接解调技术开拓空间天文的可行性。在973项目的支持下，高能所和清华大学合作建成HXMT主探测器1∶1地面样机，地面样机对放射源扫描成像的结果证实了用HXMT实现高分辨率成像的可行性。[②]

此时似乎已经“万事俱备”。但是，由于一些人对直接解调新方法的疑虑，HXMT项目建设立项被长期拖延。同期，欧美各国在高能天文观测领域都有所发展，特别是在硬X射线巡天方面取得了较大突破，欧洲航天局主导的国际伽马射线天体物理学实验室卫星和美国的雨燕卫星先后于2002年和2004年升空。虽然与此相比，HXMT卫星可以实现灵敏度、空间分辨率和曝光均匀性更好的巡天，发现更多的硬X射线天体，但却与人类首次硬X射线成像巡天失之交臂。李惕碚不无遗憾地写道：

> 小田于1965年提出准直调制方法时，在美国光学杂志发表的文章篇幅不足一页，次年用火箭飞行测得第一个宇宙X射线源，四年后，X射线卫星自由号就升空了，实现了X射线巡天的开拓。我们在1992年建立直接解调方法，也用了一年时间用气球飞行实现了对天鹅座X-1的直接解调成像。但是，十五年过去了，从丘先生激动地期待算起也已经过去了十二年[③]，至今硬X射线调制望远镜卫星的工程立项还未能完成。作为在中国从事科学研究的工作者，十多年来我们不断地聆听要努力创新的教导，或承受没本事创新的指责。面对激烈的国际竞争，我们仍然在努力着和祈望着新方法所提供的科学机遇不至于最终被完全地丧失掉。[④]

---

① 李惕碚，吴枚：《空间硬X射线调制望远镜》，《物理》，2008年第9期，第648—651页。

② 李惕碚，吴枚：《空间硬X射线调制望远镜》，《物理》，2008年第9期，第648—651页。

③ 1996年8月，在美国宇航局戈达特飞行中心工作的中国台湾理论天体物理学家丘宏义教授在听过李惕碚院士对HXMT项目的介绍后，兴奋地挥动着手臂说：“太好了，我们可以超过美国人了！”

④ 李惕碚，吴枚：《空间硬X射线调制望远镜》，《物理》，2008年第9期，第648—651页。

终于，迎来了柳暗花明。2007年，HXMT作为中国第一颗天文卫星纳入了“十一五”空间科学发展规划。2011年1月，HXMT被纳入中科院空间科学先导专项。2011年3月，作为国家“十一五”空间科学规划六大任务之一，HXMT项目终于被国防科工委与财政部共同批复立项，总经费10亿元，用户单位为中科院。基本分工是，卫星、运载火箭分别由中国航天科技集团公司中国空间技术研究院、上海航天技术研究院研制，地面测控系统由西安卫星测控中心负责，地面应用系统建设及卫星数据接收、处理、分发和科学应用由中科院空间中心、遥感与数字地球研究所和高能所负责。

研制工作随即展开。2011年12月，HXMT卫星转入初样阶段，完成了电性件、结构热控件和鉴定件的研制。2013年12月转入正样阶段，完成了所有正样飞行产品的研制、环境试验和标定工作。2015年12月，完成有效载荷正样交付和集成，2016年6月完成整星大型试验。[①]卫星原计划于2016年11月升空，但由于研制过程中出现技术问题，最终于2017年6月15日在酒泉卫星发射中心由长征四号乙运载火箭成功发射（图8—9）。为了纪念何泽慧为中国高能天体物理发展作出的贡献，卫星入轨后被命名为“慧眼”。2018年1月30日，“慧眼”正式交付，投入使用。

图8—9　硬X射线调制望远镜卫星发射

① 卢方军，徐玉朋，张帆，等：《硬X射线调制望远镜卫星及其科学目标》，《现代物理知识》，2016年第4期，第4—11页。

三、面向科学目标的载荷研制

1. 卫星及有效载荷

HXMT卫星作为我国首颗X射线探测天文卫星，其主要特点是：第一，望远镜采用直接解调成像方法，解决了成本高、探测器精度低的问题，实现了多波段、高灵敏度、高分辨率的空间X射线探测。第二，有效载荷望远镜种类全、规模大、探测模式多。4种有效探测载荷包含25个探测器单机，基本覆盖整个X射线谱段，具有巡天观测、小天区观测、定点观测以及伽马暴观测等多种模式；卫星还可实现对伽马射线暴的全天监测，是国际上20万—300万电子伏能区面积最大的伽马射线暴探测器。第三，卫星平台服务保障能力要求高。由于载荷种类全、复杂性高，因此平台服务系统需要具备复杂的热控保障、对地测控与数传保障以及载荷长期工作下的能源保障能力。

HXMT卫星有效载荷包括高能望远镜、中能望远镜、低能望远镜以及空间环境监测器等（图8—10）。其主要特点是：第一，载荷探测能区宽，探测面积大。载荷包含高能（20000—250000电子伏）、中能（5000—30000电子伏）、低能（1000—15000电子伏）3种望远镜，能够实现1000—250000电子伏能区全覆盖，并具备200000—3000000电子伏能区的伽马射线暴探测能力；载荷是国际上同能区面积最大的准直型望远镜，需要大量新材料、新元器件、新工艺，对准直器的加工精度与安装工艺提出了较高要求。第二，载荷工作温度差很大。高能、中能、低能望远镜3个载荷集成在同一结构安装面，工作温度之差超过100摄氏度，尤其是低能望远镜要求实现零下80—零下42摄氏度低温控制，这为热控设计带来了巨大挑战，需要采取主动温控和被动温控相结合来实现。第三，载荷地面标定时间长。科学载荷正样产品需要经过充分的地面标定专项试验，标定时间长，按国际惯例通常需要4至6个月，而HXMT卫星载荷连续四年开机，一张巡天图要连续半年才能扫描完成，对载荷、存储器等的可靠性提出了高要求。①

① 宋江波，尤睿，李昊，等：《硬X射线调制望远镜卫星研制特点及项目管理实践》，《航天器工程》，2018年第5期，第50—54页。

图8—10　HXMT卫星主有效载荷结构示意图①

2. 有效载荷研制管理

HXMT卫星由国家航天局和中科院联合主导，采用空间科学项目实施模式。在HXMT卫星工程研制中，中国空间技术研究院承担卫星平台研制任务，高能所承担科学目标界定和有效载荷研制任务。卫星研制团队与科学家团队一起，按照航天工程管理模式完成卫星研制，在卫星出厂前满足了科学家提出的伽马射线暴探测功能扩展等技术要求。

为了达成科学与工程的深度融合，主要从以下四方面开展工作：第一，围绕科学目标突破关键技术。在卫星的工程研制中，每一项技术突破，每一步工程进展，都是与用户部门的科学家们一道完成的，从而保障了科学目标的实现。第二，依照航天标准规范研制科学载荷。由于用户方也是有效载荷研制方，因此在合作之初，卫星按照中国空间技术研究院的航天标准来规范有效载荷的研制，这促使用户的研制活动快速进入工程状态，并帮助用户培养了一支研制航天产品的专业队伍。第三，高质量进行产品配套研制。在科学载荷研制过程中，中国空间技术研究院承担了大量的产品配套工作，比如高、中、低能望远镜的处理电路由高能所设计并由中国空间技术研究院山东航天电子技术研究所承制，望远镜装配由中国空间技术研究院北京卫星制造厂负责。第四，高精度实

① 卢方军，张双南：《硬X射线调制望远镜——中国第一颗X射线天文卫星》，《物理》，2017年第6期，第341—347页。左下角的3个机箱为低能X射线望远镜LE，中间为高能X射线望远镜HE，右上3个机箱为中能X射线望远镜ME。安置在安装板上的还有两个星敏感器等。

施试验验证。与其他卫星不同，HXMT 卫星有效载荷研制的一个特殊要求是射前标定，即取得载荷能量响应函数、探测效率、温度响应等核心技术数据，以便与卫星在轨实测数据进行比对分析，来检测确定产品的基本状态。卫星总体与科学家们一道完成了全部标定工作，为 X 射线空间望远镜提供可信可用的观测数据打下基础。①

此前国内并无大型空间探测望远镜的研制经验，面对这个复杂任务，卫星总体与载荷单位还进行了一系列管理创新，确保了研制过程的顺利展开。主要包括：第一，依靠中国空间技术研究院科研管理体系细化并制定了卫星方案、初样、正样、发射场等各阶段技术流程，并据此制定计划流程，做到分工明确、责任明确并确保管理到位。第二，利用航天的元器件质保体系来保障元器件质量和进度，并配合载荷单位强化首飞和专用元器件管理，确保元器件研制进度和质量受控。第三，依据“系统策划、识别全面、分析准确、措施有效、风险受控”的原则开展风险分析与控制工作，对产品研制各阶段进行了技术状态管理，并将各型号各阶段产品纳入以保证工作计划。第四，优化整星总装、集成和测试工作流程，使载荷研制与整星主线工作实现了最大程度的匹配，同时，统筹使用电地面测试设备、太阳翼地面工装等，大幅节约了研制成本，通过分析论证和试验优化工作，缩减了关键部件试验次数，以缩短开发周期并降低成本。②

四、科学意义

HXMT 卫星的成功发射和在轨稳定运行，结束了我国空间 X 射线科学研究只能使用外国卫星数据的历史，填补了我国空间 X 射线天文卫星领域的空白，标志着我国已掌握空间天文卫星的相关研制技术。其在多波段、大面积和高灵敏度方面的综合探测能力，为我国空间高能天体物理研究提供了高质量的观测数据，推动了我国空间高能天体物理研究

---

① 宋江波，尤睿，李昊，等：《硬 X 射线调制望远镜卫星研制特点及项目管理实践》，《航天器工程》，2018 年第 5 期，第 50—54 页。

② 宋江波，尤睿，李昊，等：《硬 X 射线调制望远镜卫星研制特点及项目管理实践》，《航天器工程》，2018 年第 5 期，第 50—54 页。

的进步。

HXMT望远镜的主要工作模式包括巡天观测、定点观测和小天区扫描。具体开展四方面的空间探测活动：一是对银道面进行巡天观测，以发现新的高能变源和已知高能天体的新活动；二是通过观测和分析黑洞、中子星等高能天体的光变和能谱性质，加深对致密天体和黑洞强引力场中动力学和高能辐射过程的认识；三是获得伽马射线暴及其他爆发现象的能谱和时变观测数据，研究宇宙深处大质量恒星死亡以及中子星并合等导致的黑洞形成过程；四是探索利用X射线脉冲星进行航天器自主导航的技术原理并开展在轨实验。HXMT卫星的低能、中能和高能三个望远镜都是准直型探测器，直接解调扫描数据可以实现高分辨和高灵敏度成像以及对弥散源的成像；而大面积准直探测器又能获得特定天体目标的高统计和高信噪比数据，使HXMT既能实现大天区成像，又能通过宽波段时变和能谱观测研究天体高能过程，有机会作出自己独到的贡献。[①]2017年8月17日，“慧眼”在双中子星并合引力波事件发生时成功监测了引力波源所在天区，对其伽马射线电磁对应体在高能区的辐射性质给出了严格限制，为理解该引力波事件的物理机制提供了中国方案。2019年8月，“慧眼”还产生了X射线脉冲星导航的高精度实验结果。在空间高能天文观测中，“慧眼”对于黑洞系统准周期震荡的观测从小于3万电子伏拓展到25万电子伏，观测到临近黑洞视界喷流的高能X射线振荡以及物质团逃离黑洞的运动，测得了目前在宇宙中直接测量到的最强磁场，实现了快速射电暴与银河系磁星X射线暴关联的认证。

作为我国首颗天文台级大型天文卫星，HXMT研制团队采用我国科学家提出的创新探测方法，解决了天文观测卫星的总体设计、望远镜载荷的自主研制及标定等技术难题，培养了一支高水平的科学卫星研制和科学数据处理应用队伍，为我国后续的空间科学任务，例如增强型X射线时变与偏振空间天文台的研制提供了重要技术支撑。在HXMT卫星的带动下，我国在国际高能天体物理研究中占有了一席之地。[②]

---

① 李惕碚，吴枚：《空间硬X射线调制望远镜》，《物理》，2008年第9期，第648—651页。

② 潘腾，卢方军，倪润立，等：《硬X射线调制望远镜卫星系统设计与技术成就》，《航天器工程》，2018年第5期，第1—8页。

第九章

地学领域：地球和海洋探测工程

我国地学领域的大科学工程建设始于20世纪90年代，主要分布在地质学和海洋科学两个子领域。本章首先勾勒我国地学领域大科学工程的发展背景，然后叙述地质学领域的两个大科学工程——中国地壳运动观测网络、中国大陆科学钻探工程，以及海洋科学领域的两个大科学工程——实验1号海洋科学综合考察船与科学号海洋科学考察船的建设历史。

第一节　地学领域大科学工程发展背景

地球是人类生存的摇篮。地球为人类提供了赖以生存的能源和矿产，同时也常给人类带来诸如火山、地震、泥石流、海啸等灾难。为此，我们要研究地球，而以此衍生出的地球科学，被简称为地学。地学是以地球系统（包括大气圈、水圈、岩石圈、生物圈和日地空间）的过程变化及其相互作用为研究对象的基础学科，包括地质学、地理学、海洋学、气象学等分支学科。其中，地质学研究地球的历史与各部分组成，包括各种矿产、岩石以及矿产的分布；地理学研究地球表层各种自然现象和人文现象以及它们之间的相互关系；海洋学研究海水运动、海水的物理与化学性质及海底地形；而气象学着重研究大气的组成、构造和运动。地学研究背后的现实驱动力有两个方面，一是趋利，就是为人类寻找资源和能源；二是避害，就是防范地震、洪水、海啸等各类自然灾害。要开展地学研究，认识地球、认识海洋，就必须借助各种工程技术手段，在很多情况下还必须立足大科学工程。地学领域的大科学工程可分成四个方面：地壳运动观测网、科学钻探、海洋科学考察船和潜水器。前两者主要为地质学研究服务，后两者主要为海洋科学研究服务。

一、迈向“深地”

上天入地向来是人类的梦想。通过对地壳深部进行探测，了解地下的物质、结构和动力学过程，是人类获取资源、保障自身安全的基本需要。

地球深部探测是从第二次世界大战之后发展起来的。地球科学家开展研究工作的一个基本凭据，是天然地震或人工诱发地震产生的地震波。1950年前后，苏联地球物理学家甘布尔采夫研究组在北天山地带开创了以折射波场为主导的深部地震探测。之后，英、美、加、法、德等国相继开展了这一领域的研究，并在20世纪60年代前后获得了大量地震反射记录。[①]到了70年代，美国地壳探测（COCORP）计划的实施大大推动了深部探测进程，开辟了反射地震深部探测新方法，完成约6万千米的反射地震剖面，在阿巴拉契亚造山带之下发现一系列油田，成为深部探测的成功范例。[②]此后，欧洲各国先后实施了大陆地壳的深地震反射探测计划，并联合开展了欧洲探测计划（EUROPROBE），完成横穿欧洲的地学断面（EGT）的探测研究。美国、德国和俄罗斯在乌拉尔造山带联合实施的反射地震探测计划，首次发现了残留山根的古生代造山带，丰富了山根动力学理论。加拿大1984年至2003年实施的岩石圈探测计划（LITHOPROBE），对古老岩石圈板块碰撞和新地壳形成过程进行了重大修正，运用深地震反射剖面揭示了若干大型矿集区的深部控矿构造。[③]澳大利亚实施国家四维地球动力学探测计划和“玻璃地球”计划，在研究岩石圈结构的同时开展了成矿带地壳精细结构探测。继COCORP计划之后，美国又设立了地球透镜计划（Earth Scope），旨在综合多学科的理论与方法，对北美大陆地区的地球构造、地质演化进

①滕吉文：《中国地壳、上地幔精细结构和大陆动力学研究的序幕——从1958年柴达木沉积盆地深部地震反射探测看半个世纪来该科学领域的发展导向和启迪》，《地球物理学进展》，2008年第2期，第1—13页。

②董树文，李廷栋，等：《深部探测技术与实验研究(SinoProbe)》，《地球学报》，2011年增刊，第3—23页。

③ Clowes R M, Li C. LITHOPROBE Celebratory Conference Oral and Poster Presentations. LITHOPROBE Secretariat, University of British Columbia, 2005, E-Publication No. 5: 2 CDs.

行全方位研究。①

我国在这方面起步并不晚，早在20世纪50年代，曾融生等就实施了柴达木盆地地震剖面研究工作，②1960年至1961年又利用矿山爆破方法，在兰州景泰地区得到了地壳内部的速度分布。1977年，中科院地球物理研究所在西藏当雄—亚东的剖面上进行了深地震测深的试验。1978年12月，在江西永平进行了一次千吨级的矿山爆破，江苏、湖北、广东、福建、江西等省的地震局单位以及国家地震局地球物理所、地震地质大队成立协作小组，利用85台地震仪器进行了观测，获得了一些省份的地壳构造信息。1979年，国家地震局地球物理所与其他单位协作，利用北京台网以及长春、大连、牡丹江的25个台站对北京—萨哈林剖面上180个地震的记录图进行了研究。③20世纪80年代中期，由地质矿产部、国家地震局和中科院联合组织了14条地学断面的探测研究，随后开展了一系列探测研究工作，累计实施的反射地震剖面约4165千米，宽角反射/折射地震剖面调查累计探测达5万多千米。到了21世纪，我国科研人员已掌握了深地震反射剖面和宽频地震观测技术，在喜马拉雅山、秦岭、北祁连山、西昆仑山、天山、大别山等山区进行了深反射地震剖面探测，数据采集质量和处理解释已为国际同行认可。特别是中美合作的"青藏高原深地震探测"计划发现了印度地壳俯冲到亚洲地壳之下的精细结构和高原地壳中广布的流体，引起学界关注。④

地壳深部探测的另一种方式是科学钻探。科学钻探兴起于20世纪中叶，而且是从海洋科学钻探开始的。1957年3月，美国科学家提出倡议，利用深海钻探技术在地壳最薄的地方打穿莫霍面（介于坚固的地壳和充满岩浆的地幔之间），以研究地球的年龄、地幔的物质组成和内部作用，这就是著名的莫霍计划（Mohole Project）。⑤1960年至1962年，

---

① 白星碧，施俊法：《美国地球探测计划》，《地球科学进展》，2005年第5期，第584—586页。

② 曾融生，阚荣举，等：《柴达木盆地低频地震探测的基岩首波和大角度反射波》，《地球物理学报》，1961年第1期，第54—66页。

③ 曾融生：《中国深部构造研究的进展》，《地球物理学报》，1979年第10期，第336—344页。

④ 董树文，等：《地球深部探测国际发展与我国现状综述》，《地质学报》，2010年第6期，第743—769页。

⑤ 苏德辰，杨经绥：《国际大陆科学钻探(ICDP)进展》，《地质学报》，2010年第6期，第873—886页。

苏联科学家制定了俄罗斯莫霍钻探计划，意图抢在美国人之前到达莫霍面。1964年，美国斯克里普斯海洋研究所等五个单位联合发起建立地球深层取样联合海洋机构（JOIDES）。1966年6月，斯克里普斯海洋研究所从美国科学基金会接受任务，筹备开展一项以浅层取样为目的的深海钻探计划（DSDP），技术上受JOIDES指导，由有动力定位设备的格洛玛・挑战者号钻探船实施钻探。1968年8月DSDP正式开始，用五年半时间完成了三期钻探计划。鉴于该计划成果显著，苏联、联邦德国、法、英、日等国相继加入JOIDES，DSDP进入国际合作阶段（IPOD）。从1968年8月开始至1983年11月计划结束，挑战者号钻探船共完成了96个航次，钻探站位624个，实际钻井逾千口，航程超过60万公里，回收岩心9.5万多米。除冰雪覆盖的北冰洋以外，钻井遍及世界各大洋。深海钻探的原始资料与成果按每个航次一卷汇编成《深海钻探计划初步报告》，至1985年已出版80余卷。从1985年之后，深海钻探国际合作进入新境界。先后实施了国际大洋钻探计划（ODP，1985—2003）、综合大洋钻探计划（IODP，2003—2013）和国际大洋发现计划（IODP，2013—2023）。目前正在运行的IODP有23个成员国参与，依靠美国决心号、日本地球号和欧洲“特定任务平台”（并非固定的钻探船，每个航次根据不同情况租用不同的钻探船）三大钻探平台执行大洋钻探任务，年预算超过1.5亿美元。截至2020年初，三大钻探平台已经在世界各大洋执行了299个航次，打了3700多口钻孔，钻穿了接近100万米的沉积物和基岩，采集了超过42万米的岩芯和大量的观测数据。各国的科学家们利用这些地质资料实现了一系列科学突破，如验证海底扩张和板块构造、重建地质历史时期气候演化、证实洋壳结构、发现深部生物圈等。

大洋钻探计划的实施离不开深海钻探船的支持，世界上先后有3艘专用的深海钻探船发挥了重要作用，即挑战者号、决心号和地球号。挑战者号隶属美国，在DSDP计划中立下汗马功劳。决心号原为美国赛德科公司和英国石油公司所有的一艘商用石油勘探船，后经改装供大洋钻探计划使用，该船拥有1400平方米的7层实验室，可支持沉积学、岩石学、古生物学、地球化学、地球物理学等领域的分析研究。截至2003

年9月，共实施了111个航次的调查，在669个站位钻了1797个钻孔，总取芯数35772个，总长度35772米。2004年，大洋钻探计划为综合大洋钻探计划所取代，决心号继续为综合大洋钻探计划服役。地球号由日本三菱重工业公司建造，是世界上最大吨位的海洋探测船，船上配有最先进的航行控制系统和航海图以及6个旋转式深海钻探推进器，目的是在海洋地壳和上地幔之间寻找细菌，并从地幔取回沉积物和岩心，以研究地震发生的机制。

我国于1998年加入ODP，年付会费50万美元。1999年春，由我国科学家设计、主持的南海首次大洋钻探ODP 184航次顺利实施，推动我国进入深海基础研究的国际前沿。2004年4月26日，中国以“参与成员国”身份正式加入综合大洋钻探计划（IODP），年付会费100万美元，享受相应权益。2013年10月，我国加入国际大洋发现计划（IODP），大幅提高了资助强度，年付会费300万美元。我国参加IODP的相关工作由科技部牵头，协调财政部、基金委、国土资源部、教育部、海洋局和中科院等相关部门共同领导，同时成立了中国IODP专家咨询委员会和中国IODP办公室负责具体组织实施，办公室设在同济大学。在国际大洋发现计划运行的前4年（2014—2017），中国为IODP提供了3000万美元的资助，成为仅次于美、日和欧洲的第四大资助方。2014年1月至3月成功实施了新十年IODP的第一个航次——南海IODP 349航次，后又于2017年2月至6月，2018年11月至12月执行由中国科学家设计主导的IODP 367/368和368X航次，促使我国进入探索海洋成因的地球科学研究新阶段。自1998年参加大洋钻探以来，我国已有来自38家单位的140余位科学家上船参加了IODP航次，中国科学家的足迹遍布世界各大洋。[①]目前，中国还没有自己的大洋钻探船。隶属于自然资源部中国地质调查局的中国首艘面向深海万米钻探的大洋钻探船，已由中船集团第七〇八研究所设计，由中船黄埔文冲船舶有限公司承建，设计排水量达4.2万吨，预计2024年建成。

大陆科学钻探起步稍晚，始于20世纪70年代，苏联、德国、美国

---

①《中国IODP简介》,[2021-08-09],http://www.iodp-china.org/Data/List/zgiodpjs。

等在这方面做了大量工作。苏联实施了11口超深孔和深孔，其中的钻孔SG-3深达12263米，为迄今世界最深的超深孔，并已成为世界第一个地球深部实验室。德国于1987年至1994年间进行了大陆深钻计划科学钻探项目，主孔孔深达9101米。美国到1991年为止实施了7个项目，13个钻孔，此后又在夏威夷实施科学钻探。瑞典、法国及加拿大等国也都有自己的大陆科学钻探计划。[①]为了协调世界范围内的大陆科学钻探活动，实现资源共享和成果共享，1996年2月由德国、美国和中国共同发起了国际大陆科学钻探计划（ICDP），资助了一系列科学钻探项目，随后不断有新的国家和团体加入该计划。与此同时，我国在江苏省东海县超高压变质带内实施了中国大陆科学钻探工程，打出了国际大陆科学钻探项目中最深的科学井。大陆科学钻探计划产生了很多科研成果，其中一个重要方面就是挑战了传统的生物成因油气观，揭示出在生物物源相对贫乏的地下深处也会聚集巨量油气，使得油气的非生物成因成为研究焦点。[②]

地学研究最终不仅是为了寻找矿产资源，同时也是为了防范各种地质灾害，特别是地震。无论是大洋科学钻探还是大陆科学钻探，都有这两方面目的。除了基于科学钻探得到的地质资料开展地震研究，还有必要立足信息技术，将过去处在孤立状态的地震台站有机关联起来，使各种地震观测数据实时互联互通，并进行实时处理。有了这些庞大的地壳运动数据资料，一方面可以深入研究地震发生的机制，另一方面也可以进行地震预警工作。地震与地壳运动息息相关，高精度、高时空分辨率的“地壳运动图”有助于研究地壳运动的规律。20世纪90年代以来，全球大地震活动增强，仅1995年全球就发生了33次7.0级以上的大地震，为20世纪平均值的1.8倍。全球主要地震活动带呈现全面活跃的趋势，预示着地球可能进入地震异常活跃的时期。20世纪90年代初，我国在全球卫星导航系统的研究与应用上已经有了一些进展，但是相比于发达国家对地震的预防与应对经验，仍有显著差距。一方面，我国用于

① 王达:《中国大陆科学钻探工程项目进展综述》,《探矿工程》,2002年第6期,第47—53页。

② 董树文,李廷栋,等:《深部探测技术与实验研究(Sino Probe)》,《地球学报》,2011年增刊,第3—23页。

地壳运动监测方面的全球卫星导航系统连续观测基准站数量较少，空间分布不均，整体偏向东部地区，可以定期复测的站点数量严重不足，据此获得的全国地壳运动图像和参数无法为地震预报提供实时或准实时信息。另一方面，各级省市部门之间基于自身需要建设的区域内观测点和数据处理中心，尚未实现连通和数据共享。[①]其结果是，我国的全球卫星导航系统数量和分布，仅能在一些点和小范围内获得数据，不能对大范围的形变场进行动态监测，严重制约着地震的预测预报能力，这就要求建立一个有能力对我国大陆主要块体的运动进行高精度、大范围实时监测的观测网络。1997年立项建设的中国地壳运动观测网络就是这方面努力的结果。此项大科学工程由中国地震局牵头，联合中国人民解放军总参谋部测绘局（简称总参测绘局）、中科院和国家测绘局共同建设，已经于2000年底建成。此后，我国又立项建设了中国大陆构造环境监测网络，算是地壳运动观测网络的升级版。

二、寻觅“深海”

海洋约占地球表面积的70%，而海洋接近90%的面积是水深超过1000米的深海。中等水深区域是地球上最大的生态系统，深海海底沉积物是地球上最大的基因储库，整个地球海底之下底层中的古细菌总量相当于陆地土壤中各种微生物总量的3倍。深海里蕴藏着丰富的油气、矿产、生物等战略资源，地球上油气总储量的40%来自深海，作为未来替代能源的“可燃冰”也主要来自深海。要开发海洋资源，防止海洋自然灾害，确保国家海洋安全，就必须重视海洋，研究海洋；而要研究海洋，科学考察船（简称科考船）与潜水器就是必备工具。

科考船的历史至少可以追溯到1872年。这年12月，英国皇家海军挑战者号从朴茨茅斯起航，进行了有史以来最为浩大的综合性海洋调查。调查历时四年，所获得的资料和样品经76位科学家长达二十三年的整理分析，最后写出了50卷共计2.95万页的调查报告。[②]这些成果丰

① 周昌贤：《GPS技术在监测地震与地壳运动中的应用》，《科技创新导报》，2009年第32期，第20页。

② 孙洁：《叩问地球深层的探索——大洋科学考察船》，《海洋世界》，2011年第12期，第48—49页。

富了人们对海洋的认识，也为海洋科学的建立奠定了基础。此后，德国、俄国、挪威、丹麦、瑞典、荷兰、意大利、美国等许多国家都相继派遣科考船进行环球或区域性海洋考察，推动海洋研究进入了快车道。到了20世纪，科考船已经是海洋科学研究的标配，发达国家也都建造了各有特色的科考船。1947年至1948年瑞典信天翁号科考船的热带大洋调查，被海洋学家誉为“近代海洋综合调查的典范”。建于1997年的美国亚特兰蒂斯号科考船，可容纳23名船员、23名科学家和13名潜水员，并搭载了深海潜水器“阿尔文”。迈向新世纪，比较有代表性的海洋科考船有美国的斯库里奥克号、英国的詹姆斯·库克号以及挪威的耶奥格·萨尔斯号。其中，斯库里奥克号科考船是2007年美国国家科学基金会资助建造的一艘阿拉斯加地区专用科考船，2012年下水，装有破冰船首、加强型船体、2部可旋转360度的冰区加强推进器和带有圆齿的螺旋桨桨叶。2006年建成的詹姆斯·库克号是环境综合考察船，还可用于海洋钻探取芯。2003年建成的耶奥格·萨尔斯号是一艘低噪声的多功能海洋科学考察船，可以进行矿物评估、环境数据采样、地震调查、海底测绘、海洋物理与化学分析、地质采样及潜水器操作等。①

自20世纪50年代开始，我国就积极尝试建造科考船，开展海洋科学研究。到21世纪初，我国已经有了40多艘科考船。这些船只大部分建造于20世纪70年代末和80年代初，船舶整体性能和船载仪器装备都比较落后，缺乏深海大洋综合科学考察能力。②其中最著名的是“大洋一号”，它是中国第一艘现代化的综合性远洋科考船，是1994年为了海洋矿产资源调查的需要从俄罗斯购置后并改装而成。但是这些科考船远远不能满足我国海洋科学事业发展的需要，总体情况是“旧船多，新船少；专业船多，综合船少；用于近海科学考察的船多，具有深海和远洋探测能力的船少。”③正是在这种背景下，我国陆续建造了实验一号、探索一号和科学号总近10艘海洋科学考察船。这些科考船特别是科学

① 张丽瑛，张兆德：《海洋科学考察船现状与发展趋势》，《船海工程》2010年第4期，第60—63页。

② 孙松：《走进深海大洋——科学号海洋科学综合考察船》，浙江教育出版社，2016年，第32页。

③ 张毅：《用生命谱写蓝色梦想：张炳炎传》，上海交通大学出版社，2016年，第136页。

号的建造和投入使用，将我国科考船的建造推升到一个新的高度，为我国海洋科学研究提供了强大的支撑。

科考船只有配备潜水器，才能更好地开展深海考察。深海潜水器也不是完全自主运行的，必须依靠母船补充能量和氧气，每次海试结束后都会被收回到母船。最初的潜水器，基本结构是深水球和浮力舱的结合。这种潜水器由于具有很大的浮力舱，又要在海上装载大量汽油，因此建造与使用都很不方便。后来，发展出自由自航式潜水器，能够在水下自由航行和运动。潜水器有无人潜水器和载人潜水器两种。自20世纪50年代以来，深海载人潜水器技术进步神速，下潜深度从最初的几十米跃升到6500米，特别是法国、俄罗斯（苏联）、日本、美国等都有了6000米级深海载人潜水器。这些装备可到达的范围包括大陆坡、海山、火山口、洋脊以及6000米的洋底，使科学家在地质、沉积物、生物、地球化学和地球物理等方面获得了大量科学发现。日本于1989年建成了潜深为6500米的“深海6500”载人潜水器，质量为26吨，装有三维水声成像等先进的研究观察装置，可旋转的采样篮使操作人员可以在两个观察窗视野下进行取样作业。苏联和芬兰于1987年联合研制了两艘6000米级载人潜水器“和平1”和“和平2”，质量各为19吨，备有高分辨率的主体摄像系统，还带有12套检测深海环境参数和海底地形地貌的科学研究设备。2002年，我国科技部将深海载人潜水器研制列为国家高技术研究发展计划重大专项，启动了蛟龙号载人深潜器的自行设计、自主集成研制工作。在国家海洋局组织下，中国大洋协会作为业主具体负责蛟龙号载人潜水器项目的实施，并会同中船重工集团公司702所、中科院沈阳自动化研究所和中科院声学研究所等约100家科研机构与企业联合攻关，攻克了一系列技术难题。经过六年努力，完成载人潜水器本体研制、水面支持系统研制、试验母船改造以及潜航员选拔与培训工作。2009年至2012年，蛟龙号接连取得1000米级、3000米级、5000米级和7000米级海试成功。2012年7月，在马里亚纳海沟试验海区下潜7062米，创造了世界同类作业型潜水器的最大下潜深度纪录，意味着我国具备了载人到达全球99.8%以上海洋深处进行作业的能力，也标志着我国掌握了载人深潜的核心技术。[①]为了攻克技术国产化关，2009年，中国船舶重工集团开始牵头研制我国第二台大深度载人深潜器深海勇士号，于2017年交付，虽然其下潜深度为4500米，但其关键技术国产化率超过了95%。2016年，作为“十三五”国家重点研发计划深海关键技术与装备重点专项，全海深万米载人潜水器项目立项，其研发力量主要来自蛟龙号和深海勇士号载人潜水器的研发团队。2020年6月19日，全海深万米载人潜水器正式命名为奋斗者号。11月10日奋斗者号载人潜水器在马里亚纳海沟成功坐底，坐底深度10909米，创造了中国载人深潜的新纪录。

在我国深海科考装备建设中，民营资本也开始发挥重要作用。于2015年开建并于2016年建成下水的张謇号科考船是中国第一艘专为深渊海沟科考设计的船舶，由上海海洋大学深渊科技中心联合多家民营企业出资研制。作为中国万米级载人深渊器彩虹鱼号的科考母船，张謇号首次将载人潜水器母船、远洋科学综合考察、深海工程作业支持等功能有机结合在一起，可以承担深渊科学考察任务，并兼具海洋事故救援、水下考古、深海探险与观光等功能。这些发展体现了我国海洋科考装备发展的多元化趋向。

第二节　中国地壳运动观测网络

中国地壳运动观测网络（业界简称网络工程）是“九五”时期国家重大科学工程项目。它是依托全球卫星定位系统（GPS）观测技术，辅以已有的甚长基线射电干涉测量（VLBI）和人造卫星激光测距（SLR）等空间测量技术，结合精密重力和精密水准测量方法，在全国范围内对地壳运动进行高精度和高分辨率监测的网络。[②]通过监测地壳运动，可

① 崔维成，宋婷婷：《“蛟龙号”载人潜水器的研制及其对中国深海探索的推动》，《科技导报》，2019年第16期，第108—116页。

② 牛之俊，马宗晋，陈鑫连，等：《中国地壳运动观测网络》，《中国地震学会地壳形变测量专业委员会2001年学术年会论文集》，2001年，第1—8页。

以为地球科学基础研究提供大量实测数据，满足地震预测预报、大地测量和国防建设的需要，同时服务于气象预报、电离层监测、海平面监测和GPS导航增强等领域。中国地壳运动观测网络于1997年获批立项，由国家地震局牵头，联合总参测绘局、中科院和国家测绘局共同建设，2000年底建成，动态总投资1.4721亿元。“十一五”期间，又实施了二期工程中国大陆构造环境监测网络（简称陆态网络），对观测网的站点密度、观测方式和应用功能等方面进行了大幅度升级。[①]陆态网络于2006年获批立项，2007年开工建设，2012年完工，项目总投资5.2417亿元。陆态网络的建成，使我国在相关领域达到世界先进水平。

一、中国地壳运动观测网络的立项建设

1. 立项背景及过程

20世纪90年代以来，全球大地震活动增强，仅1995年全球就发生了33次7.0级以上的大地震，为20世纪平均值的1.8倍。全球主要地震活动带呈现全面活跃的趋势，预示着地球可能进入地震异常活跃的时期。我国有多条地震活跃地带，频繁的地震威胁着人们的生命和财产安全，因此，防震减灾一直是我国高度关注的议题。[②]地震与地壳运动息息相关，高精度、高时空分辨率的“地壳运动图”有助于研究地壳运动的规律。[③]

20世纪90年代初，我国在全球卫星导航系统（GNSS）的地震研究与应用上已经有了一些进展，但是相较于发达国家，仍有显著差距。一方面，我国用于地壳运动监测的GNSS连续观测基准站数量较少，空间分布不均，整体偏向东部地区，可以定期复测的站点数量严重不足，据此获得的全国地壳运动图像和参数无法为地震预测提供实时或准实时信

---

① 甘卫军，张锐，张勇，等：《中国地壳运动观测网络的建设及应用》，《国际地震动态》，2007年第7期，第43—52页。

② 张培震，邓起东，张竹琪，等：《中国大陆的活动断裂、地震灾害及其动力过程》，《中国科学：地球科学》，2013年第10期，第1607—1620页。

③ 肖显静，陆群峰：《大科学工程“中国地壳运动观测网络”效益分析》，《工程研究——跨学科视野中的工程》，2007年第1期，第218—228页。

息。[①]另一方面，各级省市部门之间基于自身需要建设的区域性观测站，尚未实现连通和数据共享。[②]其结果，我国的GNSS不能对大范围形变场进行动态监测，严重制约着地震预测预报能力。建立一个有能力对我国大陆主要块体的运动进行高精度、大范围实时监测的观测网络，可以为相关地球科学研究和地震预报提供依据。

1994年10月，国家地震局提出中国地壳运动观测网络的立项申请。同年4月，国家地震局联合有关各方成立了科学工程筹备委员会，邀请两院院士评议团进行实地考察，获得相关数据资料，并两次举行地壳运动观测网络项目评议。1996年7月，国家科技领导小组审批六个国家重大科学工程项目时，中国地壳运动观测网络被列为首选。1996年8月，国家地震局联合总参测绘局、中科院和国家测绘局成立了科学工程执行委员会，国家地震局局长陈章立出任主任，其他三方局长出任副主任，设专家组，马宗晋院士为首席科学家。同年11月，国家科委、国家计委组成以邓楠副主任为组长的项目协调领导小组，国家科委、国家计委主管司长和执委会正副主任为其成员。在协调领导小组领导下，科学工程执委会组织四方编制立项建议书并上报国家计委。1997年4月8日，国家计委批复同意立项建议书。科学工程执委会和首席科学家组织四方专家，根据立项建议书评估意见，开始编制可行性研究报告，其间，对网络布设方案中的1000多个站址进行了初步设计和选定，收集了相关区域地质、地貌、人文地理等背景资料，初步制定了建设规程、技术标准、共享约定、管理规程等，初步安排了相关技术开发和相关设备购置事宜，并筹划了集中培训方案和部分培训教材。同年6月，工程执委会将可行性报告上报国家计委，同时编制了工程设计和开工报告。[③]1997年12月，项目可行性报告获批复后，即启动建设进程。[④]

---

① 科学工程执委会：《中国地壳运动观测网络可行性研究报告》，中国地震局地壳运动监测工程研究中心档案室，2007年。

② 周昌贤：《GPS技术在监测地震与地壳运动中的应用》，《科技创新导报》，2009年第32期，第20页。

③ 科学工程执委会：《中国地壳运动观测网络可行性研究报告》，中国地震局地壳运动监测工程研究中心档案室，2007年。

④ 张祖胜：《中国地壳运动观测网络》，《中国基础科学》，2001年第3期，第45—49页。

2．中国地壳运动观测网络的建设

中国地壳运动观测网络建设工期预定48个月，工程静态总投资为1.394亿元。国家项目协调小组负责对本工程的总体领导和协调。科学工程执委会协力推进工程建设，项目实施采用首席科学家领导下的总工程师技术负责制和总会计师财务负责制。

我国之前有2个甚长基线射电干涉测量站（上海、乌鲁木齐）、4个人造卫星激光测距站（上海、武汉、北京、长春）和5个IGS全球地面跟踪站（上海、武汉、北京、拉萨、乌鲁木齐），这些站均参与美国宇航局、国际GNSS等组织的国际联测和数据交换。国家地震局在主要地震区布设了140个测点、分布于七个区域的GPS监测网，总参测绘局建立了40个一级GPS点，国家测绘局建立了27个站点的国家GPS A级网。此外，国家攀登计划支持建设了22个GPS点，用于地球动力学研究。这些已有站点可以作为观测网的一部分使用。[①]

“网络工程”主要包括四个部分：基准网、基本网、区域网、数据传输及数据处理中心。基准网是中国地壳运动观测网络的基本框架，可以随时获取大陆地壳运动的时空变化趋势，为基本网和区域网观测和数据处理提供同步观测数据。基准网由25个全天候GPS连续观测基准站组成，其中5个站并置固定人造卫星激光测距观测，2个站并置固定甚长基线射电干涉测量观测。每个基准站建设一个有GPS观测标墩的16平方米的正方形观测室及一间20平方米的工作间。观测标墩是一个下部直径为0.6米、高为2—5米、由混凝土浇筑成的观测墩，顶部有不锈钢制成的具有强制归心装置的基座，用于安装GPS接收机天线，基座中心即为测量地壳运动的标志。观测墩上还有可供水准测量和重力测量的测量标志。配备了卫星传输设备的基准站，可以实现数据的自动定时传输。

基准网的主要技术指标完成情况如下：基准站相邻站间GPS基线长度年变化率测定的设计精度为2毫米，实测精度为1.3毫米；GPS卫

---

① 科学工程执委会:《中国地壳运动观测网络可行性研究报告》,中国地震局地壳运动监测工程研究中心档案室,2007年。

星精密定轨设计精度为：与IGS联网0.5米，独立定轨2米，实测精度分别达到0.3米和0.5米；VLBI相邻站间基线年变化率测定设计精度2毫米，实测精度为1.5毫米；固定SLR绝对坐标测定精度设计为3厘米，实测精度为2.1厘米；绝对重力测定设计精度$5\times10^{-8}m/s^2$，实测精度为$0.8—4.9\times10^{-8}m/s^2$。①

基本网由56个定期复测GPS站组成。每个基本站建设一个GPS观测标墩，标墩的规格和形式与基准站的相同，以便日后有条件时可升格为基准站。由于只是定期观测，无需配备天线罩。网络中安排4台GPS接收机专门用于基本网的观测，实际作业时尚需调集多台GPS接收机联合观测以提高工作效率和观测精度。基本网定期获取我国大陆主要构造块体间的相对运动和变化图像。基本网要求相邻站间基线每期测定精度为水平分量5毫米，垂直分量15毫米。建成后的实测精度为：水平分量优于3毫米，垂直分量优于10毫米，而全网基线相对精度达到了3×10^{-9}。

区域网由1000个不定期复测的GPS站组成。每个区域站需建设一个GPS观测标墩，其顶部嵌有天线强制归心标志，标志的规格和形式与基准站、基本站的相同，由于只是定期观测，无需配备天线罩。为满足区域网GPS测量的要求，区域网中专门配备了19台GPS接收机和18辆越野车及相应的附属设备供测量用。区域网主要沿活动构造带、地震带和地震重点监视防御区布设，直接为地震预测预报服务。区域网设计的技术指标和基本网一样，相邻站间GPS基线每期测定的精度：水平分量为5毫米，垂直分量为15毫米。建成后的实测精度为：水平分量优于3毫米，垂直分量优于10毫米。②

数据传输与分析处理系统由一个数据中心和三个数据共享子系统构成。数据中心由数据传输系统、数据库系统和数据处理分析系统三部分构成，设在北京的中国地震局防震减灾中心，进行常规数据处理与分

① 牛之俊，马宗晋，陈鑫连，等：《中国地壳运动观测网络》，《大地测量与地球动力学》，2002年第3期，第88—93页。

② 牛之俊，马宗晋，陈鑫连，等：《中国地壳运动观测网络》，《大地测量与地球动力学》，2002年第3期，第88—93页。

析，为地震监测预报提供服务。三个数据共享子系统分别是总参测绘局数据子系统、中科院数据子系统和国家测绘局数据子系统，每个子系统由局域网络和相应软硬件组成。其中，总参测绘局数据子系统设在西安测绘研究所，主要服务于国防建设，同时兼顾大地测量的需要；中科院数据子系统设在上海天文台，主要服务于天文地球动力学研究和亚太地区空间地球动力学；国家测绘局子系统设在北京国家基础地理信息中心，以国家测绘局GPS数据中心为基础进行改造与更新，主要服务于国家大地测绘的需求。

2000年12月项目提前一年完成建设任务，通过国家计委组织的验收并投入使用。验收组认为：中国地壳运动观测网络是世界上高精度、连续观测、覆盖面积最大的地壳运动观测网络，它的竣工验收标志着我国在大陆地震研究领域进入了世界领先水平。①

3. 中国地壳运动观测网络的运行与成果

地壳运动观测网络具有实施阶段难度高、运行阶段时间长、承担单位系统多的特点，因此由中国地震局（1998年国家地震局更名为中国地震局）牵头，总参测绘局、中科院和国家测绘局四方共同承担工程的建设和运行管理，并在运行中统一管理，以便四方共尽义务、同享权利。②为此，特别成立了中国地震局地壳运动监测工程研究中心（简称地壳工程中心），负责日常运行管理。

观测网的各部分由于目的、功能不同，运转方式也不同，大体如下：

基准网：其运行方式是“有人看护、无人值守”。观测站的GPS测量进行每天24小时常年连续观测，平时采样率为每30秒1次，但最小采样间隔可缩短为1秒或0.5秒1次，以便在地震时观测同震位移。每天的观测数据定时通过卫星传输到数据分析处理中心，进行准实时数据处理。基准站上的甚长基线射电干涉测量采用定时观测，每年观测12次，

①《中国地壳运动观测网络验收报告》，中国地震局地壳运动监测工程研究中心档案室，2000年。

② 肖显静，陆群峰：《国家大科学工程“中国地壳运动观测网络”管理与运行模式分析》，《中国科技论坛》，2008年第2期，第27—31，34页。

每次连续观测12小时。基准站上的人造卫星激光测距站视各站当地天气情况，在条件许可的夜晚进行连续观测。

基准站：在工程建设期间进行两次绝对重力测量，第一次在标墩埋设后进行，以测定基准站的重力本底值，两年后再重复观测一次以测定基准站的重力变化。基准站还需与基本站一起进行一次水准测量和相对重力测量，以确定基准站的高程和重力值。

基本站：只进行定期复测，复测周期为两年，每次测量连续观测8天，采样率为30秒1次。观测数据用硬盘或光盘送交数据分析处理中心进行处理。基本站建设完成后进行了一次全面的GPS观测和相对重力、精密水准测量，以获得基本站的坐标、高程和重力本底值。每两年需要进行一次GPS重复观测和相对重力测量，以检验基本网是否达标。

区域网：在区域网标墩建成后进行过一次全面的GPS测量，连续观测四天，测定了区域网站的坐标。根据震情监测的需要，区域网需进行不定期复测。采样率为30秒1次，观测数据用磁盘或光盘送交数据分析处理中心，处理后为震情分析和地震预报服务。地震发生时的区域网应急机动加密观测，由应急流动观测组实施。

数据传输处理分析系统：采用有人值守、全天24小时不间断运行的方式，担负网络运行管理、常规数据处理与分析的任务。

中国地壳运动观测网络一期工程的各项指标均达到或超过设计要求，建成以来提供了大量高精度观测资料，在地震监测预报、相关科学技术研究、测绘测量等方面产生了显著的科学、社会和经济效益。第一，观测网络覆盖我国95%左右的国土，将地面定位的传统测量精度提高了几个量级，观测效率提高了百千倍，第一次实现了全国范围地壳运动的准同步监测，从根本上改善了我国地球表层的动态监测方式和功能。第二，观测网得到的大量观测数据帮助我国自主发布了GPS卫星精密星历，用于国内的大地测量、军事测绘等，摆脱了精密星历完全依赖国外的历史，而基于观测网产出的中国地壳运动图，包括中国大陆地壳运动速率矢量图、主要构造块体间相对运动图及各基准站位移的时间序列图，为我国地震预报服务提供了基础资料。第三，形成了国家GPS大地控制网，极大提高了我国大地控制网的精度，改进了我国地心坐标系，促进了测绘基准的精化与维持，而总参测绘局利用基准站的数据，基于大跨度测量相对精度的提升，实现了新一代军控网的快速布设，提高了布设的灵活性和经济性。第四，有力地促进了地球科学基础研究，为国家重点基础研究发展规划项目、国家攀登计划项目等提供了强有力的数据支持，促进了地球动力学研究、大陆强震机理与预测研究。第五，观测网为城市空间信息基础设施建设提供了参考基准，广泛应用于城市控制测量、三峡水库、南水北调、西气东输、青藏铁路等工程。第六，观测网还推动了我国相关领域的国际合作。[①]基于观测网，中国与欧盟开展了伽利略合作计划，并与欧洲航天局联合实施了欧洲地球静止导航重叠服务（EGNOS）在中国的测试与导航应用项目。[②]2002年，我国成为国际全球导航卫星系统服务执委会成员之一。

二、中国地壳运动观测网络二期工程

1. 立项背景及过程

中国地壳运动观测网络在基础建设方面达到了同期国际先进水平，并在运行中取得了显著成效。但是随着GPS应用领域的扩展和科学研究的深化，中国地壳运动观测网络的站点密度和观测方式难以满足更多用途和更高时空分辨率的实际需求。观测网能够获得的地壳运动的大尺度变化图像为100—1000千米量级，要想获取更小尺度范围内的地壳形变特征，就需要提高观测网的精度，增加连续观测站的数量并进行合理布设。不仅如此，为了降低观测网应用的GPS技术受制于美国的潜在危险，也需要实现卫星系统技术支持的多样化。GPS随着观测能力的提升，不再局限于大地测量和地壳运动监测，而是发展为大气水汽含量和电离层电子浓度等空间物理参量的准实时监测，这使得GPS观测网技术向密集化站点、连续观测和实时数据传输发展。[③]这样，提升和改善

---

①《地壳运动监测工程研究中心建设项目》，中国地震局地壳运动监测工程研究中心档案室，2008年。

②《中欧伽利略计划（IOV阶段）合作大会顺利召开》，《中国科技信息》，2006年第12期，第7页。

③《中国大陆构造环境监测网络可行性研究报告》，中国地震局地壳运动监测工程研究中心档案室，2008年。

观测网的站点密度和观测方式就成了当务之急。

为此，我国“十一五”期间实施了中国地壳运动观测网络二期工程中国大陆构造环境监测网络（简称陆态网络）建设，对观测网的站点密度、观测方式和功能等方面进行升级改造。[①]此项目由中国地震局牵头，在中国地壳运动观测网络共建四部门（中国地震局、总参测绘局、中科院、国家测绘局）的基础上，增加中国气象局和教育部作为共建单位。[②]陆态网络吸纳了当时最主要的多种空间对地观测技术，包括GNSS、甚长基线射电干涉测量、人造卫星激光测距、合成孔径雷达干涉InSAR等。其中，GNSS提供了高精度、低成本和全天候的大地测量及地壳运动观测工具，为流层水汽含量和电离层电子密度的实时监测提供了独特手段。[③]

2006年10月，陆态网络通过国家发改委组织的立项建议评估。2007年4月18日，根据国家发改委《关于陆态网络国家重大科技基础设施项目建议书的批复》的意见，中国地震局联合总参测绘局、中科院、国家测绘局、中国气象局和教育部开展可行性研究报告，并由六方专家与中国电子工程设计院共同组成可研报告编制组，编写《中国大陆构造环境监测网络项目可行性报告》报送国家发改委。[④]2007年8月国家发改委批复可行性研究报告，将其列入国家高技术产业发展计划。项目主要建设内容包括基准网、区域网和数据系统，建设期四年，总投资按5.49亿元控制，其中，建筑工程费6255万元，设备仪器及软件购置费3.2亿元，系统集成与安装工程费1539万元，其他费用1.18亿元，基本预备费3356万元。项目费用全部由国家安排资金解决，项目建成后所需运行经费另行向财政部申请解决。中国地震局地壳运动监测工程研究

---

① 甘卫军，张锐，张勇，等：《中国地壳运动观测网络的建设及应用》，《国际地震动态》，2007年第7期，第43—52页。

②《中国大陆构造环境监测网络可行性研究报告》，中国地震局地壳运动监测工程研究中心档案室，2008年。

③ 甘卫军，李强，张锐，等：《中国大陆构造环境监测网络的建设与应用》，《工程研究——跨学科视野中的工程》，2012年第4期，第324—331页。

④《关于报送中国大陆构造环境检测网络项目可行性研究报告的函》，中国地震局地壳运动监测工程研究中心档案室，2008年。

中心是项目法人，另外五家单位共同参加项目建设，项目建成后由地壳工程中心负责运行管理和发展，保证系统的开放和共享。[①]受国家发改委委托，六部门于2007年9月26日联合批复陆态网络初步设计技术方案。在此基础上，国家发改委于10月8日核准陆态网络初步设计概算，项目总投资5.22亿元。2007年12月18日，中国大陆构造环境监测网络工程执委会第一次全体会议暨开工仪式在京举行。

2. 中国大陆构造环境监测网络的建设

2007年12月18日，中国大陆构造环境监测网络工程开工仪式在京举行。建设伊始，在国家发改委的组织和领导下成立了陆态网络工程执行委员会（简称执委会）。执委会由参建各方主要领导组成，主任1人，由中国地震局局长担任；副主任6人，由参建各方主要负责人担任。地壳工程中心承担陆态网络项目法人职责，实行分层管理，地壳工程中心为一级管理单位，各共建单位中国地震局地质研究所、中国人民解放军61363部队、中科院上海天文台、国家测绘地理信息局国家基础地理信息中心、中国气象局气象探测中心、教育部所属中国地质大学（武汉）为二级管理单位，各部门所属80多个工程实施单位为三级管理单位。

为了有效进行施工协调和管理，陆态网络开工建设之初，就建立了有针对性的管理办法和质量管理实施细则。各级建设单位均成立了质量管理组，并形成了“技术专家＋职业监理”一体化质量控制的监理工作模式。地壳工程中心通过公开招标确定北京赛迪信息工程监理公司作为第三方监理单位，并由北京赛迪监理公司和陆态网络共建六部门专家组成技术监理组。监理工作分土建监理和技术监理，土建监理公开招标，而技术监理采用六部门间交叉监理。整个项目建设实行三级管理，与此对应，陆态网络监理分为一级监理、二级监理和三级监理（图9—1）。[②]

---

①《关于中国大陆构造环境监测网络国家重大科技基础设施项目可行性研究报告的批复》，中国地震局地壳运动监测工程研究中心档案室，2008年。

②《中国大陆构造环境监测网络验收报告》，中国地震局地壳运动监测工程研究中心档案室，2008年。

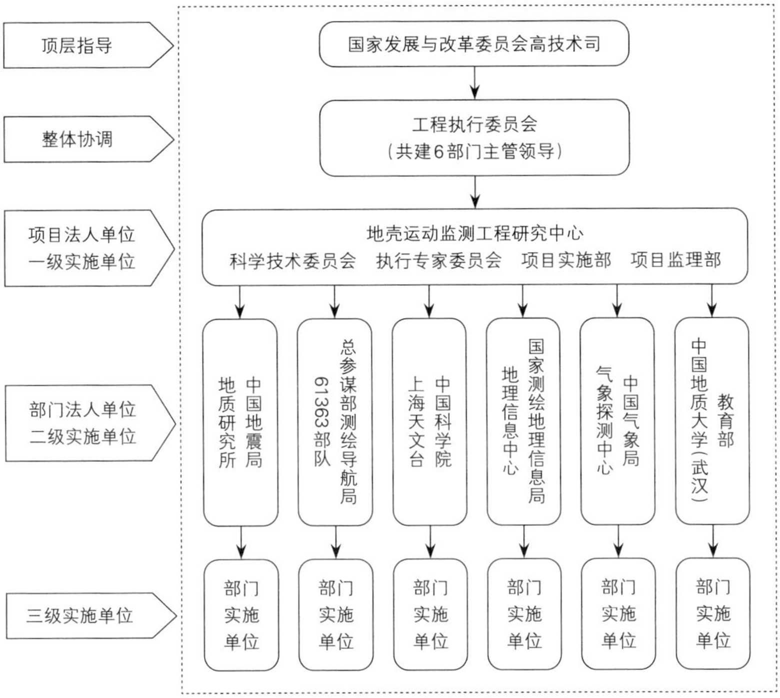

图9－1　“陆态网络”工程的组织架构①

陆态网络于2007年12月18日开工建设。2010年7月，项目建设六部门联合向国家发改委提出申请，在不改变项目批复的建设内容与建设规模的条件下，增强陆态网络运行维护设施建设，并建议所需经费从陆态网络设备采购节余经费中解决。2010年底，陆态网络基本完成项目初步设计批复的主要建设任务，部分基准站于2009年完成设备安装调试后，立即开始试运行。2011年4月初，地壳工程中心组织专家对项目进行了初步验收，初步验收通过后项目进入总体试运行，试运行期间各系统运行正常，满足初步设计和试运行管理办法中的各项指标要求。试运行期间，对基准网、数据系统、数据处理专用软件和总体技术指标进行了测试，测试完成后，2011年6月底地壳工程中心组织对各共建单位承担的基准网、区域网和数据系统建设任务进行了部门验收，形成了三个

① 甘卫军，李强，张锐，等：《中国大陆构造环境检测网络的建设与应用》，《工程研究——跨学科视野中的工程》，2012年第4期，第324—331页。

分项的部门验收意见，各共建部门承担的各分项工程全部通过部门验收。同年7月，国家发改委批复同意对陆态网络项目的建设内容进行适当调整，在项目原有批复建设内容的基础上，增加台站监测系统、维护保障系统和检测测试系统等建设内容，项目总投资由5.22亿元调至5.24亿元。2011年11月，陆态网络初步设计批复和项目调整批复的主要建设内容全部完成，项目总投资预算的5.24亿元全部拨付到位，实际完成投资5.04亿元。①

2012年3月，陆态网络通过国家发改委组织的国家验收。由35位专家组成的验收委员会认为：该项目建成了高精度、高分辨率、具有连续动态监测功能的多用途、开放型和数据资源共享的国家地球科学综合观测网络，与美国板块边界观测网络和日本地震综合监测网络一同成为世界上性能指标最先进的三大地壳运动观测网络。②

陆态网络主要建设内容包括基准网、区域网和数据系统三个分项。其中基准网由260个GNSS基准站、30个连续重力站、3个VLBI站、6个SLR站、8套可移动GNSS基准站、1个流动SLR站和运行维护设施等组成；区域网由2000个GNSS区域站和70个InSAR角反射器站组成；数据系统由1个国家数据中心、5个数据共享子系统和8个专业软件包组成。③陆态网络总体技术指标为：逐月产出中国地壳运动图，GNSS基准站水平运动速度矢量各分量精度优于每年2毫米；可以每小时产出中国大气可降水量分布图，观测站精度达到4毫米；可以每日产出精密星历，独立定轨精度优于0.2米，与IGS联网精度优于0.05米；GNSS基准站电离层总电子含量（TEC）优于每平方米2电子数；在ITRF中台站的三维坐标精度要求基准站优于20毫米，VLBI站和SLR固定站优于5毫米，流动SLR站优于8毫米；区域站坐标变化的测定精度水平优于

---

①《中国大陆构造环境监测网络验收报告》，中国地震局地壳运动监测工程研究中心档案室，2008年。

② 国家地震局：《国家重大基础设施中国大陆构造环境监测网络》，《防灾博览》，2012年第2期，第16—25页。

③《中国大陆构造环境监测网络验收报告》，中国地震局地壳运动监测工程研究中心档案室，2008年。

5毫米，垂直优于10毫米。[①]

基准网采用总体均匀和重点加密的布网原则，满足不同观测目的的需求，在边境地区适当设站，在重要岛礁设站。区域网在一般地区采用均匀布点，在地震重点监视防御区、构造活动强烈地区以及活动地块边界带两侧适当加密；中国西部地区适当加密，沿交通干线布设若干剖面；东南沿海适当加密。基准网由260个GNSS连续观测基准站组成，其中3个基准站并置有SLR观测、30个基准站并置连续重力观测，建设1个超导重力站、8套可移动GNSS基准站和1个流动SLR站，并进行精密水准测量、相对重力联测和绝对重力测定。基准站较为均匀地分布于中国大陆，在重要构造区域或地震重点监视区进行适当加密，在中国周边的缅甸、老挝各建设2个基准站。基准站连续观测数据通过专线和卫星通信实时传输至国家数据中心。基准网新建233个GNSS基准站，改造已有的27个GNSS基准站；新建20个连续重力站和1个超导重力站；运行维护设施新建1个监控中心、1个检测实验室、1个维护维修保障中心和6个区域保障站。[②]

区域网新建1000个GNSS区域站和70个InSAR角反射器观测墩。新建的区域站与原有的区域站相结合，形成一个由2000个区域站构成的观测网。[③]一期工程原有的55个GPS基本站，除少部分被升级改造为连续观测基准站外，均归入2000个区域站之中，不再单独存在。[④]

数据系统的建设包括1个国家数据中心与5个数据共享子系统。改造现有中国地壳运动网络数据中心和3个数据共享子系统，即总参测绘导航局共享子系统、中科院共享子系统和国家测绘地理信息局共享子系统，新建2个数据共享子系统，即中国气象局共享子系统和教育部共享

---

① 地壳运动监测工程研究中心：《中国地壳运动观测技术规程》，中国环境科学出版社，2006年，第1页。

②《中国大陆构造环境监测网络验收报告》，中国地震局地壳运动监测工程研究中心档案室，2008年。

③《中国大陆构造环境监测网络验收报告》，中国地震局地壳运动监测工程研究中心档案室，2008年。

④ 甘卫军，张锐，张勇，等：《中国地壳运动观测网络的建设及应用》，《国际地震动态》，2007年第7期，第43—52页。

子系统，并开发8个专业软件包，分别是GNSS精密定轨定位数据处理软件、GNSS精密单历元数据处理软件、GNSS水汽含量处理分析软件、GNSS电离层电子密度处理分析软件、GNSS可移动基准站实时定位服务软件、重力数据处理与分析软件系统、VLBI数据处理软件和SLR数据处理软件。

项目购置设备共4153台套，主要观测设备有：GNSS接收机和天线312台套，相对重力仪30套，绝对重力仪1套，超导重力仪1套，三要素气象仪294套，可移动GNSS基准站设备8套，原子频标24套，野外观测车辆109辆，更新改造SLR 6套，VLBI 3套，SLR观测设备1套，以及供电、通信、计算等设备和通用软件等。①

3. 中国大陆构造环境监测网络的运行与成就

2010年8月，地壳工程中心制定发布了《中国大陆构造环境监测网络试运行管理办法》，根据该办法，各基准站分批进入试运行。2011年4月，地壳工程中心组织专家对项目进行了初步验收，随后项目进入总体试运行阶段。试运行期间，各共建单位密切配合，按照地壳工程中心统一安排进行调整完善，各系统运行正常，满足了初步设计和试运行管理办法中的各项指标要求。2012年3月通过国家验收后，陆态网络正式开始运行。

陆态网络的观测数据包括：260个基准站的卫星定位观测数据、2000个区域站的卫星定位观测数据、1260个站点在国际地球参考框架中的高精度坐标、绝对相对流动观测数据和相对、超导连续观测重力数据、精密水准联测数据、甚长基线干涉VLBI测址观测数据、人卫激光测距SLR观测数据。基于这些数据，可以生成的数据产品包括：中国大陆地壳运动图、全国应变场变化图、全国重力场变化图、大气可降水址分布变化图、电离层电子密度变化图。这些数据产品是探讨地壳运动的时空变化规律、构造变形的三维精细特征、地震短临阶段的地壳形变时空变化特征、现代大地测量基准系统的建立和维持、汛期暴雨的大尺

①《中国大陆构造环境监测网络验收报告》，中国地震局地壳运动监测工程研究中心档案室，2008年。

度水汽输送模型、中国上空电离层动态变化图像及空间天气等科学问题的资料基础，同时也为我国防震、减灾、军事、测绘、精密导航等领域提供了关键支撑。

陆态网络的成就主要体现在三个方面。其一，陆态网络显著增强了我国大陆监测、预测能力。陆态网络为我国地壳运动监测提供了高质量、高采样的海量数据，其观测数据及数据产品已经在地震、气象等防灾减灾领域得到广泛应用。陆态网络30个与GNSS基准站并置观测的连续重力站，组成了一个分布较为均匀的重力基准网，观测成果对研究全国基本重力场的变化意义重大。陆态网络GNSS基准站的秒采样观测主要用来监测大气总水汽含量和分层水汽含量，可作为降水特别是灾害性降水预报的手段之一。利用部分GNSS基准站观测数据，还可获得全国电离层变化图像和电离层垂向分层变化图像。陆态网络SLR站和VLBI站还可服务于低轨卫星的观测及精密定轨。

其二，陆态网络显著增强了我国基础测绘能力。陆态网络建成的260个GNSS基准站极大地改善了国家地心坐标系的地心坐标框架分布的均匀性、合理性，并增强了密度，提高了精度，为国家制定长期发展规划提供了重要基础。陆态网络的一批基准站、区域站以及一套快速观测、数据传输的技术手段为抢险救灾和灾后重建提供了基础测绘信息。通过基准网和区域网观测数据计算成果，提高了我国CGCS2000的精确性和可靠性。

其三，陆态网络显著增强了我国军事测绘能力。陆态网络将高等级军控网的布网密度提高一倍，为更大范围的军事测绘保障提供控制基础。基准站、区域站将新一代军控网的快速布设能力提高2—3倍，布网的灵活性大大增强，可为部队机动和快速反应提供高精度的测绘成果。移动型基准站可以在基准站稀疏地区或需要特别增加基准站密度的地区快速设立，起到临时GNSS基准站的作用，实时地为各个作战单元提供高精度、准实时的战场位置信息，为武器精密制导、作战综合指挥提供高效支持，成为建立数字战场的重要支撑。

三、支撑作用

中国地壳运动观测网络是一个复杂工程，不仅直接服务于基础研究和地震预测预报，而且对国家的经济建设、国防建设都有特殊的贡献。自1998年开始观测以来,产出了大量有关地壳运动和重力变化方面的高精度观测数据。基于这些观测结果,科研人员对中国大陆不同构造区域的地壳运动图像、中国大陆的重力场变化特征等科学问题有了更为深入的认识，产出了一批在国内外具有重要影响的研究成果。二期工程陆态网络是一个具有高精度、高分辨率、连续动态监测功能的多用途、开放型和数据资源共享的国家地球科学综合观测网络。

陆态网络立足多种卫星导航定位系统的接收和应用、多种空间对地观测手段的融合、高精度和高稳定性的全天候观测、海量信息的实时获取和管理、多部门和多领域应用的快速数据共享等关键技术，在观测技术的先进性、观测站点的密集性、观测手段的多样性和观测区域的宽泛性等方面，已经达到国际一流水准。基于陆态网络的观测数据，可以生成的主要数据产品包括：GNSS观测站的高精度坐标及其实践变化序列、中国大陆地壳运动变化图、中国大陆地壳应变率图、中国大陆重力场变化图、中国大陆大气可降水量分布变化图、中国大陆电离层电子密度变化图、GNSS快速星历和精密星历。这些数据产品在防震、减灾、军事、测绘、精密导航以及科学研究和人才培养方面有广泛应用，已经产生了显著的社会效益和科学效益。

陆态网络的建成极大地提升了中国地球科学综合观测与研究能力，推进了现代大地测量学、GNSS气象学、GNSS地震学等学科的发展，并为中国导航与定位领域的产业化发展打下坚实基础。陆态网络项目的成功实施，还为社会主要市场经济条件下，多部门“共建、共管、共享”重大科学工程提供了成功的经验和范例。

第三节　中国大陆科学钻探工程

中国大陆科学钻探工程（CCSD）是我国“九五”期间立项的大科

学工程，酝酿于上世纪70年代末，1999年正式立项，2005年竣工，2007年通过国家验收。通过此项工程，我国成为世界上少数能施工5000米以上科学深钻的国家之一，还建成了大陆科学钻探与地球物理遥测数据信息库及深部地质观测实验基地①，无论是科学钻探还是超高压变质带研究，都达到了世界先进水平。

一、工程立项

1. 立项背景

由于地壳层层岩石的天然阻隔，人类了解地球内部的手段有限，直接手段只有各种钻探，而构造影像等技术只能辅以参考。地球科学钻探就是为满足地质学研究的需要而实施的钻探。通过数千米甚至上万米的钻探，获取的地质实物可供科学家了解岩层信息，同时通过测井和井下仪器探测等配套手段，人类便可一窥地下世界的细节构造。②因此，科学钻探被誉为伸入地球内部的望远镜。③

地球科学钻探不同于普通石油钻探和地质岩芯钻探，除了其特有的科研目的外，其施工对象多为硬岩，取芯频繁甚至全程取芯，钻孔深且直径大，施工难度大。④科学钻探按施工对象分成两类：一是大陆科学钻探，二是大洋科学钻探。20世纪，苏联、美国出于冷战和科研需要，各自规划了庞大的科学钻探计划。大洋科学钻探取得了辉煌成果，证实了板块构造理论，有力推动了地球科学的研究进程。美国在大洋科学钻探方面处于领先地位，而苏联则在大陆科学钻探上不甘示弱——在80年代末先后实施了18口深孔和超深孔钻探，包括曾长期保持世界最深钻探记录的12262米的科拉超深钻。⑤美、苏之外，比较著名的还有德

① 陈仁旭：《深俯冲陆壳地球化学性质与折返过程中流体活动：来自苏鲁造山带中国大陆科学钻探主孔样品的研究结果》，中国科学技术大学，2009年。

② 张晓西，杨经绥，张惠，等：《科学钻探——深化岩石学研究的金钥匙》，《中国地质》，2013年第6期，第682页。

③ 苏德辰，杨经绥：《国际大陆科学钻探（ICDP）进展》，《地质学报》，2010年第6期，第873页。

④ 张伟，刘智荣：《科学深钻施工的困难和风险》，中国地质学会探矿工程专业委员会《第十八届全国探矿工程（岩土钻掘工程）技术学术交流年会论文集》，地质出版社2015年，第19—25页。

⑤ 杨天南，许志琴：《国际大陆科学钻探进展及我国的研究现状》，《地质论评》，1996年第1期，第93页。

国大陆深钻计划项目（KTB）。20世纪60—90年代，多项国际性大型科学深钻计划陆续出台，包括1960—1970年的国际上地幔计划（IUMP）、1970—1980年的国际地球动力学计划（IGDP）、1968年至1983年的深海钻探计划（DSDP）、1985年开始的大洋钻探计划（ODP）等。

与西方发达国家相比，我国在石油、天然气等常规勘探技术上早已迎头赶上，而科学钻探却长期落后。1979年，中国地质学会探矿工程专业委员会举行第二届专委会会议暨探矿工程学术会议，地质矿产部探矿司总工程师刘广志作了“钻探科技发展现状及其展望”报告，介绍了国外超深孔钻探和深海钻探的发展概况与前景，引起关注。此后，在各种场合，以刘广志为代表的专家学者一直呼吁发展科学钻探。他还主编出版了八卷本“深部陆壳勘察系列丛书”，共计250万字。1988年10月，他参观德国大陆深钻计划项目先导孔钻探现场，回国后又四处奔走呼吁。随后，地矿部科技司和地质情报所联合出版了多部《国外深部地质研究》专辑。多年的努力使得科学钻探逐步受到地矿部和探矿工程界的重视。1989年初，地矿部决定开展超深科学钻探。1989年9月，中国大陆科学钻探科研规划小组成立，包括刘广志在内的16位专家起草了《中国大陆科学深孔地质钻探科学研究规划》。

要实施这个规划，首要任务是学习和吸收外国先进经验和技术。1990年9月，地矿部派出时任中国地质勘查技术院副院长王达和高级工程师张伟，出席在德国召开的第五届通过钻探观察陆壳国际学术会议以及大陆深钻计划项目主孔开钻典礼。[①]一个月后，地矿部科技司副司长张良弼率团出访德国，参观了大陆深钻计划项目建设现场。1991年10月，张良弼又率团考察日本的科学钻探进展。1993年8月，张良弼再次率团参加在德国举行的国际大陆科学钻探会议。在这次大会上，我国成为了国际大陆科学钻探计划（ICDP）的三个发起国之一，为以后CCSD成为ICDP资助项目打下了基础。

2．预研工作

大陆科学钻探作为我国地质学界首项大科学工程，其复杂性决定了

① 黄新燕:《中国第一井　探索地球5000米深处的奥秘》,《地球》,2006年第2期,第5页。

必须有充分的预先研究和前期准备，以确定选址并解决相关技术问题。

1991年3月，地矿部科技司召开中国深部地质研究中现存关键地质问题研讨会，同意将科学钻探列入地矿部“八五”深部地质项目。4月22日，参与科学钻探的中国地质科学院、中国地质勘查技术院和中国地质矿产信息院联合召开会议，决定成立科学钻探专家组和课题组。不久，坐落在中国地质大学的科学钻探国家实验室进入了设备安装调试阶段，它由国家教育委员会和地矿部为支持深部地质科学钻探而专门设立，重点开展前期基础研究和钻探新技术研发，培养专门人才。[①]整个90年代，地矿部资助了多项研究课题，发挥了关键作用。

中国大陆科学深钻先行研究项目于1991年6月正式立项。项目负责人是曾经留学法国的大陆构造动力学专家许志琴，参加单位有中国地质科学院、中国地质勘查技术院和中国地质矿产信息研究院，任务是进行科学钻探可行性论证和选址论证研究，提出规划方案和政策建议。1992年4月，第一次中国大陆科学钻探研讨会在北京召开，专家们提出了30个候选钻探地点。1993年5月，召开了第二次研讨会，将候选地点进一步缩减为7个。[②]1994年3月该项目完成，并于1996年出版了《中国大陆科学钻探先行研究》[③]，阐明了科学钻探的必要性和可行性，分析比较了专家初选的15个大陆科学钻探候选区——京津唐张、华北地台、大别、胶南、华南大陆、江南隆起、武夷山、秦巴地区、三峡、龙门山冲断带、攀西裂谷、塔里木西南坳陷、阿尔金、金川和喜马拉雅。[④]许志琴认为，CCSD需要在寻找新能源、服务于地震减灾与全球气候变化研究以及解决地质科学关键问题等方面求得平衡。[⑤]她建议CCSD应选址于世界上规模最大的超高压变质带大别—苏鲁（胶南）地区。[⑥]

---

① 李砚藻：《“地质超深钻探”国家专业实验室发展规划》，《探矿工程》，1994年第2期，第1页。

② 张伟：《中国大陆科学钻探筹备工作大事记（续）》，《探矿工程》，1992年第4期，第53页。

③ 许志琴，耿瑞伦，肖庆辉，等：《中国大陆科学钻探先行研究》，冶金工业出版社，1996年。

④ 许志琴，耿瑞伦，肖庆辉，张伟：《中国大陆科学钻探先行研究》，《国外地质勘探技术》，1997年第3期，第16页。

⑤ 许志琴：《中国大陆科学钻探的服务目的及选址原则》//许志琴，耿瑞伦，肖庆辉，等：《中国大陆科学钻探先行研究》，冶金工业出版社，1996年，第87—89页。

⑥ 许志琴：《大陆科学钻探——深入地球内部的望远镜》//许志琴，耿瑞伦，肖庆辉，等：《中国大陆科学钻探先行研究》，冶金工业出版社，1996年，第10页。

CCSD选址不仅要看候选区域的地质条件，更要契合地质理论，解答地质学难题。为此，1994年年底，中国大陆科学钻探选址研究项目启动，依然由许志琴负责，重点开展胶南、大别山两个地区的研究，兼顾阿尔金、青藏高原和京津唐地区。[①]次年初，中国大陆科学钻探第一口钻孔选址研讨会在安徽合肥召开，大别—苏鲁地区被确定为钻探区。许志琴提出，大别—苏鲁地区是世界上规模最大的超高压变质带，在这里钻探将会打开未来地球科学的大门，同时也有望为郯庐断裂带地震研究作出贡献。在她看来，CCSD可望解决四大科学问题：青藏高原的隆升机制和对全球环境的影响、阿尔金断裂的形成机制、大别—胶南地区超高压变质带的成因与折返机制、京津地震区的地震发生机制和华北板块内动力学。[②]她认为5000米钻探深度刚好能穿透这条世界规模最大的超高压变质带，从而获得详细的地质信息，用来分析大陆板块深入地壳100万米左右的地幔后发生超高压变质再返回到地表的历程，因此短期内5000米深井钻探选址在超高压变质带，未来的万米钻探可以选址青藏高原。[③]许志琴认同的大陆俯冲和折返机制也是当时国际地质学界解释超高压变质现象的主流理论。[④]不过，一些地质学家对此并不认同，他们认为大陆无需下潜至地幔深部就能形成超高压变质带，[⑤]但这些质疑还不足以颠覆主流理论。

在许志琴提议的这条绵延上千千米的大别—苏鲁（胶南）超高压变质带上，有三个靶区进入科学家的视野，分别是安徽潜山、山东诸城和江苏东海。如何确定最终靶区，取决于进一步的地球物理综合调查。1996年6月，地矿部科技司批准实施更具针对性的大别—胶南科学钻探选址深部地球物理调查研究项目，由杨文采负责。该项目揭示了超高压

---

① 张伟：《中国大陆科学钻探筹备工作大事记（续2）》，《探矿工程》，1996年第2期，第55页。

② 许志琴：《中国大陆科学钻探面临解决的关键地球科学问题》//许志琴，耿瑞伦，肖庆辉，等：《中国大陆科学钻探先行研究》，冶金工业出版社，1996年，第96页。

③ 许志琴：《大陆科学钻探——深入地球内部的望远镜》//许志琴，耿瑞伦，肖庆辉，等：《中国大陆科学钻探先行研究》，冶金工业出版社，1996年，第10页。

④ 杨文采，许志琴：《大别—苏鲁超高压变质带的地球物理调查》//陈颙，等：《寸丹集——庆贺刘光鼎院士工作50周年学术论文集》，科学出版社，1998年，第553页。

⑤ 任纪舜：《中国大陆的组成、结构、演化和动力学》，《地球学报》，1994年，第3—4页。

变质带的反射特征和孔区位置的造山带深部构造，为研究超高压变质带和科学钻探选址提供了参考依据。[①]另外在胶南的野外作业表明，在结晶岩中使用潜孔锤钻探效果较好，可保证地震数据采集质量，还能提高工效。[②]

基于上述调查结果，1997年8月，经综合评比，科钻一井位置定在江苏东海。东海县地处造山带的构造最深部位，在这里钻探比较容易揭示大陆板块边缘最深部的垂向变化，而且这里也是超高压变质带倾角最缓的区域，通过较短距离即可穿过超高压变质岩的多个单元。此位置地下3000米到5000米处普遍存在高波速、高密度、高电阻和强反射层，矿产资源丰富，地温梯度较低，适合钻探施工。而且东海县还处于我国东部最大的活动断层——郯庐断裂带附近，是监测地震活动的有利地点。[③]此外，这里交通与通信便利，水电供应充足，可为钻探施工提供保障。[④]

随后，由杨文采负责的苏北大陆科学钻探靶区地球物理调查研究项目，对该地区进行了全面的二维地震调查和地热测定，提出了四处候选孔位：毛北、阿湖、吴庄和芝麻坊地区，推测了建议孔位下方的地下地质结构，[⑤]并对未来大陆深钻所及深度的温度值作了估算，指出本区莫霍面温度为568摄氏度，5000米和2000米深处的温度分别为115摄氏度和56.7摄氏度。[⑥]1997年底，最终将毛北确定为首选井位。[⑦]之后，由多国科学家组成的联合专家组向ICDP提交了在东海县进行科钻的建议书，随后得到批准。[⑧]

---

① 方慧，徐宝利，赵子言：《大别—胶南科学钻探选址综合地球物理调查成果报告》，《大别—胶南科学钻探选址综合地球物理调查成果报告》，全国地质资料馆。

② 陈国九，胡崇伦，冯永强：《胶南科学钻探选址地震调查采集和处理成果报告》，《胶南科学钻探选址地震调查采集和处理成果报告》，全国地质资料馆。

③ 黄新燕：《中国第一井　探索地球5000米深处的奥秘》，《地球》，2006年第2期，第6页。

④ 刘扬正：《挺近地心》，中国文史出版社，2007年，第61—62页。

⑤ 黄东定，钱桂华，匡朝阳，等：《苏北科学钻探靶区二维地震调查研究报告》，《苏北科学钻探靶区二维地震调查研究报告》，全国地质资料馆。

⑥ 汪缉安，汪集旸，施小斌，等：《苏北东海县大陆科学钻探靶区地热测定研究》，《苏北东海县大陆科学钻探靶区地热测定研究》，全国地质资料馆。

⑦ 王达：《中国大陆科学钻探项目进展综述》，《探矿工程》，2002年第6期，第50页。

⑧ 赵国隆：《中国大陆科学钻探工程发展历程(下)》，《探矿工程》，2002第5期，第49—53页。

在选址日渐清晰之际，1997年1月，地矿部启动了5000米钻探工程技术方案研究课题，以确定技术方案，涉及钻探工具、工艺方法、施工程序等。项目由中国地质勘查技术院牵头，参与单位包括地矿部勘探技术研究所、地矿部探矿工程研究所、地矿部探矿工艺研究所、中国地质大学（北京、武汉）、成都理工学院、中国地质矿产信息院等。1997年底课题通过专家评审。[①]1998年9月，刘广志组织20多位专家，对钻探工程技术方案又进行了深入研讨，夯实了其可靠性和安全性。为了更细致地解决工程施工的关键技术问题，1999年，中国大陆科学钻探工程中心设立30个课题，开展取芯钻进、钻头、钻孔防斜等方面的研究。事实上，在CCSD之前，中国在硬质结晶岩的钻探中只有1800米的钻深记录。[②]而预研表明，只要进口高速顶驱和绳索取芯钻杆，就可望形成在结晶岩中施工5000米深钻的技术能力。[③]

1995年，地矿部正式推荐申报CCSD为"九五"国家重大科学工程项目。1997年6月4日，CCSD成功入列。1997年9月，立项建议书编写工作被提上日程。1998年4月，ICDP审议通过了《中国大别—苏鲁超高压变质带大陆科学钻探项目建议书》，决定从1999年起五年内予以150万美元的资助。1999年9月底，国家计委也正式批准了CCSD立项建议书。次年2月，《中国大陆科学钻探工程可行性研究报告》正式呈报国家计委。经过中国国际工程咨询公司组织的两次专家评估，国家计委于2000年7月31日批复同意可行性研究报告。2001年8月初，国家计委批复同意CCSD初步设计和开工建设的请求，标志着工程正式进入实施阶段。

二、工程施工

1. 施工准备

CCSD正式施工之前，进行了一系列前期准备，主要包括如下三个方面：

---

① 刘扬正：《挺近地心》，中国文史出版社，2007年，第101页。

② 王达，张伟：《"科钻一井"钻探施工技术概览》，《中国地质》，2005年第5期，第184页。

③ 张伟：《5000米科学钻孔施工设想技术方案》，《探矿工程》，1995年第5期，第54页。

首先，验证钻进技术并确定精确孔位。为了进一步了解具体施工地点的地质情况、岩层的岩性和产状以及地温梯度等信息，也为了试验钻探设备并积累经验，大陆科学钻探工程中心先后在东海县毛北境内施工了3个预先导孔（标记为CCSD—PP）。CCSD—PP1孔于1997年11月完工，孔深430米，地点在东海县芝麻坊。CCSD—PP2孔于1998年12月8日开工，至1999年6月6日完工，孔深1028.68米，直径75毫米，地点在东海县毛北。2001年5月，又在江苏省赣榆县的超基性岩体中施工了700米深的取芯钻孔CCSD—PP3。为了提高主孔的钻进效率，测试钻探工具，1999年6月至7月，在距CCSD—PP2孔约20米处又试验了一个100米钻孔，证明液动锤是硬岩大直径钻探的理想工具。与此同时，通过多次地质综合调查，建立了钻探靶区的地质地球物理模型，据此确定了钻孔的精确坐标。[①]2000年10月，地矿部科学钻探领导小组通过审议确定了最终钻探孔位。

其次，建立施工组织管理体系。1998年8月30日，国土资源部下发《关于做好中国大陆科学钻探工程有关工作的通知》，确定了CCSD领导组织架构：中国大陆科学钻探工程领导小组负责项目重大决策；中国大陆科学钻探工程中心是组织工程实施的独立法人，掌控施工进度和资金使用；[②]中国大陆科学钻探工程科学顾问委员会提供科技咨询。[③]2001年6月，又组建中国大陆科学钻探工程现场指挥部，负责现场工作的计划、实施及协调。大陆科学钻探工程中心主任王达兼任现场指挥部总指挥，项目首席科学家许志琴以及倪家騄、杨文采任副总指挥，杨经绥和张泽明分别任总地质师和副总地质师，张伟和张晓西分别任总工程师和副总工程师。[④]

最后，确定施工单位和监理单位。除土建子工程委托江苏省东海县招标部门实行公开招标确定施工单位与监理单位外，钻探、钻孔地质与

① 赵国隆：《中国大陆科学钻探工程发展历程（下）》，《探矿工程》，2002年第5期，第49—53页。

② 王达，张伟，张晓西：《中国大陆科学钻探工程：科钻一井钻探工程技术》，科学出版社，2007年，第446页。

③ 赵国隆：《中国大陆科学钻探工程发展历程（下）》，《探矿工程》，2002年第5期，第49—53页。

④ 赵国隆：《中国大陆科学钻探工程发展历程（下）》，《探矿工程》，2002年第5期，第49—53页。

实验分析、地球物理、测井等子工程均由中国大陆科学钻探工程中心采取邀标方式确定施工单位与监理单位。[①]其中最重要的钻探子工程是中国石油化工集团公司中原石油勘探局钻井三公司中标，而测井子工程则是胜利石油管理局测井公司中标。

2. 施工过程

2000年8月，CCSD现场筹建处成立，负责东海县毛北钻探工程现场基地的基础设施建设。经过一年时间，完成了征用和租用土地、施工现场环境评估、施工现场地质勘查工作以及指挥部办公室及人员住房、道路、水电、岩芯库、4个地学实验室、3个局域信息网络系统等的建设任务。

2001年8月4日，举行CCSD开工典礼。时任国务院副总理的温家宝发来贺信，他强调："中国大陆科学钻探工程是一项集科学与技术于一体的综合性工程，也是多学科、多领域的系统集成。实施这样大的科学工程，必须精心组织、科学管理、大力协同，必须充分发挥广大科技工作者和钻探工人的积极性和创造性，必须发扬科学、求实、创新、严谨的精神。"[②]

整个施工过程分成7个阶段进行：

第1阶段，科钻一井先导孔取芯钻进。2001年6月25日，除去表面土层后，采用牙轮钻头、稳定器、特制加重钻铤的组合钻具，从6.87米开始一开施工，井径444.5毫米。7月15日，一开施工完钻，井深101米，下入孔径340毫米的表层套管100.36米并固井，再下入孔径273毫米的活动套管101米，完成测井、固井等工作。测井工作由中方和斯伦贝谢中国测井公司合作，综合测井设备采用当时国内最先进的ECLIPS-5700成像测井系统，多功能采集成像系统MAXIS-500则由斯伦贝谢中国测井公司提供。2001年7月16日至2002年4月15日完成二开施工，钻进2046.54米，至5月6日完成垂直地震剖面测量、氧化还原测井、磁

① 王达，严良，王柏轩：《中国大陆科学钻探工程项目组织与管理研究》，中国地质大学出版社，2008年，第110页。

② 刘扬正：《挺近地心》，中国文史出版社，2007年，第6页。

化率测井、磁三分量测井等工作。

第2阶段，主孔第一次扩孔和下套管、固井。鉴于第1阶段施工结果良好，决定将先导孔和主孔“二合一”。此次扩孔是将2000米先导孔口径由157毫米扩大到311毫米，下入钢级J55、壁厚10.16毫米、外径273毫米的套管2028米并固井，之后再下入钢级P110、壁厚9.52毫米、外径19毫米的活动套管。2002年9月16日至20日，完成磨孔底、替泥浆、测井、垂直地震剖面测量等工作。

第3阶段，主孔第1井段取芯钻进。主孔2000—5000米井段采用顶部驱动系统和金刚石绳索取芯钻进方法施工，但很快出现了钻具折断、钻头异常磨损和岩芯采取率低等问题，原因是套管斜下方存在破碎和扩径带，造成高速回转的钻杆柱运行不稳。随后又发现，来自德国的绳索取芯钻杆接头焊接不够平滑，导致钻杆接头处内孔出现台阶，绳索取芯无法进行，后改用螺杆马达、液动锤、金刚石的组合钻具取芯钻进方法，问题得到解决。后来因井斜超差，结束主孔第一段取芯钻进，进行侧钻纠斜作业，完钻2982.18米。

第4阶段，主孔纠斜施工。主孔钻进到2770米后，岩层以片麻岩为主，倾角增大，造斜性加强，到2935米时顶角增至16.34度，增斜率为每10米0.55度。井深到2982.18米后，从2003年4月7日至6月8日实施回填侧钻纠斜钻进。用水泥回填230米井段后，采用孔径157毫米的螺杆马达和弯外管钻具，从2749米钻进至2974.59米，将井斜角由18度降到6度。

第5阶段，主孔第2井段取芯钻进。2003年6月9日开始从2974.59米钻进，并于2003年10月2日钻到井深3665.28米，此时发生了下扩孔器公扣断裂以及扩孔器和钻头掉落事故。由于井深，加上落鱼（因事故落入钻井内的工具叫落鱼）上方有较长坍塌和扩径带，打捞难度很大。经过试验，决定先扩孔下套管以创造安全施工环境，尔后再行处理，从而避免了后续事故。

第6阶段，主孔第2次扩孔和下套管、固井。将井眼直径由157毫米扩大到245毫米，采用φ245毫米导向式牙轮扩孔钻头，从2028米开始钻进，到3480米时，发生钻孔坍塌事故。用水泥回填部分井段后，从3400米至3445米采用螺杆马达和弯外管钻具进行侧钻绕障并纠斜，将井斜角从9.4度降到1度。之后，采用三牙轮钻头钻进到3623.91米，进行综合测井，下入外径194毫米活动套管并进行固井。

第7阶段，主孔第3井段取芯钻进。2004年5月8日从3623.91米处开始施工，于2005年1月13日钻到设计井深5102.18米。根据科研需要，又向下延伸两个回次，于2005年1月23日钻到5118.2米，完成取芯钻进任务。①

从2001年6月25日主孔开钻，到2005年1月23日完钻，历经一次全面钻进、四次取芯钻进、两次扩孔钻进、两次侧钻钻进，最终钻进至5118.2米，完成全部取芯钻进任务。②之后，还进行了两种钻探技术器具试验，分别是螺杆马达液动锤金刚石绳索取芯钻具和螺杆马达驱动的连续造斜器钻具。2005年3月9日至4月1日，CCSD完成最后的下尾管、固井、垂直地震剖面测量、甩钻具、清理场地等工作，于4月18日正式竣工（表9—1）。

表9—1　CCSD各项工作实际进度表③

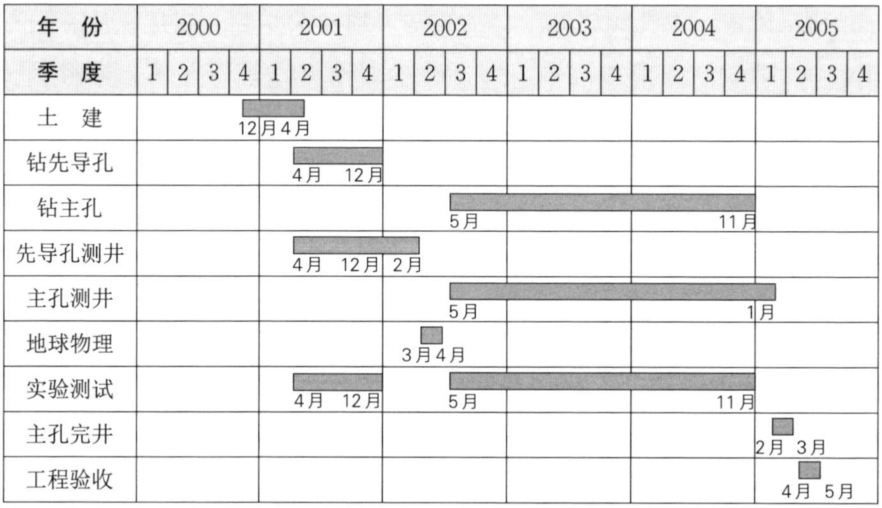

① 王达，张伟：《“科钻一井”钻探施工技术概览》，《中国地质》，2005年第5期，第184页。

② 王达，张伟，张晓西：《中国大陆科学钻探工程：科钻一井钻探工程技术》，科学出版社，2007年，第131页。

③《CCSD各项工作实际进度表》，(2012-05-22)[2022-05-20]，http://www.cgs.gov.cn/ddztt/ddyw/zgdlkx/tpxx/201603/t20160309_289835.html.

3. 工艺创新

施工过程中，CCSD采用组合式钻探技术、灵活的双孔方案、超前孔裸眼钻进技术相结合的技术方案，形成了螺杆马达液动锤单动双管取芯钻进技术系统，保证了施工进度、质量和效率。

组合式钻探技术立足我国已有的石油钻探和地质钻探技术，并适当引进、消化外国先进技术设备加以组合而成。国外专用钻机一套就需上百万美元，而采用国产石油钻探用的ZJ70D型钻机加以改装，并配合地质钻探常用的孕镶金刚石钻头和绳索取芯技术，显著降低了施工成本，保证了施工进度。

灵活的双孔方案则是对发端于苏联的单孔方案和发端于德国的双孔方案的综合运用。苏联采用的单孔直接钻进方案适合地层情况不明的区域，效率高、成本低，但缺点是深度越深，孔顶部的直径就会越大。德国大陆深钻计划项目采用的是双孔方案，即把一口超深孔分为临近的两个孔钻进，一个叫先导孔，另一个叫主孔。先导孔直径较小，深度较浅，一般要先在先导孔里取芯和测井，然后打主孔，因为在先导孔的钻探深度，主孔就不用取芯和测井，这样可以减小主孔顶部的直径，从而节省施工成本。施工先导孔，还能检验钻探技术，培养主孔施工人才和经验，但缺点是施工两个孔，增加了复杂性。因此，科技人员综合苏联和德国的经验，提出了灵活的双孔方案，即先施工先导孔，看钻探效果再决定是另钻主孔，还是接着在先导孔基础上继续钻进。在实际钻探中，先导孔钻探效果较好，最大井斜角仅为4.1度，岩芯采取率88.7％，套管层次少，满足在先导孔的基础上继续钻进的要求，因此实现了二孔合一，节省了时间和费用。

超前孔裸眼钻进技术是苏联普遍采用的超深钻技术方案，该方案是以单孔直接钻达设计深度。其特点是设计钻探方案时，因为不知道深层地质情况，只设计上层地层的孔身结构和套管程序；在完成上部地层钻进并用水泥固定套管后，再用可回收的活动套管配合钻具以较小的直径继续钻进。因为深层钻探没有固定套管不用固井，且钻孔直径小成本低，所以叫超前孔裸眼钻进。如果遇到复杂地层，则仿照上层地层钻探程序，重新扩孔、下固定套管并固井，再往下继续超前孔裸眼钻进，如此周而复始，可最大限度降低成本。[①]CCSD所在地区历史上的钻探深度只有1100米，其深层地质情况不明，因此适合此种钻探技术。[②]CCSD确定了“双孔合一”后，继续往下钻探就使用了超前孔裸眼钻进技术。

螺杆马达液动锤单动双管取芯钻进技术则是我国科研人员摸索出来的工艺方法。仿照德国陆深钻计划项目先导孔施工时石油转盘钻机加液压顶驱的技术方案，CCSD采用了国产石油钻机配进口液压顶驱的方式。而当时国产绳索取芯钻杆只能钻进2000米左右，因此需从国外引进钻杆。ICDP组织方同意支持150万美元，担负德国大陆深钻顶驱设备的租赁费用和德国麦肯公司钻杆的购置费用。[③]但顶驱和钻杆并未及时提供给中方，直到先导孔临近完成时才运抵现场。后在主孔钻进时，顶驱和钻杆均出现问题，不能使用。此时，工程人员没有气馁，而是基于备用方案，边施工边试验，终于摸索出螺杆马达液动锤单动双管取芯钻进技术，并出色完成任务。由于采用了井底动力驱动方式，减轻了对钻杆的压力，也未发生钻杆断裂事故。

立足上述工艺，历时1395天，实际耗资1.8579亿元，CCSD宣告完工，标志着我国已经拥有在5000米深处硬质结晶岩中取芯钻进的工程能力。[④]2007年12月14日，CCSD通过国家发改委和国土资源部组织的验收。验收委员会认为：“项目总体科学技术水平达到了国际先进水平，部分成果达到国际领先水平，是我国一项自主创新的重要科技成果。”[⑤]

---

① 许志琴，耿瑞伦，肖庆辉，等：《中国大陆科学钻探先行研究》，冶金工业出版社，1996年，第69页。

② 王达，张伟，张晓西：《中国大陆科学钻探工程：科钻一井钻探工程技术》，科学出版社，2007年，第74页。

③ 王达，张伟，张晓西：《中国大陆科学钻探工程：科钻一井钻探工程技术》，科学出版社，2007年，第78页。

④ 王达，张伟，张晓西：《中国大陆科学钻探工程：科钻一井钻探工程技术》，科学出版社，2007年，第431页。

⑤《国土资源部大陆动力学重点实验室年报(2006—2007)》，国土资源部大陆动力学重点实验室，2007年，第5页。

三、科技成就

CCSD全方位提升了我国相关技术水平，获得的大量岩芯推动了我国地质学研究更上层楼。与此同时，还培养了一大批高水平科技人员，堪称中国科学钻探的“黄埔军校”。主要科技成就如下：

第一，通过多学科综合研究，取得了重要科学发现。通过CCSD，在苏鲁超高压变质带区域建立了服务于多学科研究的60余条系列剖面，形成了一套关于大陆高压、超高压俯冲—折返机制的理论体系。CCSD开工建设以后，对钻探取芯获得的花岗质片麻岩的研究①、金刚石的发现②以及多硅白云母的研究③等，都暗示着主流理论的可信。在CCSD的早期施工中，也发现了部分石榴石橄榄岩具有正常的地幔岩氧同位素值范围，表明了地幔在超高压变质中的作用。④而随着CCSD的推进，越来越多的地质细节被用来验证大陆俯冲—折返假说。⑤CCSD主孔3000米深度的各类岩石中均被发现含有超高压矿物柯石英，结合主孔附近发现的金刚石，可以证实苏鲁地区2亿年前发生过地壳俯冲。⑥现在全世界的地质学家在谈论高压、超高压变质岩的时候，都绕不开CCSD。借助CCSD，许志琴还提出了“地幔动力学”发展设想。⑦

第二，通过摸索试验，建立了井底动力冲击回转取芯钻进技术体系。在CCSD项目开工前后，我国已对工程技术方案进行了大量预研，计有八大类24项，包括钻头、液动锤、取芯工具、防斜纠斜、数据监

---

① 刘福来，许志琴，徐惠芬：《东海超高压变质带花岗质片麻岩的岩石学及其成因特征》，《地质评论》，1999年第8期，第636页。

② 杨经绥，许志琴，等：《苏鲁地区榴辉岩中发现金刚石》，《地学前沿》，1999年第1期，第69页。

③ 杨经绥，张泽明，许志琴，等：《东海超高压变质区片麻岩中多硅白云母的微区化学成分及其保存的pt演化信息》，《第31届国际地质大会中国代表团学术论文集》，地质出版社，2000年，第18页。

④ 张泽明，许志琴，刘福来，等：《南苏鲁造山带根部的物质组成及变质作用》，《地质通报》，2002年第10期，第613页。

⑤ 许志琴，曾令森，等：《大陆板片多重性俯冲与折返的动力学模式》，《岩石矿物学杂》，2005年第9期，第357—368页。

⑥ 许志琴，杨经绥，等：《中国大陆科学钻探终孔及科学进展》，《中国地质》，2005年第5期，第178页。

⑦ 许志琴，赵志兴，等：《板块下的构造及地幔动力学》，《地质通报》，2003年第3期，第149—159页。

测与处理、泥浆等。[1]通过课题研究，带动了我国各勘探研究机构的科研水平。在这些预研成果基础上，CCSD在钻探施工中先后组合试验了10种取芯钻进方案，逐渐摸索出一套适合深井硬岩的井底动力冲击回转取芯钻进技术体系。这套主要运用螺杆马达和液动锤的双管取芯钻进技术，配以大直径硬岩取芯金刚石钻头和低固相泥浆体系，显著提高了钻探效率，获得的岩芯和钻孔质量都较好，同时也降低了功率消耗和事故发生率。实践证明，这套取芯钻进技术系统在5000米硬岩取芯中的表现优于国外其他方法。[2]而在CCSD施工中形成的钻探经验和规范，则成为了我国地质钻探行业的行业标准。2010年11月11日，由王达主编的《地质岩心钻探规程》作为国土资源行业技术标准正式发布。

第三，建立了开放共享的地质学研究平台。科研人员建立了北京—东海两地的CCSD信息网络系统，施工进展报告每天都会上传到大陆科学钻探工程中心和ICDP，供全世界科学家分享，取得的岩芯也免费向全世界科学家开放。科研人员还开发了国内第一套成像测井——岩芯扫描图像综合处理系统，[3]建立了岩芯扫描图像数据库并实现了分级共享。科研人员还利用其钻孔建设了我国唯一、世界上最深的地震和地球物理深井观测站，由美国松迪公司研制的耐高温高压短周期深井数字地震仪分别被安装在井下4050米、2545.5米、1559.5米、544.5米深处，同时在地面设置了两台由英国古拉尔公司制造的宽屏三分量地震仪，这些设备共同组成了深井地震观测网，于2011年11月投入试运行。观测资料表明，东海深井地震观测能有效排除地面干扰，观测质量明显优于地面常规台站。[4]

第四，造就了一支高水平的科学钻探队伍。CCSD从筹备到完工，

---

① 王达，张伟，张晓西：《中国大陆科学钻探工程：科钻一井钻探工程技术》，科学出版社，2007年，第50页。

②王达，张伟，张晓西：《中国大陆科学钻探工程：科钻一井钻探工程技术》，科学出版社，2007年，第440页。

③《国土资源部大陆动力学重点实验室年报(2006—2007)》，国土资源部大陆动力学重点实验室，2007年，第4页。

④ 徐纪人，赵志新，曾祥芝，等：《东海深井地球物理长期观测仪器设置及观测研究》，《地震学报》，2016年第2期，第323页。

国内外合作单位100余家，参与科技人员1000多人，形成了高水平的科学钻探团队。核心团队成员有68人，其中教授及高级工程师47人。[①]负责CCSD钻探的中原石油勘探局钻井三公司70101钻井队在施工过程中，大大提升了科学钻探技术能力，获得了ICDP专家的认可。[②]地质学界则依托CCSD启动了三个重大科学研究项目：科技部973项目板块汇聚边界深部地幔动力学和现代地壳作用研究（2004—2009年）；国家自然科学基金重大项目中国大陆科学钻探样品与资料的多学科综合研究（2003—2007年）；中国地质调查局项目中国大陆科学钻探工程综合研究（东海）（2004—2008年），并形成了各具特色的创新团队。[③]

四、建设经验

作为我国迈向“深地”的大科学工程和国际大陆科学钻探计划的一部分，CCSD建设团队探索出了一套适合我国国情的管理和技术体系，使我国在超高压变质带学说研究和科学钻探技术领域上都站到了世界前列。CCSD不仅实现了中国科学钻探零的突破，而且在随后几年里带动了我国科学钻探事业的大发展。2002年我国开始了大陆环境科学钻探，2005年青海湖环境钻探项目获得了ICDP的支持。之后，中国又相继开展了柴达木盐湖环境资源科学钻探、松辽盆地白垩纪科学钻探以及中国大陆科学钻探资源集成计划等项目，总共钻进约35000米。[④]2006年，我国启动宏大的地壳探测工程，其先导性项目深部探测与实验研究专项于2008年立项。汶川地震发生后，汶川地震断裂带科学钻探（WFSD）项目于2008年10月迅速启动，这是我国第一次通过科学钻探来专门研究地震断裂和地震机理。目前，我国正在筹划13000米深的超深钻，该计划的实施将推动我国相关工程技术能力达到世界领先水平。

---

① 王达，严良，王柏轩：《中国大陆科学钻探工程项目组织与管理研究》，中国地质大学出版社，2008年，第138，184页。

② 刘扬正：《挺近地心》，中国文史出版社，2007年，第159页。

③ 许志琴，刘福来，杨经绥，等：《中国大陆科学钻探工程综合研究（东海）成果报告》，全国地质资料馆，2009年，第256页。

④ 许志琴，杨文采，杨经绥，等：《中国大陆科学钻探的过去、现在和未来》，《地质学报》，2016年第9期。

纵观整个建设过程，CCSD的成功实施得益于以下几个关键因素：

第一，充分的预先研究。CCSD经历了差不多十年的宣传推动期和十年的筹备预研期。地质勘查方面，借助国家和地方两级勘查体制，在预先研究中完成了横穿苏鲁超高压变质带地震反射剖面200千米、地震层析剖面200千米、二维地震覆盖面积297平方千米、预先导孔及主孔垂直地震剖面地震测量深度3000米，[①]据此才确定了最佳选址。工程技术方面，通过预研，确定了技术方案并夯实了其可靠性和安全性，表明了要充分利用我国半个世纪积累的钻探经验形成所需要的技术能力。

第二，强大的工程团队。CCSD的成功，归功于一批热心中国科学钻探事业的核心人物的积极推动。刘广志、张良弼、王达、许志琴等是这个团队的灵魂人物，他们不仅有过硬的理论水平和技术业务能力，还有着对科学钻探事业的执着追求和奉献精神。正是靠着“老、中、青”相结合的创新团队，才有了CCSD的成功实施以及后来科学钻探的“遍地开花”。而在这个团队的背后，还有得力的科学顾问委员会和工程顾问委员会，大批院士、专家、学者为此贡献了他们的宝贵才智。

第三，有效的组织管理。CCSD组织机构是借鉴发达国家经验并结合我国国情而设立的。CCSD领导小组由国土资源部副部长担任组长，组员也多是其他司局领导，保证了领导力和号召力。中国大陆科学钻探工程中心是项目法人，拥有独立的资金使用权、人事调配权和招投标权。工程中心主任兼现场总指挥王达此前一直在地矿部领导和参与全国探矿工程，他同时又是中国地质调查局的副局长，其探矿钻探经验和行政背景使他能够有效组织全国各科研单位和大学协力推进。不仅如此，通过围绕地矿部（国土资源部）的资源网络，CCSD还可得到相关国家及ICDP的情报、设备、知识和智力资源。整个运作既有市场经济的灵活性，又有些计划经济时代“工程会战”的特色，[②]两者互为补充。

第四，良好的国际合作。CCSD科研人员与德国、美国、苏联（俄

① 许志琴，刘福来，杨经绥，等：《中国大陆科学钻探工程综合研究（东海）成果报告》，全国地质资料馆，2009年，第3页。

② 王达，张伟，张晓西：《中国大陆科学钻探工程：科钻一井钻探工程技术》，科学出版社，2007年，第446—449页。

罗斯）等科学钻探强国的相关机构有长期合作，还得到ICDP的全程指导和资助。ICDP是一项针对重大地球科学问题的全球合作计划，不仅实现了资源和成果的全球共享，还减少了各个国家单独实施科学钻探的成本和风险。[①]ICDP资助了CCSD选址国际讨论会，每年出资10万美元帮助我国培养相关科技人员[②]（我国每年缴纳会费20万美元，其中10万美元用于培养科技人员[③]）。通过ICDP，还引进了德国大陆深钻的部分技术和设备。可以说，ICDP使我国科学钻探从一开始就站在较高起点上。

第五，中外结合的创新策略。20世纪90年代，我国大陆科学钻探技术水平还比较低，学习国外先进技术是必需的。尽管CCSD是在广泛学习外国科学钻探经验特别是德国大陆深钻经验的基础上实施的，但是工程建设者莫不以建设有自主知识产权的科学钻探工程为己任。在这个过程中，我国科研人员始终坚持以我为主，尽量采用国内成熟技术和设备，在引进的基础上进行集成创新，从而实现了组合式钻探技术、灵活的双孔方案以及超前孔裸眼钻进技术的有机结合，取得了创新性技术成果。

第六，自觉自为的知识提炼。在CCSD建设期间，积累了大量工程经验和工程知识，如何系统地加以提炼并进行知识管理是一项重要课题。2007年，CCSD工程中心主任兼现场指挥部总指挥王达等人合著的《中国大陆科学钻探工程：科钻一井钻探工程技术》一书出版，总结了中国大陆科学钻探的施工过程和技术、管理经验。2008年，王达等人又撰写了《中国大陆科学钻探工程项目组织与管理研究》一书，凝练了CCSD的组织管理经验。2006年，牛一雄等撰写了《中国大陆科学钻探主孔0—2000米地球物理测井》一书并出版，着重探讨了科钻一井的测井技术。除了这些总论性著作，其他具体钻探技术如泥浆技术、液动潜孔锤、镶嵌式钻头、取芯钻进、扩孔、螺杆马达驱动等，相关工程技术

① 张伟：《国际大陆科学钻探计划ICDP实施十年的进展》，《探矿工程》，2005年增刊，第26页。

② 王达，张伟，张晓西：《中国大陆科学钻探工程：科钻一井钻探工程技术》，科学出版社，2007年，第46页。

③ 闵志：《关于加强与ICDP合作的建议》，《探矿工程》，2001年第2期，第61页。

人员也在诸多论文中进行了总结。

第四节 实验1号新型综合科学考察船

实验1号新型综合科学考察船（简称实验1号）是我国首艘2500吨级的大型小水线面双体船（SWATH）。实验1号项目由中科院声学研究所（简称声学所）作为法人单位，联合中科院南海海洋研究所、沈阳自动化研究所共同建设，由中国船舶重工集团（简称中船重工）第702研究所设计、由渤海船舶重工有限责任公司建造，于2007年12月开工，2009年4月下水交付，2009年5月首航。作为我国高性能水声研究平台及先进的海洋多学科实验平台，实验1号配置了先进的交流变频电力推进系统，具有全船减振降噪、全船自动化、动力定位等先进功能，能够满足在近海、远洋进行水声学、海洋物理、海洋地质、海洋生物、海洋化学、海洋大气环境等多学科和交叉学科综合科学考察的需要；可承担大范围、大尺度观测网络的布设、观测、调控和监视等任务，进行海洋环境实时立体检测体系和综合信息系统研究，从而为我国水声学和海洋相关学科的研究提供了有力支撑。

一、科学背景与立项过程

海洋科学考察船是探测海洋最有效的活动载体，在现代海洋观测体系中举足轻重。声学所成立于1964年，主要从事声学和信号信息处理研究，特色研究领域包括水声物理与水声探测技术、环境声学与噪声控制技术、超声学与声学微机电技术、通信声学与语音信号处理技术、声学制导与数字系统集成技术等。水声研究是声学所一贯的研究优势，也是中科院的优势学科，事关国家安全与发展。只有加强水声物理和水声工程研究，才能研制出创新性的特种海洋装备。而要开展水声与海洋研究，海上试验必不可少，科考船就是最重要的基础条件。过去由于没有水声研究专用船，声学所不得不租用常规的海洋考察船进行海上试验，这对于水声学的发展是极为不利的。

由于水声研究的特殊需要，水声船的建造向来受到各海洋大国高度重视。而小水线面双体（SWATH）船型以其性能上的独特优势，成为了国外水声试验船、水声监测船、海洋考察船所采用的重要船型。SWATH是20世纪70年代为改善船舶耐波性能而研制的一种新型船型，由水上平台、水下浮体和穿过水面的双支柱体组成。其支柱与水面接触面积极小，可以显著降低兴波阻力，减弱海浪的干扰。其耐波性能优于普通船型和单艘双体船，同时具有双体船的各项优点，即甲板面积大，平稳性、操纵性、高速性均优于普通船型。另外，由于此类船舶大多数设备位于水线以上的舱室，因此其水下辐射噪声较小。20世纪70代初至90年代末，全球范围内共有SWATH船57艘，分布在12个国家。其中，美国的技术研发水平最高，拥有26艘，排在首位；日本次之，拥有14艘。20世纪70年代初，中国船舶科学研究中心开始跟踪SWATH技术，80年代中期开始开发实用船型，90年代后期试造200吨级实体船。这些经验为我国大型SWATH科考船的建造提供了有力支持。

我国虽然拥有十几艘具备远洋航行能力的科学考察船，却唯独没有水声研究专用船。为了加强涉海学科特别是水声、海洋科学等的综合研究能力和专业工程建设能力，加快建造我国自己的水声研究专用、具有“安静”特色的SWATH船是非常必要的。基于这些考虑，声学所以汪德昭、张仁和为代表的几任领导和水声科学家与相关研究所积极沟通、联合推进，经过数年调研与论证工作，逐步形成了SWATH科考船的初步建设方案。2002年1月，声学所联合中科院南海海洋研究所和沈阳自动化研究所提出的SWATH科考船建造申请在中科院院长办公会上得到批准。与此同时，还成立了以中科院副院长陈宜瑜和江绵恒为组长的建设领导小组，确立了“技术性能先进、特色鲜明、装备精良、排水量适中”的建设指导方针。

2002年3月，中科院新型综合科学考察船建造筹备办公室成立并挂靠声学所，之后迅速开展用户需求调研、设计方案调研和设计任务书编制等前期准备工作。在广泛征求意见和专家研讨的基础上，建设领导小组于2003年上半年确定了SWATH科考船的建设方案。2003年8月召开的建设领导小组第三次会议，确定了中科院院内建设单位、建设经费等事宜，并决定组建由声学所所长田静任总经理，由中科院南海海洋研究所所长施平和沈阳自动化所所长王越超任副总经理的“新型综合科学考察船项目经理部”，负责组织科考船建设项目的具体实施。2003年10月，中科院基本建设局批复《新型综合科学考察船项目可行性研究报告》。2005年8月，中科院高技术局批复同意新型综合科学考察船项目立项。

二、设计过程

实际上，在正式立项之前的可行性研究过程中，实验1号的初步设计工作就已经展开了。SWATH是水声试验船与海洋考察船的优选船型，但在筹备立项之初，我国还没有设计和建造大型SWATH船的先例。为了确定技术方案、化解技术风险，筹备办协调中船重工第702研究所、第708研究所开展了多种方案设计，进行了阻力、耐波性、波浪砰击、自航等方面的多轮次船模试验，并委托上海交通大学作为第三方对设计方案进一步开展试验验证，确定了初步方案。2003年上半年，建设领导小组组织专家进行方案评审，听取各方面意见，随后由第702研究所对初步方案进行修改和完善，才正式确定了2500吨级小水线面双体科考船的建设方案。

2004年3月，经过充分论证和公开招投标程序，从三家候选设计单位中选定中船重工第702研究所为新型综合科学考察船设计单位，签订了设计合同。合同内容包括总体方案设计、送审设计、详细设计等。在设计单位支持下，设计总师葛纬桢带领设计团队随即开展了模型试验和初步方案设计等工作。

实验1号主船体为钢质全焊接结构，采用小水线面双体船型，双层连续甲板，右潜体艏部设侧推装置，左、右潜体内侧艏艉各设一对艏鳍和艉鳍。其总体布局分为前、中、后三个独立部分，分别为生活服务区、动力区(发电站)、露天甲板作业及实验室区。作为新船型，实验1号低速航行时的功率消耗较大，吃水较深，为保证其纵向运动稳定性，需加装自动控制水平鳍，这就增加了技术的复杂性和造价。而声学所作为船东对SWATH的要求，如双吃水、双航速的优化设计，低振动噪声与辐射水下噪声等，对总体布置、船体结构、浮态调整及载荷变动都提出了重大设计挑战。根据21艘船舶模型外载荷试验数据，第702研究所与中国船级社多次交流后，提出了实验1号的建造规范，这也成为了我国SWATH的“设计指南”。实验1号横截面呈“花瓶”状，这有利于减轻自身结构重量，从而提高有效载荷（图9—2）。

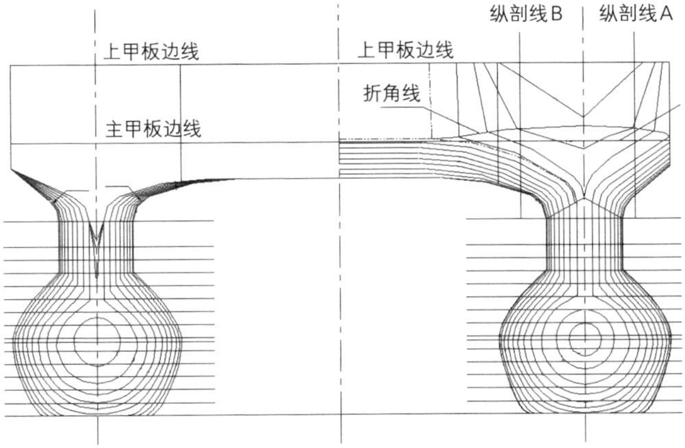

图9—2　实验1号横截面线型呈“花瓶”状

同期，按船东要求，设计单位与建造厂和关键设备提供单位密切协作，解决了船舶减振降噪和电磁兼容难题。采取了六项主要的减振降噪技术措施：设置隔振装置；对振动、噪声源采取减振降噪措施；不设高速电机和齿轮箱，以降低水下辐射噪声；在船体与主推电机连接处采用垫片吸收振动；采用五叶侧斜低噪声螺旋桨；泵组安装采用降振装置。采取了四项主要的电磁兼容技术措施：水面舰船电磁兼容措施；降低电推变频产生谐干扰，消除最大的干扰源；设置独立的停泊电站，提供洁净电源；将应急电站设置成静音电站，振动噪声低且无电磁干扰之虑。

三、建造过程[①]

1. 建立合作关系

2002年科考船筹建之初，国内多家特大型船厂都表达了强烈的建

① 本部分主要参考：《中国科学院新型综合科学考察船项目建设情况介绍》，中科院声学所内部资料。

造意愿。但在2004—2005年期间，“出口船、批量船、高附加值船”的建造成为热点，科考船由于其船型新、技术难度大、没有批量且经费“不充裕”，船厂的建造意愿明显减退。在中科院和中船重工主要领导支持下，2006年7月14日，项目经理部与中船重工集团所属渤船重工有限责任公司（简称渤船重工）草签《科考船建造合同》。

2006年7月29日，项目经理部、中船重工国际贸易有限公司和渤船重工在北京正式签订《科考船建造合同》，时任中科院院长路甬祥、中船重工总经理李长印出席签订仪式。11月7日，综合专家评审意见、设计单位建议和前期谈判结果，确定了中船重工第711研究所为动力系统设备总成单位。11月18日，项目经理部、渤船重工、第711研究所正式签署《科考船设备总成合同》，明确了三方关于新型综合科考船动力系统及组成部分的相互协作关系和各自职责。12月，科考船被正式命名为实验1号。

2007年2月，中科院高技术局批复同意《新型综合科学考察船项目投资规模调整方案》。2007年4月，中科院基本建设局批复同意调整可行性研究报告，实验1号排水量由2300吨调整为2500吨，船舶定员由56人调整为72人；项目总投资调整为19980万元，其中中科院专项投资15500万元，其余部分由建设单位多渠道筹措解决。同月，通过公开招投标，选定上海佳船工程设备监理有限公司作为本船的监理单位，协助船东做好详细设计送审图纸审阅、建造进度及质量监督工作。9月底，第702研究所进行的科考船详细设计通过验收。12月22日，实验1号正式开工建造。2008年1月，中科院基本建设局批复《新型综合科学考察船项目初步设计及概算》。

在建造过程中，项目经理部与设计单位、建造单位、监理单位、船级社（CCS）通过合同建立了密切的合作关系（图9—3）。

2. 风险管控

实验1号是集众多“国内第一”于一身的首制船，技术新、难点多、难度大，其技术风险性不言而喻。面对这项创新性工程，如何做好技术、质量、进度、资金等风险的综合管控，是摆在经理部面前的重大难题。

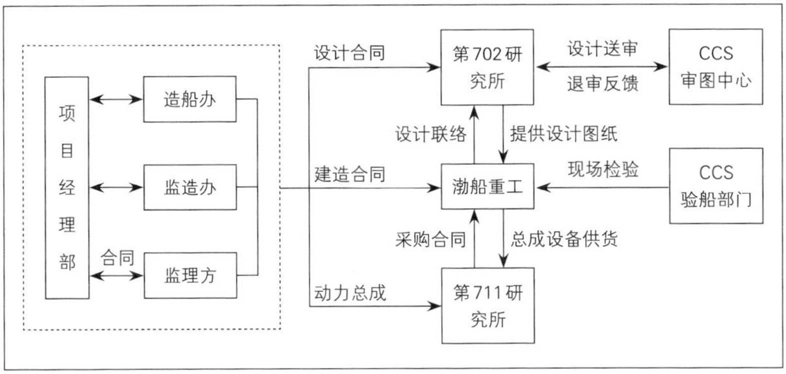

图9—3　实验1号建造项目合作关系

为此，经理部紧密依靠技术专家、顾问和监理单位，深入论证设计方案，及时补充完善，始终把质量控制放在科考船设计和建造的优先位置。从2006年到2009年上半年，经理部先后带队与船厂、设计所、总成单位、船检等相关单位协调50余次，并组织召集多次专题协调会，全面掌握各方意见和需求，集智攻关，较好地解决了空船吃水控制、电力推进系统选型、全船减振降噪、动力电缆选型与全船电磁兼容等方面的技术疑难问题。在详细设计阶段，为深入细致了解具体问题，经理部派专人驻扎设计组三个多月，依托监理单位的技术力量，有效履行船东对于设计图纸的审核职责，及时发现设计疏漏并督促改进。

经理部在开工建造前就派驻厂监造组入驻现场，并一直工作到科考船交付和返航。在此期间，监造办在现场始终保持着2—10人的监造队伍。坚持每天对施工现场进行检查，严格控制各道工序的交验、报验环节，确保各项施工符合科考船建造要求；及时发现施工过程中存在的增加工程、隐蔽工程、主要材料调整、船体重量变化或涉及质量、造价的一切变更，并根据经理部指示意见，与厂方进行沟通协调；对建造过程中发现的设计问题及时与设计单位联系解决，与船厂建立定期的进度检查和协调机制，提出解决问题的合理化建议；随时了解计划的完成情况，掌握建造进度，将实际进度与计划进度进行动态比较，通过监造周报制度，定期将建造进度、主要问题及原因分析、改进意见和措施等情况上报经理部，为决策提供依据。

针对参与科考船项目的配合单位多、相互关联强等问题，经理部围绕科考船建造的主线，依据与各有关单位的合同关系，建立和强化“协调与配合机制”；积极了解船厂、设计单位、主要设备供应商、审图机构的相关工作进度，及时协调解决影响项目顺利推进的重大问题；妥善处理船东、船厂、设计单位、设备供应商之间的关系；以确保建造质量和船舶安全为前提，将建造总进度、总投资控制在合理范围内。在建设过程中，经理部努力解决图纸送审与退审、大型设备供货期、交船与入级等方面的进度问题，保证了顺利交船。

3. 攻克技术难关

在经理部以及设计人员的密切协同配合下，建造单位总工程师李光民带领有关技术人员，攻克了建造过程中的三大技术难关：

一是船体重量关。由于SWATH对重量重心非常敏感，因此其设计和建造难度都很大。特别是受停泊码头与进港航道的水深限制，“空船进港吃水不能大于5米”是决定实验1号建造成败与否的关键指标。对此，设计单位在详细设计阶段针对重量重心分布提出了详细的分项控制要求，编制的各项主要设备技术协议书均对设备重量有明确的限制指标。船厂以严格的重量控制标准制定了专门针对本船的《重量控制原则工艺》和《称重管理制度》，要求船体、轮机、电气、内装等生产部门严格按图施工，设立专职称重员和检查员，对所有设备、物料上下船均称重并记录，发现超重现象及时处理。经过有关各方从设计、建造、监造直到验收、交船的各个阶段及整个过程的全程严格控制与监督，建造完成后的实际空船重量与设计的空船重量相比，仍留有一定余量。

二是薄板焊接及变形控制关。相较于船厂以往建造的大型船舶十几、数十毫米厚的钢板而言，实验1号船的钢板大多属于薄板，而薄板焊接及变形控制就成为了本船建造的又一难点，这既关系到船的整体寿命，又影响了全船外形的美观。船厂为此做了大量工作，根据行业内的质量标准和船厂现行的相关工艺规程，编制了《船体焊接原则工艺》《薄板焊接装配工艺》和《船体制造公差》等工艺文件，并据此严格管控每一个施工环节，做好板材下料、结构拼装、分段制造、焊接、分段大接头、焊缝X光探伤等各道船体装配工序的内部质量检验，对于船东、船检发现的部分施工质量不合格、质检人员工作不到位的问题，及时予以返工整改。

三是电磁兼容关。随着电子设备在现代舰船上的大规模使用，电磁兼容问题成为现代舰船设计建造的一个难点。实验1号除配备常规船的电气、电子设备外，还装有大量科考仪器设备，而且采用交流变频电力推进系统。690伏动力电缆、网络电缆、数字信号、模拟信号及各种用途的电缆在较小区域内密集分布，造成了船上较为复杂的电磁环境。为了尽可能减少和防范风险，设计上尽量选用电磁干扰发射量低的设备，设备外壳选用电磁屏蔽性能良好的材料，优选光纤传输。在建造过程中，按照行业内的规范标准，参考特型船建造相关工艺，制订专门针对本船的电磁兼容施工工艺要求；尽可能控制动力电缆与其它电缆之间的敷设间距；根据电缆的不同用途，严格检查托架间距和电缆贯通件隔磁要求，确保电缆固定件的安装质量；严格遵守产品安装手册要求进行电气设备安装，特别注意接地。全船电场、磁场、电网的测试结果表明，全船电磁兼容状况良好，能够满足船舶正常航行并满足科学实验的使用要求。

4. 航行试验与验收

2008年9月12日，实验1号成功下水。2009年1月，历经8天航行试验，证明其主要技术参数达到了设计任务书和建造合同的要求。4月9日实验1号通过中国船级社秦皇岛分社的各项检验，获得了船级社颁发的相关技术证书，并完成在天津海事局的船舶所有权和国籍证书登记。4月15日，实验1号科考船完成建造并交付。4月27日，实验1号在广州珠江新洲码头靠岸，这标志着该科考船正式入列。5月9日，实验1号在海南三亚举行首航仪式。

2009年9月，中科院基本建设局组织工艺、财务和档案验收组对实验1号科考船项目进行了分项验收，并成立了由沈闻孙为组长的总体验收组。总体验收组认为，实验1号新型综合科考船设计起点高，设计与建造难度大，经过多次海上科学实验的检验，充分证明了实验1号耐波性能优良，船舶操纵性能良好，全船减振降噪效果良好，提供了安静的水声实验环境、舒适的工作和生活环境；交流变频电力推进动力系统、全船自动化、动力定位等功能先进、实用、可靠、经济；甲板有效使用面积大，科考机械设备配置齐全，有利于海上实验的组织和开展。实验1号科考船的各项技术性能指标达到了该项目批复的要求，主要性能优良，达到当前国际先进水平。①

四、运行与成就

实验1号是一艘采用小水线面双体船型、钢质全焊接结构、变频调速电力推进、双机双桨综合科学考察船（图9—4）。该船全长60.9米，型宽26米，型深10.5米，吃水6.5米；满载排水量2555吨，总吨位3071吨，总载重量700吨；最大航速15节，经济航速10节，续航力8000海里，自持力40天；在11级风时可安全航行，在6级海况可正常作业；额定载员72人，其中船员27人，科研人员45人；作业海域为无限航区（冰区除外）。船上设有声学工程实验室、气象实验室及水下机器人实验室等多个海洋学科专业实验室。通过合理的总布局及结构设计的优化，实验1号在严格控制结构重量的前提下最大限度提高了空间利用率（图9—5）。②

图9—4　实验1号新型综合科考船

① 葛纬桢:《从220吨到2560吨小水线面双体船研制的回顾与体会》,《舰船科学技术》,2012年第S2期,第35—46页。

② 葛纬桢:《“实验1”号科考船设计研究》,《舰船科学技术》,2014年第S1期,第32—42,59页。

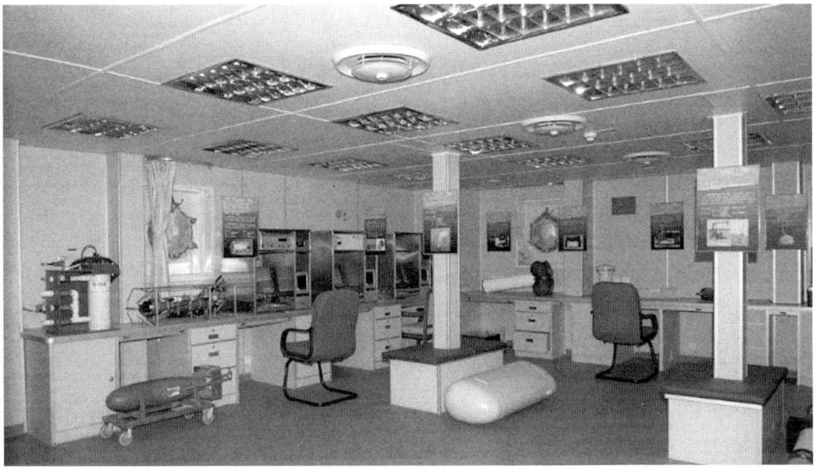

图9－5 实验1号内的实验室

实验1号的投入使用，为我国多学科的海上考察提供了良好的工作环境和综合考察平台，为海洋科学研究提供了坚实可靠的保障。实验1号不仅可以用来开展水声专题研究，还可以用以开展多学科、大范围的网络联合立体观测实验，因而是海洋信息采集和各类设备数据监测的中心。为了规范和加强实验1号运行管理，根据《中国科学院大科学装置管理规定》，制定了《“实验1”号科考船运行管理办法》，并成立了实验1号科考船运行管理委员会，全面负责科考船的运行规划、决策、评估和考核等。中科院南海海洋研究所作为实验1号运行依托单位，其下属科考船队专门负责船舶的运行、维护和日常管理。实验1号实行“专管共用，开放共享”管理模式，除承担国家重大科研任务，满足相关建设单位的水声与海洋专项科考航次需要，还同时承接中科院内外其它单位的横向任务和国际合作任务。

自2009年投入使用之后的十年间，实验1号共执行科考航次76个，海上作业1791天，总航程逾23万海里，为国家水声与海洋科考事业做出了重要贡献。其中，水声专项考察30余次，考察海域从最初的南海到东海、西太平洋再到东印度洋，获取了目标海域大容量水下噪声、声速剖面以及同步的海洋物理等数据，验证了倾斜海底与水体起伏对声传播的影响机理并发展出空间频率结构特征提取技术，研究了粗糙海面水体起伏和复杂海底地形情况下的声场传播和起伏规律以及深海海底对声传播的影响，建立了深海大接收深度海底混响模型，提出了软沉积层海底的地声反演方法和基于海洋环境噪声的被动声层析方法，建立了适用于深海直达声区及浅海海域的多种声源定位方法。实验 1 号还多次联合“实验”系列海洋科学考察船在西太平洋海域进行声学考察，完成了深海完全声道超远程传播实验，为验证和完善远程声学特性研究提供了重要基础数据。此外，通过国家自然科学基金委员会共享航次，国内多家涉海单位用实验 1 号 进行了 8 个以大洋研究为目的的考察航次，在东印度洋海域开展海洋多学科综合考察研究，获取了超过 10 000 份生物、地质和化学样品、100 份沉积物表层样品，揭示了东印度洋赤道逆流（EUC）和中层流（EIC）季节变化特征，捕捉到行星波在东边界反射调整信号，描绘了行星边界层（PBL）特征的年际差异，刻画了孟加拉湾春季障碍层空间分布和强度。由于东印度洋与南海密切相关，这些调查研究有助于更好地预测南海海洋生态环境因素的变化，为南海经济与社会协调、可持续发展与决策提供科学依据。①

第五节　科学号海洋科学综合考察船

海洋科学考察船是用于调查研究海洋水文、地质、气象、生物等的专用船舶，相当于一个漂浮在海面上的大型移动实验室。20 世纪 50 年代，我国建造了第一艘现代化的海洋调查船，它是用一艘远洋救生拖轮改装而成的。20 世纪 60 年代开始，我国又陆续建造了几艘海洋科学考察船，而 2012 年交付使用的科学号海洋科学综合考察船是其中技术水准最高的一艘。科学号建设项目由中科院海洋所作为法人单位，于 2007 年 12 月立项，2012 年 9 月交付，2015 年 4 月通过国家验收。

一、科学号海洋科学综合考察船的立项

说起科学号海洋科学综合考察船，就不能不提中科院海洋研究所（简称海洋所）。始建于 1950 年的海洋所是新中国第一个专门从事海洋

①《“实验 1”科学考察船》,《中国科学院院刊》,2019 年第 34(Z2)期,第 62—65 页。

科学研究的国家级科研机构。在建所元老童第周、曾呈奎等老一代科学家的带领下，海洋所开拓并引领了我国海洋科学的发展。随着中科院“知识创新工程”的实施，海洋所在我国海洋研究领域进一步做出了许多开创性工作。为了支撑海洋研究，在科学号之前，海洋所打造过几条科考船，建造于1980年的科学一号（2016年正式退役）就是其中之一。但是，这些科考船难以满足深海、远海科考的需要。由于经费有限，最初海洋所打算到挪威买一条旧船加以改造，但出国考察后发现，购船不合适，造新船才是出路。在造新船之前，为了应急，海洋所买来图纸，将国家海洋局的一艘海监船改造成科学三号科考船，用于近海考察。[①]

随着我国国家海洋战略的日渐明晰和海洋科技的迅速发展，进一步提升我国深海大洋的探测能力和研究水平已经是当务之急。2006年，我国出台《国家中长期科学和技术发展规划纲要（2006—2020年）》，其中明确提出“加快发展空间和海洋技术”，把海洋科学考察船列为优先发展主题之一。在这个背景下，中科院和教育部于2007年5月25日向国家发改委提出《关于报送国家重大科技基础设施海洋科学综合考察船项目（MORV）建议书》，[②]阐明了海洋船项目的必要性、科学意义以及具体方案。随后，国家发改委委托中国国际工程咨询公司对项目建议书进行评估。

在项目申请过程中，关于项目建设和运行机制曾出现一些分歧。中国海洋大学、国家海洋局第一海洋研究所、农业部水产科学院黄海水产研究所、国土资源部青岛海洋地质研究所这四个单位联合起来，与中科院海洋所竞争该项目的法人单位。[③]为此，国家发改委投资司、高技术司以及中科院计划财务局、教育部科技司、中国国际工程咨询公司高技术业务部共同组成工作组赴青岛进行现场调研后，决定该项目由中科院海洋所作为法人单位牵头建设，而上述四家单位则作为共建单位参与建设。[④]

---

① 张毅：《用生命谱写蓝色梦想：张炳炎传》，上海交通大学出版社，第141—142页。

②《海洋科学综合考察船项目（MORV）建议书》，中科院海洋所档案室，2015年。

③ 受访人于建军，访谈人王大洲、曹丽，2016年11月30日，地点：中科院海洋所。

④《关于海洋科学综合考察船项目（建议书）的咨询评估报告》，中科院海洋所档案室，2007年，第5页。

项目建议书明确提出，在工程建设的组织管理方面，采用工程项目现代化管理模式，即业主负责制、招投标制及工程监理制；建成之后，将参照国际通行先进管理模式，以“公管共用，专业运行”的新模式进行管理；在投资估算方面，项目建设总投资大约为5.5亿元。针对项目建议书，国家发改委委托中国国际工程咨询公司进行评估。评估认为，项目建设是必要的，相关指标达到了国际先进水平，关键技术基本成熟，建设方案总体合理。与此同时，也对存在的问题提出了建议。例如，在招标方面，评估认为该船部分系统不宜进行国际招标，建议将招标范围局限在国内设计及制造单位；在投资估算方面，建议项目总投资为5.076亿元，而运行经费则应根据在航率的逐步提高设定一个经费变动幅度。2007年12月20日，国家发改委批复项目建议书，①同意将科学号海洋科学综合考察船作为国家重大科技基础设施列入国家高技术产业发展项目计划，并规定考察船建造完成后其产权归属上述五家共建单位组成的“青岛海洋科学与技术国家实验室”，前提是国家实验室必须具备法人资质和管理能力。至此，海洋科学综合考察船完成了专家论证，进入可行性研究阶段。

为了加强工程建设的领导，保证工程建设进度和质量，2008年5月15日，由中科院办公厅印发通知，成立海洋科学综合考察船建设领导小组、海洋科学综合考察船建设领导小组办公室、海洋科学综合考察船工程经理部和海洋科学综合考察船工程科学技术委员会。②2008年8月，根据国家发改委的批复，项目法人单位海洋研究所牵头进行项目可行性研究，并委托中计信投资咨询有限责任公司编制海洋科学综合考察船的项目可行性研究报告。③2008年9月1日，可行性研究报告由中科院与教育部上报国家发改委审批。12月31日，可行性研究报告获得批复。④

---

① 国家发改委:《关于改样科学综合考察船国家重大科技基础设施项目建议书的批复》,中科院海洋所档案室,2007年,第1—3页。

②《海洋科学综合考察船项目组织机构设置及人事任免通知》,中科院海洋所档案室,2008年,第1页。

③《海洋科学综合考察船项目可行性研究报告》,中科院海洋所档案室,2008年,第1页。

④ 国家发改委:《关于海洋科学综合考察船国家重大科技基础设施项目可行性研究报告的批复》,中科院海洋所档案室,2008年,第1—3页。

国家发改委在批复中明确了项目总投资为5.502亿元，其中国家财政拨款5亿元，其余由项目建设单位自筹资金解决。中科院接到批复后，要求海洋所抓紧时间开展项目初步设计工作，落实相关建设条件，尽快编制项目初步设计及概算。[①]这样，科学号海洋科学综合考察船完成了可行性研究，进入初步设计和开工准备阶段。

二、科学号海洋科学综合考察船的设计

2009年4月8日，海洋所与中国船舶工业集团公司第708所签订了科学号海洋科学综合考察船设计开发合同，由张炳炎担任总设计师。在项目初步设计过程中，工程经理部广泛开展调研，并且组织项目外籍高级顾问和来自项目设计单位、项目法人单位、共建单位的科技专家及船舶技术骨干，针对国外代表性科考船尤其是挪威耶奥格·萨尔斯号和英国詹姆斯·库克号的设计方案进行了比较分析，力图提炼其先进的设计特点，借鉴其先进的设计经验。[②]

项目设计之初，特别是针对船体的设计，设计单位和作为用户的项目法人单位意见不一。张炳炎曾从事过科考船的设计，那些船多从军舰改造而来，船体呈V字形，因而他习惯地认为科学号船体最好也采用V字形。但是海洋所总工程师于建军提出，V字形船体虽然速度较大，但是稳定性比较差。他知道国外的科考船多从渔船改造而来，船体底部多呈U字形，比较稳定，但这会牺牲速度并增加燃料消耗。考虑到科考船运行速度不必很快，而科学家们在科考船上工作的时候，船体又必须足够稳定，因此，于建军强烈建议采用U字形船体。经过一段时间的协商乃至“争吵”，最终按照海洋所的建议进行了船体设计。

在结构层高设计中，国外的科考船结构层高多在2.6—3.2米，大多是2.6—2.7米，海洋所建议加高结构层高，但是张炳炎认为如果增加层高，船的安全性就会受影响，而工程的建造首先要考虑安全性。经过双

---

①《关于转发〈国家发展和改革委员会关于海洋科学考察船国家重大科技基础设施项目可行性研究报告的批复〉的通知》，中科院海洋所档案室，2009年，第1页。

② 吴刚，于建军：《我国自主研制的新一代海洋科学综合考察船科学号》，《中国造船》，2014年第1期，第83—89页。

方努力，这个问题最终得到了解决。时任海洋所所长、项目总指挥孙松回忆说：

双方常常会有矛盾，例如对业主来讲，希望船的空间大，较舒适，这就要求船的层高够高，但对设计者来说，层高加高后就要冒风险，因为太高就会影响稳定性和抗风能力。所以说，我们提出的要求越高，他的压力越大。鉴于现实情况，我们不可能单靠自己造出一条好船。当时我们也担心张炳炎院士能否把这条船设计出来，也曾想过再找别的设计公司。但认真思考分析后，觉得还是张院士，因为他非常有经验，只有七〇八所能办到。我们可以大胆提要求，最后由张院士把关，这个问题最后经过双方努力得到了解决。①

考虑到海上考察时间比较长，海洋所希望船上布局尽量人性化。为此，在船上布置了办公室、学术厅、会议室、健身房、阅览室、实验室等；卧室分为单人套间、单人间、双人间，都配有沙发、衣柜、写字台、书架、水瓶架等；厨房则配备各种做饭器具，并配有大餐厅、小餐厅、洗碗间等；此外还设有医务室和公共浴厕；等等。舒适的生活环境有助于船员和科研人员保持愉悦的心情，也有利于他们互相交流。虽然过程比较曲折，但是经过不懈努力，法人单位和设计单位正式签订了设计合同。

2009 年 4 月 15 日至 17 日，海洋所召开国际研讨会，针对科学号初步设计方案进行研讨。出席会议的挪威专家就国外科考船的技术特点、科考船的管理和发展趋势，特别是就耶奥格·萨尔斯号科考船的设计与建造进行了专门报告；英国专家介绍了詹姆斯·库克号科考船的设计与建造情况。来自 708 所的专家则就科学号海洋科学综合考察船的初步设计方案进行了报告。大家针对船型、船舶抗风浪能力、船舶总体布局、各子系统的专用设备及特种装置和海上作业方式等进行了交流研讨。② 2009 年 7 月，海洋所完成了项目初步设计及概算总报告的编制，并在青

① 受访人于建军，访谈人王大洲、曹丽，2016 年 11 月 29 日，地点：中科院海洋所。

②《海洋科学综合考察船项目初步设计方案国家研讨会议材料》，中科院海洋所档案室，2009 年，第 40—41 页。

岛召开科学号考察船初步设计方案外部评审会及专家咨询会。[①]

在初步设计方案的基础上，对海洋科学综合考察船设计总布置图、线型型值和典型横剖面等进行了优化。在详细设计过程中，完成了考察船的全船技术规格书和主要设备明细表，解决了部分影响船舶详细设计的关键技术问题，对关键的船用及船载探测设备的安装方式及有关技术难题进行了讨论和确定，对影响船体详细设计的主要设备签订了采购合同，明确了设备的技术指标、原理图及尺寸、质量等参数。与初步设计相比，详细设计的过程是非常坎坷的。由于海洋船系统比较复杂，设备也比较先进，综合布置图一直在反复修改。结果，项目设计单位拖延了详细设计供图，中国船级社上海审图中心的审图进度也达不到进度要求。为此，工程经理部组织人员积极参与设计单位的船舶设计和建造点位设计图纸转换等工作，多次召开设计进度协调会，分析影响进度的因素，及时调整进度计划。同时，为促进审图进度，工程经理部邀请设计单位和建造单位负责人，一起赴中国船级社上海审图中心了解进展情况，并进行技术沟通。[②]这些工作保证了科考船按期开工建设。为从源头上保证建造质量，工程经理部还召开了工程科技委详细设计方案咨询会，共建单位详细设计研讨会。与此同时，工程经理部积极组织人员对详细设计送审图进行了集中审阅，将修改意见及时反馈给项目设计单位和项目建造单位，进一步优化了详细设计方案（图9—6）。

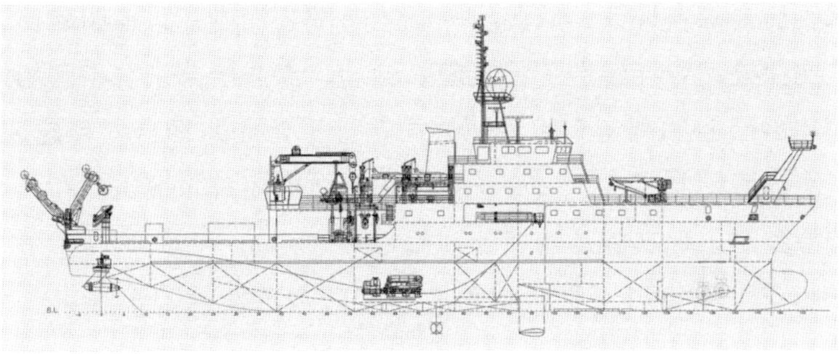

图9—6　科学号海洋科学综合考察船侧视图

①《海洋科学综合考察船国家重大科技基础设施项目工作简报》，中科院海洋所档案室，2009年第8期，2009年9月10日。

②《中国科学院重大科技基础设施工程建设进展工作报告(2010年)》，中科院海洋所档案室，2011年。

在具体设计过程中，设计团队和技术团队携手攻克了多波束嵌入式安装的防气泡球艏设计、经济节能的短长宽比船型设计、不同推进形式和电站配置的综合评估、艏楼遮蔽甲板抗风稳性研究、操控支撑系统与科考实验室综合布置研究、减振降噪和电磁兼容等关键技术难题，[①]实现了科学号科考船的设计创新：第一，船上采用三台主机，其中一台即可达到额定功率，能确保达到航速要求，另两台作备用，大大提高了安全系数；第二，率先在国内采用优化设计的球鼻艏船型方案，由此规避了风浪冲击船甲板对检测数据精密度的影响；第三，采用了先进的减振降噪措施，满足了现代海洋探测与研究的各项要求；第四，不需要压载，打破了船舶必须压载的惯例；第五，该船为无人机舱、一人桥楼，一个人就可以操纵重达4800吨的船。[②]

三、科学号海洋科学综合考察船的建造

科学号海洋科学综合考察船详细设计方案确定之后，就开始了设备采购。设备分为船用设备、船载探测与实验设备、船岸一体化网络系统三种类型。根据合同规定，除操控支撑系统外的所有船用设备由项目建造单位负责采购，其余设备全部由海洋所负责采购。

项目工程经理部全面启动船舶建造招标和建造工程监理单位招标工作。海洋所委托国信招标集团有限公司在北京进行了项目开标和评审。经评标委员会综合评议，武昌船舶重工有限公司中标科考船建造，中国船级社实业公司中标建造工程监理。随后，海洋所分别与中国船级社实业公司和武昌船舶重工有限责任公司签订了建造监理合同和建造合同。接着，海洋所编制完成了《海洋科学综合考察船开工报告》和《海洋科学综合考察船工程实施及管理计划》。[③]

2010年4月19日，中科院和教育部联合下发《关于国家重大科技

① 张毅:《用生命谱写蓝色梦想:张炳炎传》,上海交通大学出版社,2016年,第137页。

② 吴刚,于建军:《我国自主研制的新一代海洋科学综合考察船科学号》,《中国造船》,2014年第1期,第83—89页。

③《2010年度中国科学院重大科技基础设施建设进展汇报会会议通知及相关材料》,中科院海洋所档案室,2011年。

基础设施海洋科学综合考察船建设项目开工建设的批复》，同意该项目开工建设。2010 年 10 月 28 日，在武昌船舶重工有限责任公司举行了开工仪式。与此同时，海洋所成立了项目监造组，于 10 月 29 日与监理单位同时入驻船厂开始监造和监理工作。监理单位与法人单位监造组共同对考察船的建造进行全面的现场监控，以确保建造质量。

在建造过程中，采用了壳、舾、涂一体化的作业方式，应用成组技术，对考察船的中间建造过程进行统筹优化，使施工作业在空间上分道、时间上有序。考察船船体的制造按分段划分，有 51 个分段，其中主船体为 25 个分段，上层建筑为 26 个分段。按照舾装区域划分，分为 3 大区，分别为艉部区域、舯部区域和艏部区域。按照建造阶段划分，有 6 个阶段，分别是下料加工、分段制造、船台总装、完整性下水、系泊试验和试航交船。

为确保考察船的建造质量和建造周期，船舶监造从第一道工序抓起，对于材料的采购、复验及钢材预处理都设质量控制点。下料加工则实行“三同步”，即主船体、上层建筑和舾装件同步开工建造。分段制造包括分段分道作业、分段预舾装和分段涂装。分段分道作业需要进行部件装焊，然后在船壳体和横舱壁上焊接各种舾装件和其他设备，船体分段装焊、预舾装报检完毕后进行分段涂装。在船台总装过程中，为了扩展作业面，保证建造质量，按三岛、塔式混合建造方法，形成艉岛区域、舯岛区域和艏岛区域，而上层建筑各分段按船台吊装顺序吊上船台，形成上层建筑区域，完成之后进行船台涂装。考察船在设计、管理、施工等方面对涂装提出了很高的要求，确认舱室所有工作完成后进行涂装。整船建成之后进行完整性下水，随后进行系泊试验，并提交系泊试验证明书。之后，武昌船舶重工有限责任公司组织了离厂评审会，随即开始海上试航工作。

在建造过程中，曾经调整了部分方案，其中一个重要调整就是增加配备 4500 米缆控水下机器人（ROV），这是在项目建议书评审阶段因经费原因被取消的设备。当时，关键设备已经采购完毕，预算经费略有结余，因此有了调整的可能性。事实上，配备 ROV 也确属必要。ROV 装有当时世界上最先进的深海高清摄像系统、机械手、万米温盐深仪和海洋化学传感器等，可以通过机械臂获取样本，具备对多种物理化学环境参数的原位探测能力，可对近海底海水、热液流体、浅表沉积物和生物样品等进行可视化现场取样。①2011 年 3 月，海洋所向中科院主管部门提交《海洋科学综合考察船搭载 ROV 项目可行性研究报告》以及《海洋科学综合考察船项目方案调整报告》，并顺利通过专家评审，获批为海洋科学综合考察船复配 ROV。2012 年 2 月 1 日，ROV 采购工作启动。工程经理部根据国家发改委的要求，在广泛调研 ROV 技术方案的基础上，组织人员编制 ROV 招标技术文件。2012 年 5 月 16 日，ROV 机电产品的国际公开招标采购工作完成，但是在招标代理公司发布了中标公示后，其中一家投标人质疑，招标代理公司接受调查，ROV 国际招标采购工作被迫搁置。直至同年 10 月份，问题才得到解决，最终于 11 月 16 日完成了合同签订。2013 年 7 月至 8 月，进行了 ROV 安装和海试（图 9—7）。②

图 9—7　4500 米缆控水下机器人

①《2012 年度中国科学院重大科技基础设施项目海洋科学综合考察船建设进展报告》，中科院海洋所档案室，2013 年。

②《2013 年度中国科学院重大科技基础设施项目海洋科学综合考察船建设进展报告》，中科院海洋所档案室，2014 年。

2011年11月30日，科学号海洋科学综合考察船在武汉下水。此时，船舶建造的主要工作是进行船舶内舾装、系泊试验以及船载实验探测设备安装调试。到3月1日，完成调试工作并通过中国船级社的检验认可，随后又相继完成了大部分设备的系泊试验和倾斜试验[①]，而后续施工和海试准备工作转到南通进行。海上试验的目的是考核船舶预定的各项技术指标达标情况、测试船上各项系统运转情况以及调试和验收船舶航行和救生等各种设备（图9—8）。2012年6月15日至21日，在东海长江口水域顺利完成了海上船舶系统的航行试验，并通过中国船级社现场检验。通过海上航行试验，初步掌握了考察船海上实际航行的各项性能指标，获得了可靠的试验数据。2012年6月28日，海洋科学综合考察船科学号顺利取得了中国船级社船检证书。2012年9月29日，科学号交接仪式在青岛奥林匹克帆船中心成功举行，标志着科学号正式进入我国海洋科学考察船队列。

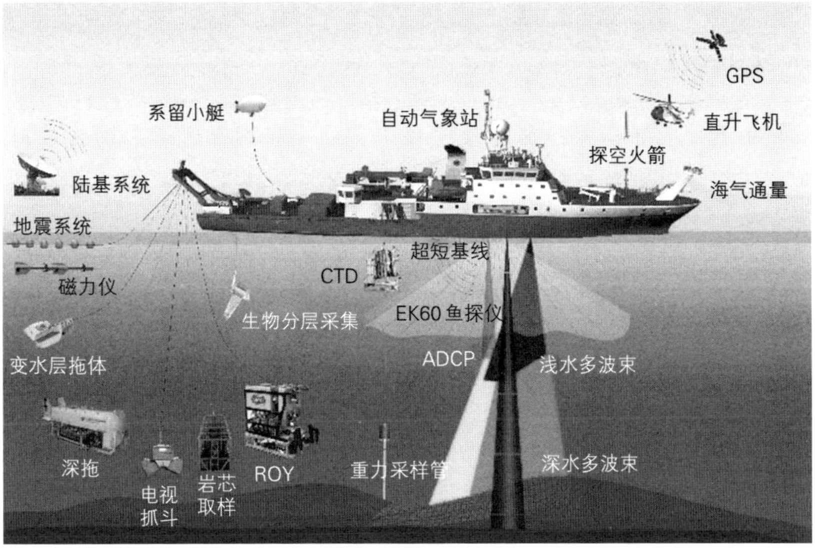

图9—8　船载探测与试验系统示意图

在科学号建造过程中，国际合作发挥了重要作用。2010年，在开工之初，项目副经理带队参加了在德国基尔召开的第23次国际海洋科

①《中国科学院重大科技基础设施工程建设年度工作计划(2011年度)》，中科院海洋所档案室，2012年。

学考察船运作协调会（ISOM），与国外先进科考船管理者交流研讨了新船建造情况，征得了国外专家的意见和建议。2011年4月，邀请项目外籍高级顾问ISOM主席以及工作人员来华，对考察船减震降噪技术方案提出建议，并赴武汉船厂对大型船用设备和船载探测设备的安装调控进行了现场指导。[①]2011年5月，项目副经理再次带队参加在美国西雅图召开的第24次国际科考船运作协调会，与国际先进科考船管理者共同探讨船舶建造中的突出问题，吸收了国外科考船建造和管理经验。2012年6月12日至16日，来自美国蒙特雷湾海洋研究所的资深海洋工程师作为外籍高级顾问受邀，就ROV设计方案和科学应用进行深入研讨，不仅指出了基于科考船平台布放的深海科考型ROV设计应用中需要特别注意的技术问题，还对科学号水下缆控潜器ROV的设计方案提出了许多建设性意见。[②]

2015年4月24日，科学号科考船项目国家验收会议在青岛召开，国家验收委员会同意工艺鉴定以及工艺、设备、财务、档案专业组验收意见。验收委员会认为：

在海洋科学综合考察船建设过程中，结合了国际科考船的发展趋势，以先进性和适用性为目标，以经济性为准绳，以技术求效益，以创新促发展，通过自主研发、技术创新和优化设计，使其快速性、操纵性指标全面达到预设目标，船舶空船质量控制、总体布局、抗风稳性及配载、电站负荷和油耗、动力系统可靠性以及生活环境舒适度等均达到或超过国际先进水平。[③]

四、运行及成就

科学号海洋科学综合考察船是我国第一艘用于深海探测和研究的新

①《2012年度中国科学院重大科技基础设施项目海洋科学综合考察船工程建设进展报告》，中科院海洋所档案室，2012年。

②《2012年度中国科学院重大科技基础设施项目海洋科学综合考察船建设进展报告》，中科院海洋所档案室，2012年。

③《海洋科学综合考察船国家验收意见》《国家验收会议手册》《会议通知》等，中科院海洋所档案室，2016年。

一代综合科学考察船（图9—9），其综合能力与国际上最先进的科学考察船耶奥格·萨尔斯号和詹姆斯·库克号相近。科学号在设计和仪器装备等方面参考了上述两船，同时在一些地方也进行了创新。科学号海洋科学综合考察船的建成，离不开我国自主研制科学一号、科学三号等科考船所积累的经验和技术能力，也离不开对国外先进经验的主动学习和借鉴。科学号海洋科学综合考察船的成功，对我国后来的科考船在立项、设计、施工、运行等方面都发挥了示范引领作用，以至于我国几艘新建的考察船基本上属于对科学号的仿造。

图9—9　科学号海洋科学综合考察船

科学号核定总吨位4711吨，总长99.80米，型宽17.80米、型深8.90米、续航力15000海里，自持力60天，最大航速15节，载员80人。科学号采用了多项国际先进的通信技术，具备全球航行观测能力，能够满足现代海洋科学研究的需求。为了对科考船进行有效的运行管理，海洋研究所专门成立了海洋科学考察船运行管理中心，下设大科学装置办公室、船舶保障部和工程技术部，负责科学号海洋科学综合考察船的运行管理，接受海洋科学考察船科技委员会和用户委员会的咨询评议。其中，科技委员会是科学号运行工作的科技咨询机构，其主要职责是对科学号的科学技术目标、发展方向提供科技咨询，评议科学号运行工作计划、运行和利用情况、重大合作计划等；用户委员会是科学号运行与利用的监督机构和用户联络机构，其主要职责是听取用户意见，反映用户需求，监督运行和利用情况，配合研究所组织用户培训与交流，提出改进建议，推动新技术的应用与合作研究（图9—10）。

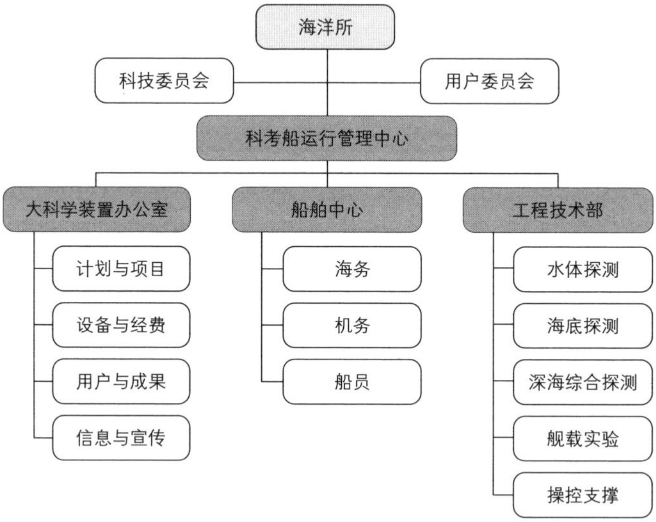

图9—10 科学号海洋科学综合考察船运行管理体系

科学号科考船的运行有四种模式，分别是科学考察模式、开放共享模式、公益和应急反应模式和订单模式。科学考察模式是为国内和国际重大科研项目提供平台的作业模式；开放共享模式是根据海洋科学对长期连续观测的需求，聚焦某一特定区域或重大科学问题，为感兴趣的科学家提供调查平台；公益和应急反应模式是一种特殊作业模式，根据国家的紧急需要进行临时性特殊任务，或根据公益和应急反应要求进行指定海域的航行任务，将获取的数据和信息传送到指定位置；订单模式是根据用户科研项目要求进行的特定航行任务。①前三种模式获取的数据产品和样品归国家所有，订单模式获取的产品和样品主要为订单下达单位使用。科学号科考船自运行以来，为众多企业、研究所、大学、新闻机构等用户单位提供了支撑服务。

自科学号交付完成后，考察团队顺利完成了多项深海大洋的调查，取得了一系列重要科研成果，不仅拓展了我国深海研究，而且还积累了可靠经验，锤炼了海洋科考队伍。2014年4月8日，科学号远赴西太平洋，首次执行中科院热带西太平洋海洋系统物质能量交换及其影响战略

①《海洋科学综合考察船国家验收意见》《国家验收会议手册》《会议通知》等，中科院海洋所档案室，2016年。

性科技先导专项的相关科考任务。4月17日，科学号在西太平洋冲绳海槽进行综合科考时，科研人员利用其搭载的ROV发现了海底黑烟囱的线索，在一些海底火山口发现了阿尔文虾和毛瓷蟹等聚集的群落。随后，科研人员还首次在大洋成功布放大规模深海潜标阵列，通过回收深海潜标阵列，获得了太平洋西边界流海域有关海洋环流结构的长时序连续观测数据。11月中旬，科学号继续执行中科院战略性先导科技专项项目，对雅浦海域的海山区进行海山地质构造、深海环境与生态系统综合科学考察。2015年1月，科学号完成海洋生物采集任务。1月17日，科学号抵达位于西太平洋的雅浦海沟、马里亚纳海沟与卡罗琳海岭“三联点”区域，进行综合地质地球物理考察。随后，科研人员投放沉积物捕获器研究太平洋黑潮暖流对中国的影响，投放海底地震仪采集海底构造数据，投放热流探针获取海底热流信息。2016年9月20日，科学号又赴低纬西太平洋进行对深海海域的调查，填补了我国在该区域深海海洋学调查研究的空白。[①]2017年1月2日，科学号完成热带西太平洋综合考察航次，返回位于青岛西海岸新区的母港，我国科学家在本航次破解了深海观测数据实时传输的世界难题。

总之，科学号海洋科学综合考察船的建成，为我国海洋科学考察提供了世界级水平的强大平台，使我国海洋科学研究从近海迈向远海，从浅海迈向深海，从而为我国远洋综合科学考察研究的开展乃至我国海洋战略的实施提供了不可替代的、强有力的能力支撑。《自然》杂志曾对科学号进行过两次专题报道，对科学号及我国海洋科学考察能力给予了高度评价。

---

①《科学号国家重大科技基础设施传媒扫描》，中科院海洋所内部资料。

第十章

生命领域：从种质资源库到蛋白质研究设施

从20世纪90年代开始，我国大科学工程建设逐渐扩展到生命科学领域。中国西南野生生物种质资源库建设项目是我国生命科学领域第一个大科学工程，随后中科院武汉国家生物安全实验室、国家蛋白质科学研究（上海）设施等相继立项建设，形成了生命科学领域大科学工程的样板。本章在厘清我国生命科学领域大科学工程发展背景的基础上，重点描述这三项大科学工程的建设历程和科学成就。

第一节 生命领域大科学工程建设背景

像任何科研领域一样，生命科学研究也不离开科学仪器，特别是当其进入到肉眼无法直接观察的领域，就更是如此了。这就不难理解，为什么显微镜的出现对于生命科学研究是如此重要。第一台光学显微镜是荷兰眼镜商詹森（Hans Janssen）在1604年发明的。1655年，英国科学家胡克（Rorbert Hooke）自制复式光学显微镜，首次观察到植物细胞。大约同一时期，荷兰布商列文虎克（Antonie Philips van Leeuwenhoek）观察到了动物和人身上的微生物。170多年后，德国植物学家施来登（Mathias Schleiden）和动物学家施旺（Theodor Schwann）创立细胞学说，阐明了细胞是生命的基本单位。在此基础上，法国科学家巴斯德证明了微生物导致物质腐败，提出了细菌致病理论，发明了巴氏消毒法，从而成为微生物学的奠基人。像牛顿建立经典力学一样，巴斯德创立了一整套微生物学研究方法。他借助光学显微镜，研究了微生物的类型、习性、营养、繁殖、作用等，开创了微生物生理学，奠定了工业微生物学和医学微生物学的基础，为人类战胜狂犬病、鸡霍乱、炭疽病、蚕病等奠定了理论与技术基础。从此以后，整个医学迈入细菌学时代，并得到了空前发展。

巴斯德等科学家的微生物学研究并没有穷尽所有。1886年，德国农业化学家迈尔（Adol Mayer）发现了烟草花叶病，并证明这是一种传染病，这暗示着可能存在一种比任何已知细菌都小的致病因子；之后，俄国植物生理学家伊万诺夫斯基（Dmitrii Ivanovsky）发现烟草花叶病致病因子具有滤过性；荷兰细菌学教授贝杰林克（M. Beijerinck）发现烟草花叶病致病因子是“传染性活流质”；德国学者吕夫勒（Friedrich Loeffler）和菲洛施（Paul Frosch）发现牛口蹄疫致病因子是“极小生物”；伊万诺夫斯基认为烟草花叶病致病因子不是活流质；美国植物生理学家杜加尔（Benjamin M. Duggar）认为烟草花叶病致病因子是可在细胞内增殖的微粒；美国化学家斯坦利（W. M. Stanley）基于结晶实验提出烟草花叶病毒是一种蛋白质，最后才确认烟草花叶病毒原来是杆状核酸蛋白质复合体。最后这一步，有赖于电子显微镜的发明。1933年，两位德国年轻人恩斯特·鲁斯卡（Ernst Ruska）与波多·冯·波里斯（Bodo Von Borries）合作研制出全球首台分辨率超过光学显微镜的电子显微镜。1938年，两人在西门子公司的支持下又合作研制出结构更加合理、功能更为齐全、放大率可达3万倍的实用电子显微镜试制品。1939年，西门子公司正式推出商用电子显微镜。同年，古斯塔夫·阿道夫·考舍（Gustav Adolf Kausche）等人利用电子显微镜观察到了烟草花叶病毒，其呈杆状，直径大约为15纳米，长度为150纳米或300纳米。[①]值此，区别于细菌的病毒世界之门才被完全打开。此后，各类病毒被不断发现，其结构和感染机制成为了历久弥新的热点研究内容。

如果说电子显微镜让病毒现出原形，那么X射线衍射技术则帮助人类找到了生物遗传的密码。1951年至1953年间，美国生物学家沃森（James Dewey Watson）和英国物理学家克里克（Francis Harry Compton Crick）在剑桥大学开展合作研究，并于1953年提出了脱氧核糖核酸（DNA）的双螺旋结构模型，为DNA分子如何复制成两个结构相同的

---

① 周程:《病毒是什么？——人类发现首个病毒的过程考察》,《工程研究——跨学科视野中的工程》,2020年第1期,第92—112页。

DNA分子以及DNA怎样传递生物体遗传信息提供了合理说明。这个模型既能从螺旋性、分子直径、碱基对的几何学尺度等方面阐明X射线衍射图像，又能以碱基专一性互补配对来解释查戈夫规则。[①]事实上，他们的研究建立在当时已经确立的三个事实基础之上：一是DNA由六种小分子组成，包括脱氧核糖、磷酸和四种碱基（A、G、T、C）；二是由英国物理学家弗兰克林（Rosalind Elsie Franklin）得到的X射线晶体衍射照片；三是美国生物化学家埃尔文·查戈夫（Erwin Chargaff）提出的有关DNA分子中碱基组成的重要规则，即虽然不同物种中四种碱基的含量不同，但A和T的含量总是相等，G和C的含量也相等。DNA分子双螺旋结构模型的发现，是生物学史上的一座里程碑，也是生物学历史上唯一可与达尔文进化论相媲美的重大发现。1962年，沃森、克里克因发现DNA分子结构，与改进了X射线衍射技术的威尔金斯共同获得诺贝尔医学或生理学奖，而他们三位也都受到了量子力学创始人之一的德国物理学家薛定谔所写的《生命是什么？》一书的重要影响。可以说，奔向生命科学领域的物理学家们，帮助开辟了分子生物学新时代。

物理学影响生命科学的一个重要通道就是各种实验技术。1895年，德国物理学家伦琴意外发现X射线，随后开启了人类探测物质结构新的门径。X射线是一种波长很短的电磁波，能穿透一定厚度的物质，并能使荧光物质发光、照相乳胶感光、气体电离。伦琴的发现直接导致医用X光机的问世，第一次将现代物理学和医疗直接关联在一起。鉴于X射线的波长和晶体内部原子面间的距离相近，1912年德国物理学家劳厄（Max von Laue）提出，当一束X射线通过晶体时将发生衍射，分析在照相底片上得到的衍射花样，便可确定晶体结构，这一预见随即为实验所验证。在此基础上，英国物理学家布拉格父子于1913年成功测定了氯化钠、氯化钾等的晶体结构，并提出了作为晶体衍射基础的布拉格方程。随后发展起来的商用X射线衍射仪，可以精确测定物质的晶体结构并进行物相分析，被广泛应用于冶金、石油、化工、航空航天、材料、制药等领域。DNA结构的发现就直接得益于此。而后来发展起来的核

① J.D.沃森：《双螺旋：发现DNA结构的个人经历》，科学出版社，2006年。

磁共振装置、冷冻电镜等，也都被广泛应用到生命科学领域。随着高能物理学的发展和相关大科学装置的出现，同步辐射装置、自由电子激光、散裂中子源都逐一成为生命科学研究的利器。可以说，脑科学、神经科学、细胞生物学、分子生物学、结构生物学等，都越来越依赖于各类高精尖实验仪器手段。在这种背景下，专用于生命科学的大科学工程也就呼之欲出了。上海蛋白质研究设施就是直接依赖于上海光源建立起来的，而北京蛋白质研究设施则是设在北京的同类大科学设施。此类大科学工程建设的基本诉求就是将各类高精尖仪器设备集成起来，充分发挥规模效益，用以支撑生命科学研究中心的运行。

无论是细菌、病毒、生物大分子还是DNA，都是肉眼看不到的，因此都需要特殊的观测仪器设备。不仅如此，研究微生物特别是致命性病毒，还需要特别的安全防护。各类生物安全防护实验室就是为此建立起来的。此类设施既是人类疾病防治的需要，也是生物战防范的需要。20世纪中期以来，许多国家都建立了不同等级的生物安全实验室。第二次世界大战结束后，美国出于全球战略考虑，对各类致病微生物表现出了浓厚兴趣，但是在普通实验室进行微生物研究，难免造成感染和泄漏。20世纪中期以来，美国出现了最早的生物安全实验室，随后不少国家也相继建造了不同级别的生物安全实验室。其中，美国、英国、法国、德国、俄罗斯、日本、澳大利亚、瑞典、加拿大等国家均建有生物安全四级实验室，我国台湾省也建立了这类实验室。全球具有代表性的高等级生物安全实验室有1977年建成的加拿大人类与动物健康科学中心、1985年建成运行的澳大利亚动物卫生研究所、2003年建成运行的美国国家过敏症和传染病研究所、2017年建成的德国弗里德里希·勒福乐动物传染病研究所。

除了台湾省，我国其他省市生物安全实验室建设起步较晚，20世纪90年代陆续建设了一些生物安全三级实验室。直到2003年非典型肺炎病毒和高致病性禽流感的暴发，生物安全实验室在烈性传染病防控研究方面的重要意义才得到充分认识，最高等级的生物安全实验室建设因此被提上议事日程。2004年，我国颁布的《实验室生物安全通用要求》《生物安全实验室建筑技术规范》和国务院第424号令《病原微生物实验室生物安全管理条例》，使我国生物安全实验室的建设和管理走上制度化轨道。[①]在这种背景下，我国陆续建成了武汉国家生物安全实验室、国家昆明高等级生物安全灵长类动物实验中心、国家动物疫病防控高级别生物安全实验室3个生物安全四级实验设施，标志着我国生物安全实验室的建设进入世界先进行列。此外，我国还有生物安全三级实验室66个，其中北京19个、广东7个、上海3个，排在前三位，基本形成了国家生物安全实验室体系。作为后发国家，我国的生物安全实验室与世界上最先进的实验室还有一定差距。

广义的生物安全也包括生物多样性保护问题。生物多样性是人类社会赖以生存和发展的基础，而生物多样性保护的核心是保护生物种质资源。生物种质资源是指地球上所有生物的遗传资源，包括数以万计的动物、植物、微生物和它们所拥有的基因。由于人口的急剧增长、不合理的资源开发活动，以及环境污染和生态破坏，数千种植物已经处于濒危状态。面对这种窘迫形势，如何保护生物多样性，为子孙后代保存基因，就成为关乎人类可持续发展的重大问题。为此，许多国家出台了相关法律法规并建立了种质资源保藏库。例如，美国模式培养物集存库是全球最大的生物资源库，拥有2.9万多种不同品系的动物细胞和微生物培养体；美国国家遗传资源保存中心保存了动植物和微生物资源51万多份，其中82%为种子；英国皇家植物园邱园是世界最大的野生植物库；荷兰动物遗传资源中心收集了61个品种的5701个个体动物遗传物质。[②]我国幅员辽阔、气候多样、地貌各异，植物种数以及哺乳类、鸟类、爬行类和两栖类动物的拥有量均占世界总量的10%以上。自20世纪50年代开始，我国就开展了重要农作物、林木、药用植物、畜禽、水产、微生物等种质资源的调查、收集和保护工作，并建立了一批自然保护区、种质库、种质圃、繁殖场和各种基因库。[③]20世纪80年代之

---

① 吴东来:《大动物高级别生物安全实验室设计建设要点》,《中国预防医学杂志》,2008年第6期,第574—577页。

② 程苹,卢凡,张鹏,等:《我国生物种质资源保护和共享利用的现状与发展思考》,《中国科技资源导刊》,2018年第5期,第64—68页。

③ 方嘉禾:《中国生物种质资源保护现状与行动建议》,《中国农业科技导报》,2001年第1期,第77—80页。

后，国家还陆续颁布了《中华人民共和国森林法》《中华人民共和国渔业法》《中华人民共和国野生动物保护法》《中华人民共和国野生植物保护条例》《中华人民共和国种子法》等有关法规以及国家重点保护野生动、植物名录，其中都渗透着保护生物多样性的精神。由中科院主导的中国西南野生生物种质资源库就是在这个大背景下立项建设的。2010年，我国制定并实施了《中国生物多样性保护战略与行动计划》（2011—2030年），提出中国未来20年生物多样性保护总体目标、战略任务和优先行动。截至2015年底，我国共建立了600多家资源保藏单位，而大部分动物、植物、微生物、人类遗传等资源集中保存在30家机构中，保存总量达150万份株（种），约占全国同类资源的68.7%，其中的作物种质资源库共保存32万多份资源，约占全国总量的35%，中国医学细菌保藏管理中心保藏微生物菌种1万余株，约占总量的92%。[①]可以说，在生物多样性保护方面我国已经取得了长足进步。

“十二五”期间我国在生命科学领域进行了新的布局，转化医学和模式动物相关研究设施建设开始得到重视，并均在“十三五”期间立项建设。转化医学国家重大科技基础设施于2013年立项，2016年开工，分别依托上海交通大学医学院附属瑞金医院、中国医学科学院北京协和医院、中国人民解放军总医院、中国人民解放军空军军医大学和四川大学华西医院，建设内容和研究方向各有侧重，旨在攻克重大疾病诊疗中的关键技术难题，弄清肿瘤、代谢性疾病以及心脑血管疾病等重大疾病的发病机理和规律，建立相关疾病预测、预防、早期诊断和个体化治疗的理论、模型和方法。中国农业大学与中科院昆明动物研究所2009年开始酝酿建设模式动物表型与遗传研究设施，并于2016年获得批复立项，2019年开工建设。这是第一个将猪和灵长类做成大型模式动物的大科学研究设施，其中，猪表型与遗传研究设施建在河北涿州，瞄准心血管疾病、代谢性疾病、动物育种等相关重大问题，而灵长类表型与遗传研究设施建在昆明，瞄准神经性疾病、传染性疾病等重大问题，两者统

① 程苹，卢凡，张鹏，等：《我国生物种质资源保护和共享利用的现状与发展思考》，《中国科技资源导刊》，2018年第5期，第64—68页。

一管理，互为补充。这两项工程意味着我国的大科学工程建设开始深入医学领域，直接向威胁人类生命健康的重大疾病宣战了。

此外，生命科学的发展与航天也有十分密切的联系。我国通过返回式卫星、载人航天工程以及相关国际合作项目等，已经开展了多项空间生命科学实验。利用载人航天工程的系列飞船和天宫一号实验室，进行了多项空间蛋白质结晶实验，获得了一批生长尺寸较大的空间蛋白质晶体，在神舟八号上开展了多项中德合作空间生物学研究，进行了基因组、蛋白质组水平上的生物学实验。针对航天员，在飞行期间进行了航天医学实验。利用返回式卫星也开展了多项生命科学研究，在第22颗返回式卫星回收舱开展了代谢空间实验并验证了新型硬件，在实践八号的留轨舱中进行了生物学实验并得到了宝贵的影像资料，实践十号科学卫星也搭载了生命科学实验项目。[①]从这个意义上说，航天科研平台的建设也算得上生命科学领域的大科学工程。

第二节　中国西南野生生物种质资源库

中国西南野生生物种质资源库是我国生命科学领域的第一个大科学工程。1999年，中科院昆明植物研究所（简称昆明植物所）吴征镒院士致信时任国务院总理朱镕基，首次提出在云南建设种质资源库的建议并获总理批示。2004年，国家发改委正式批复《中国西南野生生物种质资源库项目的可行性研究报告》，并将该项目列入国家重大科学工程建设计划。项目总投资为1.48亿元，2004年年底奠基，2007年竣工，2008年正式开库运行，2009年通过国家验收。

一、中国西南野生生物种质资源库的立项

20世纪90年代，伴随着我国改革开放政策的实施，不断扩张的生产活动与有限的自然资源之间的矛盾逐步凸显出来。一方面，粗放的经济发展方式对生态系统和自然资源造成了严重破坏；另一方面，一些国

---

① 吴季，等:《2016—2030年空间科学规划研究报告》，科学出版社，2016年，第38页。

家采用种种手段对我国生物种质资源进行采集和保藏，致使我国生物遗传资源大量流失海外。如此一来，某一物种将来一旦消失，我国将不得不花费重金向外国求购原产于我国的资源，用于改良特定生物品种或增强其某方面的特性。以大豆为例，我国是大豆原产地，野生大豆资源逾6000种，占全世界的90%以上，然而，当时野生大豆资源流失严重，一些国家的作物基因库中保存的大豆资源甚至高达2万多份，而我国则从大豆的原产地和最大的出口国变成了世界上最大的大豆进口国。[①]可以说，一个国家生物技术及相关产业发展的好坏，在很大程度上取决于其掌握的种质资源的多少和利用水平的高低。哪个国家占有的种质资源越多，对种质资源的管理越好、研究越深入、利用越充分，哪个国家就越有机会处于主动地位。因此，开展种质资源保护是为后代保留更多发展可能性的一个必然选择。

事实上，如何保护我国脆弱的生物多样性并在此基础上加以利用，是一生从事植物学研究的吴征镒长期思考的问题。1999年吴征镒提出了建立云南野生生物种质资源库的设想。他从云南生物资源的丰富性、保护生物多样性的紧迫性和生物技术产业的重要性等三个方面阐述了建设野生生物种质资源库的必要性。

吴征镒在给朱镕基的信中写道："多样性的种质资源是大自然创造的，不可人为造出来，一旦遭到破坏，将永远消失。而种质资源又是生物技术产业发展的基础，失去这个基础，我们在今后的生物技术产业发展中会受到严重的制约。"[②]如果能够以生物种质资源为基础，对其实施相应保护与利用，不仅能为整个星球保存活的生物档案，而且能进一步加以研究造福人类。因此，他认为"十分有必要尽快建立云南野生生物种质资源库"。仅仅七天以后，朱镕基就将此信批转给云南省委、省政府领导："请你们在中央有关部门帮助下，进行可行性研究，结果报国务院。我认为设想很好，应予支持。"[③]得到批复之后，昆明植物所

---

① 冯锋，林志亮：《我国野生大豆研究进展及展望》，《中国科学基金》，1998第1期，第58—60页。
②《吴征镒院士给朱镕基总理的信》，中科院昆明植物研究所档案室，1999年，第1页。
③《吴征镒院士给朱镕基总理的信》，中科院昆明植物研究所档案室，1999年，第1页。

立即成立了以李德铢副所长为主管的专门小组，部署并动手编写种质资源库项目建议书和可行性研究报告。

1999年9月6日，为编写可行性方案，云南省科技厅和中科院昆明分院在昆明植物所召开了编写组第一次会议，并于9月12日完成了《中国云南野生生物种质资源库建设方案初步可行性方案》第一稿的编写。后经修改，于同年9月27日完成了第二稿，并在其中提出了成立种质资源库领导小组的问题。10月12日，云南省委省、政府召开联席办公会议，讨论落实朱镕基总理的批示。10月27日，《中国云南野生生物种质资源库建设方案初步可行性研究报告》编制完成。2000年5月29日，《中国云南野生生物种质资源库建设项目预可行性研究报告》编写完成。

2000年7月6日，根据科技部要求，云南省政府和中科院向科技部提交了《关于报送〈中国云南野生生物种质资源库建设项目预可行性研究报告〉的报告》。10月26日，云南省科技厅、中科院昆明分院向科技部上报了《关于〈中国云南野生生物种质资源库建设项目可行性研究报告〉修改补充意见的报告》，对建设目标和投资作了相应调整。11月20日，国家计委有关领导明确指示，把野生生物种质资源库建设部分与运行部分分开，尽快按照基本建设程序上报国家计委。云南省计委据此组织有关单位，重新编制项目建议书，并于2001年2月21日上报国家计委。在接近一年半的时间里，该项目都是以中国云南野生生物种质资源库冠名，直到2001年3月9日，才根据国家计委的意见，明确更改为中国西南野生生物种质资源库。

经过反复的评估、修改与审定，国家计委于2002年11月11日正式批复《中国西南野生生物种质资源库建设项目建议书》，同意在昆明建设中国西南野生生物种质资源库，其建设和管理以中科院为主、院省共建共管的方式进行，并督促抓紧开展可行性研究工作。[①]2004年3月9日，国家发改委正式批复《中国西南野生生物种质资源库项目可行性研究报告》，同意依托院昆明植物所建设中国西南野生生物种质资源库，

---

①《项目立项有关会议纪要(大事记)》，中科院昆明植物研究所档案室，2004年，第7页。

并将该项目列入国家重大科学工程建设计划。①

在高层领导的直接关怀下，各级各部门通力配合，项目的立项工作比较顺利。然而，关于种质资源库究竟应该建在云南还是其他地方，却有过争论。有人认为，该资源库应该像我国大部分科研机构一样选址北京，毕竟科研的集聚效应是显而易见的。争论的结果，仍然是在昆明兴建野生生物种质资源库。之所以选址昆明，吴征镒起了关键作用。吴征镒被业内人称为“植物电脑”，在昆明植物所工作了近半个世纪，对云南乃至整个中国西南地区的生物资源都了如指掌。也正因此，他所提议的选址才会格外受到重视。

除了个人因素外，依托单位也是十分重要的。昆明植物所前身是静生生物调查所和云南省教育厅于1938年7月合作成立的云南农林植物研究所。新中国成立后，该所于1950年4月转属中科院，更名为中科院植物分类研究所昆明工作站。1953年3月更名为中科院植物研究所昆明工作站。1959年4月，经国家科委批准，正式成立中科院昆明植物研究所。该所虽然几经更名与重组，但几十年来立足祖国大西南，是名副其实的植物学研究重镇，有能力成为支撑种质资源库建设的科研平台。在中科院系统内部，与植物学相关的机构一共有5个，除了武汉、华南、西双版纳3个植物园之外，仅有北京和昆明2个植物研究所。而相比于北京植物研究所，昆明植物所的最大优势就在于其地处西南。全球一共有34个生物多样性热点地区，中国的大西南尤其是云南省就占了2个。另外，云南距离华南、长江流域、青藏高原等区域都较近，种质资源库的辐射功能更是北京等其他备选地区所不能及的。能够如此便利地利用云南及周边一切所能利用的生物资源，无论是从经济角度还是科研的便捷性考虑都是合适的。因此，选址昆明并依托昆明植物所建设种质资源库，可谓是综合考虑政策、科研、历史、地理等多重因素之后作出的最佳决策。②

---

① 国家发改委:《关于国家重大科学工程中国西南野生生物种质资源库项目可行性研究报告的批复》,中科院昆明植物研究所档案室,2004年,第1—2页。

② 受访人杨湘云,访谈人王业飞,2016年9月22日,地点:中科院昆明植物研究所。

二、中国西南野生生物种质资源库的建设

1. 工程建设项目管理框架

2003年8月14日，中科院与云南省政府联合成立项目建设领导小组、项目管理委员会及项目工程指挥部并公布组成人员。同年9月，中科院决定成立项目建设领导小组办公室，办公地点设在中科院昆明分院。

项目建设领导小组组长由中科院副院长陈宜瑜（后调整为陈竺）和云南省副省长吴晓青共同担任，副组长由中科院昆明分院院长张壮鑫和云南省政府副秘书长钱恒义担任，成员由中科院和云南省有关单位领导组成。管理委员会是工程的管理机构，主任由中科院副院长陈宜瑜担任（后调整为陈竺）。项目工程指挥部是工程的指挥和实施机构，由经理、副经理、总工程师、总工艺师和总经济师组成，负责工程质量管理、计划进度、采购管理和国际合作交流等。昆明植物所副所长李德铢担任经理，甘烦远任副经理，龙春林任总工程师，杨湘云任总工艺师，胡斌任总经济师。整个组织管理工作，是依据中科院大科学工程建设管理规定展开的。项目工程指挥部建立了一整套具体管理制度，包括分级岗位的职责和管理、技术文件的审批和管理办法、招投标管理办法、质量控制体系等，并对工程财务实行独立核算。①

2. 工程用地和概算

早在建设项目可行性报告被国家发改委批复之前，2003年9月11日，建设领导小组就已经召开了第一次会议，对项目建设程序、建筑设计、工艺技术设计、施工质量、经费管理等提出了明确要求。在建设项目可行性报告得到批复之后，项目就进入了全面建设准备阶段。

2003年8月27日，云南省国土资源厅发文将原批准属于商品房小区建设用地的80亩国有建设用地，以划拨方式提供给昆明植物所作为种质库项目建设用地。2004年8月20日，昆明市国土资源局批准了面积

---

①《国家重大科学工程中国西南野生生物种质资源库项目工程建设报告》，中科院昆明植物研究所档案室，2009年，第14页。

为3.95亩的种质资源库建设项目进场道路用地的完善手续申请。[①]至此，项目共完成征地83.95亩并最终全部用于建设。主要建设内容包括：种质资源库的保存库和综合楼，配套辅助用房、温室、种质圃、大棚，另有云南大学微生物种质资源库（含实验室）建设、丽江高山植物园种植圃的改造以及昆明动物研究所动物种质资源库设备仪器购置等项目。[②]项目总概算金额为14800万元（含外汇437.94万美元、53.04万欧元和78.10万英镑），实际完成投资达14800万元。

3．设计、建设与验收

建设高标准的种质资源库，在建筑设计、保藏工艺、相关设备的设计与安装以及工作人员的种质保藏技术培训等方面都存在着诸多挑战。面对这些挑战，国内鲜有经验可供借鉴，通过国际合作引进国外先进技术就成为必然。为此，在工程奠基之前，昆明植物所就先期开展了国际合作，其中与英国皇家植物园千年种子库的合作可以说是最为重要的。2004年2月22日至25日，英国皇家植物园千年种子库主任罗吉尔·史密斯（Roger Smith）和种子库研究部首席科学家休·普里查德（Hugh Pritchard）到昆明植物所访问，商讨了中国西南野生生物种质资源库与邱园千年种子库的长期合作协议概要。2004年5月10日，《中国科学院与英国皇家植物园董事会关于野生植物种质资源保护和研究的合作协议》。协议主要涉及种子交换、技术交流与人员培训以及研究生培养与合作申请研究项目等方面的合作。这些合作所带来的跨国知识流动，为种质资源库建设奠定了良好基础。

为了确保种质资源的安全，资源库尤其是种子库在设计上需要满足一系列安保和工艺要求。种子库的保藏库建在地下，位于海拔1958米的元宝山的山腹之中，在山体的保护下能够抵挡一般炮火的轰击，这可以保证库存种子在战争中的临时安全。同时，种质资源库虽然地上建筑只有4层楼，但地基却足以支撑40层楼的建设，这使得种子库内部结构

①《国家重大科学工程中国西南野生生物种质资源库项目工程建设报告》，中科院昆明植物研究所档案室，2009年，第9页。

②《关于昆明植物研究所中国西南野生生物种质资源库项目初步设计及概算的批复》，中科院昆明植物研究所档案室，2004年，第1—2页。

十分坚固，能抵抗8级地震造成的破坏。与此同时，为了确保种子库的正常运行，设计人员还为种子库设计了双回路供电系统。当一条回路断电后，会自动切换到另一条回路继续供电；如果两条电路都断电了，备用的柴油发动机将在45秒内自动启动，继续供电。[①]资源库地下层建筑面积662.4平方米，布置了干燥间、冷藏间以及缓冲间。储藏室总面积500平方米（含楼道和机房面积），分成几个彼此隔热的小间，旁边设置机房，装有冷冻机组，以使储藏室内温度恒定在零下20摄氏度，其建筑墙体要求抗震、隔热、隔湿，大门设智能报警系统。干燥间分为初步干燥间和主干燥间，初步干燥间位于一层，主干燥间位于地下层，干燥间旁边设置机房，装有温湿及气流自动控制系统，以使干燥间满足温度15摄氏度以及空气相对湿度的技术要求。缓冲间要求双门关闭时密封，与储藏室和干燥间相邻的墙上设有观察窗。[②]为了达到上述工艺要求，借鉴英国皇家植物园千年种子库的经验，采用了由国际著名制冷公司设计、供货和安装的低温干燥成套设备，投资逾1000万元。设计工艺指标达到了国际公认的保藏规范，这使得中国西南野生生物种质资源库成为迄今世界上仅有的两个按国际保存标准建设的保藏设施之一。[③]

2004年11月29日，由昆明植物所承建，云南大学和昆明植物所共建的中国西南野生生物种质资源库在昆明植物所奠基。2005年3月19日，占地面积7463平方米的主体工程破土动工，工程进入实质性建设阶段。同年10月14日至16日，中英植物保护生物学国际研讨会在昆明植物所召开。会议结束后，参会的英国皇家植物园几位专家对昆明植物所近20名相关研究生和职工进行了种子采集技术培训。紧接着，种质资源库之种子库面向全国招聘的第一批种子采集和管理人员赴英，在千年种子库进行了为期两个月的种子采集与保藏技术学习。

---

① 杜燕，杨湘云，等：《种子方舟——中国西南野生生物种质资源库》，浙江教育出版社，2015年，第87页。

② 李德铢，娄治平：《履行国际公约建设中国西南野生生物种质资源库》，《中国科学院院刊》，2006年第1期，第79—81，87页。

③《国家重大科学工程中国西南野生生物种质资源库项目工程建设报告》，中科院昆明植物研究所档案室，2009年，第10页。

经过两年左右的紧张建设，种质资源库主体工程于2007年2月8日竣工并通过验收，相关科研设备的安装、调试和研究平台的搭建也逐渐完成，[①]并在当年4月29日举行了竣工剪彩和揭牌典礼。作为一项特殊的大科学工程，中国西南野生生物种质资源库的使命伴随着它的建设才刚刚开始。在接下来的几年时间里，种质资源库在硬件设施上不断完善。2007年11月6日，种质资源库完成了植物基因组学研究及DNA库建设主要仪器设备的招标采购，植物基因组学研究平台基本搭建完成。12月10日，种质资源库完成种子保存低温干燥间和冷库的安装调试。2008年10月，在奠基整整四年之后，中国西南野生生物种质资源库正式开库运行。2009年10月14日，种质库全部建筑及安装工程竣工并投入使用（图10—1）。

图10—1　中国西南野生生物种质资源库鸟瞰图

2009年11月24日，中国西南野生生物种质资源库项目竣工验收会议在昆明植物所召开。经审议，确定该项目通过竣工验收。验收委员会认为：

中国西南野生生物种质资源库项目已按计划高质量地完成了各项建设任务，建成了具有重要国际影响的野生生物种质资源保藏设施，保藏能力

---

① 李德铢，杨湘云，王雨华，等：《中国西南野生生物种质资源库》，《中国科学院院刊》，2010年第5期，第565—569，550，472，571页。

达到国际领先水平，具有不可替代性。该项目的完成，对我国的生物多样性保护和研究工作起到重要推动作用，是我国战略性生物资源保存的重大飞跃，为我国经济社会可持续发展提供了生物资源战略储备。[①]

三、中国西南野生生物种质资源库的运行

1. 运行管理框架

为了确保项目运行达到预期目标，在建设之初，中国西南野生生物种质资源库就根据《中国科学院大科学装置运行管理办法》成立了科技委员会、用户委员会和国际资讯委员会。科技委员会是项目建设的科技咨询机构，其主要职能是提供科技咨询、评议运行工作计划、策划重大合作计划等。用户委员会的主要职能是听取用户意见，反映用户需求，监督项目运行和利用情况，配合研究所组织用户培训与交流，推动新技术的应用与合作研究。国际咨询委员会由国际知名的植物种质资源专家组成，这些专家分别来自美国、英国、澳大利亚、南非和日本等国家的著名种质资源保藏单位或植物学研究机构，他们为野生植物种质资源的收集、整理、保存、研究、利用和共享服务提供咨询服务。[②]

2. 种质保藏与资源共享

中国西南野生生物种质资源库建设的直接目的是全面、有效地保存我国重要的野生生物种质资源，其最终目标是建成国际上有重要影响、亚洲一流的野生生物种质资源保存设施和科学体系，为我国生物技术产业发展和生命科学研究提供所需种质资源、相关信息乃至人才储备，为我国切实履行有关国际公约、实现生物多样性的有效保护和实施可持续发展战略奠定物质基础。[③]为了真正将科学目标和建设工作落到实处，昆明植物所建立了研究和支撑两大系统。研究系统包括以种质资源基因

---

①《国家重大科学工程中国西南野生生物种质资源库项目国家竣工验收意见》，中科院昆明植物研究所档案室，2009年，第3页。

②《国家重大科学工程中国西南野生生物种质资源库项目工程建设报告》，中科院昆明植物研究所档案室，2009年，第15页。

③ 杜燕，杨湘云，等：《种子方舟——中国西南野生生物种质资源库》，浙江教育出版社，2015年，第77页。

组学研究中心为核心的6个研究团队，专门从事种质资源和基因组学的前沿研究工作。支撑系统则由种质保藏中心和分子生物学实验中心组成，前者负责种质资源的收集、整理、保存、管理等系列工作，后者负责实验技术体系的支持和仪器设备的管理（图10—2，图10—3）。

图10—2 中国西南野生生物种质资源库之离体库培养间

图10—3 Retronic平衡相对湿度测量仪

种质的保藏是种质资源库的核心功能，也是种质采集和利用之间的桥接。中国西南野生生物种质资源库之种子库采用低温干燥法来保存种子。一份种子从采集回来之后要经过十个步骤——签收和登记、初次干燥、清理、X光检测、计数、再次干燥、分装/入库、初次萌发实验、再次萌发实验、繁殖更新，然后才能进行种子的分发利用与相关研究。早在2005年11月，种质资源库种质采集团队就以滇中地区的重要经济作物、珍稀濒危植物和地区特有植物为目标展开了第一期种质采集工作。截至2015年底，中国西南野生生物种质资源库共收集保存包括植物种子、植物离体材料、DNA、动物细胞系、微生物菌株等各类种质资源23568种、197084份（株）。其中，我国野生植物种子有9129种（占我国野生植物物种30%以上）、67869份，野生动物遗传资源有6435份。

在采集和保藏种质的同时，中国西南野生生物种质资源库还自主设计和研发了一套完整的野生生物种质数据库管理系统，以模块化设计融入种质资源保藏的工作过程，为实物管理、信息共享、数据分析提供了便捷的平台。

为了促进资源共享和科学研究，中国西南野生生物种质资源库根据分级共享机制，将十几年来收集到的种子、信息和研制的技术规范通过该库官方网站和昆明植物研究所官方网站对外进行广泛共享，用户可以在线进行数据查询和种质资源申请。截至2015年底，中国西南野生生物种质资源库官方网站已向全国无偿提供了83261条植物采集数据和211197张植物图片，访问量达1.22亿人次。①

与此同时，该库在遵循《生物多样性公约》的前提下，以保护生物多样性、持续利用其组成部分以及公平地共享遗传资源为原则，面向各类科研机构和大专院校提供野生植物种子、植物DNA样品、植物离体材料和相关数据，以推动中国和全球野生生物种质资源的科学研究、公众科普和可持续利用。例如，种质资源库收集、整合的丫蕊花种质资源（种子和离体材料）是妇科止血新药蛾眉苷胶囊的药源。昆明植物所科研人员以丫蕊花全草为原料，完成了蛾眉苷胶囊及其原料药蛾眉苷（五类）临床前研究，并获得了国家食品药品监督管理局药品注册申请受理。该项成果已转让给有关企业并产生了较大的经济效益。②

① 杜燕，杨湘云，等：《种子方舟——中国西南野生生物种质资源库》，浙江教育出版社，2015年，第139页。

② 龙春林，杨湘云：《野生生物种质资源的诺亚方舟——记中国西南野生生物种质资源库》，《生命世界》，2009年第6期，第26—29页。

3. 科学研究

2018年，中国西南野生生物种质资源库已收集保存植物种子10048种、80105份，提前2年完成2020年收集保存植物种子10000种、77000份的科学目标。[①]伴随着保藏种质的日益丰富及科研团队的不断壮大，中国西南野生生物种质资源库已经发展成为我国生命科学领域重要的科学研究平台，支撑了国家973计划、基础条件建设计划和科技支撑计划等众多国家级科研项目。昆明植物所的科研人员已经在种子生物学、生态学、分子生物学、蛋白组学、生物信息学等多个领域都取得了丰硕成果。例如，科研人员利用分子技术，对我国3310种重要植物进行了测序，获得了143085个序列，构建了一个通过DNA片段快速鉴定物种的植物志（iFlora）体系；科研人员自主完成普通野生稻基因组高覆盖的序列测定、拼接和组装工作，获得普通野生稻全基因组从头测序的框架图，绘制的基因组图谱达到了国际领先标准。[②]2017年，科研人员又首次成功破译茶树基因组。至此，世界三大饮料植物咖啡、可可和茶的基因组全部完成了测序。此外，依托中国西南野生生物种质资源库，云南大学、昆明动物研究所、芝加哥大学和北京基因组研究所成立联合攻关团队，对金丝猴属物种高海拔环境适应遗传机制开展研究，也取得了创新性成果。

四、示范意义

中国西南野生生物种质资源库的建立，是我国致力于保护本土生物种质资源的一种努力，也是中国政府履行联合国《生物多样性公约》义务、保护自然界生物多样性的一个重要组成部分。[③]作为我国生命科学领域内的第一个大科学工程项目，中国西南野生生物种质资源库与英国皇家植物园的千年种子库齐名，是目前世界上仅有的两个按国际最高保

---

① 秦少发，张挺：《中国野生植物的种子方舟》，《生命世界》，2019年第5期，第26—37页。

② 杜燕，杨湘云，等：《种子方舟——中国西南野生生物种质资源库》，浙江教育出版社，2015年，第138—139页。

③《国家重大科学工程中国西南野生生物种质资源库建设项目建议书》，中科院昆明植物研究所档案室，2002年，第2页。

存标准建设的保藏设施。然而，中国西南野生生物种质资源库又是独特的。首先，它是世界上唯一建立在生物多样性热点地区的种质资源库；其次，它的保藏对象以本土物种为主，立足中国、辐射世界。再次，保藏对象定位于野生生物种质资源，与国内其他已建成的同类设施分工明确。最后，保藏资源类别不仅限于植物（包含野生植物和农作物）种子，还包括植物离体材料、DNA、动物细胞系、微生物菌株等。随着中国西南野生生物种质资源库的成功运行，其示范意义和国际影响也旋即展现出来。

国内多个生物种质资源库——西藏自治区科技厅负责的西藏种质资源库、国家海洋局第三海洋研究所牵头的海洋药源生物种质资源库和国家林业局的国家林木种质资源库等——相继提上议事日程，并将中国西南野生生物种质资源库引为范本。[①]中国西南野生生物种质资源库也受到广泛的国际关注。冰岛共和国总统2010年9月5日慕名到访后，高度称赞种质资源库所取得的成绩，并希望两国今后能在植物多样性保护方面进行合作。[②]2011年1月17日，由中科院国际合作局和昆明植物所主办，中国西南野生生物种质资源库和英国皇家植物园千年种子库共同承办的种子保藏技术国际培训班在昆明隆重开幕，标志着中英双方的合作从单向的输出与吸收发展为双向的互动活动。2014年6月24日，在十年成功合作的坚实基础之上，中科院与英国皇家植物园在第一轮协议到期之际签订了新一轮的合作协议，以期延续这一成功的国际合作。

中国西南野生生物种质资源库的成功建设得益于几个关键要素。在选址方面，重视学科带头人的意见，充分考虑了科研平台的底蕴和科学区位优势；在设计方面，不仅依据国外先进经验考虑了技术功能指标，还根据当地条件对可能出现的突发情况进行了预防；在组织管理方面，严格按照国家及中科院有关规定，建立了有自身特色的项目建设管理体系和运行管理体系；在国际合作方面，不满足于从设计、工艺技术、建设到运行管理上的单向吸收，而是在自主体验整个流程后主动加强与英

---

① 受访人杨湘云，访谈人王业飞，2016年9月22日，地点：中科院昆明植物研究所。

② 杜燕，杨湘云，等：《种子方舟——中国西南野生生物种质资源库》，浙江教育出版社，2015年，第144页。

方的合作，互相切磋经验，共同服务世界；在资源共享方面，建设之初就定位于公益基础设施，通过中心库和网络库建设的有机结合，成功实现种质资源大范围共享，促进了整个国家的生命科学研究。这些汇合起来，不仅成就了中国西南野生生物种质资源库，而且对其他大科学工程的建设也有一定借鉴意义。

第三节　武汉国家生物安全实验室

武汉国家生物安全实验室（NBL）依托中科院武汉病毒研究所（武汉病毒所）建立，是我国在生命科学领域内重点布局的大科学工程之一，是填补我国生物安全体系空白、应对重大生物安全威胁的关键科技基础设施。武汉国家生物安全实验室建设项目萌发于2003年，2005年正式由国家发改委批复立项，总投资为2.7696亿元。项目于2011年奠基，2015年竣工。2017年1月，武汉国家生物安全实验室获得中国合格评定国家认可委员会（CNAS）发放的实验室认可证书，同年8月获得高致病性病原微生物实验活动资质。2018年1月，武汉国家生物安全实验室正式投入运行。[①]2018年11月，武汉国家生物安全实验室建设项目通过国家验收。

一、武汉国家生物安全实验室的立项

在国际范围内，根据对个人、环境和社会提供的保护程度，生物安全实验室可分为四个等级：BSL-1、BSL-2、BSL-3和BSL-4。[②]其中，四级生物安全实验室是当今全球生物安全性等级最高的实验室，可以为研究危险性极高的病原，如埃博拉病毒、尼帕病毒、SARS病毒等及其防治技术提供一个安全的物理防范实验条件。我国生物安全实验室的建设最早可追溯到20世纪80年代。1987年，为了研究流行性出血热的传

---

① 吴月辉：《中国首个P4实验室正式运行》，《人民日报》，2018年1月10日，第11版。

② P1、P2、P3、P4为美国国立卫生研究员分级标准，BSL-1、BSL-2、BSL-3、BSL-4为世界卫生组织分级标准。其中，P是防护(Protection)的英文首字母，BSL是生物安全(Bio-Safety Level)的英文简写。本节除档案资料和已刊载文章外，均使用世界卫生组织分级标准。

播机制，军事医学科学院修建了我国第一个三级生物安全实验室。之后，卫生部、农业部也逐渐把实验室生物安全建设纳入议事日程。[①]但截至“非典（SARS）”暴发之时，除台湾省外，我国其他省市仍然没有符合世界卫生组织（WHO）标准的BSL-4实验室。

正当我国逐步推进生物安全实验室建设时，由微生物和病毒的传播和使用引起的社会问题在全球愈演愈烈。世界范围内的新生传染病不断出现，SARS的暴发就是一个典型的例子。外来微生物入侵世界各国，我国每年都因此蒙受巨大的生态与经济损失。恐怖主义衍生出生物恐怖主义形式，病毒邮件袭击事件一再发生。[②]2002年底，突发的SARS疫情暴露了我国在传染病的研究、预防和控制方面的薄弱，建立高等级生物安全实验室已成刻不容缓之势。

在对BSL-4实验室的建设、运行和维护缺乏经验的情况下通过技术引进来加速我国高等级生物安全实验室的建设无疑是必然选择。在21世纪初全世界已经投入运行的十几个BSL-4实验室中，位于法国里昂的让·梅里埃实验室在世界范围内具有标杆地位。2003年4月5日至11日，武汉病毒所副所长袁志明随同中科院副院长陈竺一道前往法国，就BSL-4实验室建设和新生疾病研究寻求合作。早在1984年，陈竺就作为我国首批赴法外籍住院医师之一开始在法国巴黎第七大学圣·路易医院血液中心实验室工作，之后还攻读了博士学位。经过与法国研究和新技术部部长协商，双方达成合作意向。[③]在中法双方高层的推动下，2004年1月，中国科技部、法国外交部分别代表中法两国签署了《中华人民共和国政府和法兰西共和国政府关于预防和抗击新生传染性疾病的中法合作谅解备忘录》，确认双方将在新生传染病领域展开合作研究，并共同支持武汉病毒所建设高等级生物安全实验室。

---

① 秦玉强:《我国高级别生物安全实验室现状和发展目标探讨》,《建筑热能通风空调》,2018年第1期,第96—99页。

②《中国科学院武汉国家生物安全实验室项目建议书》,中科院武汉国家生物安全实验室档案室,2004年,第14页。

③ 郑千里,李莉:《江夏演新文　乘鹤奏悠曲——记中科院武汉病毒所P4实验室建设和研究团队》,《中国科学报》,2018年1月8日,第4版。

2003年4月14日，温家宝总理主持国务院常务会议。会议要求全国各地抓紧建立本地区突发公共卫生事件的应急处理机制，充分利用现有基础设施，加强疾病预防控制机构的建设，保障国家应对突发公共卫生事件应急反应机制的正常有效运转。4月22日，陈竺等22位科学家联名向国务院建议以SARS防治研究为契机，构筑我国预防医学体系，建设强大的国家医学科学创新体系。①考虑到疫情、国际反恐形势以及我国的疾病预防和控制等方面的现实状况，国务院决定启动包括四级生物安全实验室在内的国家高等级生物安全实验室体系建设。

2003年5月26日，中科院下发《关于"武汉四级生物安全（BSL-4）实验室"建设项目的通知》。根据通知，武汉病毒所开始着手编写《中国科学院武汉郑店实验室建设项目建议书》。2004年2月15日，项目建议书编写完毕并呈送中科院高技术研究与发展局审核。项目建议书获批后，武汉病毒所与中国中元国际工程设计研究院共同起草了《中国科学院武汉郑店实验室建设项目可行性研究报告》。2004年5月，根据中科院领导的意见，武汉病毒所对可行性研究报告进行了修订，并于同年8月12日将修订版报送中科院基建局审核。2004年10月9日，中法双方政府在北京正式签订关于预防和控制新生传染病的合作协议。武汉国家生物安全实验室是协议中规定的重大国际科技合作项目。根据协议，项目由中国政府出资，法国提供关键技术、人员培训和实验室管理支持，国家卫生和计划生育委员会负责项目的总体协调，外交部、国家发改委、科技部、国家质检总局、环保部等参与。②2005年4月30日，国家发改委正式批复项目可行性研究报告，表示"原则同意所报项目可行性研究报告，并将该项目列入2005年国家高技术产业发展项目计划"。③同时责成中科院有关部门"抓紧组织编制项目初步计划，初步设计概算

① 陈竺，陈宜瑜，陈可冀，等：《陈竺等22位院士联名建议——构筑预防医学体系　加强我国医学科研》，《世界科学》，2003年第6期，第2—4页。

②《中华人民共和国政府与法兰西共和国政府关于预防和控制新生传染病的合作协议》，中科院武汉国家生物安全实验室档案室，2004年，第1—10页。

③ 国家发改委：《关于中国科学院武汉国家生物安全实验室项目可行性研究报告的批复》，中科院武汉国家生物安全实验室档案室，2005年，第1页。

报我委审核”。[①]

关于高等级生物安全实验室建在哪里和依托哪个单位建设的问题，中科院起初有三个选择，分别是武汉病毒所、北京微生物所和上海生命科学研究院。相比于另两个单位，武汉病毒所有自身独特的优势——武汉与法国的关系比较特殊。早在中法建交的1964年，周恩来总理就和戴高乐总统商定，将湖北省武汉市列为中法两国合作交流的基地城市，中法合作的大门由此开启。20世纪70年代，中法文教领域第一个交流计划——教育文化交流协定率先在武汉大学实施。1989年，第一家中法合资企业落户武汉。新中国成立后武汉的首个外国领事馆，也恰是1998年设立的法国驻武汉总领事馆。时至今日，武汉可谓是中法关系框架下中法合作的典范城市。

武汉病毒所始建于1956年，是全国唯一的专门从事病毒学基础研究及相关技术创新的综合性研究机构。自2002年进入中科院知识创新工程以来，武汉病毒所在保持农业病毒研究优势的同时，积极将科研重点向着影响人类健康的重大或新发传染病病原研究领域扩展。2003年2月，当陈竺致电询问能否承担建设BSL-4实验室的任务时，武汉病毒所敏锐地察觉到这是解决国家重大问题和调整研究所研究方向的重大契机，当即表示将全力以赴建好实验室。[②]同年4月，正当SARS病毒在全球肆虐之时，武汉病毒所积极参与到SARS病原的鉴定、分析、测序、疫苗及防治技术研发等一系列攻关工作之中。

最终，中科院根据知识创新工程的总体战略，充分考虑到日益严重的新生疾病的危害和建立生物恐怖防范体系的需要，在听取各方意见和通盘考虑各项条件的基础上，于2003年5月9日原则通过了以武汉病毒所为依托在武汉建立我国第一个生物安全四级实验室的方案。[③]

---

① 国家发改委:《关于中国科学院武汉国家生物安全实验室项目可行性研究报告的批复》,中科院武汉国家生物安全实验室档案室,2005年,第2页。

② 郑千里,李莉:《江夏演新文　乘鹤奏悠曲——记中科院武汉病毒所P4实验室建设和研究团队》,《中国科学报》,2018年1月8日,第4版。

③《关于院地共建武汉生物安全四级(P4)实验室的请示》,中科院武汉国家生物安全实验室档案室,2003年,第1页。

二、武汉国家生物安全实验室的建设

1. 三方共建机制

武汉国家生物安全实验室项目是一个院、部、地三方共建的大科学工程。早在2003年4月中科院武汉分院就已与武汉市人民政府进行过沟通，希望其在用地和道路、水电、通信网络等基础设施方面给予支持。6月24日，中科院正式发函武汉市人民政府，希望其将武汉国家生物安全实验室的建设作为院地共建项目给予支持。2003年7月23日，中科院和武汉市人民政府在武昌签署了共建生物安全四级实验室协议书。①

2004年6月7日，中科院发函卫生部，希望实验室建成之后接受中国疾病预防控制中心（CDC）的业务领导，并由中科院和卫生部共同组成实验室的理事会和生物安全委员会。②6月18日，卫生部复函表示同意并愿在国家有关实验室生物安全管理办法出台后，尽快商讨共建、共管、共用的具体形式和运行机制。③2007年，卫生部建议由CDC与有关部门深入探讨共建、共管的管理体制和运行机制，制定切实可行的共建、共管方案，形成资源共享、分工合理、职责清晰、监管有力的共建、共管体系，并希望借此为提高我国传染病研究能力和防治水平作出新贡献。④至此，武汉国家生物安全实验室最终确立了以中科院为核心，中科院、卫生部、武汉市人民政府三方共建的机制。

2003年11月22日，为了加强对建设工作的组织、协调和领导，并对重大问题进行决策，中科院决定成立武汉高等级生物安全实验室建设领导小组。同时成立工作小组，负责有关决议的落实和具体工作的实施。同一天成立的还有项目工程经理部和项目科学技术委员会。

---

①《关于中国科学院领导、武汉市领导共同出席〈中国科学院、武汉市人民政府共建生物安全四级实验室协议书〉签字仪式的请示》，中科院武汉国家生物安全实验室档案室，2003年，第2页。

②《关于商请共建和共管高级别生物安全实验室的函》，中科院武汉国家生物安全实验室档案室，2004年，第1—2页。

③《卫生部关于同意共建和共管高级别生物安全实验室的复函》，中国科学院武汉国家生物安全实验室档案室，2004年，第1页。

④《卫生部关于共建和共管高级别生物安全实验室有关问题的复函》，中国科学院武汉国家生物安全实验室档案室，2007年，第1页。

2. 工程用地和概算

根据最初的可行性研究报告，武汉国家生物安全实验室建设方案包括生物安全四级实验室核心区、中心实验室区、动物饲养区、生活服务楼、园区建设和安全设施五个部分。2005年4月30日，国家发改委在批复可行性研究报告时明确："项目总建设面积为9748平方米，规划建设周期36个月，项目概算为1.21亿元。资金来源：中央预算内专项资金1亿元，中科院自筹2137万元。"[①]

2006年至2008年初，中法双方完成了概念设计和实验室的初步设计，同时签订了涉及实验室建设、监督、管理和检测认证的合同文件。但是，由于磋商艰难以及法方未能按原定日期向我方提供设计施工图等原因，项目进展缓慢。[②]2008年，我国颁布了高等级生物安全实验室建设的最新标准《实验室生物安全通用要求》。与2004版标准相比，新标准在生物安全关键设施设备的技术要求方面有了明显提高，加之原材料和人工价格也逐年上涨，武汉病毒所据此制定了项目概算调整方案。2011年8月16日，国家发改委正式批复项目概算从1.21亿元调整至2.77亿元。

3. 设计与创新

2007年11月26日，中法关于预防和控制新生传染病的合作协议的补充声明在北京签署。双方重申了在抗击新生传染病领域合作的决心，同意在2008年1月31日前召开中法抗击新生传染病领导小组和指导委员会会议，并力争在会议前签署BSL-4实验室合同。[③]然而，自2008年1月中法双方签署《实验室建筑设计与技术服务合同》之后，原定于2008年7月21日提供的设计施工图纸初稿直至当年12月25日才获得出口许可证并提交给中方，这严重影响了项目的执行进度。拿到设计初稿后，中科院随即召开会议进行评审。与会专家一致认为法方的设计满足

① 国家发改委:《关于中国科学院武汉国家生物安全实验室项目可行性研究报告的批复》,中科院武汉国家生物安全实验室档案室,2005年,第1—2页。

② 中国科学院武汉病毒研究所:《高等级生物安全实验室关键技术研究》,中科院武汉病毒研究所,2013年,第1页。

③《中华人民共和国政府和法兰西共和国政府关于预防和控制新生传染病的合作协议的补充声明》,中科院武汉国家生物安全实验室档案室,2007年,第1页。

了WHO和欧洲关于生物安全实验室设计技术规范的要求，理念先进，设计合理，但需要根据中方提出的功能性要求在平面布局、暖通空调系统和废弃物处理系统等方面进行优化，以便与中国即将颁布的《实验室生物安全通用要求》及其他相关标准相衔接。2009年4月，法方提交了修改后的设计图及设计说明文件，涉及建筑结构与抗震、围墙隔离密封、气流组织/气相/液相和固相有害生物因子处理、生命维持系统等多项实验室设计关键技术。[①]同年8月，中方完成了设计图的翻译和转化工作。9月，在法方管理公司的配合下，中方和相关供应商签订了正压防护服、生命维持系统、生物安全灭菌器、生物安全型过滤器、生物安全气密门以及生物活性废水处理成套设备等六类需法方认可的关键技术设备的采购合同。[②]2010年，项目核心实验室设计最终完成并通过中国合格评定国家认可委员会认证，具备了开工建设技术条件。在积极与法方合作完善核心实验室设计的同时，武汉病毒所也加快步伐推进园区科研辅助建筑以及基础设施建设任务。另外，中方在实验室围护结构、轻钢龙骨结构、消防灭火装置和自动控制装置等方面大胆创新，为核心实验室的开工建设及建成后的顺利运行创造了有利条件。[③]

根据实验室设计方案，BSL-4实验室建筑主体分为四层：一层为污水处理、生命维持协同以及配电动力保障设备夹层；二层为核心实验区；三层为送排风管道层；四层为暖通空调设备和送排风总管等设备层。核心试验区包括3个细胞水平实验室、2个动物实验室、1个解剖间以及2个菌毒种保存间，能同时开展三种病原研究，开展中小型动物感染的病理和药物药效评估等研究（图10—4）。

人员安全防护是生物安全实验室设计的焦点。穿上正压防护服，可以使科研人员与有潜在污染的环境处于完全隔绝状态，类似太空中的航天员，其呼吸所需空气完全由呼吸空气供应站通过可控、安全的输送管

---

① 中科院武汉病毒研究所：《生物安全实验室关键技术和新生疾病预防与控制研究》，中科院武汉病毒研究所，2013年，第3页。

② 中科院武汉病毒研究所：《高等级生物安全实验室关键技术研究》，中科院武汉病毒研究所，2013年，第2页。

③郑千里，李莉：《江夏演新文　乘鹤奏悠曲——记中科院武汉病毒所P4实验室建设和研究团队》，《中国科学报》，2018年1月8日，第4版。

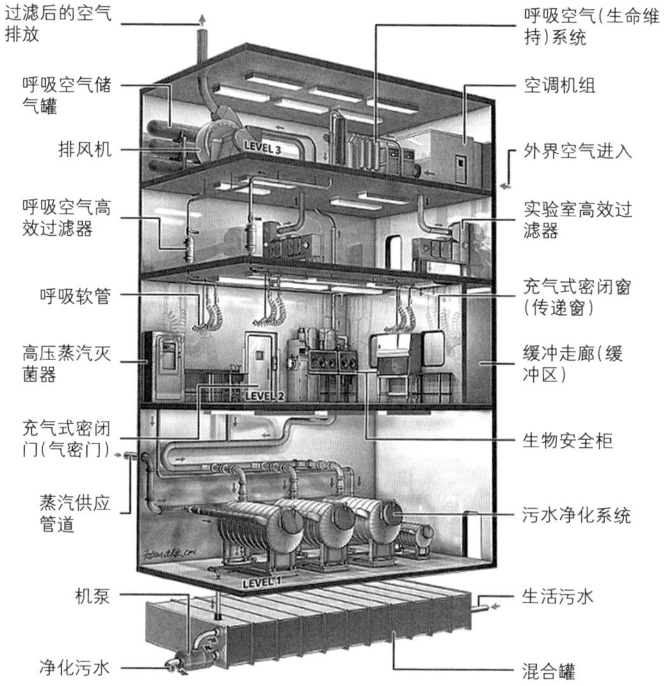

图 10—4　四级生物安全实验室剖面图

道供给。人员在离开实验室前，需通过化学淋浴完成去污染程序。化学淋浴废水和实验室工作产生的活毒废水，通过双层排污管道收集系统集中到污水处理站，通过135摄氏度高温消毒处理。BSL-4实验室采用定向负压系统和双层过滤系统，保证实验室内空气在有组织的负压控制下，只能通过具有在线扫描检漏的高效过滤器过滤后排放，不能随意流出以免造成泄漏。实验室感染性固体废弃物通过双扉高压灭菌锅消毒后，进行无害化焚烧处理。实验室核心实验区任何相邻两扇门之间都有自动互锁装置，防止两扇门被同时打开，从而避免室内空气的流通。

4. 建造与验收

2011年6月30日，武汉国家生物安全实验室的核心实验室在武汉市江夏区正式奠基。之后，土建工程进展顺利。但由于核心实验室建设关键技术复杂、土建工程和安装工程衔接难度大、关键设备采购周期长、法方设计团队技术要求与项目预算控制有一定冲突等诸多原因，实际建设工期超过了预期。为此，法方设计公司要求追加技术服务费

168.64万欧元，法方管理公司也提出追加现场管理费150万元的要求。

2013年4月，武汉病毒所与法方设计公司经过近两年的磋商，签订了《武汉郑店实验室设计与建筑技术服务合同的补充协议》，协议总金额约为100.4万欧元。补充协议正式签署后，实验室建设各方按照合同约定及新的组织管理架构要求，共同制定了为期13个月的总体工程进度计划。同时，每月召开一次项目建设协调会，沟通解决施工中出现的相关技术问题，评估全面开工的各项前置条件，根据工程实际情况调整并确认全面开工时间。2013年6月，法方设计师代表进驻工程现场并与武汉病毒所项目管理成员共同组成项目管理办公室，旨在加强现场、设计师团队以及建设各方的信息沟通。基于中法双方最新约定的工期，在核心实验室的土建与外立面装修工程已经基本完工的情况下，实验室最后的安装工程于2013年11月1日正式启动。

2015年1月31日，武汉国家生物安全实验室竣工仪式在武汉举行，来自中法两国的相关人士及世界卫生组织驻华代表处代表共计200余人参加了活动。2016年6月16日，实验室举行中法移交仪式，这意味着中法两国在实验室建设阶段的合作圆满收官。

三、武汉国家生物安全实验室的运行

武汉国家生物安全实验室由武汉病毒所承建并依托武汉病毒所运行和管理。实验室采用理事会领导下的实验室主任负责制，并接受学术委员会、生物安全委员会和地方协调委员会的指导。实验室对全国从事新生疾病研究和生物防范研究的科研部门和人员开放，只要符合协议和相关管理条例，不同部门的科研人员均可以在此从事有关科研工作。同时，实验室联合卫生部所属的国家疾病预防和控制中心、中国医学科学院、军事医学科学院、农业部、高等院校及其他相关科研部门，共同承担国家项目，解决国家新生疾病和生物安全的重大科学问题。[①]2010年12月，武汉病毒所正式成立园区试运行管理领导小组。2011年1月，已

①《国家生物安全四级实验室(武汉)项目可行性研究报告》，中科院武汉国家生物安全实验室档案室，2004年，第115页。

建设完成的科研建筑及其辅助基础设施陆续启用。通过几年的试运行，实验室的运行管理模式与机制逐渐成熟。2018年1月5日，实验室顺利通过国家卫生和计划生育委员会实验室活动资格和实验活动现场评估，正式投入运行。武汉国家生物安全实验室包含一个BSL-4实验室和两个BSL-3实验室，这3个实验室和武汉病毒所的多个BSL-2实验室、普通实验室、实验动物设施及相关配套设施等共同构成了生物安全实验室团簇平台。

安全问题是实验室运行管理的核心。根据中法双方签订的合作协议的补充协议，采取理论教学与实践教学相结合的方式，在生物安全、生物技术安全、实验室内的质量管理等方面实现从法方向中方的转让。在法律法规和标准研究方面，中法双方合作完成了两国生物安全和生物安保相关的法律法规比较分析。在此基础上，中方向国家相关部门提出了完善我国法律法规的建议方案。通过对中法生物安全实验室标准的比较分析，武汉国家生物安全实验室确立了适用于自身的标准体系。为了将安全标准落到实处，截至2015年初，武汉病毒所先后派遣科研骨干共8批次12人次在法国完成实验室生物安全相关培训，其中6名科研骨干获得里昂实验室的绿色通行证，3名管理人员获得法国卫生安全及健康食品监督署颁发的生物安全实验室督查员资质证书。武汉病毒所还与法国标准化协会在华共同组织了3次风险评估、质量控制与生物安全方面的培训。

四、示范意义

武汉国家生物安全实验室是中国首个正式投入运行的BSL-4实验室，其成功建设得益于几个关键要素。在选址方面，全面考虑了所在城市与法国的合作渊源及区位优势、依托单位的科研底蕴。在组织管理方面，在严格遵照国家及中科院有关规定的基础上，建立了有自身特色的院、部、地三方共建共管的项目建设和运行管理体系。在国际合作方面，全面与外方进行合作，通过与相关单位分别签订合同的方式，对关键技术、管理模式以及标准规范等进行系统引进。不过，由于核心实验室的设计以及关键技术全部由法方提供，中方在整个合作过程中陷入被动，不仅在设计方面只能提出需求与意见，甚至关键设备的采购合同都需要在法方管理公司的配合下才能与相应的外国供应商签订，而不是直接与生产厂家接洽。全面而深入的国际合作是本项目的一大特色，但对法方的过度依赖却也成为项目建设进度拖延的重要原因。

尽管如此，作为我国高级别生物安全实验室体系的先导，武汉国家生物安全实验室的建设为整个体系的搭建积累了经验，是我国后续建立更多BSL-4实验室的范本。武汉国家生物安全实验室竣工后，我国出台了《高级别生物安全实验室体系建设规划（2016—2025年）》。根据规划，在2025年前，我国将按照区域分布、功能齐备、特色突出的原则，布局建设5—7个BSL-4实验室。首先，在东北、西南、华中和华北地区，分别依托中国农业科学院、中国医学科学院、中科院和中国疾病预防控制中心建成四大综合性研究平台。其次，根据国家需要，在华南、华东和西北地区择机启动BSL-4实验室的审批和建设。另外，我国将同时努力突破实验室关键技术和设备研发的瓶颈，形成自主可控并具有世界先进水平的实验室关键技术和设备的开发与制造能力，建设生物安全实验室创新中心，制定科学、合理、统一的技术标准和规范，并实现高级别生物安全实验室有关资源的信息化、网络化。

武汉国家生物安全实验室已经成为我国新生疾病预防和控制研究与开发中心、我国最大的毒种保藏中心、WHO的参考实验室和疾病网络节点。武汉国家生物安全实验室的建立，完善了我国公共卫生应急反应体系，补上了我国缺少有效技术支撑的短板，使我国在突发新生传染病来袭时能主动应对、科学防控，也使我国有力量抵御生物恐怖主义的威胁。

第四节 国家蛋白质科学研究（上海）设施

国家蛋白质科学研究（上海）设施（NFPS，简称上海蛋白质设施）是生命科学领域的综合性大科学装置，其主体位于上海市浦东新区张江高科技园区，依托中科院上海生命科学研究院建设，是“十一五”

国家重大科技基础设施项目之一。该设施于2008年11月14日立项，2010年12月26日开工，2014年3月建成，完成总投资7.56亿元，2015年7月通过国家验收并对用户开放，2017年9月加入张江实验室。上海蛋白质设施包括规模化蛋白质制备系统、蛋白质晶体结构分析系统、蛋白质核磁共振分析系统、集成化电镜分析系统、蛋白质动态分析系统、质谱分析系统、复合激光显微镜系统、分子影像系统和数据库与计算分析系统九大技术系统。其中，蛋白质晶体结构分析系统与蛋白质动态分析系统共五条光束线、六个实验站（简称“五线六站”），是依托上海光源进行建设的。[①]上海蛋白质设施具备规模化蛋白质制备、多尺度结构分析、多层次动态研究、修饰与相互作用分析以及数据库与计算分析等五大能力，可以有力支撑我国蛋白质科学研究工作。

一、建设背景与立项过程

蛋白质是以氨基酸为基本单位构成的生物高分子，是所有生命形式和生命活动的主要物质基础和执行者。对蛋白质的结构与功能的研究有助于在分子层次阐明生命现象，揭示人类重大疾病的机理，推动临床诊治技术创新，促进生物医药、生物能源和生物材料等生物技术产业发展。[②]

蛋白质结构研究和生物药品开发早已成为全球生命科学研究的重点，我国要在国际竞争中占有一席之地，就必须打破对国外核心技术和装备的过分依赖，加快相关科研基础设施建设，[③]建立一个属于自己的蛋白质研究平台。为此，《国家中长期科学和技术发展规划纲要（2006—2020年）》将蛋白质研究列为我国基础研究领域四大科学研究计划之一，提出建设以先进设备为基础的高通量、高精度、高集成化的蛋白质科学研究设施。[④]根据该规划纲要，中科院上海生命科学研究院

① 雷鸣:《解码生命的利器:国家蛋白质科学研究(上海)设施》,浙江教育出版社,2017年,第18—21页。

② 颜真,张英起:《蛋白质研究技术》,第四军医大学出版社,2007年,前言。

③ 许琦敏:《生命探秘“国之利器”锋芒初显》,《文汇报》,2016年6月5日,第001版。

④ 马琳:《蛋白质科学研究上海设施的建设与发展》,《中国科学院院刊》,2012年第1期,第118—121页。

等单位组织编写了《蛋白质科学研究（上海）设施国家重大科技基础设施项目建议书》。2006 年 3 月 14 日，《中华人民共和国国民经济和社会发展第十一个五年规划纲要》（简称“十一五”规划）将蛋白质科学研究（上海）设施列入国家重大科技基础设施计划。

2008 年 11 月 14 日，国家发改委批复同意在上海市建设以蛋白质结构解析能力为目标的蛋白质科学研究设施。根据批复，该设施建设由中科院上海生命科学研究院担任项目法人，委托中科院生物化学与细胞生物学研究所实施，上海应用物理所提供技术支持。待上海蛋白质设施项目建成后，将组建国家蛋白质科学中心。

项目建议书获批后，上海生命科学研究院起草了《蛋白质科学研究（上海）设施国家重大科技基础设施项目可行性研究报告》，明确了上海蛋白质设施建设的总体目标、科学目标和工程目标。其总体目标是，建成国家蛋白质结构研究与开发基地，依靠创新技术集成的大科学装置和先进仪器设备、现代信息和网络技术，形成服务于全国蛋白质结构研究的重大技术设施。其科学目标是，推动我国的蛋白质结构研究能力实现七个方面的战略转变，即从单个蛋白质结构研究向复合物结构研究转变，从蛋白质定性研究向定量研究转变，从蛋白质结构的静态研究向动态研究转变，从离体研究向活体研究转变，从单一生命科学研究向跨学科交叉研究转变，从小规模、单一型研究向大规模、复合型研究转变，以及从主要依赖国外技术向自主创新转变。[①]其工程目标是，进行五方面的蛋白质结构研究能力建设，即规模化蛋白质制备能力、多尺度结构分析能力、多层次动态研究能力、修饰与相互作用分析能力以及数据库与计算分析能力。[②]

经过评估、修改与审定，国家发改委于 2010 年 7 月 1 日正式批复可行性研究报告，同意建设规模化蛋白质制备、蛋白质晶体结构分析等平台系统，开展蛋白质结构生物学的相关研究。

---

① 雷鸣，张荣光：《国家蛋白质科学研究（上海）设施的设计与研制》，上海科学技术出版社，2018 年，第 8 页。

②《蛋白质科学研究上海设施》，《中国科学院院刊》，2012 年第 Z2 期，第 68—73 页。

二、前期准备

上海生命科学研究院特别是其生物化学与细胞生物学研究所，在我国蛋白质科学基础研究领域具有明显的优势和特色，在蛋白质设施的建设方面拥有一批高水平人才队伍，具有相应的技术储备、建设和运行的经验。上海应用物理所则是上海光源的依托单位，当时上海光源在建的7条光束实验线站中有5条与蛋白质科学研究有关，凭借其同步辐射光源光束线站建设方面的技术和人才优势，该所参与进来是理所应当的。

1. 项目管理框架

2009年2月9日，中科院批准成立上海蛋白质设施建设组织管理机构，对项目实施进行质量管理、经费管理、进度及风险管理、采购及合同管理、信息及报告管理（图10—5）。

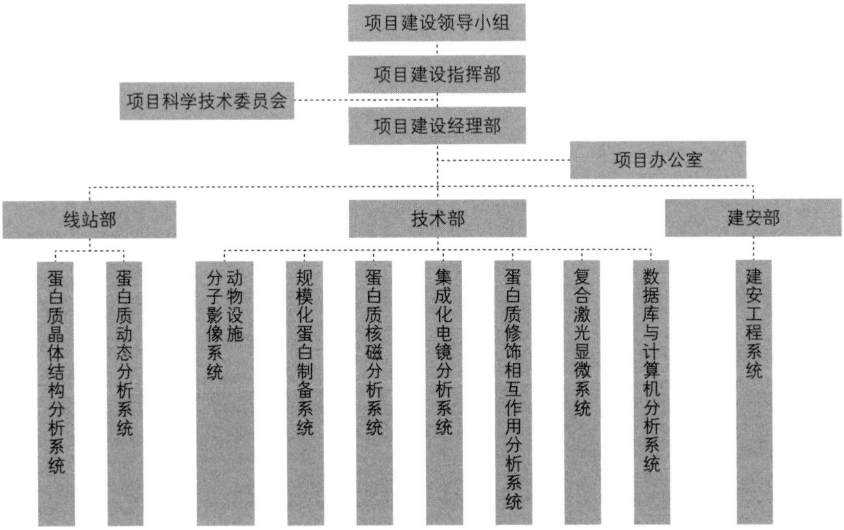

图10—5 蛋白质科学研究（上海）设施组织管理机构

项目建设领导小组由中科院、中科院上海分院和上海生命科学研究院的有关领导组成，全面负责项目建设工作的组织管理与重大决策，统筹规划项目建设的全过程。中科院副院长江绵恒担任领导小组组长。项目建设指挥部负责工程实施工作的组织管理与重大问题协调，由中科院、上海生命科学研究院、上海应用物理研究所的有关领导组成。项目建设经理部由项目总经理、首席科学家、副经理、总工程师、总工艺师等组成，在项目建设领导小组和指挥部领导下进行工程建设，实行项目经理负责制。上海生命科学研究院党委书记张建新担任经理部总经理。项目建设经理部下设工程办公室，包括线站部、技术部、建安部，具体分为10个系统，依照不同的职能分工进行项目建设。科学技术委员会作为项目建设领导小组、指挥部和经理部的科技咨询机构，由相关领域的科学家、技术专家组成，负责定期评议工程科技状况、提出相应建议、组织专项科技咨询等。①

2. 选址

2008年11月14日，项目建议书得到批复，进入全面建设准备阶段。12月24日，上海市浦东新区规划管理局拟将张江高科技园区中的29700平方米建设用地提供给上海生命科学研究院作为项目建设用地，建设规模为25000平方米。但出于土地使用权属原因，2009年7月14日，浦东新区规划管理局将建设用地调整到张江高科技园区上海浦东科技园A2-2，建设用地面积扩大为30000平方米，建设规模扩大为29600平方米。2010年7月9日，上海市浦东新区规划管理局核发《关于核发蛋白质科学研究设施项目选址意见书的通知》，确定该建设用地位置和建设规模，同时将建设用地面积扩大为30029平方米。同年8月，中科院批复同意上海蛋白质设施的初步设计及概算。根据批复，经理部在建筑安装上又进行了一系列前期工作。②2011年6月22日，浦东新区人民政府同意将原批准属于上海张江（集团）有限公司的浦东科技园A2-2建设用地中的30029平方米国有土地依法收回，以划拨方式提供给上海生命科学研究院作为蛋白质科学研究设施项目建设用地。

3. 技术部的前期工作

技术部是负责除“五线六站”之外所有设备采购、安装的技术部门。2010年6月，技术部完成相关政策研究和管理规定的编制工作。同年7月，完成设备采购管理软件的设计、概算部分的采购和验收工作；了解每个系统工艺设备的采购进度、安装进度、执行情况及应付款情

---

①《蛋白质科学研究上海设施》，《中国科学院院刊》，2012第Z2期，第70页。

② 雷鸣，张荣光：《国家蛋白质科学研究（上海）设施的设计与研制》，上海科学技术出版社，2018年，第9—10页。

况；记录所有的出库信息、预付账款及已付账款，并及时掌握金额支付的进度以及工艺设备合同的执行情况；记录所有录入信息，便于各职能部门据以制定统计报表。10月至11月，前往合肥、北京、武汉等地各研究所、高校及上海各相关单位进行用户调研。12月，完成工程建设零级计划、建筑安装部1级计划、线站部1级计划、技术部1级计划、建设管理保障计划、人才引进培养计划、试运行衔接计划、建设与运行条件保障计划等各项计划的编制。[①]

三、建设与验收

2010年12月，中科院与上海市联合举行上海蛋白质设施开工仪式。建设项目分为光束线站与设施技术部两大部分。2013年6月，上海蛋白质设施第一台设备在海科路园区进入调试运行，标志着建筑工程基本结束。2014年6月，上海蛋白质设施通过工艺验收（图10—6）。

图10—6 国家蛋白质科学中心（上海）

1. 光束线站的建设与验收

2011年7月25日，上海蛋白质设施光束线实验站工程设计的国内专家评审会结束，项目建设领导小组于9月22日召开会议，批准包括光束线站在内的设计变更的请求。变更内容包括：以光束线站为重点，优化实验站设计，增加或优化测角头、探测器、自动上样机械手的配置，进一步提高检测的精度和效率。

---

① 雷鸣，张荣光：《国家蛋白质科学研究（上海）设施的设计与研制》，上海科学技术出版社，2018年，第10—11页。

在光束线建设方面，主要完成了插件区、前端区和光学棚屋的工程设计、方案评审及采购加工。前端区部分完成工程设计并通过国内专家评审，完成对加工厂商工程图纸的审核，开始部件加工，确认了光束线站中液氮冷却单色器、水冷单色器、压弯机构、反射镜等关键部件的技术参数及技术说明书，完成合同签订和方案评审，开始进入加工。同时，经过对光束线辐射防护棚屋的屏蔽计算、辐射防护追迹，确定了技术方案，完成微晶体线站和高通量线站的棚星加工。

在实验站建设方面，主要完成了实验站的工程设计并通过了上海生命科学研究院组织的国内专家评审。2011 年 12 月 31 日，上海生命科学研究院与上海应用物理研究所签订光束线站研制合同的补充协议，落实了光束线实验站的增加投资 1400 万元。

2012 年，全面完成光束线站的工程建设既定任务。2013 年 12 月，上海蛋白质设施线站部完成全部光束线的设备安装及内部测试；完成全部光束线的通光调束，指标基本达到设计要求；实验站设备基本到货并完成安装，其中高通量光束线的机械手和探测器于 2014 年 2 月完成安装；红外光束线和 X 射线小角散射线部分开始束线和实验站的设备通光联调。2014 年，上海蛋白质设施完成基本设备的安装与调试工作，对各个线站的整体性能参数加以调试和优化，完成“五线六站”的整体性能测试与设备验收，“五线六站”的测试参数均达到线站的设计目标（图 10—7）。[①]

图 10—7　国家蛋白质科学中心（上海）设施光束线站俯拍图

① 雷鸣，张荣光：《国家蛋白质科学研究（上海）设施的设计与研制》，上海科学技术出版社，2018 年，第 11—13 页。

2. 设施技术部的建设与验收

2011年9月22日，领导小组第二次会议批复的《上海蛋白质设施系统设计变更申请》，还涉及蛋白质核磁共振分析系统、蛋白质修饰与相互作用分析系统、规模化蛋白质制备系统等技术系统。2011年10月27日获得财政部关于核磁谱仪变更进口许可的批复，完成了如下任务：第一，完成上述系统及设备项目资金的预算申报并获批复，同时完成进口许可的专家论证、申请及批复；第二，完成X射线、冷冻透射电镜、核磁共振仪、质谱仪、共聚焦显微镜、高通量分选仪等设备的用户调研及专家论证；第三，完成冷冻透射电镜、核磁共振仪、共聚焦显微镜、高通量分选仪、荧光细胞分选仪等设备的商务谈判；第四，完成规模化蛋白质制备系统、蛋白质核磁共振分析系统、蛋白质修饰与相互作用系统、实验站及动物设施的优化设计与程序变更，确保工程建设领导小组能够进行审批；第五，完成冷冻透射电镜、共聚焦显微镜、高通量分选仪、荧光细胞分选仪、质谱仪、核磁共振仪的招标任务。

2012年8月21日，经理部会议批复《上海蛋白质设施各系统优化设计调整的申请》，其中涉及规模化蛋白质制备系统、分子影像系统、动物设施等，2012年10月获得财政部关于招标设备进口许可的批复，完成如下任务：第一，完成上述系统项目资金预算申报并获批复，完成进口许可的专家论证、申请及批复；第二，完成高通量自动化蛋白质真核表达系统、高通量自动化克隆构建系统、高通量自动化蛋白质纯化系统、高压冷冻机、单光子共聚焦显微镜、超高分辨率显微镜、液相色谱/高分辨质谱仪、小动物化学发光荧光成像系统等设备的用户调研及专家论证；第三，完成上述设备的商务沟通；第四，完成规模化蛋白质制备系统、分子影像系统、动物设施的优化设计调整，召开经理部会议并进行审批；第五，完成上述设备的招标与合同签订。截至2013年年底，大型设备基本完成安装调试工作，小型设备基本完成采购与到货工作。

2014年2月，设施技术部按系统分批开展内部检测，落实验收准备，同时，基本完成设备安装、调试。2014年4月11日，上海蛋白质设施通过了中科院条件保障与财务局组织的工艺测试。5月9日，通过了工艺设备验收。之后的5月，技术部开放试运行。6月19日，通过了中科院组织的工艺验收。①

3. 建设过程中的技术创新

上海蛋白质设施并非单纯依靠设备购置和技术引进，其技术团队致力于自主创新，不断探索新的实验技术，研制新的实验设备。关于九大系统之首的规模化蛋白质制备系统，之前国外多所顶尖大学已经配备了高度自动化仪器的生物设施中心，以满足生物实验中日益增长的高通量和自动化操作需求。但是，如何将不同的设备和部件通过系统集成方式进行整合，形成完整的研究装置系统，仍是需要解决的关键问题。上海蛋白质设施的规模化蛋白质制备系统是全球首例汇集了整套克隆构建、蛋白质表达、蛋白质纯化、结晶筛选观察等高通量、自动化设备的大型系统，填补了国内生命科学领域自动化技术应用方面的空白。②分子影像系统也体现了上海蛋白质设施对于自主创新的高度重视。在提高技术指标的同时，将关键技术集成和自主创新作为项目建设的必要程序纳入管理规范，打破了国外技术垄断，将制造企业更新、改造、配套的能力作为设备引进的重要依据，降低了设备选型风险。系统中的高精度激光双光镊是设施技术部自主研制的高精度大型仪器设备，属于国内首台。此外，蛋白质核磁共振分析系统也融合了上海蛋白质设施核磁共振技术团队开发的多种核磁共振新技术。通过此类技术创新，上海蛋白质设施形成了自己独特的实验技术优势，对多学科的基础性研究提供了有力支撑。

2015年7月28日，上海蛋白质设施通过国家验收。验收委员会认为，该设施是全球生命科学领域首个以各种大型科学仪器和创新技术集成为核心的综合性大科学装置，通过广泛的需求调研和关键技术自主创新、设备自主研发等举措，建成了规模化蛋白质制备设备，显著提升了我国蛋白质科学研究的综合能力和水平，具备强大的前沿科学和技术突

---

① 雷鸣，张荣光：《国家蛋白质科学研究（上海）设施的设计与研制》，上海科学技术出版社，2018年，第13—14页。

② 雷鸣，张荣光：《国家蛋白质科学研究（上海）设施的设计与研制》，上海科学技术出版社，2018年，第20页。

破能力以及产业推动潜力，成为国际上有重要影响的大型综合研究创新基地。①

四、运行情况

建成具有世界先进水平和综合示范作用的蛋白质科学研究支撑体系，是上海蛋白质设施建设的初衷。

设施建成后，设立了国家蛋白质科学中心（上海），负责设施的运行管理。中心理事会是该中心的最高权力机构，中心主任具体负责中心运行。同时，设立了5个委员会，分别是设施技术委员会、设施用户委员会、中心生物伦理与安全委员会、中心国际咨询委员会与中心学术委员会。主任办公会下设综合事务部、研究部与设施运维部三个部门。综合事务部负责行政事务管理、科研项目管理、人力资源与研究生管理、计划财务管理、国际交流与合作、物资供应与管理、公共设备运行维护与零星基建、后勤保障等工作。研究部分为五部分，分别是遗传信息的解码与维护、跨膜生物学研究、非编码核糖核酸研究、超大分子复合体前沿技术开发与客座开放实验室运行维护。

为了更好地向设施用户提供服务，上海蛋白质中心坚持开放共享的管理理念，定期召开用户专家小组会议，充分听取他们的建设性意见。2014年11月26日，第一届用户专家小组成立并召开了第一次全体会议，来自全国十余个地区的20多名设施用户专家出席，审定通过了《用户专家小组工作条例》等设施用户服务相关规范及管理文件。之后每年都召开用户专家小组会议。与此同时，从2016年开始，还定期召开全国用户学术大会，为广泛的学术交流打造了一个良好平台。

截至2018年底，蛋白质（上海）设施用户已覆盖全国23个省、市、自治区，以及来自美国、英国、西班牙、法国、日本等国家的290多家用户单位，累计运行超过53万小时，累计服务46.7万小时，累计服务4822个研究课题。设施内部团队和外部用户都取得了一系列研究成果，

①《蛋白质科学研究(上海)设施通过国家验收》,(2018-06-21)[2022-05-22],https://www.ndrc.gov.cn/xwdt/ztzl/zhxgjkxzx/201806/t20180621_1188003.html。

发表在《自然》《科学》《细胞》等顶级学术刊物上。基于该设施取得的代表性科研成果包括：

其一，发现并阐明了埃博拉病毒入侵人体的一种新机制。埃博拉病毒是引起人和灵长类动物发病且致死率很高的生物安全四级烈性病毒。2016年1月，中科院微生物研究所、中国疾病预防控制中心研究团队利用上海蛋白质研究设施，解析出NPC1分子的腔内结构域C的三维结构和激活态糖蛋白与腔内结构域C的复合物三维结构，从而在分子水平上阐释了一种新的病毒膜融合激发机制。这种新型机制与之前已知的4种病毒膜融合激发机制都大为不同，成为近年来国际病毒学领域的一大突破。该研究为应对埃博拉病毒疫情及防控提供了重要的理论基础，也为抗病毒药物设计提供了新靶点。①

其二，阐明酵母剪接体激活的分子机制。由于真核生物中的基因编码区中存在不能翻译成蛋白质的序列（称为内含子），染色体DNA转录出来的前体mRNA需要先将其中的内含子片段去除，才能进入核糖体进行蛋白质合成。内含子片断的去除需要由剪接体通过两步转酯反应来实现。弄清剪接体在组装、激活、催化反应过程中的状态，是最基础也是最富挑战性的结构生物学难题之一。2016年，清华大学研究团队利用上海蛋白质研究设施，揭示了第一步转酯反应前后前体mRNA和其中起催化作用的snRNA的反应状态以及剪接体内部蛋白组分的组装情况，在此基础上利用先进的单颗粒冷冻电镜技术和高效的数据分类方法，弄清了酵母第二步催化激活状态下的剪接体结构。②

其三，破解结核病致病菌奥秘。清华大学研究团队利用上海蛋白质研究设施，基于分枝杆菌能量代谢系统呼吸链超级复合物高分辨率（3.5×10^{-10}米）冷冻电镜结构研究，揭示了生命体内一种新的醌氧化与氧还原相偶联的电子传递机制。这也是首次通过结构生物学研究，发现

---

① Wang H, Shi Y, Song J, et al. Ebola Viral Glycoprotein Bound to Its Endosomal Receptor Niemann-Pick C1. Cell, 2016,164 (1-2): 258-268.

② Wan R, Yan C, Bai R, et al. Structure of a yeast catalytic step I spliceosome at 3.4 A resolution. Science, 2016, 353(6302):895-904//Yan C, Wan R, Bai R, et al. Structure of a yeast activated spliceosome at 3.5 A resolution. Science, 2016, 353(6302): 904-11.

超氧化物歧化酶（SOD）直接参与呼吸链系统氧化还原酶超级复合物的组装并协同工作的现象。该项工作有助于辨明致病菌的能量代谢路径，为抗击耐药结核的新药研发奠定了重要基础。①

其四，面对突如其来的新冠病毒疫情，上海蛋白质研究设施在国内相关实验室的支持下，完成了新冠病毒所有编码的29种蛋白质的表达质粒的构建、存储和分发，从2020年6月开始面向全球开放并提供服务，助力新冠病毒的防治研究。新冠病毒的基因组不到3万个碱基，能够转录29种蛋白质，包括16种非结构蛋白（nsps）、4种结构蛋白和9种辅助蛋白。其中，非结构蛋白中nsp7、nsp8和nsp12在病毒的复制和转录周期中发挥重要的作用；nsp5可以使大多数其他nsp蛋白质从蛋白链上解放出来，被认为是抗新冠病毒药物研究的重要靶点。针对这29种蛋白质的研究对致病机理解析、疫苗研发、试剂检测及抗体和药物的研发都至关重要。

---

① Zhang L, Zhao Y, Gao Y, et al. Structures of cell wall arabinosyltransferases with the anti-tuberculosis drug ethambutol. Science, 2020, 368(6496): 1211-1219.

第十一章

总结与展望

中华人民共和国成立以来的大科学工程建设史，是我国科研组织方式从分散的小作坊形态迈向有组织的大团队作业的历史；也是我国科技事业逐步融入世界科学技术体系乃至反哺变革世界科学技术体系的历史。通过在全球化背景下的不断探索、学习和创新，我国已经从科技后进国家发展成为世界级科技大国，甚至在若干方面从并跑走向领跑。我国大科学工程建设是这个历史进程的有机组成部分，并在这个历史进程中发挥了中流砥柱的作用。本章总结我国大科学工程建设的主要成就以及大科学工程建设的基本经验，并对未来我国大科学工程建设的趋势进行展望。

第一节　中国大科学工程建设的主要成就

大科学工程位于科学与产业之间的枢纽地带。大科学工程既可以支撑科学研究，催生原创性的科学发现；又可以支撑产业技术创新，推动产业发展；还可以支撑军事科研，推动武器装备开发。与此同时，大科学工程还是培养高素质创新人才的摇篮。总体上看，大科学工程对我国科技发展乃至经济社会发展都发挥了极为重要的促进作用。

一、基本建成了有中国特色的重大科技基础设施体系

经过70多年的不懈努力，就像我国建成了完整的工业体系一样，我国也逐步建立起来了有自身特色的重大科技基础设施体系，从而为建设创新型国家和达成高水平科技自立自强奠定了坚实基础。如果算上当前已经启动的大科学工程建设项目，这个体系几乎做到了学科领域的全

覆盖。从基础研究到工程科技研究设施，从深空到深地再到深海研究设施，从专用研究设施（支撑特定学科领域的研究，如正负电子对撞机、兰州重离子加速器）到通用实验设施（支撑众多学科领域的研究，如上海光源、散裂中子源）再到公益科技设施（如长短波授时系统、子午工程），它们可以支撑几乎所有学科领域的科学研究和相关技术开发工作，同时也为产业创新、国防建设乃至整个经济社会发展提供了强大的平台支撑。这些重大科技基础设施并不是孤立存在的，它们彼此关联，共同成为我国国家创新体系的有机组成部分。

这个重大科技基础设施体系不仅较为完整，而且是高标定位的，因而其支撑能力是不可限量的。在计算领域，我国研制的银河/天河系列、曙光系列、神威系列高性能计算器的计算速度长期位居世界500强顶尖位置。在高能物理领域，北京正负电子对撞机使我国在τ—粲物理领域处于国际领先地位，其优异性曾迫使美国同类加速器斯皮尔（SPEAR）不得不改变研究方向，而在北京正负电子对撞机改造工程完工之后，其亮度达到美国康奈尔大学正负电子对撞机塞斯尔（CESR）的7倍，迫使后者关机退役。从加速器装置衍生而出的上海光源和散裂中子源，在国际上都占据重要地位，支撑着众多学科领域的科学研究和技术开发工作。在核物理领域，经过几十年的不懈努力，中国环流器系列装置、合肥超导托卡马克装置以及神光系列装置几乎齐头并举，走在核聚变研究的最前沿，开始引领世界核聚变能源开发潮流。在空间领域，子午工程是世界上跨度最长、功能最全、综合性最高的空间天气监测链，正在为各类空间活动提供高质量的空间天气预报，而空间站建设和嫦娥工程更是承载着中国航天强国的梦想。在天文学领域，郭守敬望远镜开创了新的大天区光学望远镜设计思想，而FAST已经是当前世界上最强大的射电望远镜，开始主导国际射电领域的低频测量网建设。在地学领域，无论是地壳运动观测网络、大陆科学钻探工程还是各类海洋考察船、深海探测器，我国都已经步入国际最前沿。在生命科学领域，国家蛋白质科学研究设施是国际一流的蛋白质科学平台，可以保障国内外科研用户的高水平研究需求。正因为有了这样一个强大的重大科技基础设施体系，一系列高水平的科研和创新活动才得以有序展开，而特定的科研和创新活动甚至还可以同时得到多个重大科技基础设施的支撑。例如，墨子号开展的量子通信实验，离不开航天工程的支持，离不开子午工程提供的空间天气预报；卫星运行中得到的基础数据，还要靠卫星地面站传送下来；而对地面站接收到的数据进行处理，又离不开高性能计算机的强大算力。可以说，21 世纪以来，我国科学研究产出的爆炸性增长，与我国已经形成了较为完整的重大科技基础设施体系具有密不可分的联系。

二、催生了一系列原创性基础研究成果

中华人民共和国成立之初，基于“以任务带学科”的发展模式，“两弹一星”工程催生了一系列科研机构，带起了一系列学科，从而初步搭建出我国的科研体系。在此基础上，随着“两弹一星”任务的完成，从 20 世纪 70 年代初开始，基础研究逐步成为我国科技界关注的焦点。高能所建立的初衷，就是要在高能物理领域的基础研究方面有所突破，从而在世界高科技领域占有一席之地。正因为如此，北京正负电子对撞机的建成才会被看作堪比“两弹一星”的历史性成就。从此之后，在一系列新建大科学装置的支撑下，我国产出了一系列原创性基础研究成果。

基于北京正负电子对撞机进行的 τ 轻子质量精确测量，给出了自 1975 年 τ 轻子发现以来的最精确测量值。该测量值比原世界测量平均值的精度提高约一个数量级，为检验轻子普适性作出了重大贡献。基于重大改造后的北京正负电子对撞机，首次发现了四夸克物质 Zc(3900)，它含有一对粲夸克和反粲夸克且带有电荷，可能就是科学家长期寻找的一种奇特粒子。利用附属于北京正负电子对撞机的北京同步辐射装置，科研人员成功揭示了砷剂治疗急性早幼粒细胞性白血病的分子机制，对解释“砷的结合如何决定癌蛋白命运”起到了重要作用，为肿瘤治疗新策略提供了理论依据。基于兰州重离子加速器，我国实现了新核素合成零的突破，首次合成包括两种超重新核素在内的 26 种新核素，并首次测定了两个重要核素 153Er 和 157Yb 较完整的衰变纲图，核素质量测量精度达到 10^{-6} 量级，进入国际先进行列。郭守敬望远镜以新概念和新方法，使人类观测天体光谱的数目提高了一个数量级。大亚湾反应堆中微

子实验首次精确测量了中微子混合角 θ_{13}，对未来中微子物理的发展产生了决定性影响。依托合肥同步辐射装置，科研人员发现了系列碳氢化合物氧化过程的重要中间体烯醇。立足上海光源，科研人员弄清了肌动蛋白 7a 的突变导致先天性失聪失明的原理、大肠杆菌岩藻糖转运蛋白的结构与功能以及人源葡萄糖转运蛋白 GLUT1 的三维晶体结构。基于 FAST 的强大观测能力，天文学家发现了一系列新的脉冲星，正在尝试建立脉冲星计时阵，将深空通讯能力延伸至太阳系外缘行星。空间硬 X 射线天文望远镜填补了我国空间 X 射线天文卫星的空白，其多波段、大面积和高灵敏的综合探测能力，推动着我国空间高能物理的研究和进步。利用上海蛋白质研究设施，我国科学家率先在分子水平上阐释了一种新的病毒膜融合激发机制，能够帮助人们深入了解埃博拉病毒的入侵机制，为抗病毒药物设计提供了新靶点，发现了提高 T 细胞抗肿瘤免疫功能的新方法。这些都表明，重大科技基础设施体系已经成为我国原创性基础研究成果的工作母机。

三、推动了尖端技术突破和区域创新发展

为了支撑原创性科学研究，大科学工程作为一系列高技术的集成体，必须建立在关键技术、关键材料和关键工艺的突破之上，甚至一些大科学工程的根本目标就是弄清特定技术过程的基本原理。这意味着大科学工程必然是创新性工程，而为此取得的技术突破，可以直接用于高科技产业或者催生新产业，从而成为产业创新的源头。而当大科学工程建设完工之后形成的重大科技基础设施特别是那些通用实验设施，则可以进一步支撑技术研发特别是企业技术研发工作，从而带来新一轮的技术突破并推动区域经济发展。

其一，为了实施大科学工程而带来的高技术突破。例如，北京正负电子对撞机重大改造工程带来了低温超导技术、探测器技术、电子学技术和核分析技术等方面的技术突破，随后科研人员利用这些技术，成功研制了超导除铁器、正电子发射乳腺癌诊断断层扫描仪 PEM、X 射线工业 CT 和高性能正电子发射断层扫描仪。兰州重离子加速器装置的建造带动了超导和常规高精度磁铁技术、超高真空技术、大功率高精度电

源技术等方面的高技术发展，基于这些技术研制成功的食品真空冻干机，已经大规模进入相关设备制造产业。基于大量放射物理、放射生物学实验以及重离子治疗技术的开发，科研人员还研发制造了世界上周长最小的医用重离子加速器系统，取得了显著疗效。在合肥托卡马克实验装置建设过程中，实现了高温超导大电流引线领域零的突破，据此研制生产的万安级到百万安级电流的系列高温超导电流引线，为多个重要用户提供了优质高温超导电流引线产品。上海光源建设则带动了先进电工技术、超高真空技术、高精密机械加工、X射线光学、快电子学和超大系统自动控制技术等先进技术的发展。

其二，在重大科技基础设施支撑下取得的高技术突破。例如，利用高性能计算机，药物研究机构建构了通用的药物开发平台，大大缩短了新药的研制周期；气象研究与预报机构针对全球大气模式动力框架进行并行计算，大大提升了天气预报的准确度；而各类大型工程仿真试验才得以在虚拟空间中有序开展。利用合肥同步辐射光源的两次X射线曝光技术，科研人员研制出国内第一个256位分子存储器电路。依托上海光源，科研人员探索出天然气直接转化利用的高效方法，被誉为“即将改变世界”的新技术，而众多企业在生物制药、化工、冶金、新材料等多个产业领域进行技术开发，也取得了良好效果。利用中国散裂中子源，科研人员在新型高温超导、稀土磁性、锂离子电池材料、功能薄膜等领域取得重要研究成果。

其三，某些大科学工程的根本目标就是研发高技术系统，其建设本身就意味着重大技术突破。我国三大系列高性能计算机的研制成功，使我国高性能计算技术走在了全世界的最前列，带动了我国新兴基础设施的形成和发展。中国环流器系列装置、合肥超导托卡马克装置和神光系列装置在核聚变研究领域都占据着显要位置，相关技术系统一旦成熟，就会催生全新的产业，而受控核聚变作为清洁、安全并可无限使用的新能源，可望使人类摆脱对化石能源的依赖，并为人类解决全球气候问题提供宝贵支援，帮助人类实现可持续发展。

我国大科学工程建设在带来了一系列技术突破的同时，也衍生出大量创新型企业，使得大科学工程成为我国重大科技创新的策源地乃至区域经济发展的“创新极”。上海光源促进了全球创新资源在上海富集，形成了大科学装置集群效应。中国散裂中子源布局在粤港澳大湾区，促进了电源、探测器、磁体、医疗等技术产业集聚，推动了粤港澳大湾区国际科技创新中心的建设。一系列大科学工程布局合肥，对于合肥成为国家新的创新极发挥了至关重要的基础性作用。脉冲强磁场装置落户武汉，带动了武汉光谷的生命科学、医学、光电子信息及材料等领域的应用研究和相关产业技术发展。

四、支撑着经济社会的安全有序运行

重大科技基础设施作为公共技术平台，通过提供基础数据与信息，不仅可以支撑多学科与交叉学科的基础研究和技术开发，而且可以直接保障经济社会的安全有序运行。

高性能计算机为几乎所有重大科技基础设施提供着不可或缺的算力支持，而且已经发展成为整个社会算力支持网络的核心和关键节点。面对重大灾害的发生，遥感飞机能够第一时间对重灾区进行大规模遥感飞行，而中国遥感卫星地面站可以在极短的时间内提供重要的遥感监测数据，为救灾决策和指挥提供高质量灾情分析报告。不仅如此，中国遥感卫星地面站在南水北调和西气东输等重大工程决策、国土资源和生态环境调查、农作物估产、资源勘测等方面也发挥着不可替代的作用。作为国家不可或缺的科技基础设施，长短波授时系统的时间基准始终保持国际先进水平，不仅国民经济发展、国防建设、国家安全等诸多领域，而且也为各类重大科技基础设施的正常运行，实时提供着国家标准时间和标准频率的服务。通过子午工程建设，我国建成了国际上监测范围最广、跨度最长、监测方法最全、综合性最强的地基空间环境监测网，连同国际空间天气子午圈计划，已经形成了一个环绕地球一圈的空间环境监测链，确保我国持续获得多种空间环境地基综合监测数据，使我国空间天气预报业务部门开展日常空间天气预报业务成为现实，从而为我国空间探测活动提供了基础保障。实验1号新型综合科学考察船能满足在近海、远洋进行水声学、物理海洋等多学科综合考察的需要，可支持大型观测网络的布设、调控和监视等任务，进行海洋环境实时立体监测体系和综合信息系统研究。中国西南野生生物种质资源库建成后使我国野生生物种质资源保藏能力达到国际领先，对国家生物多样性保护和生物资源的持续高效利用发挥着至关重要的支撑作用。特别值得强调的是，作为我国高级别生物安全实验室体系的先导，武汉国家生物安全实验室建设为我国生物安全体系的搭建积累了经验，成为我国后续高等级生物安全实验室建设的范本。武汉国家生物安全实验室的建立，完善了我国公共卫生应急反应体系，补上了我国缺少有效技术支撑的短板，使我国在突发新生传染病来袭时能够主动应对、科学防控，也使我国有了抵御生物恐怖主义威胁的基本能力。就此而言，基于大科学工程建立起来的重大科技基础设施不仅能够支撑科学研究和技术开发，同时也成为了支撑整个社会发展乃至国家安全的战略性科技基础设施。

五、培养了一大批创新人才特别是大科学工程建设人才

由于大科学工程建设是科学活动、技术活动和工程活动的三位一体，因而其建设离不开一批既懂科学、又有技术、还会管理的“三合一”人才。这种集三种能力于一身的特殊人才，不可能通过高等院校直接培养出来，必须经受大科学工程建设的历练。事实也是如此，大科学工程建设的过程也是培养“三合一”人才的过程。

在大科学工程建设中塑造人，依托大科学装置培养人，做到工程建设、科学研究和人才培养的有机结合，是大科学工程建设的应有之义。正是在这种结合中，高水平、高素质的科技人才不断脱颖而出，成为我国后续大科学工程建设乃至整个国家科技创新的骨干力量。几乎每个后续大科学工程建设的领导者，都是上一个大科学工程的重要参与者，大科学工程建设的传统就这样实现了代际传承。这一点从高能所历任所长的经历就可以看出来。高能所的前身是1950年建立的近代物理研究所（1958年更名为原子能研究所），第一任所长是吴有训，第二任所长是钱三强，第三任所长为王淦昌。1973年在原子能研究所一部的基础上成立了高能物理研究所，张文裕担任首任所长（1973—1984），第二任是叶铭汉（1984—1988），第三任是方守贤（1988—1992），第四任是郑志鹏（1992—1998），第五任是陈和生（1998—2011），现任所长是王贻芳

（2011年至今）。从钱三强到王淦昌，从张文裕到王贻芳，他们每个人都经受了大科学工程建设的历练。他们分别在“两弹一星”、北京正负电子对撞机、北京正负电子对撞机改造工程、中国散裂中子源、大亚湾反应堆中微子实验等大科学工程中建功立业，同时也带出一大批优秀的大科学工程建设人才。一般而言，大科学工程的领军人才只有在上一个大科学工程实践中经受考验，才能肩负起下一个大科学工程的领导重任。我国大科学工程建设格局正是依靠着这种工程塑造人的机制，生生不息、薪火相传。

与此同时，已经建成的重大科技基础设施为更大范围内的创新人才培养提供了全新的平台条件。它们支撑着大批学者包括研究生开展高水平的科学研究，进而成长为创新性人才。不仅如此，大科学工程也成为了吸引海外一流人才开展科学研究的关键场所，是国际学术交流的重要平台。正是靠着一流人才的培养和集聚，催生出我国一个个科研中心或科研基地。这些中心或基地作为一流人才的“栖息地”，吸引着世界各地优秀科学家前来开展科学研究工作。

六、形成了大科学工程建设的内生创新能力

我国大科学工程起步于“两弹一星”，靠模仿学习起家，靠自力更生建立伟业。经过几十年的不懈努力，我国已经具备大科学工程建设的内生创新能力，开始从过去的跟跑走向并跑乃至领跑。这种内生能力主要源于长期以来大科学工程实践带来的经验积累和人才集聚，以及国家整体科研实力与相关产业创新能力的增强。其根本原因又在于，大科学工程的建设者从一开始就追求自立自强，绝不满足于对发达国家技术知识的单向吸收，而是在“吸收”基础上通过“干中学”和“迭代学习”，逐步积累了自己的建设经验，创造出独有的技术知识，培养了一批高水平建设人才。

空间硬X射线调制望远镜、大连相干光源等，就是我国科学家敢为天下先的生动写照。高能所关于高能对撞机（CEPC）的构想，无论最终能否成真，都体现了引领高能物理领域大科学工程新潮流的雄心，体现了高能所近四十年来建设大科学工程所铸就的工程自信。正是凭借内

生创新能力和工程自信，我国科研院所及有关战略科学家才能在若干国际化的大科学工程中发挥主导作用，例如双星计划、大亚湾反应堆中微子实验、江门中微子实验等。这些都说明，我国大科学工程建设不再只是跟随，这或许是我国大科学工程建设的标志性成就。

事实上，重大科技基础设施一旦建成，就会成为“焦点装置”，广受社会各界的关注，吸引众多科技界人士依托这个装置开展有意义的研究，或者针对这个装置进行有意义的改进或者拓展，从而开启后续相关大科学工程建设进程。在这个过程中，通过集体性的“干中学”，特定领域的大科学工程建设能力就会不断得到提升并向外部辐射。例如，在上海光机所和中国工程物理研究院联合研制大型激光聚变实验装置的激发下，国内其他一些研究单位也纷纷开展这方面的研究，于是一个配套、互补的研究格局就逐步形成了。

从大科学工程建设中学习，然后将学习成果应用到后续大科学工程建设之中，从而不断增强大科学工程的建设能力，实际上是一个“迭代学习”的过程。有了第一颗人造地球卫星，就会有科学实验卫星的发射，进而发展出载人航天和嫦娥工程，几十年的孜孜以求、经验积累和人才积累，很自然就化作航天领域的内生创新能力。类似的，有了北京正负电子对撞机及其附属的同步辐射装置，就有了北京正负电子对撞机重大改造工程以及建设第三代光源的构想，而当这种构想成为现实之后，依托第三代光源的蛋白质研究设施也就应运而生了。在这样前后相续、追求卓越的大科学工程建设实践中，必然会积累出强大的内生创新能力。不仅如此，立足于已经建成的各类大科学工程，后续大科学工程建设就有了更大的组合创新空间。例如，墨子号量子通讯实验卫星之所以能够实施，不仅得力于领衔科学家的研究能力和卓越构想，更得力于我国已经拥有了重大科技基础设施“群”所提供的强大支撑，其中至少包括卫星研制和发射平台、子午工程、高性能计算机以及遥感卫星地面站等。这实际上就是“大科学工程＋”的价值创造效应，而这种效应往往会超越特定大科学工程建设者的初心，是后续建设者利用先前已经形成的技术能力创新性地建构出来的。

第二节 中国大科学工程建设的基本经验

中国大科学工程建设之所以能够取得上述成就，主要有这样几条经验：响应国家战略需要、关键人物推动、严守决策程序、立足预制研究、强化工程管理、借力国际合作。

一、响应国家战略需求

在国家科技资源稀缺的情况下，通过“抓大放小”、“集中力量办大事”，响应国家重大战略需求，是我国大科学工程建设的首要经验。“两弹一星”自不待言，当年“勒紧裤腰带”，就是“当了裤子也要造”，就是因为“两弹一星”关乎国家生死存亡，必须求得突破才能捍卫新生的社会主义中国。北京正负电子对撞机工程则标志着国家科技发展战略的一次大转移，就是要重视前沿基础研究，努力在高科技领域占有一席之地，由此也才取得了改革开放之后堪比“两弹一星”的大科学工程建设成果。武汉国家生物安全实验室建设的一大契机则是2003年SARS疫情的爆发，这使国人第一次强烈意识到生物安全的极端重要性。通过实施具有创新意义的载人航天工程和嫦娥工程，我国将建成空间站和月球科研基地，从而在“天基”和“月基”大科学装置上取得重大历史性突破，其巨大的战略影响力足以使其成为我国建成世界科技强国的突出标志。

可以说，大科学工程的意义不在大科学工程本身，大科学工程与国家战略需求的变化密切有关，我国大科学工程建设始终位于国家发展战略和国际科技发展前沿的交叉点上。就兰州近代物理研究所来说，其1.5米回旋加速器的主要建设目标是服务于核武器与核工业发展，同时对我国核物理研究的起步发挥了基础作用；重离子加速器的建设主要是为了追赶国际重离子物理研究的步伐，走向国际重离子研究的前沿，但对我国核工业的发展也有很大支撑作用；而冷却储存环的建设则具有紧随国际原子核物理的前沿、促进交叉学科与高新技术的发展和服务于经济社会发展等多重工程目标，可以说每一步都响应着国家发展战略需求。

当然，国家战略的调整也要适应国际环境的重大变化。我国大科学工程建设的三个阶段就突出表明了这一点。在第一个阶段，我国国家战略不得不适应于东西方冷战的大格局；第二阶段开始于中美外交关系的破冰，我国国家发展战略也进行了重大调整；第三阶段迎来了我国加入WTO并全面融入国际科技经济大循环，使得我国可以全面吸纳国际创新资源，开启重大科技基础设施建设的新征程。在各个历史阶段进行的大科学工程建设，无不反映了国际环境的变化和国家战略的调整。当前，面对百年未有之全球大变局，我国国家战略也正在进行相应调整，我国大科学工程建设将不得不进入第四个发展阶段了。

通过响应国家重大战略需求及其调整，大科学工程不仅是整个国家创新体系的有机组成部分，而且本身就成为了“塑造”国家创新体系的重大科技行动。事实上，国家创新体系不是人为凭空搭建起来的“空架子”，而是服务于国家重大创新目标的治理架构；正是通过实施大科学工程，国家创新体系才能顺势搭建起来、不断进行调整并得到充实。例如，通过实施“两弹一星”工程，我国摸索形成了中央专委决策组织机制以及“任务带学科”的科研工作模式，而这种机制和模式一直延续下来并逐步优化，至今仍然有效。这种机制和模式本身就体现了我国国家创新体系运行的基本特质。大亚湾反应堆中微子实验作为我国基础研究国际合作战略落地的一个抓手，帮助打造了我国牵头国际大科学工程的跨国治理模式，从而为我国国家创新体系运行的国际化提供了一个基本参照。

二、关键人物推动

我国大科学工程建设的推动者既包括战略科学家，也包括高层领导。没有他们的推动，大科学工程就无从谈起。

大科学工程是基于科学又为了科学的工程。所谓为了科学，是指大科学工程的建设主要服务于科学研究，尤其是原创性科学研究，为其提供强大的基础设施支撑。所谓基于科学，是指大科学工程要依托当前科学最新进展，进行科学论证、设备研制和功能改进，因而大科学工程建设本身，就是一个科学研究乃至技术开发的过程。甚至可以说，大科学工程是科学研究、技术开发和工程建设“三位一体”的特殊工程活动。因此，科学家必然在其中发挥至关重要的作用。他们通常既是大科学工程的倡导者，又是大科学工程建设的关键参与者，还是大科学工程的最主要用户。从这个意义上说，大科学工程建设是美国学者希普尔（Hippel）所说的一种“用户创新”。[①]既然如此，大科学工程的成败就有赖于科学家在立项、建设和运行过程中的全面参与。为此，需要正确认识科学家的特殊作用，特别是他们作为大科学工程“经理人”的特殊作用，不能仅仅用论文产出对他们的成就进行评价。在所有参与大科学工程的科学家中，战略科学家既有很强的专业能力，又有心怀“国之大者”的使命担当，他们有能力准确把握国家战略需求和特定科技领域前沿发展的交汇点，因此才能成为大科学工程建设的中流砥柱。

但是仅凭科学家包括战略科学家的努力，大科学工程未必就能够上马。大科学工程的基本属性就是规模大、任务复杂、财政投入多，因而离不开政府部门的认可，离不开各级领导特别是高层领导的推动。特别是在财政经费紧张的情况下，要向大科学工程配置国家稀缺资源，通常都需要高层领导进行决断。而这种决断当然不是出自个人喜好，而是出自特定大科学工程与国家发展战略需求的呼应程度。如果大科学工程未能适应国家战略需求，也就不可能得到高层领导人的重视和推动，因而也根本不可能立项。“两弹一星”自不待言，当然离不开毛泽东、周恩来、聂荣臻等国家领导人的直接领导和决策；北京正负电子对撞机这类主要服务于基础研究的大科学工程，也离不开邓小平的英明决断。当然，随着我国国力的日渐增强，特定大科学工程的投入已经有更多解决方案（例如地方政府出资），但是仍然需要通过有关机制（例如国家科教领导小组）审议，才能纳入国家科技发展规划。因此，成功的大科学工程，其基本经验都是契合国家发展战略，并得到了战略科学家的积极推动和领导人的充分重视。

---

① 希普尔：《创新的源泉》，知识产权出版社，2005年，第106页。

三、严守决策程序

大科学工程建设项目要想从构想变为现实，通常必须经过五个主要步骤：第一步，纳入国家科技发展规划；第二步，提交项目建议书并获得批准；第三步，提交可行性研究报告并获得批准；第四步，初步设计及概算的审批；第五步，完工、交付使用并通过国家验收。其中，第一步主要取决于战略科学家的推动和关键领导的重视。但是，第二步和第三步同样是工程能否上马的关键环节。

一般而言，国家发改委是我国大科学工程建设的审批单位，具体负责批复大科学工程建议报告和可行性分析报告，其前置条件是通过中国国际工程咨询公司组织的专家论证。涉及军工领域的大科学工程，则由国防科工局或中央军委装备发展部主抓，相关论证工作也会委托有关工程咨询公司进行论证。大科学工程是创新性工程，投资大、风险高，一旦失误，走错方向，就会造成重大损失。因此，通过充分论证，遵守决策程序，确保万无一失，就成为了大科学工程建设的内在要求。在这个过程中，论证工作主要关注四个方面：一是工程是否符合国家发展战略；二是工程是否面向国际学术前沿；三是预制研究是否充分；四是工程是否有足够把握达成预期目标。只有当所有这些方面都符合条件，才有可能入列大科学工程建设清单。

专家论证绝对不是"走过场"，而是实打实找问题、提建议、堵漏洞的严肃工作。专家论证是识别大科学工程建设风险、探索建设路径、规避风险的有力保障。只有通过论证，才能进一步确认工程的必要性和可行性；才能识别出关键问题和可能的风险点，也才能提前找到需要克服的主要困难，看清楚这些困难是否在可以掌控的范围之内；才能清晰地定义工程目标，估算出投资规模和进度安排。某些时候，专家之间会存在比较大的意见分歧，那就必须广开言路，通过民主协商方式进行决策。有时候，缓议并进一步论证就成了必然选择。在这方面，有关部门已经形成了一套行之有效的论证规范和决策程序，可以保证立项决策的科学化、民主化和法治化。

四、立足预制研究

上述论证工作的一个基本前提是预制研究。作为支撑原创性科学研究的重大基础设施，大科学工程本身也必须在技术水平上有所超越，因而创新性是大科学工程的应有之义。既然大科学工程是创新性工程，其中包含的许多技术具有超前性和探索性，因而具有很大的不确定性和风险。要确保成功，就必须进行预制研究，也就是对关键技术、关键材料和关键工艺乃至选址进行先期研究并得到比较确定的结果。预制研究完成之后，再经过国内外专家评估，获得认可后才能立项建设。

我国制度化的预制研究始于合肥同步辐射装置一期工程。该工程于1977年列入国家科技发展规划，1978—1981年开展了预制研究。经过专家论证、测试和审定，1984年该工程被列入国家“七五”规划的重点工程。基于合肥同步辐射装置的建设经验，此后的大科学工程立项建设中，预制研究成为了立项前的重要考察内容。[①]例如，大陆科学钻探工程经历了十年的筹备预研期才获批立项：在地质勘查方面，借助国家和地方两级勘查体制，基于预制研究确定了选址；在工程技术方面，通过预制研究，确定了技术方案并夯实了其可靠性和安全性，表明了只要充分利用我国半个世纪积累的钻探经验，同时进口若干关键技术装备，就能形成所需要的技术能力。

预制研究关乎大科学工程建设的成败，而将制度化的预制研究作为大科学工程审批的前置条件是十分必要的。由于大科学工程采用的关键设备基本上都是专用非标设备，资产专用性程度特别高，需要在预制研究基础上定制完成。由于此类非标设备量大面广，又要满足技术创新、产品质量、交付工期以及价格等方面的要求，其中有些设备就必须由建设单位的科研人员自行研制，而且设备的安装与调试也主要由建设单位自行完成。这就要求大科学工程建设的依托单位具有相当强的研究实力，才能较好地完成预制研究工作。

---

① 杜澄，尚智丛，等：《国家大科学工程研究》，北京理工大学出版社，2011年，第23页。

五、强化工程管理

像任何工程一样，大科学工程也是一系列技术要素和非技术要素的集成。但是，大科学工程的特殊性就在于，这种集成的广度和难度都非常大，往往涉及多个学科、多个领域，包含着很大的不确定性和风险。在这种情况下，如何调动相关资源，如何将这些资源集成起来，就成为了成功的关键。这就要求强化工程管理，确保大科学工程建设和运行达成工程目标。

作为我国大科学工程建设的原点，“两弹一星”工程直接由我国最高领导层进行决策并由中央专委直接领导实施，在实践过程中积累了丰富的组织管理经验，对于后来的大科学工程建设有重要参考价值。但由于此项工程的特殊性，许多方面又不具有可复制性。我国规范化、更具一般性的大科学工程管理体系主要出自北京正负电子对撞机建设实践。其特色就在于，将自身经验和ISO9000管理思想、欧美大科学工程管理经验创新性地融合为一套具有中国特色的管理体系。这套体系着眼于工程的全生命周期，涵盖了大科学工程建设的方方面面，从立项开始到实施再到运行，几乎所有管理事项都考虑到了，体现了大科学工程建设进度控制、质量控制、成本控制以及运行管理等方面的“最佳实践”。这个管理体系首先推广到中科院其他大科学工程建设，随后又被中科院之外的大科学工程建设所借鉴。

其他大科学工程在借鉴北京正负电子对撞机的建设和运行经验的基础上，也都有自己的探索和创新。例如，大亚湾反应堆中微子实验作为以我为主的国际合作项目，在组织管理上借鉴国际通行做法并加以改进，为未来开展由我国主导的国际大科学工程建立了“模板”。类似的，大陆科学钻探工程的组织机构是借鉴发达国家经验并结合我国国情而设立的，中国大陆科学钻探工程中心作为项目法人，拥有独立的资金使用权、人事调配权和招投标权，具体工程管理则既有灵活性又有“工程会战”的中国特色。此类行之有效的大科学工程组织管理模式具有示范引领作用。

基于几十年来大科学工程建设的实践经验，我国建立起了适合中国国情的制度化、程序化的管理体系，使得大科学工程建设走向规范之路。这主要表现在：国家发改委、财政部、科学技术部和国家自然科学基金委员会联合发布《国家重大科技基础设施管理办法》；国务院印发《关于国家重大科研基础设施和大型科研仪器向社会开放的意见》；科技部发布《参加国际大科学工程及研究计划国内论证指南（试行）》。这些文件对大科学工程建设的规划、论证、决策、投资、预研、实施、运行、共享等各个方面都作了比较明确的规定，使我国大科学工程建设走向制度化。

六、借力国际合作

国际合作是大科学工程建设的必由之路。由于大科学工程是基于科学又服务于科学的工程，而科学通常是无国界的，而且科学评价标准在国际上具有一致性，因此大科学工程的立项、建设和运行都必须扎根于国际科学界并在国际学术交流中发挥关键作用。换言之，大科学工程通常是扎根国际合作的工程。

国际合作不仅是确定大科学工程建设标准的基础，也是解决大科学工程面临的关键技术难题的途径，还是大科学工程运行阶段开展高水平科学研究的必然选择。只有通过高水平国际合作，才能有效整合国际、国内的人才资源，产出世界一流的科研成果。事实上，我国几乎每个大科学工程建设都得益于国际合作。在高能物理领域，北京正负电子对撞机的立项和建设离不开与美国高能物理学界的密切合作，而大亚湾反应堆中微子实验得到了美国能源部的资金和人才支持。在兰州重离子加速器建设过程中，分离扇回旋加速器的建设得到法国的支持，而冷却储存环的建设更是离不开德国、俄罗斯和日本等国的帮助。在空间科学领域，双星计划的立项与成功实施，受益于与欧洲航天局的深度合作。在地学领域，大陆科学钻探工程得益于德国科学界的技术支持以及国际大陆科学钻探计划的全程指导和资助。在生命科学领域，中国西南野生生物种植资源库的建设离不开英国相关种质资源库的大力支持，而武汉生物安全实验室的建设受益于与法国科学界的深度合作。正是通过国际合作，我国众多大科学工程建设才能从一开始就站在高起点上，也才能在建成后支撑前沿领域的科学探索。

当然国际合作并不是一味依赖外方，而是需要在合作中求自立、在学习中求创新。例如，在大陆科学钻探工程建设过程中，建设者莫不以建设有自主知识产权的科学钻探工程为己任，他们始终坚持以我为主的原则，尽量采用国内成熟技术和设备，在引进基础上进行集成创新，从而实现了“组合式钻探技术”“灵活的双孔方案”以及“超前孔裸眼钻进技术”的有机结合，最终取得了创新性成果。又如，郭守敬望远镜立项之初，为了实现国际一流，项目负责人从 1997 年开始就多次出国访问交流，了解国外天文台在大样本巡天方面的进展，还邀请国外天文学界知名专家来华就相关技术问题进行研讨，但这些都不妨碍郭守敬望远镜成为别具一格的高水准天文望远镜。再如，围绕全超导托卡马克实验装置建设，等离子体所同中国科学技术大学、清华大学、西物院等 16 所大学和研究机构建立了 20 多个工作组，与国外 14 个著名研究所签署了双边合作协议，建立了一个以我为主的国际科研合作网络，取得了一系列科技创新成就。

在今天开放的全球体系中，任何科学成果都可以迅速传遍全球，成为“公共物品”，从而为全人类共享。既然如此，各国都应该开放合作，共同投资特定的大科学工程，特别是那些投资巨大而产出又面临很大不确定性的、服务于基础研究或人类长远发展的大科学工程，例如高能加速器、核聚变实验装置等，进而共享科研成果。如果只是特定国家投资此类大科学工程，就必然会出现“搭便车”局面，长此以往，全球大科学工程的投资水平必将低于最优水平。目前，我国在空间科学领域、地球科学领域、核聚变能源领域参与国际大科学工程合作，实际上是主动为全球公共物品生产作出贡献，体现了大国的责任担当。总之，扎根于国际科学界和跨国知识交流网络进行大科学工程建设，是必须坚守的基本原则和路径。

第三节　中国大科学工程建设的新趋势

近年来，随着我国综合国力的增强以及科技创新活动的日益活跃，我国大科学工程建设出现了新的发展态势。具体体现在如下几个方面：

一、大科学工程的战略意义将进一步彰显

大科学工程在我国经济社会发展中发挥了中流砥柱的作用。从“两弹一星”到高性能计算机，从遥感卫星地面站到子午工程，从载人航天到嫦娥工程，从北京正负电子对撞机、兰州重离子加速器到上海光源，从中国环流器到神光装置，从郭守敬望远镜到中国天眼，从地壳运动观测网络到“科学”号海洋科学综合考察船，从武汉国家生物安全实验室到蛋白质研究设施，一个个大国重器支撑起了民族复兴的伟业，标识出了中国和平崛起的里程碑。经过70年探索，大科学工程的战略意义已经得到了充分彰显。

2012年，我国提出创新驱动发展战略。2016年《国家创新驱动发展战略纲要》正式出炉。2020年我国已经进入创新型国家行列，建成中国特色国家创新体系，实现了创新驱动发展战略的第一阶段目标。到2030年，我国将跻身创新型国家前列，经济社会发展水平和国际竞争力大幅提升，实现创新驱动发展战略第二阶段目标。到2050年，我国将建成世界科技强国，成为世界主要科学中心和创新高地，实现第三阶段战略目标。在这个发展进程中，大科学工程建设无疑是重要抓手。面对近年来美国发起的中美贸易战、科技战以及由此带来的产业链脱钩的重大风险，当今中国比任何时候都需要原创性研究，以更有效地突破“卡脖子”技术并开展更多的颠覆性技术创新，而这又与高精尖仪器设备特别是大科学装置具有密不可分的联系。抓住具有战略意义的大科学工程，就抓住了国家科技发展的“牛鼻子”，抓住了国家创新能力全面升级的阶梯。

近年来，大科学工程的社会关注度越来越高，甚至一些大科学工程

还成为了社会争议的焦点，之所以如此，就是因为大科学工程投资巨大、意义重大、地位显赫。从国内看，大科学工程已经成为国家创新体系运行的基础平台，成为实现国家战略目标的重要依托。从国际看，大科学工程已经成为跨国知识流动的重要通道和跨国知识创新的高地，因而是国际科技合作乃至国家间科技博弈的焦点。展望未来，随着我国综合国力的进一步增强，随着我国国家实验室体系建设全面推进，大科学工程建设将会得到中央政府和地方政府的更多关注，大科学工程建设资金投入将会进一步提升，大科学工程在我国全球战略中的平台功能和杠杆作用将得到进一步发挥。在这种情况下，发挥政府、产业、科研机构和大学等多方积极性，持续全面开展大科学工程建设的“预见”活动，更加合理地开展大科学工程远景规划，将顶层设计和地方主动性有机结合起来，就变得十分重要了。只有这样，才能更好地将大科学工程建设放在经济社会可持续发展的总体框架下加以定位，放在全球创新网络的大格局下加以运筹，从而更好地发挥大科学工程建设的基础性、革命性作用。

二、大科学工程的集群化发展将进一步增强

我国以往的大科学工程建设，基本上是单点布局的，不大考虑大科学工程之间的有机关联。近年来，通过大科学工程集群化建设，营造大型综合性国家科学中心甚至经济发展增长极的理念，已然逐渐成为共识。

事实上，为了提升科研工作的效率，国外有很多发挥大科学工程集群优势的经验。例如，作为瑞士最大的国立科研机构，保罗谢勒研究所拥有瑞士光源、质子加速器、散裂中子源、质子束治疗装置等多个大科学装置，致力于固态物理、材料科学、生命科学、能源科学等领域的基础研究及产业化应用。类似的例子还有美国的阿贡国家实验室、劳伦斯伯克利国家实验室、布鲁克海文国家实验室等。借鉴国外的基于大科学装置集群而形成的综合研究中心发展经验，我国近年来也开始了建设综合性国家科学中心的新征程。

所谓综合性国家科学中心，就是依托先进的大科学设施集群建设，

支撑具有世界先进水平的基础科学研究和重大技术研发的大型开放式多学科交叉研究基地。2016年2月，国家发改委和科技部批复同意以上海张江地区为核心承载区建设综合性国家科学中心，作为上海加快建设具有全球影响力的科技创新中心的关键举措和核心任务，该中心已经拥有上海同步辐射光源、蛋白质科学研究设施、药物筛选中心、软X射线自由电子激光装置、超算中心等大科学设施集群，形成了生命科学、生物制药和激光技术等优势领域。2017年1月，国家发改委和科技部联合批复了合肥综合性国家科学中心建设方案。合肥综合性国家科学中心将聚焦信息、能源、健康、环境四大领域，开展多学科交叉和变革性技术研究，主要依托国家同步辐射光源、全超导托卡马克核聚变实验装置、稳态强磁场实验装置等进行建设，未来还会有量子信息国家实验室以及聚变工程实验堆、先进X射线自由电子激光装置、大气环境综合探测与实验模拟设施、超导质子医学加速器等重大科技基础设施入列。2017年6月，国家发改委和科技部联合批复同意建设北京怀柔综合性国家科学中心，致力于打造世界级原始创新承载区。北京怀柔科学城将建设先进光源、地球系统数值模拟装置、综合极端条件设施、脑科学成像设施、重离子治癌装置、数据平台、纳米平台、能源平台及分子育种平台等十多个大型科研设施，以期在纳米技术、新能源、新材料、健康、生物医药、激光、生物育种等领域发挥突出优势。

依托分布在广州、深圳和东莞的重大科技基础设施，正在规划建设粤港澳大湾区综合性国家科学中心。这里已经集聚了中国散裂中子源、江门中微子实验、深圳国家基因库、广州超算中心等设施，正在建设鹏城实验室以及冷泉生态系统研究装置、智能化动态宽域高超声速风洞、极端海洋动态过程多尺度自主观测科考设施等一系列重大科技基础设施。此外，在大科学工程的加持下，不排除在武汉、西安、成都等中西部地区城市建设综合性科学中心。无论如何，大科学工程的集群化发展将大幅提升我国的科研效率，促进大科学工程建设与区域经济发展的深度融合。

三、大科学工程与高等教育的融合发展将进一步深化

20世纪90年代之前，除了“两弹一星”和空间领域的一些大科学工程，我国大科学工程主要依托中科院有关研究所进行建设和运行管理，少量大科学工程依托中科院之外的独立科研机构建设和运行。中国科学技术大学较早拥有大科学装置，也是该校隶属于中科院的缘故，而其他高等院校很难介入。之所以如此，与中科院长期以来在科研领域的主导地位是分不开的。

随着我国高等院校自20世纪90年代后期以来科研实力的迅速提升，这种状况已经发生了显著变化。其标志性事件有：2007年，华中科技大学主导的脉冲强磁场实验装置被列入国家“十一五”重大科技基础设施建设计划；北京科技大学主导的重大工程材料服役安全研究评价设施获批立项。随后，我国依托高等院校建设的大科学工程逐渐成为了一种趋势，近年来高等院校在大科学工程建设上的竞争已经白热化。其根本原因在于，人们逐渐认识到，大科学工程建设非常有助于提升高等院校的科研实力和创新人才的培养能力。哈尔滨工业大学、吉林大学、中国农业大学、上海交通大学、中山大学、同济大学、北京大学、清华大学等高等院校相继获批牵头建设大科学工程。2016年，教育部印发《高等学校“十三五”科学和技术发展规划》，其中还明确提出：“支持高等学校提出并牵头组织国际大科学计划和大科学工程，积极参与大型国际科技合作计划。”目前，高等院校主导的大科学工程正在成为中科院主导的大科学工程的有益补充，而在这个过程中中科院和高等学院的合作也在不断深化。展望未来，高等院校的积极参与将进一步促进大科学工程建设与高等教育的深度融合，这实际上也是“科教融合”的一种重要表现形式。

四、大科学工程服务于产业创新和地方经济发展的能力将进一步提升

尽管大科学工程的经济效益常常难以精确估算，但其横贯科学、经济和国防等领域的战略价值是显而易见的。从科学上说，大科学工程对

于未来的科学研究是不可或缺的实验平台。从经济上说，大科学工程可以在某种程度上带动相关产业技术的发展，它们本身作为技术平台又会成为后续产业发展的一个关键基础，它们所激发出来的科学研究成果也会回流到产业领域并成为进一步创新的源头。从军事上讲，一些大科学工程还有直接或潜在军事价值，因而也有可能成为大国的重要威慑力量。

过去的大科学工程建设，主要是面向科学研究或者军事需求，对于大科学工程与经济发展的联系，总体上考虑不多。近年来，这种情况正在发生改变。主要体现在两个方面：一方面，随着纳税人意识的增强和财政部门对科研绩效评价的关注，在某些大科学工程的可行性论证中开始逐步强调经济效益评价；另一方面，许多地方政府看到了大科学工程对当地经济发展的带动作用，因而愿意拿出经费积极支持大科学工程建设。这实际上关乎大科学工程建设的合理性问题。对于一项耗资巨大的公共工程，是否“合算”的确需要深入论证，在论证过程中增加经济效益和社会效益的指标无可厚非。针对不同类型的大科学工程，这类指标的权重可以有所不同，但如果根本没有，肯定也是不合理的。

鉴于大科学工程建设属于投资密集、技术密集、难有短期经济回报的尖端项目，只靠市场力量是远远不够的，必须有政府的巨大投入甚至直接参与才有可能攻克难关。就此而言，“集中力量办大事”仍然是不可或缺的大科学工程建设策略。这里的关键问题在于，如何将基于大科学工程取得的科研成果有效转移到产业领域，形成科学研究与产业创新的良性循环。只有形成了这种良性循环，发展才可能是持续的，所谓大科学工程建设与民生之间的潜在冲突才能得到化解。

这种发展趋向，实际上也关联着大科学工程的投资主体和运营主体的优化问题。如果地方政府和企业有更大的积极性投资于大科学工程建设，就会相应减轻国家财政投资的压力。与此同时，在大科学工程建设和运行的治理结构上，势必也需要进行相应调整，赋予地方政府和企业更大的话语权。特别是在“光源”这类通用实验装置的建设上，有必要在投资和运行两个方面进行市场化改革。这种市场化不仅可以发挥多方投资大科学工程的积极性，还有助于推动大科学工程建设融入地方经济社会发展，有助于推动相关科研成果的商品化和产业化，从而更好地提升大科学工程的建设效益。

五、大科学工程建设布局将进一步优化

大科学工程建设的布局，主要包括空间布局和学科布局两个方面。从空间布局看，目前我国大科学工程主要布局在东部地区。从学科布局看，目前我国大科学工程建设重在物质科学、工程科学和计算机科学，而在生命科学和医学领域布局相对较少，社会科学领域的大科学工程几乎没有。

展望未来，在空间布局上适当照顾中西部地区的需求是大势所趋。振兴中西部地区一直是我国国家发展战略的一个基本导向。通过“双一流”建设，国家已经采取措施向中西部高校进行了适当的资源倾斜。在大科学工程建设方面，中西部地区无论是政府部门还是高等院校，已经表达了自己的强烈渴望。在这种情况下，未来在中西部地区适当布局一批大科学工程是理所应当的，这必定可以形成一种杠杆机制和聚合效应，留住中西部地区的科技人才，带动科技人才从东部向中西部流动，甚至吸引海外高端人才落户中西部地区。这对国家科技发展格局的均衡乃至国家总体安全都是十分有益的。改革开放之前的“三线建设”已经产生过类似效应，总体上看正面价值是非常大的。历史业已表明，通过大科学装置建设来凝聚科技人才，偏远地区也可以成为科学高地。兰州地处我国西北腹地，最初由于核武器研制被选为核物理研究基地之一，随后经过几十年发展，建成了我国重离子加速器实验平台，凝聚和造就了一支生生不息的重离子物理研究和加速器建造科技队伍，使得兰州逐步成为我国核物理研究的中心之一。

在学科布局上，未来的大科学工程建设除了继续在物质科学和工程科学专用科研平台和通用多学科平台发力之外，将会更加关注生命科学和医学领域乃至社会科学领域。当前，面对人类生命健康的重大需求，只有大力发展生命科学和医学领域的大科学工程，营造更加可靠的公共卫生基础设施，才能为生物医药研制、重大疫情防控乃至生物恐怖主义的防范提供有力支撑。的确，生物武器由于使用的隐秘性和低门槛，很

可能成为未来人类生存面临的主要威胁，提升防范意识和防范能力都是十分必要的。不仅如此，人口老龄化和优生优育带来的医疗卫生需求，也都要求强化生命科学和医学领域的大科学工程建设。随着大数据分析技术和人工智能技术的飞速发展和广泛应用，开放的社会算力平台的搭建将会成为焦点，社会科学领域的大科学工程将会逐步得到重视，用以发展基于先进信息技术的数字化社会科学，并支撑社会发展态势实时监测、社会情景系统分析和经济社会预见活动，服务于社会风险治理和社会发展远景规划，乃至服务于全球和平与发展以及人类命运共同体的构建。

六、我国主导的国际大科学工程将催生科技外交新格局

大科学工程是跨国知识创造和跨国知识流动的重要节点。大科学工程建设需要科技外交，大科学工程建设也会促进科技外交。在大科学工程建设的第一阶段，我国主要效仿和学习苏联；从大科学工程建设的第二阶段开始，我国主要效仿和学习欧美。无论是学习苏联还是欧美，从国外到国内的单向知识流动总体上居于主导地位，尽管在这个过程中都有一定程度的自主创新。在这种情况下，如何为技术学习保驾护航就成为了科技外交的基本着眼点。到了大科学工程建设的第三阶段，我国大科学工程自主创新能力有了很大增强，若干大科学工程已经成为具有全球影响的自主创新标杆。也正因为如此，外部势力的各种“卡脖子”行为反而大幅增加，科技外交工作因而不得不作出相应调整。换言之，大科学工程建设态势的转变要求变革国际合作形式，从而催生新型跨文化沟通和交流模式。在当前充满变数的全球政治格局下，科学家群体可以发挥特殊桥梁作用，成为特殊的科技“外交家”。

围绕大科学工程开展国际合作是我国70年来大科学工程建设的基本经验，但这种合作几乎都是为了吸纳国外先进经验和专门知识。与国外平起平坐开展国际大科学工程不多，而以我为主开展的国际大科学工程就少之又少了。此前，我国已经深度参与了国际核聚变实验堆计划，积累了许多宝贵经验；我国还开展了以我为主的双星计划和大亚湾反应堆中微子实验，形成了有示范意义的国际大科学工程组织管理模式。当

今世界，许多重大科技问题的解决都远远超出单一国家的承受能力，从而使国际科技合作成为一种必然。随着我国科技创新能力的快速提升和综合国力的大幅增强，主动出击、主导开展更多国际大科学工程项目将是大势所趋。2018年，国务院印发《积极牵头组织国际大科学计划和大科学工程方案》，明确了我国牵头组织国际大科学计划和大科学工程“三步走”发展目标。这意味着未来我国牵头组织国际大科学计划和大科学工程将会步入“快车道”，从而有机会为解决世界性重大科技难题贡献中国智慧。这类高层次国际科技合作，可以服务于我国建设世界科技强国的宏伟目标，服务于“一带一路”倡议的深入实施乃至服务于人类命运共同体的构建。

尽管今后在大科学工程的建设上我国仍然需要引进、消化和吸收国外先进技术，但是原始创新和知识输出将会逐步成为我国大科学工程建设的主流，中国将会成规模地为全球做出重要知识贡献。这就意味着，我国大科学工程建设能力输出必将成为一个新趋势，可望催生我国“科技外交”新格局。大科学工程特别是我国主导的国际大科学工程将会成为我国科技外交的前沿阵地。

主要参考文献

FAST工程办公室：《500米口径球面射电望远镜工程》，《科学》，2016年第4期。

爱因斯坦：《爱因斯坦文集》第三卷，许良英、赵中立、张宣三编译，人民出版社，1979年。

白星碧，施俊法：《美国地球探测计划》，《地球科学进展》，2005年第5期。

边东子整理：《从居里实验室走来——杨承宗口述自传》，湖南教育出版社，2012年。

曹建勇，丁玄同，段旭如：《中国环流器二号装置及物理实验进展》，《科学》，2012年第2期。

曹珏，晋世翔，潜伟：《从分散研制到集中攻关——铀浓缩乙种分离膜研制组织工作初探》，《工程研究——跨学科视野中的工程》，2018年第8期。

曹俊：《大亚湾实验发现新的中微子振荡》，《现代物理知识》，2012年第3期。

曹丽，王大洲：《“科学”号海洋科学综合考察船建造的历史考察》，《工程研究——跨学科视野中的工程》，2020年第6期。

陈崇斌，王乐天：《四十载自主探索路——中国科学院上海光学精密机械研究所激光惯性约束核聚变的探索历程》，《物理》，2010年第7期。

陈和生，张闯，李卫国：《北京正负电子对撞机重大改造工程》，《工程研究——跨学科视野中的工程》，2010年第3期。

陈和生：《北京正负电子对撞机重大改造工程》，《现代物理知识》，2009年第5期。

陈和生：《中国散裂中子源》，《现代物理知识》，2016年第1期。

陈恒六：《爱因斯坦与原子弹》，《自然辩证法通信》，1985年第4期。

陈雁：《殚思求火种，深情寄木铎：黄祖洽传》，中国科学技术出版社，上海交通大学出版社，2017年。

程苹，卢凡，张鹏，马俊才，王瑞丹：《我国生物种质资源保护和共享利用的现状与发展思考》，《中国科技资源导刊》，2018年第5期。

迟学斌，等：《国家高性能计算环境发展报告（2012—2017）》，科学出版社，2018年。

崔维成，宋婷婷：《"蛟龙号"载人潜水器的研制及其对中国深海探索的推动》，《科技导报》，2019年第16期。

当代上海研究所：《21世纪上海纪事（2010—2012）》，上海人民出版社，2015年。

党岗，程志全：《超级计算中心核心应用的浅析》，《计算机科学》，2013年第3期。

地壳运动监测工程研究中心：《中国地壳运动观测技术规程》，中国环境科学出版社，2006年。

邓希文，严建成，袁保山，等：《受控热核聚变实验研究装置——中国环流器新一号（HL-1M）》，《物理》，1999年第6期。

邓锡铭，沃新能，陈时胜：《激光核聚变国内外概况》，《兵器激光》，1982年第3、4期。

邓小平：《邓小平文选》（第三卷），人民出版社，2001年。

邓学伟：《"神光-Ⅲ"主机装置研制及其性能》，《2017年版中国工程物理研究院科技年报》，2018年。

邸乃庸：《中国载人航天工程概述》，《载人航天》，2003年第5期。

丁大钊：《学称一代宗，德为百年师——纪念王淦昌老师》，《现代物理知识》，1999年第4期。

丁兆君，陈家新：《我与国家同步辐射实验室建设——裴元吉教授访谈录》,《中国科技史杂志》,2009年第2期。

丁兆君,胡化凯:《“七下八上”的中国高能加速器建设》,《科学文化评论》,2006年。

丁兆君,李晓兵:《五秩共赢双星璨——濮祖荫教授访谈录》,《中国科技史杂志》,2015年第4期。

丁兆君,刘祖平:《国家同步辐射实验室的创建与发展——刘祖平教授访谈录》,《广西民族大学学报(自然科学版)》,2016年第22期第4卷。

丁兆君:《中国科学技术大学国家同步辐射实验室的创建》,《中国科技史杂志》,2009年第2期。

东方星:《我国用探空火箭首次获得电离层顶数据》,《国际太空》,2016年第5期。

董家齐,严龙文,段旭如:《中国环流器二号A(HL-2A)实验进展》,《科技导报》,2007年第16期。

董建丽,虞丽婷:《六十载风雨砥砺 一甲子春华秋实——写在“一堆一器”建成60周年之际》,《科技日报》,2018年9月26日。

董树文,李廷栋,等:《深部探测技术与实验研究》,《地球学报》,2011年增刊。

董树文,等:《地球深部探测国际发展与我国现状综述》,《地质学报》,2010年第6期。

杜澄,尚智丛,等:《国家大科学工程研究》,北京理工大学出版社,2011年。

杜祥琬:《纪念核物理学家王淦昌文集》,中国科学技术出版社,2010年。

杜燕,杨湘云,等:《种子方舟——中国西南野生生物种质资源库》,浙江教育出版社,2015年。

范滇元,张小民:《激光聚变驱动器的发展与展望》//宋健《中国科学技术前沿》(中国工程院版),高等教育出版社,2001年。

范全林:《基于子午工程的国际空间天气子午圈计划》,《中国科学基金》,2008年第2期。

方嘉禾:《中国生物种质资源保护现状与行动建议》,《中国农业科技导报》,2001年第1期。

方守贤:《BEPC的前前后后》,《现代物理知识》,1992第4期。

方守贤:《北京正负电子对撞机的建造和调束》,《物理》,1989年第10期。

方守贤:《我的高能加速器梦》,《现代物理知识》,2003年第1期。

冯锋,林志亮:《我国野生大豆研究进展及展望》,《中国科学基金》,1998第1期。

付向核:《曙光高性能计算机的创新历程与启示》,《工程研究——跨学科视野中的工程》,2009年第3期。

甘卫军,李强,张锐,等:《中国大陆构造环境监测网络的建设与应用》,《工程研究——跨学科视野中的工程》,2012年第4期。

甘卫军,张锐,张勇,等:《中国地壳运动观测网络的建设及应用》,《国际地震动态》,2007年第7期。

甘永超:《王淦昌先生与我国的惯性约束聚变事业》,《自然辩证法通讯》,2002年第6期。

葛能全:《钱三强年谱长编》,科学出版社,2013年。

葛纬桢:《"实验1"号科考船设计研究》,《舰船科学技术》,2014年第S1期。

葛纬桢:《从220吨到2560吨小水线面双体船研制的回顾与体会》,《舰船科学技术》,2012年第S2期。

谷羽:《我所了解的北京正负电子对撞机工程建设》,《党史天地》,2001年第4期。

顾保孜:《被逼出来的"两弹一星"》,《湘潮》,2009年第4期。

顾迈南:《突破"禁区"采访邓稼先》,《中国记者》,2019年第10期。

郭剑峰:《中国遥感卫星地面站》,《科技潮》,2007年第4期。

国际科技合作政策与战略研讨组:《国际科技合作政策与战略》,科学出版社,2009年。

国家自然科学基金委员会,中科院:《未来十年中国学科发展战略：空间科学》，科学出版社，2012 年。

郭金海：《再论〈12 年科技发展远景规划〉的制订与实施》，《科技导报》，2021 年第 12 期。

过静珺，谢炳福，于子洋：《FAST 与近代大型射电望远镜介绍》，《测绘通报》，2002 年第 8 期。

何多慧，裴元吉，金玉明，等：《合肥国家同步辐射光源现状及未来》，《深圳大学学报》，1997 年第 1 期。

何江波，王大洲：《我国地球空间双星探测计划的工程史考察》，《工程研究——跨学科视野中的工程》，2018 年第 4 期。

何立波：《中央专委与“两弹一星”》，《党史文苑》，2012 年第 11 期。

侯逸民：《863 计划专家委员会管理体制研究》，《科学学研究》，1991 年第 2 期。

胡宏哲：《银河疑是九天来——巨型计算机“银河-Ⅰ”号诞生记》，《科技中国》，2005 年第 12 期。

胡景耀，赵刚，魏建彦：《让大科学设备有更多的科学产出：2.16m 望远镜提高科学产出的一些经验》，《中国基础科学》，2000 年第 1 期。

胡明：《国家重大科技基础设施建设项目管理的规划与组织——以我国 500m 口径球面射电望远镜（FAST）工程为例》，《建设监理》，2017 年第 9 期。

胡仁宇：《王淦昌老师：我国惯性约束聚变研究的开创者与奠基人——纪念王淦昌老师诞辰 100 周年》，《物理》，2007 年第 5 期。

胡守仁：《计算机技术发展史》，国防科技大学出版社，2006 年。

胡维佳：《中国科技规划、计划与政策研究》，山东教育出版社，2007 年。

胡文瑞：《空间科学发展随想》，《世界科技研究与发展》，1998 年第 6 期。

胡文瑞：《空间科学发展与展望》，《求是》，2004 年第 19 期。

黄德宏，胡红桥，刘瑞源，等：《南极中山站极区空间环境观测系统》，《极地研究》，2016 年第 1 期。

黄新燕：《中国第一井　探索地球5000米深处的奥秘》，《地球》，2006年第2期。

霍有光：《钱学森年谱（初编）》，西安交通大学出版社，2011年。

江少恩，等：《我国激光惯性约束聚变实验研究进展》，《中国科学》，2009年第11期。

姜天海：《神奇的“上海之光”——上海光源国家重大科学工程》，《科学新闻》，2016年第3期。

蒋世仰：《我国口径最大的天文光学望远镜——2.16m反射望远镜》，《科学通报》，1990年第9期。

金红梅：《科学家和政治家的合作：“863计划”制定过程研究》，《清华大学教育研究》，2005年第6期。

柯文：《谈谈国家重点科技攻关计划》，《中国科技论坛》，1990年第5期。

科学时报社：《请历史记住他们——中国科学家与“两弹一星”》，暨南大学出版社，1999年。

匡光力，邵淑芳：《稳态强磁场技术及科学意义》，《科技导报》，2018年第19期。

匡光力，邵淑芳：《稳态强磁场实验装置及其科学研究》，《现代物理知识》，2018年第6期。

雷蕾：《自主创新迈出“中国速度”——我国成功研制千万亿次超级计算机“天河一号”》，《发明与创新（综合版）》，2009年第12期。

雷鸣，张荣光：《国家蛋白质科学研究（上海）设施的设计与研制》，上海科学技术出版社，2018年。

雷鸣：《解码生命的利器：国家蛋白质科学研究（上海）设施》，浙江教育出版社，2017年。

冷溶，汪作玲，等：《邓小平年谱（1975—1979）》（下册），中央文献出版社，2004年。

李斌，李思琪：《兰州重离子加速器经济社会效益调研》，《工程研究——跨学科视野中的工程》，2015年第7卷第1期。

李伯聪：《中国近现代工程史研究的若干问题》，《科学技术哲学研究》，2013年第6期。

李成智：《中国航天技术发展史稿》，山东教育出版社，2006年。

李成智：《中国航天科技创新》，山东教育出版社，2013年。

李德铢，娄治平：《履行国际公约建设中国西南野生生物种质资源库》，《中国科学院院刊》，2006年第1期。

李德铢，杨湘云，王雨华，蔡杰：《中国西南野生生物种质资源库》，《中国科学院院刊》，2010年第5期。

李国杰，陈鸿安：《“曙光一号”并行计算机》，《中国科学院院刊》，1994年第4期。

李国杰：《发展高性能计算需要思考的几个战略性问题》，《中国科学院院刊》，2019年第6期。

李国杰：《走向产业化的国产高端计算机》，《全国信息导报》，2000年第3期。

李会贤，南仁东：《FAST工程进展及展望》，《自然杂志》，2015年第6期。

李建刚，杨愚：《受控热核聚变研究及其在我国HT-7超导托卡马克上的最新进展》，《物理》，2003年第12期。

李建明，曾华锋：《“大科学工程”的语义结构分析》，《科学学研究》，2011年第11期。

李觉：《当代中国的核工业》，中国社会科学出版社，1987年。

李俊峰，王大洲：《LAMOST工程的立项、建设与运行》，《工程研究——跨学科视野中的工程》，2016年第1期。

李莉：《中国超算40年：挑战世界速度极限》，《中国科技奖励》，2019年第8期。

李佩江，王握文：《“银河”妙算阴晴雨雪》，《解放军报》，2003年7月23日。

李惕碚，吴枚：《空间硬X射线调制望远镜》，《物理》，2008年第9期。

李微，刘程：《银河巨型机的成功突破——来自银河-Ⅲ巨型计算机研制第一线的报告》，《中国图象图形学报》，1997年第5期。

李晓，孙虹，张春林，等：《中国散裂中子源快循环同步加速器射频系统的设计与研制进展》，《原子能科学技术》，2016年第7期。

李孝辉，窦忠，赵晓辉：《北京时间——长短波授时系统》，浙江教育出版社，2018年。

李秀波，王大洲：《兰州重离子加速器装置建设的历史考察》，《工程研究——跨学科视野中的工程》，2019年第3期。

李砚藻：《“地质超深钻探”国家专业实验室发展规划》，《探矿工程》，1994年第2期。

李艳平，王士平，戴念祖：《20世纪40年代在中央研究院和北平研究院流产的原子科学研究》，《自然科学史研究》，2006年第3期。

李颐黎，戚发轫：《“神舟号”飞船总体与返回方案的优化与实施》，《航天返回与遥感》，2011年第6期。

李颐黎：《钱学森与中国航天工程的开创——以探空火箭工程与东方红一号卫星工程为例》，《工程研究——跨学科视野中的工程》，2010年第4期。

李鹰翔：《核导弹武器化成功的重要标志：纪念我国“两弹”结合试验成功50周年》，《中国核工业》，2016年第10期。

李智，胡艳华：《华中科技大学跨越式发展之路》，华中科技大学出版社，2009年。

梁东元：《596秘史》，湖北人民出版社，2007年。

梁东元：《曙光号全解密：神舟号之前的载人飞船计划始末》，当代中国出版社，2010年。

梁小虹：《聂荣臻元帅与航天一院》，《红岩春秋》，2006年第1期。

梁岫如：《两岸同步辐射的发展：北京、合肥、新竹同步辐射光源介绍》，《海峡科技交流研究》，1993年第1期。

林尊琪：《激光核聚变的发展》，《中国激光》，2010年第9期。

林尊琪：《为惯性约束聚变研究事业掌舵的人》//《于敏院士八十华诞文集》，原子能出版社，2006年。

刘超：《郭守敬望远镜：换个“看法”也不错》，《科技日报》，2017年8月23日。

刘成，姜秀杰：《空间环境之火箭探测》，《现代物理知识》，2012年第5期。

刘福来，许志琴，徐惠芬：《东海超高压变质带花岗质片麻岩的岩石学及其成因特征》，《地质评论》，1999年第8期。

刘广志：《中国钻探科学技术史》，地质出版社，1998年。

刘华昌，瞿培华，宋洪，等：《中国散裂中子源漂移管直线加速器研制进展》，《原子能科学技术》，2015年第S2期。

刘戟锋，等：《“两弹一星”工程与大科学》，山东教育出版社，2004年。

刘维宝，等：《基于神光Ⅲ激光装置的大科学工程项目整合管理研究》，《项目管理技术》，2015年第6期。

刘学礼：《两弹一星精神》，中共党史出版社，2020年。

刘艳琼：《中苏〈国防新技术协定〉转让的航空技术探微》，《当代中国史研究》，2012年第2期。

刘扬正：《挺近地心》，中国文史出版社，2007年。

刘宜林：《20世纪五六十年代中国建造2米级望远镜的尝试》，《科学文化评论》，2015年第3期。

刘益东，李根群：《中国计算机产业发展之研究》，山东教育出版社，2006年。

刘振兴：《地球空间双星探测计划》，《科学》，2004年第2期。

刘振兴：《地球空间双星探测计划的国际合作》，《中国科学院院刊》，2003年第4期。

刘竹生，张智：《CZ-2F载人运载火箭》，《导弹与航天运载技术》，2004年第1期。

刘竹生：《中国的载人运载火箭》，《中国工程科学》，2006年第11期。

刘祖平，张新夷：《让“神灯”之光更强、更亮、更稳定——国家同步辐射实验室及其二期工程》，《中国科学院院刊》，2000年第2期。

柳怀祖：《改革开放的一次实践——忆小平同志亲自关怀下的北京正负电子对撞机建设》，《现代物理知识》，2013年第1期。

龙春林，杨湘云：《野生生物种质资源的诺亚方舟——记中国西南野生生物种质资源库》，《生命世界》，2009年第6期。

卢方军，徐玉朋，张帆，等：《硬X射线调制望远镜卫星及其科学目标》，《现代物理知识》，2016年第4期。

卢方军，张双南：《硬X射线调制望远镜——中国第一颗X射线天文卫星》，《物理》，2017年第6期。

卢永亮：《卢鹤绂与原子弹》，《世界科学》，2010年第6期，第45—48页。

陆其明，范敏若：《张爱萍与“两弹一星”》，解放军出版社，2011年。

罗飞，王大洲：《中国大陆科学钻探工程的历史考察》，《自然辩证法通信》，2019年第8期。

罗福山：《搞卫星最积极的人——记著名科学家赵九章院士》，《科学新闻》，2011年第9期。

罗小安，杨春霞：《中国科学院重大科技基础设施建设的回顾与思考》，《中国科学院院刊》，2012年第6期。

马琳：《蛋白质科学研究上海设施的建设与发展》，《中国科学院院刊》，2012年第1期。

马兴瑞，张永维，白照广：《实践五号卫星及其飞行成果》，《中国航天》，1999年第11期。

麦克莱伦，等：《世界史上的科学技术》，上海科技教育出版社，2003年。

闵志：《关于加强与ICDP合作的建议》，《探矿工程》，2001年第2期。

莫恭敏：《受控热核聚变研究五十年》，《现代物理知识》，1999年第2期。

南仁东：《观天巨眼：五百米口径球面射电望远镜（FAST）》，浙江教育出版社，2018年。

南仁东，李会贤：《FAST的进展——科学、技术与设备》，《中国科学：物理学、力学、天文学》，2014年第10期。

南仁东，张海燕，等：《FAST 工程建设进展》，《天文学报》，2016 年第 6 期。

聂荣臻：《聂荣臻回忆录》，解放军出版社，2007 年。

宁晓玉：《经纬乾坤——叶淑华传》，中国科学技术出版社，2018 年。

牛之俊，马宗晋，陈鑫连，等：《中国地壳运动观测网络》，《中国地震学会地壳形变测量专业委员会 2001 年学术年会论文集》，2001 年。

潘传红：《磁约束核聚变能源开发的进展和展望》，《核科学与工程》，2000 年第 3 期。

潘锋：《科学大家赵九章》，科学新闻，2007 年第 10 期。

潘腾，卢方军，倪润立，等：《硬 X 射线调制望远镜卫星系统设计与技术成就》，《航天器工程》，2018 年第 5 期。

潘习哲：《中国遥感卫星地面站》，《科技导报》，1991 年第 9 期。

彭勃，南仁东：《通过国际合作促进 FAST 自主创新》，《中国科学院院刊》，2004 年第 4 期。

彭真：《中国科学院院士李正武》，《中国核工业》，2005 年第 6 期。

普赖斯：《小科学，大科学》，世界科学出版社，1982 年。

戚发轫，张柏楠，郑松辉，等：《神舟五号载人飞船的研制与飞行结果评价》，《航天器工程》，2004 年第 1 期。

齐欣，徐中雄：《中国散裂中子源快周期同步加速器磁铁电源系统》，《原子能科学技术》，2006 年第 3 期。

钱三强：《徜徉原子空间》，百花文艺出版社，2000 年。

钱三强：《我国原子能的和平利用正在大踏步迈进》，《原子能科学技术》，1959 年第 1 期。

钱三强：《中国近代科学概况》，《科学通报》，1953 年第 7 期。

钱三强：《中国科学院和我国原子能科学技术》，《中国科学院院刊》，1989 年第 3 期。

钱尚介：《核聚变研究与“中国环流器一号”》，《科学》，1992 年第 1 期。

钱学森，许国志，王寿云：《组织管理的技术——系统工程》，《上海理工大学学报》，2011 年第 6 期。

秦文波：《神舟六号载人飞船及其技术改进》，《上海航天》，2005 年第 5 期。

秦玉强：《我国高级别生物安全实验室现状和发展目标探讨》，《建筑热能通风空调》，2018 年第 1 期。

泉琳：《子午工程：空间科学国之重器》，《科学新闻》，2018 年第 9 期。

任纪舜：《中国大陆的组成、结构、演化和动力学》，《地球学报》，1994 年，第 Z2 期。

任振，等：《浅谈大科学工程基建项目全过程造价管理》，《合作经济与科技》，2014 年第 11 期。

尚志，张柏楠，潘腾，等：《神舟七号出舱活动飞船研制综述》，《载人航天》，2009 年第 2 期。

尚智丛：《基础研究与国家目标——以北京正负电子对撞机为例的分析》，中国科学技术出版社，2015 年。

佘惠敏：《在子午线上仰望天空——子午工程团队创新文化建设纪实》，《经济日报》，2012 年 4 月 9 日。

申丹娜：《大科学与小科学的争论评述》，《科学技术与辩证法》，2009 年第 1 期。

沈向阳：《逐光人不老——访我国激光事业开拓者、中科院院士王之江》，《常州日报》，2014 年 6 月 25 日。

盛六四，刘祖平，宫晓梅，等：《合肥同步辐射光源》，《中国科学院院刊》，2008 年第 6 期。

石磊，梁红，杨利伟：《苍穹大业赤子心：梁思礼传》，中国科学技术出版社，上海交通大学出版社，2017 年。

施泉江，刘文韬：《“银河”“天河”：让五星红旗插上世界超算之巅》，《湖南日报》，2019 年 8 月 9 日。

宋健：《两弹一星元勋传——吴自良》，清华大学出版社，2001 年。

宋江波，尤睿，李昊，等：《硬 X 射线调制望远镜卫星研制特点及项目管理实践》，《航天器工程》，2018 年第 5 期。

沈志华：《援助与限制：苏联与中国的核武器研制（1949—1960）》，《历史研究》，2004年第3期。

苏德辰，杨经绥：《国际大陆科学钻探（ICDP）进展》，《地质学报》，2010年第6期。

苏定强，周必方，俞新木：《中国2.16m望远镜的主光路系统》，《中国科学（A辑）》，1989年第11期。

苏定强：《2.16米天文望远镜工程文集》，中国科学技术出版社，2001年。

苏定强：《望远镜和天文学：400年的回顾与展望》，《物理》，2008年第12期。

孙爱民：《等不起拖不起的子午工程》，《中国科学报》，2013年10月25日。

孙冬柏：《高校参与组织国际大科学计划和大科学工程的思考》，《北京教育》（高教版），2017年第2期。

孙洁：《叩问地球深层的探索——大洋科学考察船》，《海洋世界》，2011年第12期。

孙凝晖，谭光明：《高性能计算机发展与政策》，《中国科学院院刊》，2019年第6期。

孙勤：《核铸强国梦：60位核科技院士专家访谈录》，中国原子能出版社，2015年。

孙松：《走进深海大洋——“科学”号海洋科学综合考察船》，浙江教育出版社，2016年。

孙亚轩：《大亚湾反应堆中微子实验的前期研究》，中科院高能物理研究所学位论文，2006年。

孙洋，张未卿，杨学明：《“大连光源”为化学反应中的分子“拍电影”》，《科技导报》，2019年第37期。

谭维翰：《我国近十年来激光与等离子体相互作用的研究》，《中国激光》，1984年第11期。

唐琳：《空间科学先导专项：探索中国空间科学发展之路》，《科学新闻》，2018年第9期。

滕吉文：《中国地壳、上地幔精细结构和大陆动力学研究的序幕——从1958年柴达木沉积盆地深部地震反射探测看半个世纪来该科学领域的发展导向和启迪》，《地球物理学进展》，2008年第2期。

涂元季：《钱学森——共和国的功勋》，《时代潮》，1999年第10期。

汪凯凡：《走进中国的空间“气象站”——访“子午工程”总师王赤》，《科技生活》，2014年第8期。

王传珂：《王世绩：躬耕激光聚变业　筚路蓝缕拓荒人》，《军工文化》，2013年第9期。

王达，严良，王柏轩：《中国大陆科学钻探工程项目组织与管理研究》，中国地质大学出版社，2008年。

王达，张伟，张晓西：《中国大陆科学钻探工程科钻一井钻探工程技术》，科学出版社，2007年。

王达，张伟：《“科钻一井”钻探施工技术概览》，《中国地质》，2005年第5期。

王达：《中国大陆科学钻探项目进展综述》，《探矿工程》，2002年第6期。

王大珩：《近年来我国的激光研究》，《激光与光电子学进展》，1991年第5期。

王大珩：《我国在空间科学方面的若干进展》，《中国航天》，1994年第2期。

王大明：《大科学工程：在探索与造物之间——以中国EAST托卡马克核聚变装置的建造为例》，《工程研究——跨学科视野中的工程》，2007年第1期。

王大洲，李俊峰：《神光系列激光聚变实验装置建造的工程史考察》，《工程研究——跨学科视野中的工程》，2022年第1期。

王大洲，籍兆源：《北京正负电子对撞机工程管理体系的建构——罗小安研究员访谈录》，《工程研究——跨学科视野中的工程》，2021年第5期。

王大洲，宋林柯：《高能加速器磁铁电源探索40载——徐中雄研究员访谈录》，《工程研究——跨学科视野中的工程》，2020年第2期。

王德中：《旧中国的核计划——40年代中国筹造原子弹始末》，《纵横》，1994年第6期。

王芳卫，贾学军，梁天骄，等：《散裂中子源靶站谱仪的物理设计》，《物理》，2008年第6期。

王芳卫，梁天骄，殷文，等：《散裂中子源靶站和中子散射谱仪的概念设计》，《核技术》，2005年第8期。

王芳卫：《中国散裂中子源》，《科学》，2014年第4期。

王甘棠，孙汉城：《核世纪风云录：中国核科学史话》，科学出版社，2006年。

王淦昌：《利用大能量大功率的光激射器产生中子的建议》，《中国激光》，1987年第11期。

王淦昌：《一次难忘的盛会》，《民主与科学》，1992年第5期。

王龙：《陈春先与聚变研究》，《物理》，2009年第11期。

王绶琯：《今日LAMOST：温故、定位、立新》，《中国国家天文》，2008年第11期。

王绶琯：《我国天文建设策略的探索——从LAMOST方案谈起》，《自然杂志》，1995年第4期。

王晓义，白欣：《北京正负电子对撞机方案的初步提出与确立》，《中国科技史杂志》，2011年第4期。

王新民：《中国遥感卫星地面站的现状和展望》，《遥感学报》，1990年第3期。

王业飞，王大洲：《武汉国家生物安全实验室建设的历史考察》，《中国科技史杂志》，2020年第1期。

王业飞，王大洲：《中国西南野生生物种质资源库建设的工程史考察》，《工程研究——跨学科视野中的工程》，2017年第3期。

王一淇，王大洲：《长短波授时系统建设的工程史考察》，《工程研究——跨学科视野中的工程》，2021年第1期。

王贻芳：《北京谱仪（BES Ⅲ）的物理研究》，《现代物理知识》，2009年第5期。

王贻芳：《大亚湾中微子实验——小中见大》，《现代物理知识》，

2012年第3期。

王贻芳：《探索宇宙“隐形人”：大亚湾反应堆中微子实验》，浙江教育出版社，2017年。

王占东：《合肥光源的发展历程及展望》，《安徽科技》，2020年第7期。

王忠贵，张丽艳，龚志刚，等：《神舟七号飞船伴星飞行试验方案设计及试验验证》，《中国科学（E辑：技术科学）》，2009年第3期。

魏奉思：《东半球空间环境地基综合监测子午链的回顾》//中国地球物理学会编：《辉煌的历程：中国地球物理学会60年》，地震出版社，2007年。

邬恩九：《忆中国科学院近代物理研究所的历史变迁和杨澄中先生的科学人生》，甘肃人民出版社，2016年。

吴东来：《大动物高级别生物安全实验室设计建设要点》，《中国预防医学杂志》，2008年第6期。

吴刚，于建军：《我国自主研制的新一代海洋科学综合考察船“科学”号》，《中国造船》，2014年第1期。

吴季，等：《2016—2030年空间科学规划研究报告》，科学出版社，2016年。

吴季：《发展空间科学卫星系列就是新时期的“两弹一星”任务》，《中国科学院院刊》，2017年第8期。

吴征镒：《百兼杂感随忆》，科学出版社，2008年。

吴征镒：《吴征镒自传》，科学出版社，2014年。

武轩：《与神舟六号飞船的零距离接触》，《太空探索》，2005年第12期。

夏佳文，詹文龙，魏宝文，等：《兰州重离子加速器研究装置HIRFL》，《科学通报》，2016年第4期。

夏培肃：《高性能计算机中的若干关键技术问题的基础性研究》，《中国基础科学》，2000年第4期。

肖铭鑫，程卓：《安全性技术在“神舟”五号载人飞船上的应用》，《质量与可靠性》，2004年第4期。

肖显静，陆群峰：《大科学工程“中国地壳运动观测网络”效益分析》，《工程研究——跨学科视野中的工程》，2007年第1期。

肖显静，陆群峰：《国家大科学工程“中国地壳运动观测网络”管理与运行模式分析》，《中国科技论坛》，2008年第2期。

谢光：《当代中国的国防科技事业》，当代中国出版社，1992年。

谢家麟：《加速器与科技创新》，清华大学出版社，2000年。

谢家麟：《没有终点的旅程》，科学出版社，2008年。

谢家麟：《谢家麟自传》，科学出版社，2012年。

熊森林，郑岩，闫振中，等：《南美空间天气信息系统设计与初步实现》，《科研信息化技术与应用》，2017年第1期。

徐纪人，赵志新，曾祥芝，等：《东海深井地球物理长期观测仪器设置及观测研究》，《地震学报》，2016年第2期。

许志琴，耿瑞伦，肖庆辉，等：《中国大陆科学钻探先行研究》，冶金工业出版社，1996年。

许志琴，杨经绥，等：《中国大陆科学钻探终孔及科学进展》，《中国地质》，2005年第5期。

许志琴，杨文采，杨经绥，等：《中国大陆科学钻探的过去、现在和未来》，《地质学报》，2016年第9期。

许志琴，曾令森，等：《大陆板片多重性俯冲与折返的动力学模式》，《岩石矿物学杂》，2005年第9期。

许志琴，赵志兴，等：《板块下的构造及地幔动力学》，《地质通报》，2003年第3期。

闫蓓，安瑞，张冬梅：《努力工作，用实力说话：〈科学通报〉对话王贻芳研究员》，《科学通报》，2016年第6期。

严建成，刘永，周才品，等：《中国环流器二号A装置（HL-2A）工程研制》，《核聚变与等离子体物理》，2004年第4期。

颜真，张英起：《蛋白质研究技术》，第四军医大学出版社，2007年。

杨阿卓：《走向世界的中国核聚变——核工业西南物理研究院院长潘传红谈中国核聚变研究发展》，《中国核工业》，2006年第12期。

杨国权，李泽梅，李泽椿：《银河-Ⅱ并行计算机在气象业务系统中的应用》，《计算机工程与科学》，1997年第3期。

杨宏，魏传锋，满广龙，等：《天宫一号目标飞行器载人环境设计与实施》，《中国科学：技术科学》，2014年第2期。

杨经绥，许志琴，等：《苏鲁地区榴辉岩中发现金刚石》，《地学前沿》，1999年第1期。

杨天南，许志琴：《国际大陆科学钻探进展及我国的研究现状》，《地质论评》，1996年第1期。

杨小林，陈京辉整理：《北京正负电子对撞机工程建设亲历记——柳怀祖的回忆》，湖南教育出版社，2016年。

杨桢：《纪念钱三强老师（1994年1月11日高能所纪念四位前辈会上的讲话）》，《现代物理知识》，1994年第4期。

叶铭汉：《北京正负电子对撞机工程》，《物理》，1989年第5期。

叶铭汉：《北京正负电子对撞机工程进展》，《原子能科学技术》，1988年第1期。

叶铭汉：《高能物理研究所的由来与发展》，《现代物理知识》，1993年增刊。

叶永烈：《走近钱学森》，上海交通大学出版社，2009年。

易运文：《国家超算深圳中心启用——首台实测性能超千亿次计算机开通运行》，《光明日报》，2011年11月18日。

殷瑞钰，李伯聪，汪应洛，等：《工程方法论》，高等教育出版社，2017年。

殷瑞钰，汪应洛，李伯聪，等：《工程哲学（第三版）》，高等教育出版社，2018年。

余晓洁，孙彦，刘阳，等：《中国空间站将有诸多后发优势》，《太空探索》，2016年第4期。

余永，李钦明，杨家岳，等：《大连极紫外相干光源》，《中国激光》，2019年第46期。

岳海奎：《蟾宫折桂　情证今生——记中科院近代物理所研究员詹文龙》，《发展》，2001年第8期。

岳海奎：《拳拳赤子心　殷殷报国情——记核物理学家魏宝文》，《发展》，1996年第4期。

曾融生，阚荣举，等：《柴达木盆地低频地震探测的基岩首波和大角度反射波》，《地球物理学报》，1961年第1期。

曾融生：《中国深部构造研究的进展》，《地球物理学报》，1979年第10期。

张兵：《从天空看地球——对地观测大装置》，浙江教育出版社，2019年。

张闯：《北京正负电子对撞机及其重大改造工程》，《科技导报》，2004年第11期。

张闯：《高能所使我梦想成真》，《现代物理知识》，2013年第2期。

张凤雏：《巨型计算机先驱——克雷博士》，《中国电脑教育报》，1999年6月30日。

张厚英：《忆邓小平同志对建造北京正负电子对撞机的关怀和支持》，《中国科学院院刊》，1997年第3期。

张劲夫：《我国第一颗人造卫星是怎么样上天的》，《协商论坛》，2007年第2期。

张静：《邓小平与中美科技合作的开展（1977—1979年）》，《当代中国史研究》，2014年第3期。

张钧：《当代中国的航天事业》，中国社会科学出版社，1986年。

张俊科：《妙算神机今已在》，《档案时空》，2019年第1期。

张蕾，王鸿生：《中美科技交往30年考察》，《西安电子科技大学学报》（社会科学版），2003年第1期。

张丽瑛，张兆德：《海洋科学考察船现状与发展趋势》，《船海工程》，2010年第4期。

张玲玲，张利斌，等：《依托大科学装置产业化的人才需求和发展策略研究——以散裂中子源为例》，《科技促进发展》，2018年第12期。

张培震，邓起东，张竹琪，等：《中国大陆的活动断裂、地震灾害及其动力过程》，《中国科学：地球科学》，2013年第10期。

张蜀新，彭子龙：《中国天文科学大型装置的研制与应用（三）——

500米口径球面射电望远镜（FAST）》，《中国科学院院刊》，2009年第6期。

张伟：《5000m科学钻孔施工设想技术方案》，《探矿工程》，1995年第5期。

张伟：《国际大陆科学钻探计划ICDP实施十年的进展》，《探矿工程》，2005年增刊。

张晓西，杨经绥，张惠，等：《科学钻探——深化岩石学研究的金钥匙》，《中国地质》，2013年第6期。

张新夷：《合肥国家同步辐射验室的现状与发展》，《物理》，1995年第11期。

张一鸣，孙敦友：《中国环流器一号与热核聚变研究》，《自然杂志》，1991年第10期。

张毅：《用生命谱写蓝色梦想：张炳炎传》，上海交通大学出版社，2016年。

张育林，徐一天：《“天河”一号自主创新的成功实践》，《求是》，2010年第4期。

张泽明，许志琴，刘福来，等：《南苏鲁造山带根部的物质组成及变质作用》，《地质通报》，2002年第10期。

张志会：《新中国初期我国探空火箭研制与航天科技的起步》，《自然辩证法通信》，2019年11期。

张志明：《长沙超算中心总体架构及应用研究》，《信息系统工程》，2014年第12期。

张祖胜：《中国地壳运动观测网络》，《中国基础科学》，2001年第3期。

赵波，刘程，章立丁：《银河-Ⅱ巨型机的背后：我军并行计算机专家李晓梅》，《解放军报》，2005年1月28日。

赵东宛：《回忆与思考》，中国人事出版社，2012年。

赵国隆：《中国大陆科学钻探工程发展历程》，《探矿工程》，2002年第4、5期。

赵建国，雷红英：《金怡濂传》，航空工业出版社，2015年。

赵千钧，等：《中国科学院遥感与数字地球研究所35周年纪念》，遥感与数字地球研究所，2015年。

赵学功：《论艾森豪威尔政府在朝鲜战争中的核讹诈政策》，《南开学报》，1997年第4期。

赵阳辉，陈方舟，温运城：《国之重器："天河"高性能计算机发展历程》，《科学源流》，2016年第3期。

赵阳辉，吴迪：《银河亿次巨型计算机工程组织管理研究》，《科技管理研究》，2010年第3期。

赵阳辉：《妙算神机在"银河"——中国计算机事业的先驱慈云桂》，《自然辩证法通讯》，1999年第5期。

赵阳辉：《银河系列计算机的研制与应用——中国大科学的成功案例分析》，《自然辩证法研究》，1992年第6期。

赵阳辉：《银河亿次巨型计算机创新性研究——以工程本质、决策及文化为中心》，《自然辩证法研究》，2012年第7期。

赵阳辉：《中国银河机研究群体的基本特征与现状》，《自然辩证法通讯》，1996年第5期。

赵永恒，彭子龙：《中国天文科学大型装置的研制与应用（二）——大天区面积多目标光纤光谱天文望远镜》，《中国科学院院刊》，2009年第3期。

赵振堂：《上海光源：照亮中国前沿科技的希望之光》，《紫光阁》，2016年第8期。

赵振通，陈树楷，等：《计算机技术》，上海科学技术出版社，1994年。

郑千里，李莉：《江夏演新文 乘鹤奏悠曲——记中科院武汉病毒所P4实验室建设和研究团队》，《中国科学报》，2018年1月8日。

郑万国，王成程：《神光Ⅲ激光装置项目管理》，机械工业出版社，2018年。

中共中央文献研究室：《建国以来重要文献选编（第8册）》，中央文献出版社，1994年。

中国科学报：《太空"弈星"刘振兴》，《中国科学报》，2015年第3期。

中国科学技术协会：《中国科学技术专家传略（工程技术编，电子信息科学技术卷2）》，中国科学技术出版社，2007年。

中国科学技术协会：《中国科学技术专家传略（理学编，物理学卷2）》，中国科学技术出版社，2001年。

中国科学技术协会：《中国科学技术专家传略（理学编，物理学卷3）》，中国科学技术出版社，2006年。

中科院：《2019年中国科学院重大科技基础设施年度报告》，科学出版社，2020年。

中科院大科学装置领域战略研究组：《中国至2050年重大科技基础设施发展路线图》，科学出版社，2009年。

中科院对地观测与数字地球科学中心，中国科学院高技术研究与发展局：《遥感卫星地面站的运行与发展》，《中国科学院院刊》，2010年第25期。

中科院国家授时中心，中科院基础科学研究局：《BPL/BPM长短波授时系统的运行与发展》，《中国科学院院刊》，2011年第2期。

中科院近代物理研究所，兰州重离子加速器国家实验室：《兰州重离子加速器冷却贮存环HIRFL-CSR》，兰州大学出版社，1994年。

中科院空间领域战略研究组：《中国至2050年空间科技发展路线图》，科学出版社，2009年。

中科院声学研究所，中科院沈阳自动化研究所，中科院南海海洋研究所，等：《小水线面双体新型科学考察船“实验1”的运行与发展》，《中国科学院院刊》，2011年第1期。

中科院学部办公室：《中国科学院院士自述（于敏）》，上海科技教育出版社，1996年。

中国原子能科学研究院：《中国原子能科学研究院历史（1950—2010》，原子能出版社，2010年。

中国原子能科学研究院：《钱三强与中国原子能事业》，中国原子能出版社，2013年。

中华人民共和国国史学会两弹一星历史研究分会：《“两弹一星”工程的成功经验与启示》，《当代中国史研究》，2013年第5期。

周昌贤：《GPS技术在监测地震与地壳运动中的应用》，《科技创新导报》，2009年第32期。

周程：《病毒是什么？——人类发现首个病毒的过程考察》，《工程研究——跨学科视野中的工程》，2020年第1期。

周建平：《天宫一号/神舟八号交会对接任务总体评述》，《载人航天》，2012年第1期。

周建平：《我国空间站工程总体构想》，《载人航天》，2013年第2期。

周均伦：《聂荣臻年谱》，人民出版社，1999年。

周兴铭，赵阳辉：《慈云桂与中国银河机研究群体的发展历程》，《中国科技史杂志》，2005年第1期。

朱洪元：《高能物理四十年来的发展》，《物理》，1989年第9期。

朱小谦：《国家超级计算天津中心》，《高性能计算发展与应用》，2011年第2期。

朱亚宗：《复杂科学与科技哲学交叉视野中的科技创新》，《江南大学学报》（人文社科版），2005年第5期。

朱毅麟：《“一箭三星”的研制历程》//全国政协文史资料委员会，中国航天工业总公司《中国航天腾飞之路》，中国文史出版社，1999年。

朱宇光，等：《聚变情怀终不变——李正武传》，上海交通大学出版社，2015年。

朱增泉，左赛春：《中国载人航天工程决策实录》，《决策与信息》，2003年第12期。

朱兆祥：《钱学森先生在力学所初建的日子里》，《力学进展》，2006年第1期。

左赛春：《神舟七号是我国载人航天飞行一座新的里程碑——中国载人航天工程副总指挥马兴瑞谈神舟七号新突破》，《中国航天》，2008年第10期。

后 记

本书缘起于中国科学院大学李伯聪教授主持的、由中国科学院规划战略局资助的“中国近现代工程史研究”课题。作为其子课题的“中国大科学工程史研究”由我负责，算是命题作文。究竟什么是工程史？什么是大科学工程？怎么来撰写大科学工程史？对于这些问题，一开始确实让人捉摸不透。所幸随着研究工作的进展，思路也慢慢清楚了。

本书是从2011年开始准备的。我曾经于2016年向出版社提交过一份书稿，主要汇集了若干典型大科学工程建设案例，试图以点带面地呈现出我国大科学工程的历史发展脉络。由于自感内容单薄，难以揭示历史全貌，考虑再三，我决定暂停出版，对书稿进行全面修改。现在摆在读者面前的这本书，已经有了不小进步，结构更合理，材料也更丰富。尽管如此，本书还只能算是“史略”，尚未达成“全面”的目标。

在着手研究工作时，中国科学院大学杜澄教授和尚智丛教授等撰写的《国家大科学工程研究》一书是课题组的向导。参与该书研究工作的王大明教授和唐素琴教授还将手头相关资料分享给课题组，为我们节省了时间。在本书策划过程中，时任中国科学院自然科学史研究所所长张柏春研究员多次提出意见和建议，使作者明确了“两弹一星”工程在全书中的定位。不仅如此，承蒙他的邀请，本人还加入了自然科学史研究所重大突破项目“中华人民共和国科学技术史纲”课题组，负责大科学工程史研究子课题，从而有了深化研究的机会。中国科学院大学历史系柯遵科副教授基于他所参与的谢家麟院士和叶铭汉院士学术成长资料采集项目相关资料，早早为本书准备了北京正负电子对撞机建设史初稿。

幸运的是，在高能物理研究所党委副书记、副所长罗小安研究员的支持下，我有机会主持中国科协老科学家资料采集工程项目“北京正负电子对撞机工程创新团队学术成长资料采集”，从而大大丰富了写作此项工程的资料基础。

这本书的工作量是巨大的，不可能靠我一个人完成。基本工作思路是，先进行大科学工程个案史研究，然后进行学科领域大科学工程史研究，最后完成全书撰写工作。学科史和综合史研究工作由我本人完成，而个案史部分主要依靠本人指导的研究生以及几位同事进行，他们承担了大科学工程案例的资料搜集和初稿草拟等基础性工作。具体情况是（按照行文顺序）：银河及天河系列高性能计算机（赵阳辉、吴竞子、余永阳、陈丽娜）、曙光系列高能性能计算机（付向核）、神威系列高性能计算机（付向核）、国家超算中心（余永阳）、北京正负电子对撞机（柯遵科、宋林柯）、兰州重离子加速器（李秀波）、大亚湾反应堆中微子实验（籍兆源、王聪）、国家同步辐射光源（李秀波）、上海同步辐射光源（李秀波）、大连相干光源（李达）、中国散裂中子源（梁庆华）、中国环流器系列（王璞凡）、全超导托卡马克装置（李俊峰）、神光系列装置（李俊峰）、强磁场实验装置（李秀波）、中国遥感卫星地面站（籍兆源）、双星计划（何江波）、子午工程（罗飞）、载人航天与空间站（梁庆华）、嫦娥工程（王秦歌）、长短波授时系统（王一淇）、郭守敬望远镜（李俊峰）、中国天眼（王业飞）、空间硬X射线调制望远镜（鲁彦君）、中国地壳运动观测网络（籍兆源）、中国大陆科学钻探工程（罗飞）、实验1号新型综合科学考察船（宋林柯）、科学号海洋科学综合考察船（曹丽）、中国西南野生生物种质资源库（王业飞）、武汉国家生物安全实验室（王业飞）、国家蛋白质科学研究（上海）设施（田凯今）。针对每一个大科学工程案例，大家多次调研，反复讨论，并由我多次修改后定稿。不过，这里的定稿并非“定”稿。根据专家意见和建议，我又进行了多轮修改，有些还进行了重写。算下来，每项个案史文稿都至少十易其稿。对于大家为此付出的艰苦努力，我深表谢忱。在这里，我要特别感谢国防科技大学赵阳辉教授，她是银河系列高性能计算机历史研究专家，受邀加入课题组，不仅领衔拟就了“银河与天河系列高性能计算机”文稿，而且还仔细修改了“我国高性能计算机发展的历史背景”一节。

本书在调研、查阅档案、写作和书稿审读过程中，得到了各个大科学工程有关领导、专家和工作人员的大力支持。主要包括（以相关大科学工程在本书的出场先后为序）：中科院计算技术研究所原所长李国杰院士；中科院计算技术研究所副所长包云岗研究员；北京正负电子对撞机重大改造工程经理、中国散裂中子源工程经理、中科院高能物理研究所原所长陈和生院士；北京正负电子对撞机工程副经理、中科院高能物理研究所原副所长陈森玉院士；中科院高能物理研究所原所长郑志鹏研究员；北京正负电子对撞机重大改造工程办公室主任、中科院高能物理研究所党委副书记、副所长罗小安研究员；大亚湾反应堆中微子实验项目经理、中科院高能物理研究所所长王贻芳院士；大亚湾反应堆中微子实验项目副经理、中科院高能物理研究所副所长曹俊研究员；大亚湾反应堆中微子实验项目副经理、中科院高能物理研究所杨长根研究员；中国散裂中子源工程常务副经理、中科院高能物理研究所马力研究员；中国散裂中子源工程副经理、中科院高能物理研究所原副所长陈元柏研究员；中科院高能物理研究所大装置管理中心工程办主任苏萍、党政联合办主任贾英华；中科院近代物理研究所冒立军研究员；国家同步辐射实验室建设项目副总工程师、中国科学技术大学裴元吉教授；国家同步辐射实验室副主任、中国科学技术大学王琳教授；上海光源线站工程总经理、中科院上海应用物理研究所原所长、上海高等研究院副院长赵振堂院士；硬X射线调制望远镜项目首席科学家、中科院高能物理研究所研究员李惕培院士；大连相干光源工程经理、中科院大连化学物理研究所杨学明院士；全超导托卡马克核聚变实验装置项目副总经理、中科院等离子体物理研究所原所长李建刚院士；中科院上海光学精密机械研究所原所长、高功率激光物理联合实验室主任朱健强研究员；稳态强磁场实验装置项目总工程师高秉钧研究员；时任华中科技大学国家脉冲强磁场科学中心副主任陈晋教授；华中科技大学国家脉冲强磁场科学中心常务副主任韩小涛教授；中国遥感卫星地面站主任黄鹏研究员；中国空天信息创新研究院副院长张兵研究员；国家空间科学中心原主任、俄罗斯科学院外籍院士吴季研究员；载人航天工程副总指挥、绕月工程总指挥、国家航天局原局长栾恩杰院士；中科院国家授时中心科技处任晓乾副处长；中科院国家授时中心赵晓辉高级工程师；LAMOST 项目第二任总经理、原北京天文台副台长苏洪钧研究员；LAMOST 运行与发展中心科学巡天部主任张昊彤研究员；LAMOST 项目第三任总经理、LAMOST 运行与发展中心常务副主任赵永恒研究员；FAST 工程常务副经理、中科院条件保障与财务局原局长郑晓年研究员；中国地震局地壳运动监测网络工程中心游新兆研究员；中国地震局地质研究所甘卫军研究员；中国大陆科学钻探工程总指挥王达高级工程师；中国大陆科学钻探工程首席科学家许志琴院士；实验 1 号新型综合科学考察船项目总经理、中科院声学研究所原所长田静研究员；实验 1 号新型综合科学考察船项目办公室主任、中科院声学研究所刘宏伟研究员；实验 1 号新型综合科学考察船项目办公室谭鹏副研究员；科学号海洋科学综合考察船项目总经理、时任中科院海洋研究所所长孙松研究员；科学号海洋科学综合考察船项目总工程师于建军；中科院海洋研究所大科学装置办公室主任尹宏；中国西南野生生物种质资源库项目总工艺师杨湘云；中科院昆明植物研究所贺伟老师、李培老师以及吴征镒基金会李云珊老师；中科院武汉病毒研究所谢薇薇老师。他们或帮助查阅了档案、提供了资料，或接受了访谈，或审阅了书稿清样并提出了宝贵意见和建议。

本书完成后，课题组组织了一次专家评审会。李伯聪教授、杜澄教授、郑晓年研究员、张柏春研究员、罗小安研究员以及北京航空航天大学人文与社会科学高等研究院李成智教授、北京大学医学人文学院院长周程教授参与评审，他们都提出了宝贵的修改意见和建议。据此，我删除了个别工程案例，增补了个别工程案例，修改了一些错讹之处，调整了一些说法，还对一些章节进行了大幅修改或重新写作。

针对本书清样，杜澄教授、郑晓年研究员以及中科院原基础科学局局长金铎研究员、中山大学原常务副校长孙冬柏教授、中国科学院大学科技史系王扬宗教授审读了全部书稿；中国科学院大学工程科学学院倪明玖教授审读了核能领域的部分文稿；中科院自然科学史研究所张九辰研究员审读了地学领域大科学工程发展背景文稿；中国科学技术大学科技史与科技考古系丁兆君副教授审读了国家同步辐射光源文稿；中国科学院大学科技史系刘晓教授和中科院自然科学史研究所刘金岩副研究员审读了原子弹研制文稿；中国航天科技集团公司第五研究院苟兴宇研究员审读了载人航天和嫦娥工程文稿；中科院自然科学史研究所张志会副研究员审读了空间科学领域部分文稿。他们都提出了非常具体的修改意见和建议。据此，我对全部文稿再次进行了修改和补充。

在本书研究和写作过程中产生的阶段性研究成果，此前已经形成十余篇文章，先后发表在《工程研究——跨学科视野中的工程》《中国科技史杂志》《自然辩证法通讯》等刊物上。

承蒙陈和生院士和周程教授的推荐，本书还获得了2022年度国家出版基金资助。

本书从策划到出版，走过了十年历程，其中的艰辛，除了作者，也只有本书的编辑们最清楚了。最初接洽本书的是浙江教育出版社莫晓虹编审，后来还有几位编辑参与其中。他们不仅清楚，而且也经历了一样的艰辛。无穷无尽的修改，考验着他们的耐心。幸运的是，他们总是热情以对，精心编校，令人难以忘怀。

在此，对各位领导、专家、同事和编辑们的热心支持一并表示衷心感谢！没有他们的支持，本书的完成是不可能的，也是不可想象的。

由于本书涉及范围太广，受作者精力和能力所限，文中错讹之处在所难免，这些都当由我本人负责，与所有帮助或指导过我们的领导、专家、同事无关。希望本书起到抛砖引玉的作用，开启“迭代学习”之旅。本人恳请读者提出批评意见，也期待今后有机会再版时予以订正、补充、修改、完善。

王大洲

2022 年 5 月